Schulen der deutschen Politikwissenschaft

Wilhelm Bleek
Hans J. Lietzmann (Hrsg.)

Schulen der deutschen Politikwissenschaft

Leske + Budrich, Opladen 1999

Gedruckt auf säurefreiem und altersbeständigem Papier.

ISBN 3-8100-2116-4

© 1999 Leske + Budrich, Opladen

Das Werk einschließlich aller seiner Teile ist urheberrechtlich geschützt. Jede Verwertung außerhalb der engen Grenzen des Urheberrechtsgesetzes ist ohne Zustimmung des Verlages unzulässig und strafbar. Das gilt insbesondere für Vervielfältigungen, Übersetzungen, Mikroverfilmungen und die Einspeicherung und Verarbeitung in elektronischen Systemen.

Satz: Leske + Budrich
Druck: Druck Partner Rübelmann, Hemsbach
Printed in Germany

Inhalt

Wilhelm Bleek und Hans J. Lietzmann
Vorwort 7

Wilhelm Bleek
Einleitung 9

Rudolf Stichweh
Zur Soziologie wissenschaftlicher Schulen 19

Jürgen Miethke
Die Kanonistik als Leitwissenschaft für die politische Theorie der
scholastischen Universität 33

Michael Philipp
Die frühneuzeitliche Politikwissenschaft im 16. und 17. Jahrhundert 61

Mohammed H. Rassem und Guido Wölky
Zur Göttinger Schule der Staatswissenschaften bis zu den
Freiheitskriegen 79

Wilhelm Bleek
Die Tübinger Schule der gesamten Staatswissenschaft 105

Dieter Koop
Die Historische Schule der Nationalökonomie.
Ihr Wissenschaftsverständnis und die Historisierung
der politischen Wissenschaft(en) 131

Ralf Walkenhaus
Gab es eine „Kieler Schule"? Die Kieler Grenzlanduniversität und
das Konzept der „politischen Wissenschaften" im Dritten Reich 159

Hubertus Buchstein
Wissenschaft von der Politik, Auslandswissenschaft, Political
Science, Politologie. Die Berliner Tradition der Politikwissenschaft
von der Weimarer Republik bis zur Bundesrepublik 183

Horst Schmitt
Die Freiburger Schule 1954-1970. Politikwissenschaft in
„Sorge um den deutschen Staat" 213

Hans J. Lietzmann
Integration und Verfassung. Oder: Gibt es eine Heidelberger
Schule der Politikwissenschaft? 245

Dietmar Herz und Veronika Weinberger
Die Münchener Schule der Politikwissenschaft 269

Christoph Hüttig und Lutz Raphael
Die „Marburger Schule(n)" im Umfeld der westdeutschen
Politikwissenschaft 1951-1975 293

Die Autoren 319

Vorwort

In dem vorliegenden Sammelband können bereits die Ergebnisse des zweiten Projekts des im August 1994 gegründeten Arbeitskreises der Deutschen Vereinigung für Politische Wissenschaft für „Geschichte der Politikwissenschaft und der Politischen Theorie" veröffentlicht werden. Nachdem das erste Vorhaben eine Bestandsaufnahme der bei allen Internationalisierungstendenzen immer noch sehr unterschiedlichen einzelnen nationalen Politikwissenschaften in Europa zum Thema hatte[1], sollte das zweite Projekt über die Schulen in der Geschichte der deutschen Politikwissenschaft einen exemplarischen Querschnitt über die Geschichte unseres Faches in Deutschland ermöglichen.

Die Beiträge dieses Bandes beruhen auf überarbeiteten Vorträgen, die auf Tagungen des Arbeitskreises im November 1996 in Leipzig und im Oktober 1997 in Bamberg gehalten worden sind, sowie einigen zusätzlichen Artikeln. Für die finanzielle Ermöglichung der genannten Tagungen, an denen Kollegen und Kolleginnen nicht nur aus der Politikwissenschaft, sondern auch aus Nachbarwissenschaften teilnahmen, ist der Deutschen Forschungsgemeinschaft zu danken. Bei der peniblen Redigierung der Manuskripte bis hin zur Druckreife haben sich Katinka Netzer und Christian Scholz als unersetzliche Hilfe erwiesen.

Bochum/München, im Dezember 1998
Wilhelm Bleek und Hans J. Lietzmann

---

1   Hans J. *Lietzmann*/Wilhelm *Bleek* (Hrsg.): Politikwissenschaft. Geschichte und Entwicklung in Deutschland und Europa, München, Wien 1997.

Einleitung

Wilhelm Bleek

Schulen und der Begriff der „Schule" haben heute in Deutschland, zumal im internationalen Vergleich, keinen übermäßig guten Ruf. Das trifft auch für den akademischen Bereich zu. Während beispielsweise in Frankreich und den USA hochangesehene Institutionen des tertiären Bildungssektors die Bezeichnung einer „Ecole" oder „School" führen, drängen in Deutschland die Hochschulen nach dem Titel einer Universität und sind sich fast alle Universitätsangehörigen einig in der Abneigung gegen die Verschulung ihrer Institution. Aber auch die Existenz von wissenschaftlichen Schulen, die das Thema dieses Sammelbandes ist, wird heute eher kritisch gesehen.

Dieses tendenziell pejorative Verständnis war dem Schulbegriff nicht von Anfang an inhärent, ganz im Gegenteil.[1] Der Ausdruck geht auf das griechische „schole" zurück. Damit war im allgemeinen Sinne „Muße" gemeint, aber nicht im Sinne eines pflichtenlosen Müßiggangs, sondern der Zeit, die man in Eigenverantwortung zur Verwirklichung der Glückseligkeit einsetzte. Aristoteles konkretisierte diesen allgemeinen Sinn von „schole", indem er darunter „die der Pflege der Weisheit und dem Wohl des Allgemeinwesens von einem freien Stadtbürger geschuldete und gewidmete Zeit" verstand.[2] Im Anschluß an dieses Verständnis kam noch bei den Griechen die Bezeichnung für ‚Vortrag' und ‚Vorlesung', aber auch für „die Stelle, an der sich Lehrer und Schüler aufhalten", hinzu. Das lateinische Lehnwort ‚schola' nahm diese einschränkende Entwicklung zur heutigen Bedeutung von Schule als dem Ort geistiger Bildung auf, brachte aber auch gegenüber dem Griechischen eine wichtige Erweiterung: ‚Schola' konnte nun auch die Hausdienerschaft und Sekte, vor allem auch die Schülerschaft eines (philosophierenden) Lehrers bedeuten. In diesem Sinne versteht man unter Schule bis in die Gegenwart nicht nur im künstlerischen Bereich die von einem bedeutenden Maler, Bildhauer oder Komponisten geprägte Richtung (zum Beispiel Rembrandt-Schule, Schönberg-Schule), sondern auch in akademischer Hinsicht die Anhänger eines hervorragenden Gelehrten.

---

1 Vgl. D. *Klemenz*: Schule, in: Joachim Ritter/Karlfried Gründer (Hrsg.): Historisches Wörterbuch der Philosophie, Bd. 8, Basel 1992, Sp.1472-1478.
2 *Aristoteles*: Politik VII, 15, 1334a 16-40. Vgl. die subtile philologische Begriffsrekonstruktion bei Eino *Mikkola*: ‚Schole' bei Aristoteles, in: Arctos. Acta Philologica Fennica, N.F. 2 (1958), S. 68-87.

Die weitere Ausdifferenzierung des als Lehnwort in die deutsche Sprache übernommenen allgemeinen Begriffs von „Schule", wobei der institutionelle Aspekt immer mehr an Bedeutung gewann, soll hier nicht weiterverfolgt werden. Es ist aber amüsant festzuhalten, daß damit im Spätlateinischen auch der ‚Kriegerhaufen' und im Althochdeutschen der ‚Schwarm' assoziiert wurde.[3] Im akademischen Bereich erreichte der Schulbegriff seinen Höhepunkt im 19. Jahrhundert, als es in Deutschland im Zuge der grundlegenden Reform von Universität und Wissenschaft in vielen Fächern zur Bildung von angesehenen wissenschaftlichen Schulen kam.[4] Diese formierten sich um charismatische Schulgründer, die als akademische Meister durch die Vermittlung von exklusiven Theoriegebäuden in ihren Vorlesungen und mehr noch durch die Weitergabe von anspruchsvollen Methodologien und Arbeitstechniken in den dialogischen Einrichtungen der Seminare, Übungen und Laboratorien eine treue Gefolgschaft von studentischen Lehrlingen als Zuarbeiter um sich sammelten und die akademischen Gesellen als künftige Kollegen im Hochschullehrerstand zur Verbreitung des eigenen Ruhmes förderten. Die Hegel-Schulen in der Philosophie und benachbarten Disziplinen, die Ranke-Schule in der Geschichtswissenschaft, die von Jacob Grimm inspirierte Schule der vergleichenden Sprachwissenschaft, die Schleiermacher-Schule in der evangelischen Theologie, die historischen Schulen in der Rechtswissenschaft und Nationalökonomie, die Liebig-Schule in der Chemie und die Helmholtz-Schule in der Physik sind Beispiele für diese große Bedeutung der Schultradition im 19. Jahrhundert.

Die wissenschaftssoziologischen Hintergründe dieses historischen Phänomens der akademischen Schulen als wechselseitigen protektiven Sozialsystemen analysiert Rudolf *Stichweh* in seinem einleitenden Beitrag zu diesem Sammelband.[5] Er weist dabei insbesondere auf das dezentralisierte Universitätssystem und die Existenz kleinerer Hochschulen als wesentlichen Voraussetzungen für die Schulbildungen im 19. Jahrhundert hin. Im 20. Jahrhundert, so lautet seine These, haben die Tendenzen zur Vereinheitlichung und Verflechtung der Universitäten zur Absorbierung des temporären Phänomens der ortsgebundenen und hierarchisch strukturierten Schulbildungen durch ortsübergreifende und horizontale Netzwerkstrukturen der „scientific communities" (Thomas Kuhn) geführt. Dieser anregende Beitrag, der die Schulenbildung im Allgemeinen untersucht, wirft für die Politikwissenschaft die interessante Frage auf, warum im Verlauf ihrer Geschichte in Deutschland

---

3   Vgl. *Brockhaus-Wahrig*: Deutsches Wörterbuch, Bd. 5, Wiesbaden, Stuttgart 1983; Jacob *Grimm*/Wilhelm *Grimm*: Deutsches Wörterbuch, Bd.15, München 1984, Sp.1927-1936.
4   Vgl. Franz *Schnabel*: Deutsche Geschichte im Neunzehnten Jahrhundert, Bd.3, Freiburg/Breisgau 1943, S. 133 ff.
5   Vgl. zur Typologie und Geschichte der soziologischen Schulenbildung Jerzy *Szacki*: „Schulen" in der Soziologie, in: Wolf Lepenies (Hrsg.): Geschichte der Soziologie. Studien zur kognitiven, sozialen und historischen Identität einer Disziplin, Bd. 2, Frankfurt/Main 1981, S. 16-30 und Edward A. *Tiryakian*: Die Bedeutung von Schulen für die Entwicklung der Soziologie, in: Lepenies: Geschichte, S. 31-68.

Einleitung 11

Schulen zwar kaum im 19. Jahrhundert, hingegen aber in den ersten Jahrzehnten nach 1945 eine wesentliche Rolle gespielt haben.

Im Mittelalter als der ersten Epoche der europäischen Universitätsgeschichte hat auch in Deutschland der Schulbegriff in Gestalt der Scholastik ein ganzheitliches Verständnis aller Wissenschaften charakterisiert. Zur Scholastik wird die Gesamtheit des Wissens gezählt, das von den „scholastici", den „zur Schule Gehörigen", in einem höchst ritualisierten Verfahren erworben wurde. Die scholastischen Lehren beruhten auf einer Osmose von christlicher Offenbarungslehre in der Tradition theologischer Exegese und philosophischem Denken in der Überlieferung der antiken Klassiker. Im Zuge dieses insbesondere von Thomas von Aquin verkörperten christlichen Aristotelismus, eines Versuchs der dialektischen Vermittlung von antiken und christlichen Autoritäten, erhielten auch Lehren über Politik einen Ort im Ideengebäude der frühen europäischen Universitäten. Als Teil der praktischen Philosophie wurden sie allen Studenten anhand der Schriften von Aristoteles, Cicero, Augustinus und später der scholastischen Kommentare zu diesen Klassikern nahegelegt.[6]

Jürgen *Miethke*, der sich als intimer Kenner der politischen Ideengeschichte im Mittelalter[7] und besonders als Interpret Wilhelm von Ockhams einen Namen erworben hat, weist in seinem Beitrag zu diesem Sammelband auf eine weitere Quelle politischer Theoriebildung neben der in der Artistenfakulät vermittelten praktischen Philosophie hin. Dabei handelt es sich um die Kanonistik als das in den Juristischen Fakultäten gelehrte Kirchenrecht. Dessen Inhalte und Kontroversen strahlten infolge der großen Bedeutung der Amtskirche für die mittelalterliche Welt und deren Vorbildcharakter für die Verfassung der sich erst langsam emanzipierenden politischen Institutionen auf weite Bereiche der öffentlichen Diskussion aus. Auch das spätere Juristenprivileg für die politisch-administrativen Eliten des modernen Staates hat seinen Ausgang von den in der Kirchenpolitik und -verwaltung des Mittelalters tätigen Juristen genommen. Gleichzeitig macht *Miethke* aber auch in gewisser Korrektur an politikwissenschaftlichen Thesen zur frühen Geschichte des Faches[8] deutlich, daß man für diesen Zeitraum nur von divergenten theoretischen Ansätzen zur Politik sprechen kann. Wie es im Mittelalter noch keinen abgegrenzten Bereich der Politik, geschweige denn einen „Staat" gab, so existierte auch noch keine eigenständige Wissenschaft von der Politik.

---

6 Darauf hat besonders nachdrücklich hingewiesen Hans *Maier*: Die Lehre der Politik an den älteren deutschen Universitäten, in: Wissenschaftliche Politik. Eine Einführung in Grundfragen ihrer Tradition und Theorie, hrsg. von Dieter Oberndörfer, Freiburg 1962, S. 59-116 und in: Hans Maier, Politische Wissenschaft in Deutschland. Lehre und Wirkung, München ²1985, S. 31-67.

7 Vgl. Jürgen *Miethke*: Politische Theorien im Mittelalter, in: Hans-Joachim Lieber (Hrsg.): Politische Theorien von den Anfängen bis zur Gegenwart, Bonn ²1993, S. 47-156.

8 In diesem Zusammehang ist neben den Arbeiten von Hans Maier vor allem das entschiedene Plädoyer von Wilhelm *Hennis* für eine Wiederbelebung der älteren politischen Wissenschaft zu nennen. Wilhelm Hennis: Politik und praktische Philosophie. Eine Studie zur Rekonstruktion der politischen Wissenschaft, (= Politica Bd.14), Neuwied, Berlin 1963 [Stuttgart ²1977].

Die eigentliche Etablierung der Politiklehre als einer eigenständigen akademischen Disziplin an deutschen Universitäten erfolgte erst in der frühen Neuzeit des 16. und 17. Jahrhunderts. Das kann Michael *Philipp* sehr anschaulich anhand einer Analyse des Umfangs der politikwissenschaftlichen Literatur und insbesondere auch der einschlägigen Dissertationen nachweisen. Inneruniversitär manifestiert sich in diesem Etablierungsprozeß der Politikwissenschaft einschließlich der Konkurrenz- und Kooperationsverhältnisse mit anderen Fächern der frühneuzeitliche Ausdifferenzierungsprozeß der deutschen Hochschulen, wie ihn Rudolf *Stichweh* in seiner Habilitationsschrift analysiert hat.[9] Außeruniversitär stehen hinter der Institutionalisierung der Politikwissenschaft, wie schon Hans Maier dargestellt hat[10], die Bedürfnisse der frühneuzeitlichen Territorialstaaten, vor allem aber das Auseinandertreten von Glauben und Herrschaft, das der Politik als Praxis und Lehre einen eigenständigen Raum eröffnete. Geht man von den Thesen von Rudolf *Stichweh* aus, so müßte es gerade auch in dieser Epoche der Dezentralisierung der Universitäten und der Etablierung der Politikwissenschaft zu akademischen Schulbildungen gekommen sein. Michael *Philipp* unterstützt entsprechende Vermutungen, die aber noch von der durch ihn angeregten weiteren Forschung zu überprüfen sind.

Mohammed *Rassem* und Guido *Wölky* können nachweisen, daß die im 18. Jahrhundert in Göttingen gelehrten Staatswissenschaften an die älteren politikwissenschaftlichen Traditionen der praktischen Philosophie und der Kameralwissenschaften anknüpften, aber durch die Fokussierung auf den Staat als Gegenstand und die Konzentrierung auf den historisch gesättigten Vergleich als Methode wesentlich über diese Vorläufer hinausgingen. So entwickelte sich an der 1737 neugegründeten hannoverschen Reformuniversität ein Vielzahl von Staatswissenschaften, die von der durch Pütter geförderten Reichsrechtswissenschaft über die von Achenwall als Staatenkunde etablierte Statistik, die Staatengeographie Schlözers und die Staatengeschichte Heerens bis hin zur der von allen Göttingern geförderten Neuprofilierung der Politiklehre als einer empirisch gesättigten Staatsklugheitslehre reichte. Die Funktion dieser nicht durch die akademische Lehre am Universitätsort selbst, sondern durch eine breite wissenschaftliche und publizistische Veröffentlichungspraxis in ganz Deutschland und darüber hinaus im Ausland verbreiteten staatswissenschaftlichen Lehren war nicht nur die Ausbildung von Verwaltungsbeamten, sondern mehr noch die Bildung der künftigen Staatsmänner und darüber hinaus des ganzen Publikums. *Rassem* und *Wölky* machen in ihrem anschaulichen Beitrag deutlich, daß diese Bestimmung der Göttinger Staatswissenschaften nur vor dem Hintergrund eines für die han-

---

9   Rudolf *Stichweh*: Der frühmoderne Staat und die europäische Universität. Zur Interaktion von Politik und Erziehungssystem im Prozeß ihrer Ausdifferenzierung (16.-18. Jahrhundert), Frankfurt/Main 1991.
10 Hans *Maier*: Die ältere deutsche Staats- und Verwaltungslehre (Polizeiwissenschaft). Ein Beitrag zur Geschichte der politischen Wissenschaft in Deutschland (= Politica, Bd.13), Neuwied, Berlin 1966 [München ²1980].

Einleitung 13

noversche Universität charakteristischen kulturellen und gesellschaftlichen Milieus zu verstehen ist. Vor allem in der Kontinuität von Lehrer-Schüler-Beziehungen zwischen den Göttinger Staatswissenschaftlern des 18. Jahrhunderts erkennen sie Ansätze einer Schulbildung, doch im Hinblick auf die lange Nachwirkung im 19. Jahrhundert (insbesondere Dahlmann und Roscher) wird man wohl angemessener von einer Göttinger Tradition der empirisch-vergleichenden Politiklehre sprechen können.

In der ersten Hälfte des 19. Jahrhunderts wurde an der neugegründeten Staatswirtschaftlichen Fakultät der Universität Tübingen unter der Ägide Robert Mohls versucht, nicht nur die Pluralität der Göttinger Staatswissenschaften aufzunehmen, sondern ein Programm der Einheit der „gesamten Staatswissenschaft" in Lehre und Forschung umzusetzen. Zu diesem Erfolg trugen, wie Wilhelm *Bleek* in seinem Beitrag aufzeigt, an erster Stelle endogene Faktoren wie das Organisationstalent und die öffentliche Ausstrahlungskraft des Schulvaters bei. Doch die exogenen Faktoren in Gestalt der politischen Rahmenbedingungen, die zunächst die Fakultätsgründung begünstigt hatten, führten schon nach wenigen Jahrzehnten den Untergang der Tübinger Schule der gesamten Staatswissenschaft herbei. Dazu gehörte nicht nur die politisch motivierte Entlassung Robert Mohls im Jahr 1845, sondern ebenfalls die konservative Tendenz auch der württembergischen Regierung, für den höheren Verwaltungsdienst überwiegend juristisch und nicht staatswissenschaftlich ausgebildete Kandidaten zu rekrutieren. Hinzu kam die langfristige Veränderung des Wissenschaftsideals, die mit ihrer Betonung von Methode statt Gegenstand als wissenschaftskonstituierendem Merkmal und der Skepsis gegenüber Nähe von akademischen Disziplinen zur praktischen Politik die universitäre Repräsentanz von politischen Wissenschaften ab der Mitte des 19. Jahrhunderts grundsätzlich in Frage stellte.

Im Mittelpunkt des Beitrages von Dieter *Koop* über die historische Schule der Nationalökonomie steht mit Wilhelm Roscher ein Gelehrter, der an der Leipziger Universität über fast die ganze zweite Hälfte des 19. Jahrhunderts nicht nur die Göttinger Überlieferung von empirisch-historischen politischen Wissenschaften, sondern auch unausgesprochen die Tübinger Tradition der gesamten Staatswissenschaft fortgeführt hat. Dieser als Vater der älteren Schule der Nationalökonomie angesehene Gelehrte verstand nicht nur die Volkswirtschaft als eine politische Wissenschaft, sondern ordnete sie auch in ein ganzheitliches, organologisches Wissenschaftsprogramm ein, auf das er eine umfassende Konzeption der Sozialwissenschaften fundierte. Aber auch die Lehre von der Politik wurde von Wilhelm Roscher in einer durch seine Göttinger Lehrer Friedrich Christoph Dahlmann und Georg Friedrich Gervinus vermittelten aristotelischen Tradition fortgeführt. Nach dem Tode Roschers entwickelte Otto Hintze an der Berliner Universität seine politikwissenschaftliche Verfassungslehre in der kritischen Auseinandersetzung mit Wilhelm Roscher, nahm dabei auch von Max Weber inspirierte soziologische Fragestellungen auf. So wird in diesem Beitrag von Dieter *Koop* deutlich, daß entgegen der von Wilhelm Hennis und Hans Maier vertretenen These vom umfassenden Untergang der älteren Lehre der Politik diese zwar nicht durch explizite akademische Schulen, aber doch von ausgeprägten Traditionslinien im 19. Jahrhundert bis ins 20. Jahrhundert überliefert worden ist.

Zu den großen Kontroversen der Fachgeschichte der Politikwissenschaft gehört die Frage, ob es entgegen dem Gründungsmythos der bundesdeutschen Disziplin personelle und inhaltliche Kontinuitätslinien zwischen der Weimarer Republik und dem Dritten Reich gegeben hat und ob unter der nationalsozialistischen Herrschaft eine Politikwissenschaft existierte.[11] Ralf *Walkenhaus* untersucht an einem prominenten Beispiel die Verwirklichung der programmatischen Forderung der Nationalsozialisten nach „politischer Wissenschaft", die nicht eine eigenständigen Fachdisziplin der Politik, sondern die Politisierung aller Wissenschaft zum ideologischen Ziel hatte. Dabei handelt es sich um die sogenannte „Kieler Schule", die in den Jahren von 1933 bis 1937/38 in der Juristischen Fakultät der sogenannten „Grenzlanduniversität" Kiel propagiert wurde. Die nach den Säuberungen der Machtergreifungsphase neuberufenen jungen Nationalsozialisten verband die Gemeinsamkeit ihrer politischen Intention und Weltanschauung, die sie im rechtswissenschaftlichen Programm des „konkreten Ordnungsdenken", einer intensiven Publikationstätigkeit und der Ausbildung von Verwaltungsjuristen umzusetzen suchten. Sie verstanden sich dabei als völkische Arbeitsgemeinschaft in einer „Stoßtruppfakultät". *Walkenhaus* ist aus vielerlei Gründen skeptisch, ob es sich bei dieser selbstpropagierten „Kieler Schule" um eine Schule im tradierten Sinne gehandelt hat. Dagegen spricht nicht nur das Fehlen eines dominierenden Lehrers, sondern auch der letzten Endes wissenschaftsexterne und nicht -interne Gründungsimpuls und der beschränkte Erfolg bei der Umsetzung des Programms in die Praxis von Wissenschaft und Rechtsanwendung im Dritten Reich. Die Kieler Schule und allgemein die „politische Wissenschaft" des Nationalsozialismus ist kein Bestandteil der eigentlichen Fachgeschichte der Politikwissenschaft in Deutschland. Doch ihre Ideen und deren Träger stehen in Kontinuitätslinien nicht nur der Rechtswissenschaft, sondern auch der Staatswissenschaft als Politikwissenschaft. Letzteres wird deutlich an Ernst Rudolf Huber, der sich bei seiner Programmatik während der Kieler Zeit nicht nur ausdrücklich auf die Tübinger Tradition einer „gesamten Staatswissenschaft" bezog, sondern auch seinem Werk nach 1945 eine Öffnung von der juristisch-positivistischen zur politisch-institutionellen Verfassungsgeschichtsschreibung zugrundelegte.[12]

Keine disziplingeschichtliche Kontroverse hat die deutsche Politikwissenschaft in den letzten Jahren so beschäftigt wie die Auseinandersetzung um die Kontinuität bzw. Diskontinuität des Faches zwischen Weimarer Repu-

---

11 Vgl. zuletzt Rainer *Eisfeld*: German Political Science at the Crossroads: The Ambivalent Response to the 1933 Nazi Seizure of Power, in: ders./Michael Greven/Hans Karl Rupp: Political Science and Regime Change in 20th Century Germany, Commack, New York 1997, S. 17-53.

12 Vgl. die Bochumer Dissertation von Ralf *Walkenhaus*: Konservatives Staatsdenken. Eine wissenssoziologische Studie zu Ernst Rudolf Huber, Berlin 1997.

Einleitung

blik, Dritten Reich und Bundesrepublik. Hubertus *Buchstein* nimmt diese Debatte, zu der er selbst durch zahlreiche Monographien beigetragen hat, in seinem Beitrag über die Berliner Politikwissenschaft unter diesen drei politischen Systemen auf. Während Rainer Eisfeld mit Verweis auf bestimmte personelle Konstanzen zwischen der Deutschen Hochschule für Politik vor und nach 1933 vor allem auf dem Gebiet der rechtskonservativen Auslandswissenschaftler eher zur Feststellung einer Kontinuität neigt[13], kommt *Buchstein* zur Feststellung einer überwiegenden Diskontinuität der Personen und Themen an der Hochschule vor und nach der Machtergreifung. Er weist nach, daß die Träger der hoffnungsvollen Ansätze zur Verwissenschaftlichung der alten DHfP überwiegend in die Emigration gehen mußten. So gut wie keine Kontinuitäten können zwischen der politischen Wissenschaft des Dritten Reiches und der nach 1945 zunächst in Westberlin etablierten Politologie konstatiert werden. Ihre Gründungsväter waren überwiegend Sozialdemokraten, die in Deutschland im Widerstand überlebt hatten, und nicht Remigranten, wie *Buchstein* in kritischer Auseinandersetzung mit der Emigrationsforschung hervorhebt. Zu Recht weist er darauf hin, daß für die bundesdeutsche Neugründung der Politikwissenschaft von der Westberliner Bastion aus nicht nur die später als Otto-Suhr-Institut in die Freie Universität integrierte DHfP, sondern auch das 1950 gegründete (Forschungs-) Institut für Politische Wissenschaft eine zentrale Rolle spielte. Aus vielerlei Gründen vermag Hubertus *Buchstein* der Berliner Politikwissenschaft, auch in ihrer höchst einflußreichen Phase in den sechziger Jahren, keinen Schulcharakter zuzusprechen. Nicht nur habe es an der einen großen Gründungsfigur gefehlt, auch sei die Schülerfolge eher schwach ausgefallen, und schließlich hätten die Berliner Politologen kein charakteristisches Schulprogramm entwickelt.

Zu relativ ähnlichen Ergebnissen wie *Buchstein* im Hinblick auf die Berliner Traditionslinien der Politikwissenschaft kommt Hans J. *Lietzmann* in seiner Skizze der durch Alexander Rüstow, Dolf Sternberger und Carl Joachim Friedrich repräsentierten Heidelberger Schule. Auch diese hatte durch ihre Anknüpfung an das kultursoziologische Gedankengebäude Alfred Webers und die Fortführung des durch diesen jüngeren Weber-Bruder begründeten Heidelberger Instituts für Sozial- und Staatswissenschaften einen starken Weimar-Bezug. *Lietzmann* arbeitet die Unterschiede, vor allem aber die Gemeinsamkeiten in Werk und Biographie der drei Heidelberger Gelehrten heraus. Alle drei gingen von der Frage nach den politischen Konsequenzen der zunehmenden Pluralisierung der Gesellschaft aus und fanden ihre Antworten in Theorien der politischen Integration, welche die Bedeutung des Verfassungsstaates und die Verantwortung der Exekutive in den Vordergrund stellten. Bei aller Unterschiedlichkeit war allen drei Gründungsvätern der Heidelberger Politikwissenschaft doch die Abschwächung des Demokratiegedankens durch die Politik des Konstitutionalismus gemeinsam, eine

---

13 Vgl. Rainer *Eisfeld*: Ausgebürgert und doch angebräunt. Deutsche Politikwissenschaft 1920-1945, Baden-Baden 1991.

konservative Antwort auf die Herausforderungen der modernen Massengesellschaft. *Lietzmann* bejaht letzten Endes die im Titel seines Beitrages gestellte Frage, ob es eine Heidelberger Schule der Politikwissenschaft gegeben habe, indem er „Schule" nicht als institutionell verfaßtes Lehrer-Schüler-Verhältnis, sondern als eine Denkschule mit einem gemeinsamen Paradigma versteht.

Aus dem Heidelberger Institut für Sozial- und Staatswissenschaften und der kultursoziologischen Tradition Alfred Webers ist auch Arnold Bergstraesser hervorgegangen, dessen Freiburger Schule wie keiner der verschiedenen politikwissenschaftlichen Strömungen der bundesrepublikanischen Epoche von den Zeitgenossen der Schulcharakter zugesprochen wurde. Horst *Schmitt* arbeitet in seinem Beitrag über diese Schule vor allem deren politische Zeitgebundenheit heraus. Diese dokumentiert sich schon mit dem bewegten und kontroversen Lebenslauf ihres nicht nur charismatischen, sondern auch zum Ende der Weimarer Republik und Beginn der nationalsozialistischen Herrschaft gegen autoritäre Versuchungen nicht gefeiten Schulvaters. Sie setzt sich fort in einem politischen Forschungsprogramm der Freiburger Schule, das auf der entschiedenen normativen Entgegensetzung der Ideen der freiheitlichen Demokratie des Westens und der totalitären Ideologie vor allem der kommunistischen Diktaturen beruht. Die Umsetzung dieses von Bergstraesser aufgestellten Schulprogramms einer sich in Anknüpfung an die klassischen Traditionen als „praktische" und „synoptische" Wissenschaft verstandenen Politikwissenschaft erfolgte, wie *Schmitt* minutiös aufzeigt, durch einen Kreis von bald zu eigenem Renommee gelangten Schüler. Deren thematische Schwerpunkte und politische Affilationen differenzierten sich aus, doch die Orientierung an einem spezifischen Freiburger Gemeinwohl- und Common Sense-Verständnis blieb ihnen gemeinsam. In der kritischen Theorie des Neomarxismus und deren Repräsentanten im Fach fand die Freiburger Schule nochmals ein einigendes Feindbild.

Ihre normativ-ontologische Grundausrichtung hatte die Freiburger Schule gemeinsam mit der Münchener Schule der Politikwissenschaft, die ebenfalls Ende der fünfziger und in den sechziger Jahren ihre größte Wirksamkeit entfaltete. Dietmar *Herz* und Veronika *Weinberger* stellen in ihrem Beitrag über die Münchener Schule zu Recht die große Bedeutung Eric Voegelins heraus. Seine Konzeption einer „Neuen Wissenschaft von der Politik" war die programmatische Grundlage dieser Schule. In Mittelpunkt stand die Frage nach den fundamentalen Ordnungsstrukturen nicht nur des Politischen, sondern insgesamt der Menschheit, die unter Rückgriff auf die Klassiker, vor allem Platon und Aristoteles, zu beantworten war. Dieser Plan des Schulvaters wurde von zahlreichen Schülern vor allem auf den Gebieten der politischen Theorie und Ideengeschichte, aber auch auf anderen politikwissenschaftlichen Teilgebieten umgesetzt. Doch letzten Endes konnte dieses ehrgeizige Programm keine dauerhafte Wirkung entfalten, blieb die Münchener Schulbildung in den Anfängen stecken. Sie besaß zwar einen charismatischen Schulgründer, ein anspruchsvolles Schulprogramm und eine begeisterungs-

Einleitung

fähige Schülerschaft, doch die Entwicklung der Politik im Allgemeinen und der wissenschaftstheoretischen Grundannahmen im Besonderen standen einem längerwirkenden Erfolg dieser Schule entgegen.

Freiburger wie Münchener Schule erlebten im Gefolge der Studentenbewegung die Ablösung ihres großen Einflusses durch die von der Frankfurter Schule inspirierte Kritische Theorie und andere linke, gesellschaftskritische Ansätze der bundesdeutschen Politikwissenschaft. Dazu gehörte auch die Marburger Schule, die Christoph *Hüttig* und Lutz *Raphael* im abschließenden Beitrages dieses Sammelbandes vorstellen. Dabei handelt es sich um das von dem entschiedenenen Antifaschisten und Marxisten Wolfgang Abendroth an der traditionsreichen hessischen Universität inspirierte politikwissenschaftliche Lehr- und Forschungsprogramm. Es beruhte auf einem radikaldemokratischen bzw. sozialistischen Grundkonsens bei der Deutung der politischen Institutionen der repräsentativen Demokratien in den westlichen Industriestaaten und wurde vor allem in zeitgeschichtlichen Arbeiten zum nationalsozialistischen Regime, in lokalen Wahlstudien aus historisch-soziologischer Perspektive sowie in Untersuchungen zur politischen Willensbildung in Parteien und Verbänden umgesetzt. Vor allem im Hinblick auf das politische Profil unterscheiden *Hüttig* und *Raphael* sogar drei „Marburger Schulen", ein linkssozialdemokratisches Verständnis der Politikwissenschaft als Demokratiewissenschaft in den fünfziger Jahren, unter der Einwirkung der Frankfurter Schule in den sechziger Jahren ein Bemühen um die Entwicklung einer kritischen Politikwissenschaft als politischer Soziologie und schließlich jene Gruppierung der siebziger Jahre, die unter dem Einfluß der DKP und mit ihrer Entgegensetzung von „bürgerlicher" und „kritischer" Wissenschaft die Marburger Schule auf eine parteipolitische Perspektivverengung der Politikwissenschaft festlegte. Obwohl diese Tendenz zu keiner Zeit die Gesamtheit der Marburger Hochschullehrer auszeichnete, brachte sie doch nicht nur die Marburger Schule, sondern auch den Dogmatismus aller Schulbildungen in Verruf. *Hüttig* und *Raphael* gelingt es in ihrem Beitrag, ein wesentlich differenzierteres Bild der Marburger Schulbildungen zu vermitteln, wobei sie insbesondere den allgemeinen Hinweis von Rudolf *Stichweh* auf den regionalen Charakter von Schulen bestätigen können.

Im Überblick über die Gesamtheit der Schulen, die in diesem Band vorgestellt worden sind, fällt auf, daß entgegen der allgemeinen wissenschaftsgeschichtlichen Beobachtung, die auch *Stichweh* teilt, der Höhepunkt der Schulbildung auf dem Gebiet der Politikwissenschaften nicht im 19. Jahrhundert, sondern in den ersten bundesrepublikanischen Jahrzehnten des 20. Jahrhunderts lag. Im Hinblick auf das 19. Jahrhundert war wohl ausschlaggebend, daß die Politikwissenschaft sich damals, im Gegensatz zu vielen anderen Universitätsfächern, nicht im Aufschwung, sondern aus politischen und methodologischen Gründen im Abschwung befand. Im 20. Jahrhundert ist es gerade in jenen Jahrzehnten zu Schulbildungen gekommen, in denen das Fach wissenschaftsgeschichtlich gesehen wiedergegründet, faktisch aber neugegründet wurde. Der programmatische und organisatorische Elan der

Gründungsväter der Politikwissenschaft nach 1945 hat wesentlich dazu beigetragen, daß sich das Fach entgegen vielfältigen Widerständen an den westdeutschen Universitäten etablieren konnte. Die Bildung von Schulen scheint in dieser Pionierzeit der bundesdeutschen Politikwissenschaft notwendig gewesen zu sein. Doch nachdem die akademische Existenz nicht mehr in Frage gestellt wird, scheint auch in der Politikwissenschaft das Phänomen der Schulen zugunsten der scientific communities und Netzwerke zurückzutreten.

In diesem Sammelband sind einige Schulen, die in der Geschichte der deutschen Politikwissenschaft, wie insbesondere nach 1945 die Frankfurter Schule mit ihrem Programm einer Kritischen Theorie und die Köln-Mannheimer Schule mit ihrem Anspruch auf empirische Sozialforschung, eine wichtige Rolle gespielt haben, nicht vertreten, weil sich trotz entsprechender Bemühungen kein Autor fand, der diese Aufgabe übernehmen wollte. Auf der anderen Seite liefen und laufen wichtige Entwicklungen des Faches zweifellos außerhalb des Phänomens von politikwissenschaftlichen Schulen ab. Doch nur wer das Konzept der Schule begrifflich allzu rigide faßt und vor allem mit unterschwelligen Vorbehalten gegenüber Lehrer-Schüler-Verhältnissen verknüpft, wird es insgesamt als für die Geschichte der Politikwissenschaft irrelevant verwerfen. Wir gingen bei der Wahl dieses Tagungsthemas für den DVPW-Arbeitskreis von der Auffassung aus, daß die Schulen im Fach einen wesentlichen Beitrag zu dessen Entwicklung geleistet haben.[14] Nicht zuletzt das klassische Verständnis von akademischen Schulen als Zeit und Ort der gelehrsamen Muße erscheint uns der Erinnerung wert. Das Porträt der politikwissenschaftlichen Schulen in diesem Sammelband stellt bruchstückhafte und unvollständige Mosaiksteine vor, die dem Betrachter aber beim Zurücktreten durchaus ein vorläufiges Gesamtbild über die Geschichte der Politikwissenschaft in Deutschland von ihren Anfängen bis in die Gegenwart ermöglichen.

---

14 Vgl. die Bedeutung, die Gabriel A. Almond in seiner Skizze der Geschichte der amerikanischen Political Science den „schools" als methodologischen und fachpolitischen Richtungsunterschieden in einem von pluralistischer Einheit geprägten Fach zumißt: Gabriel A. *Almond*: Separate Tables: Schools and Sects in Political Science, in: PS. Political Science and Politics 21 (1988), S. 828-842.

Zur Soziologie wissenschaftlicher Schulen

Rudolf Stichweh

1. Philosophische Sekten und wissenschaftliche Schulen: Zur Geschichte der wissenschaftlichen Schule

Wissenschaft wird in Europa seit der Antike in Organisationen gelehrt, die Schulen heißen. Schulen als Organisationen weisen Mitglieder auf, sie haben Ein- und Austrittsbedingungen, Lehrpläne, Veranstaltungsformen und viele andere institutionelle Momente mehr. Besonders wichtig für den Zweck dieser Diskussion sind die komplementären Rollenstrukturen der Schule. Es gibt in der Schule Lehr- und Lernrollen und dementsprechend Lehrer und Schüler. Diese komplementären Rollen definieren zugleich eine Asymmetrie. Schüler lernen von Lehrern und nicht umgekehrt. Lehrer wissen, was Schüler lernen sollen, und die Schüler selbst wissen es noch nicht und können auf der Basis ihres begrenzten Wissens auch nicht eigentlich sinnvoll wählen. Diese letztere Bedingung ändert sich natürlich mit zunehmendem Alter der Schüler.

Wenn wir dieses asymmetrische, aber komplementäre Rollendual Lehrer/Schüler und das in dieser dualen Struktur transferierte Wissen aus der Organisation Schule herauslösen, haben wir es mit dem zu tun, was im Sinn der Fragestellung, die uns hier interessiert, eine Schule oder eine wissenschaftliche Schule heißt. Eine solche Schule ist keine Organisation, weil sie nicht auf formalen Mitgliedschaftsbedingungen beruht, und das heißt unter anderem, daß es keine expliziten Regeln des Eintritts in die Schule und des Austritts aus der Schule gibt. Aber man verläßt die wissenschaftliche Schule – anders als die Organisation Schule – nicht, wenn man ausgelernt hat. Statt dessen wird aus dem früheren Schüler jetzt ein Kollege seines bisherigen Lehrers – wenn auch eine kleine Asymmetrie in der Interaktion immer erhalten bleiben mag –, und man kontinuiert an der Seite des bisherigen Lehrers oder an einem anderen Ort den Wissenszusammenhang seiner Schule. Idealiter kommt irgendwann eine dritte Generation hinzu, und die Schule wird mittels Schülern von Schülern fortgesetzt.

Der Begriff einer wissenschaftlichen Schule, wie ich ihn hier in ersten Umrissen skizziert habe, ist dem 18. Jahrhundert im Prinzip bekannt. In der ersten Hälfte des 18. Jahrhunderts finden wir teilweise noch ein älteres Verständnis, das statt von Schulen von „philosophischen Sekten" spricht und damit die Wahl von philosophischen Lehrsystemen meint, die sich von anderen Lehrsystemen dezidiert abgrenzen.¹ Dieser Begriff einer philosophischen Sekte ist in vielen Verwendungen ohne jeden pejorativen Gehalt. Bei anderen Autoren aber ist von Sekten nur die Rede, wenn die Option für ältere und jetzt überholte philosophische Lehrsysteme gemeint ist. Man meint mit Sekte dann beispielsweise den Versuch der Erhaltung oder der Wiederbelebung der aristotelischen Philosophie, und in diesen Fällen ist das kritische Motiv unüberhörbar. In Deutschland profiliert sich seit dem späten 17. Jahrhundert der Begriff der Eklektik als Gegenbegriff zum Sektenbegriff. Eklektische Philosophen stellen aus den Lehren der verschiedenen Sekten das für den Gebrauch des Wissens Nützliche zusammen. In diesem Zusammenhang trifft man auch auf den Begriff der Schule. Christian Thomasius und andere Autoren betonen, daß die „philosophia sectaria" für den Gebrauch der Schule geeignet sei – und hier ist in erster Linie die Schule als Organisation gemeint.[2] Die eklektische Philosophie hingegen finde den Ort ihrer größten Nützlichkeit am Hof, und damit ist wohl per Implikation gesagt, im gesamten bürgerlichen Leben. Es gibt aber auch Autoren, die den Unterschied von Sekte und Eklektik nivellieren. Buddeus sagt, alle Sektengründer seien Eklektiker, insofern als sie bei der Begründung ihres Systems auf die Lehrmeinungen verschiedener anderer Autoren zurückgreifen müßten.[3]

In der zweiten Hälfte des 18. Jahrhunderts habe ich neutrale oder gar affirmative Verwendungen des Sektenbegriffs nicht mehr gefunden. Das hat vermutlich auch mit der beginnenden Emphase des Selbstdenkens zu tun, die beide Seiten der Unterscheidung Sekte versus Eklektik betrifft. In Königsberg werden seit 1770 den Studenten der Philosophie bei Studienbeginn „Methodologische Anweisungen" übergeben, in denen es unter anderem heißt, die wahre Philosophie sei „eine Fertigkeit, selbst, ohne Vorurtheile und ohne Anhänglichkeit an eine Secte zu denken, und die Naturen der Dinge, zu untersuchen."[4] Im gleichen Zeitraum findet man mit Selbstverständlichkeit gebrauchte Verwendungen des Begriffs einer (wissenschaftlichen) Schule, und zwar ungefähr im heutigen Verständnis dieses Begriffes. So heißt es in einer der ersten historischen Darstellungen der Universität Göttingen, dem von S.C. Hollmann 1787 publizierten *Fragment einer Geschichte der Georg-Augustus-Universität zu Göttingen*, es sei bei Gründung der Universität nicht gelungen, für den Lehrstuhl für Mathematik und Naturlehre den berühmten Jenenser Professor G.E. Hamberger zu gewinnen. So habe man „wenigstens einen aus seiner Schule, den Er am geschicktesten dazu halten würde [...]" berufen.[5] Oder es finden sich zeitgenössische Verwendungen des Schulbe-

---

1   Vgl. hierzu und zum folgenden Helmut *Holzhey*: Philosophie als Eklektik, in: Studia Leibnitiana 15 (1983), S. 19-29; Horst *Dreitzel*: Zur Entwicklung der „Eklektischen Philosophie", in: Zeitschrift für historische Forschung 18 (1991), S. 281-343.
2   Siehe *Holzhey*: Philosophie, S. 27; *Dreitzel*: Entwicklung, S. 317.
3   Zit. bei *Holzhey*: Philosophie, S. 22.
4   Zit. bei Heinrich *Bosse*: Der geschärfte Befehl zum Selbstdenken. Ein Erlaß des Ministers v. Fürst an die preußischen Universitäten im Mai 1770, in: Friedrich A. Kittler/Manfred Schneider/Samuel Weber (Hrsg.): Diskursanalysen 2: Institution Universität, Opladen 1990, S. 41.
5   Samuel C. *Hollmann*: Fragment einer Geschichte der Georg-Augustus-Universität zu Göttingen, Göttingen 1787, S. 44.

griffs, die in dem Sinn „moderner" sind, daß sie einen entstehenden spezialisierten Wissenszusammenhang als eine Schule ausweisen. So Nicolas Baudeaux in seiner *Première introduction à la philosophie économique* von 1771, in der er verschiedene philosophische Schulen (Pythagoras, Zenon, Konfuzius) anführt und dann sagt, auch die Schule der Ökonomen (Economistes) könne jetzt diesen Titel beanspruchen.[6]

Die Modernität dieses Schulbegriffs ist in manchen Hinsichten nur scheinbar. Die eigentliche wissenschaftsgeschichtliche Diskontinuität liegt nicht zwischen dem Begriff der Sekte und dem der Schule. Sie ist vielmehr in der Geschichte des Schulbegriffs selbst abzulesen. Man kann sich dies gut vergegenwärtigen, wenn man sich Schleiermachers *Gelegentliche Gedanken über Universitäten im deutschen Sinn* von 1808 ansieht. Dort wird bekanntlich die spezialistische Einzelforschung als an der Akademie verortet gedacht. Die Universität verkörpert demgegenüber den Blick auf die Einheit und die gemeinschaftliche Form allen Wissens, und sie ist insofern der Philosophie verpflichtet. Dieser Blick auf Einheit und gemeinschaftliche Form ist Schleiermachers Meinung nach dasjenige, was interpretative Differenzen, philosophische Streitigkeiten und in der Folge wissenschaftliche Schulen erzeugt.[7] Schulen sind also keine Forschungszusammenhänge, sondern konsolidierte Dogmatiken der Interpretation, und das ist der Sache nach vom Sektenbegriff des 17. und 18. Jahrhunderts nicht signifikant unterschieden. Der Umbruch im Schulbegriff vollzieht sich erst in den Jahrzehnten am Anfang des 19. Jahrhunderts, im Zusammenhang mit der Etablierung spezialistischer Einzelforschung an der Universität und damit im Konflikt mit der Funktionszuschreibung, die Schleiermacher eigentlich für die Universität vorgesehen hatte.

Wissenschaftliche Schulen scheinen im Verlauf des 19. Jahrhunderts ubiquitär zu werden. Es erweist sich als üblich, die verschiedensten Gesichtspunkte für die Ausgrenzung einer Schule namhaft zu machen: eine Methode (die „historische Schule der Rechtswissenschaft"), eine disziplinäre Zugehörigkeit oder Herkunft (die „physikalische Schule in der deutschen Physiologie des 19. Jahrhunderts"), eine nationale Zugehörigkeit oder Stileigentümlichkeit (die „französische Schule der Chemie"), den Namen eines Lehrers (Helmholtz, Kohlrausch, Magnus und viele andere mehr) und – den vermutlich häufigsten Fall – einen Orts- und Universitätsnamen (die „Wiener Schule der Kunstgeschichte"[8], die „Königsberger Schule der theoretischen Physik"[9],

---

6 Nicolas *Baudeaux*: Premiere introduction a la philosophie econmique: ou analyse des etats policés, Paris 1771, S. 4-5 [Avis au lecteur].
7 Siehe Friedrich *Schleiermacher*: Gelegentliche Gedanken über Universitäten in deutschem Sinn, nebst einem Anhang über eine neu zu errichtende (1808), in: Ernst Anrich (Hrsg.): Die Idee der deutschen Universität, Darmstadt 1956, insb. S. 240.
8 Edwin *Lachnit*: Kunstgeschichte und zeitgenössische Kunst. Das wissenschaftliche Verhältnis zum lebendigen Forschungsgegenstand am Beispiel der Älteren Wiener Schule der Kunstgeschichte, Diss. Univ. Wien 1984.
9 Kathryn M. *Olesko*: Physics as a Calling. Discipline and Practice in the Königsberg Seminar for Physics, Ithaca, London 1991.

die „theologischen Tübinger Schulen"[10], und im 20. Jahrhundert auffällig, die „Chicago Schools", die in erstaunlich vielen Disziplinen von der Ökonomie über die Soziologie bis zur Theologie eine große Rolle zu spielen scheinen[11]). Es wird im folgenden zu klären sein, was die Voraussetzungen der scheinbaren Prominenz des Typus „wissenschaftliche Schule" sind; vor allem aber wird zu fragen sein, wie dieser Typus mit soziologischen Theoriemitteln näher zu charakterisieren und abzugrenzen ist. Bevor dies hier versucht wird, will ich einen kurzen Blick auf den Diskussionsstand in den beiden Fächern Wissenschaftsgeschichte und Wissenschaftssoziologie werfen, die für die Analyse der wissenschaftlichen Schule prädestiniert scheinen.

In der Wissenschaftsgeschichte oder intellektuellen Geschichte markiert der schottische Historiker John Theodore Merz mit seiner vierbändigen, seit 1896 erscheinenden *History of European Thought in the Nineteenth Century* einen signifikanten Ausgangspunkt.[12] Merz führt Schulen aller der oben erwähnten Typen an, und es wird auch sichtbar, daß die sich für ihn aufdrängende Selbstverständlichkeit des Typus „wissenschaftliche Schule" im 19. Jahrhundert mit seiner Orientierung an der deutschen Entwicklung zu tun hat. Diese Korrelation wird auch von anderen Autoren häufig registriert. Um es mit einer Formulierung von Yehuda Elkana zu sagen, die sich gleichfalls auf das 19. Jahrhundert bezieht: „The Germans had the ‚schools' in everything, while the English did not have them in any field."[13] Im Anschluß an Merz aber wird die Bibliographie über wissenschaftliche Schulen erstaunlich dünn. Natürlich gibt es das Thema in der Selbstreflexion der einzelnen Disziplinen, also beispielsweise in der extrem umfangreichen Literatur über die „historische Schule der Rechtswissenschaft" oder in der schnell anwachsenden Zahl soziologischer Dissertationen über die „Chicago School".[14] Anders ist die Situation in der Wissenschaftsgeschichte und -soziologie. Wenn man die neuere Entwicklung dieser Fächer mit Thomas Kuhns *The Structure of Scientific Revolutions* von 1962 beginnen läßt[15], dann fällt auf, daß sie sich für Schulen kaum zu interessieren scheinen. Der Grund dafür liegt meiner Meinung nach darin, daß die historische und die systematische Wissenschaftswissenschaft seit Thomas Kuhn und

---

10 Siehe Ulrich *Köpf*: Die theologischen Tübinger Schulen, in: ders. (Hrsg.): Historisch-kritische Geschichtsbetrachtung. Ferdinand Christian Baur und seine Schüler (= Contubernium. Tübinger Beiträge zur Universitäts- und Wissenschaftsgeschichte, Bd. 40), Sigmaringen 1994, S. 9-51.

11 Alan *Sica*: Review Essay: Sociology as a Worldview, in: American Journal of Socilogy 102 (1996), S. 252-255.

12 John Theodore *Merz*: 1896-1912: A History of European Scientific Thought in the Nineteenth Century, Bd.1-4, New York 1965; vgl. zu Merz auch John W. *Servos*: Research Schools an their Histories, in: Gerald L. Geison/Frederic L. Holmes (Hrsg.): Research Schools. Historical Reappraisals (= Osiris, Vol. 187), Chicago 1993, S. 3-15.

13 Yehuda *Elkana*: The Discovery of the Conservation of Energy, Cambridge 1974, S. 153.

14 Siehe den Überblick für Chicago, Columbia und Harvard bei Charles *Camic*: Three Departments in a Search of a Discipline: Localism and Interdisciplinary Interaction in American Sociology, 1890-1940, in: Social Research 62 (1995), S. 1003-1033.

15 Thomas S. *Kuhn*: The Structure of Scientific Revolutions, Chicago 1970.

Derek de Solla Price auf Alternativen zum Schulbegriff gesetzt haben.[16] Bei Thomas Kuhn ist es die „scientific community" als die dominante Sozialform der Wissenschaft; Derek Price, Diana Crane[17] und viele andere optieren für die suggestive, sich dem 17. Jahrhundert verdankende, Formel des „invisible college". Andere Alternativen sind nicht ausgearbeitet. Nur der Gruppenbegriff kommt häufiger vor, so beispielsweise in dem Versuch von Nicholas Mullins, die Dynamik der amerikanischen Soziologie in Termini von „theory groups" zu beschreiben.[18] Aber es fällt auf, daß, im Unterschied zum Reichtum der Kleingruppenforschung, der Gruppenbegriff hier eher die Vermeidung von Theoriearbeit indiziert.

Es wäre nun völlig verkehrt, diese verschiedenen Begriffe community, invisible college, Schule und Forschungsgruppe aufeinander abzubilden und eine annähernde Strukturgleichheit des jeweils Gemeinten zu unterstellen. Aufschlußreich scheint mir demgegenüber, die Strukturen, auf die der jeweilige Begriff referiert, zu präzisieren und die Differenzen herauszuarbeiten. Bevor ich dazu übergehe, zwei abschließende Bemerkungen zum Diskussionsstand hinsichtlich wissenschaftlicher Schulen. Abseits vom Hauptweg der Wissenschaftswissenschaft, der sich mit „communities" und deren kognitiver und sozialer Struktur befaßt hat, existiert eine kleine Forschungstradition zu „research schools", die vermutlich mit J.B. Morrells Text *The Chemist Breeders: The Research Schools of Liebig and Thomson* von 1972 beginnt.[19] Ein 1993 publizierter Sammelband über „Research Schools" im Rahmen der Zeitschrift *Osiris* ist die bisher umfassendste Publikation.[20] Die Charakteristik dieser Tradition ist, daß sie Forschungsschulen vor allem in den sozialen Bedingungen der Ausbildung im Laboratorium verankert. Darauf komme ich zurück.

Gleichzeitig gibt es eine um ein Vieles umfangreichere Literatur zu wissenschaftlichen Schulen, die in den früheren sozialistischen Staaten entstanden ist. Ich kann dieses hier nur als ein Faktum und als eine Frage registrieren, ohne daß ich diese Literatur studiert hätte. Warum hat der im Westen dominante Begriff der „scientific community" in den sozialistischen Ländern keine Resonanz gefunden, so daß der Terminus „wissenschaftliche Schule" die Selbst- und Fremdbeschreibung bestimmt hat? Meine Vermutung ist, daß dies mit Hierarchien zu tun hat, womit sowohl hierarchische Strukturen im Inneren des Wissenschaftssystems gemeint sind wie auch Hierarchien in der beabsichtigten politischen Steuerung der Wissenschaft. Eine wissenschaftli-

---

16 Siehe die Aufsatzsammlung Derek J. De Solla *Price*: Little Science, Big Science ...and Beyond, New York 1986.
17 Diana *Crane*: Invisible Colleges, Chicago 1972.
18 Nicolas C. *Mullins*: Theories and Theory Groups on Contemporary American Sociology, New York 1973.
19 J.B. *Morrell*: The Chemist Breeders: The Research Schools of Liebig and Thomas Thomson, in: Ambix 19 (1972), S. 1-46.
20 Gerald L. *Geison*/Frederic L. *Holmes* (Hrsg.): Research Schools. Historical Reappraisals (= Osiris, Second Series, Vol. 8), Chicago 1993; vgl. auch Gerald L. *Geison*: Scientific Change, Emerging Specialties, and Research Schools, in: History of Science 19 (1981), S. 20-40.

che Schule wäre in dieser Hinsicht eine interne Hierarchiebildung im Wissenschaftssystem, die zugleich wegen der Existenz und Identifizierbarkeit einer zur Weiterleitung von Einflüssen fähigen Spitze den Ansatzpunkt für externe Steuerungsversuche sichtbar macht.

2. Netzwerk, Scientific Community, Invisible College, Wissenschaftliche Schule: Formen der Strukturbildung im Wissenschaftssystem

Eine „scientific community" oder ein „invisible college" ist in Termini soziologischer Theorie vielleicht am besten als ein Netzwerk zu beschreiben. Ein Netzwerk wird durch Verknüpfungen oder „ties" unter Netzwerkknoten konstituiert. In einem solchen Netzwerk gibt es zwar relativ zentrale Positionen, die dort entstehen, wo autonome Subbereiche durch Netzwerkknoten miteinander verbunden werden[21] oder wo über zentrale Positionen Innenbeziehungen und Außenbeziehungen miteinander vermittelt werden.[22] Aber es gibt in der Regel keine hierarchisch herausgehobene Position, auf die alle anderen Beziehungen fokussiert wären. Zentralitätsfunktionen unterliegen mit dem laufenden Wandel des Netzwerks, in dem unablässig neue „ties" geknüpft werden und ältere „ties" sich auflösen, einer Veränderung, die auch durch die temporär zentralen Akteure nicht kontrolliert werden kann. Natürlich gibt es weitere strukturbildende Komponenten von „scientific communities" und „invisible colleges", wie sie teilweise auch durch die beiden Namen treffend indiziert werden. „Community" meint ja unter anderem eine basale Gemeinsamkeit von Werten, die aber im Kuhnschen Sinn als ein set geteilter kognitiver Prämissen zu verstehen ist, der die Evaluation von Problemlösungen steuert. „Invisible college", dem seine Herkunft aus der „ecclesia invisibilis" anzusehen ist, ist eine paradoxe Formulierung, die man unter anderem durch die Vorstellung einer Korporation, die nicht inkorporiert ist, übersetzen könnte. Das heißt, es geht um eine Mitgliedschaftsstruktur, die im Prinzip latent ist und die ihre Leistungsfähigkeit auch genau dieser Latenz verdankt, weil die Latenz die situative Reagibilität und Wandlungsfähigkeit des nicht explizit gemachten Mitgliedschaftszusammenhangs stützt. Es ist deutlich, daß hier eine Grundstruktur beschrieben wird, die im einzelnen erheblich variieren kann. Netzwerke dieses Typs können groß (bis zu tausend Mitgliedern) sein, aber sie können auch viel kleiner sein.[23] Vor allem aber variieren

---

21 Siehe zu redundanten und nichtredundanten Beziehungen Ronald S. *Burt*: Structural Holes. The Social Structure of Competition, Cambridge/Massachuceitts 1992.
22 Siehe David *Strang*/John W. *Meyer*: Institutional Conditions for Diffusion. Theory and Society 22 (1993), S. 487-511.
23 Vgl. Harrison C. *White*: Identity and Control: A Structural Theory of Social Action. Princeton/New Jersey 1992.

sie in der Hinsicht, in welchem Grade man sie zusätzlich als Systeme betrachten kann, denen man eine systemintern einigermaßen einheitlich gehandhabte System/Umwelt-Differenz zuschreiben kann.

Bereits diese kurzen Charakterisierungen der „scientific community" und des „invisible college" dürften deutlich gemacht haben, daß wir es bei der „wissenschaftlichen Schule" mit einem System ganz anderen Typs zu tun haben. Zwar ist auch die „Schule", wie eingangs schon bemerkt, keine formale Organisation, da es keine formalisierten Regeln hinsichtlich Ein- und Austritt und da es daher auch im Inneren der Schule eine geringere Explizitheit der Regelbindung gibt. Was den Eintritt in die Schule betrifft, muß man diese Aussage teilweise modifizieren, wenn man beispielsweise an deutsche Universitätsseminare des 19. Jahrhundert denkt. Deren Zulassungspraktiken und interne Regularien waren vielfach organisationsförmig[24]; nur verließ man mit Beendigung der Ausbildung im Seminar nicht gleichzeitig auch die wissenschaftliche Schule, in deren Praktiken man gerade sozialisiert worden war. Ungeachtet dieser Frage des Organisationsstatus läßt sich aber für die Schule eher als für die anderen beiden Strukturformen sagen, daß sie eine nahezu abzählbare Mitgliedschaft besitzt.

Entscheidender ist ein anderer Unterschied. In der wissenschaftlichen Schule fungiert Hierarchie durchgängig als Strukturprinzip, weil diese auf Lehrer/Schüler-Beziehungen aufruht. Mehr noch, ich möchte vermuten, daß Schulbildung erleichtert wird, wenn Hierarchie deshalb hervortritt, weil es nur einen oder zumindest nur wenige akademische Lehrer gibt. Insofern dürfte es einen Zusammenhang zwischen der Entstehung wissenschaftlicher Schulen und der relativ geringen Größe akademischer Institutionen geben. Wie Talcott Parsons vielfach betont hat, hängt die Wirkungschance des Professionellen in der Professionellen/Klienten-Interaktion davon ab, daß das „shopping around" des Klienten, also beispielsweise der Besuch ständig wechselnder Ärzte durch Patienten, vermieden wird.[25] Ein solches „shopping around" ist für Studenten in großen akademischen Institutionen aber eine Selbstverständlichkeit.

Aus Hierarchie in der Lehrer/Schüler-Beziehung folgt nun nicht, daß die intellektuellen Beziehungen von Lehrern und Schüler einseitig sind, daß Reziprozität abwesend ist.[26] Das intellektuelle System des Lehrers, das wissenschaftliche Projekt, dem er sich verpflichtet hat, ist ja nicht in jedem einzelnen Fall als bereits konsolidiert anzusehen, so daß es nur noch der Fort-

---

24 Siehe näher Rudolf *Stichweh*: Zur Entstehung des modernen Systems wissenschaftlicher Disziplinen. Physik in Deutschland 1740-1890, Frankfurt/Main 1984, S. 364-375.
25 Talcott *Parsons*: Social Structure and Personality; New York 1964.
26 Hans-Hermann *Tiemann*: Der „Meistergriff Süskinds". Ernst Troeltsch und die Anfänge seiner wissenschaftlichen Schule, in: Horst Renz (Hrsg.): Heidelberger Jahre (= Troeltsch-Studien, Bd. 2), Gütersloh 1998 weist mit Bezug auf eine Bemerkung von Schleiermacher darauf hin, daß die Bildung einer Schule gerade auch von der Reaktion der Schüler oder von deren Bereitschaft, sich in einen Schulzusammenhang zu begeben, her gedeutet werden kann.

schreibung und der Umsetzung in „normale Wissenschaft" (Kuhn) bedürfte. Weil dies aber so ist, bilden vielfach die Schüler für den Lehrer ein protektives Sozialsystem, das eine vorläufig prekäre wissenschaftliche Innovation vor ihrer sofortigen Zerstörung durch Kritik schützt. Gerade weil sie keine „peers" sind, also ihrem Lehrer nicht kompetitiv gegenüberstehen, erlauben die Schüler das Ausprobieren von Gedanken und Methoden, die eine schonungslose externe Kritik zur Zeit noch nicht überstehen würden. Alvin Gouldner hat in seinem Buch von 1965 *Enter Plato* diesen Zusammenhang besonders überzeugend herausgearbeitet.[27] Die Reziprozität der Leistungen erzeugt dann eine Reziprozität der Verpflichtungen, eine Verpflichtung des Lehrers auf die Karrieren seiner Schüler. In dieser Hinsicht sind Lehrer/Schüler-Beziehungen Patron/Klient-Beziehungen nahe verwandt.[28]

Wie dies auch für Patron/Klient-Beziehungen gelten kann, wird mit Bezug auf Lehrer-Schüler-Beziehungen oft der quasi-familiale Zusammenhang betont. Das schließt eine hohe Intensität affektiver Bindungen ein, meint aber auch eine kognitive Abstammungsbeziehung in einer quasi-familialen Kontinuitätslinie. In der Disziplingeschichte der Soziologie kann man dies am Beispiel der Chicago-Schule gut beobachten. Ich will hier nur zwei Schüler von Everett Hughes aus einem kürzlich erschienenen Sammelband über die sogenannte „zweite Chicago-Schule" zitieren. Eine Lehrerin an der Brandeis University sagt mit Bezug auf ihre Studienkollegen: „I felt that these people were my cousins. [...] I tell my current students that Everett Hughes is their grandfather when I teach fieldwork. I say that my students are the great-grandchildren of Park, the fourth generation, because I learned from Everett."[29] Und ähnlich einer der letzten männlichen Mitarbeiter von Hughes: „Everett conveyed a strong sense of lineage, from Park to him to Becker-Strauss-Goffman-Gusfield-Fred Davis etc., etc. I felt, and still feel, like part of a family tree, for example, with Howie Becker as a sort of older brother/uncle."[30] Affektive Bindungen aber, wie sie hier beschrieben werden, setzen auch voraus, daß die autoritativen Beziehungen von Lehrer und Schüler temporär oder periodisch gelockert werden. Ähnlich wie ein Lehrer in intellektueller Hinsicht vom „support" seiner Schüler abhängig werden kann, gibt es eine Symmetrie in persönlichen Beziehungen, die, so wie dies auch in Familien der Fall ist, zu wiederkehrenden Gelegenheiten auch interaktionell zum Ausdruck gebracht werden muß.

Aus diesen Überlegungen folgt unmittelbar ein weiteres hierarchisches Charakteristikum wissenschaftlicher Schulen, das von der Frage der quasi-

---

27 Alvin W. *Gouldner*: Enter Plato. Classical Greece and the Origins of Social Theory, London 1965, S. 177f.
28 Siehe Shmuel N. *Eisenstadt*/Luis *Roniger*: Patron-Client Relations as a Model of Structuring Social Exchange, in: Comparative Studies in Society and History 22 (1980), S. 42-77.
29 Shulamit *Reinharz*: The Chicago School of Sociology and the Founding of the Brandeis University Graduate Program in Sociology: A Case Study in Cultural Diffusion, in: Gary Alan Fine (Hrsg.): A Second Chicago School? The Development of a Postwar American Sociology, Chicago 1995, S. 297.
30 *Reinharz*: Chicago, S. 297.

familialen Interpretation auch ablösbar ist. Es handelt sich in allen Fällen bei wissenschaftlichen Schulen um Mehr-Generationen-Zusammenhänge. Eine solche generationelle Struktur ist in den Netzwerkstrukturen einer „scientific community" kaum sichtbar, prägt aber entscheidend die Selbst- und Fremdbeschreibungen von wissenschaftlichen Schulen. Schüler der ersten, zweiten und dritten Generation treten in angebbare Beziehungen zueinander. Einen besonders effektiven Typus der kognitiven Schließung einer wissenschaftlichen Schule hat Kathryn Olesko am Beispiel der Königsberger Schule für mathematische Physik beobachtet, die sich um Franz Ernst Neumann (1798-1895) zwischen den dreißiger und achtziger Jahren des 19. Jahrhunderts bildete. Eine erste Schülergeneration Neumanns war seit den dreißiger und vierziger Jahren in großer Zahl als Oberlehrer an den preußischen Gymnasien tätig. In der Folge traten in Neumanns physikalisches Seminar typischerweise Studenten ein, die bereits aus dem Gymnasium eine mathematische Schulung mitbrachten, was einen Erfolg von Neumanns ehrgeizigem Ausbildungsprogramm wahrscheinlicher machte.[31] An dieser Stelle tritt bereits eine Besonderheit hervor, die zu plausibilisieren erlaubt, warum das Phänomen der wissenschaftlichen Schule und die deutsche Universität des 19. Jahrhunderts so eng miteinander vernetzt waren. Franz Ernst Neumann wurde 1831, im relativ niedrigen Alter von 29 Jahren, Professor in Königsberg und, da es im Deutschland des 19. Jahrhunderts keine reguläre Emeritierung gab, setzte er seine Tätigkeit bis 1876, also über 45 Jahre, unvermindert fort. Die Generationslänge ist vermutlich eine erste relevante Bedingung für die Bildung einer wissenschaftlichen Schule. In dieser Hinsicht zeichnet sich allerdings seit der Mitte des Jahrhunderts eine Veränderung insofern ab, als das Universitätssystem des deutschen Sprachraums nach 1850 über häufigere Berufungsvorgänge enger miteinander vernetzt wird. Gerade bei den prominenten Lehrern nimmt jetzt die Verweildauer an einer Universität ab. Das führt Diskontinuitäten in Schulzusammenhänge ein, zumal man noch nicht einen Assistentenstab von Universität zu Universität transportierte. Es ist dann auch kein Zufall, daß die Forschungsliteratur Professoren gern eine Mehrzahl von Schulzusammenhängen zuschreibt, die mit den Orten ihrer Tätigkeit wechseln. So etwa Alan Rocke für den Chemiker Hermann Kolbe und dessen Tätigkeit in Marburg und Leipzig.[32]

Bevor ich auf diesen Zusammenhang von Hochschulstruktur und Rollenstrukturen mit Schulbildung näher eingehe, möchte ich zuvor eine fundamentalere Bedingung der Entstehung wissenschaftlicher Schulen angeben. Dies betrifft die Frage einer interaktionsintensiven Universität. Noch die Berliner Hochschulgründung von 1810 war ganz in einem traditionellen Sinne als Vorlesungsuniversität gedacht. Vorlesungen trennen Lehrer und Zuhörer weitge-

---

31 Kathryn M. *Olesko*: The Emergence of Theoretical Physics in Germany: Franz Neumann and the Königsberg School of Physics, 1830-1890, Diss. Univ. Cornell 1980, S. 431.
32 Alan J. *Rocke*: Group Research in German Chemistry: Kolbe's Marburg and Leipzig Institutes, in: Geison/Holmes: Schooly, S. 53-79.

hend voneinander; sie sind darin einem Verständnis von akademischer Freiheit verpflichtet, das in Berlin radikalisiert, aber eben auch kontinuiert wurde. Die Freiheit des Lehrers besteht darin, daß er die Wahl und die Darstellung des Lehrgegenstandes aus seiner Forschungstätigkeit schöpft; die Freiheit des Studenten darin, daß er keinen Kontrollen in Hinsicht darauf unterliegt, wie er sich das ihm übergebene Material anverwandelt.[33] Erst seit den dreißiger und vierziger Jahren des Jahrhunderts gewinnen dialogische Lehrformen, Seminare, Laboratorien und Experimentalpraktika an Bedeutung. Nur interaktionsintensiven Lehrformen dieses Typs aber kann eine Bindungswirkung und Prägekraft zugeschrieben werden, die für die Formung einer wissenschaftlichen Schule erforderlich ist.[34] Mit den naturwissenschaftlichen Institutsbauten der zweiten Hälfte des 19. Jahrhunderts kommt es dann erstmals zu einem entschlossenen Ausbau der Infrastrukturen für eine interaktionsintensive Universität.[35]

Mit dem Umbau der Universität vollzieht sich nun bemerkenswerterweise auch eine Veränderung im Typus des Schülers, der für einen wissenschaftlichen Schulzusammenhang in Frage kommt. Schulenbildend wirkt nicht notwendigerweise der Lehrer, dem es gelingt, ihrerseits mit außergewöhnlichen Begabungen ausgestattete Schüler an sich heranzuziehen. Vielmehr gewinnt das Phänomen an Bedeutung, daß es für die Zugehörigkeit zu einer Schule ausreicht, durchschnittliche oder mittlere Begabungen aufzuweisen. Schulbildung impliziert eine zunehmende Methoden- und Instrumentenabhängigkeit der Forschung. Auf der Basis der Einübung in den Umgang mit standardisierten Methoden und Instrumenten können aber auch Forscher, denen eigene ungewöhnliche Begabungen fehlen, zu verläßlichen und anschlußfähigen Ergebnissen kommen. Forschung in wissenschaftlichen Schulen ist in einem von Thomas Kuhn herausgearbeiteten Sinne vielfach puzzle-solving, das heißt ein Problemlösen, an dem nicht eigentlich die schließlich gefundene Lösung überrascht. Puzzle-solving wird vielmehr durch einen Suchprozeß bestimmt, der seine Schwierigkeiten eher in dem Finden des einfachsten Wegs zu einer weitgehend antizipierten Problemlösung hat. Insofern überrascht es nicht, wenn man seit der Mitte des 19. Jahrhunderts immer häufiger Dokumente findet, in denen der Stolz eines Universitätslehrers sich spezifisch darauf richtet, daß er mittlere Begabungen zu teilweise außergewöhnlichen Resultaten geführt hat.[36] Es wird dann nicht nur Forschung als „normal

---

33 Siehe Rudolf *Stichweh*: Der frühmoderne Staat und die europäische Universität. Zur Interaktion von Politik und Erziehungssystem im Prozeß ihrer Ausdifferenzierung (16.-18. Jahrhundert), Frankfurt/Main 1991, S. 321ff.; *ders.*: Wissenschaft, Universität, Professionen. Soziologische Analysen. Frankfurt/Main 1994, Kap. 10 u. 13.

34 Vgl. auch Kathryn M. *Olesko*: Tacit Knowledge and School Formation, in: Geison/Holmes: Schools, S. 21.

35 Vgl. auch Bernhard vom *Brocke*: Hochschul- und Wissenschaftspolitik in Preußen und im Deutschen Kaiserreich 1882-1907: das ‚System Althoff', in: Peter Baumgart (Hrsg.): Bildungspolitik in Preußen zur Zeit des Kaiserreichs, Stuttgart 1980, S. 9-118 am Beispiel von Straßburg.

36 Vgl. Beispiele in Timothy *Lenoir*: Science for the Clinic: Science Policy and the Formation of Carl Ludwig's Institute in Leipzig, in: William Coleman/Frederic L. Holmes

science" ein nahezu selbstverständlicher Vorgang innerhalb einer wissenschaftlichen Schule. Derselbe Vorgang wiederholt sich auch auf der nächsten Ebene, in der Wahrscheinlichkeit der Bildung einer wissenschaftlichen Schule durch einen Universitätslehrer. Manches spricht dafür, daß Schulbildung als normativ erwarteter Bestandteil der Rolle des Universitätslehrers gesehen wurde. In einer Eingabe des Heidelberger Physikers Philipp von Jolly an das badische Ministerium von 1846, die auf die Verbesserung der räumlichen und instrumentellen Ausstattung des physikalischen Kabinetts zielt, sagt Jolly, zwar genügten seine Mittel für den Unterricht, „zum Zwecke selbständiger Forschungen aber, zum Zwecke der Bildung einer Schule – ein Ziel, das wenigstens im Hinblick auf Universitäten nicht aus den Augen gelassen werden darf"[37], seien sie in keiner Weise hinreichend.

Schule heißt dann im Einzelnen sehr Verschiedenes. Gustav Magnus, der Berliner Physiker, nahm nur Studenten in sein Laboratorium auf, die mit eigenen wissenschaftlichen Ideen kamen, so daß die kognitive Konsistenz minimal sein mußte.[38] Von Robert Bunsen dagegen wird berichtet, er habe seinen Schülern nur analytische Aufgaben gestellt und in dem Augenblick jedes Interesse an ihnen verloren, in dem sie zu selbständigen Arbeiten übergingen.[39] Schule ist also im letzteren Fall nur ein Instrument der Produktivität des Professors und hat keine Zukunft jenseits seiner Tätigkeit. Die eigentlichen Forschungsschulen des 19. Jahrhunderts liegen offensichtlich zwischen den beiden gerade angedeuteten Extremen. Sie suchen eine Balance zwischen der Einbettung der einzelnen selbst- oder fremdgewählten Aufgabe in ein Forschungsprogramm und dem Grad der angestrebten Selbständigkeit des Schülers, die die Voraussetzung für eine eventuelle Kontinuität einer Schule ist.

Welche weiteren institutionellen Prämissen lassen sich für die Proliferation von Schulen im deutschen Universitätswesen geltend machen? Eine entscheidende Bedingung ist die Dezentralisierung des deutschen Universitätswesens, die an jedem der Hochschulorte Schulbildungen zuließ, die miteinander in Konkurrenz treten konnten. Ortsübergreifende Schulbildungen sind selten, und die ortsübergreifende Vernetzung von Forschungszusammenhängen scheint dem anderen Systemtypus „scientific community" oder „invisible college" anzugehören. Die Wahrscheinlichkeit von Schulbildungen in einem dezentralisierten Universitätssystem wurde weiterhin favorisiert durch das im

---

(Hrsg.): The Investigative Enterprise. Experimental Medicine in Nineteenth-Century Medicine, Berkeley 1988, S. 142; Arleen M. *Tuchman*: From the Lecture to the Laboratory: The Institutionalization of Scientific Medicine at the University of Heidelberg, in: Coleman/Holmes: Enterprise, S. 90.

37 Zit. nach G. *Böhm*: Philipp von Jolly, ein Lebens- und Charakterbild, München 1886, S. 14.

38 Horst *Kant*: Entscheidende Impulse für die Entwicklung der Physik in Berlin: Gustav Magnus zum 175. Geburtstag, in: Physik in der Schule 15 (1977), S. 188, zit. einen Text von G. Wiedemann.

39 Christoph *Meinel*: Die Chemie an der Universität Marburg seit Beginn des 19. Jahrhunderts. Ein Beitrag zu ihrer Entwicklung als Hochschulfach, Marburg 1978, S. 88.

19. Jahrhundert im wesentlichen durchgehaltene Lehrstuhlvertreterprinzip.[40] Jede Disziplin war in der Regel in einer Universität nur mit einem Lehrstuhl vertreten, und dies war im übrigen ein Recht, das der jeweilige Ordinarius beanspruchen und verteidigen konnte, so daß die Hochschulpolitik für innovative Spezialgebiete typischerweise auf das Instrument der Einrichtung eines Extraordinariats zurückgriff. Damit war aber eine hochschulintern hierarchische Struktur etabliert und die Möglichkeit des „shopping around" für Studenten weitgehend ausgeschlossen, so daß die Bedingungen für die Entstehung von wissenschaftlichen Schulen optimal waren.

3. Die Wissenschaftliche Schule: Eine Form des 19. Jahrhunderts?

Meine Darstellung hat den Eindruck erwecken können, als sei die wissenschaftliche Schule ein Übergangsphänomen der Wissenschaftsgeschichte, ein Phänomen eines bestimmten historischen Orts und des 19. Jahrhunderts. Meine Hypothese ist auch, daß dies sich im Prinzip so verhält, nur hat das Argument gleichzeitig einige systematische Bedingungen identifiziert, unter denen wir die Bildung wissenschaftlicher Schulen auch in der Gegenwart erwarten sollten. In dezentralisierten Universitätssystemen – und man braucht nur auf die Vereinigten Staaten mit ihren mehr als 3.400 Colleges und Universitäten zu blicken, um zu sehen, daß dem Trend nach die großen Universitätssysteme der Welt alle dezentralisierte Systeme sind oder es zunehmend werden – und in relativ kleinen Hochschulen ist zu erwarten, daß kognitive Innovationen sich in der Form hierarchischer Lehrer/Schüler-Vernetzungen vollziehen, die die Strukturform der wissenschaftlichen Schule hervorbringen. Es wäre auch zu prüfen, ob die zahlreichen „Chicago Schools", die dieses Jahrhundert kennt, damit zu tun haben, daß die University of Chicago mit gerade zehntausend Studenten auch für amerikanische Verhältnisse relativ klein ist, so daß die Beherrschung eines ganzen departments durch einen Schulzusammenhang vorstellbar ist. Eine Implikation dieser Überlegung ist schließlich auch, daß die wissenschaftliche Schule immer ein temporäres Phänomen ist.[41] Sofern die der jeweiligen Schule zugrundeliegende Innovation oder Leitidee überhaupt eine gewisse Lebensdauer erreicht, ist davon auszugehen, daß jede Schule mittelfristig durch die ortsübergreifenden und horizontalen Netzwerkstrukturen der „scientific communities" oder „invisible colleges" absorbiert wird. Diese – und nicht die wissenschaftliche Schule – definieren die Form, in der sich die Innendifferenzierung des Wissenschaftssystems der modernen Gesellschaft vollzieht.

---

40 Siehe dazu Joseph *Ben-David*: The Scientist's Role in Society. A Comparative Study, Englewood Cliffs 1971.
41 Vgl. auch L. *Malcienė*: Scientometric Analysis of a Scientific School, in: Scientometrics 15 (1989), S. 73-85, insb. S. 85.

Literaturverzeichnis

Baudeaux, Nicolas: Premiere introduction a la philosophie economique: ou analyse des etats policés, Paris 1771.

Ben-David, Joseph: The Scientist's Role in Society. A Comparative Study, Englewood Cliffs 1971.

Böhm, G.: Philipp von Jolly, ein Lebens- und Charakterbild, München 1886.

Bosse, Heinrich: Der geschärfte Befehl zum Selbstdenken. Ein Erlaß des Ministers v. Fürst an die preußischen Universitäten im Mai 1770, in: Friedrich A. Kittler/Manfred Schneider/Samuel Weber (Hrsg.): Diskursanalysen 2. Institution Universität, Opladen 1990, S. 31-59.

Brocke, Bernhard vom: Hochschul- und Wissenschaftspolitik in Preußen und im Deutschen Kaiserreich 1882-1907: das ‚System Althoff, in: Peter Baumgart (Hrsg.): Bildungspolitik in Preußen zur Zeit des Kaiserreichs. Stuttgart 1980, S. 9-118.

Burt, Ronald S.: Structural Holes. The Social Structure of Competition, Cambridge/ Massachusetts 1992.

Camic, Charles: Three Departments in Search of a Discipline: Localism and Interdisciplinary Interaction in American Sociology, 1890-1940, in: Social Research 62 (1995), S. 1003-1033.

Crane, Diana: Invisible Colleges, Chicago 1972.

Dreitzel, Horst: Zur Entwicklung und Eigenart der „Eklektischen Philosophie", in: Zeitschrift für historische Forschung 18 (1991), S. 281-343.

Eisenstadt, Shmuel N./Roniger, Luis: Patron-Client Relations as a Model of Structuring Social Exchange, in: Comparative Studies in Society and History 22 (1980), S. 42-77.

Elkana, Yehuda: The Discovery of the Conservation of Energy. Cambridge/Massachucetts 1974.

Geison, Gerald L.: Scientific Change, Emerging Specialties, and Research Schools, in: History of Science 19 (1981), S. 20-40.

Geison, Gerald L./Holmes, Frederic L. (Hrsg.): Research Schools. Historical Reappraisals (= Osiris, Second Series, Vol. 8), Chicago 1993.

Gouldner, Alvin W.: Enter Plato. Classical Greece and the Origins of Social Theory, London 1965.

Hollmann, Samuel C.: Fragment einer Geschichte der Georg-Augustus-Universität zu Göttingen, Göttingen 1787.

Holzhey, Helmut: Philosophie als Eklektik, in: Studia Leibnitiana 15 (1983), S. 19-29.

Kant, Horst: Entscheidende Impulse für die Entwicklung der Physik in Berlin: Gustav Magnus zum 175. Geburtstag, in: Physik in der Schule 15 (1977), S. 187-191.

Köpf, Ulrich: Die theologischen Tübinger Schulen, in: ders. (Hrsg.), Historisch-kritische Geschichtsbetrachtung. Ferdinand Christian Baur und seine Schüler (= Contubernium. Tübinger Beiträge zur Universitäts- und Wissenschaftsgeschichte, Bd. 40), Sigmaringen 1994, S. 9-51.

Kuhn, Thomas S.: The Structure of Scientific Revolutions, Chicago 1970.

Lachnit, Edwin: Kunstgeschichte und zeitgenössische Kunst. Das wissenschaftliche Verhältnis zum lebendigen Forschungsgegenstand am Beispiel der Älteren Wiener Schule der Kunstgeschichte, Diss. Univ. Wien 1984.

Lenoir, Timothy: Science for the Clinic: Science Policy and the Formation of Carl Ludwig's Institute in Leipzig, in: William Coleman/Frederic L. Holmes (Hrsg.), The Investigative Enterprise. Experimental Medicine in Nineteenth-Century Medicine. Berkeley 1988, S. 139-178.

Malcienė, L.: Scientometric Analysis of a Scientific School, in: Scientometrics 15 (1989), S. 73-85.

Meinel, Christoph: Die Chemie an der Universität Marburg seit Beginn des 19. Jahrhunderts: Ein Beitrag zu ihrer Entwicklung als Hochschulfach, Marburg 1978.
Merz, John Theodore: 1896-1912. A History of European Scientific Thought in the Nineteenth Century, Bd.1-4, New York 1965.
Morrell, J.B.: The Chemist Breeders: The Research Schools of Liebig and Thomas Thomson, in: Ambix 19 (1972), S. 1-46.
Mullins, Nicholas C.: Theories and Theory Groups in Contemporary American Sociology, New York 1973.
Olesko, Kathryn M.: Physics as a Calling. Discipline and Practice in the Königsberg Seminar for Physics, Ithaca, London 1991.
–: Tacit Knowledge and School Formation, in: Geison/Holmes: Schools. Historical Reappraisals (= Osiris, Vol.8), Chicago 1993, S. 16-29.
–: The Emergence of Theoretical Physics in Germany: Franz Neumann and the Königsberg School of Physics, 1830-1890, Diss. Univ. Cornell 1980.
Parsons, Talcott: Social Structure and Personality, New York 1964.
Price, Derek J. De Solla: Little Science, Big Science ... and Beyond, New York 1986.
Reinharz, Shulamit: The Chicago School of Sociology and the Founding of the Brandeis University Graduate Program in Sociology: A Case Study in Cultural Diffusion, in: Gary Alan Fine (Hrsg.): A Second Chicago School? The Development of a Postwar American Sociology, Chicago 1995, S. 273-321.
Rocke, Alan J. 1993: Group Research in German Chemistry: Kolbe's Marburg and Leipzig Institutes, in: Geison/Holmes: Schools, S. 53-79.
Schleiermacher, Friedrich: Gelegentliche Gedanken über Universitäten in deutschem Sinn, nebst einem Anhang über eine neu zu errichtende (1808), in: Ernst Anrich (Hrsg.): Die Idee der deutschen Universität, Darmstadt 1956, S. 219-308.
Servos, John W., 1993: Research Schools and Their Histories, in: Geison/Holmes: Schools, S. 3-15.
Sica, Alan: Review Essay: Sociology as a Worldview, in: American Journal of Sociology 102 (1996), S. 252-255.
Stichweh, Rudolf: Der frühmoderne Staat und die europäische Universität. Zur Interaktion von Politik und Erziehungssystem im Prozeß ihrer Ausdifferenzierung (16.-18. Jahrhundert), Frankfurt/Main 1991.
–: Wissenschaft, Universität, Professionen. Soziologische Analysen, Frankfurt/Main 1994.
–: Zur Entstehung des modernen Systems wissenschaftlicher Disziplinen. Physik in Deutschland 1740-1890, Frankfurt/Main 1984.
Strang, David/Meyer, John W.: Institutional Conditions for Diffusion, in: Theory and Society 22 (1993), S. 487-511.
Tiemann, Hans-Hermann: Der „Meistergriff Süskinds". Ernst Troeltsch und die Anfänge seiner wissenschaftlichen Schule, in: Horst Renz (Hrsg.), Heidelberger Jahre (= Troeltsch-Studien, Bd. 2)., 1998 (i.E.).
Tuchman, Arleen M.: From the Lecture to the Laboratory: The Institutionalization of Scientific Medicine at the University of Heidelberg, in: William Coleman/Frederic L. Holmes (Hrsg.): The Investigative Enterprise. Experimental Medicine in Nineteenth-Century Medicine. Berkeley 1988, S. 65-99.
White, Harrison C.: Identity and Control: A Structural Theory of Social Action, Princeton/New Jersey 1992.

Die Kanonistik als Leitwissenschaft für die politische Theorie der scholastischen Universität[1]

Jürgen Miethke

1. Die Konkurrenz der Fakultäten

Einen Streit der Fakultäten hat es seit den Zeiten ihrer Entstehung gegeben. Daß Juristen und Mediziner Reichtümer scheffelten, während Theologen und Artisten dabei abseits stehen müßten, daran rieben sich bereits häufig zitierte Verse des 12. Jahrhunderts: Die Klage der weniger gut Weggekommenen gegen die *scientiae lucrativae* hat also eine lange Tradition.[2] Neben solchen sozialen Spannungen, die auf unterschiedliche wirtschaftliche Aussichten zurückzuführen sind, fehlen natürlich auch moralische Vorwürfe nicht. Der *Magister*, der „Meister" oder „Lehrer", der in Ockhams *Dialogus* ein enzyklopädisches Panorama von Ansichten und Argumenten über den Streit der Franziskaner mit dem Papst Johannes XXII. und seine Hintergründe[3] vor dem *Discipulus*, seinem Schüler und Jünger, entfaltet, schreibt ganz am Anfang des Textes, noch im ersten Buch: „Vor allem aber mußt du wissen, daß maßgebliche Theologen der heutigen Zeit die Kanonisten als verständnislos, anmaßend, halsbrecherisch in ihrer Methode, in die Irre führend und Lügner, Verbreiter von Spitzfindigkeiten und Dummköpfe einschätzen und sie [freilich nur in ihrem Herzen und offenbar nicht im öffentlichen Disput, jm] herzlich verachten, weil sie glauben, daß sie den wahren Sinn der Heiligen Canones nicht kennen."[4]

---

1 Der Text des Referats, den ich auf der DVPW-Tagung „Schulen in der Geschichte der deutschen Politikwissenschaft" in Leipzig vorgetragen habe, entspricht einem Vortrag, der zuvor auf einem Kanonistenkongreß gehalten und auch in dessen Akten 1997 publiziert worden ist unter dem Titel: Kanonistik, Ekklesiologie und politische Theorie. Die Rolle des Kirchenrechts im Spätmittelalter, in: Peter Landau/Jörg Müller (Hrsg.): Proceedings of the 9th International Congress of Medieval Canon Law, Munich, 13-18 sept. 1992 (= Monumenta Iuris Canonici, Series C: Subsidia, 10), Città del Vaticano 1997, S. 1023-1051. Er wird hier in leicht abgewandelter und (insbesondere in den Anmerkungen) verkürzter Form noch einmal vorgelegt.
2 Dazu vor allem Stephan *Kuttner*: Dat Galienus opes et sanctio Iustiniana, in: A. S. Chrysafulli (Hrsg.): Literary and Linguistic Studies in Honor of Helmut A. Hatzfeld, Washington/D.C. 1964, S. 237-246.
3 Eine Inhaltsübersicht gibt Wilhelm *Kölmel*: Wilhelm Ockham und seine kirchenpolitischen Schriften, Essen 1962, S. 66-124.
4 I Dialogus I 3, gedruckt in: Guillelmus de Ockham: Dialogus, Lyon 1496 [Neudruck als: Guillelmus de *Ockham*, Opera plurima, tomus I, Farnborough/Hants. 1962] fol. 2rb (Übersetzung durch den Autoren, jm).

Die Argumente, die Ockham zur Begründung dieses Urteils anführt, nehmen alle restlichen Kapitel des ganzen folgenden Buches in Anspruch, erstrecken sich also über viele Seiten hin.[5] Der Oxforder Franziskaner hat sich freilich die Mühe gemacht, diese Invektive ausdrücklich mit sonst unüblicher Sorgfalt von seiner eigenen Meinung zu unterscheiden und – stilgerecht für den *Dialogus* – noch einmal als reines Referat zu deklarieren. Das war zwar schon im Prolog unmißverständlich gesagt worden, hier aber wird es erneut dem Leser ins Gedächtnis gerufen: „Ich wollte von dir", äußert der Schüler zum Lehrer, bevor dieser seine Philippika gegen die Kanonisten beginnt, „die jeweils einschlägigen Argumente hören, wie sie nur erdacht werden können, wobei du mir keineswegs sagen sollst, ob du diese Argumente für vernünftig hältst".[6] Die Vorwürfe der Theologen werden, wie ausdrücklich gesagt wird, im Herzen, *in corde*, erhoben, werden also in der Regel nicht öffentlich erhoben. Es geht in Ockhams Text, entgegen allem ersten Augenschein, auch gar nicht um die Frage der moralischen Qualifizierung einer wissenschaftlichen Disziplin, sondern um die Zuständigkeit von bestimmten Experten in Glaubensfragen und bei der Ketzerverfolgung. Ockhams *Dialogus* soll eine „*Summa*", ein systematisches Lehrbuch, über „den Streit, der über den katholischen Glauben im Gange ist", liefern[7], er will nicht die moralischen Schwächen der Kanonisten, sondern audrücklich nur „Die Ketzer" behandeln[8] (und die Haltung des Papstes im theoretischen Armutsstreit als ketzerisch erweisen).

Das von Ockham hier formulierte abgrundtiefe Mißtrauen der Theologen gegenüber den Kanonisten ist demnach nur als eine Stimme im vielstimmigen Chor des Streites der Fakultäten zu verstehen. Der Gegenstand des Streits, um den es Ockham ging, hat zwar mit der politischen Theorie der Zeit zu tun. Das wird allein daran deutlich, daß sich die ganze bisher vorgetragene Erörterung in einer Schrift findet, die allgemein zu den wichtigen politisch-theoretischen Traktaten des Spätmittelalters gezählt wird.[9] Politische Theorie als eigenes Fach kommt aber im Text überhaupt nicht vor, nur die Disziplinen „Theologie" und „Kanonistik" kommen zur Sprache.

Das ist nicht besonders erstaunlich, weil es an der mittelalterlichen Universität zwar das Fach der Kanonistik sowie das Fach Theologie als in sich und von einander abgrenzbare Disziplinen gegeben hat, sogar als eigene Fakultäten sind diese Fächer organisiert worden,[10] das Fach „politische Theorie"

---

5   *Ockham*: I Dialogus I 3-15, fol. 2rb -5vb.
6   *Ockham*: I Dialogus I 3, fol. 2rb.
7   *Ockham*: I Dialogus, Prologus, fol. 5ra. In der deutschen Auswahlübersetzung: Wilhelm von *Ockham*: Dialogus, Auszüge zur politischen Theorie, ausgew., übersetzt u. mit Nachw. von Jürgen Miethke, Darmstadt ²1993, ist der Prolog enthalten: S. 11-13.
8   *Ockham*: I Dialogus, Prologus, fol. 1ra.
9   Nachweise erübrigen sich. Auch noch in skizzierenden Gesamtüberblicken über das politische Denken des Mittelalters läßt kaum ein Autor einen Hinweis auf Ockham und seinen „Dialogus" aus.
10 Zu dem Verhältnis der „Fakultäten" zur „Universität" demnächst allgemein Jürgen *Miethke*: Universitas und studium. Zur Verfassung der mittelalterlichen Universitäten, erscheint in: Aevum [voraussichtlich 1999].

ist an den mittelalterlichen Universitäten aber auch nicht als Teilgebiet einer anderen Fakultät aufzufinden. Zu methodischer Eigenständigkeit, zu einer für sich selbst stehenden wissenschaftlichen Disziplin hat sich die politische Theorie bekanntlich erst nach einem komplizierten langwierigen Prozeß, der Jahrhunderte in Anspruch nahm, emanzipiert. Das geschah erst spät, erst am Ende des Mittelalters oder am Beginn der Neuzeit, spätestens bei Niccolò Machiavelli. Insofern kann man dem Verständnis dieses Sammelbandes zufolge auch nicht von „Schulen der Politiktheorie" sprechen, denn mittelalterliche Reflexion über politische Phänomene fand nicht in von einander innerhalb einer Disziplin unterscheidbaren „Schulen" statt. Freilich hat es an der scholastischen Universität durchaus politisches Nachdenken gegeben, das sich geschichtlicher Nachprüfung durchaus nicht verschließt. Im Rahmen der zugrundliegenden Fragestellung muß daher zuerst von der politischen Theorie als ganzer im Rahmen der mittelalterlichen Wissenschaften die Rede sein, wenn wir nach „Schulen" des politischen Denkens fragen wollen.

2. Die Methode der scholastischen Wissenschaft

Ein Nachdenken über soziale Phänomene gab es natürlich schon lange vor dem Zeitalter der scholastischen Universität und damit – wie vermutlich in allen anderen Zeitaltern der Geschichte – auch bereits im früheren Mittelalter. Mit der Bildungsbewegung des 11. und 12. Jahrhunderts, die zur Entstehung der mittelalterlichen Universität geführt hat, änderten sich die Rahmenbedingungen theoretischer Arbeit für alle Sparten theoretischen Interesses, auch für die Politik. So überrascht es nicht, daß bereits an der frühen Universität oder doch in Verbindung mit ihr neuartige theoretische Bemühungen um politische Fragen auftauchen, noch nicht als eigenständige Wissenschaft – und daher jeweils noch im Rahmen anderer Fächer (und somit auch im Rahmen anderer Traditionen) formuliert, aber die scholastische Methode, die mit der werdenden Universität alle Wissenschaften erfaßte und – methodisch und institutionell – auf ein neues Fundament stellte, hatte auch für theoretische Bemühungen um die Politik schwer übersehbare Folgen.[11]

---

11 Eine Skizze der Entwicklung der politischen Theorie im Mittelalter mit besonderer Rücksicht auf den Umbruch durch die scholastische Wissenschaft gab knapp Jürgen *Miethke*: Politische Theorien im Mittelalter, in: Hans-Joachim Lieber (Hrsg.): Politische Theorien von den Anfängen bis zur Gegenwart, Beiträge zur politischen Bildung (= Studien zur Geschichte und Politik, Bd.299), Bonn ²1993, S. 47-156. Vgl. auch Dieter *Mertens*: Geschichte der politischen Ideen im Mittelalter, in: Hans Fenske u.a. (Hrsg.): Geschichte der politischen Ideen, von Homer bis zur Gegenwart, Frankfurt/Main ²1987, S. 141-238 u. 587-596; Antony Black: Political Thought in Europe, 1250-1450, Cambridge u.a. 1992; Joseph *Canning*: History of Medieval Political Thought, 300-1450, London 1996. Lückenhaft bleibt Iring *Fetscher*/Herfried *Münkler* (Hrsg.): Pipers Handbuch der politischen Ideen, Bd.2: Mittelalter, München 1993.

Hier soll nicht behauptet werden, die scholastische Methode wäre sogleich gepanzert und geschient vollständig am Ende des 12. Jahrhunderts Arm in Arm mit der europäischen Universität in Erscheinung getreten.[12] Gewiß läßt sich eine lange und verwickelte Vorgeschichte aufspüren, die in den einzelnen Fächern jeweils ein ganzes Bündel von Sonderwegen und eigenen Entwicklungssträngen zusammenführte.[13] Die scholastische Buchwissenschaft, die aus der kritischen Auslegung und Aneignung von autoritativen Texten ihre Kraft zog, entfaltete sich in ähnlicher Weise fast gleichzeitig in verschiedenen Wissenszweigen. Wir können hier weder, noch wollen wir den Streit um die Priorität einer dialektischen Glossierung von Basistexten aufnehmen, wir wollen nicht prüfen ob sie zuerst bei Theologen, Juristen oder anderen Autoren nachweisbar ist.[14] Weil man in allen Wissensgebieten die überkommenen Texte mit der ernsthaften Absicht las, sie als Autoritäten in vernünftiger Geltung zu lassen, deshalb führte die Kommentierung und Auslegung der Grundbücher immer zugleich auch zu einer Übersetzung der Texte in den Horizont der eigenen Wirklichkeit hinein: *Ratio* (Vernunft), *auctoritas* (der autoritative Text der Überlieferung) und *experientia* (Erfahrung) sind die drei Säulen der scholastischen Methode; so unterschiedlich zu verschiedenen Zeiten das wechselseitige Verhältnis dieser Trias auch näher bestimmt war, festgehalten haben diesen Ansatz alle Autoren, die sich zur Frage geäußert haben. Das galt nicht nur im *Artes*-Unterricht oder bei der Theologie, auch die Juristen konnten sich in dieser Trias durchaus wiederfinden.

Von Politik, von sozialen Phänomenen und Problemen, war auf der mittelalterlichen Universität nicht eigens die Rede, so sagten wir. Schon im Kanon der sieben *Artes liberales*, den die Spätantike als Verpflichtung dem Frühmittelalter überlieferte, war von Politik nicht explizit die Rede gewesen. Lange noch sollte sich an dieser Sachlage nichts ändern. Immerhin erweiterte sich durch die aufkommenden Universitäten zugleich mit dem Spektrum wissenschaftlicher Disziplinen auch das Spektrum der Sprachangebote, der „Leitdisziplinen", wie wir sie nennen wollen, welche einer theoretischen Bemühung um politische Fragen Rückhalt und Stütze bieten konnten. Alle vier herkömmlichen Fakultäten kamen primär für diese Funktion in Frage,

---

12 Zur scholastischen Methode immer noch (vorwiegend freilich für die frühe Zeit) Martin *Grabmann*: Die Geschichte der scholastischen Methode, nach den gedruckten und ungedruckten Quellen dargestellt, Bd.I-II, Freiburg/Breisgau 1909 [ND Basel, Stuttgart 1961 u.ö.].

13 Eine knappe Geschichte der einzelnen Disziplinen in: Walter *Rüegg* (Hrsg.): Geschichte der Universität in Europa, Bd.1: Mittelalter, München 1993, S. 279-385 (von Gordon Leff, John North, Nancy Siraisi, Antonio García y García und Monika Asztalos).

14 Klassisch für die Glossierung der Bibel die abgewogene Darstellung von Beryl *Smalley*: The Study of the Bible in the Middle Ages, Oxford ³1983. Für die Juristen vgl. besonders Rudolf Weigand: Die Glossen zum Dekret Gratians, Studien zu den frühen Glossen und Glossenkompositionen (= Studia Gratiana, Bd.25-26), Bologna 1991. Für die Legisten jetzt auch Hermann *Lange*: Römisches Recht im Mittelalter. Bd.I: Die Glossatoren, München 1997; ganz knapp, aber durchdacht und anregend Peter Gonville *Stein*: Römisches Recht und Europa. Die Geschichte einer Rechtskultur, Frankfurt/Main 1996.

nur die Medizin, die, über die Metapher vom Organismus vermittelt, auch einige Hilfestellung geben konnte, hatte ein relativ sparsames Angebot zu machen, wenn auch Mediziner, über ihre bedeutsame Rolle bei der Aristotelesrezeption vermittelt,[15] durchaus – ebenso wie die artistischen Fächer – wichtige Anregungen geben mochten: Marsilius von Padua hat, wie bekannt, seinen *Defensor pacis* als Medizinstudent niedergeschrieben.[16] Die anderen Fakultäten – im Kreise des Pariser Vierfakultätensystems also noch drei, Theologie, Jura und die Artes – sind als „Leitwissenschaften" für politische Reflexion jedenfalls kräftig in Anspruch genommen worden.

Die Theologen konnten, die Bibel und die Kirchenväter im Rücken, politische Fragen nicht prinzipiell übergehen, sie wurden auch von den Zeitgenossen wie selbstverständlich zu Tagesproblemen und Verfassungszuständen, zu den Konflikten im sozialen Raum ebenso wie zu der ethischen Bewertung des politischen Handelns im einzelnen befragt, oder sie gaben aus eigenem Antrieb ihre Stellungnahmen ungefragt bereitwillig ab. Die vielfältigen Vorlagen, die sie benutzen konnten, Augustin, Gregor der Große, Pseudo-Dionysius Areopagita und die anderen Kirchenväter, ließen sich jedoch nicht immer ohne weiteres auf eine einzige Linie bringen. Darum ist das theologische Echo auf zeitgenössische Anfragen auch im Mittelalter wie zu jeder Zeit mehrstimmig, ja dissonant; befragt aber wurde die Theologie und konnte somit Formulierungshilfen für politische Theorie geben.

Die soziale Dimension der christlichen Religion wurde erst im Hochmittelalter gegenüber der allgemeinen Gesellschaft abgegrenzt, die Kirche als soziale Institution trat erst allmählich in den Blick der Theologie. Die Kirche hatte sich gerade erst in den gewaltigen Bemühungen des sogenannten Investiturstreits mit großer Energie von ihren Verstrickungen in die Laienwelt und in die Laiengewalten befreit und wurde sich ganz allmählich als eigener sozialer Raum und eigenständige gesellschaftliche Einrichtung bewußt und damit auch der Probleme ihrer eigenen internen und externen Beziehungen inne. Die theologische Tradition bot ihr dabei vielfältige und widersprüchlich genutzte Verständnisansätze an, ohne allerdings den Weg des Nachdenkens voll zu bestimmen.

Eine Lehre von der Kirche kam als theologische Fragestellung dabei, so sagten wir, erst sehr allmählich auf den Weg.[17] Wenn auch etwa der Sakramentsbegriff oder das Problem von Glaubenseinheit und Ketzerei, die Theo-

---

15 Nach Aleksander *Birkenmajer*: Le rôle joué par les médecins et les naturalistes dans la réception d'Aristote au XIIe et XIIIe siècles, in: La Pologne au VIe Congrès International des Sciences Historiques Oslo 1928, Warschau 1930, S. 1-15; jetzt etwa Charles B. *Schmitt*: Aristoteles bei den Ärzten, in: Gundolf Keil/Bernd Moeller/Winfried Trusen (Hrsg.): Der Humanismus und die oberen Fakultäten, (= DFG, Mitteilung 14 der Kommission für Humanismusforschung), Weinheim 1987, S. 239-268.
16 Zusammenfassend Jürgen *Miethke*: Marsilius von Padua, in: Walter Kasper (Hrsg.): Lexikon für Theologie und Kirche, Bd.6, Freiburg/Breisgau ³1997, S. 1416-1419.
17 Kompendiös Yves Marie Joseph *Congar*: L'Église de Saint Augustin à l'époque moderne (= Histoire des dogmes, Bd.III/3), Paris 1970 [dt. Übers.: Die Lehre von der Kirche (= Handbuch der Dogmengeschichte Bd.3,2,2-3), Freiburg 1970].

logie des Priestertums und der Weihegrade, auch die Frage der Heilsbedeutung von einzelnen Handlungen der Amtskirche in breiter Front der früh- und hochscholastischen Bemühungen einer scharfsinnigen Analyse unterzogen wurden, wurden doch keine Traktate „*De ecclesia*" verfaßt, auch von den großen Theologen der Hochscholastik nicht. Erst die Auseinandersetzungen um das Ausgreifen des Papsttums in die weltliche Sphäre hinein, erst der Streit um die Politik Bonifaz' VIII. veranlaßte einen Jakob von Viterbo, eine Schrift zu verfassen, die sein moderner Herausgeber „*le plus ancien traité de l'église*" genannt hat, dabei trägt diese Schrift doch immer noch einen anderen vom Autor gegebenen Titel: „*De regimine Christiano*".[18] Erst im 15. Jahrhundert tauchen eigene auch so titulierte Schriften in größerer Zahl auf. Das bedeutet natürlich nicht, daß das Nachdenken über die Kirche zuvor etwa keine Bedeutung für eine politische Reflexion gehabt hätte, es belegt nur erneut die Schwierigkeit, die auch wir heute noch mit der Erfassung der Ansätze der verschiedenen Disziplinen haben.

3. Die Aristotelesrezeption

Neben der theologischen Fakultät und in wechselnd heftiger Konkurrenz zu ihr hielt auch die *Artes*-Fakultät ein Angebot bereit, das Stichworte und Sprachtraditionen für politische Philosophie bereitstellen konnte. Auch im Kanon ihrer Fächer freilich gab es keinen absolut sicheren Platz, der nur noch hätte ausdifferenziert und gefüllt werden müssen. Aber im antiken Erbe, das den Sprachunterricht des *Trivium* und den mathematisch orientierten Sachunterricht des *Quadrivium* bestimmte, in den Texten eines Horaz und Vergil, der Historiker und Ciceros, fanden sich von Anfang an Überlieferungen, die Hilfe bieten konnten. Schon in der Antike hatte die Rhetorik ihre Schüler auch für Rechtsverfahren und Gerichtsrede schulen wollen, erst recht, seit nicht mehr das alte Schema der sieben „*Artes liberales*" die Systematik der Wissenschaften und die Stundentafel des Schulunterrichts ausschließlich bestimmte, lag hier ein Fundus bereit, der auch auf Aufmerksamkeit stieß und genutzt wurde. Seit dann der gewaltige Komplex der aristotelischen Schriften in deutlich erkennbaren Schüben die Universitäten eroberte, tat sich ein ganz neues Feld auch für die politische Reflexion auf.[19] Freilich waren die Schriften zu Ethik und Politik im komplizierten Prozeß

---

18 Henri-Xavier *Arquillière*: Le plus ancien traité de l'Église. Jacques de Viterbe, „De regimine Christiano" (1301-1302). Étude des sources et édition critique (Études de Théologie Historique) Paris 1926.
19 Vgl. Jürgen *Miethke*: Politische Theorie in der Krise der Zeit, Aspekte der Aristotelesrezeption in der politischen Philosophie des Spätmittelalters, in: Gert Melville (Hrsg.): Institutionen und Geschichte. Theoretische Aspekte und mittelalterliche Befunde (= Norm und Struktur, Studien zum sozialen Wandel in Mittelalter und Früher Neuzeit, Bd.1), Köln u.a. 1992, S. 157-186.

Die Kanonistik als Leitwissenschaft 39

der sogenannten „Aristotelesrezeption" erst ganz spät an der Reihe, erst im zweiten Drittel des 13. Jahrhunderts wurde die Nikomachische Ethik vollständig bekannt, die Politik überhaupt erst in den sechziger Jahren dieses Jahrhunderts. Dieses Theorieangebots wurde jetzt zwar geradezu stürmisch und ungemein intensiv angenommen, einen ganz festen Platz im „Normalcuriculum" der Artes-Fakultät konnte sich zumindest die *Politik* des Aristoteles aber im ganzen Mittelalter nicht mehr erringen, vielleicht weil sie so spät auf der Bühne erschienen war, als die Disziplinen ihre Grundtexte bereits festgelegt hatten.[20]

Die Fakultät der Juristen hatte auch in den Zeiten der scholastischen Universität eine unbestreitbare und unbestrittene Kompetenz in Fragen des Sozialallebens. Auch sie war auf dem Markt der Meinungen anwesend und führte eine wahrnehmbare Stimme, die auch von den anderen Fakultäten, allem Streit untereinander zum Trotz, durchaus anerkannt war. Noch zwischen 1230 und 1240 gliedert ein Text „für Examenszwecke" aus der Pariser Artistenfakultät, auf den zum ersten Male Martin Grabmann vor mehr als einem halben Jahrhundert aufmerksam gemacht hat, während er in recht trockener Weise Memorierstoff aufreiht, die *philosophia* recht traditionell in ihre Teilgebiete: wo er auf die *philosophia moralis* zu sprechen kommt, identifiziert er dieses Wissensgebiet mit der *vita animae* und differenziert weiter in *vita animae in deo, vita in bono aliorum* und *vita in seipso*. Der Lektürekanon, der der Liste integriert ist, empfiehlt für die *vita animae in deo*, das Gebiet der Theologie, eine ganze Reihe theologischer Texte, für die *vita in bono aliorum*, die wiederum schematisch in die *vita animae in familia* und die *vita animae in civitate* aufgeteilt erscheint, wird für das familiäre Leben Ciceros Schrift „De officiis" als maßstabsetzend empfohlen, während es für die *vita animae in civitate* heißt: „anima vivit in bono omnium communiter secundum legem communem, et secundum hoc est scientia, quae traditur legibus et decretis, que ‚politica' dicitur", hier wird also das römische und kanonische Recht als maßgeblich genannt, ja mit der *Politik* identifiziert.[21]

Wir müssen berücksichtigen, daß die Artes-Fakultät in Paris damals noch nicht das gesamte *Corpus Aristotelicum* zur Verfügung hatte. Auf eine voll-

---

20 An einem Einzelbeispiel Bernd *Michael*: Johannes Buridan. Studien zu seinem Leben, seinen Werken und zur Rezeption seiner Theorien im Europa des späten Mittelalters, Berlin 1985 [Diss. FU Berlin 1978], bes. S. 821ff., 863-878, 892-896. Instruktiv für die deutschen Universitäten Sönke Lorenz: „Libri ordinarie legendi". Eine Skizze zum Lehrplan der mitteleuropäischen Artistenfakultät um die Wende vom 14. zum 15. Jahrhundert, in: Wolfram Hogrebe (Hrsg.): Argumente und Zeugnisse (= Studia philosophica et historica Bd.5), Frankfurt/Main u.a. 1985, S. 204-258; Johannes *Kadenbach*: Philosophie an der Universität Erfurt im 14./15. Jahrhundert. Versuch einer Rekonstruktion des Vorlesungsprogramms, in: Ulman Weiß (Hrsg.): Erfurt 742-1992, Stadtgeschichte, Universitätsgeschichte, Weimar 1992, S. 155-170. Für die englischen Universitäten William J. *Courtenay*: Schools and Scholars in Fourteenth Century England, Princeton/N.J. 1986, S. 30-48.

21 Auf den Bezugstext machte zuerst aufmerksam Martin *Grabmann*: Eine für Examenszwecke abgefaßte Quästionensammlung der Pariser Artistenfakultät aus der ersten Hälfte des 13. Jahrhunderts, jetzt in: ders.: Mittelalterliches Geistesleben, Bd.2, München 1936, S. 192ff.

ständige Übersetzung der *Nikomachischen Ethik* mußte sie noch etwa ein Jahrzehnt, auf die *Politik* des Stagiriten noch ein ganzes Menschenalter warten.[22] Die Kompetenz der Juristen beider Rechte in diesen Fragen, das läßt sich diesem harmlosen Schultext jedoch entnehmen, war damals auch für die Artisten unbestritten und unzweideutig.

Es versteht sich von selbst, daß dem auch das Selbstbewußtsein der Juristen entsprach. Eine emsige Forschung hat seit mehr als einem Jahrhundert die mittelalterlichen Wissenschaften von den beiden Rechten in ihrem Entstehen und ihrer Entfaltung verfolgt, einen Wald von Büchern und Studien zu zahlreichen Einzelfragen sowie eine erkleckliche Anzahl von Überblicksdarstellungen erbracht, so daß ich hier unmöglich auch nur eine knappe Skizze der Entwicklung entwerfen kann,[23] ohne in die Gefahr einer schrecklichen Versimpelung komplexer Zusammenhänge zu geraten. So will ich auch gar nicht diesen Versuch unternehmen, ich möchte nur die Bedeutung unterstreichen, die die juristische Tradition für die Entstehung und Weiterentwicklung und schließlich Emanzipation des politischen Denkens im späten Mittelalter gewonnen hat.

Die Bestimmungen des Kirchenrechts, das heißt die *decreta* des kleinen Auszuges aus Ockhams *Dialogus*, den wir eingangs zitiert haben, fanden sich dabei verständlicherweise keineswegs als einziger Anwärter auf dem Plan, auch wenn es allein schon wegen der in seinen Quellen behandelten Gegenstände den Konflikten der Epoche zunächst beträchtlich näher war als das Römische Recht, die *leges*. Damit hatten die Kanonisten zumindest in weiten Bereichen Europas auch zunächst einen stärkeren Anteil an politisch wirksamen oder doch politisch brauchbaren Theorieansätzen als die Legisten. Allein die handschriftliche Überlieferung ihrer Texte war unverhältnismäßig stärker als die ihrer Konkurrenten: sie wurde von Gero Dolezalek auf rund das Siebenfache der römisch-rechtlichen Überlieferung geschätzt (etwa siebzigtausend Handschriften gegenüber circa zehntausend Manuskripten).[24] Auch wenn die Tradition des Römischen Rechts von Anbeginn an einem politischen Gebrauch keineswegs verschlossen war, so etwa in den Städten Reichsitaliens, und wenn auch das Römische Recht auf eher indirektem Wege einen zunehmenden Einfluß gewann, sollte – zumindest nördlich der Alpen – die eigentliche Blütezeit des Einflusses des Römischen Rechts erst am Ende des Mittelalters, in der frühen Neuzeit kommen.

Die Attraktivität der kanonistischen Wissenschaft läßt sich, um es abgekürzt und zugespitzt zu sagen, vor allem mit zwei Hinweisen verständlich

---

22 Eine Übersicht über die Forschung mit neuen Funden jetzt bei Christoph *Flüeler*: Rezeption und Interpretation der aristotelischen Politica im 13. und 14. Jahrhundert, Amsterdam 1992.

23 Skizzenhaft Jürgen *Miethke*: Historischer Prozeß und zeitgenössisches Bewußtsein. Die Theorie der monarchischen Papats im hohen und späteren Mittelalter, in: Historische Zeitschrift 226 (1978), S. 564-599.

24 Gero *Dolezalek*: La pecia e la preparazione dei libri giuridici nei secoli XII-XIII, in: a cura di Luciano Gargan ed Oronzo Limone: Luoghi e metodi di insegnamento nell'Italia medioevale (secoli XII-XIV), Atti del Convegno Internazionale di Studi, Lecce-Otranto, 6.-8. ott. 1986, Galatina 1989, S. 205.

Die Kanonistik als Leitwissenschaft 41

machen, literarhistorisch mit einem Blick auf die Wissenschaftsgeschichte der Jurisprudenz[25] und sozialgeschichtlich mit dem Erfolgszug der Juristen in der mittelalterlichen Kirche.[26] Beide Entwicklungen haben sich gegenseitig gestützt und beflügelt, beide haben die Kanonistik für die Nachbarfächer bedeutsam gemacht. Zusätzlich hat zur Attraktion der Kanonistik auch ein Faktor beigetragen, der häufig übersehen wird, der aber im Zeitalter der handschriftlichen Vervielfältigung von Texten nicht unterschätzt werden sollte: im Spätmittelalter standen die kanonistischen Grundtexte fast überall in Reichweite zur Verfügung. Diese Erreichbarkeit bildete einen großen Vorzug selbst noch im Vergleich zu den Arbeitsinstrumenten benachbarter Wissenschaften wie der Theologie, wenn wir von der Bibel selbst einmal absehen.

Literargeschichtlich gesehen hat die Kanonistik dazu angesetzt, die Beziehungen zwischen den einzelnen Menschen und Menschengruppen in der Kirche untereinander als Rechtsbeziehungen zu begreifen und nachvollziehbar im Lichte der überkommenen Normen zu beurteilen. Die Rechtsquellen, ursprünglich vor allem die Bestimmungen der Offenbarungsschrift und die Aussagen ihrer anerkannten Ausleger, der Kirchenväter, die Beschlüsse von Synoden und Konzilien sowie auch die Rechtsentscheidungen der römischen Bischöfe, erfuhren seit dem Hochmittelalter allein schon in quantitativer Hinsicht eine zuvor ungeahnte Ausweitung, denn das in den *Canones* der Konzilien des hohen und späteren Mittelalters und insbesondere das in den Entscheidungen der sich immer deutlicher als Spitze der Amtskirche verstehenden und als solche auch allgemein anerkannten Päpste sich immer weiter anhäufende *Ius novum* sorgte für eine bald schier unübersehbare Masse neuen Rechtsstoffes,[27] eine Masse, die gesammelt, geordnet, erörtert und verfügbar gemacht, mit einem Wort wissenschaftlich erschlossen zu werden verlangte. Römische Kurie und Universitätswissenschaft haben sich dabei gegenseitig mit synergetischen Effekten befördert. Die Bedürfnisse der Praxis und das Interesse der Kurie an kohärenten Entscheidungen wirkten zusammen, um auch die neuen Entwicklungen mit denselben Mitteln juristischer Begriffsarbeit intellektuell und technisch verfügbar zu halten, die sich an den in Gratians Dekret zusammengeführten Materialien der Rechtsüberlieferungen sehr unterschiedlicher Zeiten seit langem bereits erprobt und sichtbar bewährt hatten.

---

25 Dazu knapp auch Antonio García y *García*: Die Rechtsfakultäten, in: Ruegg: Geschichte, S. 343-358.

26 Dazu insbesondere die Sammelbände Johannes *Fried* (Hrsg.): Schulen und Studium im sozialen Wandel des hohen und späten Mittelalters (= Vorträge und Forschungen Bd.30), Sigmaringen 1986; Roman *Schnur* (Hrsg.): Die Rolle der Juristen bei der Entstehung des modernen Staates, Berlin 1986; Rainer Christoph *Schwinges* (Hrsg.): Gelehrte im Reich, Zur Sozial- und Wirkungsgeschichte akademischer Eliten des 14. bis 16. Jahrhunderts (= Zeitschrift für Historische Forschung, Beiheft 18), Berlin 1996.

27 Zu den Rechtsquellen in der kanonistischen Wissenschaft etwa Charles *Lefebvre*: La théorie générale du droit, in: Georges Le Bras/Charles Lefebvre/Jacqueline Rambaud[-Buhot]: L'Age classique, 1140-1378. Sources et théorie du droit (= Histoire du droit et des institutions de l'Église en occident, Bd.7), Paris 1965, S. 352-568.

4. Politik und Kirchenrecht

An den Universitäten wurde im Unterricht, und außerhalb der Universitäten wurde von Kanonisten, die sich nach Abschluß ihrer Universitätskarriere mit diesen komplexen und stetig weiter anwachsenden Stoffmassen mit Hilfe der an den Universitäten üblichen Methoden und in den dort entwickelten Literaturformen beschäftigten, auch das kirchliche Verfassungsrecht einer eingehenden Diskussion und Analyse unterworfen. Wesentliche Kommentarwerke des 13. und 14. Jahrhunderts stammen von solchen ehemaligen Universitätsgelehrten, die mittlerweile eine weitere Karriere eingeschlagen hatten; ihre Texte freilich vermochten sich an den Universitäten als Referenztexte rasch durchzusetzen: Innozenz IV. hat erst als Papst, der Hostiensis und Johannes Monachus haben als Kardinäle, andere haben als Bischöfe, Offiziale oder Auditoren, also als hohe und vielbeschäftigte Funktionsträger der Kurie, ihre Hauptwerke ausgearbeitet und abgeschlossen, die keineswegs etwa ausschließlich das kirchliche Verfassungsrecht behandelten, sondern sehr viele andere Themen daneben. Wo aber die Rechtsbeziehungen des Klerus und seiner verschiedenen Gruppen untereinander zur Debatte standen, war kirchliches Verfassungsrecht angesprochen; wo die Rechtsbeziehungen von Amtskirche und Laienwelt zur Sprache kamen, da war eine Vorstellung von der politischen Ordnung der Gesellschaft, wenn nicht unausweichlich, so doch naheliegend. Hier waren schon allein auf rechtstechnischem Gebiet Fragen zu klären, die politisches Nachdenken tangieren mochten, ohne doch völlig darin aufzugehen.

Die Kanonisten waren keinesfalls von vornherein oder ausschließlich an der zentralen Stellung des päpstlichen Amtes in der Kirche interessiert, aber allein schon die Herkunft der Normen, an denen sie sich orientierten, richtete ihre Aufmerksamkeit auf die Kompetenzen des römischen Stuhls. Hätten alle *unisono* zu allen Streitfragen nur eine einzige Antwort erteilt, wäre die Kanonistik keine Wissenschaft gewesen, aber in dem polyphonen Geflecht der verschiedenen Antworten wurde doch über Prinzipien der körperschaftlichen Verfassung der Kirche ein weitgehender Konsens erreicht, der politisch und politiktheoretisch weitgehende Konsequenzen haben mußte. Als herrschende Meinung setzte sich jedenfalls im 13. Jahrhundert unter den Fachleuten die Auffassung durch, die Kirche als einen rechtlich verfaßten und rechtlich zu begreifenden Personenverband zu verstehen.

Diese intellektuelle, in vielfältigen Diskussionen in einer komplizierten Entwicklung geleistete „Verrechtlichung" des Kirchenverständnisses hatte auch eine sozialgeschichtliche Seite, an die hier nur erinnert, die nicht ausgeleuchtet werden kann. Daß für Juristen eine kirchliche Karriere bald ebenso weit offen stand wie für Theologen, ja daß ein Studium des Kirchenrechts eine kirchliche Laufbahn noch verheißungsvoller befördern konnte als die Beschäftigung mit theologischen Fragen, war eine – vorwiegend von Theologen lautstark beklagte – Folge der Verrechtlichung der Kirche.[28] Bischofssitze, Kardinalstitel, selbst der apostolische Stuhl, waren schon seit dem 12. Jahrhundert zunehmend oder sogar überwiegend kanonistischer Kompetenz erreichbar, wenn auch in der Kirche, wie in der übrigen Gesellschaft, natürlich die alten Karrieremuster von adliger Herkunft, regionaler Klientel, Herrschaftsnähe und immer wieder verwandschaftlicher Verbindungen noch lange Zeit ihre unverkennbar große Bedeutung behalten sollten. Jedenfalls hat der sichtbare Erfolg der Rechtsexperten seinerseits die vielleicht unvermeidliche Tendenz zur Verrechtlichung geradezu sichtbar beschleunigt. Die mittelalterliche Kirche wurde mit Hilfe der neuen Rechtswissenschaft und mit Hilfe der Rechtswissenschaftler, die mit dem komplexen Gefüge von Normen umzugehen wußten, in einem Ausmaß verrechtlicht, das schon manchem Zeitgenossen verschiedentlich als recht problematisch erschien. Auch der Streit der Fakultäten, den wir eingangs beobachteten, hat seine Wurzeln nicht nur in verständlichen Konkurrenzerfahrungen und Konkurrenzempfindungen der unglücklicheren Mitbewerber im Wettlauf, sondern ist eben auch Ausdruck der Debatte um Recht und Grenzen solcher Verrechtlichung der Kirche.

Die rechtlichen Beziehungen der Kirchenglieder untereinander waren Gegenstand der juristischen Arbeit; damit wurde auch die Kompetenzverteilung innerhalb der Kirche, etwa der Anspruch eines Prälaten auf Gehorsam, wie auch die Grenzen solchen Anspruches und Pflichten und Rechte der *subditi*, zum Gegenstand einer mit Eifer fortgeführten Analyse, die die wachsende Zahl der Kanonisten in dem dichter werdenden Netz europäischer Universitäten und danach in den kirchlichen Amtshierarchien und anderwärts durchzuführen gelernt hatte. Ihre Ergebnisse konnten an sehr verschiedener Stelle für den einzelnen relevant werden. Juristische Argumentation und juristische Argumentationshilfe wurden jedenfalls in der spätmittelalterlichen Kirche geradezu allgegenwärtig. Wegen seiner weiten Verbreitung und allgemeinen Handhabung konnte ein rechtliches Verständnis der Kirche auch für die politische Reflexion eine hohe Bedeutung gewinnen. Das heißt freilich nicht, das muß erneut unterstrichen werden, daß dieses juristische Modell überall einsinnig und gleichlautend ausgelegt und angewandt wurde, zumal die kirchliche Rechtsüberlieferung vor allem in Gratians Dekret eine größere Zahl von durchaus verschiedenen Denkansätzen aus historisch sehr verschiedenen Zeiten als Anknüpfungspunkt bereithielt.

Als letzter Gesichtspunkt, der uns die Attraktivität der Kanonistik als „Leitwissenschaft" für politische Theorie verständlicher machen kann, sei hier noch einmal die Erreichbarkeit ihrer Grundtexte in ganz Europa hervorgehoben. Das effiziente und in seiner Effizienz in Wissenschaft und Praxis

---

28 Schon bei Roger Bacon wird die Klage artikuliert, freilich noch auf die Legisten konzentriert (während die Kanonisten von der Kritik ausdrücklich verschont bleiben). John S. *Brewer* (Hrsg.): Opus tertium. Fr. Rogeri Bacon Opera quaedam hactenus inedita (= Rerum Britannicarum Scriptores, Bd.15), London 1859, S. 85f.

immer wieder geprüfte, von der Kurie und den Päpsten durch ihre Dekretalen konstruktiv fortgeführte Normengefüge des kanonischen Rechts, stellte im Unterschied zum römischen Recht ein weiterhin lebendig-flexibles, sich kontinuierlich entwickelndes, auch ein sich dabei veränderndes Gerüst zur Verfügung und war nicht nur theoretisch, sondern auch praktisch in der Reichweite fast jedes Interessierten, auch noch in den Randzonen der europäischen Völkergemeinschaft. Nicht umsonst haben die Päpste ihre offiziösen und offiziellen Kodifikationen des *Ius novum* von der „*Compilatio tertia*" Innozenz' III.[29] und dem Liber Extra Papst Gregors IX.[30] bis zu den Extravaganten Johannes' XXII.[31] durch Übersendung an die Universitäten promulgiert. Im 14. Jahrhundert, anläßlich des Erlasses der „*Clementinen*", hat man das sogar allgemein für ein formell bindendes Erfordernis bei einer rechtsgültigen Publikation eines päpstlichen Gesetzbuches angesehen.[32] Im Bereich des päpstlich gesetzten *Ius novum* brauchte sich jedenfalls niemand besondere oder originelle Gedanken über die Erreichbarkeit der Texte zu machen, wie sie im 15. Jahrhundert etwa der *doctor decretorum* Nikolaus von Kues in der Diskussion um die Reichsreform folgenlos entwickelt hat.[33] Die Dekretalen – und ihre Hauptglossen – waren bald wirklich überall in Europa greifbar und jeglicher Bemühung fast unmittelbar zugänglich; sie konnten deshalb mit ihrer Allgegenwart und einer gewissen Leichtigkeit andere entgegenstehende Traditionen gewissermaßen verschütten oder doch zudecken, zumindest verdrängen. Bezeichnenderweise hat die sogenannte Glosse des Johannes von Buch zum Sachsenspiegel (entstanden nach 1325) im Prolog darüber geklagt, daß man im geistlichen Gericht als „Phantast" gelte, wenn man im Prozeß die *iura huius speculi* (also die Bestimmungen des Sachsenspiegels) anführen wolle,

---

29 Vgl. allgemein bereits Alfons M. *Stickler*: Historia iuris canonici latini, Institutiones academicae. I: Historia fontium, Zürich 1950 u.ö., S. 233. Dazu: Othmar *Hageneder*: Papstregister und Dekretalenrecht, in: Classen: Recht, S. 319-347; Kenneth J. *Pennington*: The Making of a Decretal Collection. The Genesis of „Compilatio tertia", in: Stephan Kuttner/Kenneth J. Pennington (Hrsg.): Proceedings of the 5th International Congres of Medieval Canon Law (= Monumenta Iuris Canonici, C 6), Città del Vaticano 1980, S. 67-92.

30 *Stickler*: Historia, S. 237-251; Sten *Gagnér*: Studien zur Ideengeschichte der Gesetzgebung (= Acta Universitatis Upsaliensis, Studia Iuridica Upsaliensia, Bd.1), Stockholm u.a. 1960, bes. S. 300ff.; Armin *Wolf*: Gesetzgebung in Europa 1100-1500. Zur Entstehung der Territorialstaaten München ²1996.

31 *Stickler*: Historia, S. 264-268. Vgl. Jacqueline Tarrant (Hrsg.): Extravagantes Iohannis XXII (= Monumenta Iuris Canonici B.6), Città del Vaticano 1983, S. 18.

32 Die Publikation der Canones des Konzils von Vienne hat nachgezeichnet Ewald *Müller*: Das Konzil von Vienne (= Vorreformationsgeschichtliche Forschungen Bd.12), Münster 1935, S. 396ff. Vgl. auch Stephan *Kuttner*: The Date of the Constitution „Saepe", the Vatican Manuscript and the Roman Edition of the Clementines, in: Mélanges Eugène Tisserant IV (= Studi e Testi, Bd.234), Città del Vaticano 1964, S. 427-452.

33 Nikolaus von *Kues*: De concordantia catholica, III.34, III.35, in: Nicolai de Cusa Opera omnia, iussu Academiae Litterarum Heidelbergensis edita 14/3, hrsg. von Gerhard Kallen, Hamburg 1959, S. 441 (§ 517,1-4) u. 446 (§ 531,5 sqq.). Vgl. zum Rahmen den Forschungsbericht von Karl-Friedrich *Krieger*: König, Reich und Reichsreform im Spätmittelalter (= Enzyklopädie deutscher Geschichte, Bd.14), München 1992, bes. S. 49ff.

Die Kanonistik als Leitwissenschaft　　　　　　　　　　　　　　　　　45

Foro ecclesiastico　si debes litigare
haberis pro fantastico,　si velis allegare
iura huius speculi　quae ab his contemnuntur
ut unius populi,　si non concordabuntur
legibus vel canonibus　ut hic sunt concordata
et approbationibus　legum sunt approbata.
Quando in foro litium　hoc ius reclamatur
lex erit in subsidium,　cum qua concordatur;
et si iudex ulterius　hoc vellet reprobare,
ne contingat deterius　poteris audacter appellare.[34]

Ein früheres und näher an der entstehenden politischen Theorie bleibendes Beispiel ist die Dekretale „*Venerabilem*" von Innozenz III., in der der Papst 1202 seine Entscheidung im deutschen Thronstreit und Aktivitäten päpstlicher Legaten in Deutschland gegenüber Einwänden der Stauferpartei begründet und gerechtfertigt hat. Nicht allein wegen der elastischen Gedankenführung und der griffigen Argumentation, sondern auch wegen der Erreichbarkeit dieses Textes, der schon in die (gewissermaßen offiziöse) Dekretalensammlung Innozenz' III. selbst, die sogenannte *Compilatio tertia*, und dann in die offizielle Sammlung des *Liber Extra* eingegangen war,[35] und der somit im Normalcurriculum eines Kanonisten zusammen mit seinen Glossen bis ans Ende des Mittelalters ständig unterrichtet, glossiert und durchdacht worden ist, hatte diese Dekretale eine ungemein intensive Nachwirkung und konnte folgenreich werden nicht allein für die Rechtsvorstellungen, sondern auch für die Ausgestaltung konkreter Königswahlen und Kaiserkrönungen der Folgezeit,[36] sowie auch für die theoretischen Diskussionen der Publizisten um das Verhältnis von päpstlicher und kaiserlicher Macht, um hier ganz von spezielleren Problemen und Ausformungen, wie der Translations- oder Approbationstheorie,[37] zu schweigen.

34　Zit. nach Carl Gustav *Homeyer*: Der Prolog zur Glosse des sächsischen Landrechts, in: Abhandlungen Akademie. Berlin 1854 (Berlin 1855), S. 193f. [vv.197-206]. Hingewiesen hat auf diesen Passus energisch Karl *Kroeschell*: Rechtsaufzeichnung und Rechtswirklichkeit. Das Beispiel des Sachsenspiegel, in: Classen: Recht, S. 379.
35　Compilatio tertia 1.6.19; Liber Extra 1.6.34.
36　Zur Wirkungsgeschichte jetzt Bernward *Castorph*: Die Ausbildung des römischen Königswahlrechts, Göttingen u.a. 1978 [Diss. Uni Münster 1976] – der freilich seine These arg überzieht.
37　Im einzelnen etwa Piet A. van den *Baar*: Die kirchliche Lehre von der „Translatio imperii Romani" bis zur Mitte des 13. Jahrhunderts (= Analecta Gregoriana, Bd. 78, sectio B 12), Rom 1956; Werner *Goez*: „Translatio imperii". Ein Beitrag zur Geschichte des Geschichtsdenkens und der politischen Theorien im Mittelalter und in der frühen Neuzeit, Tübingen 1958. – Dagmar *Unverhau*: Approbatio – reprobatio. Studien zum päpstlichen Mitspracherecht bei Kaiserkrönung und Königswahl vom Investiturstreit bis zum ersten Prozeß Johanns XXII. gegen Ludwig IV. (= Historische Studien, Bd. 424), Lübeck 1973.

5. Juristen und Theologen

Man darf vermuten, daß diese Erreichbarkeit der Texte und ihre andauernde wissenschaftliche Kommentierung ihren Einfluß auf die mittelalterlichen Diskussionen wesentlich erhöht hat. Wilhelm von Ockham hat, fern der ansehnlichen Bibliotheken Oxfords und Avignons, kurz vor der Mitte des 14. Jahrhunderts noch bewegend beklagt, für eine Fortsetzung der Arbeit an seinem *Dialogus* sei er eigentlich gar nicht gerüstet, zumal er von allen den nötigen Büchern der Theologie, der beiden Rechte, der praktischen Philosophie und der Geschichtsaufzeichnungen, aus denen er seine Vorstellungen erweisen zu können meint, in München damals nur die Bibel, Gratians Dekret und die fünf Bücher der Dekretalen (also den „*Liber Extra*") bekommen könne. „Um nicht ein unzulängliches, ja lächerliches Werk zu verfassen", schlägt der „Magister" seinem Gesprächspartner gar vor, von dem Vorhaben lieber gänzlich Abstand nehmen.[38] Daß er das dann dennoch nicht tat (wenn der Text auch fragmentarisch blieb), hat eine der wichtigsten Leistungen der mittelalterlichen Politiktheorie zustande kommen lassen.

Gewiß, Ockham besaß doch, dieser bewegenden Klage zum Trotz, im München des 14. Jahrhunderts eine zumindest etwas reichlichere Bibliotheksausstattung, als er zugeben mochte, denn er hat nachweislich nicht nur die Glossen zu den genannten Werken, sondern wohl auch Hilfsmittel wie Konkordanzen und vor allem eine erhebliche Zahl von anderen Schriften, Traktaten und Texten benützt, die ihre Spuren in seinem *Dialogus* unzweideutig hinterlassen haben[39]: entscheidend in unserem Zusammenhang ist, daß er sich plausibel auf das *Corpus Iuris Canonici* als Referenzbibliothek beziehen konnte und daß sein Text diese Behauptung bestätigt. Seine Argumentation ist in der Tat geradezu durchtränkt von kanonistischen Belegen, die im Zuge einer kritischen Reflexion subtil durchleuchtet werden und, auf die aktuellen Streitfragen hin befragt, eine aktuelle Antwort anbieten.[40]

Ockham war nicht der einzige Theologe, der sich damals auf das Gebiet der Nachbardisziplin begab. Bekannt ist, daß schon Johannes Duns Scotus auf dem Felde der systematischen Theologie eine besondere Neigung für juristische Anleihen gezeigt hat.[41] Insbesondere aber haben Theologen des

---

38   *Ockham*: III Dialogus II, Prologus, fol.229vb-230ra. Übersetzung in *Miethke*: Auszüge, S. 119.
39   Einzelnachweise muß die kritische Edition bringen, die von John Kilcullen (Melbourne) für die British Academy vorbereitet wird.
40   Eine Untersuchung des methodischen Vorgehens Ockhams im Dialogus liegt noch nicht vor. George *Knysh*: Political Ockhamism, Winnipeg 1996 (unveränderter Abdruck [!] der PhD-Thesis London 1968), S. 235-265, ist ein erster Ansatz, reicht aber nicht aus. Vgl. aber in unserem Zusammenhang die eigene Äußerung Ockhams in I Dialogus, Prologus, fol.1rb.
41   Vgl. etwa Jürgen *Miethke*: Ockhams Weg zur Sozialphilosophie, Berlin 1969, bes. S. 145-149; William J. *Courtenay*: Capacity and Volition. A History of the Distinction of Absolute and Ordained Power (= Quodlibet, Bd.8), Bergamo 1990, S. 100ff.

zweiten Gliedes kanonistischen Argumenten, Belegen und Methoden Eingang in ihre im engeren Sinne theologischen Schriften gegeben. Ein besonderes markantes Beispiel dafür liefert der Dominikaner Petrus de Palude, in dessen Sentenzenkommentar die juristischen Argumente in der Sakramentslehre die theologischen geradezu überwuchern.

Solche Verwischung der Fakultätsgrenzen, solche Vermischung verschiedener wissenschaftlicher Traditionen läßt sich auch sonst im beginnenden 14. Jahrhundert beobachten, stärker vielleicht als zuvor und danach. Ich möchte hier nicht die jeweils individuellen Gründe, die es natürlich in all den genannten Fällen auch gibt, untersuchen: Petrus de Palude wird von der heutigen Forschung – und ebenso bereits, wenn auch vereinzelt, von Zeitgenossen – als professionell ausgebildeter Jurist betrachtet, der ein Studium der Rechte wohl in Lyon (wenn auch ohne Graduierung) zumindest weitgehend absolviert hatte, bevor er in den Dominikanerorden eintrat und dann seine wissenschaftliche Laufbahn im Orden und in Paris als Theologe fortgesetzt hat.[42] Seine juristische Versiertheit hat also eine simple biographische Grundlage. Ockham hatte seine juristischen Kenntnisse der Münchner Jahre, von denen in den Schriften der Oxforder Zeit nur wenig zu spüren war, gewiß auch der Tatsache zu verdanken, daß er in der Gruppe der Franziskanerdissidenten um Michael von Cesena auch mit Juristen von Graden, etwa mit Bonagratia von Bergamo,[43] hatte zusammenarbeiten können.[44] Es geht hier aber nicht um die individuelle Genese einer einzelnen Theorie, sondern um eine generelle Tendenz der Zeit, die verstärkt immer dort in Erscheinung tritt, wo der Streit zwischen geistlicher und weltlicher Gewalt, zwischen Papst und Kaiser, zwischen Papst und König, aufflammte.

Hier war die Anleihe beim jeweiligen Nachbarfach naheliegend. Daß die Juristen einen Steinbruch von Argumenten zur Verfügung stellen konnten, das läßt sich leicht verstehen, und selbst die heftigste Polemik gegen die Juristen hat, wie wir bei Ockham verfolgen konnten, solche Anleihen keineswegs verhindert; das ließe sich auch an Dante[45] oder Marsilius von Padua[46] zeigen.

---

42 Zusammenfassend zur Biographie jetzt Jean *Dunbabin*: A Hound of God. Pierre de la Palud and the Fourteenth Century Church, Oxford 1991, S. 8ff.

43 Zu seiner Bedeutung für den Armutstreit ist eine Dissertation von Eva Luise Wittneben zu erwarten.

44 Zur Biographie fundamental Léon *Baudry*: Guillaume d'Occam. Sa vie ses oeuvres, ses idées sociales et politiques I: L'Homme et les oeuvres (= Etudes de philosophie médiévale, Bd.39), Paris 1949, bes. S. 96-123. Vgl. *Miethke*: Weg, S. 1-136. Eine vorbildliche Einzelanalyse einer gemeinsamen Schrift der Franziskaner-Gruppe um Michael von Cesena legte zuletzt vor Hilary Seton *Offler*: Zum Verfasser der „Allegaciones de potestate imperiali" (1338), in: Deutsches Archiv 42 (1986), S. 555-619. Auch eine vollständige Edition dieser Schrift ist endlich erschienen: William of *Ockham*: Opera politica. vol.IV, hrsg. von Hilary Seton Offler, London 1997, S. 368-444.

45 Zu Dantes Verhältnis zu den Kanonisten etwa Michele *Maccarrone*: Il libro terzo della „Monarchia", in: Studi danteschi 33 (1955), S. 1-142.

46 Zum Verhältnis des Marsilius zu den Traditionen der Legisten und vor allen der Kanonisten fehlt eine zusammenfassende Untersuchung.

Auch ein Autor wie Johannes Quidort[47] kann als Beleg dienen. Erstaunlich bleibt nur, daß so wenige Juristen selbst in die Debatte eingriffen, daß wohl Zaungäste juristische Traditionen anwandten, aber nur selten Juristen selbst die Feder in die Hand nahmen. Ein einzelner Heinrich von Cremona (*doctor decretorum*) um 1302,[48] ein vereinzelter Alvarus Pelagius, der seinen „*Planctus*" freilich als Franziskanermönch verfaßt hat, doch dabei ganz im Rahmen seiner kanonistischen Qualifikation geblieben ist,[49] sie beide wirken gegenüber ihren Diskussionspartnern wie verloren, erreichen auch weder das Niveau der Spitzengruppe, noch gelingt es ihnen ihrerseits, die Methoden und Argumente anderer Fächer in ihren Beweisgang zu integrieren.

In dieser Hinsicht haben sogar die Legisten für die politische Theorie unmittelbar noch mehr getan – wenn wir einmal die *Consilia*-Literatur (und damit auch etwa den Kanonisten Oldradus de Ponte[50]) aus dem Spiel lassen, die gesondert zu bewerten ist – mehr als die Kanonisten, denn Bartolus ebenso wie sein Schüler Baldus hat sich – in unmittelbarer Anknüpfung an Aristoteles und Aegidius Romanus – an einer Diskussion um Selbständigkeit und Rechtmäßigkeit staatlicher Machtausübung im Stadtstaat und im Reich beteiligt.[51] Einen Sonderfall bildet Philipp von Leyden[52]: die neuere For-

---

47 Eingehend Brian *Tierney*: Foundations of the Conciliar Theory. The Contribution of the Medieval Canonists from Gratian to the Great Schism (= Cambridge Studies in Medieval Life and Thought, Bd. II/4), Cambridge 1955, S. 157-178.

48 Henricus de *Cremona*: De potestate pape, in: Richard Scholz (Hrsg.): Die Publizistik zur Zeit Philipps des Schönen und Bonifaz' VIII. (= Kirchenrechtliche Abhandlungen, Bd.6-8, Stuttgart 1903 [ND Amsterdam 1969], S. 458-471. Dazu Jürgen *Miethke*: Das Konsistorialmemorandum „De potestate pape" des Heinrich von Cremona von 1302 und seine handschriftliche Überlieferung, in: Studi sul XIV secolo in memoria di Anneliese Maier (= Storia e letteratura, Bd.151), Rom 1981, S. 421-445.

49 Alvarus Pelagius: OFM. De statu et planctu ecclesiae, Augsburg 1474 oder Lyon 1517 bzw. Venedig 1560. Ein Nachdruck des lateinischen Textes des Frühdruckes, Lyon 1517: Alvaro *Païs*: „Estado e pranto da igreja" (Status et planctus ecclesiae), prefácio de Francisco da Gama Caeiro, introduçao de João Morais Barbosa, estabelecimento do texto e traduçao de Miguel Pinto de Meneses I-V, Lissabon 1988-1995 [noch unabgeschlossen]. Dazu João Morais *Barbosa*: „De statu el planctu ecclesiae". Estudio crítico, Lissabon 1982; Jürgen *Miethke*: Alvaro Pelagio e la chiesa del suo tempo, in: Santi e santità nel secolo XIV. Atti del XV0 convegno internazionale di studi francescani, Perugia, Neapel 1989, S. 253-293. Zur professionell kanonistischen Tätigkeit des Alvarus jetzt Martin *Bertram*: Clementinenkommentare des 14. Jahrhunderts, in: Quellen und Forschungen aus italienischen Archiven und Bibliotheken 77 (1997), S. 144-175, bes. 146-149.

50 Oldradus de *Ponte*, Consilia, vielfach gedruckt (etwa Lyon 1550). Vgl. Eduard *Will*: Die Gutachten des Oldradus de Ponte zum Prozeß Heinrichs VII. gegen Robert von Neapel, nebst einer Biographie des Oldradus (= Abhandlungen. zur Mittleren und Neueren Geschichte, Bd.65), Berlin, Leipzig 1917; Karl *Mommsen*: Oldradus de Ponte als Gutachter für das Kloster Allerheiligen, in: Zeitschrift der Savigny Stiftung für Rechtsgeschichte, Kan. Abt. 62 (1976), S. 173-193; Norman *Zacour*: Jews and Saracens in the Consilia of Oldradus de Ponte (= Studies and Texts, Bd. 100), Toronto 1990; Kenneth J. *Pennington*: Henry VII and Robert of Naples, in: Miethke: Publikum, S. 81-92.

51 Zu Bartolus' politisch-theoretischen Ansätzen vgl. immer noch etwa Cecil N. Sidney *Woolf*: Bartolus of Sassoferrato. His Position in the History of Medieval Political Thought, Cambridge 1913. Zu Baldus neuerlich zusammenfassend Joseph *Canning*: The Political Thought of Baldus de Ubaldis (= Cambridge Studies in Medieval Life and

Die Kanonistik als Leitwissenschaft 49

schung hat bei diesem holländischen Juristen eine rein exegetische, im Rahmen einer Auslegungsbemühung zum Corpus Iuris Civile bleibende Absicht vermutet.[53] Dieser Legist hat aber jedenfalls seine Auslegung des Römischen Rechts so genau auf die sozialen und politischen Verhältnisse der Grafschaft Holland abgestimmt, daß man früher in seinem Text einen Fürstenspiegel hatte erkennen wollen.[54] Philipp hat sich darum bemüht, die Probleme seiner kleinen Welt durch eine genaue Lektüre des Justinianschen Corpus zu lösen; damit hat er ein Wissenschafts- und Rechtsverständnis bewiesen, das in der gleichen Weise bei seinen berühmteren Zeitgenossen, den sogenannten „Konsiliatoren" Italiens, anzutreffen ist.

Bei den Kanonisten fällt Guillelmus Duranti dem Jüngeren ins Auge, der auf dem Konzil von Vienne durch seine Denkschriften eine große Sensibilität für die kirchenpolitischen Notwendigkeiten und eine gründliche Kenntnis der kirchenrechtlichen Traditionen zeigte,[55] sowie die genannten zwar kanonistisch qualifizierten, aber nicht eigentlich als Kanonisten schreibenden Autoren (Heinrich von Cremona und Alvarus Pelagius), denen vielleicht noch Alexander von Sancto Elpidio[56] zur Seite zu stellen ist; außerdem noch einige Verfasser kürzerer „kirchenpolitischer Streitschriften aus der Zeit Ludwigs

---

Thought, Bd.IV/6), Cambridge u.a. 1987. Vgl. auch Helmut G. *Walther*: Die Legitimität der Herrschaftsordnung bei Bartolus von Sassoferrato und Baldus de Ubaldis, in: Erhard Mock/Georg Wieland (Hrsg.): Rechts- und Sozialphilosophie des Mittelalters (= Salzburger Schriften zur Rechts-, Staats- und Sozialphilosophie Bd.12), Frankfurt/Main u.a. 1990, S. 115-139; *ders*.: Verbis Aristotelis non utar, quia ea iuristae non saperent. Legistische und aristotelische Herrschaftstheorie bei Bartolus und Baldus, in: Miethke: Publikum, S. 111-126.

52 Philippus de *Leyden*: De reipublicae cura et sorte principantis, Leyden 1516 [ND: De cura reipublicae et sorte principantis. Reprint of the Editio princeps of 1516 with an introduction by Robert Feenstra (= Fontes iuris Batavi rariores, Bd.4), Amsterdam 1971]. Die Ausgabe: Philippus de *Leyden*: De cura reipublicae et sorte principantis. Opnieuw uitgegeven met die inleiding van R. Fruin door P. C. Molhuysen, 's-Gravenhage 1915, ist (wie die vorangegangene Edition durch R. Fruin [ebenda 1900]) wegen der Behandlung der Allegationen (insbesondere aus der Glosse) irreführend und problematisch.

53 Robert *Feenstra*: Philip of Leyden and his treatise „De cura reipublicae et sorte principantis" (= The David Murray Lectures, Bd.29), Glasgow 1970; Pieter *Leupen*: Philip of Leyden: A Fourteenth Century Jurist. A Study of His Life and Treatise „De cura reipublicae et sorte principantis" (= Rechtshistorische Studies, Bd.7), 's-Gravenhage, Zwolle 1981.

54 Maßstäbe setzte bis heute die Interpretation von Wilhelm *Berges*: Die Fürstenspiegel des hohen und späten Mittelalters (= Schriften des Reichsinstituts für ältere deutsche Geschichtskunde [MGH], Bd.2), Leipzig 1938 [ND Stuttgart 1952 u.ö.], S. 249-266 u. 348f.

55 Guillelmus *Duranti* d. J.: De modo generalis concilii celebrandi, gedruckt von Jean Crespin, Lyon 1531. Diese *Editio princeps* ist mechanisch verwirrt und vermengt zwei ursprünglich selbständige Traktate miteinander. Dazu mit wichtigen neuen Einsichten Constantin *Fasolt*: Council and Hierarchy. The Political Thought of William Durant the Younger (= Cambridge Studies in Medieval Life and Thought, Bd.IV.23), Cambridge u.a. 1991, von dem auch eine neue kritische Edition des Textes zu erwarten ist.

56 Alexander de Sancto *Elpidio*, OSA: ecclesiastica potestate, gedruckt bei: Johannes Th. Rocaberti de Perelada (Hrsg.): Bibliotheca maxima pontificia, t.II, Rom 1698, S. 1-40.

des Bayern" (um hier den Titel der Sammlung durch Richard Scholz[57] aufzugreifen). Außer diesen Beispielen auf unserem Felde fruchtbarer kanonistischer Qualifikation fällt vor allem noch der deutsche „*Doctor decretorum*" Lupold von Bebenburg († 1363) ins Gewicht, dessen *Tractatus de iuribus regni et imperii* aber stärker staatsrechtliche als politiktheoretische Ziele verfolgt[58] – wenn wir diese modernen Kategorien einmal zur Charakteristik anwenden wollen. Jedenfalls blieb dieser sein Ansatz für lange Zeit vereinzelt: erst im späten 14. und 15. Jahrhundert, in den Stürmen der Schismazeit und der konziliaren Debatten, werden die Kanonisten auch explizit wieder ihre Stimme in die Diskussion um politiktheoretische Fragen einbringen.[59]

6. Wechselwirkungen

Es besteht also eine auffällige Disparität. Auf der einen Seite haben die Kanonisten einer ganzen Literatur, die von Theologen und Artisten produziert wurde, nicht nur einzelne Argumente und Stichworte gegeben, sondern stellten darüber hinaus für andere Bemühungen den Materialfundus, lieferten methodische Ansätze und entwickelten vorbildhafte Denkmodelle, auf der anderen Seite aber beteiligten sie selbst sich nur in auffallend geringem Umfang an der Diskussion. Diese Diskrepanz wird noch verstärkt, wenn wir beobachten, daß im weiteren Verlauf der Entwicklung auch die Kanonisten, sobald sie in die Erörterungen selbst einzutreten beginnen, aber auch in ihren fachspezifischen Texten, ihrerseits Ergebnisse und Argumente der „publizistischen" Debatte aufnehmen und integrieren. Bereits 1955 hat Brian Tierney auf die breite Wirkung der Schrift *De regia potestate et papali* des Johannes

---

57 Richard *Scholz*: Unbekannte kirchenpolitische Streitschriften aus der Zeit Ludwigs des Bayern (1327-1354) (= Bibl. des Kgl. Preußischen Historischen Instituts Rom, Bd. 9-10), Rom 1911-1914.

58 Lupold von *Bebenburg*: Tractatus de iuribus regni et imperii, gedruckt etwa bei Simon Schard. De iurisdictione, auctoritate et praeeminentia imperiali ... scripta collecta Basel 1566, S. 328-409. Eine kritische Ausgabe, hrsg. von Jürgen Miethke und Christoph Flüeler, ist für die MGH in Vorbereitung. Grundlegend dazu Hermann *Meyer*: Lupold von Bebenburg. Studien zu seinen Schriften (= Studien und Darstellungen aus dem Gebiete der Geschichte, Bd.7/1-2), Freiburg/Breisgau 1909; Rolf *Most*: Der Reichsgedanke des Lupold von Bebenburg, in: Deutsches Archiv 4 (1941), S. 444-485; Sabine *Krüger*: Lupold von Bebenburg, in: Gerhard Pfeiffer (Hrsg.): Fränkische Lebensbilder 4, Neustadt, Aisch 1971, S. 49-86; Gerhard *Barisch*: Lupold von Bebenburg. Zum Verhältnis von politischer Praxis, politischer Theorie und angewandter Politik, in: Bericht des Historischen Vereins für die Pflege der Geschichte des ehemaligen Fürstentums Bamberg 113 (1977), S. 219-432. Zuletzt Eva Luise *Wittneben*: Lupold von Bebenburg und Wilhelm von Ockham im Dialog über die Rechte am Römischen Reich des Spätmittelalters, in: Deutsches Archiv 53 (1997), S. 567-586.

59 Die neuere Forschung zum Basler Konzil präsentiert Johannes *Helmrath*: Das Basler Konzil 1431-1449. Forschungsstand und Probleme (= Kölner historische Abhandlungen, Bd.32), Köln, Wien 1987, bes. S. 417ff.

Quidorts von Paris auf Männer wie Francesco Zabarella hingewiesen[60]; Knut-Wolfgang Nörr hat knapp zehn Jahre später für den „Panormitanus" Nikolaus de Tudeschis ebenfalls gezeigt, daß er sich auf die Debatten der Publizisten des 14. Jahrhunderts in seiner kanonistischen Argumentation in breitem Umfang bezieht, sie freilich kaum in ihrem Zusammenhang verarbeitet hat.[61] Insgesamt ist aber die Rezeptionsgeschichte der einzelnen Argumente in der Debatte selbst für die Hauptautoren, zu denen neben Johannes Quidort auch Marsilius von Padua und Wilhelm von Ockham zu zählen wären, noch schlecht genug erforscht, wenn wir einmal von der Filiation des Konzilsgedankens im engeren Sinne absehen, der seit langem das Interesse der Forschung auf sich konzentriert hat.[62]

Zur Erklärung des Ungleichgewichts sei hier nur auf folgende Punkte hingewiesen, einmal auf das Spezialistentum der kanonistischen Experten, die in einem Studium von langen Jahren, ja Jahrzehnten, sich in die Handhabung ihres komplexen Textbestandes eingearbeitet hatten und die bereits in ihrem Studiengang sozial und lehrplantechnisch von den nichtjuristischen Nachbarfächern abgekapselt waren, da sie an der Propädeutik des Artes-Unterrichts und des Aristoteles-Studiums auch nördlich der Alpen offenbar nur in Ausnahmefällen teilnahmen. Aus der Meisterung ihrer hermetisch wirkenden Allegationstechnik herauszutreten, die selbst noch Bibelstellen, erst recht aber Kirchenväterzitate regelmäßig aus dem *Corpus Iuris Canonici* belegte, dazu waren sie kaum bereit, vielleicht auch nicht in der Lage.

Die Kanonisten mußten zudem von sich aus als Juristen nicht zur allgemeinen Bedeutung der Kirchenverfassung Stellung nehmen. Erst wenn die anderen Beteiligten an der Debatte an sie die Frage stellten, wie die Kirche als soziale Organisation in ihrem Verhältnis zu anderen Organisationsformen menschlicher Gesellschaft zu verstehen sei, konnten und mußten auch sie reagieren. Hier haben bei den Auseinandersetzungen des 14. Jahrhunderts sowohl der Hierarchiebegriff der Theologen, als auch insbesondere die aristotelische Theorie der „natürlichen" Vergesellschaftung und die Ethik einer praktischen Vernunft, wie sie durch Aristoteles neu bekannt geworden war, Anregungen gegeben, die auf das Kirchenrecht selbst erst sehr viel später Wirkungen zeigten, erst als sich die von den anderen erreichten Positionen als fruchtbar erwiesen hatten. Das Experimentieren mit dem aristotelischen Modell einer Theorie menschlicher Gesellschaft ist ein besonders eindrücklicher Beleg für diese Behauptung: während der Theologe Johannes Quidort 1302 mit der Hilfe dieses Modells die Selbständigkeit der *regia potestas* be-

---

60 *Tierney*: Foundations, S. 199-205.
61 Knut Wolfgang *Nörr*: Kirche und Konzil bei Nikolaus de Tudeschis (Panormitanus) (= Forschungen zur kirchlichen Rechtsgeschichte und zum Kirchenrecht, Bd.4), Köln, Graz 1964, bes. S. 23, 132, 164f. u. 178f.
62 Zusammenfassend Hermann Josef *Sieben*: Die Konzilsidee des lateinischen Mittelalters (847-1378) (= Konziliengeschichte, Reihe B), Paderborn u.a. 1984. Auch *ders*.: Traktate und Theorien zum Konzil. Vom Beginn des Großen Schismas bis zum Vorabend der Reformation (= Frankfurter Theologische Studien, Bd.30), Frankfurt/Main 1983.

gründete und belegte, der gegenüber er selbst die Kirche noch nach den ekklesiologischen Traditionen der zeitgenössischen Theologie, und somit nach anderen Prinzipien fundiert glaubt, hat Marsilius von Padua 1324 die Kirche rigide in eine aristotelisch verstandene staatliche Ordnung hineingestellt, in der alle Organisationsgewalt vom *legislator*, bzw. der *pars principans* ausgeht. Ockham hat dann, wiederum mindestens ein Jahrzehnt später, die Prinzipien der aristotelischen Sozialphilosophie, auch den Gedanken einer funktionalen Staatszweckbestimmung und der Bindung herrscherlicher Kompetenz an das Gemeinwohl analog auf beide Sphären, auf Kirche und Staat gleichermaßen, übertragen und hat damit auch die Kirche aus der Vergesellschaftung des Menschen „natürlich" abgeleitet, mit allen Folgen, die das für ein Verständnis der Kirchenverfassung haben mußte.[63]

Im 13. und 14. Jahrhundert bildete sich unter den Theologen eine Tradition heraus, den Juristen überhaupt die Kompetenz in Fragen der politischen Theorie abzusprechen: bereits Albertus Magnus kritisierte die römischrechtlich gebildeten Juristen, die sich selbst fälschlicherweise *politici* nannten, obwohl sie der *ars politica* gänzlich unkundig wären.[64] Etwa gleichzeitig hat der Franziskaner Roger Bacon in das gleiche Horn gestoßen, wenn er den Juristen jede Wissenschaftlichkeit (im aristotelischen Verständnis) abspricht.[65] Wenig später nannte dann auch Aegidius Romanus die Legisten ausdrücklich „*idiote politici*",[66] und noch die anonyme Kompilation des „*Songe du Vergier*" (von 1378) hat nach einem weiteren Jahrhundert, einem Sprachgebrauch des Theologenkreises um Nikolaus Oresme am französischen Hofe Karls V. folgend, die Juristen allgemein mit exakt derselben Bezeichnung belegt: „*yndioz pollitiques*",[67] das meint, daß sie ohne Sinn für die allgemeine Bedeutung der Probleme seien. Noch Lorenzo von Arezzo[68] hat um die Mitte des 15. Jahrhunderts vom Kano-

---

63 Im einzelnen dazu Jürgen *Miethke*: Die Legitimität der politischen Ordnung im Spätmittelalter. Theorien des frühen 14. Jahrhunderts (Aegidius Romanus, Johannes Quidort, Wilhelm von Ockham), in: Burkhard Mojsisch/Olaf Pluta (Hrsg.): Historia philosophiae medii aevi. Studien zur Geschichte der Philosophie des Mittelalters. Festschrift für Kurt Flasch, Amsterdam, New York 1991, S. 643-674.
64 In seinem Kommentar zur Nikomachischen Ethik, lib. X, tract. 3, c. 3, in: A. Borgnet: Opera omnia, Bd. VII, Paris 1891, S. 639.
65 Francis *Bacon*: Compendium studii philosophiae, in: Brewer: Opus, S. 420. Vgl. dagegen die Selbstverständlichkeit, mit der noch knapp eine Generation zuvor die Artisten die „politische" Kompetenz der Juristen anerkannten.
66 De regimine principum, lib.II, pars 2, c.8 (im Druck Rom 1607 [ND Aalen 1967], S. 309) Die Schrift ist auf ca. 1277-1279 zu datieren.
67 [Évrart de *Trémaugon*]: Le Songe du Vergier, édité d'après le manuscrit Royal 19 C IV de la British Library par Marion Schnerb-Lièvre (= Sources d'histoire médiévale), Paris 1982, hier I, c.186, §11 (vol. II, S. 410f).
68 Laurentius von *Arezzo*: Prohemium, (mit dem besten ausführlichem Kommentar) hrsg. von Anton-Hermann Chroust/James A. Corbett: The Fifteenth Century „Review of Politics" of Laurentius of Arezzo, in: Mediaeval Studies 11 (1949), S. 62-76 [S.Text 64ff.]. Dazu vor allem Ludwig Hödl: Kirchengewalt und Kirchenverfassung nach dem „Liber de ecclesiastica potestate" des Laurentius von Arezzo. Eine Studie zur Ekklesiologie des Basler Konzils, in: Johannes Auer/Hermann Volk (Hrsg.): Theologie in Geschichte und Gegenwart. Michael Schmaus zum 60. Geburtstag, München 1957, S. 255-278 [Literatur].

nisten Alvarus Pelagius sagen können, er sei ein „iurista tamen solum positivus et solum in opere suo canonum textus et canonistarum rationes allegans civile quodammodo insecutus",[69] was zwar freundlicher klingt, wahrscheinlich aber im gleichen Sinne gemeint ist wie die Invektive der *idiote*.

Solchen Entwicklungen gegenüber konnten im Konfliktfall die Kanonisten nicht unempfindlich bleiben. Sie haben ihrerseits diese Ideen aufgenommen und in ihrer juristischen Kompetenzanalyse in der Schisma- und Konzilszeit zur Geltung kommen lassen. So sehr freilich die Kirche zeitweise als Spielfeld politiktheoretischer Vorstellungen und, fern der jeweils örtlich gebundenen Traditionen weltlichen politischen Denkens, als allgemein zugängliches Modell politischer Verfassung, eine herausgehobene Rolle zu spielen vermochte,[70] so hat sie doch andererseits auch eine Übertragung ihrer Ordnungsprinzipien auf den Staat sehr erschwert. In der frühen Neuzeit knüpfte man mit einer gewissen Folgerichtigkeit nicht unmittelbar an die Debatten der Konzilszeit an, die politische Theorie der Reformationszeit verdankte sich eher als der Kanonistik einer Besinnung auf das römische Recht und auf alttestamentarische Vorbilder.[71] Darauf soll und kann hier aber nicht mehr eingegangen werden.

Die Rolle der Kanonistik im Emanzipationsprozeß des politischen Denkens ist die *eines* Traditionsstranges unter anderen, eines wichtigen, ja eines unentbehrlichen, aber etwa gegenüber der Aristotelesrezeption nicht einmal des auffälligsten Strangs politiktheoretischer Überlieferung, an die das Mittelalter anknüpfen konnte. Darüber hinaus steht sie für eine Tradition, die selbst gegenüber dem konkurrierenden Römischen Recht auf die Dauer in die Hinterhand geriet.

Die Bedingungen der allgemeinen Ausstrahlung des Faches in den Bereich der politischen Theorie hinein waren knapp anzudeuten. Die Kanonistik hat nicht eine „Schule" des politischen mittelalterlichen Denkens darstellen können, sie hat aber einen dauernden und merklichen Einfluß auf die Entwskicluing der politischen Theorie gehabt. Die historische Konjunktur für die Kanonistik dauerte freilich nicht allzu lange, sie war aber für das europäische politische Denken ebenso fundamental, wie sie das sogenannte Monopol der Juristen im politischen Leben, das heute noch in Deutschland und Europa weitgehend ungebrochen ist, sozialgeschichtlich mitbegründet hat.

---

69 *Chroust/Corbett*: Century, S. 66.
70 Das hat herausgearbeitet Antony *Black*: Monarchy and Community. Political Ideas in the Later Conciliar Controversy 1430-1450 (= Cambridge Studies in Medieval Life and Thought, Bd.III/2), Cambridge 1970; *ders.*: Council and Commune. The Conciliar Movement and the Fifteenth Century Heritage, London, Shepherdstown 1979.
71 Aus der reichen Literatur sei hier nur verwiesen auf Myron P. *Gilmore*: Argument from Roman Law in Political Thought 1200 to 1600 (= Harvard Historical Monographs, Bd.15), Cambridge/Massachusetts 1941; Donald R. *Kelley*: The Human Measure. Social Thought in the Western Legal Tradition, Cambridge/Massachusetts, London 1990. Zur politischen Theorie des 15./16. Jahrhunderts neuerlich zusammenfassend Quentin *Skinner*: Political Philosophy, in: Charles B. Schmitt/Quentin Skinner (Hrsg.): The Cambridge History of Renaissance Philosophy, Cambridge u.a. 1988, S. 389-452.

Literaturverzeichnis

Alvaro País: „Estado e pranto da igreja" (Status et planctus ecclesiae), prefácio de Francisco da Gama Caeiro, introdução de João Morais Barbosa, estabelecimento do texto e tradução de Miguel Pinto de Meneses I-V, Lissabon 1988-1995 [noch unabgeschlossen].

Alvarus Pelagius: OFM. De statu et planctu ecclesiae, Augsburg 1474 oder Lyon 1517 bzw. Venedig 1560.

Arnulfus Provincialis: Divisio scientiarum (ca. 1250), in: Claude Lafleur (Hrsg.): Quattre introductions à la philosophie au XIIIe siècle. Textes critiques et études historiques (= Université de Montréal, Publ. de l'Institut d'Études Médiévales, Bd. 23), Montréal, Paris 1988, S. 333-335.

Arquillière, Henri-Xavier: Le plus ancien traité de l'Église. Jacques de Viterbe, „De regimine Christiano" (1301-1302). Étude des sources et édition critique (Études de Théologie Historique), Paris 1926.

Baar, Piet A. van den: Die kirchliche Lehre von der „Translatio imperii Romani" bis zur Mitte des 13. Jahrhunderts (= Analecta Gregoriana, Bd.78, sectio B 12), Rom 1956.

Barbosa, João Morais: „De statu et planctu ecclesiae". Estudio crítico, Lissabon 1982.

Barisch, Gerhard: Lupold von Bebenburg. Zum Verhältnis von politischer Praxis, politischer Theorie und angewandter Politik, in: Bericht des Historischen Vereins für die Pflege der Geschichte des ehemaligen Fürstentums Bamberg 113 (1977), S. 219-432.

Baudry, Léon: Guillaume d'Occam. Sa vie ses oeuvres, ses idées sociales et politiques I: L'Homme et les oeuvres (= Etudes de philosophie médiévale, Bd.39), Paris 1949.

Berges, Wilhelm: Die Fürstenspiegel des hohen und späten Mittelalters (= Schriften des Reichsinstituts für ältere deutsche Geschichtskunde [MGH], Bd.2), Leipzig 1938 [ND Stuttgart 1952 u.ö.].

Berman, Harold J.: Law and Revolution. The Formation of Western Legal Tradition Cambridge/Massachucetts 1983 [dt. Übers.: Recht und Revolution, Die Bildung der westlichen Rechtstradition, Frankfurt/Main ^{2}1991].

Bertram, Martin: Clementinenkommentare des 14. Jahrhunderts, in: Quellen und Forschungen aus italienischen Archiven und Bibliotheken 77 (1997), S. 144-175.

Birkenmajer, Aleksander: Le rôle joué par les médecins et les naturalistes dans la réception d'Aristote au XIIe et XIIIe siècles, in: La Pologne au VIe Congrès International des Sciences Historiques Oslo 1928, Warschau 1930, S. 1-15.

Black, Antony: Council and Commune. The Conciliar Movement and the Fifteenth Century Heritage, London, Shepherdstown 1979.

–: Monarchy and Community. Political Ideas in the Later Conciliar Controversy 1430-1450 (= Cambridge Studies in Medieval Life and Thought, Bd.III/2), Cambridge 1970.

–: Political Thought in Europe, 1250-1450, Cambridge u.a. 1992.

Brewer, John S.: Fr. Rogeri Bacon Opera quaedam hactenus inedita (= Rerum Britannicarum Scriptores, Bd. 15), London 1859.

Canning, Joseph: History of Medieval Political Thought, 300-1450, London 1996.

–: The Political Thought of Baldus de Ubaldis (= Cambridge Studies in Medieval Life and Thought, Bd.IV/6), Cambridge u.a. 1987.

Castorph, Bernward: Die Ausbildung des römischen Königswahlrechts, Göttingen u.a. 1978 [Diss. Uni Münster 1976].

Chroust, Anton-Hermann/Corbett, James A.: The Fifteenth Century „Review of Politics" of Laurentius of Arezzo, in: Mediaeval Studies 11 (1949), S. 62-76.

Congar, Yves Marie Joseph: L'Église de Saint Augustin à l'époque moderne (= Histoire des dogmes, Bd.III/3), Paris 1970 [dt. Übers.: Die Lehre von der Kirche (= Handbuch der Dogmengeschichte Bd.3,2,2-3), Freiburg 1970].

Courtenay, William J.: Capacity and Volition. A History of the Distinction of Absolute and Ordained Power (= Quodlibet, Bd.8), Bergamo 1990.

–: Schools and Scholars in Fourteenth Century England, Princeton/N.J. 1986.

Classen, Peter (Hrsg.): Recht und Schrift im Mittelalter (= Vorträge und Forschungen, Bd.23), Sigmaringen 1977.

Henricus de Cremona: De potestate pape, in: Richard Scholz (Hrsg.): Die Publizistik zur Zeit Philipps des Schönen und Bonifaz' VIII. (= Kirchenrechtliche Abhandlungen, Bd. 6-8), Stuttgart 1903 [ND Amsterdam 1969], S. 458-471.

Dolezalek, Gero: La *pecia* e la preparazione dei libri giuridici nei secoli XII-XIII, in: a cura di Luciano Gargan ed Oronzo Limone: Luoghi e metodi di insegnamento nell'Italia medioevale (secoli XII-XIV), Atti del Convegno Internazionale di Studi, Lecce-Otranto, 6.-8. ott. 1986, Galatina 1989, S. 201-217.

Dunbabin, Jean: A Hound of God. Pierre de la Palud and the Fourteenth Century Church, Oxford 1991.

Fasolt, Constantin: Council and Hierarchy. The Political Thought of William Durant the Younger (= Cambridge Studies in Medieval Life and Thought, Bd. IV.23), Cambridge u.a. 1991.

Feenstra, Robert: Philip of Leyden and his treatise „De cura reipublicae et sorte principantis" (= The David Murray Lectures, Bd. 29), Glasgow 1970.

Fetscher, Iring/Münkler, Herfried (Hrsg.): Pipers Handbuch der politischen Ideen, Bd.2: Mittelalter, München 1993.

Flüeler, Christoph: Rezeption und Interpretation der aristotelischen Politica im 13. und 14. Jahrhundert, Amsterdam 1992.

Fried, Johannes (Hrsg.): Schulen und Studium im sozialen Wandel des hohen und späten Mittelalters (= Vorträge und Forschungen, Bd.30), Sigmaringen 1986.

Gagnér, Sten: Studien zur Ideengeschichte der Gesetzgebung (= Acta Universitatis Upsaliensis, Studia Iuridica Upsaliensia, Bd. 1), Stockholm u.a. 1960.

García, Antonio García y: Die Rechtsfakultäten, in: Rüegg: Geschichte, S. 343-386.

Gilmore, Myron P.: Argument from Roman Law in Political Thought 1200 to 1600 (= Harvard Historical Monographs, Bd.15), Cambridge/Massachucetts 1941.

Goez, Werner: „Translatio imperii". Ein Beitrag zur Geschichte des Geschichtsdenkens und der politischen Theorien im Mittelalter und in der frühen Neuzeit, Tübingen 1958.

Grabmann, Martin: Die Geschichte der scholastischen Methode, nach den gedruckten und ungedruckten Quellen dargestellt, Bd. I-II, Freiburg/Breisgau 1909 [ND: Basel, Stuttgart 1961 u.ö.].

–: Eine für Examenszwecke abgefaßte Quästionensammlung der Pariser Artistenfakultät aus der ersten Hälfte des 13. Jahrhunderts, jetzt in: ders.: Mittelalterliches Geistesleben, Bd. 2, München 1936, S. 183-199.

Guillelmus Duranti d.J.: De modo generalis concilii celebrandi, gedruckt von Jean Crespin, Lyon 1531.

Hageneder, Othmar: Papsregister und Dekretalenrecht, in: Classen: Recht, S. 319-347.

Helmrath, Johannes: Das Basler Konzil 1431-1449. Forschungsstand und Probleme (= Kölner historische Abhandlungen, Bd. 32), Köln, Wien 1987.

Hödl, Ludwig: Kirchengewalt und Kirchenverfassung nach dem „Liber de ecclesiastica potestate" des Laurentius von Arezzo. Eine Studie zur Ekklesiologie des Basler Konzils, in: Johannes Auer/Hermann Volk (Hrsg.): Theologie in Geschichte und Gegenwart. Michael Schmaus zum 60. Geburtstag, München 1957, S. 255-278.

Homeyer, Carl Gustav: Der Prolog zur Glosse des sächsischen Landrechts, in: Abhandlungen Akademie. Berlin 1854 (Berlin 1855), S. 155-210.

Kadenbach, Johannes: Philosophie an der Universität Erfurt im 14./15. Jahrhundert. Versuch einer Rekonstruktion des Vorlesungsprogramms, in: Ulman Weiß (Hrsg.): Erfurt 742-1992, Stadtgeschichte, Universitätsgeschichte, Weimar 1992, S. 155-170.

Kelley, Donald R.: The Human Measure. Social Thought in the Western Legal Tradition, Cambridge/Massachucetts, London 1990.
Knysh, George: Political Ockhamism, Winnipeg 1996.
Kölmel, Wilhelm: Wilhelm Ockham und seine kirchenpolitischen Schriften, Essen 1962.
Krieger, Karl-Friedrich: König, Reich und Reichsreform im Spätmittelalter (= Enzyklopädie deutscher Geschichte, Bd.14), München 1992.
Kroeschell, Karl: Rechtsaufzeichnung und Rechtswirklichkeit. Das Beispiel des Sachsenspiegel, in: Classen: Recht, S. 349-380.
Krüger, Sabine: Lupold von Bebenburg, in: Gerhard Pfeiffer (Hrsg.): Fränkische Lebensbilder 4, Neustadt, Aisch 1971, S. 49-86.
Krynen, Jacques: Les légistes „idiots politiques". Sur l'hostilité des théologiens à l'égard des juristes, en France, au temps de Charles V, in: Théologie et droit dans la science politique de l'état moderne (= Collection de l'École Française de Rome, Bd.147), Rom 1991, S. 171-198.
Kues, Nikolaus von: Nicolai de Cusa Opera omnia, iussu Academiae Litterarum Heidelbergensis edita 14/3, hrsg. von Gerhard Kallen, Hamburg 1959.
Kuttner, Stephan: Dat Galienus opes et sanctio Iustiniana, in: A. S. Chrysafulli (Hrsg.): Literary and Linguistic Studies in Honor of Helmut A. Hatzfeld, Washington/D.C. 1964, S. 237-246.
Kuttner, Stephan: The Date of the Constitution „Saepe", the Vatican Manuscript and the Roman Edition of the Clementines, in: Mélanges Eugène Tisserant IV (= Studi e Testi, Bd.234), Città del Vaticano 1964, S. 427-452.
Lafleur, Claude (avec collab. de Joanne Carrier): L'enseignement de la philosophie au XIIe siècle, Autour du „Guide de l'étudiant" du ms. Ripoll 109. Actes du colloque international édités, avec un complément d'études et de textes (= Studia Artistarum, Bd.5), Turnhout 1997.
–: Le „Guide de l'Etudiant" d'un maître anonyme de la Faculté des Arts de Paris au XIIIe siècle. Édition critique provisoire du ms. Barcelone, Arxiu de la Corona d'Aragó, Ripoll 109, ff.134ra-158va (= Publications du Laboratoire de Philosophie ancienne et médiévale de la Faculté de Philosophie de l'Université Laval Bd.1), Quebec 1992.
Lange, Hermann: Römisches Recht im Mittelalter. Bd.I: Die Glossatoren, München 1997.
Lefebvre, Charles: La théorie générale du droit, in: Georges Le Bras/Charles Lefebvre/Jacqueline Rambaud[-Buhot]: L'Age classique, 1140-1378. Sources et théorie du droit (= Histoire du droit et des institutions de l'Église en occident, Bd.7), Paris 1965, S. 352-568.
Leupen, Pieter: Philip of Leyden: A Fourteenth Century Jurist. A Study of His Life and Treatise „De cura reipublicae et sorte principantis" (= Rechtshistorische Studies, Bd.7), 's-Gravenshage, Zwolle 1981.
Lorenz, Sönke: „Libri ordinarie legendi". Eine Skizze zum Lehrplan der mitteleuropäischen Artistenfakultät um die Wende vom 14. zum 15. Jahrhundert, in: Wolfram Hogrebe (Hrsg.): Argumente und Zeugnisse (= Studia philosophica et historica, Bd. 5), Frankfurt/Main u.a. 1985, S. 204-258.
Lupold von Bebenburg: Tractatus de iuribus regni et imperii, gedruckt etwa bei Simon Schard. De iurisdictione, auctoritate et praeeminentia imperiali ... scripta collecta Basel 1566.
Maccarrone, Michele: Il libro terzo della „Monarchia", in: Studi danteschi 33 (1955), S. 1-142.
Mertens, Dieter: Geschichte der politischen Ideen im Mittelalter, in: Hans Fenske u.a. (Hrsg.): Geschichte der politischen Ideen, von Homer bis zur Gegenwart, Frankfurt/Main ^{2}1987, S. 141-238 u. 587-596.
Meyer, Hermann: Lupold von Bebenburg. Studien zu seinen Schriften (= Studien und Darstellungen aauf dem Gebiete der Geschichte, Bd.7/1-2), Freiburg/Breisgau 1909.

Michael, Bernd: Johannes Buridan. Studien zu seinem Leben, seinen Werken und zur Rezeption seiner Theorien im Europa des späten Mittelalters, Berlin 1985 [Diss. FU Berlin 1978].

Miethke, Jürgen (Hrsg.): Alvaro Pelagio e la chiesa del suo tempo, in: Santi e santità nel secolo XIV. Atti del XV⁰ convegno internazionale di studi francescani, Perugia, Neapel 1989, S. 253-293.

–: Das Konsistorialmemorandum „De potestate pape" des Heinrich von Cremona von 1302 und seine handschriftliche Überlieferung, in: Studi sul XIV secolo in memoria di Anneliese Maier (= Storia e letteratura, Bd.151), Rom 1981, S. 421-445.

–: Das Publikum politischer Theorie im 14. Jahrhundert (= Schriften des Historischen Kollegs/Kolloquien, Bd.21), München 1992.

–: Die Legitimität der politischen Ordnung im Spätmittelalter. Theorien des frühen 14. Jahrhunderts (Aegidius Romanus, Johannes Quidort, Wilhelm von Ockham), in: Burkhard Mojsisch/Olaf Pluta (Hrsg.): Historia philosophiae medii aevi. Studien zur Geschichte der Philosophie des Mittelalters. Festschrift für Kurt Flasch, Amsterdam, New York 1991, S. 643-674.

–: Historischer Prozeß und zeitgenössisches Bewußtsein. Die Theorie des monarchischen Papats im hohen und späteren Mittelalter, in: Historische Zeitschrift 226 (1978), S. 564-599.

–: Kanonistik, Ekklesiologie und politische Theorie. Die Rolle des Kirchenrechts im Spätmittelalter, in: Peter Landau/Jörg Müller (Hrsg.): Proceedings of the 9th International Congress of Medieval Canon Law, Munich, 13-18 sept. 1992 (= Monumenta Iuris Canonici, Series C: Subsidia, 10), Città del Vaticano 1997, S. 1023-1051.

–: Marsilius von Padua, in: Walter Kasper (Hrsg.): Lexikon für Theologie und Kirche, Bd. 6, Freiburg/Breisgau ³1997, S. 1416-1419.

–: Ockhams Weg zur Sozialphilosophie, Berlin 1969.

–: Politische Theorie in der Krise der Zeit, Aspekte der Aristotelesrezeption in der politischen Philosophie des Spätmittelalters, in: Gert Melville (Hrsg.): Institutionen und Geschichte. Theoretische Aspekte und mittelalterliche Befunde (= Norm und Struktur, Studien zum sozialen Wandel in Mittelalter und Früher Neuzeit, Bd.1), Köln u.a. 1992, S. 157-186.

–: Politische Theorien im Mittelalter, in: Hans-Joachim Lieber (Hrsg.): Politische Theorien von den Anfängen bis zur Gegenwart, Beiträge zur politischen Bildung (= Studien zur Geschichte und Politik, Bd.299), Bonn ²1993, S. 47-156.

–: Universitas und studium. Zur Verfassung der mittelalterlichen Universitäten, erscheint in: Aevum [voraussichtlich 1999].

Mommsen, Karl: Oldradus de Ponte als Gutachter für das Kloster Allerheiligen, in: Zeitschrift der Savigny Stiftung für Rechtsgeschichte, Kan. Abt. 62 (1976), S. 173-193.

Most, Rolf: Der Reichsgedanke des Lupold von Bebenburg, in: Deutsches Archiv 4 (1941), S. 444-485.

Müller, Ewald: Das Konzil von Vienne (= Vorreformationsgeschichtliche Forschungen, Bd.12), Münster 1935.

Nörr, Knut Wolfgang: Kirche und Konzil bei Nikolaus de Tudeschis (Panormitanus) (= Forschungen zur kirchlichen Rechtsgeschichte und zum Kirchenrecht, Bd.4), Köln, Graz 1964.

Ockham, Guillelmus de: Dialogus, Lyon 1496 [ND als: Guillelmus de Ockham, Opera plurima, tomus I, Farnborough/Hants. 1962)].

Ockham, Wilhelm von: Dialogus, Auszüge zur politischen Theorie, ausgew., übersetzt u. mit Nachw. von Jürgen Miethke, Darmstadt ²1993.

Ockham, William of: Opera politica. vol.IV, hrsg. von H. S. Offler, London 1997.

Offler, Hilary Seton: Zum Verfasser der „Allegaciones de potestate imperiali" (1338), in: Deutsches Archiv 42 (1986), S. 555-619.

Pennington, Kenneth J.: Henry VII and Robert of Naples, in: Miethke: Publikum, S. 81-92.
–: The Making of a Decretal Collection. The Genesis of „Compilatio tertia", in: Stephan Kuttner/Kenneth J. Pennington (Hrsg.): Proceedings of the 5th International Congres of Medieval Canon Law (= Monumenta Iuris Canonici, C 6), Città del Vaticano 1980, S. 67-92.
Philippus de Leyden: De cura reipublicae et sorte principantis. Opnieuw uitgegeven met de inleiding van R. Fruin door P. C. Molhuysen, ‚s-Gravenhage 1915.
–: De reipublicae cura et sorte principantis, Leyden 1516 [ND: De cura reipublicae et sorte principantis. Reprint of the Editio princeps of 1516 with an introduction by Robert Feenstra (= Fontes iuris Batavi rariores, Bd.4), Amsterdam 1971].
Rüegg, Walter (Hrsg.): Geschichte der Universität in Europa, Bd.1: Mittelalter, München 1993.
Sancto Elpidio, OSA, Alexander de: De ecclesiastica potestate, gedruckt bei: Johannes Th. Rocaberti de Perelada (Hrsg.): Bibliotheca maxima pontificia, t.II, Rom 1698.
Schmitt, Charles B.: Aristoteles bei den Ärzten, in: Gundolf Keil/Bernd Moeller/Winfried Trusen (Hrsg.): Der Humanismus und die oberen Fakultäten, (= DFG, Mitteilung 14 der Kommission für Humanismusforschung), Weinheim 1987, S. 239-268.
Schnur, Roman (Hrsg.): Die Rolle der Juristen bei der Entstehung des modernen Staates, Berlin 1986.
Scholz, Richard: Unbekannte kirchenpolitische Streitschriften aus der Zeit Ludwigs des Bayern (1327-1354) (= Bibl. des Kgl. Preußischen Historischen Instituts Rom, Bd. 9-10), Rom 1911-1914.
Schwinges, Rainer Christoph (Hrsg.): Gelehrte im Reich, Zur Sozial- und Wirkungsgeschichte akademischer Eliten des 14. bis 16. Jahrhunderts (= Zeitschrift für Historische Forschung, Beiheft 18), Berlin 1996.
Sieben, Hermann Josef: Die Konzilsidee des lateinischen Mittelalters (847-1378) (= Konziliengeschichte, Reihe B), Paderborn u.a. 1984
–: Traktate und Theorien zum Konzil. Vom Beginn des Großen Schismas bis zum Vorabend der Reformation (= Frankfurter Theologische Studien, Bd. 30), Frankfurt/Main 1983.
Skinner, Quentin: Political Philosophy, in: Charles B. Schmitt/Quentin Skinner (Hrsg.): The Cambridge History of Renaissance Philosophy, Cambridge u.a. 1988, S. 389-452.
Smalley, Beryl: The Study of the Bible in the Middle Ages, Oxford ³1983.
Stein, Peter Gonville: Römisches Recht und Europa. Die Geschichte einer Rechtskultur, Frankfurt/Main 1996.
Stickler, Alfons M.: Historia iuris canonici latini, Institutiones academicae. I: Historia fontium, Zürich 1950 u.ö.
Tarrant, Jacqueline (Hrsg.): Extravagantes Iohannis XXII (= Monumenta Iuris Canonici B.6), Città del Vaticano 1983.
Tierney, Brian: Foundations of the Conciliar Theory. The Contribution of the Medieval Canonists from Gratian to the Great Schism (= Cambridge Studies in Medieval Life and Thought, Bd. II/4), Cambridge 1955.
[Trémaugon, Évrart de]: Le Songe du Vergier, édité d'après le manuscrit Royal 19 C IV de la British Library par Marion Schnerb-Lièvre (= Sources d'histoire médiévale), Paris 1982).
–: Somnium viridarii, hrsg. von Marion Schnerb-Lièvre, Bd.I-II (= Sources d'histoire médiévale), Paris 1993-1995.
Unverhau, Dagmar: Approbatio – reprobatio. Studien zum päpstlichen Mitspracherecht bei Kaiserkrönung und Königswahl vom Investiturstreit bis zum ersten Prozeß Johanns XXII. gegen Ludwig IV. (= Historische Studien, Bd. 424), Lübeck 1973.

Walther, Helmut G.: Die Legitimität der Herrschaftsordnung bei Bartolus von Sassoferrato und Baldus de Ubaldis, in: Erhard Mock/Georg Wieland (Hrsg.): Rechts- und Sozialphilosophie des Mittelalters (= Salzburger Schriften zur Rechts-, Staats- und Sozialphilosophie, Bd. 12), Frankfurt/Main u.a. 1990, S. 115-139.

–: Verbis Aristotelis non utar, quia ea iuristae non saperent. Legistische und aristotelische Herrschaftstheorie bei Bartolus und Baldus, in: Miethke: Publikum, S. 111-126.

Weigand, Rudolf: Die Glossen zum Dekret Gratians, Studien zu den frühen Glossen und Glossenkompositionen (= Studia Gratiana, Bd.25-26), Bologna 1991.

Will, Eduard: Die Gutachten des Oldradus de Ponte zum Prozeß Heinrichs VII. gegen Robert von Neapel, nebst einer Biographie des Oldradus (= Abhandlungen zur Mittleren und Neueren Geschichte, Bd.65), Berlin, Leipzig 1917.

Wittneben, Eva Luise: Lupold von Bebenburg und Wilhelm von Ockham im Dialog über die Rechte am Römischen Reich des Spätmittelalters, in: Deutsches Archiv 53 (1997), S. 567-586.

Wolf, Armin: Gesetzgebung in Europa 1100-1500. Zur Entstehung der Territorialstaaten München ²1996.

Woolf, Cecil N. Sidney: Bartolus of Sassoferrato. His Position in the History of Medieval Political Thought, Cambridge 1913.

Zacour, Norman: Jews and Saracens in the Consilia of Oldradus de Ponte (= Studies and Texts, Bd. 100), Toronto 1990.

Die frühneuzeitliche Politikwissenschaft im 16. und 17. Jahrhundert

Michael Philipp

Die Politikwissenschaft als akademisches Lehrfach hat seit der Antike bis in die Gegenwart hinein vielfache Höhen und Tiefen durchschritten. Galt sie etwa Aristoteles als Königswissenschaft, so verlor sie schon in der römischen Welt weitgehend ihre Bedeutung. Im Mittelalter wurden zwar ihre Leittexte allmählich wieder aufgegriffen, doch blieb die Politikwissenschaft an den Universitäten bis an die Wende zur Frühen Neuzeit nur ein wenig bedeutendes Nebenfach. Erst im Zeitalter der Glaubensspaltung, konkret im späten 16. Jahrhundert, erlebte sie vornehmlich in Deutschland eine sprunghafte Renaissance, die das 17. Jahrhundert hindurch anhielt. Doch auch darauf folgte eine Phase der Marginalisierung und des Niedergangs bis ins 19. Jahrhundert hinein. Dies hat auch dazu beigetragen, daß die Erinnerung an die frühneuzeitliche Politikwissenschaft weitgehend verblaßt und, wenn überhaupt, mehr von den Nachbarfächern der Geschichts- und Rechtswissenschaft bewahrt worden ist.

In diesem Beitrag soll anknüpfend an die Arbeiten von Hans Maier, Horst Denzer, Horst Dreitzel und vor allem Wolfgang Weber ein weiterer Versuch unternommen werden, das Interesse für die Geschichte der Politikwissenschaft in der Frühen Neuzeit zu beleben. Dabei soll weniger die Geschichte der politischen Ideen und deren inhaltliche Analyse als vielmehr die politikwissenschaftliche Literatur und deren quantitative Untersuchung im Mittelpunkt stehen. Sie zur Grundlage einer Geschichte des Disziplin in der Frühen Neuzeit zu machen, empfiehlt sich auch deshalb, weil weder die Universitätsgeschichtsschreibung und ihre Quellen (Statuten, Vorlesungsverzeichnisse usw.)[1] noch die allgemeinen Darstellungen zur Bildungsgeschichte[2] dafür brauchbare Einblicke zu geben vermögen.

---

1 Da Professoren- und Vorlesungsverzeichnisse aus dieser Zeit zumeist fehlen, wie H. Denzer: Moralphilosophie und Naturrecht bei Samuel Pufendorf. Eine geistes- und wissenschaftsgeschichtliche Untersuchung zur Geburt des Naturrechts aus der praktischen Philosophie, München 1972, S. 300 feststellt, und in Universitätsgeschichten die Politik als ein Teilfach der *artes liberales* nur am Rande erwähnt wird, ist man zumeist auf die Literaturproduktion als einzige Quelle verwiesen.

2 Vgl. den kurzen Abschnitt zu „Ethik und Politik" (S. 339f.) bei A. *Seifert*: Das höhere Schulwesen, Universitäten und Gymnasien, in: N. Hammerstein/A. Buck (Hrsg.): Hand-

1. Quantitative Dimensionen politikwissenschaftlicher Literatur in der Frühen Neuzeit

Die Literatur der Politikwissenschaft im frühneuzeitlichen Deutschland ist nur schemenhaft bekannt. Entsprechende bibliographische Hilfsmittel, die umfangreiche und fundierte Einblicke in die frühneuzeitliche Politikwissenschaft eröffnen könnten, fehlen weitgehend. Einzig erwähnenswert unter den modernen Nachschlagewerken ist die Althusius-Bibliographie, die – auch die moderne Literatur mit einbeziehend – weit ausgreift und von der älteren Literatur daher nur einen ungefähren Eindruck vermitteln kann.[3] Moderne Darstellungen zur Geschichte der politischen Literatur Deutschlands fehlen praktisch ganz. Schon in der wichtigsten Darstellung der Geschichte der staatswissenschaftlichen Literatur des 19. Jahrhunderts von Robert von Mohl ist das Wissen über den reichen Fundus an politikwissenschaftlicher Literatur des 17. Jahrhunderts fast ausgetrocknet.

Somit erweisen sich zeitgenössische Bibliographien, also Werke des 16. bis 18. Jahrhunderts, als die besten Hilfsmittel zur Auffindung der frühneuzeitlichen Politikliteratur und ihrer Autoren.[4] Sie geben zusätzlich Aufschlüsse zur Systematisierung der Literatur und verdeutlichen damit deren Vielfalt.[5] Parallel dazu muß mit Hilfe alter Bibliothekskataloge der Fundus an Autorennamen und Buchtiteln überprüft und weiter ausgedehnt werden. Dank moderner Computertechnik besteht seit einigen Jahren jedoch die Möglichkeit, via Internet in den zum Teil länderübergreifenden Verbundkatalogen zu recherchieren. Voraussetzung ist freilich, daß die Namen der gesuchten Auto-

---

buch der deutschen Bildungsgeschichte, Bd. I: 15. bis 17. Jahrhundert, München 1996, S. 197-374.

3   Das zweibändige Werk von H.U. *Scupin*/U. *Scheuner*: Althusius-Bibliographie. Bibliographie zur politischen Ideengeschichte und Staatslehre, zum Staatsrecht und zur Verfassungsgeschichte des 16. bis 18. Jahrhunderts, 2 Bde., Berlin 1973 bietet unter anderem einen ersten, wenn auch unvollständigen Einblick in die politische Literatur zur Zeit des Althusius. Hilfreich ist auch M. *Humpert*: Bibliothek der Kameralwissenschaften, Köln 1937, die in den Rubriken „Die Staatswissenschaft im weitesten Sinn" (1-11) und „Polizeiwissenschaft/ Die Polizeiwissenschaft im weiteren Sinne (= Staatswissenschaft insgesamt)" (S. 607-688) eine Reihe einschlägiger Werke anführt.

4   Unter den allgemeinen Bibliographien sind sehr nützlich: G. *Draudius*: Bibliotheca Classica/Bibliotheca librorum Germanicorum Classica, Frankfurt 1625 sowie die drei Werke von M. *Lipenius*: Bibliotheca realis philosophica, Frankfurt 1682; ders.: Bibliotheca realis Juridica, Frankfurt ⁴1757; ders.: Bibliotheca realis Theologica, Frankfurt 1685. Unter den Fachbibliographien sind sehr hilfreich: G. *Naudaeus*: Bibliographia Politica (1633), Erlangen 1966, D. *Hartnack*: Anweisender Bibliothecarius, Stockholm, Hamburg 1690, C. *Arnd*: Bibliotheca Politico-Heraldica selecta, Rostock 1705 und B.G. *Struve*: Bibliotheca Philosophica,. bearb. v. L. M. *Kahle*, Göttingen ⁵1740.

5   *Arnd*: Bibliotheca unterscheidet zum Beispiel zwei Generalklassen politischer Literatur, die *Pseudo-Politica* (35-68) und die *genuina Politica* (69-529). Pseudopolitiker sind *Machiavelli & Machiavellisti* sowie die Monarchomachen. Die eigentlichen Politikautoren teilt er auf 16 Unterklassen auf, darunter als erstes die dogmatischen und methodischen Abhandlungen zur *scientia politica (Compendiarii & Systematici)*.

Die frühneuzeitliche Politikwissenschaft 63

ren oder die relevanten Titel bzw. Titelsuchbegriffe bekannt sind. Der vorher schon erarbeitete Fundus kann auf diesem Wege weiter überprüft und zum Teil wohl (v.a. was Auflagen anbelangt) erheblich erweitert werden. Derartige Recherchen, die für einen Teil der politikwissenschaftlichen Literatur im Rahmen eines Ausgburger DFG-Projekts zur ‚Frühneuzeitlichen Regierungslehre' schon geleistet wurden, bestätigen den oben erwähnten Reichtum an politikwissenschaftlicher Literatur. Dies läßt sich folgendermaßen veranschaulichen.

Die erste Grafik basiert auf einer gut 1.200 Drucke (Titel gegebenenfalls mit ihren verschiedenen Auflagen) umfassenden Datenbank, in der systematische und kompendienhafte Gesamtdarstellungen der Politikwissenschaft, Gesamtdarstellungen zur Staatslehre (u.a. Bodins De republica) und Sammelbände von politikwissenschaflitchen Einzeluntersuchungen erfaßt sind – dabei handelt es sich also nur um einen Ausschnitt aus der politikwissenschaftlichen Literatur, der etwa die Vielzahl von Traktaten, Diskursen usw. zu einzelnen Themen nicht berücksichtigt. Es deutet sich an, daß – vorbehaltlich von Verzerrungen, die sich aus den ungleich größeren Problemen der Erfassung der ausländischen Literatur aufgrund der mangelnden Verfügbarkeit einschlägiger bibliograhischer Hilfsmittel ergeben – die politikwissenschaftliche Literaturproduktion Deutschlands im europäischen Vergleich einen dominierenden Anteil hat; nur die niederländischen Druck- und Universitätsorte steuern noch einen nennenswerten weiteren Anteil bei. Es scheint sich somit zu bestätigen, daß sich, auch wenn verschiedene Autoren und Werke aus dem französischen, englischen und spanischen Sprachraum noch hinzukommen dürften, die Politik vornehmlich in Deutschland und den Niederlanden als Wissenschaft an Universitäten etabliert hat.

Des weiteren wird anschaulich, daß die Literaturproduktion um 1.600 sprunghaft, ja explosionsartig angestiegen ist, was die These bestätigt, daß sich die Politikwissenschaft fast schlagartig als Disziplin etabliert haben muß. Aller Wahrscheinlichkeit nach ist dies mit der Institutionalisierung des Faches, der Einrichtung entsprechender Studiengänge und Lehrstühle einhergegangen, was auch von einem Anwachsen der Studentenzahlen begleitet gewesen sein muß. Die Zahl politikwissenschaftlicher Dissertationen und Disputationen bestätigen dies nachdrücklich.

Die zweite Grafik basiert auf einer Zusammenstellung von gut 1.800 Dissertations- und Disputationsdrucken, die über das Internet ermittelt wurden. Dabei handelt es sich in der Regel um Promotionsschriften, die ein Student (Respondent) unter Anleitung eines Professors, des Praeses, verfaßt hat, oder die – was die Regel gewesen zu sein scheint – vom jeweiligen Dozenten selbst stammt und vom Respondenten nur öffentlich verteidigt wurde. Auch diese Zusammenstellung kann keinen Anspruch auf Vollständigkeit erheben, läßt aber aufgrund der Masse Tendenzaussagen zu. Wie schon die erste Grafik, so zeigt auch diese zum einen, daß die Literaturproduktion in den zwei Jahrzehnten unmittelbar vor dem Dreißigjährigen Krieg sprunghaft angestiegen ist. Ähnlich wie im ersten Fall erfolgt ein weiterer Höhepunkt der Produktion zwischen 1650 und 1670. Zwischen 1660 und 1670 erreicht die Zahl der Dissertations- und Disputationsdrucke mit über 320 den Spitzenwert. Zum anderen fällt auf, daß derartige Titel aus anderen Sprachräumen kaum in deutschen Bibliotheken nachgewiesen werden können; eine Ausnahme bilden die Drucke aus den Niederlanden und aus den skandinavischen Ländern. Nach 1700 scheint – obgleich nur Drucke bis etwa 1720 als Erscheinungsjahr gezielt recherchiert wurden – die Zahl politikwissenschaftlicher Werke stark abzunehmen. Die akademische Etablierung der Politikwissenschaft in Deutschland scheint somit weitgehend ein Produkt des späten 16. und des 17. Jahrhunderts gewesen zu sein.

2. Rahmenbedingungen und Entwicklungsstadien der frühneuzeitlichen Politikwissenschaft

Mit der Frage nach Gründen für die plötzliche Aufwertung der Politik zur eigenständigen Wissenschaft und für die Institutionalisierung des Faches im Lehrbetrieb deutscher Hochschulen und Universitäten um 1600 stößt man nun mitten in die Problemstellungen der Disziplingeschichte vor. Ganz unvermittelt erfolgte die Geburt der Politikwissenschaft aus dem Schoß der praktischen Philosophie freilich nicht. Schon im Lehrbetrieb der mittelalterlichen Universität hatte der politische Unterricht eine gewisse, wenn auch der Ethik untergeordnete Rolle gespielt.[6] Im Zentrum stand dabei das Werk des Aristoteles, das gelesen und ausgelegt wurde.

Um den Durchbruch als eigenständige Disziplin besser verorten zu können, ist es angebracht, die historischen Rahmenbedingungen kurz zu beleuchten. Im beginnenden 16. Jahrhundert läßt sich eine allmähliche Verselbständigung der Politik gegenüber der Ethik beobachten, obgleich das Denken der Zeit noch zu stark im Religiösen verhaftet und die Politik somit noch unter dem Mantel der Theologie und ihrer Moralphilosophie verdeckt bleibt. Philipp Melanchthons Kommentar zur Aristotelischen Politik aus den dreißiger Jahren des 16. Jahrhunderts blieb noch unvollendet, was als Indiz dafür gewertet werden kann, daß das zeitgenössische Denken noch am Erhalt einer einheitlichen christlichen Weltordnungsvorstellung festhielt und politisch-säkulare Ordnungsvorstellungen mitsamt einer entsprechenden Lehre noch nicht gefragt waren.

Als sich im weiteren Verlauf des 16. Jahrhunderts die Spaltung der Gesellschaft und der christlichen Kultur abzeichnete und mit dem Augsburger Religionsfrieden 1555 sozusagen die deutsche Teilung in protestantische und altgläubige Territorien besiegelt wurde (denen sich später auch noch calvinistische hinzufügten), ist die Politik als eigenständiger Denkzusammenhang

---

6 Dazu H. *Maier*: Politik und Staatswissenschaft an den deutschen Universitäten, Passau 1985, S. 4-12.

Die frühneuzeitliche Politikwissenschaft

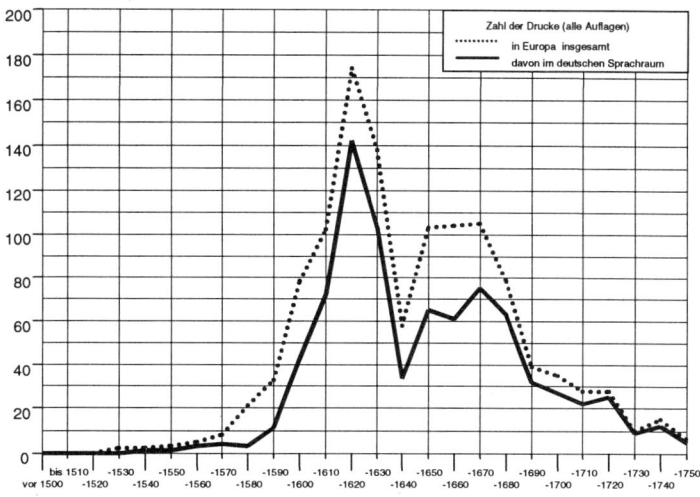

Grafik 1: Gesamtdarstellungen und Sammelbände der Politikwissenschaft und Staatslehre

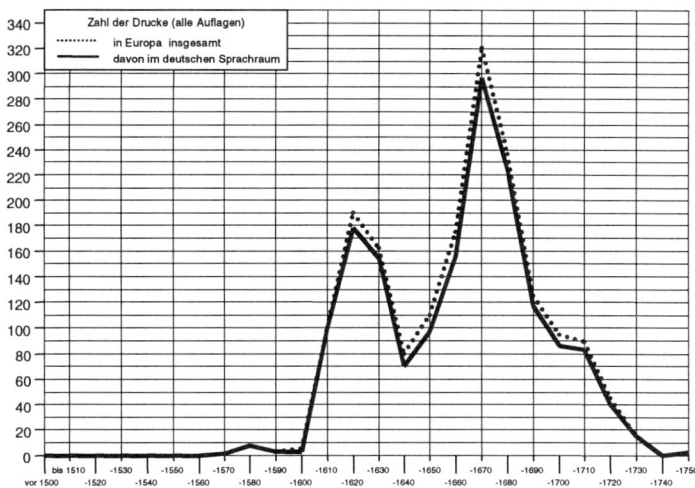

Grafik 2: Dissertations- und Disputationsdrucke

entdeckt worden. Dies manifestiert sich in einer Reihe von Staats- und Regimentslehren, etwa dem 1533 zunächst auf deutsch erschienenen und später in einer erweiterten lateinischen Fassung herausgegebenen Werk (1556) des Juristen Johann Ferrarius aus Hessen oder dem umfassenden Handbuch für Politik des Mansfelder Kanzlers Georg Lauterbeck von 1556, das in zahlreichen Auflagen und Übersetzungen bis 1629 gedruckt wurde.[7] Diese Werke versammelten – noch ohne einen Gedanken an eine Wissenschaft von der Politik – Lehren über staatliche Institutionen und Staatsaufgaben, über Richtlinien und Zielsetzungen politischen Handelns und kluge Ratschläge zu deren Umsetzung.

Aber erst nachdem sich in den darauf folgenden Jahrzehnten die politischen Spannungen im multikonfessionellen Deutschland verschärften und die Unabwendbarkeit der Teilung der christlichen Kultur bewußt wurde, schien offensichtlich auch die Zeit für eine ‚neue' politische Wissenschaft angebrochen zu sein. Die Verwissenschaftlichung der Politik muß somit im Kontext der Bemühungen gesehen werden, die aufgebrochenen gesellschaftlichen Konflikte zu begreifen und zu bewältigen. Ihre Etablierung ist ein Reflex auf den gesteigerten Ordnungs- und Stabilitätsbedarf im Jahrhundert des Dreißigjährigen Krieges.[8]

Als engerer historischer Kontext für die Etablierung der Politikwissenschaft ist des weiteren auf die mit dem Namen Philipp Melanchthon eng verbundene allgemeine Bildungs- und Schulreform im 16. Jahrhundert hinzuweisen. Im Rahmen reformatorischer Bestrebungen um eine fundierte Lehrer- und Theologenausbildung erfolgte nämlich an verschiedenen Universitäten eine Reorganisation des Studiums; außerdem kam es im protestantischen Deutschland zu einer Reihe von Neugründungen von Universitäten:[9] Marburg 1527, Königsberg 1544, Jena 1558, Helmstedt 1574, Altdorf 1578/ 1622, Herborn 1584 sowie Gießen 1607, Rinteln 1620 und Straßburg 1538/ 1621 (bereits 1538 als Gymnasium gegründet, das 1566 auch das artistische Promotionsrecht hatte[10]); nach dem Dreißigjährigen Krieg folgten noch Duisburg 1655 und Kiel 1665. Diese Hochschulen wurden die Inkubationsstätten der neuen politischen Wissenschaft. Im katholischen Deutschland kam es zwar unter dem Einfluß der Jesuiten ebenso zu Reformen und Neugründungen, die Politikwissenschaft blieb hier aber – soweit dies die Literaturproduktion erkennen läßt – ein unbedeutendes Fach. Die jesuitische ratio studiorum erwähnt jedenfalls die aristotelische Politik, die im protestantischen

---

7 Vgl. M. *Stolleis*: Geschichte des öffentlichen Rechts in Deutschland, Bd.I: Reichspolitik und Policeywissenschaft 1600-1800, München 1988, S. 86f. (zu Ferrarius) und M. *Philipp*: Das ‚Regentenbuch' des Mansfelder Kanzlers Georg Lauterbeck, Augsburg 1995 und *ders.* (Hrsg.): Georg Lauterbeck: Regentenbuch, Hildesheim u.a. 1997 [ND der Ausgabe Frankfurt 1600].
8 Vgl. *Weber*: Prudentia, S. 161 u. 355.
9 Vgl. den Überblick bei *Seifert*: Schulwesen, S. 286-300.
10 Vgl. zu Straßburg A. *Schindling*: Humanistische Hochschule und freie Reichsstadt, Wiesbaden 1977.

Die frühneuzeitliche Politikwissenschaft

Bereich grundlegend wurde, nicht, woraus zu schließen ist, daß Politik nur im Rahmen der Theologie erörtert wurde.

Schließlich steht hinter der Etablierung der Politikwissenschaft wie auch allgemein hinter der Universitätsgründungswelle eine neue Form der Staatlichkeit.[11] Im Zuge der Reformation hatte der frühneuzeitliche Territorialstaat in Deutschland eine Vielfalt neuer Aufgaben – man denke nur an den sozialen oder den Bildungssektor, allgemein also Staatsaufgaben, die in der mittelalterlichen Gesellschaft von der Kirche oder von sozialen Gruppierungen wie Zünften, Bruderschaften usw. wahrgenommen worden waren – übernommen, zu deren systematischer Durchführung er ein Heer von Staatsdienern, Beamte und Räte, benötigte. Dieser allgemeine Bedarf an Verwaltungsfachleuten, Lehrern, Seelsorgern usw. muß wohl als eine der entscheidenden Rahmenbedingungen für die Institutionalisierung der Politikwissenschaft an den frühneuzeitlichen Universitäten betrachtet werden.

Vor diesem Hintergrund und hinsichtlich des Anwachsens der politikwissenschaftlichen Literatur zeichnen sich gewisse Entwicklungsstadien der Disziplin, sozusagen Stationen ihrer Verselbständigung, ab. Diese dürften freilich nicht an allen Universitäten zeitgleich anzusetzen sein; auch deutet sich an, daß die Politikwissenschaft mancherorts nicht alle Stadien durchlaufen hat.[12] Insgesamt aber läßt sich die folgende vorläufige Skizze der Entwicklungsstufen der Disziplin umreißen.

In einem ersten Stadium wurde, wie schon im Mittelalter gelegentlich nachweisbar, nur exegetisch das klassische politische Schrifttum vorgetragen und erörtert. Kennzeichnend für diese Phase, die mit Melanchthons Aristoteleskommentar eine signifikante Ausprägung erfährt, ist also die aneignende Edition und Kommentierung der antiken Leittexte.

Das Nachdenken über die zeitgenössische Politik, über aktuelle Gegebenheiten und Entwicklungen, das sich Mitte des 16. Jahrhunderts im außerakademischen Schrifttum zeigt, findet erst in einem zweiten Stadium ungefähr ab der Jahrhundertwende Eingang in die Lehre der Politik an den Universitäten. Damit einher geht eine starke Vermehrung des Lehrstoffes; dessen Themen werden in unterschiedlichen akademischen Veranstaltungen erörtert und in einer Fülle von Drucken (Dissertationen, Disputationen, Disquisitionen, Exercitationen und anderes mehr) publiziert. Gleichzeitig entstehen umfassende Lehrbücher, die das inhaltliche Spektrum der Politikwissenschaft zusammenfassen und systematisch darstellen, und ein umfangreiches propädeutisches, bibliographisches und besprechendes bzw. rezensierendes Begleitschrifttum. Auch über das, was die Wissenschaft von der Politik ausmacht, über ihre Theorien und Methoden wird nun reflektiert. Parallel erfolgt

---

11 Vgl. den Überblick bei *Seifert*: Schulwesen, S. 273ff.
12 Das Beispiel Straßburgs zeigt, daß hier die Politikwissenschaft in einem Anfangsstadium der Akkumulation politischen Wissens ohne dessen theoretischer Durchdringung stehengeblieben zu sein scheint; vgl. *Schindling*: Hochschule, S. 279-289 (zu Bernegger), bes. S. 280.

in dieser Phase ab etwa 1600 auch die Institutionalisierung der Politikwissenschaft in Form entsprechender Professuren.

Mit der Vertiefung und Ausdifferenzierung des Faches ab etwa 1640 – der Dreißigjährige Krieg hatte zwar Auswirkungen auf das Fach, aber diese waren nicht so stark, wie man vielleicht vermuten würde – kann man ein weiteres Entwicklungsstadium beobachten. Die Themenvielfalt wächst weiter, und die Politikwissenschaft erlebt um 1670 – angesichts einer wieder sprunghaft steigenden Literaturproduktion – eine zweite Hochkonjunktur. Kennzeichnend ist dabei auch, daß, wie die Grafiken veranschaulichen sollten, die Zahl der umfangreichen systematischen Darstellungen zur Politica nicht mehr so stark ansteigt, während die Spezialuntersuchungen nochmals deutlich zunehmen.

In einer vierten Phase, deren Beginn wohl nach 1700 angesetzt werden muß, hat die weiter wachsende Themenvielfalt und die damit einhergehende Ausdifferenzierung des Faches zur Herausbildung von Subdisziplinen geführt, die sich mehr und mehr verselbständigen. Ab der Mitte des 18. Jahrhunderts wurde dann die Politik, verstärkt durch wissenschaftsinterne wie allgemeingeschichtliche Entwicklungen, in ihrem Bedeutungsspektrum mehr und mehr auf eine reine Klugheitslehre eingeengt, was sie wieder zu einem randständigen Fach hat werden lassen. Das von Juristen betriebene Öffentliche Recht und die Naturrechtslehre sind die dominierenden Disziplinen im 18. Jahrhundert. Was an akademischen Publikationen zu den Themen Staat und Politik entsteht, ordnet sich nun nicht der Politikwissenschaft zu, sondern eben diesen Fächern und später dann im 19. Jahrhundert den Staatswissenschaften, die volkswirtschaftliche, völker- und vor allem staatsrechtliche Teildisziplinen umfassen. So trifft man die klassischen Texte der Politikwissenschaft (Aristoteles, Platon, Cicero) etwa bei Robert von Mohl nun in einem Kapitel über das philosophische Staatsrecht an.[13]

3. Interdisziplinäre Ausdrifferenzierung, Konkurrenz und Kooperation

Die Herauskristallisierung der Politikwissenschaft aus dem Kanon der Disziplinen an der mittelalterlich-frühneuzeitlichen Universität ist ein komplexer Vorgang. Er verläuft in einem Spannungsfeld von Abgrenzung gegenüber anderen Fächern einerseits und verschiedenen Formen der Verflechtung mit diesen andererseits. In der Frage der Abgrenzung ist zunächst auf das Verhältnis der Politik zu den anderen Disziplinen der Artistenfakultät einzuge-

---

13 Vgl. R. v. *Mohl*: Geschichte und Literatur der Staatswissenschaften, 3 Bde., Erlangen 1855, S. 219-224; es handelt sich um das 4. Kapitel: „Grundzüge einer Geschichte des philosophischen Staatsrechtes", das, nach Abschnitten zur Antike und zum Mittelalter nach Nationen gegliedert, für Deutschland vornehmlich Pufendorf, Thomasius, Wolf, Kant, Herbart, Krause und Herder behandelt.

hen. Diesbezüglich wurde schon darauf hingewiesen, daß sich die Gewichtung von Ethik und Politik im 16. Jahrhundert zugunsten der Politik verschiebt. Auch von der Rhetorik und der Moralphilosophie her entfaltet sich, wie die Beispiele der in Straßburg lehrenden Professoren, Melchior Iunius (Oratorik) und Theophil Gol (Philosophie) zeigen,[14] das Interesse an einer eigenständigen politischen Wissenschaft. Dabei deutet sich an, daß weder zur Ethik noch zu den anderen artistischen Fächern, etwa zur Geschichte, zur Rhetorik bzw. Oratorik, zur Moralphilosophie und zur Philologie, ein Konkurrenzverhältnis bestanden hat. Es gibt vielmehr Anzeichen, daß die Etablierung der Politikwissenschaft im Rahmen des vorherrschenden aristotelischen Wissenssystems ohne große Mühen möglich gewesen, ja, gerade von diesen Fächern ausgegangen ist.

Bei den Disziplinen der drei oberen Fakultäten – Theologie, Medizin, Jurisprudenz – übte nur die Medizin, von der die Politikwissenschaft allerdings methodologisch profitierte,[15] keinen Konkurrenzdruck aus. Gegenüber der Theologie und deren umfassendem Anspruch auf Weltdeutungs- und Welterklärungskompetenz mußte die Politikwissenschaft sich einen eigenständigen Zuständigkeitsbereich, nämlich den öffentlich-staatlichen, erstreiten, für den sie nun säkulare, aber auch christlich geprägte Ordnungsvorstellungen anbieten wollte. Methodisch konnte die Abgrenzung darin bestehen, daß sie sich, so die Konzeption von Henning Arnisaeus, bei der Suche nach Gründen für politische Entwicklungen auf die nächstliegenden, auf die causae proximae beschränkte; der Einfluß der Sterne oder das Wirken Gottes auf die Politik sollte außer acht bleiben.[16] Gerade orthodoxe Theologen, die in der Bibel auch Anweisungen für die Gestaltung des diesseitigen Lebens zu finden wußten und das Wirken Gottes in der Geschichte erkannten, haben denn auch die Existenzberechtigung der Politikwissenschaft bestritten.

Mit der Jurisprudenz teilte die Politikwissenschaft den Staat und seine rechtliche Ordnung als zentrale Gegenstände; die Wissenschaft vom Öffentlichen Recht entwickelte sich zeitlich fast parallel mit der Politikwissenschaft.[17] Und auch im Verhältnis zur Naturrechtslehre, die man als die politische Philosophie der Juristen bezeichnet hat,[18] bestanden große inhaltliche Überschneidungen. Somit mußte sich die Politik von der Jurisprudenz vor allem inhaltlich abzugrenzen. Und dies geht Hand in Hand mit der Scheidung eines spezifischen Tätigkeitsfeldes des akademisch ausgebildeten Politikers von dem des Juristen. Eine grundlegende Idee war, den Juristen rein auf die

---

14 *Schindling*: Hochschule, S. 228-233 (zu Iunius) u. S. 242-247 (zu Gol).
15 Dazu illustrativ H. *Dreitzel*: Protestantischer Aristotelismus und absoluter Staat. Die ‚Politica' des Henning Arnisaeus (ca. 1575-1636), Wiesbaden 1970, S. 116-119.
16 *Dreitzel*: Aristotelismus, S. 121.
17 Vgl. allg. *Stolleis*: Geschichte. Es entstehen Abhandlungen, die in den Grenzbereich von Rechts- und Politikwissenschaft gehören, so etwa die *Dissertatio iuridico-politica De pace religionis* (1619) des Helmstedter Juristen H. A. Cranius.
18 Vgl. J. *Brückner*: Staatswissenschaften, Kameralismus und Naturrecht. Ein Beitrag zur Geschichte der Politischen Wissenschaft im Deutschland des späten 17. und frühen 18. Jahrhunderts, München 1977, S. 168-175.

Auslegung des positiven Rechts zu beschränken, während der Politiker mit seinem Überblickswissen die Gesetzgebung leisten sollte. Nachdem sich die Politikwissenschaft im Laufe des 17. Jahrhunderts mit dem Konzept des Politicus, dem politikwissenschaftlich qualifizierte Staatsmann, nicht gegen den Juristen hatte durchsetzen können – schon im Lauf des 16. Jahrhunderts hatte sich ein Juristenmonopol für den Staatsdienst ausgebildet[19] –, war dies auch ein Grund für den im 18. Jahrhundert einsetzenden Niedergang der Politikwissenschaft.

Im Ergebnis mündeten diese Anstrengungen freilich nicht in die Etablierung einer eigenständig-autonomen Fakultätsdisziplin; vielmehr blieb das Fach eingebettet in den praktisch-philosophischen Fächerkanon der Artistenfakultät. Außerdem war die Politikwissenschaft (wie auch heute noch) in vielfältiger Weise mit anderen Fächern verflochten, sei es, daß sie, wie angedeutet, methodisch von anderen Fächern profitierte oder daß sie diese als Hilfswissenschaften nutzte. Diese Verwobenheit zeigt sich im übrigen recht anschaulich in Titeln der zahlreichen politikwissenschaftlichen Spezialuntersuchungen. Man trifft sowohl auf Abhandlungen, die sich nur mit dem Adjektiv politica deklarieren; weit größer als deren Zahl ist die jener Titel, die eine historisch-politische, ethisch-politische, juristisch-politische, theologisch-politische oder philosophisch-politische Ausrichtung aufweisen. Jedoch gibt es auch zahlreiche Schriften etwa de republica, die nur allgemein als Dissertatio philosophica tituliert werden. Man muß also konstatieren, daß die Politikwissenschaft mit ihrem Themenspektrum weit ausgriff, wird aber angesichts der Titel festhalten müssen, daß dieses Ausgreifen auch von Seiten der anderen Disziplinen her erfolgen konnte. Somit wird die Abgrenzung dessen, was zur Politikwissenschaft gehört, nicht selten offen bleiben müssen. Letztlich liegt dies, wie gleich noch zu zeigen ist, auch darin begründet, daß sich verschiedene Disziplinen in ein und demselben Gelehrten repräsentiert finden.

Diese Verflechtung der Politikwissenschaft mit anderen Disziplinen spiegelt sich schließlich in personeller Hinsicht, in der Vita ihrer Dozenten, und in institutioneller Hinsicht, also in der fachlichen Ausrichtung der Lehrstühle. Die Zusammenlegung von Professuren war aufgrund fehlender finanzieller oder personeller Ressourcen eine häufig anzutreffende Gegebenheit. Wie die Übersicht bei Denzer zeigt, war der Professor ethicae vel politices sogar die Regel.[20] Festgelegt findet man das in den Statuten der Universitäten, so etwa 1621 in denen der Universität Rinteln: Dort wurde geregelt, daß die doctrina politicorum nicht wie in anderen Universitäten der Professur für Ethik zugeordnet werden soll, sondern der für Geschichte.[21] Festgeschrieben ist in solchen Statuten regelmäßig in groben Zügen auch das Lehrprogramm. So sollte

---

19 Vgl. R. *Schnur* (Hrsg.): Die Rolle der Juristen bei der Entstehung des modernen Staates, Berlin 1986, darin v.a. N. *Hammerstein*: Universitäten – Territorialstaat – Gelehrte Räte, S. 687-735.
20 *Denzer*: Moralphilosophie, S. 300-307.
21 H. *Kater*: Die Statuten der Universität Rinteln/Weser 1621-1809 (= Einst und Jetzt, SoH. 1992), München 1992, S. 83f.

Die frühneuzeitliche Politikwissenschaft 71

in Rinteln die Aristotelis Politica dargelegt werden, und zwar so, daß sie möglichst auf Sitten und Einrichtungen der Zeit anwendbar werde. Daneben sollte Platon gelesen und auch die mittelalterlichen Interpreten des Aristoteles (Averroes, Thomas von Aquin, Wilhelm von Ockham, Albertus Magnus) mit einbezogen werden. Neuere Autoren – etwa Bodin, Lipsius oder deutsche Politologen – werden in den Ritelner Statuten nicht erwähnt. Schließlich legen die Statuten fest, daß der Professor alle drei Monate zwei Disputationen veranstalten soll, unam politicam, alteram historicum.

Aber auch jenseits dessen, was Statuten festlegen, haben die Professoren der Artistenfakultät in der Regel Politik nicht ausschließlich gelehrt, sondern parallel oder zeitlich versetzt dazu eben auch andere Fächer dieser Fakultät, häufig etwa die Ethik, aber auch Geschichte, Philologie, Rhetorik oder Metaphysik.[22] Die Frage, welche Dozenten Politikwissenschaft in Kombination mit welchen anderen Fächern gelehrt haben, führt mitten in die Problematik der Gelehrtengeschichte der Politikwissenschaft. Hier zeigt ein Überblick des politikwissenschaftlichen Schrifttums und seiner Verfasser weiter, daß neben den Professoren der Artistenfakultät auch Professoren, die in die besser bezahlten oberen Fakultäten aufgestiegen waren – Theologen, vor allem aber Juristen und auch Mediziner –, Politikwissenschaft gelehrt haben. Somit ist nach deren persönlichen Motiven und Erfahrungsanlässen zu fragen, aufgrund derer sie neben ihrem eigentlichen und auch finanziell einträglicheren Fach – die Lehrstühle der oberen Fakultäten waren in der Regel weit besser bezahlt als die der Artistenfakultät – auch Politik lehrten. Das können persönliche Erfahrungen mit der politischen Praxis ebenso sein wie allgemeines krisenhaftes Zeitempfinden. Fest steht, daß die Möglichkeiten zu einer fächerübergreifenden Dozententätigkeit bestanden haben und daß im Rahmen eines auf Einheit der Wissenschaften gerichteten Bildungsverständnisses dies auch nicht fern lag. Somit bestätigt sich, daß der Zugang zur Politikwissenschaft eben von verschiedenen anderen Disziplinen her, der Philosophie, der Geschichte, der Rhetorik, der Rechtswissenschaft oder der Theologie erfolgen konnte.[23]

Ein schemenhaftes Bild der Politiklehrer der Universität Helmstedt, die sich zu einer der wichtigsten Schulen der Politikwissenschaft entwickelt hat, mag dies illustrieren.[24] Unter den durch ihre Publikationen greifbaren Professoren findet sich einmal Henning Arnisaeus, der 1613-20 Professor für Medizin war; er hatte schon 1605 13 Disputationen veranstaltet, aus denen 1606 auch sein politikwissenschaftliches Lehrbuch Doctrina politica hervorging.

---

22 Die Vertreter der philologisch-historischen Disziplinen sowie die Juristen gelten als die entscheidenden Wegbereiter der *Politica; Weber*: Prudentia, S. 339.
23 Bezeichnend: Melanchthon, Theologe und Pädagoge, kommt auf die *Doctrina politica* im Rahmen der Rede *De dignitate legum* zu sprechen, findet den Zugang also über die Rechtslehre und die für ihn darin mit eingeschlossene Frage nach der Gerechtigkeit.
24 Das folgende basiert auf der Zusammenstellung der praktisch-philosophischen Lehrstühle deutscher Universitäten bei *Denzer*: Moralphilosophie, S. 302 (zu Helmstedt) samt den dortigen Nachweisen; sie wurde ergänzt durch eigene Recherchen bezüglich der Literaturproduktion.

Protegiert wurde er dabei von dem bedeutenden Humanisten Johann Caselius, 1590-1613 Professor für Griechisch und praktische Philosophie, von dem einige kleinere politische Werke stammen.[25] Neben Arnisaeus wirkte auch der Schwede Nikolaus Andreas Grane der gleichfalls eine Reihe politikwissenschaftlicher Disputationen herausbrachte. Ebenfalls durch sein politikwissenschaftliches Lehrbuch (Politica generalis) einen Namen gemacht hat sich Johann A. Werdenhagen, ein Schüler des Arnisaeus,[26] der nur kurz, nämlich 1616-1618, Professor für Ethik in Helmstedt war.[27] Von Johann Lüders, der 1618-1628 eine Professur für Ethik und Politik hatte, sind hingegen keine größeren Werke zur Politik bekannt. Aus diesen Jahren stammen aber auch die juristisch-politischen Abhandlungen (über den Religionsfrieden) des Juristen Heinrich Cranius. Als nächster Politkprofessor folgt Heinrich Julius Scheuerl 1628-1651, von dem u.a. eine Reihe politikwissenschaftlicher Dissertationen bekannt ist. Gleichzeitig wirkte Christoph Heidmann, Schüler des Caselius und seit 1611 Professor für Philologie in Helmstedt, von dem sieben politische Dissertationen ex libris politicae Aristotelis (1637 u.ö.) stammen.

Überschattet werden diese Politikprofessoren von dem Universalgelehrten Hermann Conring, seit 1632 Professor für Philosohie und ab 1637 an der medizinischen Fakultät; gleichwohl lagen seine Hauptinteressen auf den Gebieten der Politik, die er dann auch ab 1650 offiziell vertrat, sowie des Staatsrechts und der Rechtsgeschichte.[28] Conring hat neben seinen medizinischen Arbeiten nicht nur eine Reihe eigenständiger politikwissenschaftlicher Werke verfaßt, sondern auch viele andere Texte herausgegeben (u.a. Machiavellis Fürsten) und zahlreiche Disputationen abgehalten; von den insgesamt 144 Dissertationen ordnen sich 64 der Medizin und 80 der Politik zu.[29] Wichtige politikwissenschaftliche Werke verfaßten auch Daniel Clasen (Compendium Politicae succinctum, 1671), Professor der Rechte in Helmstedt (1669-1678), und (schon vor seiner Helmstedter Zeit) Balthasar Cellarius (Politicae succinctae, 1645), Theologe in Helmstedt bis 1671.[30] Neben diesen sind Heinrich Alt, wohl Professor für Philosophie, und Heinrich Uffelmann, Professor für Ethik (später Theologie), anzuführen, die in den sechziger und siebziger Jahren politische Disputationen abhielten, aber keine größeren Werke zur Politikwissenschaft verfaßten.[31] Schließlich wirkte in den achtziger Jahren Paul

---

25 *Dreitzel*: Aristotelismus, S. 16ff.
26 Vgl. H. *Arnisaeus* (Praes.)/J. A. *Werdenhagen* (Resp.): Disputatio metaphysica De Potentia, Helmstedt 1605 und dies.: Disputatio politica De cobstitutione politices, Helmstedt 1605.
27 Vgl. zu ihm A. *Voigt*: Über die Politica generalis des Johann Angelius Werdenhagen, Erlangen 1965.
28 Vgl. M. *Stolleis* (Hrsg.): Hermann Conring (1606-1681). Beiträge zu Leben und Werk, Berlin 1983.
29 Vgl. W. *Kundert*: Hermann Conring als Professor der Universität Helmstedt, in: Stolleis: Conring, S. 410f.
30 Zu diesen *Weber*: Prudentia, S. 93, 99 u. 123-126 (Cellarius) sowie S. 94, 99 u. 130-134.
31 Von Alt sind eine *Disputatio politica De republica mixta* (1661) und eine *De Regno* (1665) bekannt, von Uffelmann eine *Disputatio politica De legatis* und die *Dissertatio politica De sanctimonia principum* (beide 1677).

Bergmann, der aber ebenfalls nur eine Reihe kleinerer politikwissenschaftlicher Abhandlungen (De societate ...) publizierte.[32]

Das Helmstedter Beispiel zeigt, daß der Kreis derer, die Politikwissenschaft gelehrt haben, recht bunt ist. Außerdem ist er nicht leicht zu fassen. Wenn entsprechende Universitätsverzeichnisse fehlen, bleibt nur, den Dozentenkreis über die Literaturproduktion der Disziplin zu rekonstruieren. Und selbst wenn Professorenverzeichnisse vorhanden sind, so kann nicht grundsätzlich davon ausgegangen werden, daß die dort als Politikprofessoren ausgewiesenen Dozenten auch wissenschaftlich produktiv waren; vielmehr zeigt sich, daß Professoren anderer Disziplinen oder Fakultäten vergleichsweise oft mehr für das Fach geleistet haben. Was die Literatur, speziell die Dissertationen und Disputationen, noch erkennen läßt, sind Lehrer-Schüler-Verhältnisse; daraus lassen sich Hinweise für Bildung von Schulen ableiten. Gelegentlich können Lob-, Leichen- oder sonstige Universitätsreden als ergänzende Quellen herangezogen werden, insofern sie Auskunft darüber geben, wer eine Politikprofessur inne hatte oder zumindest Politik gelehrt hatte und wer sich zu dessen Schülern zählte.

4. Konfessionelles, gesellschaftliches und politisches Profil der frühneuzeitlichen Politiklehre

Die Frage, wer Politikwissenschaft lehrte, läßt sich auch in sozialer und konfessioneller Hinsicht stellen. In groben Zügen zeichnet sich hier ab, daß das protestantische Gelehrtenbürgertum späthumanistisch-frühaufklärerischer Prägung, speziell das evangelische, aber nicht durchweg lutherische Pfarrhaus, eine wichtige Rolle als Herkunftsmilieu spielt.[33] Auch diesbezüglich können verläßliche Aussagen erst nach weiteren umfangreichen biographischen Recherchen erfolgen. Allerdings deutet sich in der Frage der Konfessionszugehörigkeit ein deutliches Untergewicht altgläubiger Politiklehrer an. Dies untermauert die sehr geringe Zahl politikwissenschaftlicher Dissertationen aus katholischen Universitätsorten.

Ebenso ein noch unscharfes Bild ist bezüglich der konfessionellen und sozialen Verortung der Studenten des Faches erkennbar. Hinweise dazu geben die zahlreichen politischen Dissertationen und Disputationen: Die dort neben dem veranstaltenden Praeses als Respondenten genannten Personen

---

32 Auch findet sich darunter eine *Dissertatio politica De potestate atque officio majestate circa sacra* (1687) und *Theses politicae* zum Staat im allgemeinen und seinen Verfassungsformen (1686).
Verschiedene weitere Verfasser politikwissenschaftlicher Dissertationen, die jeweils aber nur ein derartiges Werk publizierten (Ernst v. Wartensleben 1640; Heinrich Hahn, 1661; Henning Volckmar, 1662; Johann Lassenius, 1663; Johann G. Böckel, 1677; Johann Eisenhart 1683), seien hier der Vollständigkeit halber angeführt.
33 *Weber*: Prudentia, S. 81.

bilden wohl einen repräsentativen Kreis der Studentenschaft. Soweit sich ihre Abstammung und Herkunft klären läßt, können damit Fragen nach dem Einzugsbereich der Universität, der Anziehungskraft der Gelehrten und allgemein der Attraktivität der Disziplin für verschiedene soziale Schichten beantwortet werden. Der Kreis der Respondenten Hermann Conrings stammte, geographisch gesehen, ganz überwiegend aus Norddeutschland. Man kann unter den zahlreichen Respondenten städtischer Herkunft (Wolfenbüttel, Hildesheim, Goslar, Hamburg, Lübeck usw.) Abkömmlinge der bürgerlichen Oberschichten vermuten; allerdings finden sich daneben immerhin auch 21 Adelige.[34]

An dieser Stelle ist nun kurz auf die propädeutische Literatur der Politikwissenschaft einzugehen, nennt sie doch zum einen eine bedeutende Zielgruppe der Disziplin, nämlich den Adel. Diesem wird traditionell und auch von Seiten der Politikwissenschaft her das Recht und die Pflicht zur Herrschaft, zur öffentlichen Tätigkeit zugeschrieben. Aufgrund des (in der Regel vorhandenen) Vermögens waren auch Voraussetzungen gegeben, sich um öffentliche Belange zu kümmern und die entsprechende Muße dafür zu entwickeln.[35] Ein typisches und bekanntes Beispiel dafür ist der Brief des in Altdorf lehrenden Christoph Coler De studio politico, der an einen jungen polnischen Adeligen gerichtet ist.[36]

Zum anderen zeigt die propädeutische und bibliographische Literatur – Ratschläge zur Organisation des Studiums, das Aufzeigen von Lehrinhalten und Lektüreempfehlungen gehen in den Werken oft Hand in Hand – nochmals die Verwobenheit der Politikwissenschaft mit anderen Disziplinen auf.[37] So basiert das Politikstudium eigentlich auf einer bestimmten Auswahl von Literatur, die nur zum kleineren Teil als genuin politisch zu erachten ist; empfohlen wird vielmehr auch ein Korpus an Schriften verschiedener anderer Fächer, etwa der Geschichte, der Philosophie, der Rhetorik, der Geographie, des Rechts und anderes mehr. Man könnte die frühneuzeitliche Politikwissenschaft somit als synoptische oder Integrationswissenschaft bezeichnen. Weil all dem noch ein praktischer Ausbildungsteil hinzugefügt ist, nämlich die Bildungsreise oder peregrinatio, über die es im übrigen eigene politikwissenschaftliche Dissertationen gibt,[38] erweist sich die Politikwissenschaft auch als eine empirisch-praktische Disziplin.

---

34 *Kundert*: Conring, S. 411f.
35 Vgl. *Dreitzel*: Aristotelismus, S. 105ff. und Weber: Prudentia, S. 10-31.
36 Vgl. M. *Philipp*: Über das Studium der Politik. Propaedeutische Ratschläge des Altdorfer Gelehrten Christoph Coler aus dem Jahr 1601, in: G. Riescher u.a. (Hrsg.): Politikwissenschaftliche Spiegelungen (Fs. Theo Stammen), Opladen, Wiesbaden 1998, S. 47-59.
37 Vgl. *Weber*: Prudentia, S. 67-80.
38 Einige Beispiele (chronologisch): Thomas *Sagittarius*/Philipp *Ohme*: Disputatio ethico-politica De peregrinatione recte instituenda, Jena 1601; Janus-Georgius Beccius v. *Munchaw*: Dissertatio politica De Peregrinatione studiosorum, Altdorf 1621; Johann Paul *Felwinger*: Dissertatio politica De peregrinatione, Altdorf 1662; Hermann *Conring*: Disquisitio politica De prudentia peregrinandi, Helmstedt 1663; Gottfried *Schöning*/Johann *Harder*: Dissertatio politica De peregrinatione, Wittenberg 1693.

Welchen Stellenwert, so muß abschließend gefragt werden, hat diese frühneuzeitliche Politikwissenschaft für Politik und Kultur der frühneuzeitlichen deutschen Territorialstaaten? Man könnte – einen geläufigen, wenn auch mittlerweile umstrittenen Epochenbegriff aufgreifend – mutmaßen, daß die deutsche Politikwissenschaft des 17. Jahrhunderts eine „Absolutismuswissenschaft", also, ähnlich der modernen Politikwissenschaft in ihren Anfangsjahren, eine systemaffirmative Wissenschaft war. Ein erster Überblick zeigt jedoch, daß in den Vorlesungen und Disputationen nicht nur die monarchische Staatsform thematisiert wurde, sondern gut aristotelisch eben auch die Aristokratie, die Demokratie und ihre negativen Pendants, vor allem die Tyrannis, und, als die gemilderte Ausgabe, der Dominat; des weiteren wird regelmäßig auch die respublica mixta erörtert. Die Themenvielfalt dürfte somit sicherlich dem (in konfessioneller Hinsicht) pluralistischen und föderalen Charakter des Reiches mit seinen teils absolutistisch, teils aber auch aristokratisch-ständisch regierten Territorial- und Stadtstaaten entsprochen haben. Erkennbar ist auch, daß es neben der vorherrschenden aristotelischen Strömung auch kritische Richtungen, etwa die monarchomachische, innerhalb der deutschen Politikwissenschaft der Frühen Neuzeit gab.

Des weiteren muß man sehen, daß die Träger der Universitäten oft kleine Herrschaften, etwa Reichsstädte wie Straßburg und Nürnberg oder Kleinterritorien wie die Grafschaft Schaumburg (Universität Rinteln)[39], waren, die kaum in der Lage waren, ein absolutistisches Regiment zu entfalten. Sicherlich ging es der akademischen Politiklehre, wie von seiten der Politik und des Staates erwünscht, auch um die Ausbildung einer loyalen und qualifizierten Beamtenschaft. Die dahinterstehenden Motive waren aber nicht auf den Erhalt der monarchischen Staatsform allein bezogen, sondern allgemeinerer Art; im Jahrhundert des Dreißigjährigen Krieges mußte es vielmehr grundsätzlich um die staatliche Ordnung und die Sicherung ihrer Stabilität gehen.

Schließlich stellt sich die Frage, welchen Nutzen die frühneuzeitliche Gesellschaft von den wissenschaftlich ausgebildeten Politikern hatte. Welche Rückwirkung hatte die Formierung und Etablierung dieses Studienfaches auf die Bildungs- und die allgemeine Kultur? Angesichts der nicht unerheblichen Zahl derer, die das Fach studiert haben, muß man von einem erheblichen Anwachsen der politischen Bildung in Teilen der Bevölkerung ausgehen. Denkbar ist, daß es eine Art Aufklärung über die politischen Gegebenheiten und ihre Alternativen gegeben hat, die wiederum den sogenannten aufgeklärten Absolutismus mit ermöglicht hat und beispielsweise Friedrich den Großen veranlaßt haben könnte, sich mit Machiavelli auseinanderzusetzen. Phänomene wie eine wachsende religiöse Toleranz oder eine wachsende Befähigung zur Lösung sozialer Konflikte, allgemein, Form politischer Mündigkeit, wird man unmittelbar nur schwer als Leistungen der damaligen Poli-

---

39 Vgl. E. *Böhme*: Lippe, Schaumburg, in: A. Schindling u.a.: Die Territorien des Reiches im Zeitalter der Reformation und Konfessionalisierung 1500-1650, Bd. 6, Münster 1992, S. 152-169.

tikwissenschaft zuschreiben können. Konkret feststellbar wäre aber, welche Berufe und Tätigkeiten die Studenten und Respondenten bzw. Absolventen der Politikwissenschaft im weiteren Verlauf ihres Lebens ausgeübt haben und wie im Einzelfall deren Bildungswissen und Professionalität in der Gesellschaft gewirkt haben. Viele Aspekte der frühneuzeitlichen Politikwissenschaft in Deutschland sind noch im Einzelnen zu belegen und klären, doch das Material zur Beantwortung dieser Fragen ist reichlich vorhanden. Wenn die heutige Politikwissenschaft sich ein Bild von ihrer historischen Tradition machen will, muß sie auch diese Phase ihrer akademischen Etablierung im 16. und frühen 17. Jahrhundert nicht nur von Spezialisten erforschen lassen, sondern auch zum allgemeinen Bestandteil ihres disziplinären Geschichtsbewußtseins machen.

Literaturverzeichnis

Albrecht, U. u.a. (Hrsg.): Was heißt und zu welchem Ende betreiben wir Politikwissenschaft. Kritik und Selbstkritik aus dem Berliner Otto-Suhr-Institut, Opladen 1989.
Arnd, C: Bibliotheca Politico-Heraldica selecta, Rostock 1705.
Berg-Schlosser, D./Stammen, T.: Einführung in die Politikwissenschaft (1974), München ^{6}1994.
Beyme, K.v. (Hrsg.): Politikwissenschaft in der Bundesrepublik Deutschland (= PVS-Sonderheft 17), Opladen 1986.
Bellers, J. (Hrsg.): Politikwissenschaft in Europa, Münster 1990.
Berchthold, H. /Mogg, W.: Politikwissenschaft, Berlin, Darmstadt 1971.
Bleek, W.: Aspekte der Wissenschaftsgeschichte der Politikwissenschaft, in: Lietzmann/ders.: Politikwissenschaft, S. 21-37.
Böhme, E.: Lippe, Schaumburg, in: A. Schindling u.a.: Die Territorien des Reiches im Zeitalter der Reformation und Konfessionalisierung 1500-1650, Bd. 6, Münster 1992, S. 152-169.
Brückner, J.: Staatswissenschaften, Kameralismus und Naturrecht. Ein Beitrag zur Geschichte der Politischen Wissenschaft im Deutschland des späten 17. und frühen 18. Jahrhunderts, München 1977.
Dahm, K.-W. u.a. (Hrsg.): Politische Theorie des Johannes Althusius, Berlin 1988.
Denzer, H.: Moralphilosophie und Naturrecht bei Samuel Pufendorf. Eine geistes- und wissenschaftsgeschichtliche Untersuchung zur Geburt des Naturrechts aus der praktischen Philosophie, München 1972.
Draudius, G.: Bibliotheca Classica/Bibliotheca librorum Germanicorum Classica, Frankfurt 1625.
Dreitzel, H.: Absolutismus und ständische Verfassung in Deutschland. Ein Beitrag zu Kontinuität und Diskontinuität der politischen Theorie in der Frühen Neuzeit, Mainz 1992.
–: Das deutsche Staatsdenken in der Frühen Neuzeit I, II & III, in: Neue politische Literatur 16 (1971), S. 17-42, S. 256-271 und S. 407-422.
–: Ideen, Ideologien, Wissenschaft. Zum politischen Denken in Deutschland in der frühen Neuzeit, in: Neue politische Literatur 25 (1980), S. 1-25.
–: Monarchiebegriff in der Fürstengesellschaft. Semantik und Theorie der Einherrschaft in Deutschland von der Reformation bis zum Vormärz, 2 Bde., Köln, Weimar, Wien 1991.

Die frühneuzeitliche Politikwissenschaft 77

–: Protestantischer Aristotelismus und absoluter Staat. Die ‚Politica' des Henning Arnisaeus (ca. 1575-1636), Wiesbaden 1970.
Geyer, B./Goerlich, H. (Hrsg.): Samuel Pufendorf und sein Wirken bis auf die heutige Zeit, Baden-Baden 1996.
Hammerstein, N.: Universitäten – Territorialstaat – Gelehrte Räte, in: Schnur: Juristen, S. 687-735.
Hartnack, D.: Anweisender Bibliothecarius, Stockholm, Hamburg 1690.
Hüglin, T.O.: Sozietaler Föderalismus. Die politische Theorie des Johannes Althusius, Berlin 1991.
Humpert, M.: Bibliothek der Kameralwissenschaften, Köln 1937.
Kater, H.: Die Statuten der Universität Rinteln/Weser 1621-1809 (= Einst und Jetzt, Sonderheft 1992), München 1992.
Kundert, W.: Hermann Conring als Professor der Universität Helmstedt, in: Stolleis: Conring, S. 399-412.
Leggewie, C. (Hrsg.): Wozu Politikwissenschaft. Über das Neue in der Politik, Darmstadt 1994.
Lietzmann, H.J./Bleek, W. (Hrsg.): Politikwissenschaft. Geschichte und Entwicklung in Deutschland und Europa, München, Wien 1995.
Lipenius, M: Bibliotheca realis Juridica, Frankfurt ^{4}1757.
–: Bibliotheca realis philosophica, Frankfurt 1682.
–: Bibliotheca realis Theologica, Frankfurt 1685.
Maier, H.: Die ältere deutsche Staats- und Verwaltungslehre (1966), München 1986.
–: Die Lehre der Politik an den älteren deutschen Universitäten, in: ders.: Politische Wissenschaft in Deutschland, München ²1985, S. 31-67.
–: Politik und Staatswissenschaft an den deutschen Universitäten, Passau 1985.
Menk, G.: Die Hohe Schule Herborn in ihrer Frühzeit (1584-1660). Ein Beitrag zum Hochschulwesen des deutschen Kalvinismus im Zeitalter der Gegenreformation, Wiesbaden 1981.
Mohl, R.v.: Geschichte und Literatur der Staatswissenschaften, 3 Bde., Erlangen 1855.
Nassmacher, H.: Politikwissenschaft, München 1994.
Naudaeus, G: Bibliographia Politica (1633), Erlangen 1966.
Oestreich, G.: Antiker Geist und moderner Staat bei Justus Lipsius (1547-1606), Göttingen 1989.
Philipp, M. (Hrsg.): Das ‚Regentenbuch' des Mansfelder Kanzlers Georg Lauterbeck, Augsburg 1995.
–: Georg Lauterbeck: Regentenbuch, Hildesheim u.a. 1997 [ND der Ausgabe Frankfurt 1600].
–: Über das Studium der Politik. Propaedeutische Ratschläge des Altdorfer Gelehrten Christoph Coler aus dem Jahr 1601, in: G. Riescher u.a. (Hrsg.): Politikwissenschaftliche Spiegelungen (Fs. für Theo Stammen), Opladen, Wiesbaden 1998, S. 47-59.
Schindling, A.: Humanistische Hochschule und freie Reichsstadt, Wiesbaden 1977.
Schnur, R. (Hrsg.): Die Rolle der Juristen bei der Entstehung des modernen Staates, Berlin 1986.
Scupin, H.U./Scheuner, U.: Althusius-Bibliographie. Bibliographie zur politischen Ideengeschichte und Staatslehre, zum Staatsrecht und zur Verfassungsgeschichte des 16. bis 18. Jahrhunderts, 2 Bde., Berlin 1973.
Seifert, A.: Das höhere Schulwesen, Universitäten und Gymnasien, in: N. Hammerstein/ A. Buck (Hrsg.): Handbuch der deutschen Bildungsgeschichte, Band I: 15. bis 17. Jahrhundert, München 1996, S. 197-374.
Stolleis, M. (Hrsg.): Friedrich Meineckes Idee der Staatsräson, in: ders.: Staat und Staatsräson in der frühen Neuzeit. Studien zur Geschichte des öffentlichen Rechts, Frankfurt/Main 1990.

–: Geschichte des öffentlichen Rechts in Deutschland, Band I: Reichspolitik und Policeywissenschaft 1600-1800, München 1988.
–: Hermann Conring (1606-1681). Beiträge zu Leben und Werk, Berlin 1983.
–: Staat und Staatsräson in der frühen Neuzeit. Studien zur Geschichte des öffentlichen Rechts, Frankfurt 1990.
Struve, B.G.: Bibliotheca Philosophica, bearb. v. L. M. Kahle, Göttingen ^{5}1740.
Voigt, A.: Über die Politica generalis des Johann Angelius Werdenhagen (Amsterdam 1632), Erlangen 1965.
Weber, W.: Prudentia gubernatoria. Studien zur Herrschaftslehre in der deutschen politischen Wissenschaft des 17. Jahrhunderts, Tübingen 1992.

Zur Göttinger Schule der Staatswissenschaften bis zu den Freiheitskriegen[1]

Mohammed H. Rassem und Guido Wölky

1. Ein Miniaturpanorama Göttingens im 18. Jahrhundert

Die 1737 gegründete Universität Göttingen ist durch Namen wie Carl Friedrich Gauß, Jakob und Wilhelm Grimm und Werner Heisenberg in die Weltgeschichte der Wissenschaft eingeschrieben.

Auch für unser Thema „Schulen in der Geschichte der deutschen Politikwissenschaft" ist sie von Bedeutung, lange bevor Friedrich Christoph Dahlmann 1829 von der philosophischen Fakultät auf einen Lehrstuhl für Politik, Kameral- und Polizeiwissenschaft und deutsche Geschichte berufen und 1837 zusammen mit sechs weiteren Göttinger Wissenschaftlern aufgrund ihres Protestes gegen den königlichen Verfassungsbruch seines akademischen Lehramtes enthoben und schließlich als störrischer „Liberaler" des Landes verwiesen wurde.

Wir wissen aus zahlreichen Anekdoten, daß diese Hochschule 250 Jahre lang wissenssoziologisch ein besonderer, wenn nicht einzigartiger Fall war. Denn obwohl die im 18. Jahrhundert weit verbreitete Ansicht, daß die Universitäten aufgrund der „Studiersucht der armen Leute"[2] überfüllt seien, auch in Göttingen eine lange Tradition hat, beherbergte sie trotz ihres exklusiv-elitären Charakters in ihrer Geschichte immer auch Studenten und Wissenschaftler einfacher Herkunft[3], wie eben den oben genannten Gauß und den später als Homer-Übersetzer und Mitherausgeber des *Göttinger Musenalmanachs* berühmt gewordenen Johann Heinrich Voß (1751-1826). Sie vertrugen sich mit Standesbürgerlichen und Reichsadeligen wie mit den Gutsbesitzer-

---

1 Dieser Beitrag fußt auf einem Referat Mohammed Rassems für die Tagung „Schulen in der Geschichte der deutschen Politikwissenschaft", die vom 22.-24. November 1996 in der Universität Leipzig stattfand. Für eine Reihe von Hinweisen und Unterlagen sei den Kollegen am Institut für Kultursoziologie der Universität Salzburg und Dr. Chr. v. Thienen in Ainring-Perach herzlich gedankt.
2 Hans-Georg *Herrlitz*/Hartmut *Titze*: Die Studiersucht der armen Leute. Göttinger Denkschriften zur Überfüllung der Universität im 18. und 19. Jahrhundert, in: Herrlitz/ Kern: Anfänge, S. 96ff.
3 Zur Sozialstruktur der Göttinger Studenten im 18. Jahrhundert: Ilse *Costas*: Die Sozialstruktur der Studenten der Göttinger Universität im 18. Jahrhundert, in: Herrlitz/Kern: Anfänge, S. 127ff. Costas kommt zu dem Schluß, daß im Vergleich zu anderen deutschen Universitäten in Göttingen sowohl der Anteil Adeliger als auch der armer Bauernsöhne und Dorfbewohner an der Studentenschaft relativ hoch war.

söhnen aus der Region, die nicht nur den oft belächelten Kurs über „Hufbeschlag" besuchten, sondern auch für snobistische Scherze sorgten.

Diese Tradition des Vertragens ist auf das engste mit dem Namen des hochschulpolitisch begabten und zunächst einflußreichen Johann David Michaelis (1717-1791) verknüpft, der seit 1746 in der Philosophischen Fakultät Theologie und orientalische Sprachen lehrte. Michaelis wollte die „armen Leute" nicht formal vom Studium ausschließen, sondern versuchte sie durch seine restriktive Stipendiumspolitik vom Studium abzuhalten, zumindest so lange, wie der Staat die notwendige Zahl an gut ausgebildeten Staatsdienern aus den höheren und gehobenen Kreisen der Studentenschaft rekrutieren konnte. Sein Konzept ging auf: Die studentische Elite, die ihre Wurzeln im Adel und im höheren Beamten- und Bildungsbürgertum hatte, dominierte den studentischen Alltag.[4]

Die rohen Sitten der barocken Studenten scheinen sich im steifen, moralistischen und auch teuren Milieu Göttingens nicht mehr etabliert zu haben. Gerade im verhältnismäßig hohen Anteil wohlhabender und wohlerzogener Studenten erblickten zeitgenössische Beobachter den wesentlichen Grund für ihren vergleichsweise guten Ruf und ihr gesittetes Verhalten.[5] Auf Seiten der Lehrenden dominierte der ernste, einem evangelischen Pfarrhaus entstammende, gleichwohl nicht überaus orthodoxe, sondern altphilologisch, orientalistisch, physikalisch-naturwissenschaftlich interessierte Professor.

Die Georgia Augusta ist vom englischen König Georg II. gegründet worden, aber natürlich in dessen Eigenschaft als braunschweigisch-hannoverischer Kurfürst – und von einem deutschen Kurator, dem Geheimrat und Premierminister im Königreich Hannover, Gerlach von Münchhausen (1688-1770), der selbst in Uetrecht, Jena und Halle, u.a. bei dem Tomasius-Schüler und herausragenden Reichshistoriker Nikolaus Hieronymus Gundling (1671-1729), Rechtswissenschaften studiert hatte.[6] Göttingen war nach Halle die zweite deutsche Reformuniversität des 18. Jahrhunderts und stand zu ihr von Beginn an in einer besonderen Konkurrenzsituation, denn Münchhausen strebte nicht nur eine neue, sondern auch eine moderne Hochschule nach Hallenser Vorbild an. Er holte sich zahlreiche Gutachten bedeutender zeitgenössischer Gelehrter über den Sinn einer und die Ansprüche an eine neue und moderne Universität ein, etwa das des berühmten Helmstedter und später Göttinger Theologen Lorenz von Mosheim (1694-1755). Schließlich faßte Münchhausen diese Gedanken in einem eigenen Memorandum zusammen, das als geistige Verfassung der Göttinger Universität gelten kann.[7] Daraus geht klar hervor, daß Münchhausen auch den Aufschwung Göttingens von der künftigen Juristischen Fakultät erwartete. Von den berühmten Hallensern, mit denen er rechnete, ist dann aber

---

4 *Costas*: Sozialstruktur, S. 139.
5 *Costas*: Sozialstruktur, S. 147.
6 Michael *Stolleis*: Geschichte des Öffentlichen Rechts in Deutschland, Bd.1: Reichspublizistik und Policeywissenschaft 1600-1800, München 1988, S. 309.
7 Götz v. *Selle*: Die Georg August Universität zu Göttingen 1737-1937, Göttingen 1937, S. 27-32.

tatsächlich zunächst niemand gekommen. Nicht die Juristen Justus Henning Böhmer (1674-1749) und Johann Gottlieb Heineccius (1681-1741) und auch der erwähnte Mosheim noch nicht, wohl auch deswegen nicht, da der Preußische König Friedrich Wilhelm I. die Annahme fremder Vocationes bei schwerer Sanktion untersagt hatte.[8] Erst nach einer längeren Anlaufphase gelang es Münchhausen dann, einen bedeutenden Gelehrten, den Thomasius- und Gundling-Schüler Georg Christian Gebauer (1690-1773), für die Juristische Fakultät zu verpflichten. Gebauer vertrat als ehemaliger Hallenser nicht nur Reichshistorie, sondern auch eine historisch orientierte Staatenkunde in der Helmstedter Tradition der „notitia rerumpublicarum", auf die sich später sowohl Johann Christoph Gatterer (1727-1799) als auch Gottfried Achenwall (1719-1772) ausdrücklich bezogen haben.[9] Auch Johann Jakob Schmauss (1690-1757) kam nach Göttingen und lehrte hier neben der traditionellen Reichshistorie, Verfassungsrecht und europäische Staatengeschichte. Er kam dem Münchhausenschen Ideal eines modernen Rechtsprofessors wohl am nächsten, da er theoretische und praktische Rechtskenntnisse mit seinem ausgeprägten historischen Erfahrungswissen und pädagogischen Geschick zusammenfügte zu einer modernen akademischen Rechtslehre.[10]

In der Tat geht ein beachtlicher Teil des Ruhms der Georgia Augusta, deren Aufstieg zur bedeutendsten Universität im Reich in der Literatur oft beschrieben worden ist, auf die Juristische Fakultät zurück.[11] Anders als in Halle gelang es in Göttingen von Anfang an, die Dominanz der theologischen Fakultät zu dämpfen und die Befugnisse der Theologen, etwa das anmaßende Zensurrecht über medizinische, juristische und philosophische Schriften, einzuschränken, freilich ohne dabei den protestantischen Charakter der Universität in Frage zu stellen. Über die relative Freiheit der Lehre innerhalb der einzelnen Fakultäten haben sich bereits Zeitgenossen im 18. Jahrhundert lobend geäußert.[12]

Dieses moderne Klima begünstigte auch die Förderung neuer Disziplinen. Beispielhaft sei hier angeführt, daß Mosheim, im übrigen einer der ersten Kanzler der Göttinger Universität, die moderne „institutionelle" Kirchengeschichte initiierte und damit innerhalb der theologischen Fakultät selbst ein wissenschaftliches Gegengewicht zur polemischen Methode des konfessionellen Zeitalters und zur reinen theologischen Dogmatik kreierte. Und der oben bereits erwähnte Michaelis begründete im Rahmen der Philosophischen Fakultät eine Bibelwissenschaft, die insbesondere das kulturge-

---

8 Götz v. *Selle*: Universität Göttingen. Wesen und Geschichte, Göttingen 1953, S. 15-20; ders.: Georg August Universität, S. 6-32.
9 *Stolleis*: Geschichte, S. 311.
10 *Stolleis*: Geschichte, S. 312.
11 *Stolleis*: Geschichte, S. 309.
12 Wilhelm *Ebel*: Der Göttinger Professor Johann Stephan Pütter aus Iserlohn (= Göttinger rechtswissenschaftliche Studien, Bd. 95), Göttingen 1975, S. 15; Johann Jakob *Moser*: Neueste Geschichte der Teutschen Staats-Rechts-Lehre und dessen Lehrer, Frankfurt 1770, S. 37; *ders:* Von der reichsverfassungsmäßigen Freyheit von Teutschen Staatssachen zu schreiben, Göttingen, Gotha 1772.

schichtliche, ja „politische" Studium der „alten Hebräer" mit einbezog.[13] Damit wurden in Göttingen also schon früh theologische Lehrinhalte an einer nicht-theologischen Fakultät etabliert und umgekehrt. Mit dem Prozeß der Säkularisierung theologischer Wissensgebiete wurde der bis weit in das 18. Jahrhundert hinein unangefochtene Autoritäts- und Führungsanspruch der theologischen Fakultät immer stärker hinterfragt. Auch hierfür steht die moderne Göttinger Reformuniversität[14]

Schließlich fällt auf, daß die Philosophische Fakultät mit der Einführung neuer naturwissenschaftlicher, historischer und philologischer Spezialdisziplinen in Göttingen schon früh ihren Charakter einer ausschließlich auf das Studium an den drei anderen Fakultäten vorbereitenden Bildungsfakultät verlor. Für die Studenten gewann das interdisziplinäre Bildungsangebot der Philosophenfakultät gerade deshalb zunehmend an Attraktivität, da man sich in Göttingen immer auch ganz besonders um die weltliche Berufsvorbildung und -ausbildung der Studenten sorgte. In diesem Zusammenhang sei nochmals auf die starke Anziehungskraft der Juristischen Fakultät in der zweiten Hälfte des 18. Jahrhunderts verwiesen. Hier lehrten die berühmtesten und bestbezahlten Professoren und lernten die meisten Studenten.[15] Paradigmatisch läßt sich die Bedeutung der Juristischen Fakultät anhand der wissenschaftlichen Karriere Achenwalls zeigen. Achenwall war bereits 1753 zum Ordinarius der Philosophischen Fakultät ernannt worden, um ein Jahr später die ordentliche Professur gegen eine außerordentliche für Naturrecht an der Juristischen Fakultät einzutauschen. Erst acht Jahre später verliehen ihm die Juristen den Titel eines ordentlichen Professors.[16] Damit war Achenwall in seinem akademischen Rang gestiegen, vom Mitglied der weniger geachteten Artistenfakultät zum ordentlichen Mitglied der bedeutendsten Göttinger Fakultät. Nach der Aussage Michaelis waren für Achenwall aber noch Jahre nötig, „um sich vom Philosophen zu waschen".[17]

Zwar wurden in Göttingen Züge einer Adelsakademie übernommen, ritterliche Künste wie Fechten, Reiten und Tanzen gepflegt. Zu einer Kopie des

---

13   Christian v. *Schlözer*: August Ludwig v. Schlözers öffentliches und Privatleben, 1. Band, Leipzig 1828, S. 22: August Ludwig v. Schlözer schrieb seinem Sohn Christian, daß „Heyne und Michaelis angefangen haben, Politik in die Altertümer zu tragen".
14   *Selle*: Georg August Universität, S. 40.
15   *Costas*: Sozialstruktur, S. 130f.
16   Jutta *Brückner*: Staatswissenschaften, Kameralismus und Naturrecht. Ein Beitrag zur Geschichte der Politischen Wissenschaft im Deutschland des späten 17. und frühen 18. Jahrhunderts, München 1977, S. 259; Max *Arnim*: Corpus Academicum Gottingense bearbeitet von Max Arnim, nebst Verzeichnis der Preisträger der Georgia Augusta, mit einem Anhang, Kurzgefaßtes Repertorium des Universitätsarchivs zu Göttingen, bearbeitet von Götz v. Selle, Göttingen 1930: aus dem Verzeichnis des Lehrkörpers der Georgia Augusta geht hervor, daß Achenwall zwischen 1748 und 1753 Extraordinarius der Philosophischen Fakultät war (S. 34) und dann 1753 Ordinarius wurde (S. 28). Noch im selben Jahr wechselte Achenwall von der Philosophischen an die Juristische Fakultät (S. 9) und gab sein Ordinariat auf, um hier nun erneut ein Extraordinariat anzutreten. Erst 1761 wurde er ordentliches Mitglied dieser Fakultät und blieb es dann bis zu seinem Tod im Jahre 1772 (S. 7).
17   Zit. nach *Brückner*: Staatswissenschaften, S. 259, Anm. 134.

luxuriösen dezentralisierten und dabei „kasernierten" College-Systems der Engländer ist es aber offensichtlich nicht gekommen.[18] Man gab sich weltoffen und kosmopolitisch. Die landesherrliche Hochschule in der kleinen Stadt lockte ganz bewußt auswärtige Studenten an, darunter viele wohlhabende und adelige, was nicht nur zusätzliches Geld in die Landeskasse brachte, sondern auch Multiplikatoren im Ausland schaffte.

Immer wieder begegnet man in den Biographien einflußreicher Amerikaner, Engländer, Österreicher, Ungarn, Schweden, Finnen und Russen jener Zeit dem Hinweis, daß sie in Göttingen studiert haben. Am Ende des 18. Jahrhunderts betrug der Anteil ausländischer Studenten an der Georgia Augusta ca. zwei Drittel.[19] Trotzdem empfanden die Studierenden das Ganze als sehr deutsch. Der Mediziner, Anthropologe und „vitalistische" Naturforscher Johann Friedrich Blumenbach (1752-1840), in dessen Kolleg deutsche wie englische Prinzen saßen, wurde der „Magister Germaniae" genannt.[20]

Von den berühmten Preußen, die in Göttingen studiert haben, sei nur an Alexander von Humboldt und Otto von Bismarck erinnert. Beide wurden geprägt vom Göttinger Realismus und waren später mit einer besonderen Sensibilität für „politische Geographie" bedacht, die als wissenschaftliche Disziplin in Göttingen seit der Mitte des 18. Jahrhunderts einen bedeutenden Aufschwung nahm und an deren Beginn Achenwall und Gatterer, aber auch Anton Friedrich Büsching (1724-1793) und Arnold Herrman Ludwig Heeren (1760-1842) stehen. Dazu später mehr.

Von den politischen Heroen des Freiheitskampfes gegen Napoleon seien nur der spätere österreichische Finanzminister Johann Philipp Graf von Stadion (1763-1824) und der preußische Verwaltungsreformer und Begründer der kommunalen Selbstverwaltung in Deutschland Karl Freiherr vom Stein (1757-1831) genannt. Als ehemalige Göttinger Studenten hörten beide Reichsgrafen Reichsrecht und deren Geschichte bei Johann Stephan Pütter (1725-1807) und Statistik bei August Ludwig von Schlözer (1735-1809), der seit 1769 Ordinarius für Geschichte an der Philosophischen Fakultät war und als Nachfolger Achenwalls später auch diese Disziplin zu vertreten hatte.[21]

Schließen wir unser Miniaturpanorama Göttingens ab mit der Erinnerung daran, daß in Göttingen in den 1770er Jahren der erste deutsche *Musenalmanach* erschien, initiiert von einem aus Studierenden bestehenden sentimenta-

---

18 Mohammed *Rassem*: Einleitung in die vergleichende Morphologie der Hochschulen, in: Christian Helfer/Mohammed Rassem (Hrsg.): Student und Hochschule im 19. Jahrhundert, Göttingen 1975, S. 19-22.
19 *Costas*: Sozialstruktur, S. 129, Anm.6.
20 Zu Blumenbach: L. v *Karolyi*: Vorwort und Anmerkungen, in: Johann Friedrich Blumenbach: Über den Bildungstrieb und das Zeugungsgeschäfte, Göttingen 1871 [ND Stuttgart 1971]; siehe auch: 250 Jahre *Georg-August-Universität* Göttingen: Ausstellung im Auditorium 19. Mai-12. Juli 1987, Göttingen 1987, S. 99ff.
21 Zu Stadion und Stein in Göttingen: Hellmuth *Rössler*: Graf Johann Philipp Stadion. Napoleons deutscher Gegenspieler, Bd. 1, Wien, München 1966, Kap. V, insb. S. 75-83 und Walter *Hubatsch*: Stein-Studien. Die preußischen Reformen des Reichsfreiherrn Karl vom Stein zwischen Revolution und Restauration, Köln, Berlin 1975. S. 25ff.

listischen Dichterkreis, dem „Hainbund", den man als Vorstufe der deutschen und deutschbewußten Romantik aufzufassen pflegt und dem auch der bereits erwähnte Dichter Johann Heinrich Voß angehörte.

Die Göttinger Staatswissenschaften hatten also offenbar ein sehr kreatives geistiges Umfeld, in dem sie wirklich zu einer Weltwissenschaft wachsen konnten. Das wissenschaftliche Studium wurde zu einer lebendigen und offenen Auseinandersetzung mit der geistigen Welt und ihren Schöpfern. Zweifellos war allen Göttinger Politikwissenschaftlern dieser „Genius loci" gemeinsam, ob man sie aber als wissenschaftliche Schule im engeren Sinn auffassen kann, ist bezweifelt worden[22], nicht nur weil einige von ihnen auf recht erbitterte und hartnäckige Weise rivalisierten. Auf diese Frage wird am Ende noch einmal zurückzukommen sein.

2. Göttinger Politikwissenschaft in der Tradition alternativer staatswissenschaftlicher Modelle des 17. und 18. Jahrhunderts

Die politischen Wissenschaften i.e.S. zielten in Göttingen wie angedeutet unmittelbar auf die Berufsvorbildung, das heißt die Vorbereitung der Studenten auf die Aufgaben der Staatsverwaltung eines deutschen Fürstenstaates. Der große Veit Ludwig von Seckendorf (1626-1692) hatte den Typus des deutschen Fürstenstaates vorbildlich und in genialer Weise herausgearbeitet. Seckendorf galt seinen Zeitgenossen nicht nur als einer der gelehrtesten Männer, er verkörperte auch den Typus des „Politicus practicus", wir würden heute sagen des Verwaltungspraktikers. Sein 1654 erstmals erschienener *Teutscher Fürsten-Stat*[23] entstand ganz vor dem Hintergrund seiner praktischen Erfahrungen im sächsisch-gothaer Staatsdienst. Insgesamt wurde Seckendorfs Werk bis 1754 achtmal aufgelegt und war nach der Einschätzung Rankes „das zur Zeit des großen Kurfürsten beliebteste Handbuch der deutschen Politik".[24] Es diente an den deutschen Universitäten als Lehrbuch der Politik und war Grundlage der Ausbildung von Verwaltungspraktikern. Dem politischen Praktiker Seckendorf, der kurz vor seinem Tod das Kanzleramt an der Universität Halle antrat, aber selbst nie an einer Universität gelehrt hat, brachte es wissenschaftliche Autorität und Reputation.[25] Er entwarf in

---

22 Heinrich Ritter v. *Srbik:* Geist und Geschichte vom Deutschen Humanismus bis zur Gegenwart, Bd. 1, München, Salzburg *1950,* Kap. IV, insb. S. 121-128.
23 Veit Ludwig v. *Seckendorf:* Deutscher Fürstenstaat. Samt des Autors Zugabe sonderbarer und wichtiger Materien, verbessert mit Anmerkungen, Summarien und Register versehen von Andres Simson von Biechling, Jena 1737 [ND Aalen 1972]. Insgesamt acht Ausgaben zwischen 1654-1754. Erste Ausgabe Hanau 1654, letzte Ausgabe Jena 1754, mit dienlichen Anmerkungen versehen von Andres Simson v. Biechling.
24 Leopold v. *Ranke:* Neun Bücher Preußischer Geschichte, Bd. I, 1847, S. 54.
25 *Stolleis:* Geschichte, S. 255.

seinem *Fürsten-Stat* eine „Wissenschaft vom Staat", vereinigte Kenntnisse der Statistik, Jurisprudenz, Polizeiwissenschaft, das heißt des Verwaltungsrechts und der Verwaltungslehre, der Staatswirtschaft, Politik und Ethik zu einem wohl einzigartigen praxisorientierten Werk der Verwaltungswissenschaft, das sich sowohl von der abstrakten Staatsrechtslehre seiner Zeit als auch von der abstrakt-normativen aristotelischen Politiklehre abgrenzte. Seckendorfs Modell einer Staatswissenschaft begründet die Grundlagen einer neuen Politikwissenschaft des 17. Jahrhunderts, die im wesentlichen Verwaltungswissenschaft ist.

Seckendorf, der aus altem fränkischen und frühem lutherischen Adel stammte, steht auch für die Tradition der politischen Einstellung deutscher Professoren und gelehrter Räte der protestantischen Fürstentümer. Diese Einstellung zielte auf die Ordnung des Verwaltungsstaates, nicht nur im rechtlich-institutionellen, sondern auch im ökonomischen Sinn. Als eine der wichtigsten Aufgaben der Landesverwaltung hob Seckendorf die Sicherung der Finanzkraft und finanziellen Unabhängigkeit des Fürsten hervor. Vor diesem Hintergrund ist später die eigentümlich deutsche Kameralistik als eigenständige akademische Disziplin aus der Policeywissenschaft hervorgegangen, eine spezielle Finanzverwaltungswissenschaft, die auf die Verwaltung und Ordnung der wirtschaftlichen Verhältnisse des absolutistischen deutschen Fürstenstaates abstellte. Andres Simson von Biechling, zeitgenössischer Herausgeber des Seckendorf'schen Werkes, betont in der 1737 erschienenen Ausgabe des *Fürsten-States* den starken verwaltungspolitischen Hintergrund der Kameralistik.[26]

Ein Blick auf Zedlers zeitgenössisches Universallexikon unterstreicht, daß Biechlings Ordnungsvorstellung durchaus gängig war und dem herrschenden Zeitgeist entsprach.[27] Die Cameral-Wissenschaft lehrt als Staatsökonomie und spezieller Teil der Staatswissenschaft insbesondere tugendhaftes, das heißt kluges oder besser an der Staatsklugheit (prudentia publica) ausgerichtetes ökonomisches Handeln. Die Kameralistik bedarf nach Biechling eben nicht nur der prudentia oeconomia, sondern auch der prudentia directiva, die nichts mit alltäglicher Klugheit im Sinne von Intelligenz zu tun hat.[28] Sie ist vielmehr in Anlehnung an antike Vorbilder ein Urteils- und Unterscheidungskriterium zu tugendhaftem Handeln, das auf praktischen Erkenntnissen beruht, und damit eine erlernte Geschicklichkeit der Menschen auf der Basis natürlich gegebener Fähigkeiten.[29] Das Verwaltungsethos dieser prudentia directiva ist also kein purer Absolutismus oder gar Totalitarismus, sondern die Empfehlung der Anwendung klassischer Polis- und Souveränitätslehren vor dem Hintergrund des Ringens mit den besonderen politischen

---

26 Andres Simson v. *Biechling*: Vorrede, in: Seckendorf: Fürstenstaat., S. XVIf.
27 Johann Heinrich *Zedler* (Hrsg.): Grosses vollständiges Universallexikon, Bd. 29, Halle, Leipzig 1741, Sp. 580 und Bd. 39, Halle, Leipzig 1744, Sp. 672.
28 *Biechling*: Vorrede, S. XVIIf.
29 *Zedler*: Universallexikon, Bd. 39, Sp. 672.

und wirtschaftlichen Gegebenheiten des Reiches nach dem Westfälischen Frieden von 1648.[30]

Vor diesem zeitgeschichtlichen Hintergrund konstatierte der berühmte Samuel Pufendorf (1632-1694) dem Reich von 1667 in seiner unter dem Pseudonym Severinus de Monzambano veröffentlichten Schrift *De statu imperii germanici* einen bedauernswerten Gesamtzustand.[31] Das Alte Reich paßte staatsrechtlich in keine der üblichen aristotelischen Klassifizierungen mehr. Es war weder Aristokratie, Monarchie noch Demokratie. In seinen Ausführungen zur forma imperii vermerkt Pufendorf die unübersichtlichen Standesunterschiede und föderativen Territorialverhältnisse im Reich. Es handele sich zwar um ein „gemischtes" verfassungsrechtliches Gebilde, die status-mixtus Lehre in aristotelischer Tradition aber lehnte er entschieden ab, da sie völlig ungeeignet sei, die tatsächliche Ordnung des Reiches zu erfassen. Pufendorf, ein protestantischer Jurist auf der Seite der protestantischen Fürsten im Reich und damit gegen den Kaiser, gebrauchte dazu die berühmt gewordene Formulierung, das Reich sei „monstro simile", also mit Hilfe herkömmlicher Kategorien nicht einzuordnen, seine Verfassung war „irregulär".[32]

Diese Unkategorisierbarkeit und Irregularität beschreibt einen Spannungsbogen zwischen Monarchie und Aristokratie. Insgesamt taten sich die Juristen nach Bodin erstaunlich schwer, dieses Deutsche Reich zu definieren. Pufendorf überwand dann als erster die aristotelische Staatsformenlehre, begriff das Reich als ein unruhig zwischen Monarchie und Staatenbund schwankendes Gebilde, als eine Art aristokratisch determinierte Monarchie und begründet damit so etwas wie eine neue Wirklichkeitswissenschaft vom Reich. In diesem Zusammenhang sei auch der Jurist und Statistiker Herrman Conring (1606-1681) erwähnt, der im übrigen in Pufendorfs Abrechnung mit der gesamten Zunft der Reichspublizisten als einziger mit Freundlichkeit und Achtung bedacht wurde. In der zum Reisebericht verfremdeten Statistik schildert Monzambano alias Pufendorf einleitend seine Begegnung mit dem Helmstedter Professor und eine anschließende Diskussion über die Gegenwart des Deutschen Reiches, in der die Gesprächspartner sich in der Bewertung der wichtigsten Punkte weitestgehend einig zeigen.[33] Genau wie Pufendorf, so ist auch Conring einer der ersten

---

30 *Seckendorf*: Fürstenstaat, S. 44-47.
31 Severini de *Monzambano*: De Statu Imperii Germanici ad Laelium Fratrem, dominum trezolani, liber unus, Genevae (= Haag) apud Petrum Columesium 1667.
32 Samuel *Pufendorf*: Die Verfassung des deutschen Reiches, hrsg. von Horst Denzer, Frankfurt/Main, Leipzig 1994, S. 198-201: In der kompetenten Übersetzung von Horst Denzer heißt es in §9 des 6. Kap.: „Es bleibt uns also nichts anderes übrig, als das Deutsche Reich, wenn man es nach den Regeln der Wissenschaft von der Politik klassifizieren will, einen irregulären und einem Monstrum ähnlichen Körper zu nennen, der sich im Laufe der Zeit durch die fahrlässige Gefälligkeit der Kaiser, durch den Ehrgeiz der Fürsten und durch die Machenschaften der Geistlichen aus einer regulären Monarchie zu einer so disharmonischen Staatsform entwickelt hat, daß es nicht mehr eine beschränkte Monarchie, wenngleich der äußere Schein dafür spricht, aber noch nicht eine Föderation mehrerer Staaten ist, vielmehr ein Mittelding zwischen beiden."
33 *Pufendorf*: Verfassung, S. 17ff.

Vertreter einer realistischeren Reichspublizistik und einer der bedeutendsten Vorbilder für die empirisch orientierte Göttinger Schule der Politikwissenschaft, die im 18. Jahrhundert entsteht.

In diesem Deutschen Reich findet man also im 17/18. Jahrhundert zunehmend gemäßigte, nicht radikale Theoretiker, gelassene Analytiker des real existierenden, wenn auch typologisch irregulären „mixed goverment". Richard Saage konnte glaubhaft nachweisen, daß diese These sogar auf den in seiner Zeit als Revoluzzer verschrieenen Schlözer zutrifft.[34]

Die gemäßigte und mäßigende Haltung dieser Reichspublizisten bedeutet aber gerade nicht die kritiklose Hinnahme der politischen Zustände und der Politik ihrer Landesherren. Kommen wir in diesem Zusammenhang noch einmal auf Seckendorf zurück. Er ist Berater und Mahner der Fürsten zugleich und ein exzellenter Kenner der Sozialpolitik seiner Zeit, eben nicht nur ein Theoretiker des fürstlichen Verwaltungsstaates, sondern auch ein früher und vehementer Vertreter des modernen Wohlfahrtsstaates. Beide Dinge gehören bereits bei Seckendorf, wie im übrigen heute noch, unmittelbar zusammen.

Als leitendes Staatsziel, Telos, definiert Seckendorf die Förderung der Wohlfahrt[35], nicht die der Fürsten, sondern die der Untertanen. Der Princeps soll für die Untertanen sorgen, das heißt vorbildhaft an ihrer Spitze stehen und das Gemeinwesen leiten. Die Wohlfahrt im Fürstenstaat ist bei Seckendorf untrennbar verbunden mit Friede und Gerechtigkeit. Neben der Aufrechterhaltung der guten Ordnung begreift Seckendorf die Gesetzgebung für die „Wohlfarth und gemeinen Nutz des Vaterlandes" als wesentliche, das heißt eine allein dem Landesherrn zukommende Aufgabe der Politik.[36] In Anlehnung daran entwickelt Christian Wolff später die Standarddefinition des Wohlfahrtsgedankens des mittleren 18. Jahrhunderts. In seinem „Naturrecht" bestimmt Wolff die Wohlfahrt eines Landes, das „bonum commune", über Wohlstand, Ruhe und Sicherheit. Wohlstand schließt aber nicht mehr als eine schlichte „sufficientae vitae", also einen hinlänglichen Lebensstandard ein, der zur Notdurft, Bequemlichkeit und zur Glückseligkeit des Menschen erforderlich ist und damit den Untertanen des Fürstenstaates letztlich nicht mehr als das Auskommen sichert.[37] Erst später haben popularphilosophische Autoren des 19. Jahrhunderts Wolffs Sozialphilosophie zur trivialen Glücksphilosophie uminterpretiert.

Aus der oben erwähnten vermittelnden politischen Einstellung von Wissenschaftlern und Praktikern und dem neuen umfassenden politischen Er-

---

34 Richard *Saage*: August Ludwig Schlözer als politischer Theoretiker, in: Herrlitz/Kern: Anfänge, S. 13-54, insb. S. 47-54.
35 Zum Begriff der Wohlfahrt: Mohammed *Rassem*: Wohlfahrt, Wohltat, Wohltätigkeit, Caritas, in: Otto Brunner/Werner Conze/Reinhart Koselleck: Geschichtliche Grundbegriffe. Historisches Lexikon zur politisch-sozialen Sprache in Deutschland, Bd 7: Verw-Z, Stuttgart 1992, S. 595-636.
36 *Seckendorf*: Fürstenstaat, Cap.VIII, §1, S. 203f.
37 Christian *Wolff*: Grundsätze des Natur- und Völkerrechts, Halle 1754, Gesammelte Werke, 1. Abt., Bd. 19 (1980), §972, S. 697; siehe auch *Rassem*: Wohlfahrt, S. 616f.

kenntnisinteresse resultierten auch bestimmte, in der Regel empirische und historische Fragestellungen und Forschungsrichtungen. Neben der Historia, die sich durch das Wissen über „Singularia", das heißt das undeduzierbar Einzelne und Besondere auszeichnete, entstand nun im Bemühen, die historischen Stoffmassen zu ordnen, auch so etwas wie eine Geschichtsphilosophie, die sich deutlich von der auf der teleologischen und eschatologischen christlichen Lehre von der Abfolge der Weltreiche beruhenden Translationstheorie absetzte, wenn sie auch noch nicht viel mit der universalen Geistesgeschichte im Sinne Hegels gemein hatte.

Göttingen wurde zu einem Zentrum dieser neuen „Universalgeschichte", vertreten besonders durch Gatterer und Schlözer, die ihre Geschichtsschreibung immer auch philologisch begründeten.[38]

Neben einer Geschichtswissenschaft im engeren Sinne entwickelte sich dann als zweite deutsche Besonderheit die sogenannte Statistik oder Staatenkunde. Ihr historischer Entstehungszusammenhang verdeutlicht ihre ursprünglich politische Dimension. Genauer gesagt: Die deutschen Universitäten übernahmen die Staatenkunde, die vorher eine Sache von Ministern und freien Schriftstellern, von politisch Konfidenten und Verlegern war, in ihr Vorlesungsprogramm.[39]

Als einer der ersten hielt der Philosoph, Mediziner und Jurist Hermann Conring, der nie eine explizit juristische Ausbildung erhalten hat, ab 1660 an der braunschweigischen Universität zu Helmstedt wiederholt Vorlesungen mit dem Titel „Notitia rerumpublicarum singularum". Conring gilt deshalb heute zu Recht als Begründer der neuzeitlichen, genauer gesagt der deskriptiven Statistik. Er war bekanntlich einer der großen Polyhistoren des Barock, der auf der Grundlage seiner politischen Erfahrungen und Aktivitäten schrieb. Natürlich mußte sich ein deutscher Politologe jener Zeit, der geprägt war durch die Erfahrungen und Folgen des Dreißigjährigen Krieges und des anschließenden „Westphälischen Friedens", auch für die jeweilige Stärke der europäischen Staaten und für das Gleichgewicht zwischen und unter ihnen interessieren.

Conrings Werk deckt dementsprechend inhaltlich die gesamte Palette politikwissenschaftlicher Themen ab. Er arbeitete über Friedensbemühungen genauso wie über Finanzfragen, auch über die Ursprünge und die Geschichte des Reichsrechts und entwarf schließlich die Grundzüge einer modernen politischen Theorie. Als Hilfsmittel diente seiner Politiklehre schon nicht mehr die theologisch-philosophische, sondern die empirische Staatenkunde.[40]

---

38 Zur wissenschaftstheoretischen Verortung der Staatenkunde: Arno *Seifert*: Staatenkunde – eine neue Disziplin und ihr wissenschaftstheoretischer Ort, in: Rassem/Stagl: Statistik, S. 217-248 (samt Diskussion)
39 *Seifert*: Staatenkunde, S. 220.
40 Zu Conring: Mohammed *Rassem*/Justin *Stagl* (Hrsg.): Geschichte der Staatsbeschreibung. Ausgewählte Quellentexte 1456-1813, Berlin 1994, S. 223-226; *Stolleis*: Geschichte, S. 231-233.

3. Göttinger Rechtswissenschaft als Staatswissenschaft

Sowohl die stärker juristisch determinierten Ideen Pufendorfs und Seckendorfs als auch die Statistik Conrings wurden von den Göttinger Staats- und Politikwissenschaftlern aufgegriffen und weiterentwickelt. Eine der bedeutendsten Berufungen Münchhausens war zweifellos die des Staatsrechtlers Johann Stephan Pütter (1725-1807), der in Jena und Marburg und auch in Halle bei Christian Wolff Rechtswissenschaften studiert hatte. Im Jahre 1746 erhielt der damals erst Zweiundzwanzigjährige eine außerordentliche Professur für Reichskammergerichts- und Reichshofratsprozeß in Göttingen. Um den jungen Pütter für sein künftiges anspruchsvolles Lehramt zu schulen, schickte Münchhausen ihn zunächst auf eine einjährige Studienreise, die ihn an die wichtigsten Orte verfassungsrechtlichen Geschehens im Reich, u.a. nach Wetzlar zum Reichskammergericht und nach Wien zum Reichshofrat, führte.[41]

Münchhausens Konzept ging auf: Pütter wurde tatsächlich beides, ein ausgezeichneter Jurist und ein hervorragender akademischer Lehrer. Im Laufe seiner 60jährigen Lehrtätigkeit in Göttingen stieg er zum bedeutendsten Reichspublizisten an einer Universität auf. Seinetwegen ging man damals nach Göttingen. Kaum jemand, der im letzten Drittel des 18. Jahrhunderts eine bedeutende Stellung in Regierung, Verwaltung oder in der politischen Öffentlichkeit einnahm, ist als Schüler an diesem Göttinger Rechtslehrer vorbeigekommen.[42]

1747, also noch im selben Jahr, in dem Pütter seine Vorlesungstätigkeit aufnahm, legte er Münchhausen den Plan eines Curriculums zur Ausbildung von Verwaltungsfachleuten und Juristen vor, der zwischen ihm selbst, Münchhausen und dem anderen großen zeitgenössischen Reichspublizisten, Johann Jakob Moser (1701-1785) eingehend diskutiert wurde.[43] Die Ausbildung sollte deutsches Staatsrecht einschließlich seiner Geschichte, deutsche und europäische Geschichte, Statistik, Geographie, Heraldik, Numismatik und Diplomatik und zusätzlich eine neu konzipierte Politik umfassen, die die aristotelische Staatsformenlehre erweitern wollte um den gesamten Bereich der Policey-, einschließlich der speziellen Finanzwissenschaften.[44] Pütters Plan verdeutlicht, daß das auf praktische Ausbildung zielende Programm der Göttinger Schule der Politikwissenschaft von Beginn an auf Interdisziplinarität und arbeitsteiliges Vorgehen angelegt war. Auf Betreiben Pütters wechselte dann 1748 sein Freund Achenwall von Marburg nach Göttingen, und zwar zunächst als Privatdozent an die Philosophische Fakultät. In Pütters Plan über seine künftige Arbeit war die fakultätsübergreifende Zusammenarbeit mit Gottfried Achenwall

---

41 *Selle*: Georg August Universität, S. 108.
42 *Ebel*: Professor, S. 15; *Selle*: Georg August Universität, S. 108.
43 *Selle*: Georg August Universität, S. 109.
44 David F. *Lindenfeld*: The Practical Imagination. The German Sciences of State in the Nineteenth Century, Chicago, London, 1997, S. 40, insb. Anm. 143.

bereits skizzenhaft angedeutet. Von Beginn an ging es beiden darum, historische, systematische und juristische Konzepte der Staatswissenschaften miteinander zu verbinden. Während Pütter eher die juristischen Fächer anhand einer strengen Methodik lehrte, ergänzte Achenwall diese um historische und politische Disziplinen.[45] Aus dieser Arbeitsteilung gehen dann bereits 1750 die *Elementa iuris naturae* hervor, ein vielbeachtetes Lehrbuch zum Naturrecht, das Achenwall ab 1755 unter Wegfall des ius civile universale allein weiterführte und das 1781, also noch neun Jahre nach Achenwalls Tod, in der siebten und letzten Auflage erschien.[46] Dieses nicht-historische, allgemeine Staatsrecht sieht im Unterschied zu vergleichbaren Schriften wesentlich von rechtsgeschichtlichen Details ab und liefert in einfachen und abstrakten Sätzen Argumente zur Begründung einer modernen Gesellschaftsordnung, wobei allerdings die gesellschaftspolitische Dimension naturrechtlicher Ordnungsangebote von vornherein ausgeklammert bleibt. Es handelt sich hier um ein vertragstheoretisches, pädagogisch wertvolles Kompendium des Naturrechts, das dem Anspruch eines akademischen Lehrbuchs durchaus gerecht wird, aber eher typisch für die Arbeitsweise Pütters ist.

Vergeblich sucht man bei Pütter den großen weltgeschichtlichen oder allgemeinpolitischen Rahmen, für den andere in Göttingen so berühmt geworden sind, obwohl er selbst immer überzeugt blieb von der Bedeutung historischer Rechtskenntnisse für die Rechtspraxis.[47] Auch wenn er ab 1757 als Nachfolger von Schmauss, des bis dahin wohl bedeutendsten Vertreters der Reichshistorie in Göttingen, auch diese Disziplin vertrat, fehlte ihm nach Einschätzung bedeutender Zeitgenossen dazu die Eignung.[48] Alles wird mit dem strengen Blick des Juristen gesehen. Es ging Pütter wohl eher darum, die Reichshistorie in der Juristischen Fakultät zu halten, nicht als Teil des allgemeinen Rechts, sondern als eigenständige und angesehene empirische Disziplin zur Exemplifizierung der Rechtswirklichkeit des Reiches, auch zum besseren Verständnis seiner historischen Entwicklung.[49] Pütter widmete sich eben in erster Linie jener schwierigen Aufgabe, das „monströse" Reich – ähnlich wie Pufendorf – in seiner Verfassungsstruktur und in seiner Mixtur römischen und deutschen Rechts systematisch abzubilden und theoretisch ins Bewußtsein der Reichsjuristen zu heben. Das eigentlich Neue in seiner Arbeit ist die Analyse und systematische Darstellung der Reichsinstitutionen in ihrem funktionalen Zusammenhang als Träger von Hoheitsrechten und die Überwindung herkömmlicher mittelalterlicher, das heißt personaler Auffassungen.[50]

---

45 *Stolleis*: Geschichte, S. 315.
46 Johann Stephan *Pütter*/Gottfried *Achenwall*: Elementa iuris naturae in usum auditorum adornata, Göttingen 1750. Von der 3. Auflage 1755 an von *Achenwall* als Ius naturae fortgeführt. Insgesamt 7 Auflagen von 1750-1781.
47 Johann Stephan *Pütter*: Historische Entwicklung der heutigen Staats-Verfassung des Teutschen Reiches, 3 Bde, Göttingen 1786.
48 *Stolleis*: Geschichte, S. 115, Anm. 132.
49 *Stolleis*: Geschichte, S. 315.
50 *Stolleis*: Geschichte, S. 313.

Pütter arbeitete nicht nur systematisch, er blieb auch immer bemüht, das rechtswissenschaftliche Studium praxisnah zu gestalten, distanzierte sich allerdings von Mosers Plan, den akademischen Unterricht allein auf die neuesten Quellen der Rechtsprechung zu stützen. Moser wurde auch deswegen von den Göttingern abgelehnt. Sein Konzept erschien Münchhausen nicht universitär genug.[51] Übrig blieb dann in Göttingen ein „collegium prakticum". Diese praktischen juristischen Übungen, die Pütter ab 1749 anbot und zu denen Münchhausen ständig persönlich Materialien lieferte, wurden vorbildlich für die universitäre juristische Lehrpraxis.[52]

4. Staatswissenschaft als Statistik

In der Mitte des 18. Jahrhunderts, nur wenige Jahre nach der Gründung der Göttinger Universität, wurde das internationale Staatensystem dann erneut erschüttert, diesmal durch den Siebenjährigen Krieg, einen von Europäern initiierten und gesteuerten Weltkrieg von Kanada bis Indien, in dem Hannover-Braunschweig natürlich zur englischen und damit preußischen Partei gehörte. Die Bedeutung dieses Krieges für Europa wird deutlicher, wenn wir das seit 1758 erscheinende, von Edmund Burke, dem späteren Revolutionshistoriker und Begründer des europäischen Konservatismus redigierte *Annual Register* aufschlagen, eine Inkunabel der empirischen Politikwissenschaft und politischen Statistik. Inmitten des Siebenjährigen Krieges begonnen, eröffnet es seine jährliche Bestandsaufnahme in den ersten Jahren mit einer Rubrik „History of the present war", die dann später umgewandelt wird in die „History of Europe" auch wenn Geschehnisse in Amerika und Indien mit behandelt werden.[53]

Vor diesem zeitgeschichtlichen Hintergrund schreibt auch der bereits mehrfach erwähnte Göttinger Professor Gottfried Achenwall einige seiner berühmtesten und zahlreich aufgelegten Arbeiten, mit denen er – in der Tradition des Empirikers Conring stehend – zum Begründer der Göttinger Universitätsstatistik wird, die dann im 18. Jahrhundert ihren Siegeszug an den europäischen Universitäten antreten wird.

Daß Achenwall mit seinem Konzept, das juristische, politische und geographische Elemente zu einer umfassenden Staatswissenschaft vereinigte, bei Münchhausen auf Skepsis stieß, kann kaum verwundern, denn Münchhausen, selbst studierter Jurist und voller Bewunderung für die modernen Juristen seiner Zeit, mußte zunächst der Sinn für eine derartige Disziplin fehlen. Achenwall ließ sich davon hingegen wenig beeindrucken. Bereits in seinem

---

51 *Selle*: Georg August Universität, S. 109.
52 Johann Stephan *Pütter*: Vorbereitungen zu einem collegio practico iuris publico, Göttingen 1749; *ders*: Nähere Vorbereitungen zur Teutschen Reichs- und Staatspraxi, Göttingen 1750.
53 Zu Burke: *Rassem/Stagl*: Geschichte, S. 433-437.

zweiten Göttinger Jahr, 1749, erscheint sein *Abriss der neuesten Staatswissenschaft der heutigen vornehmsten europäischen Reiche und Republiken*[54], der zwischen 1749 und 1798 nicht weniger als siebenmal aufgelegt wurde. Mit dieser Arbeit hatte die Statistik, so bezeichnet Achenwall im übrigen sein Vorhaben von nun im Rahmen einer Vorlesung selbst, endgültig Eingang gefunden in die Universität und behauptete dort in dieser Form viele Jahrzehnte ihren Platz.[55]

Entnehmen wir diesem Werk nun zunächst das bemerkenswerte akademische Selbstverständnis Achenwalls. Auf dem Titelblatt der fünften Auflage von 1768 finden sich unter dem Verfassernamen folgende Qualifikationen: „Königlich-Großbritannischer und Churfürstlich Braunschweig-Lüneburgischer Hofrat. Ordentlicher Lehrer der Rechte und der Weltweisheit, besonders des Natur- und Völkerrechts wie auch der Politik auf der Universität Göttingen."[56] „Weltweisheit" ist damals ein durchaus gebräuchlicher aufklärerischer Terminus für Philosophie, in dem sich die Attribute Vernunft, Klugheit und Galanterie, die der akademisch und politisch Gebildete idealerweise besitzt, vereinigen. Aus der näheren Spezifizierung geht also klar hervor, daß Achenwall neben den im Vordergrund stehenden juristischen Fächern, – klassisch gesprochen – insbesondere auch die „praktische Philosophie" vertritt, zu der eben auch die Lehre von der Politik gehört. Das historisch deskriptive Element der Göttinger Wissenschaft hingegen kommt im Falle Achenwalls in seiner Venia docendi nicht expressis verbis zum Ausdruck.

Auch inhaltlich scheint sich der Eindruck von der Vernachlässigung des historisch-empirischen Geschehens zu bestätigen, obwohl es Achenwall ja hier gerade um die Neubegründung einer empirischen Politiklehre ging. Betrachten wir die in der fünften Auflage von 1768 abgedruckten Vorworte, so überrascht es angesichts seiner politischen Aktualität für ganz Europa, daß Achenwall auf die Ereignisse des Siebenjährigen Krieges nicht eingeht. Es fällt zudem auf, daß Achenwall seine Auswahl der behandelten Völker nicht begründet, so lückenhaft sie auch ist: Spanien, Portugal, Frankreich, Großbritannien, Vereinigte Niederlande, Rußland, Dänemark und Schweden. Weder der künftige Zankapfel Polen noch die italienischen Republiken oder die deutschen Fürstentümer werden behandelt, genauso wenig wie die späteren deutschen Großmächte Österreich und Preußen. Die von Achenwall ausgewählten acht vornehmsten Länderkunden werden zwar politisch sinnvoll dargestellt, insgesamt aber wird ereignisgeschichtliche Aktualität vermieden.[57] So haben wir im Genre dieser nicht-arithmetischen, statistischen deutschen Politikwissenschaft – zumindest vor dem europäischen Hintergrund –

---

54 Gottfried *Achenwall*: Abriss der neuesten Staatswissenschaft der heutigen vornehmsten Europäischen Reiche und Staaten, Göttingen 1749. Insgesamt 7 Auflagen zwischen 1749 und 1798, hier zitiert aus der 5. Auflage, Göttingen 1768.
55 *Selle*: Georg August Universitäts, S. 112.
56 *Achenwall*: Abriss.
57 *Achenwall*: Abriss (Vorwort).

Göttinger Schule der Staatswissenschaften 93

eine recht realistische und doch irgendwie zeitgeschichtlich entrückte Deskription vor uns. Die Zeitgenossen mußten den Eindruck gewinnen, daß sich die Göttinger Professoren außenpolitisch nicht gerne festlegen wollten.

Werfen wir nun einen Blick auf den theoretischen Hintergrund dieses empirischen Werkes, den Achenwall mit einem anderen Werk über *Die Staatsklugheit nach ihren ersten Grundsätzen* darlegte, erstmals 1761 in Göttingen bei Vandenhoeck erschienen und bis 1779 insgesamt viermal aufgelegt.[58] Im Titel klingen berühmte barocke Werke an, unter anderem das des wissenschaftlichen Vorbilds, Hermann Conrings *De civili prudentia*, das 1662 erschienen war, also ziemlich genau 100 Jahre früher.[59] Gleich in den ersten Sätzen seiner Vorrede weist Achenwall darauf hin, daß seine „Staatsklugheit" gleichermaßen Neuanfang als auch Wiederbegründung der „Politick" an den deutschen Universitäten sei und damit an die Tradition anknüpfe, die nach Conring und Seckendorf abgebrochen sei. Interessant ist nun, daß Achenwall diesen Neubeginn wesentlich auf eine erkenntnistheoretische Neubestimmung des Verhältnisses von (politischer) Theorie und (politischer) Wirklichkeit gründete. So unterschied er zwischen einer historischen und einer philosophischen Staatslehre, die für ihn die eigentliche Staatswissenschaft war. Sie umfaßte das allgemeine Staatsrecht, das die rechtmäßigen Mittel der Politik nennt, und die Staatsklugheit, die die nützlichen Mittel der Politik liefert und war damit nicht nur theoretisch, sondern auch überwiegend normativ. Demgegenüber hatte die historische Staatslehre, die Achenwall auch Statistik, Staatsbeschreibung oder historische Staatenkunde nannte, nicht den Zweck, die Kenntnis allgemeiner staatswissenschaftlicher bzw. staatsrechtlicher Zusammenhänge zu vermitteln, sondern die genaue Kenntnis der politischen und rechtlichen Situation einzelner Staaten und ihrer Staatsverfassungen, einschließlich ihrer kulturellen und geographischen Besonderheiten.[60] Der politische Nutzen der Statistik liegt dann darin, den Staatsmann und Wissenschaftler zu befähigen, die politische Situation seines jeweiligen Gemeinwesens im Zusammenhang mit der gesamten Staatenwelt zu beurteilen, um schließlich auf der Grundlage empirischer Daten politisch sinnvoll zu handeln.[61] Der politische Charakter der Statistik wird dann auch begrifflich deutlich, wenn Achenwall ihren Zweck abwechselnd „Staatskenntniß" und „politische Kenntniß" nennt.[62] Also: Rechtsgelehrte, Staatsleute, Diplomaten und Reisende, sie alle sind angewiesen auf statistische Kenntnisse, so wie sie Achenwall vorträgt. Unter seine historische Staatswissenschaft subsumiert Achenwall also nicht die Idee einer Vergangenheitswis-

---

58 Gottfried *Achenwall*: Die Staatsklugheit nach ihren ersten Grundsätzen, Göttingen 1761. Insgesamt 4 Ausgaben von 1761-1779.
59 Hermann *Conring*: De civili prudentia liber unus, Helmstedt 1662.
60 Gottfried *Achenwall*: Staatsverfassung der heutigen vornehmsten Europäischen Reiche und Staaten, Göttingen 1768, S. 1-44; als Auszug abgedruckt in: Rassem/Stagl: Statistik, S. 402f.
61 *Selle*: Georg August Universität, S. 113.
62 *Achenwall*: Staatsverfassung, S. 403.

senschaft, sondern das erkenntnistheoretische Programm einer realistischeren und empirischen Politikwissenschaft.[63]

Aus der Forderung nach einer realistischen Politikwissenschaft ergeben sich natürlich auch konkrete Anforderungen an die neu auszubildende erkenntnistheoretische Methode. Jede „vernünftige Methode" muß mit der Analyse der besonderen Gegebenheiten einzelner Staaten beginnen. Erst der sich daran anschließende Vergleich dieser staatsrechtlichen und staatspolitischen Gegenwart einzelner Staaten liefert dann neue Kenntnisse, die die Grundlage einer empirischen und realistischen Politikwissenschaft bilden. Achenwalls Kritik an der abstrakten Aufklärungswissenschaft ist unüberhörbar.[64]

Die methodologische Unterscheidung, die Achenwall trifft, ist zunächst weniger inhaltlicher als formaler Natur. Hinter der Abgrenzung von Philosophie und Historie verbirgt sich der Unterschied von Allgemeinheit und Singularität, ein wissenschaftstheoretisches Axiom, das charakteristisch ist für die Arbeit der Göttinger Politikwissenschaftler. Das Prinzip der Beobachtung auf „historische" Singularität hin aber führt schließlich umgekehrt zu jenem politischen Handlungspostulat, mit dem Achenwall das Programm des deutschen Historismus eigentlich schon ausformuliert hat. Jeder Staat muß die so gewonnenen allgemeinen Regeln der Staatsräson mit seiner eigenen individuellen Verfassung vergleichen und daraus seine eigenen Regeln ableiten und mehr noch „nach seiner eigenen Politick handeln".[65] Dieses Postulat klingt an Rankes klassisches, aber eher beschreibendes Programm des deutschen Historismus an. Auch die Gefahren des Historismus sind damit bei Achenwall bereits angedeutet, das Problem des Naturalismus, der Relativität und der Folgen durch die Relativierung wissenschaftlicher Erkenntnisse genauso wie die Leugnung eines allgemeinen Menschenwesens zugunsten einer Ethnie, die eben unbedingt ihre Eigenart vertreten muß.

Die Achenwallsche Betonung der einzelstaatlichen Rechtspositivität und der „Eigenpolitik der Staaten" ist aber noch kein „Ethnozentrismus" und auch keine Vergewaltigung der Individualität und Personalität des Menschen. Der Endzweck eines jeden Staatsmitglieds ist seine eigene Glückseligkeit. Und weiter: Der Endzweck des Staates, die gemeinschaftliche Glückseligkeit, läßt sich von dem Endzweck jedes Einzelnen tatsächlich nicht trennen. Jede staatliche Gemeinschaft zielt also sowohl auf die Verwirklichung der

---

63 Das erkenntnistheoretische Programm Achenwalls wird in Göttingen eine lange Tradition haben. Wilhelm Roscher wird es noch Jahrzehnte später am Beginn seiner akademischen Laufbahn in seinem ersten bedeutenderen wissenschaftlichem Werk wiederholen, noch bevor er zum Begründer der älteren historischen Schule der Nationalökonomie wird. Auch wenn Roscher selbst immer wieder betonte, daß er für die Nationalökonomie etwas ähnliches erreichen wolle wie Savigny in der Rechtswissenschaft, so steht er erkenntnistheoretisch doch ganz auf dem Boden des mit Achenwall beginnenden Göttinger Historismus, siehe Wilhelm *Roscher*: Leben, Werk und Zeitalter des Thukydides. Bd. 1 der Beiträge zur Geschichte der historischen Kunst, Göttingen 1842, S. VIIIf. und S. 9f.
64 *Achenwall*: Staatsklugheit (Vorrede), §16.
65 *Achenwall*: Staatsklugheit (Vorrede), §17.

gemeinsamen Wohlfahrt, der Gesamtwohlfahrt, wie auch das Glücks und den Wohlstandes des Einzelnen. Beides gehört bei Achenwall unmittelbar zusammen.[66] Achenwalls Begriff der Glückseligkeit distanziert sich also vom Unterton der heute üblichen Übersetzung von Begriffen wie Eudaimonia, Felicitas oder Happiness. Seine Definition der Wohlfahrt knüpft an die oben bereits erwähnte Position Christian Wolffs an. Wie üblich liefert auch Achenwall eine vertragstheoretische Begründung staatlicher Gemeinschaft und seiner Verfassung. Er will in diesem Fall mit seiner gedanklich an das Naturrecht anknüpfenden Konstruktion von der historischen Entwicklung abstrahieren und eine gerechtere, das heißt eine durch rechtsstaatliche Prinzipien gebundene Staatsgewalt und deren Zerteilung legitimieren.[67] Er entscheidet sich nicht für eine demokratische Staatsform, sondern für eine durch Adel und Volk, durch Reichsstände und Reichstage eingeschränkte Monarchie.[68] Abschließend ist zu bemerken, daß Achenwall diese konservative und nicht reaktionäre Staatsklugheitstheorie weder ausführlich problematisiert noch analysiert. Es handelt sich auch hier um ein nicht sehr tiefsinniges, aber pädagogisch faires Angebot, um eine konzentrierte Punktuation, die als Compendium für Studenten dargeboten ist und als typisch Göttinger Produkt angesehen werden kann.

Wie auch immer man Achenwalls Programm einer allgemeinen Staats- bzw. Politikwissenschaft ideengeschichtlich einordnen mag: es erschöpft sich nicht in dem üblichen Gegensatz von Recht und Philosophie, von Staatsrecht und Staatsklugheit. Seine politische Theorie, seine philosophische wie historische Staatslehre vereinigt wieder Recht und Klugheit, Ius und Prudentia, ohne damit in zeitgenössischer Rechtswissenschaft aufzugehen. Das ist ja gerade die besondere und typische Leistung der Göttinger Schule.

Als Achenwall im Jahre 1772 unerwartet verstarb, wurden seine Veranstaltungen in Statistik und politischer Geschichte auf Betreiben Pütters an seinen ehemaligen Schüler Schlözer gegeben, der seit 1769 Ordinarius für Geschichte an der Philosophischen Fakultät war. In Göttingen wollte man offensichtlich die (Wieder-)Besetzung des Lehrstuhls von außen vermeiden und setzte auf die Vertretung der Fächer in eigener Tradition. Dabei scheint es von geringer Bedeutung gewesen zu sein, daß Achenwall diese Fächer zuletzt als Ordinarius im Rahmen der Juristischen Fakultät vertreten hatte.[69]

---

66 *Achenwall*: Staatsklugheit (Vorrede), §6 und S. 65.
67 *Achenwall*: Staatsklugheit, S. 65ff.
68 *Achenwall*: Staatsklugheit, S. 52f.
69 *Lindenfeld*: Imagination, S. 42; *Selle*: Georg August Universität, S. 132.

5. Geographie als politische Wissenschaft

Die Betonung der Individualität der Staaten und Völker haben die Göttinger Politikwissenschaftler mit Johann Gottfried Herder (1744-1803) gemein, der später mit Schlözer in wissenschaftlicher Polemik um das Neuwort „ethnographisch" stritt, dessen Neuschöpfung Herder wohl gerne für sich selbst proklamiert hätte, das aber zusammen mit den Begriffen „Volkskunde" und „Völkerkunde" nachweislich zuerst im Göttinger Milieu gebraucht worden ist.[70]

Schlözer bricht endgültig mit der Unsitte, Völkernamen zu zitieren, ohne zu klären, ob deren Bestimmung im einzelnen auf geographische, politische oder genetisch-historische Bezüge zurückzuführen ist. Er formuliert Gesichtspunkte zu einer *Philosophia ethnographica* und legt großen Wert auf klare begriffliche Definitionen und thematische Systematisierung. Das deutsche Interesse an archaischen, „prähistorischen" Völkern ist naheliegenderwiese nach Osten ausgerichtet, wir würden heute sagen nach Osteuropa, das damals oft als „Reich des Nordens" bezeichnet wird. Schlözer schreibt 1770/71 eine „Allgemeine Nordische Geschichte", die von Island und Norwegen im Norden bis Kamtschatka reicht und sich vom „asiatischen Norden" – so heißt bei Schlözer Sibirien – im Süden bis in den Balkan hinein erstreckt.[71] In diesem Werk erwägt Schlözer ein *Systema populorum*, wobei die Leibniz´sche Idee der Sprachverwandtschaften den Leitfaden zur Einteilung gibt. Daraus ergibt sich im übrigen unmittelbar das bis heute eigentlich nur unbefriedigend gelöste Problem der Bestimmung von hinreichenden Kriterien zur Charakterisierung von Völkern.

Natürlich wurden auch durch diese ethnographischen und ethnogenetischen Interessen Ausländer an die Göttinger Universität gezogen. Es scheint charakteristisch, daß die Begründer der finno-ugrischen Sprachforschung Henrik Gabriel Porthan (1739-1804), der nicht nur grundlegende historische Werke verfaßte, sondern auch über finnische Volksdichtung und ihre Sprache forschte, und Samuel Gyarmathi (1751-1830) in Göttingen studiert haben.

Von entscheidender Bedeutung ist wie in vielen anderen statistischen Theorien schon bei Achenwall die Betrachtung der Kräfte (vires) eines Landes in Abhängigkeit von seiner geographischen Lage. Mit dem hohen Stellenwert der Geographie für die Disziplin der Staatsbeschreibung (Statistik) sind auch geopolitische Fragestellungen aufgeworfen.

Auch der Göttinger Althistoriker Arnold Herrmann Ludwig Heeren sei in diesem Zusammenhang genannt. Er begründete in seinem Werk die historische Geographie als eine fruchtbare Synthese zwischen Alter Geschichte,

---

70 Justin *Stagl*: History of Curiosity, Chur 1995, Kap.6; zur Auseinandersetzung Herders und Schlözers: *Selle*: Georg August Universität, S. 136-138.
71 August Ludwig v. *Schlözer*: Allgemeine Nordische Geschichte, in: Allgemeine Welthistorie, Teil XXXI, Halle 1771.

Göttinger Schule der Staatswissenschaften

Politik und Geographie und interpretierte so die Dynamik des politischen Geschehens als Folge geographischer und historischer Voraussetzungen.[72]

Wir erstellen hier zwar keinen Göttinger Gelehrtenkalender, müssen aber in diesem Kontext nochmals auf Anton Friedrich Büsching hinweisen. Büsching, von Hause aus Theologe, wurde von Münchhausen 1754, in dem Jahr, in dem der erste Teil seiner „Neuen Erdbeschreibungen" erschien, als außerordentlicher Professor der Philosophie nach Göttingen berufen.[73] Er betonte in seiner Geographie in erster Linie politische, historische und statistische Aspekte, weniger die naturwissenschaftlichen, und verstand seine „Neue Erdbeschreibung" als „gründliche Nachricht von der natürlichen und bürgerlichen Beschaffenheit des bekannten Erdbodens".[74] Allein aus dieser Terminologie läßt sich der politische Anspruch seiner Geographie ableiten. Büsching greift zu einer typographisch energischen Demonstration: Der Regent und der Staatsmann sollen „geographisch = politische Bücher" zur Grundlage ihres staatspraktischen Handelns machen. Kenntnisse der eigenen wie fremden Geographie liefern die notwendigen Informationen über Schwäche und Stärke anderer Länder und sind damit die wichtigste Grundlage des politischen Handelns.[75] Damit ist die Verbindung von Statistik und Ethnographie evident, ist die Geographie als politische Wissenschaft konstituiert.

Es läßt sich auch hier das Fazit ziehen, daß die Göttinger Gelehrten die existentiellen Probleme des erst 1806 durch Napoleon zerstörten „monströsen" Reiches und Mitteleuropas verstanden und in theoretisch wissenschaftliche Begrifflichkeit umgesetzt hatten. Zwar wurden diese Probleme in Göttingen nicht gern als „Reichspolitik" behandelt, aber eben doch in historische Ethnographie transponiert. Die Österreicher, die in ihrer theresianisch-ungarischen Epoche viel von Göttingen übernahmen und auch über Berufungen von dort nachdachten, haben diesen Akt der Transposition ausdrücklich kritisiert und das Göttinger Bildungssystem als zu wenig disziplinär, als Nicht-Schule kritisiert und abgelehnt. Sie planten für ihre Universitäten – anders als die englisch neutralisierten Göttinger – den Aufbau des Systems einer „österreichischen Nationalerziehung".[76]

---

72 Arnold Herrmann Ludwig Heeren:, Idee über die Politik, den Verkehr und den Handel der vornehmsten Völker der alten Welt, 3 Bde., 1793-1796.
73 Zu Büsching: *Selle*: Georg August Universität, S. 83; *Rassem/Stagl*: Geschichte, S. 425-427.
74 Anton Friedrich *Büsching*: Neue Erdbeschreibung, Hamburg 1754. Insgesamt 7 Ausgaben von 1754-1792. S. 25-32 des ersten Teils als Auszug abgedruckt in: Rassem/Stagl: Geschichte, S. 428-432.
75 *Büsching*: Erdbeschreibung, S. 432.
76 *Srbik*: Geist, S. 32f; zur österreichischen Nationalerziehung und Reform des Hochschulwesens unter Maria Theresia: Richard *Meister*: Entwicklung und Reform des österreichischen Studienwesens, Teil 1: Abhandlungen, Wien 1963, S. 19-39.

6. Politischer Journalismus, politische Publizisten und Zeitschriften

Nun noch einige Bemerkungen zum bereits mehrfach zitierten August Ludwig v. Schlözer. Schlözer war ein sehr kenntnisreicher, polyglotter, für jedes Recherchieren begabter, freilich auch polterig agressiver Mann.[77] Er war unkünstlerisch und daher auch kein schön schreibender, sondern ein unaufhörlich über die zu verwendenden Kategorien räsonierender Historiker. Er schimpfte gern über mißbrauchte Adelsprivilegien, über absolutistische Willkür und Arkanpolitik, auch über katholische „Mönchsgreuel". Wie auch viele andere deutsche Professoren begrüßte er die Anfänge der Französischen Revolution, um sich dann nachher von ihr und ihren Folgen für Europa zu distanzieren. Schlözer verstand das Verhältnis von Fürst und Bürger als ein reziprokes, das heißt ein gegenseitiges durch Publizität und Offenheit zu reinigendes. Er benutzte die Zensurfreiheit und die Postvergünstigungen eines Göttinger Professors, um seit 1776 eine historisch-politische Zeitschrift, den *Briefwechsel*, herauszugeben, der 1782 in *Staatsanzeigen* umbenannt und von 1796 bis 1800 von dem Helmstedter Rechtsprofessor und früheren Göttinger Studenten Carl Friedrich Häberlin (1756-1808) als *Staatsarchiv* fortgesetzt wurde.[78]

Die kategoriale Einordnung dieser Periodika fällt nicht leicht. Zunächst sind sie für die ältere empirische Staatenkunde Teil der durchaus typischen „Korrespondenz" mit auswärtigen Gewährsleuten, aber eben in Auswahl und Auszügen publiziert. So entsteht ein Konglomerat politischer Essays, wobei es dem Benutzer überlassen bleibt, aus dieser für die politische Empirie typischen Vielfalt das für ihn Nützliche und Brauchbare auszuwählen. Zweifellos war es Schlözers Absicht, in dieses Sammelsurium – in der Tradition des älteren Genres der „cahier de doleance" – gezielt kritische und denunziatorische Informationen einzufügen, um gegen die mächtige Obrigkeit zu protestieren. Schlözer stieg zu einem der bedeutendsten politischen Beschwerdeführer seiner Zeit auf, worunter seine zuvor erworbene Reputation als einer der renommiertesten politischen akademischen Lehrer im Deutschen Reich litt. Merkwürdigerweise hat die Obrigkeit Schlözers Formen der politischen Agitation lange geduldet. Erst 1793 wurden die *Staatsanzeigen* verboten. Der unmittelbare Anlaß dafür aber war nicht Schlözers Kritik an Adel und orthodoxer Geistlichkeit, sondern seine Rechtsquerelen mit einem Göttinger Post-

---

77 Zu Schlözer: *Stolleis*: Geschichte, S. 317-320; *Saage*: Schlözer, S. 13-71; *Rassem/Stagl*: Geschichte, S. 497-501; die Beiträge von *Seifert*: Staatenkunde und Gerhard *Lutz*: Geographie und Statistik im 18. Jahrhundert. Zu Neugliederung und Inhalten von „Fächern" im Bereich der historischen Wissenschaften einschließlich der Diskussion, in: Rassem/Stagl: Geschichte, S. 217-268.

78 August Ludwig v. *Schlözer*: Briefwechsel meist historischen und politischen Inhalts, 60 Hefte (10 Theile), nebst Anhang von G.C.H. List und Register von E. Eckard, Göttingen 1776-1782.

direktor, den er der Korruption bezichtigte. Aber auch wenn eine inhaltliche Zensur seiner *Staatsanzeigen* nicht direkt erfolgte, so war Schlözer der politischen Obrigkeit doch mittlerweile sehr unbequem geworden, und dieser geringfügige Rechtsstreit war ein willkommener Anlaß, ihn als politischen Schriftsteller loszuwerden. So wurde ihm letztlich seine denunziatorische Ader zum Verhängnis.

Ohne hier auf das Problem des Grenzbereiches zwischen zeitgeschichtlicher politischer Wissenschaft, politischem Entlarvungsjournalismus und politischer Denunziation näher eingehen zu können, sei an dieser Stelle doch noch ein Staatsmann und Publizist erwähnt, der seine Reputation benutzte, um sich als Herausgeber zeitgeschichtlicher Periodika in die Diskussion zu aktuellen politischen Fragen einzumischen.

Justus Möser (1720-1794), war in den allerersten Jahren dieser Universität Göttinger Student gewesen.[79] Nach dem Studium der Rechte, Philosophie und Geschichte hatte er die Universität ohne Abschluß verlassen und sich nach kurzer Anwaltstätigkeit auf eine juristische und diplomatische Verwaltungskarriere konzentriert.

Neben dieser politischen Karriere verfolgte Möser eine zweite als politischer Schriftsteller, die ihm schließlich besonderen nationalen Ruhm bescherte. Literarisch unendlich viel begabter als der jüngere Professor Schlözer, redigierte Möser nicht nur die *Osnabrückischen Wochenschriften*, sondern trug auch selbst – meist anonym oder pseudonym – mit eigenen Beiträgen zu ihnen bei. Die nachträgliche Sammlung dieser Korrespondenz wurde von Mösers Tochter, Jenny von Voigts, unter dem Titel *Patriotische Phantasien* besorgt, die in mehreren Ausgaben und Teildrucken erschien.[80] Das Geniale dabei war, daß Möser begann, Korrespondenten aus verschiedenen Ständen zu fingieren. Er führte dramatische Figuren und soziale Charaktere in Text und Handlung ein. Inhaltlich handelte es sich bei Mösers Arbeiten keineswegs um Fiktion, es ging ihm vielmehr um die politische Präsentation realistischer soziologischer und statistischer Beobachtungen. Möser verstand, daß es im Grunde um ein Rollenspiel ging. Er gab sich bescheiden und humorvoll, vermied statistische Breite, um nicht langweilig zu werden. Möser schrieb mit leichter Hand und war inspiriert von den Gesellschaftskomödien Pierre Marivauxs, er wußte Tonarten, Ober- und Untertöne einzusetzen, die einem polterigen Schlözer nicht zur Verfügung standen: Sie reichten vom Betulichen bis zum Ironischen, vom Sentimentalen zum Verismo. In der Geschichte der Politikwissenschaft sollte auch immer rhetorischen Künstlern wie Möser ein Kapitel reserviert werden.

---

79 Zu Möser: *Rassem/Stagl*: Geschichte, S. 473-476.
80 Justus *Möser*: Patriotische Phantasie. Gesammelte Aufsätze, 4 Teile, Berlin 1774-1786, herausgegeben von Jenny von Voigts. Mehrere spätere Ausgaben und Teildrucke.

7. Die Göttinger Politikwissenschaft als wissenschaftliche Schule

Zweifellos hat das weltoffene und moderne Klima Göttingens die Ausbildung neuer wissenschaftlicher Disziplinen begünstigt. Die Frage, ob es sich im Falle der Göttinger Politikwissenschaft tatsächlich um eine wissenschaftlichen Schule i.e.S. gehandelt hat, kann hier weder erschöpfend behandelt, noch abschließend beantwortet werden.[81] Es scheint aber in diesem Zusammenhang wichtig, auf ihren kultur- und wissenschaftsgeschichtlichen Entstehungskontext hinzuweisen. So konnte gezeigt werden, daß in Göttingen bereits in der zweiten Hälfte des 18. Jahrhunderts Versuche unternommen wurden, die Disziplin der Politikwissenschaft als eigenständige Wissenschaft vom Staat zu etablieren.

Es ging den Göttinger Politikwissenschaftlern darum, das unorganisierte Wissen über die Staaten neu zu systematisieren und in das Gefüge der Wissenschaften einzufügen. Sie widmeten sich dem Staat als dem gemeinsamen Forschungsgegenstand allumfassend und interdisziplinär, das heißt unter geographischen, historischen, ökonomischen, juristischen, politischen, kulturellen und ethischen Fragestellungen. Politikwissenschaft ist dementsprechend an der Georgia Augusta zunächst weder als eigenständige wissenschaftliche Disziplin oder Fakultät etabliert, noch als wissenschaftliches Teilgebiet einheitlich einer einzigen Fakultät zugeordnet. Gleichwohl ist sie inhaltlich konzipiert als Bildungs- und vor allen Dingen Ausbildungswissenschaft für Verwaltungsfachleute und Politiker. Dabei greift man in Göttingen durchaus auf die Tradition älterer Modelle der Staatswissenschaften des 17. Jahrhunderts zurück. Oder anders herum: Die eigene Abgrenzung erfolgt vor dem Hintergrund historischer Modelle der Staatswissenschaften. Man weiß in Göttingen also genau, wofür oder wogegen man sich zu etablieren gedenkt. Auf der Basis deskriptiv statistischer Daten soll Politikwissenschaft politisches Handeln in all seinen Facetten auf eine realistische Grundlage stellen und damit erlern- und kalkulierbar machen. Wissenschaftsintern dient sie darüber hinaus gleichermaßen der inhaltlichen Ergänzung wie der empirischen Festigung verschiedener wissenschaftlicher Disziplinen sowohl innerhalb der philosophischen als auch der rechtswissenschaftlichen Fakultät. Der Aufbruch der Philosophia spiegelt genauso wie der Vorgang der Systematisierung den Prozeß der Bewußtwerdung historisch-politischer Veränderungen im Alten Reich wider. Beides ist unter den neuen Anforderungen des modernen Verwaltungs- und Sozialstaates eine wesentliche Voraussetzung für die Ausbildung neuer wissenschaftlicher Einzeldisziplinen nicht nur vom, sondern auch für den Staat.

---

81 Zum Begriff wissenschaftlicher Schulen vgl. den Aufsatz von Rudolf *Stichweh*: Zur Soziologie wissenschaftlicher Schulen [in diesem Band S. 19-32].

Auch die Konzipierung der Politikwissenschaft nicht nur als Reichswissenschaft, sondern als Osteuropawissenschaft dokumentiert den starken zeitgeschichtlichen Kontext, in dem die Göttinger schreiben und lehren, reflektiert gleichermaßen die Unregierbarkeit des Reiches, den aufkommenden Dualismus in Deutschland zwischen Österreich und Preußen, wie die besondere Problematik der osteuropäischen Vielvölkerstaaten auf dem Weg zum Nationalstaat. Zu einem schulenbildenden Element der Göttinger Politikwissenschaft wird dementsprechend eine neue historisch vergleichende Methode, die ein komplexes zeitgeschichtliches Forschungsprogramm umschreibt.

Zusammenfassend läßt sich sagen: Sowohl die ähnlichen wissenschaftlichen Zielsetzungen und Forschungsprogramme sämtlicher Göttinger Politikwissenschaftler, als auch die Ausbildung und Anwendung neuer standardisierter Forschungsmethoden und die ausgeprägten akademischen Schüler/Lehrer-Beziehungen, die sich u.a. in der Besetzung vakanter Lehrstühle durch eigene Schüler ausdrückt, lassen in Göttingen bereits im 18. Jahrhundert Ansätze einer Schule der Politikwissenschaft erkennen.

Noch lange nach Dahlmanns Amtsenthebung sind berühmte Politiklehrer aus der Göttinger Hochschule hervorgegangen. Wilhelm Roscher, verspäteter Nachfolger auf dem Lehrstuhl Dahlmanns und Begründer der älteren historischen Schule der Nationalökonomie in der Tradition des Schlözer-Nachfolgers Georg Sartorius, beruft sich ganz auf das Erbe der Göttinger Staatswissenschaften und hatte lange bevor er 1848 nach Leipzig ging sein Forschungsprogramm konzipiert. Roscher wirkte dann beinahe ein halbes Jahrhundert von dort als Hochschullehrer und vereinigte in seinem politikwissenschaftlichen Hauptwerk, das erst in den neunziger Jahren des letzten Jahrhunderts als Alterswerk erschien, die statistische und aristotelische Politikwissenschaft zu einer „Naturlehre" der Politik und verhalf den traditionellen Göttinger Ideen der Politikwissenschaft mehr als hundert Jahre nach ihrem Entstehen zu einer späten Renaissance.[82]

Literaturverzeichnis

Achenwall, Gottfried: Abriss der neuesten Staatswissenschaft der heutigen vornehmsten Europäischen Reiche und Staaten, Göttingen 1749 [insgesamt 7 Auflagen zwischen 1749 und 1798, hier zitiert aus der 5. Auflage, Göttingen 1768].

–: Die Staatsklugheit nach ihren ersten Grundsätzen, Göttingen 1761 [insgesamt 4 Ausgaben von 1761-1779].

Achenwall, Gottfried: Staatsverfassung der heutigen vornehmsten Europäischen Reiche und Staaten Göttingen 1768, S. 1-44; als Auszug abgedruckt in: Rassem/Stagl: Statistik, S. 401-424.

---

82 Wilhelm *Roscher*: Politik: Geschichtliche Naturlehre der Monarchie, Aristokratie und Demokratie, Stuttgart 1892. Vgl. dazu auch den Beitrag von Dieter *Koop*: Die Historische Schule der Nationalökonomie. Ihr Wissenschaftsverständnis und die Historisierung der politischen Wissenschaft(en) [in diesem Band S. 131-157].

Arnim, Max: Corpus Academicum Gottingense bearbeitet von Max Arnim, nebst Verzeichnis der Preisträger der Georgia Augusta, mit einem Anhang, Kurzgefaßtes Repertorium des Universitätsarchivs zu Göttingen, bearbeitet von Götz v. Selle, Göttingen 1930.

Biechling, Andres Simson v.: Vorrede, in: Seckendorf: Fürstenstaat, S.IX-XX.

Brückner, Jutta: Staatswissenschaften, Kameralismus und Naturrecht. Ein Beitrag zur Geschichte der Politischen Wissenschaft im Deutschland des späten 17. und frühen 18. Jahrhunderts, München 1977.

Büsching, Anton Friedrich: Neue Erdbeschreibung, Hamburg 1754 [insgesamt 7 Ausgaben von 1754-1792], S. 25-32 des ersten Teils als Auszug abgedruckt in: Rassem/Stagl: Statistik, S. 428-432.

Conring, Hermann: De civili prudentia liber unus, Helmstedt 1662.

Costas, Ilse: Die Sozialstruktur der Studenten der Göttinger Universität im 18. Jahrhundert, in: Herrlitz/Kern: Anfänge, S. 27-149.

Ebel, Wilhelm: Der Göttinger Professor Johann Stephan Pütter aus Iserlohn (= Göttinger rechtswissenschaftliche Studien, Bd. 95), Göttingen 1975.

Heeren, Arnold Herrmann Ludwig: Idee über die Politik, den Verkehr und den Handel der vornehmsten Völker der alten Welt, 3 Bde., 1793-1796.

Herrlitz, Hans-Georg/Kern, Horst (Hrsg.): Anfänge Göttinger Sozialwissenschaft. Methoden Inhalte und soziale Prozesse im 18. und 19. Jahrhundert, Göttingen 1987.

–/Titze, Hartmut: Die Studiersucht der armen Leute. Göttinger Denkschriften zur Überfüllung der Universität im 18. und 19. Jahrhundert, in: Herrlitz/Kern: Anfänge, S. 96-126.

Hubatsch, Walter: Stein-Studien. Die preußischen Reformen des Reichsfreiherrn Karl vom Stein zwischen Revolution und Restauration, Köln, Berlin 1975.

Karolyi, L. v.: Vorwort und Anmerkungen, in: Johann Friedrich Blumenbach: Über den Bildungstrieb und das Zeugungsgeschäfte (1871), Stuttgart 1971 [Neudruck].

Koop, Dieter: Die Historische Schule der Nationalökonomie. Ihr Wissenschaftsverständnis und die Historisierung der politischen Wissenschaft(en) [in diesem Band S. 131-157].

Lindenfeld, David F.: The Practical Imagination. The German Sciences of State in the Nineteenth Century, Chicago, London 1997.

Lutz, Gerhard, Geographie und Statistik im 18. Jahrhundert. Zu Neugliederung und Inhalten von „Fächern" im Bereich der historischen Wissenschaften, in: Rassem/Stagl: Statistik, S. 249-268.

Meister, Richard: Entwicklung und Reform des österreichischen Studienwesens, Teil 1: Abhandlungen, Wien 1963.

Monzambano, Severini de: De Statu Imperii Germanici ad Laelium Fratrem, dominum trezolani, liber unus, Genevae (= Haag) apud Petrum Columesium 1667.

Möser, Justus: Patriotische Phantasien (Gesammelte Aufsätze), 4 Teile, Berlin 1774-1786, herausgegeben von Jenny von Voigts [mehrere spätere Ausgaben und Teildrucke].

Moser, Johann Jakob: Neueste Geschichte der Teutschen Staats-Rechts-Lehre und dessen Lehrer, Frankfurt 1770.

–: Von der reichsverfassungsmäßigen Freyheit von Teutschen Staatssachen zu schreiben, Göttingen, Gotha 1772.

Pütter, Johann Stephan: Historische Entwicklung der heutigen Staats-Verfassung des Teutschen Reiches, 3 Bde., Göttingen 1786.

–: Nähere Vorbereitungen zur Teutschen Reichs- und Staatspraxis, Göttingen 1750.

–: Vorbereitungen zu einem collegio practico iuris publico, Göttingen 1749.

–/Achenwall, Gottfried: Elementa iuris naturae in usum auditorum adornata, Göttingen 1750 [von der 3. Auflage 1755 an von Achenwall als Ius naturae fortgeführt; insgesamt 7 Auflagen von 1750-1781].

Pufendorf, Samuel: Die Verfassung des deutschen Reiches, herausgegeben und übersetzt von Horst Denzer, Frankfurt/Main, Leipzig 1994.
Rassem, Mohammed: Einleitung in die vergleichende Morphologie der Hochschulen, in: Christian Helfer/ders. (Hrsg.): Student und Hochschule im 19. Jahrhundert, Göttingen 1975.
–: Status und Vereine der Studenten. in: ders.: Zivilisierte Adamskinder, Wien 1997, S. 201-211 u. 360-361.
–: Wohlfahrt, Wohltat, Wohltätigkeit, Caritas, in: Otto Brunner/Werner Conze/Reinhart Koselleck: Geschichtliche Grundbegriffe. Historisches Lexikon zur politisch-sozialen Sprache in Deutschland, Bd 7: Verw-Z, Stuttgart 1992, S. 595-636.
–/Stagl, Justin (Hrsg.): Statistik und Staatsbeschreibung in der Neuzeit: vornehmlich im 16.-18. Jahrhundert (= Quellen und Abhandlungen zur Geschichte der Staatsbeschreibung und Statistik, Bd.1), Paderborn, München, Wien, Zürich 1980.
–/Stagl, Justin (Hrsg.): Geschichte der Staatsbeschreibung. Ausgewählte Quellentexte 1456-1813, Berlin 1994.
Rössler, Hellmuth: Graf Johann Philipp Stadion. Napoleons deutscher Gegenspieler, Bd.1, Wien, München 1966.
Roscher, Wilhelm: Leben, Werk und Zeitalter des Thukydides, Bd.1 der Beiträge zur Geschichte der historischen Kunst, Göttingen 1842.
–: Politik: Geschichtliche Naturlehre der Monarchie, Aristokratie und Demokratie, Stuttgart 1892.
Saage, Richard: August Ludwig Schlözer als politischer Theoretiker, in: Herrlitz/Kern: Anfänge, S. 13-54.
Schlözer, August Ludwig v.: Allgemeine Nordische Geschichte, in: Allgemeine Welthistorie, Teil XXXI, Halle 1771.
–: „Briefwechsel meist historischen und politischen Inhalts", 60 Hefte (10 Theile), nebst Anhang von G.C.H. List und Register von E. Eckard, Göttingen 1776-1782. Fortsetzung: „Staatsanzeigen", 72 Hefte; 3 Registerhefte von E, Eckard, Göttingen 1782-1795. Fortsetzung: „Staatsarchiv als eine Folge der Schlözer'schen Staatsanzeigen angelegt und geordnet von C.F. Häberlin", 1.-18. Heft, Braunschweig 1796-1800; 19-60. Heft, Tübingen 1801-1806; 61. und 62. Heft, Helmstedt 1807 und 1808.
Schlözer, Christian v.: August Ludwig v. Schlözers öffentliches und Privatleben, 1. Bd., Leipzig 1828.
Seckendorf, Veit Ludwig v.: Deutscher Fürstenstaat. Samt des Autors Zugabe sonderbarer und wichtiger Materien. Verbessert mit Anmerkungen, Summarien und Register versehen von Andres Simson von Biechling. Mit reproduziertem Kupfertitel und 2 Karten (Jena 1737), Aalen 1972 [Neudruck]. Insgesamt acht Ausgaben zwischen 1654-1754. Erste Ausgabe Hanau 1654, letzte Ausgabe Jena 1754, mit dienlichen Anmerkungen versehen von Andres Simson v. Biechling.
Seifert, Arno: Staatenkunde – eine neue Disziplin und ihr wissenschaftstheoretischer Ort, in: Rassem/Stagl: Statistik, S. 217-248.
Selle, Götz v.: Die Georg August Universität zu Göttingen 1737-1937, Göttingen 1937.
–: Universität Göttingen. Wesen und Geschichte, Göttingen 1953.
Srbik, Heinrich Ritter v.: Geist und Geschichte vom Deutschen Humanismus bis zur Gegenwart, Bd. 1, München, Salzburg 1950.
Stagl, Justin: History of Curiosity, Chur 1995.
Stichweh, Rudolf: Zur Soziologie wissenschaftlicher Schulen [in diesem Band S. 19-32].
Stolleis, Michael: Geschichte des Öffentlichen Rechts in Deutschland, Bd.1: Reichspublizistik und Policeywissenschaft 1600-1800, München 1988.
Zedler, Johann Heinrich (Hrsg.): Grosses vollständiges Universallexikon, Bd. 29, Halle, Leipzig 1741. Bd. 39, Halle, Leipzig 1744.

250 Jahre Georg-August-Universität Göttingen: Ausstellung im Auditorium 19. Mai-12. Juli 1987, Göttingen 1987.

250 Jahre Georg-August-Universität Göttingen: Studentenzahlen 1734/37-1987, Göttingen 1987.

Die Tübinger Schule der gesamten Staatswissenschaft

Wilhelm Bleek

Das Anliegen der folgenden Darstellung der Tübinger Schule der gesamten Staatswissenschaft in der ersten Hälfte des 19. Jahrhunderts ist es, an einem exemplarischen Beispiel drei grundlegende Fragen an das Phänomen akademischer Schulen zu beantworten. *Erstens*: Durch welche Merkmale wird eine Schule charakterisiert? *Zweitens*: Welche Gründe führen zum Erfolg von Schulen? Und *drittens*: Welche Ursachen bewirken den Niedergang von Schulen?

1. Historische Fakten: Geschichte einer Fakultät als einer Schule

Die Geschichte der Tübinger Schule der gesamten Staatswissenschaft ist identisch mit der Entfaltung der Staatswirtschaftlichen Fakultät der Universität Tübingen, zumindest mit einem wesentlichen Abschnitt der Entwicklung dieses Fachbereiches an der traditionsreichen württembergischen Landesuniversität.[1] Schon an dieser Stelle ist eine Begriffsklärung notwendig: „Staatswirtschaft" ist weitgehend synonym mit „Staatswissenschaft".[2] „Staatswirtschaft" als der altertümlichere Begriff stellt die Ausbildungsfunktion in den Mittelpunkt, den akademischen Unterricht von „Staatswirten". Das sind im Sprachgebrauch des 18. Jahrhunderts jene Personen, die in einem aristotelischen Verständnis das staatliche Haus (*oikos*) bewirtschaften,

---

1 Vgl. die materialreiche Darstellung von Karl Erich *Born*: Geschichte der Wirtschaftswissenschaften an der Universität Tübingen 1817-1967. Staatswirtschaftliche Fakultät, Staatswissenschaftliche Fakultät, Wirtschaftswissenschaftliche Abteilung der Rechts- und Wirtschaftswissenschaftlichen Fakultät, Tübingen 1967, bes. S. 1-69.

2 Vgl. die zahlreichen Arbeiten von Johannes Burkhardt zur verwickelten Begriffsgeschichte von Ökonomie und Wirtschaft. Insbesondere Johannes *Burkhardt*: Der Begriff des Ökonomischen in wissenschaftsgeschichtlicher Perspektive, in: Norbert Waszek (Hrsg.): Die Institutionalisierung der Nationalökonomie an deutschen Universitäten, St. Katharinen 1988, S. 55-76, bes. S. 66f. und ders.: Wirtschaft, in: Otto Brunner/Werner Conze/Reinhart Koselleck (Hrsg.): Geschichtliche Grundbegriffe. Historisches Lexikon zur politisch-sozialen Sprache in Deutschland, Bd. 7, Stuttgart 1992, S. 581ff.

also mit einem moderneren Begriff die Verwaltungsbeamten. „Staatswissenschaft" oder „Staatswissenschaften" hingegen stellt den wissenschaftlichen Anspruch des Faches bzw. der Fächerkonglomeration in den Vordergrund und wurde seit dem späten 17. Jahrhundert parallel zu dem Begriff der politischen, manchmal auch altertümlicher, der polizeilichen Wissenschaften gebraucht. Robert Mohl als der Vater der Tübinger Schule bevorzugte eindeutig den Begriff einer „staatswissenschaftlichen Fakultät"[3], doch Freiherr von Wangenheim als der staatsmännische Gründer der Tübinger Fakultät wählte, auch aus Rücksicht auf die Bedenken der Juristischen Fakultät und mehr praxisbezogenen Erwägungen, die Bezeichnung einer „Staatswirtschaftlichen Fakultät".

Auf Vorschlag des Kultusministers von Wangenheim, der treibenden Kraft hinter der Verfassungs- und Verwaltungsreform nach der Erweiterung des altwürttembergischen Herzogtums zum Königreich Württemberg, wurde durch Königliches Dekret vom 17. Oktober 1817 die Errichtung einer Staatswirtschaftlichen Fakultät an der Universität Tübingen angeordnet und durch Erlaß des Ministeriums des Kirchen- und Schulwesens an den akademischen Senat vom 26. Oktober 1817 verkündet.[4] Doch die Universität, das heißt die etablierten vier Fakultäten als die älteren Geschwister, zu denen gleichzeitig nach der territorialen Erweiterung Württembergs die von Ellwangen nach Tübingen verlegte Katholisch-theologische Fakultät hinzukam, waren über diese Geburt eines Nachkömmlings in Gestalt einer sechsten Fakultät keineswegs beglückt.[5] Zwar mußte sich die Universität der obrigkeitlichen Anweisung zur Errichtung fügen, doch die neue Fakultät kümmerte zunächst vor sich hin. Nicht nur verlor sie mit Friedrich List schon nach gut einem Jahr ihren zentralen Gründungsprofessor, auch wurde ihr Besuch nicht für die Ausbildung der höheren Verwaltungsbeamten[6] obligatorisch, obwohl hierin das offizielle Gründungsmotiv bei ihrer Errichtung gelegen hatte. Infolgedessen trat bald nicht nur ein erheblicher Hörerschwund von anfangs knapp hundert auf unter fünfzig der insgesamt um die siebenhundert Tübinger Studenten ein und konnten von den fünf ersten Lehrstuhlinhabern nur zwei Professoren, der

---

3 So distanzierte sich Robert *Mohl* in seinem Programmaufsatz Ueber die Errichtung eigener staatswissenschaftlicher Fakultäten, in: Deutsche Vierteljahrs-Schrift (1840), H.4, S. 237-257 (überarbeitet in: *ders.*: Staatsrecht, Völkerrecht und Politik, Dritter Band: Politik, Tübingen 1869 [ND Graz 1962], S. 220-241) nicht nur im Titel, sondern auch in einer Fußnote (S. 226) ausdrücklich von der Bezeichnung „Staatswirtschaftliche Fakultät", die er als mißverständlich ansah, weil sie bloß ökonomischen und nicht die rechtlichen, geschichtlichen und die eigentlich politischen Disziplinen der Staatswissenschaften assoziiere.

4 A. L. *Reyscher*: Vollständige, historisch und kritisch bearbeitete Sammlung der württembergischen Gesetze, Bd. IX/3, Stuttgart, Tübingen 1828-51, S. 587-591 und *Born*: Geschichte, S. 116-120.

5 Zur Einordnung in die allgemeine Geschichte der Universität Tübingen vgl. Walter *Jens*: Eine deutsche Universität. 500 Jahre Tübinger Gelehrtenrepublik, München [4]1977, insb. S. 236ff.

6 Vgl. Wilhelm *Bleek*: Von der Kameralausbildung zum Juristenprivileg. Studium, Prüfung und Ausbildung der höheren Beamten des allgemeinen Verwaltungsdienstes in Deutschland im 18. und 19. Jahrhundert, Berlin 1972.

Kameralist bzw. Staatswirt Friedrich Karl (von) Fulda und der Landwirt Georg Ferdinand Forstner von Dambenoy, auf längere Zeit gehalten werden. So war die neue Fakultät schon am Dahinscheiden, als 1828 ihre organisatorische und wissenschaftliche Führung von jenem Mann übernommen wurde, der aus der Tübinger Staatswirtschaftlichen Fakultät eine Tübinger Schule der gesamten Staatswissenschaft zu machen versprach.

Im Jahr 1828 wurde Robert Mohl auf den ursprünglich von Friedrich List gehaltenen Ecklehrstuhl für Staatsverwaltungspraxis unter der neuen Bezeichnung einer „Professur für Staatsrecht, Politik, Polizeiwissenschaft, Encyklopädie der Staatswissenschaften" berufen. Als promovierter Staatsrechtler vor diese neue Aufgabe gestellt, machte der Neunundzwanzigjährige die gesamte Staatswissenschaft im allgemeinen und deren Tübinger Lehr- und Forschungsstätte im besonderen zu seinem Beruf. Dank Mohls Energie und Organisationstalent, seiner Lehrbefähigung und seinem wissenschaftlichenn Rang, aber nicht zuletzt auch seiner persönlichen Beziehungen entfaltete die Tübinger Fakultät eine schulbildende Wirkung. Nachdem 1844 durch die Begründung der *Zeitschrift für die gesammte Staatswissenschaft* der Anspruch auf das Renommee einer akademischen Schule auch in der wissenschaftlichen Öffentlichkeit Gesamtdeutschlands erhoben worden war, verlor die Tübinger Staatswirtschaftliche Fakultät ein Jahr später durch die Zwangsversetzung Robert Mohls nach einem politischen Streit mit der Landesregierung nicht nur ihren führenden Kopf, sondern auch den Kristallisationspunkt ihrer akademischen Schulbildung. Zwar wirkte in der Folgezeit, bis in die Anfänge unseres Jahrhunderts, das spezifische Profil der Tübinger Staatswissenschaften in Forschung und Lehre nach. Doch von einer anerkannten und homogenen Schule der gesamten Staatswissenschaft wird man nur für die Zeit der Tübinger Tätigkeit Robert Mohls sprechen können.

2. Fakultätsgründer als Schulväter: Friedrich List und Robert Mohl

Der intellektuelle Initiator der Tübinger Fakultät und damit potentielle Vater der Tübinger Schule war Friedrich List. Er ist im 20. Jahrhundert als nationalökonomischer Publizist und Theoretiker wiederentdeckt worden, nachdem er mit seinem Freitod im Jahr 1846 der Vergessenheit anheimgefallen zu sein schien. Weniger bekannt ist, daß sich List vor seiner Hinwendung zu Fragen der Volkswirtschaftstheorie und -politik bereits einen Namen als politischer Publizist und Professor, insbesondere als parlamentarischer und akademischer Kritiker der altwürttembergischen Verfassung und Verwaltung erworben hatte.[7]

---

7   Ausführlich zum Einfluß Friedrich Lists auf die Gründung der Staatswirtschaftlichen Fakultät in Tübingen Paul *Gehring*: Friedrich List. Jugend- und Reifejahre 1789-1825, Tübingen 1964.

Friedrich List, im französischen Revolutionsjahr 1789 geboren, hatte als junger Mann die Mißstände des der ständischen Zeit verhafteten württembergischen Schreiberwesens, das auch Georg Wilhelm Friedrich Hegel scharf kritisierte, durch seine eigene berufliche Ausbildung und Tätigkeit persönlich kennengelernt. In Denkschriften und Petitionen prangerte er die Herrschaft der verwaltenden Kaste an: „Eine von dem Volke ausgeschiedene, über das ganze Land ausgegossene, in den Ministerien sich konzentrierende Beamtenwelt, unbekannt mit den Bedürfnissen des Volkes und den Verhältnissen des bürgerlichen Lebens, in endlosem Formelwesen kreisend, behauptet das Monopol der öffentlichen Verwaltung, jeder Einwirkung des Bürgers, gleich als wäre sie staatsgefährdend, entgegenkämpfend, ihre Formenlehre und Kastenvorurteile zur höchsten Staatsweisheit erhebend, eng unter sich verbündet durch die Bande der Verwandtschaft, der Interessen, der gleichen Beziehungen und gleicher Vorurteile."[8] Mit dieser Philippika erregte Friedrich List 1821 in solchem Maße den Zorn der Beamtenschaft, daß er nach seinem Ausschluß aus der württembergischen Kammer wegen Beleidigung der gesamten Staatsdienerschaft zu zehn Monaten Festungshaft verurteilt wurde und anschließend in die Vereinigten Staaten von Amerika emigrierte.

Doch in den ersten Jahren nach dem Befreiungskrieg fand List mit seiner Fundamentalkritik und seinen Reformvorschlägen noch das Ohr der württembergischen Regierung, insbesondere des reformgesinnten Kultusministers Karl August Freiherr von Wangenheim. In dessen Auftrag verfaßte er zahlreiche Denkschriften, in deren Mittelpunkt der Neubau von Verfassung und Verwaltung im Geiste der Vernunft durch die Entfaltung der Staatswissenschaften standen. Diese aufklärerischen Ideen wollte List vor allem durch die Reform von Bildung und Auswahl der höheren Verwaltungsbeamten verwirklichen. In diesem Sinne verfaßte er 1817 ein Gutachten für Wangenheim, in welchem er für den Ausbau der Tübinger Juristischen Fakultät zu einer „Politischen Fakultät" plädierte, die die Rechtswissenschaft und die Staatswissenschaft im engeren Sinne als Teile der umfassenderen Staatswissenschaften gleichberechtigt nebeneinander stellen und die akademische Bildung des Staatsdienstnachwuchses gewährleisten würde.[9]

Zwar konnten Lists Vorschläge wegen der Widerstände der Schreiber und der Einwände der Juristen von seinem Gönner Wangenheim nur teilweise durchgesetzt werden, doch wurde List auf den Gründungslehrstuhl für die Staatsverwaltungspraxis an der neu eingerichteten Staatswirtschaftlichen Fakul-

---

8   Reutlinger Petition, in: Friedrich *List*: Schriften, Reden, Briefe, hrsg. von E. von Beckerath u.a., Bd.I/2, Berlin 1932, S. 684.

9   Friedrich *List*: Gutachten über die Errichtung einer staatswirtschaftlichen Fakultät, in: ders.: Schriften, Reden, Briefe, hrsg. von E. von Beckerath u.a., Bd.I/1, Berlin 1932, S. 341-352. Diesen irreführenden Titel – List hatte sich explizit gegen die Errichtung einer weiteren Fakultät neben der juristischen Fakultät gewandt – erhielt das Gutachten erst 1850 bei der Edition durch Ludwig Häusser. Friedrich *List*: Gutachten über die Errichtung einer staatswirtschaftlichen Fakultät, in: Ludwig Häusser (Hrsg.): Friedrich List's gesammelte Schriften, Teil 2, Stuttgart 1850, S. 1-14.

tät berufen. Er hatte aber geringen Lehrerfolg und vernachlässigte über politisch brisanteren Themen wie dem Verfassungsproblem und der kommunalen Frage die ihm aufgetragene wissenschaftliche Erforschung und Lehre der Verwaltungspraxis, schied daher schon 1819 wieder aus. List formulierte zwar das Schulprogramm einer gesamten Staatswissenschaft, er wurde aber nicht zum Schulbegründer, weil er ein hitzköpfiger Einzelgänger war, der im Umgang weder mit Kollegen und Studenten noch mit möglichen Bundesgenossen in Regierung und Öffentlichkeit Fingerspitzengefühl zeigte und zwar über intellektuellen Scharfsinn verfügte, aber als Autodidakt kein akademischer Gelehrter war. Das alles waren Eigenschaften, die Robert Mohl in reichem Maße besaß, der daher zum eigentlichen Gründungsvater der Tübinger Schule wurde.

Der aus einem alten württembergischen Beamten- und Gelehrtengeschlecht stammende Robert Mohl, 1799 geboren, studierte Rechtswissenschaften in Heidelberg und Tübingen. Nach der juristischen Promotion finanzierte ihm der Vater eine ausgedehnte Bildungsreise insbesondere nach Paris. Anschließend übernahm Mohl im selben Jahr ein Extraordinariat in der Juristischen Fakultät seiner Heimatuniversität. Nur widerstrebend ließ er sich vier Jahre später in die Staatswirtschaftliche Fakultät berufen, doch sein Vater drängte auf die Übernahme eines Ordinariats vor der Familiengründung.[10] Daher übernahm Mohl 1828 den ursprünglich von List vertretenen Lehrstuhl der Staatsverwaltungspraxis unter der neuen Bezeichnung einer „Professur für Staatsrecht, Politik, Polizeiwissenschaft, Encyklopädie der Staatswissenschaften".

In der Folgezeit setzte Mohl sein ganzes Talent sowohl als Wissenschaftler wie auch als Organisator für die Förderung der akademischen Staatswissenschaft ein.[11] Als theoretische Grundlage für diese Bemühungen fungierte seine Konzeption der Verwaltungstätigkeit in einem neuzeitlichen Staat des beginnenden Industriezeitalters, wie er sie erstmals in seiner 1832/33 veröffentlichten bahnbrechenden Abhandlung über die *Polizei-Wissenschaft nach den Grundsätzen des Rechtsstaates* entwickelte.[12] Dabei griff Mohl einerseits auf die ganze Breite der „Policey" der vorhergehenden Jahrhunderte zurück, stellte sie aber unter das neue Prinzip der formalen Rechtsstaatlichkeit und suchte auf diese Weise den bevormundenden und willkürlichen Charakter des älteren Wohlfahrtsstaates zu überwinden. Mohl wandte sich gleichzeitig entschieden gegen die Verkürzung des Rechtsstaatsprinzips auf die marktwirtschaftliche Auffassung eines „Nachtwächterstaates", der le-

---

10 Vgl. die immer noch vorbildhafte Darstellung des Lebens und Analyse des Werkes dieses altliberalen Staatsgelehrten: Erich *Angermann*: Robert Mohl 1799-1875, Neuwied 1962.
11 Die Einzelheiten schilderte er später in Robert von *Mohl*: Lebenserinnerungen, Bd.1, Stuttgart, Leipzig 1902, S. 143 ff. Zu den ideen- und verwaltungsgeschichtlichen Hintergründen des Werkes von Robert Mohl vgl. Ulrich *Scheuner*: Robert von Mohl. Die Begründung einer Verwaltungslehre und einer staatswissenschaftlichen Politik, in: Hansmartin Decker-Hauff u.a. (Hrsg.): Beiträge zur Geschichte der Universität Tübingen 1477-1977, Tübingen 1977, S. 514-538.
12 Vgl. die ideengeschichtliche Würdigung bei Hans *Maier*: Die ältere deutsche Staats- und Verwaltungslehre (Polizeiwissenschaft). Ein Beitrag zur Geschichte der politischen Wissenschaft in Deutschland (= Politica, Bd. 13), Neuwied, Berlin 1966 [München ²1980], S. 219ff.

diglich die Aufrechterhaltung von Sicherheit und Ordnung als öffentliche Aufgabe ansah. Vielmehr erkannte er als einer der ersten in Deutschland die mit der Entstehung des modernen Industrieproletariats verbundene „soziale Frage" und konzipierte durchaus moderne sozialpolitische Vorschläge wie zum Beispiel die Gewinn- und Besitzbeteiligung von Arbeitern. So wurde der altliberale Robert Mohl in der ersten Hälfte des 19. Jahrhunderts zu einem der Väter der modernen Konzeption eines sozialen Rechtsstaates. Auf der Grundlage dieses Programms verhalf Robert Mohl nicht nur der Tübinger Staatswirtschaftlichen Fakultät zu ihrer zweiten Geburt, sondern wurde auch zum Gründer der Tübinger Schule der gesamten Staatswissenschaft.

3. Schulprogramm: Die gesamte Staatswissenschaft

Robert Mohl hat seine Konzeption einer Staatswissenschaftlichen Fakultät, in welcher die Gesamtheit der staatswissenschaftlichen Disziplinen in Lehre und Forschung vertreten werden sollte, während seiner Zeit als „spiritus rector"[13] der Tübinger Fakultät in zahlreichen programmatischen Zeitschriftenbeiträgen entwickelt.[14] Zusammengefaßt hat er dieses Schulprogramm in einem Aufsatz, der 1840 in der *Deutschen Vierteljahrs-Schrift* erstmals erschien.[15] In diesem Beitrag ging Mohl davon aus, daß alle Wissenschaften von allgemeiner theoretischer und praktischer Bedeutung ein Recht auf universitäre Repräsentanz hätten. Dazu gehörten ohne Zweifel auch die gesamten Staatswissenschaften oder politischen Wissenschaften, wie er gelegentlich in Anknüpfung an einen älteren Sprachgebrauch schrieb. Die Forderung nach angemessener Berücksichtigung dieser Disziplinen im Kosmos der Universitätsfächer ergab sich für Mohl nicht nur aus dem Universalitätsanspruch akademischer Lehre und Forschung, sondern auch aus einer grundlegenden allgemeinpolitischen Erwägung sowie aufgrund einer berufspraktischen Notwendigkeit.

Nach den „erdbebengleichen Erschütterungen"[16] im Gefolge der Französischen Revolution galt ihm der öffentliche Unterricht im politischen Wissen als eine unabweisbare staatsbürgerliche Forderung. Daran anknüpfend setzte sich Mohl mit einem damals – und wohl auch heute immer noch – oft geäußerten Vorbehalt konservativer Kreise gegen die akademische Politiklehre auseinander: „Oder hätte man etwa die Furcht, durch Förderung des Studiums der politischen Wissenschaften noch mehr Oppositionsmänner selbst zu

---

13 *Born*: Geschichte, S. 41.
14 Der inzwischen geadelte Mohl hat diese wie seine zahlreichen weiteren Aufsätze in hohem Alter in überarbeiteter Form nochmals veröffentlicht: Robert von *Mohl*: Staatsrecht, Völkerrecht und Politik. Monographien, 3 Bde., Tübingen 1860-1869 [ND Graz 1962].
15 Robert *Mohl*: Errichtung eigener staatswissenschaftlicher Fakultäten und *ders*.: Staatsrecht, Bd.3, S. 220-241.
16 *Mohl*: Errichtung eigener staatswissenschaftlicher Fakultäten, in: ders.: Staatsrecht, Bd.3, S. 221.

bilden?"[17] Mohl hielt dem entgegen, daß gerade die Unwissenheit und Halbwisserei zu unvernünftiger und aufrüherischer Widersetzlichkeit gegen die Staatseinrichtungen führe. In diesem Zusammenhang nannte er auch die unteren Klassen, deren berechtigte Forderungen an das Leben oft durch „eigene Unwissenheit und ruchlose Demagogen auf Abwege geführt" würden.[18] So ist es nicht überraschend, daß Mohl wie die übrigen Mitglieder seiner Tübinger Fakultät sich pronociert für die Gründung von Arbeiterbildungsvereinen einsetzte. Die Forderung nach akademischer Vertretung der Staatswissenschaften war Konsequenz der Bildungskonzeption des gemäßigten Bildungsbürgertums, dessen Führung im deutschen Vormärz weitgehend bei politischen Professoren wie Mohl, aber auch Rotteck, Welcker und Dahlmann lag.

Doch nicht nur die meisten Druckseiten, auch das Herzblut seiner Argumentation investierte Robert Mohl in die Begründung des akademischen Lebensrechtes der Staatswissenschaften mit verfassungs- und verwaltungspolitischen Argumenten, insbesondere im Zusammenhang mit der noch ausführlicher zu behandelnden Frage der Bildung, Prüfung und Auswahl der berufsmäßigen Verwaltungsbeamten.

Anschließend an diese Überlegungen zur Notwendigkeit einer akademischen Repräsentanz der Staatswissenschaften steckte Robert Mohl den inhaltlichen Rahmen dieser Disziplinen ab. Er zählte dazu eine ganze Reihe von Fächern teils älterer, teils jüngerer Herkunft. Als erstes nannte Mohl die politische Ökonomie, welche das Verhältnis des Menschen zur Güterwelt zum Gegenstand hat. Er knüpfte dabei an Adam Smith an, kritisierte aber die Verkürzungen zu einer rein marktwirtschaftlichen Lehre und verwies in Fortführung des älteren Polizei- (Policey-) gedankens auf die soziale Bindung der Wirtschaft. Zur Volkswirtschaftslehre zählte er auch die Finanzwissenschaft. Das zweite große staatswissenschaftliche Gebiet war für Mohl folgerichtig die „Polizeiwissenschaft", der ja bereits seine erste große Untersuchung gegolten hatten. Die Polizeiwissenschaft hatte als eine allgemeine Verwaltungslehre zu ergründen, „wann, wie und wie weit der Staat die Aufgabe hat, die verschiedenen erlaubten Lebenszwecke seiner Bürger überhaupt zu unterstützen"[19], beschränkte sich also nicht auf die interne Organisation und Prozedur der Verwaltungsbehörden, sondern hatte die Vielfalt staatlicher Aktivitäten zu behandeln. Heute würde man dieses Gebiet auf Englisch als „policies" und auf Deutsch als „Politikfelder" bezeichnen.[20] Im Hinblick auf die Schwerpunkte vormärzlicher Staats- und Verwaltungstätigkeit zählte Mohl

---

17 *Mohl*: Errichtung eigener staatswissenschaftlicher Fakultäten, in: ders.: Staatsrecht, Bd.3, S. 240.
18 *Mohl*: Errichtung eigener staatswissenschaftlicher Fakultäten, in: ders.: Staatsrecht, Bd.3, S. 240.
19 *Mohl*: Errichtung eigener staatswissenschaftlicher Fakultäten, in: ders.: Staatsrecht, Bd.3, S. 232.
20 Vgl. den anregenden begriffsgeschichtlichen Aufsatz von Arnold J. *Heidenheimer*: Politics, Policy and Policey as Concepts in English and Continental Languages: An Attempt to Explain Divergences, in: The Review of Politics 48 (1986), H.1, S. 3-33.

auch die Land- und Forstwirtschaft sowie die Technologie einschließlich des Bauwesens zu den Staatswissenschaften im weiteren Sinne, auch wenn er es offen ließ, ob diese Disziplinen nicht auf besonderen Lehranstalten, heute würde man sagen: Fachhochschulen, besser vertreten wären.

Bei diesen administrativen Fächern spielten für Mohl als ausgebildetem Juristen und neben Immanuel Kant einem der prominentesten Väter des Rechtsstaatsgedankens in Deutschland rechtliche Aspekte durchaus eine Rolle. Deshalb gehörte auch das Staats- einschließlich des noch zu entfaltenden Verwaltungsrechts sowie das Völkerrecht zur Gesamtheit der Staatswissenschaften, wobei es in seinen Augen eine mehr pragmatische Entscheidung war, ob diese Disziplinen von Professoren der Juristischen oder der Staatswissenschaftlichen Fakultät gelehrt würden. Bei der Erwähnung der Statistik als einem notwendigen Bestandteil der Staatswissenschaften ging Mohl sowohl auf die ältere Tradition des Faches als einer Staatenkunde, die Zustände aus dem eigenen Land und aus fremden Ländern bekannt macht, als auch auf das sich zu seinen Lebzeiten durchsetzende neuere Verständnis der Statistik als der Sammlung und Analyse von quantitativen Daten ein. Im Zusammenhang mit der Statistik, und das belegt die gemeinsame wissenschaftsgeschichtliche Herkunft der beiden Fächer insbesondere in der Göttinger Tradition der Staatsgeschichte und der Staatenkunde,[21] wird die politische Geschichte genannt, die zur Abrundung einer staatswissenschaftlichen Bildung unentbehrlich sei, deren Kenntnisse aber auch im Rahmen anderer Fakultäten erworben werden könnten.

Als weiteres staatswissenschaftliches Fach führte Mohl in diesem Programmaufsatz auch die „allgemeine Politik" oder das „System der Politik" auf, welche der allgemeinen Orientierung über „das äussere und innere Staatsleben, die Grundprinzipien der Verfassung und Verwaltung umfassend", diene.[22] Mohl trug eine eigenständige Vorlesung über die „Politik" sowohl in Tübingen als auch später in Heidelberg fast jedes zweite Semester vor und nannte sie später auch das „Kernstück der Staatswissenschaften". Schließlich zählte Mohl zum Kanon der erforderlichen staatswissenschaftlichen Lehrfächer auch die *Encyklopädie der gesammten Staatswissenschaften*, durch welche in die Grundzüge dieser vielfältigen Disziplinen, aber auch ihren inneren Zusammenhang eingeführt werden solle. Auch diese Vorlesung hat er seit Beginn seiner Lehrtätigkeit im Jahr 1828 in der Tübinger Staatswirtschaftlichen Fakultät regelmäßig gehalten und in Heidelberg fortgesetzt; ihre schließliche Veröffentlichung im Jahr 1859 und in zahlreichen späteren Auflagen vermittelt einen ausgezeichneten Eindruck über die Konzeption der „gesamten Staatswissenschaft", die Mohl schon Jahrzehnte vorher entwickelt hatte und an der er bei allen Überarbeitungen und Ergänzungen im Detail in ihrer Grundstruktur bis zu seinem Lebensende festgehalten hat.[23]

---

21 Vgl. den Beitrag von Mohammed H. *Rassem*/Guido *Wölky*: Zur Göttinger Schule der Staatswissenschaften bis zu den Freiheitskriegen [in diesem Band S. 79-104].

22 *Mohl*: Errichtung eigener staatswissenschaftlicher Fakultäten, in: ders.: Staatsrecht, Bd.3, S. 233.

23 Robert von *Mohl*: Encyklopädie der Staatswissenschaften, Tübingen 1859 [²1872].

Abschließend ging Mohl in dem Programmaufsatz von 1840 auf die praktischen Konsequenzen dieses Konzeptes der gesamten Staatswissenschaften und mögliche Einwände gegen dessen Verwirklichung ein. Für ihn stand außer Frage, daß sich alle diese Fächer wie die übrigen Wissenschaften „systematisch und akroamatisch" (das heißt im Vorlesungsstil) lehren und lernen lassen.[24] Um ihre akademische Reputation zu heben, aber auch um unnötigen Konflikten mit anderen Fächern aus dem Weg zu gehen, hielt Mohl die Zusammenfassung der Staatswissenschaften in einer eigenen Fakultät für sinnvoll. Als zweite Präferenz nannte er den Ausbau der Juristischen zu Rechts- und Staatswissenschaftlichen Fakultäten, während in der großen Fächervielfalt der Philosophischen Fakultäten die Staatswissenschaften eher an den Rand gedrückt werden und untergehen könnten. Mohl hielt für die Staatswissenschaftlichen Fakultäten mindestens sechs Lehrstühle für erforderlich, durch welche die genannten Disziplinen vertreten werden sollten. Dabei wundert es nicht, daß seine Bezeichnung dieser Professuren sich nicht nur weitgehend an die Gründungslehrstühle der Tübinger Fakultät, sondern auch an deren Fortgestaltung unter dem Dekan Mohl anschloß.

Doch diente dieses Programm nicht nur der Rechtfertigung der von Mohl geformten Tübinger Verhältnisse, sondern wurde von ihm auch als vorbildhaft für alle anderen deutschen Universitäten angepriesen. Würzburg und München hätten zwar auch eigene staatswissenschaftkliche Fakultäten, doch „nur die Tübinger [ist] vollständig ausgestattet"[25]. Hier klingt der berechtigte Stolz eines Fakultäts- und Schulgründers an, der die Konzeption der „gesamten Staatswissenschaften" nicht nur als wissenschaftliches Programm entwickelte, sondern auch durch seine vielfältigen Aktivitäten in die akademische Wirklichkeit umgesetzt hat.

4. Schulfunktion: Ausbildung und Bildung von Verwaltungsbeamten

Bei der Ausgestaltung des Studiengangs in der Tübinger Staatswirtschaftlichen Fakultät, aber auch der Begründung der von ihm angestrebten Schule der gesamten Staatswissenschaften stand für Robert Mohl die Orientierung an den Bedürfnissen der Bildung und Ausbildung von höheren Verwaltungsbeamten an erster Stelle. Das entsprach sowohl seiner wissenschaftlichen wie politischen Überzeugung von der Notwendigkeit eines gesellschaftsgestaltenden Staates und einer aktiven Verwaltung als auch seiner auf Praxis und Pragmatismus angelegten Persönlichkeitsstruktur.

---

24 *Mohl*: Errichtung eigener staatswissenschaftlicher Fakultäten, in: ders.: Staatsrecht, Bd.3, S. 224
25 *Mohl*: Errichtung eigener staatswissenschaftlicher Fakultäten, in: ders.: Staatsrecht, Bd.3, S. 223.

Dabei konnte Mohl an das Gründungsmotiv der Staatswirtschaftlichen Fakultät von 1817 anknüpfen, das aber bis zu seinem Amtsantritt ein gutes Jahrzehnt später nur höchst unzureichend verwirklicht worden war. Im Gründungserlaß vom 26. Oktober 1817 war der Zusammenhang zwischen der Errichtung der Fakultät und einer grundlegenden Reform der Vorbildung der Beamten eindeutig herausgestellt worden: „Seine Königliche Majestät haben, von der Nothwendigkeit überzeugt, den künftigen Staatsdienern jeder Klasse Gelegenheit zu wissenschaftlicher Bildung zu verschaffen, [...] auf der Universität zu Tübingen eine besondere Fakultät unter dem Namen einer Staatswirtschaftlichen errichtet"[26]. Doch dann war angesichts des Widerstandes nicht nur der Schreiberkaste, sondern auch der Juristischen Fakultät der Besuch der neuen Fakultät für die künftigen Verwaltungsbeamten oder Regiminalisten, wie sie in Württemberg damals hießen, nicht für obligatorisch erklärt worden, daher sanken ihre Studentenzahlen bald drastisch ab. Mohl setzte nach der Übernahme der Professur in der Fakultät alles daran, diesem Mißstand im Wege wissenschaftlicher Diskussion[27], aber auch durch politische Einflußnahme abzuhelfen. In zahlreichen Aufsätzen führte er aus, daß der konstitutionellen Verfassungsordnung die Teilung der Gewalten in Legislative, Exekutive und Judikative zugrundeläge und daher auch die Staatsbeamten im höheren Justiz- und Verwaltungsdienst eine ihren verschiedenartigen Aufgaben entsprechende unterschiedliche wissenschaftliche Vorbildung erfahren müßten.[28] Der ausgebildete Jurist Mohl bestritt zwar nicht die Bedeutung rechtswissenschaftlicher Studien für die Bildung der Verwaltungs- und Finanzbeamten, war aber ein entschiedener Kritiker der an dem justiziellen Beruf von Richtern, Staatsanwälten und Rechtsanwälten ausgerichteten juristischen Einheitsausbildung, wie sie sich von Preußen ausgehend im Verlauf des 19. Jahrhunderts in allen deutschen Staaten durchsetzte.[29] Nach Mohls Auffassung genügte für die Mehrzahl der höheren Verwaltungsstellen weder das Rechtsstudium noch die Routinepraxis. Diesen stellte er seine Konzeption eines auch das öffentliche Recht umfassenden staatswissenschaftlichen Studiums der künftigen Verwaltungsbeamten gegenüber.

Auf Mohls hartnäckiges Drängen hin erließ die württembergische Regierung am 10. Februar 1837 eine neue Prüfungsordnung für den Bereich der inneren Verwaltung, durch welche das Studium an der Staatswirtschaftlichen Fakultät einen quasi-obligatorischen Charakter für die Erlangung der Befähigung zum höheren Verwaltungsdienst erhielt und ein geschlossenes System

---

26 *Born*: Geschichte, S. 116.
27 Vgl. insbesondere Robert *Mohl*: Ueber die wissenschaftliche Bildung der Beamten in den Ministerien des Innern. Mit besonderer Anwendung auf Württemberg, in: Zeitschrift für die gesamte Staatswissenschaft 2 (1845), S. 129-184 und in: Robert von Mohl: Staatsrecht, Völkerrecht und Politik, Bd. 3, S. 405-448.
28 Auch auf die Erwartungen an Mitglieder der Legislative ging Mohl öfter ein, zumal nach seinen Erfahrungen in der Paulskirchenversammlung. Vgl. Robert von *Mohl*: Advokaten und Professoren in Ständeversammlungen, in: ders.: Staatsrecht, Bd.2, S. 23-26.
29 Dazu ausführlich *Bleek*: Kameralausbildung, zu Mohl bes. S. 240-253.

von Staats-Dienst-Prüfungen mit gleichgewichtigen rechts- und staatswissenschaftlichen Prüfungsgegenständen etabliert wurde. In der Folgezeit verdoppelten sich daher die Studentenzahlen an der Staatswirtschaftlichen Fakultät wieder auf über hundert, bevor sie nach einer abermaligen Verwässerung der Prüfungsordnung im Jahr 1844, Mohls Zwangsversetzung im Jahr 1845 und dem Scheitern der bürgerlichen Revolution von 1848/49 wieder absackten. Das Beispiel illustriert, daß das Florieren einer akademischen Schule sich nicht zuletzt in der Frequenz der Studenten als der größten Gruppe akademischer Schüler ablesen läßt.

5. Schüler: Doktoranden und Fakultätsmitglieder

Doch die eigentlichen Schüler einer wissenschaftlichen Schule sind jene Studenten, die durch die Promotion in den Kreis der Doktoren, das heißt der Gelehrten, aufgenommen werden. Nach der Gründung wurde der neuen Tübinger Fakultät 1817 vom akademischen Senat der Universität zunächst das Promotionsrecht verweigert, nicht zuletzt mit dem Hinweis, daß nirgends in Deutschland Doktoren der Staatswirtschaft kreiert würden und von den drei Gründungsprofessoren der Fakultät zwei, darunter auch Friedrich List, selbst keinen akademischen Grad besäßen. Damit war die neue Fakultät in den Rang einer bloßen Ausbildungsanstalt verwiesen und besaß nicht das Recht, eigenen Nachwuchs heranzubilden.

Bei seinen Bemühungen um die Anhebung des akademischen Ansehen der Staatswirtschaftlichen Fakultät erreichte Robert Mohl seinen ersten Erfolg bereits knapp zwei Jahre nach seiner Berufung, als der Fakultät am 29. April 1830 das Promotionsrecht verliehen wurde.[30] Von nun an konnte die Staatswirtschaftliche Fakultät den Grad eines Doktors der Staatswirtschaft (Dr. oec. publ.) vergeben und stand damit den anderen Fakultäten gleich. Die ersten Promotionen erfolgten bereits im selben Jahr, als sich die Mitglieder der Staatswirtschaftlichen Fakultät gegenseitig ohne Förmlichkeit, das heißt ohne Dissertation oder Disputation, zu Doktoren der Staatswirtschaft erklärten.

Der erste reguläre Doktorgrad wurde im folgenden Jahr an Christoph Schüz, einen Schüler Mohls, verliehen. Er wurde nach zweijähriger Privatdozentur 1837 außerordentlicher Professor und übernahm 1842 den Lehrstuhl für Nationalökonomie, den er bis zu seinem Tode im Jahr 1875 innehatte. Schüz verstand sein Fach als Teil der gesamten Staatswissenschaft, indem er sich wie schon 1844 in seinem programmatischen Beitrag zum ersten Heft der *Zeitschrift für die gesamte Staatswissenschaft* gegen eine isolierte Betrachtung der Ökonomie wandte und die Verflechtung der Wirtschaft eines Volkes mit dem gesellschaftlichen Leben und den politischen Zuständen her-

---

30 Vgl. *Born*: Geschichte, S. 34 u. 120.

ausstellte.[31] Damit stand er auch der Lehrtradition der historischen Schule der Nationalökonomie nahe.

Ende der dreißiger Jahre erreichte Robert Mohl, daß die Zahl der Lehrstühle in der Staatswirtschaftlichen Fakultät von drei auf sechs verdoppelt wurde. Bei der Besetzung dieser Professuren kam vor allem der eigene wissenschaftliche Nachwuchs zum Zuge. Im Jahr 1837 wurde ein Lehrstuhl für politische Geschichte und Statistik neu errichtet. Für dieses neue Fach wurde Johannes Fallati zunächst als Privatdozent, dann seit 1838 als Extraordinarius und schließlich ab 1842 als Ordinarius bestellt. Er entstammte einer nach Hamburg ausgewanderten italienischen Familie, hatte in Tübingen und Heidelberg Jurisprudenz studiert und war einige Jahre im württembergischen Verwaltungsdienst tätig gewesen. Der Hegelianer Fallati hatte in einem bewunderten und umstrittenen Essay über die Entstehung der Völkergesellschaft, der ebenfalls im ersten Jahrgang der *Zeitschrift für die gesamte Staatswissenschaft* erschien, eine Ergänzung der Hegelschen Rechtsphilosophie um das vom schwäbischen Kopf der preußischen Philosophenschule kaum berücksichtigte Völkerrecht unternommen.[32] In seinem eigentlichen Lehrfach stand Fallati an der Schwelle von der älteren Statistik als einer politischen Staatenkunde zur modernen quantitativen Statistik.[33] Doch hielt er auch bereits 1840 in Tübingen ein Kolleg über die „Geschichte des Sozialismus und Kommunismus" ab, zwei Jahre vor Erscheinen von Lorenz Steins *Sozialismus und Kommunismus des heutigen Frankreich* und acht Jahre vor dem *Manifest der Kommunistischen Partei*.

Ein weiterer Schüler Mohls, Karl Heinrich Ludwig Hoffmann, lehrte seit 1837 Finanz-, Polizei- und Regiminalrecht, wurde 1838 außerordentlicher und 1842 ordentlicher Professor auf dem neuen Lehrstuhl für württembergisches Finanz-, Polizei- und Regiminalrecht. Mit seinem ebenfalls im ersten Jahrgang der *Zeitschrift für die gesamte Staatswissenschaft* publizierten Aufsatz über Begriff, Inhalt und Bedeutung des Staatsverwaltungsrechts wurde Hoffmann aufgrund der Anregungen und Initiativen seines akademischen Vaters Mohl selbst einer der Väter der gesonderten akademischen Disziplin des Verwaltungsrechts an den deutschen Universitäten.[34]

---

31 Christoph *Schüz*: Das sittliche Moment in der Volkswirthschaft, in: Zeitschrift für die gesamte Staatswissenschaft 1 (1844), S. 132-159 und *ders*.: Das politische Moment in der Volkswirthschaft, in: Zeitschrift für die gesamte Staatswissenschaft 1 (1844), S. 329-349. Vgl. auch *ders*.: Ueber das Prioncip der Ordnung in der Volkswirthschaft, in: Zeitschrift für die gesamte Staatswissenschaft 2 (1845), S. 234-267.

32 Johannes *Fallati*: Die Genesis der Völkergesellschaft. Ein Beitrag zur Revision der Völkerrechtswissenschaft, in: Zeitschrift für die gesamte Staatswissenschaft 1 (1844), S. 160-189, 260-328 u. 558-608.

33 Vgl. Johannes *Fallati*: Ein Blick auf die deutschen Staatshandbücher aus dem Gesichtspunkte der Statistik, in: Zeitschrift für die gesamte Staatswissenschaft 2 (1845), S. 521-575.

34 Karl Heinrich Ludwig *Hoffmann*: Ueber den Begriff, den Inhalt und die Bedeutung des positiven Staatsverwaltungsrechts in dessen engeren Sinne, in: Zeitschrift für die gesamte Staatswissenschaft 1 (1844), S. 190-219. Vgl. Michael *Stolleis*: Geschichte des öffentlichen Rechts in Deutschland, Bd.2, München 1992, S. 196, 261f. u. 290f.

Damit bestand die Tübinger Staatswirtschaftliche Fakultät Anfang der vierziger Jahre aus dem Staatsrechtler und Staatswissenschaftler Mohl, dem Nationalökonomen Schüz, dem Verwaltungsrechtler Hoffmann, dem Land- und Forstwirt Knaus, dem Technologen Volz sowie dem Historiker und Statistiker Fallati. Indem diese sechs Professoren nicht nur ihr Lehrprogramm aufeinander abstimmten, sondern auch im akademischen Diskurs und vor allem in wissenschaftlichen Publikationen zusammenarbeiteten, formten sie eine Tübinger Schule der gesamten Staatswissenschaft.

Aus dieser Zusammenarbeit heraus entstand auch eine neue Form der Lehrveranstaltung. Im Wintersemester 1841/42 organisierte die Staatswirtschaftliche Fakultät auf Anregung von Christoph Schüz ein „Disputatorium".[35] Dessen Diskussionen über interessante Fragen aus allen staatswissenschaftlichen Fächern fanden alle vier Wochen statt. An ihnen nahmen sämtliche Professoren der Fakultät regelmäßig teil, für die Studenten war die Teilnahme freiwillig. Einige Jahre später schliefen die Disputatorien wieder ein. Der Grund hierfür lag nicht nur in dem geringen Interesse der Studenten, sondern auch in dem Bedeutungsverlust der Tübinger Schule der gesamten Staatswissenschaft nach der Zwangsversetzung Robert Mohls. Doch in den wenigen Jahren ihrer Wirksamkeit hatten diese Disputatorien nicht nur die Funktion von Fakultätsseminaren, sondern waren auch ein charakteristisches Mittel der Schulbildung.

6. Schulöffentlichkeit: Monographien und die ZgS

Doch das wichtigste Instrument und Medium, um eine akademische Schule zu bilden und als solche anerkannt zu werden, waren auch im Fall der Tübinger Schule der gesamten Staatswissenschaft die wissenschaftlichen Publikationen. Robert Mohl als der Gründer und Leiter der Tübinger Schule war auch in dieser Beziehung ein kaum zu übertreffendes Vorbild. Nach juristischen Erstlingswerken publizierte er 1832/33 sein staatswissenschaftliches Hauptwerk über *Die Polizeiwissenschaft nach den Grundsätzen des Rechtsstaates* mit über tausend Seiten. Neben diesen Abhandlungen zur Verwaltungslehre veröffentliche Mohl auch zahlreiche Arbeiten zur Verfassungslehre, im heutigen Verständnis zur Politikwissenschaft, darunter in Deutschland bahnbrechende Aufsätze zum parlamentarischen Regierungssystem.[36] Danach schrieb Mohl zahlreiche Aufsätze auf allen Gebieten der Staatswissenschaft und des Staats- sowie des Völkerrechts, welche er in den sechziger Jahren für drei voluminöse Sammelbänden überarbeitete.[37] Zum Rotteck-Welckerschen

---

35 Vgl. *Born*: Geschichte, S. 48 u. 120f.
36 Diese mehr politikwissenschaftlichen Werke sind wiederveröffentlicht worden von: Klaus von *Beyme* (Hrsg.): Robert Mohl. Politische Schriften, Köln, Opladen 1966.
37 Robert von *Mohl*: Staatsrecht, Völkerrecht und Politik. Monographien, 3 Bde, Tübingen 1860-1869 [ND Graz 1962].

Staats-Lexikon steuerte Mohl Beiträge über gesellschaftliche Themen wie das Gewerbe- und Fabrikwesen bei, die ihn als einem frühen Analytiker der sozialen Frage des industriellen Zeitalters und Anhänger einer staatlichen Sozialpolitik auswiesen. 1851 sprach sich Robert Mohl für eine von der Staatswissenschaft getrennte besondere Gesellschaftswissenschaft aus, lange vor der Entstehung der deutschen Soziologie zu Ende des 19. Jahrhunderts, und erntete damit den entschiedenen Protest Heinrich von Treitschkes in dessen Leipziger Habilitationsschrift von 1859.[38] Auch die zahlreichen Buchrezensionen, die der zeitweise Oberbibliothekar der Tübinger Universität schrieb, füllten bei ihrer Wiederveröffentlichung in der zweiten Hälfte der fünfziger Jahre des 19. Jahrhunderts drei staatliche Bände von an die zweitausend Seiten.[39] So wundert es nicht, daß der Büchernarr Robert von Mohl nach einem langen und erfüllten Leben in Berlin, wo er als Hospitant der nationalliberalen Fraktion im Deutschen Reichstag saß, in der Nacht vom 4. auf den 5. November 1875 mit einem Buch in der Hand entschlief.

Die wissenschaftliche Zusammenarbeit der Tübinger Fakultät unter Führung Robert Mohls gipfelte 1844 in der Herausgabe der *Zeitschrift für die gesamte Staatswissenschaft*.[40] Die Initiative zu diesem Gemeinschaftswerk ging erneut von Robert Mohl aus, der im Februar 1843 in einem „Prospectus" (Programm) Absicht und Inhalt des Unternehmens umriß, der dann unter dem Datum des Dezembers 1843 als Vorwort der neuen Zeitschrift veröffentlicht wurde.[41] Mohl ging davon aus, daß damals in Deutschland kein anderes Periodikum zur „wissenschaftlichen Erörterung der sämtlichen Aufgaben des staatlichen und gesellschaftlichen Lebens" erschien. Anschließend umriß er, wie schon in seinen früheren Programmaufsätzen, das Spektrum der gesamten Staatswissenschaften als die Fächervielfalt von Staatsrecht und Völkerrecht, politischer Ökonomie in ihrem ganzen Umfang, Polizeiwissenschaft, Politik, Statistik und Staatengeschichte. Bei der Behandlung dieser Wissenschaften beabsichtigten die Herausgeber der neuen Zeitschrift weder bloß eine aktuelle Berichterstattung noch rein abstrakte theoretische Erörterungen, sondern die Verknüpfung von Theorie und Praxis: „Wir wünschen dazu beizutragen, daß sich Wissen und Leben gegenseitig durchdringen; wir möchten den praktischen Wert der wissenschaftlichen Fragen und die theo-

---

38 Robert *Mohl*: Gesellschafts-Wissenschaften und Staats-Wissenschaften, in: Zeitschrift für die gesamte Staatswissenschaft 7 (151), S. 3-71 und *ders*.: Die Geschichte und Literatur der Staatswissenschaften, Bd.1, Stuttgart 1859, S. 69-110 sowie *ders*.: Staatsrecht, Bd.3, S. 475-480 und Heinrich von *Treitschke*: Die Gesellschaftswissenschaft. Ein kritischer Versuch, Leipzig 1859 [neu hrsg. von Erich Rothacker, Halle/Saale 1927]. Vgl. zu diesem auch für die wissenschaftsgeschichtliche Entstehung der Soziologie wichtigen Diskurs die subtile Analyse bei *Angermann*: Robert von Mohl, S. 330-387.
39 Robert von *Mohl*: Die Geschichte und Literatur der Staatswissenschaften. In Monographien dargestellt, 3 Bde., Erlangen 1855-1858 [ND Graz 1960].
40 Zunächst altertümlich betitelt „Zeitschrift für die gesammte Staatswissenschaft".
41 Robert *Mohl* u.a.: u.a.: Vorwort, in: Zeitschrift für die gesamte Staatswissenschaft 1 (1843), H.1, S. 3-5. Der ausführlichere Programmentwurf aus der Feder Robert Mohls ist abgedruckt in: *Born*: Geschichte, S. 122-125.

retischen Bedeutung der Erscheinungen des äußeren Lebens zum Bewußtsein bringen".⁴²

Obwohl die Zeitschrift primär der wissenschaftlichen Diskussion dienen sollte, machten die Herausgeber doch keinen Hehl aus ihrer dahinter stehenden politischen Intention. Die bestehenden politischen und gesellschaftlichen Zustände sollten nicht nur dargestellt und analysiert, sondern auch im Hinblick auf die kommenden und wünschenwerten Entwicklungen kommentiert werden. Dieses auf politische Praxis und Veränderung ausgerichtete Wissenschaftsverständnis machte Mohl in einer Passage des Redaktionsprogramms überdeutlich, welche seine Mitherausgeber allerdings aus Rücksicht auf die Zensur herausstrichen: Aufgabe des Wissenschaftlers sei es zu „hindern, daß nicht das Wissen hinter dem Wollen zurückbleibt; er kann vorbereiten auf das Unvermeidliche und vielleicht bewirken, daß verderbliche Mittel nicht gewählt werden".⁴³ Ganz unmißverständlich benannte Mohl dann am Ende seines Programmentwurfs jene gesellschaftlichen Herausforderungen, denen man nicht einfach mit der Ignoranz des reinen Liberalismus begegnen dürfe: „Wir sind der Ansicht, daß wir zwar an dem Abschluß einer Periode von Wissen und Leben, allein auch an dem Anfange einer neuen Gestaltung der Dinge stehen und daß beide Vorwurf für die Wisenschaft sind. Demgemäß werden Pauperismus, Proletariat, Organisation der Arbeit, Association, Völkerrecht *nicht bloß mit den Augen A. Smith's oder B. Constant's betrachtet werden, sondern wir erkennen auch in den Lehren der Socialisten, so roh und falsch sie auch sein mögen, ein wichtiges Zeichen der Zeit und eine der Einwirkungen auf eine von der Gegenwart wohl sehr verschiedene Zukunft.*"⁴⁴

Ganz im Sinne dieses bürgerlichen Reformprogramms wurden die Mitglieder der Tübinger Schule der gesamten Staatswissenschaft auch in der praktischen Politik tätig. Am deutlichsten wird das an Robert Mohl und Johannes Fallati, die beide 1848 nicht nur in die deutsche Nationalversammlung gewählt wurden, sondern in der Paulskirche auch Regierungsämter übernahmen, Mohl als Reichsjustizminister und Fallati als Unterstaatssekretär im Reichshandelsministerium.⁴⁵

Die Mitglieder der Staatswirtschaftlichen Fakultät verpflichteten sich im März 1843 in den Statuten der Redaktionsgesellschaft der *Zeitschrift für die gesamte Staatswissenschaft*⁴⁶, ihr nicht nur wissenschaftlich umfassendes, sondern auch politisch ambitiöses Programm einer Analyse des gesamten Staats- und Gesellschaftsleben im Geiste der gemäßigten Reform umzusetzen. Alle Fakultätsmitglieder übernahmen nicht nur die Redaktion für einen

---

42 *Mohl* u.a.: Vorwort, S. 4.
43 *Born*: Geschichte, S. 124.
44 *Born*: Geschichte, S. 125. Der kursiv gesetzte Text wurde beim Abdruck im Vorwort der Zeitschrift für die gesamte Staatswissenschaft nicht veröffentlicht.
45 Vgl. Wilhelm *Bleek*: Die Politik-Professoren in der Paulskirche, in: Jürgen Kocka/Hans-Jürgen Puhle/Klaus Tenfelde (Hrsg.): Von der Arbeiterbewegung zum modernen Sozialstaat. Festschrift für Gerhard A. Ritter, München u.a. 1994, S. 276-299.
46 Abgedruckt in: *Born*: Geschichte, S. 125-127.

bestimmten Bereich der Staatswissenschaften, sondern versprachen auch regelmäßige eigene Beiträge.

Durch die Herausgabe der *Zeitschrift für die gesamte Staatswissenschaft* wollte die Tübinger Staatswirtschaftliche Fakultät beweisen, daß sie in der Tat eine Schule der gesamten Staatswissenschaft hervorbringen konnte. In diesem Sinne hatte Robert von Mohl, der auch der erste Hauptredakteur der Zeitschrift wurde, in seinem Programmentwurf jenen selbstbewußten Satz formuliert, der dann aber den Rücksichtnahmen seiner Fakultäts- und Redaktionskollegen zum Opfer fiel: „Die staatswirtschaftliche Fakultät der Tübinger Hochschule ist die einzige vollständig organisierte und zahlreich besetzte unter den noch selteneren Anstalten dieser Art. Es scheint uns nur Pflicht zu zeigen, daß eine solche eigene Abteilung an einer deutschen Hochschule wirklich für die Staatswissenschaften etwas leiste."[47] Auch die Einzahl im Titel der neuen Zeitschrift, während ihre Redakteure und Autoren sonst meist die Mehrzahl benutzten, unterstrich nochmals den hinter dieser Schule und ihrer Zeitschrift stehenden Integrationsanspruch.

Daß dieses Periodikum nicht nur den Schicksalsschlag, den sie schon knapp zwei Jahre nach Erscheinen dem ersten Heft durch die Zwangsentlassung Mohls aus der Tübinger Fakultät erlitt, überlebte, sondern bis in die Gegenwart zu den auch international angesehendsten deutschen Fachzeitschriften gehört, belegt die intellektuelle und praktische Potenz, die hinter der Tübinger Schule der gesamten Staatswissenschaft stand.

7. Nachwirkungen der Tübinger Schule

Allerdings dokumentiert die weitere Entwicklung der „Tübinger Zeitschrift", wie sie in der akademischen Umgangssprache auch genannt wurde, nicht nur die Nachwirkungen dieser Schule, sondern auch den Auflösungsprozeß des Konzepts der gesamten Staatswissenschaft. In der zweiten Hälfte des 19. Jahrhunderts spiegelte sich in den Beiträgen noch die ganze Breite der Staatswissenschaften wider, doch die Themen wurden zu Anfang des 20. Jahrhunderts immer selektiver sowie unverbundener, wobei nationalökonomische Abhandlungen dominierten. Im Dritten Reich war in der *Zeitschrift für die gesamte Staatswissenschaft* eine wissenschaftsgeschichtlich interessante, politisch allerdings problematische Neubelebung der integrativen Tradition der gesamten Staatswissenschaft zu beobachten, von der vor allem die politische Ideengeschichte, aber auch das Öffentliche Recht und die von nationalsozialistischen Wissenschaftspolitikern sogenannten „politischen Wissenschaften" profitierten.[48] Nach einer kriegs- und nachkriegsbedingten Unterbrechung von vier Jah-

---

47 *Born*: Geschichte, S. 123.
48 Vgl. den Programmaufsatz des neuen Redakteurs Ernst Rudolf *Huber*: Die deutsche Staatswissenschaft, in: Zeitschrift für die gesamte Staatswissenschaft 95 (1935), S. 1-65. Vgl. auch

ren trat die *Zeitschrift für die gesamte Staatswissenschaft* im Jahr 1948 wieder an die Öffentlichkeit, und die Herausgeber definierten bei dieser Gelegenheit den Gegenstand der Publikation als „social sciences" oder „Sozialwissenschaften", doch dominierte dabei die soziologische Sichtweise, die Politikwissenschaft spielte auch in den Beiträgen so gut wie keine Rolle.[49] Über die bundesrepublikanischen Jahrzehnte verschob sich die Mischung von volkswirtschaftlichen, soziologischen und öffentlich-rechtlichen Themen erneut zugunsten der wirtschaftswissenschaftlichen Beiträge, und im Jahr 1981 gab sich die *Zeitschrift für die gesamte Staatswissenschaft* daher den Untertitel *Journal of Institutional and Theoretical Economics*. Fünf Jahre später, mit dem 142. Band, wurde der Ober- mit dem Untertitel vertauscht, und die traditionsreiche „ZgS" mutierte damit in die aktuelle „JITE", deren Beiträge weitgehend auf Englisch erscheinen. Die heutigen Herausgeber, moderne deutsche Wirtschaftswissenschaftler mit szientistischem Methodenverständnis und internationalen Beziehungen, fanden es 1986 nicht für nötig, nur ein Wort über diesen wissenschaftsgeschichtlich interessanten Etikettenwechsel zu verlieren.[50]

Auch bei der Besetzung der Lehrstühle brach die Tübinger Schultradition der gesamten Staatswissenschaft nicht gleich nach dem Ausscheiden Robert Mohls ab. Zunächst hatte die Fakultät allerdings bei der Wiederbesetzung des Mohlschen Lehrstuhls erhebliche Schwierigkeiten mit dem akademischen Senat und noch mehr mit der Regierung.[51] Die Tübinger Staatswissenschaftler wollten das Schwergewicht auf die Lehre der Politik legen und schlugen zuerst Friedrich Christoph Dahlmann und dann Lorenz Stein vor. Doch Dahlmann wollte, obwohl seine Lieblingstochter mit dem Tübinger Rechtsprofessor August Ludwig Reyscher verheiratet war, in Bonn bleiben. Lorenz Stein wäre der ideale Nachfolger Mohls gewesen, hatte er doch schon als Kieler Extraordinarius der Staatswissenschaften in den vierziger Jahren die konzeptionellen Grundlagen zu seiner Lehre der Einheit der Rechts- und Staatswissenschaften gelegt und wäre mit seinem Werk vermutlich in der Tübinger Fakultät schulbildender geworden als später an der Universität Wien.[52]

---

den nachfolgenden Beitrag von Ralf *Walkenhaus*: Die Kieler Grenzlanduniversität und das Konzept der „politischen Wissenschaften" im Dritten Reich – gab es eine „Kieler Schule"? [in diesem Band S. 159-182] sowie dessen Bochumer Dissertation. *Ders.*: Konservatives Staatsdenken. Eine wissenssoziologische Studie zu Ernst Rudolf Huber, Berlin 1997.

49 Vgl. Heinz *Sauermann*: Gegenwartsaufgaben der Sozialwissenschaften in Deutschland, in: Zeitschrift für die gesamte Staatswissenschaft 105 (1948-49), S. 3-16.

50 Allerdings hatte einige Jahre vorher der langjährige Herausgeber eine Art Schwanengesang auf das Konzept der gesamten Staatswissenschaft veröffentlicht: Heinz *Sauermann*: Die gesamte Staatswissenschaft im Spiegel ihrer Zeitschrift, in: Zeitschrift für die gesamte Staatswissenschaft 134 (1978/79), S. 1-14. Vgl. auch den Beitrag des englischen Wissenschaftshistorikers Terence W. *Hutchison*: From Zeitschrift für die gesamte Staatswissenschaft (ZgS) to Journal of Institutional and Theoretical Economics (JITE), 1844-1994, in: Journal of Institutional and Theoretical Economics 150 (1994), S. 1-10.

51 Vgl. *Born*: Geschichte, S. 52f.

52 Vgl. Lorenz von *Stein*: Gesellschaft, Staat, Recht, hrsg. von Ernst Forsthoff, Frankfurt/Main 1972 und Heinz *Taschke*: Lorenz von Steins nachgelassene staatsrechtliche und rechtsphilosophische Vorlesungsmanuskripte, Heidelberg 1985.

Doch gegen ihn wurde offiziell vom Ministerium eingewandt, er sei zu sehr Jurist, faktisch allerdings war er der Regierung wegen seines 1842 erschienenen Werkes über den Sozialismus und Kommunismus in Frankreich suspekt. Schließlich erhielt der aus der Schweiz stammende Nationalökonom Johann Alfons Renatus Helferich den Lehrstuhl, der damit zum zweiten volkswirtschaftlichen Lehrstuhl in der Fakultät wurde.

Nach dem frühen Tod Johannes Fallatis im Jahr 1855 übernahm zwei Jahre später dessen Lehrstuhl der Hallenser außerordentliche Professor der Geschichte Max Duncker, der auch ein prominentes Mitglied der Paulskirchenversammlung auf der rechten Mitte gewesen war, die Tübinger Professur jedoch bereits zwei Jahre später wieder aufgab, um einem Ruf nach Berlin als wissenschaftlicher Hilfsarbeiter im preußischen Staatsministerium zu folgen. Damit erlosch der „Lehrstuhl für politische Geschichte und Statistik" in der Tübinger Staatswirtschaftlichen Fakultät, nachdem schon zuvor der technologische Lehrstuhl nicht wiederbesetzt worden war. Doch weiterhin blieb die Fakultät eine Hochburg nicht nur der historischen Schule der Nationalökonomie, sondern auch der öffentlichrechtlichen Forschung und Lehre. So gehörten noch zu Beginn des 20. Jahrhunderts so prominente Staatsrechtler wie Gerhard Anschütz, Heinrich Triepel und Rudolf Smend in Tübingen nicht der Juristischen, sondern der Staatswissenschaftlichen Fakultät an.

Der Wandel der Tübinger Fakultät spiegelte sich auch in ihren Ausbildungsfunktionen wider.[53] In den sechziger Jahren erhöhte sich unter der Ägide des württembergischen Innenministers von Linden nochmals das Gewicht des besonderen Verwaltungsstudiums, und daher stieg unter den Studenten die Zahl der sogenannten Regiminalisten erheblich an. Doch nach der deutschen Reichseinigung ging die Bedeutung des württembergischen Sondermodells der Vorbildung zum höheren Verwaltungsdienst kontinuierlich zurück, bis 1903 auch in Württemberg das preußische Modell der an den Bedürfnissen der Justiz orientierten juristischen Einheitsausbildung übernommen wurde. Die Tübinger Fakultät konnte diesen Funktionsverlust aber durch das neue Aufgabengebiet der Ausbildung von Führungskräften für die Privatwirtschaft wettmachen.

Nicht nur auf dem Gebiet der Schulfunktion, auch im Hinblick auf einen Schulvater sah es in der sechziger Jahren des 19. Jahrhunderts so aus, als ob die Tübinger Schule der gesamten Staatswissenschaft noch einmal wiederbelebt werden könne. Albert Schäffle, der als zweiter Nachfolger Mohls 1860 dessen Tübinger Lehrstuhl übernahm, verfügte über die staatswissenschaftliche Interdisziplinarität und Originalität seines berühmten Vorgängers. Er hatte im Revolutionsjahr ein theologisches Studium am Tübinger Stift abbrechen müssen, weil er sich an der revolutionären Erhebung in Baden beteiligte. Danach fand Schäffle als Redakteur des *Schwäbischen Merkur* im Eigenstudium den Zugang zur wissenschaftlichen Nationalökonomie. 1860 veröffentlichte er ein Buch über *Das gesellschaftliche System der menschlichen*

---

53 Vgl. *Bleek*: Kameralausbildung, S. 222ff.

Wirtschaft, das ihn nicht nur als Kathedersozialisten mit Einfluß auf Gustav Schmoller, Gustav Schönberg und Adolph Wagner bekannt machte, sondern auch einen Ruf auf den Tübinger Lehrstuhl eintrug. Danach gab Schäffle auch für drei Jahrzehnte die *Zeitschrift für die gesamte Staatswissenschaft* mit heraus und gehörte 1861-65 dem württembergischen Landtag sowie 1868 dem vom Norddeutschen Bund und den Süddeutschen Staaten vereinbarten Zollparlament in Berlin an, einem interessanten Experiment demokratischer Legitimierung des gouvernemental-administrativen Integrationsprozesses. Mit seinem späteren Hauptwerk *Bau und Leben des sozialen Körpers. Entwurf einer realen Anatomie, Physiologie, Psychologie der menschlichen Gesellschaft mit besonderer Rücksicht auf die Volkswirtschaft als sozialem Stoffwechsel*[54], in welchem er eine ganzheitliche Konzeption der Gesellschaft entwickelte, wurde Schäffle zu einem der ersten deutschen Soziologen. Doch auch für die Geschichte der Politikwissenschaft ist er wiederzuentdecken, definierte Schäffle doch im Jahr 1897 in einem programmatischen Aufsatz zur *Zeitschrift für die gesamte Staatswissenschaft* den „wissenschaftlichen Begriff der Politik" in Anknüpfung an die ältere aristotelische Begriffstradition als „Staatskunstlehre" und unter Aufnahme der zeitgenössischen Diskussion in der entstehenden Soziologie als „schöpferische Seite der Staatstätigkeit"[55]. Nach 1866 geriet Schäffle aber als württembergischer Landtagsabgeordneter in eine Kontroverse mit der württembergischen Regierung und nahm deshalb 1868 einen Ruf an die Universität Wien an. So verhinderte die politische Entwicklung abermals eine Entfaltung der Tübinger Schule der gesamten Staatswissenschaft.

Robert Mohl selbst hatte nach seiner württembergischen Zwangsversetzung und Entlassung nicht versucht, die Tübinger Schule an seinem neuen Wirkungsort als Heidelberger Schule der gesamten Staatswissenschaft fortzuführen. Zwar nahm er nach seiner Berufung im Jahr 1847 an die Juristische Fakultät der badischen Universität wieder die ganze Breite seiner staatswissenschaftlichen Vorlesungen auf, doch wurde er schon bald darauf in die deutsche Nationalversammlung gewählt. Nach deren Scheitern war Mohls Rückzug aus der praktischen Politik in den akademischen Beruf nicht so entschieden wie zum Beispiel bei Dahlmann; so wirkte Mohl lange Jahre in der badischen Ersten Kammer und in der zweiten Hälfte der sechziger Jahre als badischer Gesandter in München, erhielt danach eine Sinekure als Präsident der badischen Oberrechnungskammer in Karlsruhe und wurde schließlich kurz vor seinem Tode 1874 in den Deutschen Reichstag gewählt. In dieser zweiten Lebenshälfte setzte er seine intensive Publikations- und vor allem Rezensions-tätigkeit auf dem Gebiet der gesamten Staatswissenschaften fort,

---

54 Albert *Schäffle*: Bau und Leben des sozialen Körpers. Entwurf einer realen Anatomie, Physiologie, Psychologie der menschlichen Gesellschaft mit besonderer Rücksicht auf die Volkswirtschaft als sozialem Stoffwechsel, 4 Bde. Tübingen 1875-1878 [²1896]. Vgl. auch Albert *Schäffle*: Abriß der Soziologie, Tübingen 1906.

55 Albert *Schäffle*: Über den wissenschaftlichen Begriff der Politik, in: Zeitschrift für die gesamte Staatswissenschaft 53 (1897), S. 579-600.

bemühte sich aber nicht um deren akademische Etablierung wie in seiner Tübinger Jugendzeit. Doch hat an der Heidelberger Universität die von Mohl verkörperte politisch-staatswissenschaftliche Tradition des Öffentlichen Rechts im wissenschaftlichen Profil seiner Nachfolger Johann Capar Bluntschli und Georg Jellinek bis weit ins 20. Jahrhundert nachgewirkt.[56]

Es war eine Ironie der Geschichte, daß die Tübinger Fakultät im Jahr 1882 eine Umbenennung ihres Namens erreichte, die ihrem Gründungsanspruch mehr entsprach, der aber in der Zwischenzeit längst verblaßt war. In diesem Jahr wurde sie in eine „Staatswissenschaftliche Fakultät" umbenannt, ein Name, welcher der Gesamtheit ihrer Lehrfächer viel adäquater war und den man ihr bei der Gründung 1817 lediglich mit Rücksicht auf die Juristische Fakultät verweigert hatte. 1923 ging die Staatswissenschaftlichen Fakultät in der Rechts- und Wirtschaftswissenschaftlichen Fakultät als deren Wirtschaftswissenschaftliche Abteilung auf und dabei gingen auch die öffentlichrechtlichen Lehrstühle in die Rechtswissenschaftliche Abteilung über.

Doch endgültig zu einem Ende kam die Tübinger Tradition der gesamten Staatswissenschaft, als nach 1945 die Wissenschaft von der Politik, die auch in Tübingen gegen Ende des 19. Jahrhunderts untergegangen war, nicht in der Nachfolgefakultät der Staatswirtschaftlichen oder Staatswissenschaftlichen Fakultät, sondern unter ihrem Gründungsvater Theodor Eschenburg als „Wissenschaftliche Politik" in der Philosophischen Fakultät wiederbegründet wurde.[57] Damit übernahm man nun auch an der württembergischen Landesuniversität das preußisch-norddeutsche Modell der Verortung der Lehre von der Politik in den Philosophischen Fakultäten, das im 19. Jahrhundert auf der allgemeinbildenden Rolle einer akademischen Staatsbürgerkunde und in der Bundesrepublik ab Ende der fünfziger Jahre des 20. Jahrhunderts auf der lehrerausbildenden Funktion für ein Schulfach Politik basierte.

8. *Zusammenfassung und Ausblick*

Was lehrt uns die Geschichte der Tübinger Schule[58] der gesamten Staatswissenschaft über die Ursachen des Erfolgs, aber auch des Niedergangs von aka-

---

56 Vgl. Hans *Maier*: Akademische Politik und Staatswissenschaft in Heidelberg – von den Anfängen bis zu Max Weber, in: Ruprecht-Karls-Universität Heidelberg (Hrsg.): Die Geschichte der Universität Heidelberg. Vorträge im Wintersemester 1985/86, Heidelberg 1986, S. 129-156.

57 Allerdings erinnerte sich die Tübinger Rechts- und Wirtschaftswissenschaftliche Fakultät ihrer staatswissenschaftlichen Tradition, indem sie Theodor Eschenburg zu dessen freudiger Überraschung als Mitglied kooptierte. Vgl. Theodor *Eschenburg*: Anfänge der Politikwissenschaft und des Schulfaches Politik in Deutschland nach 1945. Vortrag und Ansprachen anläßlich der Verleihung der Ehrendoktorwürde durch die Philosophische Fakultät I (= Augsburger Universitätsreden, Bd.7), Augsburg 1986, S. 29.

58 Als „Tübinger Schule" ist bisher lediglich die evangelisch-theologische Anhängerschaft einer historisch-kritischen Untersuchung des Neuen Testaments und der Urkirche um Fer-

demischen Schulen? An erster Stelle der Voraussetzungen für eine erfolgreiche Schulbildung ist das Wirken eines Schulvaters zu nennen, wie ihn Robert Mohl beispielhaft verkörperte. Dieser konnte dabei nicht nur sein wissenschaftliches Renommee, sondern ebenso sein Organisationstalent und seine öffentliche Ausstrahlungskraft einbringen. Hinzu muß ein vom Schuloberhaupt formuliertes Schulprogramm kommen, das nicht nur eine originelle wissenschaftlichen Lehrauffassung, sondern auch eine wissenschaftspolitische Mission beinhaltet. Im Fall der Tübinger Schule war das der programmatische Anspruch auf Anerkennung der Wissenschaftlichkeit der politischen Disziplinen und auf die aus dem Staat als gemeinsamen Gegenstand dieser Fächer abgeleitete Konzeption ihres ganzheitlichen Zusammenhangs. Allerdings ergibt sich die Identität einer Schule nicht nur aus ihrer eigenen programmatischen Position, sondern auch aus der Negation der Auffassungen wahrgenommener Gegner. Für die Tübinger Schule der gesamten Staatswissenschaft wurde dieses Feindbild gleichermaßen durch die ungebildeten Schreiber als auch die auf das Monopol der Besetzung der Beamtenstellen drängenden Rechtswissenschaften verkörpert.

Der Erfolg eines Schulprogramms setzt voraus, daß es nicht lediglich die akademische Sphäre anspricht, sondern damit auch eine außeruniversitäre Schulfunktion im gesellschaftlichen und politischen Bereich besetzt werden kann. Im Fall der Tübinger Schule der gesamten Staatswissenschaft war das die akademische Bildung der höheren Verwaltungsbeamten. Und natürlich existiert keine Schule ohne Schüler, die als Adepten des Schulvaters dessen Programm in seinen einzelnen Teilen umzusetzen, nach außen zu tragen und vor allem in den Folgezeiten zu verwirklichen suchen. Daher impliziert der Aufstieg einer akademischen Schule stets auch eine erfolgreiche Berufungspolitik, wie sie die Tübinger Schule in der eigenen Fakultät vorexerzierte, damit allerdings kaum an anderen Universitäten reüssierte – auch ein Grund für das Scheitern ihrer Ambitionen. Elementar für den Prozeß der akademischen Schulbildung ist schließlich die Darstellung der eigenen Schulposition in der wissenschaftlichen Öffentlichkeit, um auf diese Weise Achtung und Anhängerschaft zu gewinnen. Für die Tübinger Schule war in diesem Zusammenhang die Publikation der *Zeitschrift für die gesamte Staatswissenschaft* von elementarer Bedeutung.

Doch damit stellt sich die Frage, warum der Tübinger Schule, obwohl sie über diese Erfolgsvoraussetzungen zu einer dauerhaften Schulbildung weitgehend verfügte, dennoch nur ein relativ kurzes Leben beschieden war. Als erstes ist die Behinderung durch politische Umstände zu nennen. Das fing

---

dinand Christian Baur (1792-1860) bezeichnet worden, die etwa zur gleichen Zeit wie die staatswissenschaftliche Schule ihren Höhepunkt hatte. Vgl. Franz *Schnabel*: Deutsche Geschichte im 19. Jahrhundert, Bd.4, Freiburg/Breisgau 1937, S. 511ff.; Horton *Harris*: The Tübingen School, Oxford 1975; Ulrich *Köpf*: Die theologischen Tübinger Schulen, in: ders. (Hrsg.), Historisch-kritische Geschichtsbetrachtung. Ferdinand Christian Baur und seine Schüler (= Contubernium. Tübinger Beiträge zur Universitäts und Wissenschaftsgeschichte, Bd. 40), Sigmaringen 1994, S. 951.

schon mit der politisch motivierten Entlassung Robert Mohls im Jahr 1845 durch die württembergische Regierung an, als er wegen der Veröffentlichung eines Briefes an einen Wähler mit schwerwiegender Kritik am Regierungs- und Verwaltungssystem als Rat an die Kreisregierung in Ulm zwangsversetzt wurde und daraufhin seinen Abschied aus dem württembergischen Staatsdienst nahm. In eine ganz ähnliche Kontroverse mit der württembergischen Obrigkeit geriet 1866 sein Nachfolger Albert Schäffle. Doch auch auf einer allgemeineren Ebene schlugen die konservativen Tendenzen gegen die Tübinger Schule durch, indem das Ministerium die Anwendung und Einhaltung von Rechtsnormen in den Mittelpunkt der Verwaltungstätigkeit stellte, daher den staatswissenschaftlichen Anteil an der Ausbildung von Verwaltungsbeamten zurückdrängte und so die wesentliche professionelle Funktion der Tübinger Fakultät schwächte. Diese Entwicklung wurde in der zweiten Hälfte des 19. Jahrhunderts und insbesondere nach 1871 durch den Vorgang der Unitarisierung des Reiches mittels Anpassung an das übermächtige Vorbild der Hegemonialmacht Preußen noch verstärkt.

Mit diesen der Entfaltung der Tübinger Schule hinderlichen allgemeinen gesellschaftlichen und politischen Faktoren ging eine wissenschaftsmethodologische und -politische Entwicklung einher, die ebenfalls dem Konzept der gesamten Staatswissenschaft entgegengesetzt war. Zunehmend wurden Theorie und Praxis, insbesondere auf den Gebieten von Staat und Politik, als zwei entgegengesetzte Sphären angesehen. Politik galt nun als Gegenstand von genialen Staatsmännern, kompetenten Verwaltungsgeamten und parlamentarischen Interessenvertretern. Hochschullehrer, welche die Politik analysieren oder gar in ihr mitwirken wollten, wurden ab der Jahrhundertmitte als politisierende Professoren eher abschätzig angesehen. Dieser öffentliche Prestigeverlust der politischen Professoren und insbesondere der Politik-Professoren war auch eine Folge des Scheiterns der von ihnen mitgetragenen bürgerlichen Verfassungsreformbewegung in der Frankfurter Nationalversammlung von 1848/49.

Infolge des Wandels des Wissenschaftsbegriffs wurde den Staatswissenschaften, zumindest der Staatswissenschaft im engeren Sinne, der Lehre von der Politik und Verwaltung, die Wissenschaftlichkeit abgesprochen. Unter dem neuen Wissenschaftsideal, das im 19. Jahrhundert seinen Siegeszug antrat, wurden den bisherigen Gebrauchsdisziplinen die „reinen Wissenschaften" entgegengesetzt, wurde die Wertfreiheit als wünschenswert angesehen und sollten sich alle Wissenschaften nach naturwissenschaftlichem Vorbild durch eine eigene Methode auszeichnen. Diesen szientistischen Ansprüchen konnte die ältere Lehre der Politik und Polizei mit ihrem Praxisbezug, ihrer Interdisziplinarität und ihrer Normativität kaum mehr genügen.

Aufgrund dieser methodologischen Rigorosität konnten von den Teildisziplinen der „gesamten Staatswissenschaft" nur die Volkswirtschaftslehre, die öffentlich-rechtlichen Fächer, die politische Geschichte und die Statistik überleben. Hingegen starben die „eigentlichen Staatswissenschaften", die akademischen Fächer der Politik als der Verfassungslehre, der Polizei als der

Verwaltungslehre und der älteren Staatenkunde ab. Vor allem aber zerbrach mit der Verlagerung des wissenschaftskonstituierenden Moments von Gegenständen auf Methoden die Einheit der „gesamten Staatswissenschaft", die nach dem Selbstverständnis der Tübinger Schule auf dem gemeinsamen Gegenstand in Gestalt des Staates beruhte, der aus einer Vielzahl von methodologischen Perspektiven beleuchtet werden sollte.

So ging die Tübinger Schule der gesamten Staatswissenschaft unter, weil sie als unzeitgemäß angesehen wurde. Aus der Sicht des ausgehenden 19. und beginnenden 20. Jahrhunderts traf das sicherlich zu, mußte diese Schule mit ihrer Anknüpfung an die Vielzahl der frühneuzeitlichen Politischen Wissenschaften, ihrer Verquickung von staatlicher Praxis und akademischer Analyse sowie ihrer Konzeption eines vielregierenden und -verwaltenden Staates als ein Relikt des 18. Jahrhunderts angesehen werden. Doch aus heutiger Sicht erscheint die Tübinger Schule mit ihrem aktiven Staats- und Verwaltungsverständnis, ihrer interdisziplinären Anlage und vor allem ihrer Offenheit zur Politikberatung sehr modern. So wundert es nicht, daß es in den letzten Jahren auch in der deutschen Politikwissenschaft, die in den siebziger Jahren scheinbar vom Thema des Staates Abschied genommen hatte, zu einer Renaissance des Begriffs von Staatlichkeit und der Konzeption von Staatswissenschaften gekommen ist.[59] Bei deren weiterer Entwicklung kann ein Blick in die Geschichte der gesamten Staatswissenschaft durchaus von Nutzen sein.

Literaturverzeichnis

Angermann, Erich: Robert Mohl. 1799-1875, Neuwied 1962.
Beyme, Klaus von (Hrsg.): Robert Mohl, Politische Schriften, Köln, Opladen 1966.
Bleek, Wilhelm: Die Politik-Professoren in der Paulskirche, in: Jürgen Kocka/Hans-Jürgen Puhle/Klaus Tenfelde (Hrsg.): Von der Arbeiterbewegung zum modernen Sozialstaat. Festschrift für Gerhard A. Ritter, München u.a. 1994, S. 276-299.
–: Von der Kameralausbildung zum Juristenprivileg. Studium, Prüfung und Ausbildung der höheren Beamten des allgemeinen Verwaltungsdienstes in Deutschland im 18. und 19. Jahrhundert, Berlin 1972.
Born, Karl Erich: Geschichte der Wirtschaftswissenschaften an der Universität Tübingen 1817-1967. Staatswirtschaftliche Fakultät, Staatswissenschaftliche Fakultät, Wirtschaftswissenschaftliche Abteilung der Rechts- und Wirtschaftswissenschaftlichen Fakultät, Tübingen 1967.
Burkhardt, Johannes: Der Begriff des Ökonomischen in wissenschaftsgeschichtlicher Perspektive, in: Norbert Waszek (Hrsg.): Die Institutionalisierung der Nationalökonomie an deutschen Universitäten, St. Katharinen 1988, S. 55-76.
–: Wirtschaft, in: Otto Brunner/Werner Conze/Reinhart Koselleck (Hrsg.): Geschichtliche Grundbegriffe. Historisches Lexikon zur politisch-sozialen Sprache in Deutschland, Bd. 7, Stuttgart 1992, S. 511-594.

---

59 Vgl. insbesondere Thomas *Ellwein*/Joachim Jens *Hesse* (Hrsg.): Staatswissenschaften: Vergessene Disziplin oder neue Herausforderung?, Baden-Baden 1990 und Rüdiger *Voigt*: Des Staates neue Kleider. Entwicklungslinien moderner Staatlichkeit, Baden-Baden 1993.

Ellwein, Thomas/Hesse, Jens (Hrsg.): Staatswissenschaften: Vergessene Disziplin oder neue Herausforderung?, Baden-Baden 1990.

Eschenburg, Theodor: Anfänge der Politikwissenschaft und des Schulfaches Politik in Deutschland nach 1945. Vortrag und Ansprachen anläßlich der Verleihung der Ehrendoktorwürde durch die Philosophische Fakultät I (= Augsburger Universitätsreden, Bd.7), Augsburg 1986.

Fallati, Johannes: Die Genesis der Völkergesellschaft.Ein Beitrag zur Revision der Völkerrechtswissenschaft, in: Zeitschrift für die gesamte Staatswissenschaft 1(1844), S. 160-189, 260-328 u. 558-608.

–: Ein Blick auf die deutschen Sttatshandbücher aus dem Gesichtspunkte der Statistik, in: Zeitschrift für die gesamte Staatswissenschaft 2 (1845), S. 521-575.

Gehring, Paul: Friedrich List. Jugend- und Reifejahre 1789-1825, Tübingen 1964.

Harris, Horton: The Tübingen School, Oxford 1975.

Heidenheimer, Arnold J.: Politics, Policy and Policey as Concepts in English and Continental Languages: An Attempt to Explain Divergences, in: The Review of Politics 48 (1986), H.1, S. 3-33.

Hoffmann, Karl Heinrich Ludwig: Ueber den Begriff, den Inhalt und die Bedeutung des positiven Staatsverwaltungsrechts in dessen engeren Sinne, in: Zeitschrift für die gesamte Staatswissenschaft 1 (1844), S. 190-219.

Huber, Ernst Rudolf: Die deutsche Staatswissenschaft, in: Zeitschrift für die gesamte Staatswissenschaft 95 (1935), S. 1-65.

Hutchison, Terence W.: From Zeitschrift für die gesamte Staatswissenschaft (ZgS) to Journal of Institutional and Theoretical Economics (JITE), 1844-1994, in: Journal of Institutional and Theoretical Economics 150 (1994), S. 1-10.

Jens, Walter: Eine deutsche Universität. 500 Jahre Tübinger Gelehrtenrepublik, München ^{4}1977.

Köpf, Ulrich: Die theologischen Tübinger Schulen, in: ders. (Hrsg.), Historisch-kritische Geschichtsbetrachtung. Ferdinand Christian Baur und seine Schüler (= Contubernium. Tübinger Beiträge zur Universitäts und Wissenschaftsgeschichte, Bd. 40), Sigmaringen 1994, S. 9-51.

List, Friedrich: Gutachten über die Errichtung einer staatswirtschaftlichen Fakultät, in: ders.: Schriften, Reden, Briefe, hrsg. von E. von Beckerath u.a., Bd.I/1, Berlin 1932, S. 341-352.

–: Gutachten über die Errichtung einer staatswirtschaftlichen Fakultät, in: Ludwig Häusser (Hrsg.): Friedrich List's gesammelte Schriften, Teil 2, Stuttgart 1850, S. 1-14.

–: Schriften, Reden, Briefe, hrsg. von E. von Beckerath u.a., Bd.I/2, Berlin 1932.

Maier, Hans: Akademische Politik und Staatswissenschaft in Heidelberg – von den Anfängen bis zu Max Weber, in: Ruprecht-Karls-Universität Heidelberg (Hrsg.): Die Geschichte der Universität Heidelberg. Vorträge im Wintersemester 1985/86, Heidelberg 1986, S. 129-156.

–: Die ältere deutsche Staats- und Verwaltungslehre (Polizeiwissenschaft). Ein Beitrag zur Geschichte der politischen Wissenschaft in Deutschland (= Politica, Bd. 13), Neuwied, Berlin 1966 [München ^{2}1980].

Mohl, Robert [von]: Advokaten und Professoren in Ständeversammlungen, in: ders.: Staatsrecht, Bd.2, S. 23-26.

–: Die Geschichte und Literatur der Staatswissenschaften, Bd.1, Stuttgart 1859.

–: Die Geschichte und Literatur der Staatswissenschaften. In Monographien dargestellt, 3 Bde, Erlangen 1855-1858 [ND Graz 1960].

–: Encyklopädie der Staatswissenschaften, Tübingen 1859 [^{2}1872].

–: Gesellschafts-Wissenschaften und Staats-Wissenschaften, in: Zeitschrift für die gesamte Staatswissenschaft 7 (151), S. 3-71.

–: Lebenserinnerungen, Bd.1, Stuttgart, Leipzig 1902.

–: Staatsrecht, Völkerrecht und Politik. Monographien, 3 Bde., Tübingen 1860-1869 [ND Graz 1962].
–: Ueber die Errichtung staatswissenschaftlicher Fakultäten, in: Deutsche Vierteljahrs-Schrift 1840, H.4, S. 237-257.
–: Ueber die Errichtung staatswissenschaftlicher Fakultäten, in: ders.: Staatsrecht, Bd. 3, S. 220-241 [überarbeitete Fassung].
–: Ueber die wissenschaftliche Bildung der Beamten in den Ministerien des Innern. Mit besonderer Anwendung auf Württemberg, in: Zeitschrift für die gesamte Staatswissenschaft 2 (1845), S. 129-184.
– u.a.: Vorwort, in: Zeitschrift für die gesamte Staatswissenschaft Jg. 1 H. 1 (Dezember 1843), S. 3-5.
Rassem, Mohammed H./Wölky, Guido: Zur Göttinger Schule der Staatswissenschaften bis zu den Freiheitskriegen [in diesem Band Seite 79-104].
Reyscher, A. L.: Vollständige, historisch und kritisch bearbeitete Sammlung der württembergischen Gesetze, Bd. IX/3, Stuttgart-Tübingen 1828-51, S. 587-591.
Sauermann, Heinz: Die gesamte Staatswissenschaft im Spiegel ihrer Zeitschrift, in: Zeitschrift für die gesamte Staatswissenschaft 134 (1978/79), S. 1-14.
–: Gegenwartsaufgaben der Sozialwissenschaften in Deutschland, in: Zeitschrift für die gesamte Staatswissenschaft 105 (1948-49), S. 3-16.
Schäffle, Albert: Abriß der Soziologie, Tübingen 1906.
–: Bau und Leben des sozialen Körpers. Entwurf einer realen Anatomie, Physiologie, Psychologie der menschlichen Gesellschaft mit besonderer Rücksicht auf die Volkswirtschaft als sozialem Stoffwechsel, 4 Bde. Tübingen 1875-1878 [^{2}1896].
–: Über den wissenschaftlichen Begriff der Politik, in: Zeitschrift für die gesamte Staatswissenschaft 53, (1897), S. 579-600.
Scheuner, Ulrich: Robert von Mohl. Die Begründung einer Verwaltungslehre und einer staatswissenschaftlichen Politik, in: Hansmartin Decker-Hauff u.a. (Hrsg.): Beiträge zur Geschichte der Universität Tübingen 1477-1977, Tübingen 1977, S. 514-538.
Schnabel, Franz: Deutsche Geschichte im 19. Jahrhundert, Bd.4, Freiburg/Breisgau 1937.
Schüz, Christoph: Das politische Moment in der Volkswirthschaft, in: Zeitschrift für die gesamte Staatswissenschaft 1 (1844), S. 329-349.
–: Das sittliche Moment in der Volkswirthschaft, in: Zeitschrift für die gesamte Staatswissenschaft 1 (1844), S. 132-159.
–: Ueber das Princip der Ordnung in der Volkswirthschaft, in: Zeitschrift für die gesamte Staatswissenschaft 2 (1845), S. 234-267.
Stein, Lorenz von: Gesellschaft, Staat, Recht, hrsg. von Ernst Forsthoff, Frankfurt/Main 1972.
Stolleis, Michael: Geschichte des öffentlichen Rechts in Deutschland, Bd.2, München 1992.
Taschke, Heinz: Lorenz von Steins nachgelassene staatsrechtliche und rechtsphilosophische Vorlesungsmanuskripte, Heidelberg 1985.
Treitschke, Heinrich von: Die Gesellschaftswissenschaft. Ein kritischer Versuch, Leipzig 1859 [neu hrsg. von Erich Rothacker, Halle/Saale 1927].
Voigt, Rüdiger: Des Staates neue Kleider. Entwicklungslinien moderner Staatlichkeit, Baden-Baden 1993.
Walkenhaus, Ralf: Die Kieler Grenzlanduniversität und das Konzept der „politischen Wissenschaften" im Dritten Reich – gab es eine „Kieler Schule"? [in diesem Band S. 159-182].
–: Konservatives Staatsdenken. Eine wissenssoziologische Studie zu Ernst Rudolf Huber, Berlin 1997.

Die Historische Schule der Nationalökonomie
Ihr Wissenschaftsverständnis und die Historisierung der politischen Wissenschaft(en)

Dieter Koop

1. Die Bedeutung der Historischen Schule für die Geschichte der Politikwissenschaft

Wenn von der modernen Ökonomie des 20. Jahrhunderts gesagt wird, sie verstehe sich als „eine Wissenschaft ohne Vorgeschichte"[1], so entspricht das auch weitestgehend dem Selbstverständnis der heutigen etablierten Politikwissenschaft.[2] Die Motive, die einer solchen Haltung zugrunde liegen, mögen vielfältig sein. Sie hängen zum Teil mit einem ahistorischen, auf Erkenntnisfortschritt basierenden Maßstab zur Bewertung vergangener wissenschaftlicher Leistungen zusammen,[3] der sich wiederum aus der Annahme ergibt, es handele sich bei der Politikwissenschaft um ein kumulatives System von Erkenntnissen.[4] Zum anderen beruhen sie auf einem Verständnis von Wissenschaftsgeschichte, das die Rekonstruktion der Geschichte der Politik als Wissenschaft aus der heutigen Perspektive der Politikwissenschaft vornimmt und damit dasjenige ignoriert, was sich nicht in die aktuellen Theorien-, Methoden- und Wissensbestände integrieren läßt.

---

1 Vgl. Birger P. *Priddat*: Die andere Ökonomie. Eine neue Einschätzung von Gustav Schmollers Versuch einer „ethisch-historischen" Nationalökonomie im 19. Jahrhundert, Marburg 1995, S. 11.

2 Vgl. Günter C. *Behrmann*: Das wissenschaftliche Ganzheitsideal der Historischen Schule und die Verselbständigung der Wissenschaft von der Politik, in: Bock/Homann/Schiera: Gustav Schmoller, S. 333ff.

3 Daß eine solche Haltung nicht neu ist, zeigen die Vorbehalte, die der französische Ökonom Say im letzten Jahrhundert gegen die Wissenschaftsgeschichte vortrug. „Was würde es uns frommen, alberne Ansichten und mit Recht verrufene Lehren zusammenzutragen? Ihre Wiederausgrabung wäre ebenso unnütz, als widerlich. Darum wird die Geschichte der Wissenschaft immer kürzer, je mehr die Wissenschaft sich ausbildet. Denn nach dem, was andere Leute gemeint haben, forscht man nur aus eigenem Mangel an festen und klaren Begriffen." Zitiert nach Wilhelm *Roscher*: Geschichte der National-Ökonomik in Deutschland, München 1874, S. V.

4 Vgl. Harald *Homann*: Gesetz und Wirklichkeit in den Sozialwissenschaften. Vom Methodenstreit zum Positivismusstreit, Diss. Tübingen 1989, S. 11ff. Homann diagnostiziert für die Soziologie und Soziologiegeschichtsschreibung einen ähnlichen Zustand. „Noch aber wird die Soziologiegeschichte meist als Kumulation theoretischer Erkenntnisse präsentiert, in ,Proto'- und wahre Soziologie unterschieden, der Gang der Ideenentwicklung über die Kategorien des Fortschritts der Theorie plausibilisiert." Gleiche Diktion findet man bei den Wirtschaftswissenschaften. Nach Wilkop und Penz sei es eine verbreitete Ansicht, daß ökonomische Werke der älteren Vergangenheit im wesentlichen „falsche Ansichten toter Leute" beinhalten. Reinhard *Penz*/Holger *Wilkop* (Hrsg.): Zeit der Institutionen – Thorstein Veblens evolutorische Ökonomik, Marburg 1996, S. 9.

Die seit einigen Jahren anhaltende Beschäftigung mit der Historischen Schule der deutschen Nationalökonomie zeigt, daß es auch Ausnahmen gibt.[5] Für das Interesse an ihr gibt es unterschiedliche Gründe. Bei den Wirtschaftswissenschaften ist es die gegenwärtige institutionen- und evolutions-ökonomische Diskussion, die die Aufmerksamkeit besonders auf die ethisch-historische Ökonomie Schmollers lenkt.[6] In der Geschichtswissenschaft erfolgt eine Thematisierung im Kontext der Historismus-Debatte.[7] In der Soziologie ist der Rekurs auf die Historische Schule verbunden mit dem Versuch, die disziplinäre Enge der Soziologiegeschichte durch einen kulturgeschichtlichen Ansatz zu überwinden.[8] Seitens der Politikwissenschaft ist das Interesse an der Historischen Schule bisher eher marginal geblieben. Es gibt aber Bemühungen, Spuren einer „Verselbständigung der Wissenschaft von der Politik" am Beispiel der Historischen Schule aufzuzeigen.[9] Übergreifend ist heute das Interesse zu konstatieren, das Wissenschaftprogramm der Historischen Schule im Anschluß an Dilthey als die Konzeption einer „historischen Schule der Staats-und Gesellschaftswissenschaften" zu verstehen.[10] Insofern sind diese Rekonstruktionsversuche auch interessant für die Geschichte der Politikwissenschaft im 19. Jahrhundert, zu einem Zeitpunkt also, da Politikwissenschaft der Bezeichnung nach als selbständige Wissenschaftsdisziplin kaum mehr existierte.[11]

---

5   Dafür stehen eine Vielzahl von editorischen Bemühungen, so die Herausgabe von Faksimile-Ausgaben von Arbeiten von Wilhelm Roscher „Geschichte der National-Ökonomik in Deutschland" (1992), „Ansichten der Volkswirthschaft aus den geschichtlichen Standpunkte" (1994) mit jeweils umfangreichen Kommentaren in einem Beiband – vgl. Bertram *Schefold* (Hrsg.): Vademecum zu einem Klassiker der deutschen Dogmengeschichte, Düsseldorf 1992; *ders.* (Hrsg.): Vademecum zu einem Klassiker der historischen Schule, Düsseldorf 1994 – und von Gustav Schmoller „Grundriß der allgemeinen Volkswirtschaftslehre" (2 Bde., 1989), inklusive Beiband.
6   *Priddat*: Ökonomie.
7   Friedrich *Jaeger*/Jörn *Rüsen*: Geschichte des Historismus, München 1992; Otto Gerhard *Oexle*: Geschichtswissenschaft im Zeichen des Historismus, Göttingen 1996; *ders.*/Jörn *Rüsen* (Hrsg.): Historismus in den Kulturwissenschaften. Geschichtskonzepte, historische Einschätzungen, Grundlagenprobleme, Köln, Weimar, Wien 1996.
8   Pierangelo *Schiera*/Friedrich *Tenbruck* (Hrsg.): Gustav Schmoller in seiner Zeit: die Entstehung der Sozialwissenschaften in Deutschland und Italien, Berlin, Bologna 1989; *Homann*: Gesetz; Michael *Bock*/Harald *Homann*/Pirangelo *Schiera* (Hrsg.): Gustav Schmoller heute: die Entwicklung der Sozialwissenschaften in Deutschland und Italien, Berlin 1990.
9   Vgl. *Behrmann*: Ganzheitsideal, S. 353ff. In den achtziger Jahren existierte ein Forschungsprojekt „Antike in der Moderne: Aristoteles in der Ökonomie des 19. Jahrhunderts" am Institut für Politikwissenschaft in Hamburg, das von Udo Bermbach betreut wurde. Daraus gingen u.a. Arbeiten zu einzelnen Vertretern der Historischen Schule hervor, so zu Schäffle und Schmoller vgl. Birger P. *Priddat*: Die staatswissenschaftlichen Tendenzen der deutschen Nationalökonomie des späten 19. Jahrhunderts. Diskussionsbeiträge und Berichte aus dem Institut für politische Wissenschaft Universität Hamburg, Hamburg 1988.
10 Vgl. *Behrmann*: Ganzheitsideal, S. 355.
11 Diese Tatsache ist eben nicht gleichbedeutend mit der These von Maier, Politik sei als Fach im 19. Jahrhundert von den deutschen Universitäten verschwunden. Vgl. Hans

Gegenstand dieses Beitrags ist das Werk und die schulenbildende Wirkung Wilhelm Roschers, der als der Gründungsvater und Oberhaupt der Historischen Schule, genauer der älteren Historischen Schule der deutschen Nationalökonomie gilt.[12] Diese Interpretation Roschers, die sich aus einer disziplingeschichtlichen Rekonstruktion der deutschen Nationalökonomie ergab und dem Nachweis der Genesis und universitären Etablierung der Volkswirtschaftslehre diente, läßt einige Aspekte seines Werkes weitestgehend unberücksichtigt, die gerade für die Geschichte der Politikwissenschaft von Bedeutung sein können. Georg Eisermann verweist zurecht darauf, daß es unerläßlich sei, „Roschers *Politik* zur richtigen Erkenntnis seiner nationalökonomischen Auffassungen heranzuziehen."[13] Und das wiederum bedeutet, den Historismus als den Ort der wissenschaftlichen Beschäftigung mit Politik genauer zu betrachten. Allein hier lebt „die Politik als umfassende Lehre vom ‚Staat', von Verfassung und Verwaltung, Jurisprudenz und Ökonomie, vom Wechsel der Regierungsformen, von der Geschichte usf., weiter."[14] Damit rücken neben dem Programm der Historischen Schule, die Nationalökonomie vom historischen Standpunkt aus zu betreiben, drei Aspekte des Roscherschen Werkes in den Vordergrund: *erstens* seine Politik, sowohl die unterschiedlichen Vorlesungen über Politik als auch sein Alterswerk die *Politik*[15], *zweitens* sein Konzept von Nationalökonomik als Teil der politischen Wissenschaft und *drittens* sein auf einem ganzheitlichen Wissenschaftsideal beruhende Programm von interdisziplinär arbeitenden Sozialwissenschaften.[16]

Maier: Die Lehre der Politik an den deutschen Universitäten, in: Dieter Oberndörfer (Hrsg.): Wissenschaftliche Politik. Eine Einführung in Grundfragen ihrer Tradition und Theorie, Freiburg 1962, S. 104. Siehe dazu auch die Kritik von Hans *Medick:* Naturzustand und Naturgeschichte der bürgerlichen Gesellschaft, Göttingen 1981, S. 13ff. an Maier und Hennis.

12 Vgl. Harald *Winkel:* Die deutsche Nationalökonomie im 19. Jahrhundert, Darmstadt 1977, S. 92ff.; Gottfried *Eisermann:* Die Grundlagen des Historismus in der deutschen Nationalökonomie, Stuttgart 1956.

13 Gottfried *Eisermann:* Die Grundlagen von Wilhelm Roschers wissenschaftlichem Werk, in: Schefold: Dogmengeschichte, S. 41.

14 Manfred *Riedel:* Der Staatsbegriff der deutschen Geschichtsschreibung des 19. Jahrhunderts in seinem Verhältnis zur klassisch-politischen Philosophie, in: Der Staat 2 (1963), H. 2, S. 45.

15 Vgl. *Riedel:* Staatsbegriff, S. 42ff. Riedel stellt die „Politik" von Roscher in eine Reihe mit den „Politiken" von Dahlmann, Waitz und Treitschke und den Politikvorlesungen von Gervinus und Sybel.

16 Vgl. Rüdiger vom *Bruch:* Zur Historisierung der Staatswissenschaften. Von der Kameralistik zur historischen Schule der Nationalökonomie, in: Berichte zur Wissenschaftsgeschichte 8 (1985), S. 131ff.; Eckart *Pankoke:* Sociale Bewegung – Sociale Frage – Sociale Politik. Grundfragen der deutschen „Socialwissenschaft" im 19. Jahrhundert, Stuttgart 1970, S. 136ff.; Gerhard *Oestreich:* Die Fachhistorie und die Anfänge der sozialgeschichtlichen Forschung in Deutschland, in: ders.: Strukturprobleme der frühen Neuzeit. Ausgewählte Aufsätze, Berlin 1980, S. 57ff.

2. Die Historische Nationalökonomie als Schule

Das Wirken der Historischen Schule ist nicht auf einen Ort beschränkt.[17] Auch die Stellung an den Universitäten, die Fakultätszugehörigkeit und die Bezeichnung des Faches konnten unterschiedlich sein. Die Nationalökonomie war entweder an der Staatswissenschaftlichen oder an der Philosophischen Fakultät angesiedelt, und auch noch nicht unter dieser Fachbezeichnung, sondern als praktische Staatswissenschaft, Staatswirtschaft oder Kameralwissenschaft.[18] Von daher haben die personellen Verbindungen dieser Schule auch dazu beigetragen, die Nationalökonomie als Universitätsfach erfolgreich, und zwar auch mit Vertretern dieser Schule, zu etablieren.[19]

Wissenschaftliche Schulen stellen eine Form der Institutionalisierung von Wissenschaft dar.[20] Zunächst gilt für den Begriff der wissenschaftlichen Schule, was auch für den der wissenschaftlichen Disziplin gilt. Es bedarf einer Anzahl von Personen, die sich mit dem gleichen „wissenschaftlichen Anliegen", das kann ein Wissenschaftsprogramm sein, identifizieren und deren Studienobjekte und Problemhorizont den „Gegenstand einer Tradition", als Gesamtheit von mündlichen und schriftlichen Interpretationen, bilden.[21] Was darüber hinaus die Schule auszeichnet, ist ihre asymmetrische Struktur, die sich in der Lehrer – Schüler Beziehung manifestiert. Die Schulenbildung erfolgt in der Regel um die Stellung eines Ordinarius herum. An deutschen Universitäten im 19. Jahrhundert spezialisierten sich die Studenten auf das Fach des Lehrstuhlinhabers, schrieben darüber ihre Dissertationen, publizierten in einschlägigen Organen und waren in bezug auf ihre Habilitation

---

17 Bruch versucht sich an einer geographischen Zuordnung. Es sei dies für die ältere Historische Schule das mittlere und südwestliche Deutschland, da ihre Lehre dem „wirtschaftspolitischen Ideal der Mittelstaaten" entspreche. *Bruch*: Historisierung, S. 139.
18 Über die Institutionalisierung der Nationalökonomie an den deutschen Universitäten gibt die Studie von Wilhelm *Stieda*: Die Nationalökonomie als Universitätswissenschaft, Leipzig 1906 nach wie vor einen ausführlichen Überblick. Vgl. auch Klaus Hinrich *Henning*: Die Wirtschaftswissenschaften an der Universität Leipzig im achtzehnten und neunzehnten Jahrhundert, in: N. Wazek (Hrsg.): Die Institutionalisierung der Nationalökonomie an deutschen Universitäten, Hannover 1988, S. 122-161.
19 Der Briefwechsel zwischen Roscher und Schmoller belegt dies nachhaltig. Siehe Wilhelm *Biermann* (Hrsg.): Briefwechsel zwischen Wilhelm Roscher und Gustav Schmoller. – Wilhelm Stieda. Zwei Beiträge zur Literatur der Nationalökonomie, Greifswald 1922.
20 Im Anschluß an Edward Shils verstehe ich unter Institutionalisierung einer geistigen Tätigkeit die „relativ enge Interaktion von Personen, die diese Tätigkeit ausüben. Diese Interaktion ist strukturiert; je enger die Wechselwirkung, desto mehr gewährt ihre Struktur Raum für Autorität, die Entscheidungen trifft in bezug auf Ernennung, Zulassung, Promotion und Zuweisung. Ein hohes Maß von Institutionalisierung geistiger Tätigkeit hat zur Folge, daß Lehre und Forschung im Rahmen einer geplanten, systematisch verwalteten Organisation stattfinden." Edward *Shils*: Geschichte der Soziologie: Tradition, Ökologie und Institutionalisierung, in: Talcott Parsons/Edward Shils/Paul. F. Lazarsfeld: Soziologie – autobiographisch, Stuttgart 1975, S. 72.
21 Vgl. *Shils*: Geschichte, S. 120.

und eine spätere akademische Berufung von der Förderung „ihres" Professors abhängig.[22]

Roscher hat den Schulbegriff meistens unreflektiert und in unterschiedlichen Bedeutungen gebraucht, sowohl um seine Zugehörigkeit als auch Abgrenzung von Personen und Richtungen zu dokumentieren. Und darüber hinaus benutzt er ihn als Ordnungsbegriff für seine Geschichte der Nationalökonomik. Die Zugehörigkeit zu einer Schule bewertet Roscher durchaus ambivalent. „Nun ist erfahrungsmäßig der Anschluß an ein bedeutendes Schulsystem, sei es als bloßer Jünger oder gar als Schildknappe desselben, zwar ein vortreffliches Mittel, um rasch zu einer Geltung zu kommen. Aber diese Geltung verschwindet nachher ebenso rasch und verschwindet auf nimmerwiedersehen. Man treibt auf solche Art förmlich Raubbau mit seinem Rufe!"[23] Er geht auch strategisch mit dem Schulbegriff um. Als der promovierte Roscher nach Berlin zu Ranke ging, schrieb er an seinen Göttinger Lehrer Gervinus: „Wie Ranke auf mich einwirkt – mehr durch seine Vorlesungen als durch seine Übungen-, ist schwer zu sagen. Zu seinen Nacharmern [sic!], wie er deren bereits hat, werde ich nie gehören. Wenn ich überhaupt nachahmen könnte, so würde seine Natur der meinigen doch zu ferne liegen."[24] „Nachahmer" will Roscher nicht sein, wohl aber Schüler. In dem gleichen Brief heißt es dann weiter: „Aber ich preise mich glücklich, daß ich Sie und ihn zu Lehrern gehabt. Habe ich den Sporn von Ihnen, so habe ich von Ranke die Zügel."[25] In einem späteren Brief an Gervinus differenziert er zwischen Schulzugehörigkeit und dem Status des Schüler. „Ich gehöre zu keiner Schule; allein die nähere Betrachtung meines Werkes wird Ihnen zeigen, daß ich von Ihnen mehr gelernt habe, als von irgend einem andern Neuern."[26] Es sind ganz offensichtlich auch Opportunitätsgründe, die Nähe und Ferne zu Lehrern und Schulen markieren.[27]

Im letzten Kapitel seiner *Geschichte der National-Ökonomik in Deutschland* aus dem Jahre 1874, das er mit „Übersicht über die neueste Entwicklung" überschrieben hat, nimmt er eine Einteilung in Schulen vor. Er unterscheidet drei Schulen: Freihandelsschule, Sozialismus und historische, ethische, statistische Schule. Letztere steht gegen die beiden anderen. Schulen institutionalisieren sich um Probleme. Probleme entstehen, wenn auf eine Frage mindestens zwei Antworten gegeben werden können. Schulen repräsentieren diese alternativen Antworten. Roscher gibt die Kriterien für die Unterscheidung der Schulen an, die er an der Differenz von Freihandelsschule und historischer Schule ent-

---

22 Für die Geschichtswissenschaft hat Wolfgang Weber dieses Beziehungsgeflecht von Lehrern, Schülern und Enkeln in seiner Auswirkung auf Berufungen in einer materialreichen Studie nachgewiesen. Wolfgang *Weber*: Priester der Klio, Frankfurt/Main 1984.
23 *Roscher*: Geschichte, S. 687.
24 Zitiert nach *Eisermann*: Werk, S. 32.
25 *Eisermann*: Werk.
26 *Eisermann*: Werk, S. 37.
27 *Eisermann*: Werk, S. 32ff. arbeitet die Beziehung zwischen Roscher und Gervinus sowie zwischen Roscher und Ranke heraus.

wickelt. Der Freihandelsschule macht er den Vorwurf, sie sei „*zu abstrakt*", das heißt sie ignoriere die „unendliche Mannichfaltigkeit des realen Menschen, des realen Staates" und reduziere den vielseitigen „volkswirthschaftlichen Organismus" auf nur „ein einziges Organ, den Markt"[28]; sie sei „*zu wenig historisch*", das heißt sie bewerte vergangene wirtschaftliche Institutionen nach den „ewigen Grundsätzen der Freiheit" und halte demzufolge auch Geschichte und Statistik für entbehrlich und nur etwas für „logische Schwächlinge", die damit ihre „eigene Unproduktivität maskieren möchten"[29]; sie sei „*zu optimistisch*", das heißt sie rechne mit Menschen, „die wenigstens ihr wahres, nachhaltiges Interesse vollkommen richtig verstehen und genau befolgen" und die in ihrem egoistischen Verhalten das Wohl aller befördern.[30] Abstrakt versus konkret, logisch versus historisch, optimistisch versus realistisch kennzeichnen die Grenzlinien beider Schulen. Zu abstrakt bezieht sich auf den formalisierten, theoretischen Gehalt, zu wenig historisch auf die Methode und zu optimistisch auf die wirtschaftspolitischen Implikationen. Theorie, Methode und Praxisbezug sind für ihn Unterscheidungskriterien für Schulen in der Volkswirtschaftslehre. Gleichzeitig wird aber auch durch den Gebrauch von „zu" als Bezeichnung für ein Übermaß auf die Abmilderung von Gegensätzen und auf eine mögliche Vermittlung verwiesen.

Die Formierung der Historischen Schule erfolgte ab der zweiten Hälfte des 19. Jahrhunderts zum einen in Auseinandersetzung mit der klassischen Lehre von Smith und deren deutschen Anhängern in der Freihandelsschule, oft auch als „Manchesterschule" bezeichnet, um Prince-Smith, Max Wirth, Bamberger u.a. und ihrem Sprachrohr, der *Berliner Vierteljahrschrift für Volkswirtschaft und Kulturgeschichte* und ihrer Vereinigung, dem „Kongress der deutschen Volkswirte". Zum anderen war es die in den achtziger Jahren beginnende Auseinandersetzung mit Carl Menger und der österreichischen Schule der theoretischen Nationalökonomie. Im Gefolge dieses Methodenstreits[31] wurde dann von Adolph Wagner Anfang der neunziger Jahre in Abgrenzung zu Schmoller die Unterscheidung von „älterer" und „jüngerer" Historischer Schule eingeführt.[32] Schulen gewinnen also ihre Dignität durch einen wissenschaftlichen Gegner und eine Frontstellung gegenüber einer anderen Richtung.

Roscher bezeichnet die Historische Schule auch als *realistische, ethische und statistische* Schule, immer aber in Verbindung mit *historisch*. *Realistisch* ist sie, da sie die Menschen so nehmen will, „wie dieselben wirklich sind: von

---

28 *Roscher*: Geschichte, S. 1017f.
29 *Roscher*: Geschichte, S. 1018f.
30 *Roscher*: Geschichte, S. 1019.
31 Eine neuere Darstellung zum Verhältnis von Gesetz und Wirklichkeit im Methodenstreit gibt *Homann*: Gesetz.
32 Wagner rechnete sich der Historischen Schule zu, nahm aber im Methodenstreit gegenüber Schmoller eine kritische Position ein und stand, was die Klärung des Status der Theorie in der ökonomischen Forschung anbelangt, eher auf seiten Mengers. Vgl. Carl *Brinkmann*: Historische Schule, in: Erwin von Beckerath (Hrsg.): Handwörterbuch der Sozialwissenschaften, Bd.5, Stuttgart 1956, S. 122f.

sehr verschiedenen, auch nichtwirthschaftlichen Motiven zugleich bewegt".[33] Die Konsequenz daraus ist die Anwendung der geschichtlichen Methode auf die Fragen: „Was ist ‚der Mensch' auf wirthschaftlichem Gebiet, wie wirkt er, wessen bedarf er, was erreicht er?"[34] *Historisch* ist sie, weil sie anerkennt, daß es keine generellen Antworten auf diese Fragen gibt, sondern „daß verschiedene Völker und Zeitalter in dieser Hinsicht Verschiedenes bedürfen."[35] *Ethisch* ist sie, da die Forderungen des „verständigen Eigennutzes" mit denen „des Gewissens" zusammentreffen und so „Gemeinsinn" entsteht, „je größer der Kreis ist, um dessen Nutzen es sich handelt, und je weiter dabei in die Zukunft geblickt wird."[36] Und schließlich ist sie *statistisch*, das heißt sie benutzt exakte statistische Quellen, die zu den geschichtlichen Quellen nicht der „Art", sondern nur dem „Grade" nach verschieden sind. Die „statistische Beobachtung des Nebeneinander" und die „geschichtliche Beobachtung des Nacheinander" können sich so „gegenseitig fördern und controliren."[37]

Zu den Vertretern der historischen Nationalökonomie zählt Roscher Hildebrand, Knies, Schmoller, Brentano, Held, Nasse, Schäffle und Adolph Wagner, aber auch Carl Menger, den späteren Gegenspieler der Historischen Schule, und zwar wegen seiner „gründlichen Dogmengeschichte". Bei der Darstellung der Ansichten der Vertreter der Historischen Schule läßt Roscher keinen Zweifel über den ihm gebührenden Platz. Gleich zu Beginn des Kapitels verweist er auf sein Bemühen um die historische Methode, und er nennt mit Leipzig den Ort seines Schaffens. „Meine Ansicht vom Wesen und Nutzen der historischen Methode habe ich als rohen Keim bereits in meiner Doctordissertation: De historicae doctrinae apud sophistas majores vestigiis (Gött., 1838), p. 26ff. angesprochen. Weiter Entwicklung in meinem: Leben, Werk und Zeitalter des Thukydides (1842), S. 35 ff. 239-275; in der Vorrede zu meinem: Grundrisse zu Vorlesungen über die Staatswirthschaft nach geschichtlicher Methode (1843); in meiner Antrittsrede auf der Leipziger Universität [Über den gegenwärtigen Zustand der wissenschaftlichen Nationalökonomie und die notwendigen Reformen desselben, D.K.] (Deutsche Vierteljahresschrift 1849, I, S. 174ff; endlich in meinem: System der Volkswirthschaft (1854) I, §§. 22 ff. 263 ff."[38]

---

33 *Roscher*: Geschichte, S. 1032.
34 *Roscher*: Geschichte, S. 1033.
35 *Roscher*: Geschichte.
36 *Roscher*: Geschichte, S. 1034. Vgl. auch Wilhelm *Roscher*: Grundlagen der Nationalökonomie. Ein Hand- und Lesebuch für Geschäftsmänner und Studierende, Stuttgart ²³1900, S. 26f.
37 *Roscher*: Geschichte, S. 1035.
38 *Roscher*: Geschichte, S. 1034.

3. Roschers akademische Karriere und die Leipziger Universität

Ende der vierziger Jahre war Georg Hanssen, den Roscher in seiner Geschichte der National-Ökonomik zu den „frühesten Bearbeitern der historischen Methode" zählt[39], Inhaber des Lehrstuhls für „praktische Staats- und Kameralwissenschaften" in Leipzig. Als er 1848 nach Göttingen wechselte, unterbreitete er für die Neubesetzung des Lehrstuhls folgenden Vorschlag an die Fakultätsleitung: „Unter den Übrigen (Hermann in München und Rau in Heidelberg, die in der Diskussion eine Rolle spielten, aber aufgrund ihrer gutbezahlten Anstellung nicht zu haben waren, D.K.) weiß ich eigentlich nur Einen, der jung und rüstig, die praktische Richtung und Anschauung bei ausgebreiteter theoretischer Gelehrsamkeit zugleich mit einem gewandten und lebendigen Vortrage verbindet, nämlich Professor Roscher in Göttingen".[40] Bereits 1841 war Roscher als Nachfolger von Karl Heinrich Pölitz, Professor für Staatswirtschaft und Politik von 1820 bis 1838, in die engere Wahl gekommen, war jedoch von der Fakultät als „Neuling" auf dem kameralistisch-volkswirtschaftlichem Gebiet abgelehnt worden.[41] Den Lehrstuhl erhielt damals Hanssen, nachdem diese Stelle vier Jahre vakant war. Bemühungen der Fakultät in den zurückliegenden Jahren, die Professur mit Dahlmann zu besetzen, der sich nach seiner Vertreibung aus Göttingen vom Dezember 1837 bis April 1838 in Leipzig aufhielt, scheiterten an der Haltung des sächsischen Kultusministeriums.[42] Mit dem Wintersemester 1848/49 wird Roscher zum ordentlichen Professor für praktische Staats- und Kameralwissenschaften an der philosophischen Fakultät der Universität Leipzig ernannt. Obwohl wiederholt Rufe nach Berlin, Wien und München an ihn ergingen, blieb er der Leipziger Universität bis zu seinem Tode treu.

Interessant an den langwierigen Berufungsverfahren sind nicht nur die Auseinandersetzungen um die geeigneten Personen, sondern auch um die inhaltliche Widmung dieser Professur. Als allgemeines Selbstverständnis galt, daß die Staatswissenschaften nicht mehr durch eine Person vertreten werden können. Es deutete sich eine Zweiteilung an, ein eher praktischer und volkswirtschaftlicher Strang und ein eher theoretischer und literarischer. In einem Fakultätsbericht wird darauf hingewiesen, „daß es schwer sei bei dem Umfang der Staatswissenschaften Männer zu bezeichnen, die in allen ihren Teilen als gleich vorzüglich empfohlen werden könnten. Einige Gelehrte seien mehr publizistisch-geschichtlich, andere mehr volkswirtschaftlich-kameralistisch in ihrer Richtung. Die Eigenschaften, auf die man bei dem Lehrer der Staatswissenschaften insbesondere Gewicht legen müßte, wären: philosophi-

---

39   *Roscher*: Geschichte, S. 1037.
40   Zitiert nach *Stieda*: Nationalökonomie, S. 299.
41   *Stieda*: Nationalökonomie, S. 295.
42   Vgl. *Stieda*: Nationalökonomie, S. 282ff.

Die Historische Schule der Nationalökonomie

schen Gediegenheit, Klarheit des Vortrags, Kenntnis der neueren Sprachen als französisch, englisch, italienisch."[43]

Mit der Berufung von Hanssen 1842 und der Umbenennung der Professur für praktische Philosophie von Friedrich Bülau in Professor der Staats- und Kameralwissenschaften 1846 wurde diese Zweiteilung erreicht. Dahinter verbargen sich auch die Bemühungen seitens der Fakultät, eine staatswissenschaftliche Sektion innerhalb der Philosophischen Fakultät zu errichten, mit dem deutlichen Verweis auf die Erfordernisse des konstitutionellen Staates, der seit den dreißiger Jahren in Sachsen durch Verfassungsgebung und Reformen auf den Weg gebracht wurde. Bei der Wiederbesetzung der Stelle von Bülau, nach dessen Tod 1859, hält die Fakultät an der Professur für Staatswissenschaften[44] fest. Es werden in einem Bericht der Fakultät die Gebiete benannt, mit der sich die Staatswissenschaften zu beschäftigen haben. „Gegenüber der Professur für praktische Staats- und Kameralwissenschaften, die die kameralistische Seite vertrete, falle ihr die Aufgabe zu, für die juristisch-publizistische Seite zu sorgen. Jene habe vorwiegend die Nationalökonomie, die Finanzwissenschaft und die Statistik vorzutragen, während in das Gebiet dieser die Staatsverfassungslehre, das Verwaltungsrecht, das Völkerrecht, die Polizeiwissenschaft u. dgl. m. gehörten."[45] Die Professur erhält 1860 Heinrich Ahrens, der bei Karl Christian Friedrich Krause in Göttingen Philosophie studiert hatte. Nach dessen Tod 1874 bemüht sich Roscher um die Neubesetzung dieser Position und schreibt in einem Brief an Schmoller: „Durch den Tod des guten Ahrens welcher sich freilich seit Jahren viel mehr mit Philosophie, als mit seinem amtlichen Fache beschäftigt hatte, ist an unserer Universität diejenige Professur der Staatswissenschaft vacant geworden, die sich zunächst an die Rechtswissenschaft anzulehnen hat. Also für allgemeines Staatsrecht, Verfassungspolitik, Verwaltungsrecht, Völkerrecht, wo möglich auch Rechtsphilosophie."[46]

Roscher gibt Schmoller eine konkrete inhaltliche Beschreibung der Stelle, damit dieser nach geeigneten Kandidaten Ausschau halten soll, verbunden mit dem Wunsch nach äußerster Diskretion, da auch gleichzeitig Namen genannt werden wie Geffken, damals in Straßburg wie Schmoller, und Karl Victor Fricker aus Tübingen. Letzterer wird dann der Nachfolger von Ahrens.

Mit dem Wechsel von Göttingen nach Leipzig kam mit Roscher auch ein Teil der durch Justus Möser begründeten Göttinger kulturhistorischen Schule

---

43 *Stieda*: Nationalökonomie, S. 289.
44 Die Professur, die ursprünglich aus der praktischen Philosophie hervorgegangen war und 1846 in eine Professur für Staats-und Kamaralwissenschaften umbenannt wurde, verwies auf ihre Herkunft auch dadurch, daß der Lehrstuhlinhaber Bülau zeitweise die Bezeichnung „praktische Philosophie und Politik" oder „Staatswissenschaft und Politik" wählte.
45 *Stieda*: Nationalökonomie, S. 303. Was Leipzig von anderen Universitäten unterscheidet, ist der Verbleib des öffentlichen Rechts, des Verwaltungsrechts, Staatsrechts, Völkerrechts an der Philosophischen Fakultät.
46 Brief von Roscher an Schmoller vom 22. Oktober 1874, in: *Biermann*: Briefwechsel, S. 28.

oder besser deren Tradition nach Leipzig, was u.a. auch in der Verbindung von Geschichte und Staatswissenschaften zum Ausdruck kam.[47] Roscher, der in Göttingen bei den Historikern und Politiklehrern Friedrich Christoph Dahlmann, Georg Gottfried Gervinus, Arnold Hermann Ludwig Heeren und dem Altphilologen Karl Otfried Müller studiert hatte, betrieb zunächst vor allem historisch-philologische Studien. Besonders Gervinus betrachtete er als seinen Lehrer. Als Einundzwanzigjähriger promovierte er mit einer Abhandlung über den historischen Relativismus der Sophisten und ging dann nach Berlin zu Karl Ritter und Leopold Ranke und arbeitete in dessen historischem Seminar. 1840 habilitierte er sich als Privatdozent der Geschichte und Staatswissenschaften an der Universität Göttingen. 1843 wurde er außerordentlicher, ein Jahr später ordentlicher Professor. Roscher las über Staatswirtschaft, eine Lehrveranstaltung, die er 1845 unter dem Titel „Nationalökonomie" anzeigte, über Geschichte der politischen Theorien, über Politik und Statistik sowie über Finanzen. In Leipzig kamen dann hinzu Volkswirtschaftspolitik, die später in „praktische Nationalökonomie und Wirthschaftspolizei" umbenannt wurde und in den siebziger Jahren eine Spezialvorlesung „Über landwirthschaftliche Politik und Statistik". Im Sinne des „altgöttingischen" Verständnis von Statistik als vergleichender Staatenkunde las er „Vergleichende Statistik und vergleichende Staatenkunde der sechs Großmächte". Als „Einleitung in das Studium der gesammten Rechts-Staats-und Cameralwissenschaft" bot Roscher abwechselnd „Geschichte der politischen (und sozialen) Theorien", „Geschichte der Naturrechts, der Politik und Nationalökonomie", „Grundlehren der praktischen Politik", „Naturlehre des Staates" an. Die letzteren Themen wurden später wieder zusammengeführt unter dem Titel „Naturlehre der Monarchie, Aristrokratie und Demokratie als Vorschule jeder praktischen Politik".[48]

Zwar war Politik in der Bezeichnung der Professur von Roscher verschwunden, nicht aber die politischen Gegenstände, wie Roschers Vorlesungsthemen nachhaltig belegen. Es ist, wie Schmoller in Würdigung der Leistungen Roschers schrieb, die Beschäftigung mit „den großen Fragen der historischen Entwicklungsprozesse der Völker und Staaten", die er durch das „Aufdecken der wirtschaftlichen Prozesse" zu vertiefen suchte.[49] Was Roscher lobend über Niebuhr sagte, daß dieser „in den wirthschaftlichen Vorgängen den politischen Sinn erkennen" wollte, „welche dem bloß theoreti-

---

47 Gustav *Schmoller*: Zur Litteraturgeschichte der Staats-und Sozialwissenschaften, Leipzig 1888, S. 152. Vgl. auch den Beitrag von Mohammed H. *Rassem* und Guido *Wölky*: Zur Göttinger Schule der Staatswissenschaften bis zu den Freiheitskriegen [in diesem Band S. 79-104].
48 Vgl. Vorlesungsverzeichnis der Universität Leipzig. *Allgemeine* deutsche Biographie, hrsg. durch die historische Commission bei der königlichen Akademie der Wissenschaften, Bd.53, Leipzig 1907, S. 486f. Roscher beschreibt im Vorwort seiner „Politik" sein anhaltendes Interesse an Themen aus der politischen Theorie und der „Naturlehre der Staatsformen".
49 *Schmoller*: Litteraturgeschichte, S. 153.

schen Oekonomen" verborgen bleibe, kennzeichnet auch sein Wissenschaftsprogramm.[50]

4. Das akademische Programm: Wissenschafts-und Methodenverständnis

Die Charakterisierung Roschers als Nationalökonomen und damit als Vertreter einer selbständigen Wissenschaftsdisziplin darf nicht darüber hinwegtäuschen, daß er die Nationalökonomie als eine Wissenschaft im Kanon der politischen Wissenschaften sah und sich auch selbst gegen eine zu starke disziplinäre Einengung wandte.[51]

„*Politik*, Staatswissenschaft im Allgemeinen, ist die Lehre von den Entwicklungsgesetzen des Volkslebens", sofern es sich in Staaten äußert. „*Nationalökonomik*, Volkswirthschaftslehre, [ist] die Lehre von den Entwicklungsgesetzen der Volkswirthschaft, des wirthschaftlichen Volkslebens."[52] Reichlich zehn Jahre davor heißt es im *Grundriß* § 3, der sich mit der Stellung der Staatswirthschaft im Kreise der übrigen politischen Wissenschaften befaßt: „Die Staatswirthschaft ist die Lehre von den Entwicklungsgesetzen der Volkswirthschaft." Hier wurde lediglich ein Austausch der Begriffe vorgenommen. In Abgrenzung zu den Cameralien, die sich mit Landwirtschaftskunde, Technologie, Forst- und Bergbaukunde, Handelskunde befassen und es also „mit den Sachen selbst zu thun" haben, interessiert sich die Staatswissenschaft dafür nur insofern, „als sie auf menschliche, insbesondere politische Verhältnisse einwirken", das heißt „nothwendiges Hülfsmittel" für die Staatswirtschaft sind. Die Politik ist die Lehre von den „Entwicklungsgesetzen des Staates überhaupt", die Staatswirthschaft ein besonders wichtiger und deshalb „besonders detaillirt ausgearbeiteter Theil" derselben. Polizeiwissenschaft, Finanzwissenschaft, Völkerrecht, Diplomatie sind alles Teildisziplinen der Politik. Gemeinsam ermitteln diese Wissenschaften „aus allen Zeiten und Völkern die Entwicklungsgesetze des Staates."[53]

Bei der Bestimmung der Nationalökonomie im Kreise verwandter Wissenschaften charakterisiert Roscher diese als „Wissenschaften vom Volksle-

---

50 *Roscher*: Geschichte, S. 918.
51 *Roscher*: Grundlagen, S. 52: „Es scheint übrigens, wie wenn die Nationalökonomen, besonders die deutschen, auf die formale Abgrenzung ihres Faches allzu viel Werth gelegt hätten. Da sollten wie uns lieber die Naturforscher zum Vorbilde nehmen, die sich wenig darum kümmern, ob eine Entdeckung der Physik oder Chemie, der Mathematik oder Astronomie gehört, wenn nur recht viele und wichtige Entdeckungen gemacht werden."
52 Wilhelm *Roscher*: Über die Stellung der Nationalökonomie im Kreise der verwandten Wissenschaften, in: Berichte über die Verhandlungen der Königlich Sächsischen Gesellschaft der Wissenschaften zu Leipzig, Philologisch-historische Classe, Leipzig 1853, S. 101.
53 Wilhelm *Roscher*: Grundriß zu Vorlesungen über die Staatswirtschaft. Nach geschichtlicher Methode, Göttingen 1843, S. 4.

ben". „Wie jedes Leben, so ist auch das Volksleben ein Ganzes, dessen verschiedenartige Aeußerungen im Innersten zusammenhängen. Wer daher eine Seite desselben wissenschaftlich verstehen will, der muß alle Seiten kennen."[54] Roscher zählt sieben Seiten auf, die in Betracht kommen: Sprache, Religion, Kunst, Wissenschaft, Recht, Staat und Wirtschaft. Das „Ganze" meint hier, daß das Verständnis einer Seite das Verständnis der anderen Seite voraussetzt. Damit beziehen sich auch die Wissenschaften wechselseitig aufeinander. Eine besondere Beziehung existiert zwischen Recht, Staat und Wirtschaft. Sie bilden gleichsam eine „engere Familie", die „Sociale[n] Wissenschaften im engern Sinne".[55]

Recht, Staat und Wirtschaft sind Formen „wirksamen Handelns", und ihr Zusammenhang ergibt sich nach Roscher aus der anthropologischen Annahme der „geistigen und leiblichen Unvollkommenheit des Menschen"[56] und aus einem gewissermaßen göttlichen Plan, der die Teile harmonisch miteinander verbindet.[57] So tritt neben dem Bereich empirischer Kausalerkärung die „Annahme der Einheit des Weltbaues" und die Vorstellung von einer „göttlichen Weltordnung", das heißt eine teleologische Betrachtungsweise.[58]

Die Gegenstände der Sozialwissenschaften sind weitestgehend kongruent, die Gesichtspunkte, unter denen sie betrachtet werden, differieren: die Staatswissenschaft habe als zentralen Bezugspunkt die Souveränität, die Nationalökonomie die Befriedigung des Volksbedarfes an äußeren Gütern, die Rechtswissenschaft die Verhütung oder friedliche Austragung von Willenskonflikten.[59] Die Rückbindung dieser Wissenschaften an den Menschen bildet die Klammer und ermöglicht ihre Einordnung in den Kanon der politischen Wissenschaften.[60] Dieser Gedanke taucht bei Roscher wiederholt auf. In einem Brief an Gervinus heißt es: „Ich suche fortwährend im Auge zu behalten, daß dies [gemeint ist die Nationalökonomik, D.K.] eine politische Wissenschaft ist, eine Wissenschaft, die es mit der Beurteilung und Beherrschung von Menschen zu tun hat. Selbst die allgemeinsten ihrer Dogmen [... sind] nur darum allgemein gültig, weil die Menschen zu jeder Zeit gewisse Neigungen und Leidenschaften gemein haben."[61] Im *Grundriß* findet man eine fast gleichlautende Formulierung: „Die Staatswirthschaft ist nicht bloß eine Chrematistik, eine Kunst reich zu werden, sondern eine politische Wissen-

---

54 *Roscher*: Grundlagen, S. 41.
55 *Roscher*: Grundlagen, S. 41.
56 *Roscher*: Stellung, S. 102.
57 *Roscher*: Grundlagen, S. 42. In einer Fußnote bezieht sich Roscher auf J. Tucker und charakterisiert Religion, Staat und Handel nur als Teile „desselben allgemeinen Planes". Keine „Anstalt auf diesem Gebiete kann daher passend sein, wenn sie den beiden anderen klar widerstreitet, weil Gottes Werke nicht disharmoniren können." *Roscher*: Grundlagen, S. 44.
58 Vgl. dazu Gustav *Schmoller*: Zur Social- und Gewerbepolitik, Leipzig 1890, S. 187.
59 Vgl. *Schmoller*: Social- und Gewerbepolitik, S. 42.
60 *Roscher*: Grundlagen, S. 1 erklärt, daß „Ausgangspunkt, wie Zielpunkt unserer Wissenschaft [...] der Mensch" ist.
61 Zitiert nach *Eisermann*: Werk, S. 40.

schaft, wo es darauf ankommt, Menschen zu beurtheilen, Menschen zu beherrschen."[62] Diese anthropologischen Grundlagen und metaphysischen Annahmen müssen bei der Charakterisierung von Roschers Methode herangezogen werden.

Was er unter historischer Methode versteht, ergibt sich zunächst aus dem Versuch der Abgrenzung gegenüber der klassischen Ökonomie unter Einbeziehung wissenschaftstheoretischer und methodischer Fragestellungen. Roscher unterscheidet nach den Erkenntnisgegenständen zwischen Geschichtswissenschaft und Naturwissenschaft, nach dem methodischen Vorgehen zwischen philosophischen und positiven Wissenschaften.[63] Der Gegensatz bewegt sich eher zwischen spekulativ versus empirisch als zwischen induktiv versus deduktiv oder empirisch versus theoretisch.[64] Die Sozialwissenschaften sind nicht nur politische Wissenschaften, sie sind zugleich auch empirische Wissenschaften oder treten mit dem Anspruch auf, über die empirische Arbeit zu theoretischen Aussagen zu gelangen. Hier entwickelt Roscher eine Argumentation, die auf Comte und John Stuart Mill verweist.[65] Die Geschichte der Nationalökonomik unterteilt er in drei Perioden. Die letzte nennt er „Das wissenschaftliche Zeitalter der Nationalökonomie". Es beginnt mit den Physiokraten und endet mit der Historischen Schule. Roscher will die Nationalökonomie auf ein Niveau heben, das dem der Naturwissenschaft entspricht: „Der Volkswirthschaftslehre in Deutschland mußte es während des letzten Menschenalters höchst förderlich sein, daß gleichzeitig von den übrigen Wissenschaften gerade diejenigen, welche auf Beobachtung ruhen und nach Praxis streben, die größten Fortschritte machten."[66] Die Philosophie verliert angesichts dieser Tendenz gegenüber den sich entwickelnden wissenschaftlichen Disziplinen an Einfluß, da „die meisten Positivwissenschaften förmlich gegen jede reinphilosophische Behandlung protestiren."[67] In diesem Sinne ist auch die Nationalökonomik eine „positive Wissenschaft vom menschlichen Geiste"[68], bei der es darauf ankommt, „die Beobachtungen zu erweitern, zu vertiefen und vielseitiger zu combiniren."[69]

Roscher formuliert vier Grundsätze, die die historische Methode näher kennzeichnen sollen. Es ist dies erstens die Verbindung von Nationalökonomie mit Rechts-, Staats- und Kulturgeschichte als den „Wissenschaften vom Volksleben", zweitens die Akzentuierung der Wirtschaftsgeschichte, drittens der Vergleich der Wirtschaftslehren verschiedener Völker und Kulturstufen

---

62 *Roscher*: Grundriß, S. IV.
63 Vgl. *Roscher*: Geschichte, S. 1008f. und *ders.*: Grundlagen, S. 63ff.
64 Im Anschluß an J. St. Mill kann für *Roscher*: Grundlagen, S. 68 eine volkswirtschaftliche Tatsache erst dann für wissenschaftlich erklärt gelten, „wenn ihre induktive und deductive Erklärung zusammentreffen."
65 Vgl. Hans *Gehring*: Die Begründung des Prinzips der Sozialreform. Eine litera-historische Untersuchung über Manchestertum und Kathedersozialismus, Jena 1914, S. 64-95.
66 *Roscher*: Geschichte, S. 1007.
67 *Roscher*: Geschichte, S. 1008.
68 *Roscher*: Geschichte, S. 1009.
69 *Roscher*: Grundlagen, S. 64.

und viertens der Relativismus in der Wirtschaftspolitik angesichts der Gebundenheit volkswirtschaftlicher Ideale.[70] Die historische Methode lehre, daß die wirtschaftlichen, sozialen und politischen Institutionen in ihrer zeitlichen und räumlichen Bedingtheit und „wichtigsten Verschiedenheit der Völker und Zeiten" zu betrachen sind. „Nationalcharakter", „Entwicklungsstufe" und „Entwicklungsgang der Menschheit" sind zentrale Bezugspunkte des Vergleichs dieser Institutionen.[71] Eine ihrer Hauptaufgaben sei es nachzuweisen, weshalb sie einstmals eingeführt werden mußten, wie und warum später allmählich ein Umschlag erfolgte, der sie hinfällig machte. Roscher bemüht sich um die Historisierung sozialer und politischer Institutionen in Hinblick auf die praktischen Implikationen.[72]

Das Urteil über den Erfolg seiner Methode wollte Roscher so lange herauszögern, bis er „in größeren Werken das bloße Gerippe mit Fleisch und Blut bekleidet habe."[73] Zu diesen Werken gehörte sein *System der Volkswirthschaft*, *Geschichte der National-Ökonomik in Deutschland* und *Politik, Geschichtliche Naturlehre der Monarchie, Aristrokratie und Demokratie*.

Zwei zentrale Begriffe bestimmen seine methodischen Ausführungen. Dies ist zum einen der Gesetzesbegriff.[74] „Ich rede überall von *Naturgesetzen*, wo ich eine, in weiterem Zusammenhang erklärbare, Regelmäßigkeit wahrnehme, die nicht auf menschlicher Absicht beruhet."[75] Naturgesetze sind Regelmäßigkeiten in menschlichen Handlungen, die durch Beobachtung und Vergleich der Geschichte der Völker gewonnen werden. Sie begründen keinen „notwendigen Naturlauf der Gesellschaft", wie es der Marxismus annimmt[76], und stehen deshalb auch nicht im Widerspruch zum Menschen als einem „freien Vernunftswesen". Auf diesem Wege sollen auch die Entwicklungsgesetze des Staates gefunden werden. Dabei geht der Historiker dem Naturforscher vergleichbar zu Werke. „An mikroskopischen Untersuchungen an Sectionen fehlt es dem Historiker ebenso wenig wie dem Naturkundi-

---

70 *Roscher*: Grundriß, S. IVf. und siehe auch *Eisermann*: Werk, S. 68.
71 Vgl. *Roscher*: Geschichte, S. 104
72 Roschers Dogmengeschichte folgt im übrigen gleichen Intentionen. Ihm ist klar, daß die Entwicklung einer wissenschaftlichen Disziplin auch von der kritischen Selbstreflexion auf ihre Geschichte abhängt. Insofern sah er seine historischen Exkurse unter dem Aspekt der Standortbestimmung, der Vergewisserung und der Absicherung gegenüber den Begehrlichkeiten anderer Fächer und Richtungen. Ein Verständnis von Nationalökonomik, das nach den historisch wandelbaren kulturellen, politischen und sozialen Voraussetzungen sowie Bedingungen des wirtschaftlichen Handelns und seinem institutionellen Eingebundensein fragt, benötigt die Dogmengeschichte, um das problematische Verhältnis von Wirtschaftslehre und volkswirtschaftlicher Praxis genauer bestimmen zu können.
73 *Roscher*: Grundriß, S. III.
74 Max Weber setzt sich detailliert mit dem Gesetzesbegriff von Roscher auseinander und kritisiert die ungenügende Differenzierung zwischen Gesetzeserkenntnis als heuristisches Prinzip und Erkenntnisziel und der logischen Struktur von Gesetzesaussagen. Max *Weber*: Roscher und Knies und die logischen Probleme der historischen Nationalökonomie, in: ders.: Gesammelte Aufsätze zur Wissenschaftslehre, Tübingen 1922, S. 3ff.
75 *Roscher*: Grundlagen, S. 37.
76 Vgl *Roscher*: Grundlagen, S. 58.

gen."⁷⁷ Für die geschichtliche Forschung könne die „historische Staatswirthschaft" etwas ähnliches leisten, wie die Histologie und Zoochemie für die Naturgeschichte im 19. Jahrhundert.⁷⁸ Roscher identifiziert letztlich Entwicklungsgesetze und Naturgesetze und kann so die historische auch als physiologische Methode bezeichnen⁷⁹, da es gleichsam um die „Anatomie und Physiologie der Volkswirtschaft"⁸⁰ gehe.

Zum anderen ist es der Organismusbegriff, der zur Begründung für die Totalität des Gegenstandes bemüht wird und der auf die Romantik und Hegel verweist. Der Gegenbegriff ist der der Maschine. Hier Kausalität, dort Wechselwirkung, hier klare zeitliche Abfolge von Einsicht – Plan – Maschine, dort „göttliche Maschine", die auch dann läuft, wenn der Plan nicht oder noch nicht bekannt ist und die Einsicht letztlich auf rationalem Wege verschlossen bleibt.⁸¹ Die historische-empirische Forschung Roschers ist eingebaut in eine organologische Ganzheitsauffassung. Das Volk versteht er als eine organische Gesamtheit, nicht als einen Haufen von Individuen. Es ist „unstreitig eine Realität", „nicht bloß die Individuen, welche dasselbe ausmachen."⁸² Gleichzeitig ist Roscher klar, daß der Begriff des Organismus „ohne Zweifel zu den dunkelsten" gehört, er ihn aber nicht fallen lassen will, da er mit ihm „nur den kürzesten Ausdruck vieler Probleme geben möchte".⁸³ Eines dieser Probleme hängt mit transzendentalen Gedanken und metaphysischen Annahmen zusammen, die einen Bezirk beschreiben, der dem Denken verschlossen bleiben muß und den Roscher mit „unerklärbarem Hintergrund", „Volksgeist" oder „Gedanken Gottes" zu benennen versucht.⁸⁴ Dahinter verbergen sich Fragen, die sich aus der Problematik von Teil und Ganzem sowie geschichtsphilosophischen, teleologischen und vor allem begriffslogischen Fragestellungen ergeben. Erkennbares und Unerkennbares stehen so nebeneinander.⁸⁵

---

77 *Roscher*: Leben, S. VII.
78 *Roscher*: Grundriß, S. V.
79 Vgl. *Eisermann*: Werk, S. 40ff.
80 *Roscher*: Grundlagen, S. 73. „Was wir [...] versuchen, ist die einfache Schilderung, zuerst der wirthschaftlichen Natur und Bedürfnisse des Volkes; zweitens der Gesetze und Anstalten, welche zur Befriedigung der letzteren bestimmt sind; endlich des größern oder geringern Erfolges, den sie gehabt haben."
81 *Roscher*: Grundlagen, S. 35f.
82 *Roscher*: Grundlagen, S. 22f.
83 *Roscher*: Grundlagen, S. 35.
84 *Roscher*: Grundlagen, S. 37. „Ob man den unerklärlichen Hintergrund, vor dem unsere Analyse jeweilig stehen bleiben muß, Lebenskraft, Gattungstypus, Volksgeist oder Gedanken Gottes nennt, ist für jetzt wissenschaftlich gleichgültig. Um so nothwendiger im Allgemeinen die Selbsterkenntniß und Ehrlichkeit, welche das Vorhandensein jenes Hintergrundes zugesteht, und nicht durch Leugnung desselben den Zusammenhang des Ganzen leugnet, der meistens viel wichtiger ist, als die analysirten Einzelheiten. Ebenso entschieden freilich muß ich gegen Verketzerungsgelüste protestiren, welche die heilige Pflicht der Wissenschaft nicht begreifen, durch immer weiter gehende Forschung jenen unerklärlichen Hintergrund immer weiter zurückzuschieben."
85 Vgl. *Eisermann*: Werk, S. 50.

Der Organismusgedanke ist wichtig für Roschers biologisch-evolutionäres Konzept, der Annahme eines volkswirtschaftlichen Kreislaufs von Geburt, Blüte, Alter und Tod. Das Auftreten von Krankheiten und Verfall deuten auf die Analogie zum menschlichen Körper hin, wobei Roscher diese Analogie als durchaus problematisch erscheint.[86] Er hält daran fest, um die historische Verortung der Wirtschaftspolitik zeigen zu können. Denn eine wichtige, aber schwierige Aufgabe für die Nationalökonomik besteht darin, „die beste Zeit eines Volkes richtig zu bestimmen", da sich daraus Konsequenzen für die menschlichen Institutionen, volkswirtschaftlichen Ideale und Politik ergeben.[87]

5. Die Historische Schule zwischen Wissenschaft und Politik

In den Begriffen Volks- und Staatswirtschaft und Nationalökonomik sind zwei Elemente enthalten: „zuerst ein wirthschaftliches, sodann ein politisches, nationales".[88] Ihre Verbindung verweist auf die kameralistische Tradition des Wohlfahrtstaates und auf die staatswissenschaftlichen Ausrichtung der Nationalökonomie in Deutschland. Diese wiederum erwächst aus den Bedürfnissen der Behandlung der sozialen Frage, der mit dem reinen Marktprinzip nicht beizukommen war, zumal gerade der Markt als deren Verursacher erschien. Die staatswissenschaftliche Nationalökonomie übernimmt daher die Aufgabe, politische Institutionen bereitzustellen, „damit das marktwirtschaftliche Handeln einen neuen Ordnungsrahmen findet".[89] Gleichzeitig soll bei „Akzeptanz der Marktdynamik die politische Ordnung nicht gefährdet werden." Insofern paßt sie „die ökonomische oder Marktverfassung der politischen an", um nicht umgekehrt die politische Verfassung der ökonomischen anpassen zu müssen.[90] Roscher erkennt diese Aufgabe und setzt auf eine Modernisierung, die das Politische als historisch Gewordenes mit einem wirtschaftlichen Reformkonzept verbindet.

In seiner Arbeit *Über die Ein- und Durchführung des Adam Smith'schen Systems in Deutschland* bemerkt er, daß der politische Hintergrund für jede

---

86 Vgl. *Roscher*: Ansichten, S. 14. Roscher ist bemüht, seine historisch-physiologische Methode mit einer Geschichtstheorie und politischen Handlungstheorie zu verbinden. Das soll dazu führen, daß Politik im historischen Kontext betrachtet wird und daß bei „einzelnen Handlung[en] der Volkswirthschaftspflege" das „lebendige Ganze vor Augen" bleibt. Vgl. *Roscher*: Grundlagen, S. 54
87 *Roscher*: Grundlagen, S. 76ff.
88 Wilhelm *Roscher*: Ansichten der Volkswirtschaft aus dem geschichtlichen Standpunkte, Leipzig, Heidelberg 1861, S. 6.
89 *Priddat*: Tendenzen, S. 2.
90 *Priddat*: Ökonomie, S. 51. Das Konzept der klassischen Ökonomie, den Staat als „Garanten der Sicherheit der Nation" anzusehen, wird in Anknüpfung der cameralistisch-polizeywissenschaftlichen Tradition modernisiert und ökonomisch-allokationstheoretisch begründet, das heißt auf die innere bzw. soziale Sicherheit ausgedehnt. Vgl. auch *Priddat*: Tendenzen, S. 2.

Volkswirtschaftslehre von großer Bedeutung sei. Politische Ideale und Zielsetzungen müssen auf den konkreten gesellschaftlichen Kontext zurückgeführt werden. Das gleiche gelte auch für Ableitungen, die auf naturrechtlichen Annahmen beruhen und sich überzeitlich und kontextunabhängig geben. Ideologiekritisch argumentiert er gegen das Aufstellen von verbindlichen „Staatsidealen", die, selbst wenn sie abstrakt vorgetragen werden, nur ein wenig „verschönertes Abbild" desjenigen politischen Zustandes sind, die den Verfasser in Wirklichkeit umgibt oder den die Partei des Verfassers einzuführen bemüht ist.[91] Roscher problematisiert das Verhältnis von Wissenschaft und Politik, von Theorie und Praxis. Ein erstes Anliegen ist zu zeigen, daß zwischen wissenschaftlichen Sätzen und wirtschaftspolitischen Handlungen keine lineare, monokausale Beziehung besteht, sondern daß es eher darauf ankommt, die unterschiedlichen Handlungsbedingungen zu erkennen. „Die Doctrin soll überhaupt die Praxis nicht bequemer machen, wohl gar als Eselsbrücke, sondern vielmehr erschweren, indem sie auf die tausenderlei Rücksichten aufmerksam macht, die bei jedem Schritte des Gesetzgebers oder Staatsverwalters zu nehmen sind."[92] Gegen eine dogmatischen Verkürzung des Verhältnisses von Theorie und Praxis hilft nach Roscher nur ein Wissenschaftsverständnis, das auch nach dem „rationalen Kern" gegnerischer Positionen fragt und das bereit ist, fremde Erkenntnisse in das eigene System zu integrieren. Gleichzeitig dokumentiert eine Wissenschaft dadurch ihre Reife. „Wer also nicht als Quacksalber, sondern als Arzt an ihrer [gemeint ist die soziale Frage, D.K.] Lösung arbeiten will, der muß nach einer gewissen *Universalität* streben: und zwar nicht bloß in Rücksicht auf seine volkswirthschaftlichen Kenntnisse, sondern zugleich auf seine Stellung gegenüber den volkswirthschaftlichen Parteien. Man bekämpft ein gegnerisches System durch Aufdeckung seiner Irrthümer; aber man besiegt es nur, indem man die vielleicht mißverstandenen Wahrheiten, die jedes System enthält, willig in den Kreis des eigenen wissenschaftlichen Lebens nimmt." Daher ist es die „Pflicht der wahren Wissenschaft, jeder entgegengesetzen Einseitigkeit ihr Gutes abzulernen."[93] Wissenschaft steht im Dienste der Synthese und des Relativismus, gegen dogmatische Systeme und nicht zu vermittelnder Parteiengegnerschaft sowohl in der Wissenschaft als auch in der Politik. Dieser Gedanke kehrt wieder in Roschers *Politik*. In der Vorrede grenzt er sich von Dahlmann ab, der 1835 in seiner „Politik" die Hoffnung äußerte, das Buch werde „allen politischen Secten mißfallen". Er dagegen halte es für den „höchsten wissenschaftlicher Wunsch", in einer „parteizerrissenen Zeit" dafür einzutreten, daß „die wahrheits- und vaterlandsliebenden Männer aller Parteien die Irrtümer und Sünden ihrer eigenen Parteien und das Wahre und Gute, das sich bei den anderen Parteien findet, klarer einsehen, und nach dieser Einsicht versöhnlicher handeln lernen."[94]

---

91 *Roscher*: Grundriß, S. 1.
92 *Roscher*: Grundriß, S. V.
93 *Roscher*: Geschichte, S. 1046.
94 *Roscher*: Politik, Vorwort.

Wirtschaftspolitik ist für Roscher komplex, situativ und in ihren Folgen schwer abzuschätzen. Die jeweiligen Maßnahmen müssen den Bedingungen und Umständen angepaßt sein. Wenn es mittels der Sozialwissenschaften gelingt, die Handlungsbedingungen genau zu bestimmen, dann wird adäquates Handeln möglich und gleichzeitig ein Teil der Parteiungen unnötig. „Hier würde also eine vollständige Einsicht in die Bedingungen der Maßregel den Streit zur Befriedigung beider Parteien schlichten. Sind die Naturgesetze der Volkswirthschaft erst hinreichend erkannt und anerkannt, so bedürfte es im einzelnen Falle nur noch einer genauen und zuverlässigen Statistik der betreffenden Thatsachen, um alle Parteizwiste über Fragen der volkswirthschaftlichen Politik, wenigstens insofern sie auf entgegengesetzter Ansicht beruhen, zu versöhnen."[95] Roscher betont ausdrücklich, daß dies nicht für Ansichten der Wirtschaftsethik gilt, da die „Grundnormen der Ethik" divergent bleiben. Die Wissenschaft muß daher darauf verzichten, Ideale und Vorschriften[96] als ein für allemal verbindlich auszuarbeiten, denn mit „jeder Veränderung der Völker und ihrer Bedürfnisse" wird auch das „für sie passende Wirthschaftsideal" ein anderes.[97]

Das Verhältnis von Wissenschaft und Politik ist aber auch noch unter einem anderen Aspekt problematisch, dem der Distanz zwischen beiden, die sich aus der Professionalisierung ergibt. Die Nationalökonomik wirkt nicht direkt auf die Wirklichkeit, sondern durch wissenschaftlich gebildete Praktiker vermittelt. „Unser Bestreben ist nicht darauf gerichtet, im Buche selbst praktisch zu sein, sondern Praktiker auszubilden. Deshalb machen wir aufmerksam auf die zahllosen verschiedenen Gesichtspunkte, aus denen jede wirthschaftliche Thatsache betrachtet werden muß, um allen Ansprüchen gerecht zu sein."[98] Roscher will Praktiker ausbilden, die nicht mit fertigen Rezepten die Wirklichkeit verändern wollen. Die Lehre soll nicht auf die Praxis „abgeklatscht", sondern, basierend auf den Erfahrungen derjenigen, die sie anwenden, appliziert werden. Im Hintergrund stehen die wirtschaftlichen Erfordernisse des Staates und der Regierungen. Insofern sind die eigentlichen Adressaten seiner volkswirthschaftlichen Lehre in erster Linie die Fachleute in den staatlichen Verwaltungen. Diese „Ökonomenjuristen", die von den Nationalökonomen ausgebildet wurden, werden durch die Historische Schule der Nationalökonomie zu „change agents" geadelt.[99] Und Roscher hat daran einen großen Anteil. Sein *System der Volkswirtschaft* war, neben den Büchern von Rau, das am meisten benutzte Handbuch. Das führte dazu, „daß bei den deutschen Regierungen im amtlichen Gebrauche befindliche Wirt-

---

95 *Roscher*: Grundlagen, S. 76.
96 Die geschichtliche Nationalökonomik besitzt „das klare Bewußtsein von der Relativität ihrer meisten Vorschriften; und dieses schützt sie dann vor einer Menge verkehrter Eingriffe in die Praxis, wozu doktrinärer Hochmut verleiten möchte." *Roscher*: Geschichte, S. 1034.
97 *Roscher*: Geschichte, S. 72.
98 *Roscher*: Geschichte, S. 78.
99 *Priddat*: Ökonomie, S. 60.

schaftslehre diejenige von Rau und Roscher ist. Wie könnte das auch anders sein, da unsere Beamten ja alle in der Schule jener Männer gebildet sind?"[100]
Ziel der Politik ist ein behutsames Eingreifen in den gesellschaftlichen Organismus, um Revolutionen als einer „tödlichen Krankheit des Volkslebens" zuvorzukommen. Gegenstand dieser Eingriffe sind konkrete soziale und politische Institutionen, die in einem bestimmten Spannungsverhältnis zu den „Staatsformen" stehen können.[101] Diese Institutionen treten zwischen die Individuen und den Staat und regeln deren Beziehungen. Wenn das Volk durch das „Nachwachsen der Generationen" „allmählich ein anderes wird", dann könnten die „anderen Menschen auch anderer Institutionen bedürfen". So entstünden Krisen, die auf dem Wege der Revolution oder der Reformen gelöst werden können.[102] Daher sei permanentes Reformieren wichtig, da man es, Roscher bezieht sich hier auf Bacon, „in keinem Augenblicke recht wahrnimmt". Die Ausführung des „Prinzips ununterbrochener Reform" ist aber schwierig und an Voraussetzungen gebunden. „Eine Verfassung, weise genug eingerichtet, um für das abziehende Alte und das einziehende Neue hinlänglich Thüren darzubieten; zugleich aber auch eine solche sittliche Selbstbeherrschung aller Volksklassen, daß sie sich, und wenn es auch mit [...] Opfern verbunden wäre, nur dieser gesetzlichen Thüren bedienen wollen."[103] Diese Intentionen hat Roscher versucht, seinen Schülern und Studenten zu vermitteln.

6. Die Wirkung und die Schüler

Die Historische Schule ist nicht mit einem Ort verbunden, die Wirkungsstätte des „Altmeisters" dagegen verweist auf die Universität Leipzig. Von den im Handwörterbuch der Sozialwissenschaften genannten 32 Vertretern der Historischen Schule lehrten sieben in Leipzig, darunter neben Roscher so bekannte wie Lujo Brentano, Karl Bücher und Georg Friedrich Knapp. Gleichzeitig wird aber auch Karl Lamprecht als Wirtschaftshistoriker genannt. Roscher wirkte 46 Jahre in Leipzig. Im Jahre 1889 bat er das Kultusministerium, er war 71 Jahre alt, ihn von den Hauptvorlesungen zu entbinden. Sein Nachfolger wurde Lujo Brentano, der aber aus privaten Gründen zwei Jahre später die Leipziger Universität wieder verließ. Dieser las theoretische Nationalökonomie, Finanzwissenschaften und Wirtschaftsgeschichte. Seine Stelle, die 1892 in eine Professur für Nationalökonomie umgewandelt wurde, be-

---

100 Max *Wirth*: Bismarck, Wagner, Rodbertus. Betrachtungen über ihr Wirken und die Zukunft ihrer Werke, Leipzig 1882, S. 19.
101 Vgl. *Roscher*: Politik, S. 2f.
102 *Roscher*: Politik, S.11: „Solche Krisen heißen Reformen, wenn sie auf dem friedlichen Wege des positiven Rechts vollzogen werden, bei widerrechtlicher Durchführung Revolutionen."
103 *Roscher*: Grundlagen, S. 71.

kam August von Miaskowski. Bereits Brentano hatte sich für eine zweite Professur eingesetzt. Die Fakultät betrieb dieses Anliegen ebenso energisch. Als Begründung wurden das „öffentliche Interesse" und steigende Studentenzahlen angeführt. Zugleich sei die zu behandelnde Stoffmenge in einem erheblichen Maße angewachsen, so daß sie von einer Person nicht mehr bewältigt werden könne. 1891 wurde eine zweite Professur für Nationalökonomie und Statistik eingerichtet, die ein Jahr später mit Karl Bücher besetzt wurde.

1898 mußte von Miaskowski aus Gesundheitsgründen seinen Lehrstuhl aufgeben, auf den Wilhelm Stieda gerufen wurde. Von 1869 bis 1874 war Georg Friedrich Knapp außerordentlicher Professor für Nationalökonomie und Statistik in Leipzig. Zu den Privatdozenten gehörten u. a. Robert Friedberg von 1877 bis 1885, später Professor in Halle und nationalliberaler Abgeordneter im Preußischen Abgeordnetenhaus, und Gerhard von Schulze-Gaevernitz 1891 bis 1893, dann Professor in Freiburg und Reichstagsabgeordneter der Fortschrittlichen Volkspartei.[104] Ordinarien wie Privatdozenten standen dem Verein für Socialpolitik nahe. Was sie fachlich verband, war ihre wirtschaftshistorisches Orientierung.

Die Stellung Roschers in der Zunft kann man auch daran ablesen, daß kein geringerer als der Mitbegründer der Historischen Schule, Bruno Hildebrand, seinen Sohn Richard bei ihm habilitieren ließ. Er wurde 1867 Professor für Nationalökonomie in Graz. Die Nachfolger Roschers waren streng genommen nicht seine Schüler, wohl aber von ihm inspiriert. Wilhelm Eduard Biermann, Professor für Nationalökonomie 1904 bis 1919, war ein Stieda-Schüler, der wiederum von Schmoller kam. Bücher war teilweise Autodidakt und bezog sich stark auf Albert Schäffle. Von Schäffle ist bekannt, daß sein staatswissenschaftliches Denken durch die Arbeiten von Roscher eine „mächtige Förderung" erfahren habe.

Um die Bedeutung Roschers zu erfassen, ist die Arbeit von Schmoller aus dem Jahre 1888 *Zur Litteraturgeschichte der Staats-und Sozialwissenschaften*, die er ihm zu seinem fünfzigjährigem Doktorjubiläum widmete, interessant. So heißt es in der Einleitung: „Für die Nationalökonomie, welche im Mittelpunkt der Staats-und Sozialwissenschaften steht, schließt sich der entsprechende Fortschritt hauptsächlich an Ihren Namen an."[105] Nach Schmoller hat sich Roscher das Ziel gesetzt, „die abstrakte Nationalökonomie auf den historischen Boden zu versetzen, die kameralistischen Theorien Raus, die naturrechtlichen der Engländer, in historische zu verwandeln."[106] In diesem Bemühen sei er dank seiner polyhistorischen Bildung und seines Charakters, ein Mann des Ausgleichs und der Vermittlung gewesen. „Er steht

---

104 Vgl. Dieter *Lindenlaub*: Richtungskämpfe im Verein für Sozialpolitik. Wissenschaft und Sozialpolitik im Kaiserreich, vornehmlich vom Beginn des „Neuen Kurses" bis zum Ausbruch des Ersten Weltkrieges (1890-1914) (= Vierteljahrschrift für Sozial-und Wirtschaftsgeschichte, Beihefte 52/53), Wiesbaden 1967, S. 304.
105 *Schmoller*: Litteratur, S. VIII.
106 *Schmoller*: Litteratur, S. 150.

Die Historische Schule der Nationalökonomie 151

zwischen zwei wissenschaftlichen Epochen mitten inne, er schließt die ältere Zeit ab und eröffnet die neue, er hat mehr als alle anderen dafür getan, die Nationalökonomie auf das Niveau gelehrter Facharbeit und historischer Kausaluntersuchung zu heben."[107]

In der Auseinandersetzung mit einem übertriebenen, die Wirklichkeit negierenden Rationalismus halte man im Anschluß an Roscher bewußt daran fest, „daß die Wissenschaft vom ökonomischen Leben sich nie von der der Psychologie, der Ethik, der Geschichte, der Staats- und Gesellschaftslehre und den einschlägigen Hülfsdisziplinen ganz loslösen soll und kann."[108]

Schmoller fühlt sich Roscher verpflichtet. „Ich gerade fühlte mich besonders gedrungen, Ihnen in dieser Weise öffentlich zu danken, weil ich mehr als die meisten andern Fachgenossen den historischen Bahnen gefolgt bin, welche Sie uns eröffneten."[109] Die Ehrung, die Schmoller Roscher mit diesem Buch zuteil werden läßt, von dem dieser dann wiederum sagte, es sei ein „schönes Werk"[110], ist mehr als eine Referenz an den Jubilar. Aus dem Briefwechsel zwischen beiden geht hervor, daß Schmoller sich, wenn nicht direkt als Schüler, so doch als Ratsuchender immer wieder an ihn gewandt hat. Der 21 Jahre jünger Schmoller möchte „aus dem Munde des ersten deutschen Nationalökonomen" hören, ob es für ihn ratsam sei, in die Wissenschaft zu gehen.[111]

Roscher absolvierte für die damalige Zeit ein großes Lehrpensum. In den siebziger Jahren hatte er bis zu vierhundert Hörern in seinen Semesterveranstaltungen. Knapp schildete eine dieser Vorlesungen, die er auf der Durchreise durch Leipzig 1863 besuchte. „Er hatte großen Zulauf und wirkte wesentlich durch Überschüttung mit Merkwürdigkeiten, wofür Engel den glücklichen Ausdruck der ‚kaleidoskopischen' Behandlung anwendete. Innerlich ist er mir stets fremd geblieben. Ich fand ihn ‚vorlessingisch' und hatte stets das Gefühl, daß er die magisterhafte Gelehrsamkeit aus dem 18. Jahrhundert darstelle."[112] Zur Erklärung muß man hier auf die statistische Orientierung von Knapp verweisen, der selbst nach eigenem Zeugnis zur damaligen Zeit nicht allzu großes Interesse an Geschichte hatte. Später kann man dann bei ihm lesen: „Roscher behielt die Form des breitangelegten Lehrbuches bei, aber er überraschte die Leserwelt durch eine ganz ungewohnte Beleuchtung der Dinge, indem alles im Flusse der Geschichte dargestellt wurde."[113]

Roscher bemühte sich um die die Einrichtung von seminaristischen Studienformen. So kündigte er bereits für das Wintersemester 1849/50 eine „staatswissenschaftliche Societät" an, die 1850/51 in „Kameralistische Gesellschaft"

---

107 *Schmoller*: Litteratur, S. 170f.
108 *Schmoller*: Litteratur, S. IX.
109 *Schmoller*: Litteratur, S. VIII.
110 Vgl. *Roscher*: Grundlage, S. 80.
111 *Biermann*: Briefwechsel, S. 4.
112 Georg Friedrich *Knapp*: Aus der Jugend eines deutschen Gelehrten, Berlin, Stuttgart 1927, S. 178f.
113 Georg Friedrich *Knapp*: Einführung in einige Hauptgebiete der Nationalökonomie, München, Leipzig 1925, S. 305.

umbenannt wurde und in der regelmäßig Besprechungen volkswirtschaftlicher Arbeiten stattfanden. 1889 gab es dann ein staatswissenschaftliches Seminar, dem 1892 ein volkswirtschaftlich-statistisches Seminar folgte. Beide wurden 1897/98 unter der Bezeichnung „vereinigte staatswissenschaftliche Seminare" zusammengelegt. Mit dieser Entwicklung wurde ein Weg beschritten, der sich von den ursprünglichen Intentionen Roschers, Nationalökonomie als einen Teil der politischen Wissenschaft zu konzipieren, entfernte.

Entscheidend gewirkt hat Roscher durch seine Werke. Roschers *System der Volkswirtschaft* erschien ab 1854 als fünfbändiges Werk. Der erste Band über *Grundlagen der Nationalökonomie*, der sich mit Wirtschaftstheorie beschäftigt, erlebte allein 26 Auflagen und wurde ins Französische, Russische, Polnische, Ungarische übersetzt. Seine *Politik*, die 1892 erschien, hatte ein Jahr später die zweite, dann 1908 die dritte Auflage. Das deutet auf enorme Publizität hin und damit auf eine Wirkung, die nicht mehr an einer direkten Lehrer-Schüler Beziehung gemessen werden kann, sondern mit der Eigengesetzlichkeit der Disziplinbildung zu tun hat. Das bezieht sich auch auf die Wahrnehmung und den Einfluß der deutschen Nationalökonomie als Disziplin und als Teil der Staatswissenschaften im Ausland.[114] Vor Roscher, so das Urteil eines seiner Nachfolger auf dem Lehrstuhl, waren wir „im Wesentlichen nur gelehrige Schüler der Fremden."[115]

Roscher galt als eine anerkannte Autorität. Signifikantes Merkmal sind die Vielzahl von Widmungen, die er in den Werken seiner Kollegen erfahren hat. Carl Menger widmet dem „königlich sächsischen Hofrathe Dr. Wilhelm Roscher, Professor der Staats- und Cameralwissenschaften an der Universität Leipzig etc. in achtungsvoller Verehrung" 1871 seine *Grundsätze der Volkswirthschaftslehre*. Knies, Schäffle und Schmoller taten das gleiche. Auf der anderen Seite ging man davon aus, von Roscher in seiner *Geschichte der National-Ökonomik in Deutschland* genannt und zitiert zu werden. Dies galt als Garantie, Beachtung in der wissenschaftlichen Welt zu finden. So erklärte Karl Knies den schlechten Absatz seines Werkes von 1853 *Die Politischen Ökonomie vom Standpunkt der geschichtlichen Methode* damit, daß, obwohl er Roscher diese Arbeit zugeeignet hatte, dieser ihn nicht gebührend erwähnt habe. „Denn eine Widmung an Roscher war damals geradezu ein von Klugheit gebotener konditionierter Reflex."[116]

---

114 Der Gründer der Faculty of Political Science an der Columbia University John W. Burgess studierte einige Semester in Deutschland, u.a. auch in Leipzig. In seinen erinnerungen bezeichnete er Roscher als „my favorite teacher". Sein Konzept der Fakultätsgründung entsprach in weiten Teilen dem Vorbild der Staatswissenschaftlichen Fakultät, ebenso das Verständnis von politischer Wissenschaft. John W. *Burgess*: Reminiscences of an American Scholar, New York 1934, S. 92ff.

115 August von *Miaskowski*: Nekrolog auf das verstorbene Mitglied Wilhelm Roscher, in: Berichte über die Verhandlungen der Königlich Sächsischen Gesellschaft der Wissenschaften zu Leipzig. Philologisch-historische Classe, Leipzig 1894, S. 222.

116 Erich *Streißler*: Carl Menger, der deutsche Nationalökonom, in: Birger P. Priddat (Hrsg.): Wert, Meinung, Bedeutung, Marburg 1997, S. 35

Weiter oben wurde auf drei Aspekte im Werk Roschers verwiesen, seine *Politik*, sein Konzept von Nationalökonomie als Teil der politischen Wissenschaft und seine Idee einer einheitlichen Sozialwissenschaft. Für alle drei Aspekte können Schülerbeziehungen namhaft gemacht werden, für den ersten Heinrich von Treitschke, den zweiten Gustav Schmoller und für den dritten Karl Lamprecht. Lamprecht promovierte bei Roscher mit der Arbeit *Frankreichs wirtschaftlichen Verhältnisse im 11. Jahrhundert*. Treitschke habilitierte sich bei ihm mit der programmatischen Schrift *Die Gesellschaftswissenschaft. Ein kritischer Versuch*. Lamprechts Konzept der Kulturgeschichte und Treitschkes *Politik* sind von Roscher stark beeinflußt, und beide sahen in ihm auch ihren Lehrer.[117]

7. Das Alterswerk: ein Resümee

Wissenschaftliche Schulen entstehen, zerfallen und fallen der Vergessenheit anheim. Das Fortschreiten der Wissenschaft selbst verursacht neben dem Wandel der „großen Kulturprobleme" diesen Niedergang. Roscher sah das sehr deutlich: „In dem Maße, wie sich unser Gesichtskreis erweitert, müssen auch unsere Erklärungen tiefer greifen. Nach hundert Jahren, wenn die Wissenschaft inzwischen wächst, wird man auf bei uns genügende Erklärungen ebenso herabsehen, wie wir etwa auf diejenigen der vorsmithischen Zeit."[118] Aber selbst da noch, wo ihre Ergebnisse fragwürdig geworden sind, bildet sie für andere einen Gegenstand, an dem man sich zumindest abarbeiten kann. Es ist interessant und sicher nicht ganz zufällig, daß Max Weber und Otto Hintze, beide bemüht um die Entwicklung einer modernen Sozialwissenschaft, programmatische Aufsätze verfaßt haben, die sich mit Roscher auseinandersetzen; Hintze mit seinem Aufsatz „Roschers politische Entwicklungstheorie" aus dem Jahre 1897 und Weber zum Auftakt seiner wissenschaftstheoretischen Arbeit mit dem Aufsatz „Roscher und die ‚historische Methode'" von 1903. Weber präzisiert seine Absicht genau, warum er sich den „Altmeistern", neben Roscher war dies Knies, zuwendet: „Wenn dabei vielfach wesentlich auch deren Schwächen hervortreten, so liegt das im Wesen der Sache. Gerade sie können uns immer wieder zur Besinnung auf diejenigen allgemeinen Voraussetzungen führen, mit welchen wir an unsere wissenschaftliche Arbeit herantreten, und dies kann der alleinige Sinn solcher Untersuchungen sein."[119] Zentrale Problem für Weber sind Fragen der logischen Begriffsbildung, des Verhältnisses von Begriff und Wirklichkeit, der forschungsleitenden Aspekte von Theoriebildung, des Status von Gesetzeser-

---

117 Für Lamprecht vgl. Luise *Schorn-Schütte*: Karl Lamprecht, Kulturgeschichtsschreibung zwischen Wissenschaft und Politik, Göttingen 1984, S. 33ff. Für Treitschke vgl. Walter *Bußmann*: Treitschke. Sein Welt- und Geschichtsbild, Zürich 1952, S. 174ff.
118 *Roscher*: Grundlagen, S. 68f.
119 *M. Weber*: Roscher, S. 1.

kenntnis und der Frage nach der wissenschaftlichen Begründbarkeit von ethischen Idealen, einschließlich der Wirtschaftsethik.

Hintze, der besonders interessant ist, da er selbst um eine „Wissenschaft der Politik" ringt, wendet sich ausschließlich der *Politik, Geschichtliche Naturlehre der Monarchie, Aristrokratie und Demokratie* zu, dem letzten Werk Roschers, und setzt sich mit dessen Typenbildung von Staaten auseinander. Er kritisiert, daß der Erkenntniswert der Klassifikation fragwürdig sei, da zu heterogene Realphänomene unter diesen abstrakten, auf Aristoteles zurückgehenden Begriffen subsumiert würden. Als einen entscheidenden Nachteil sieht Hintze die Betrachtung der Staaten aus dem Zusammenhang einer inneren sozialen Entwicklung und damit als „isolierte" Einheiten. Das führe zu einer Vernachlässigung der Tatsache, daß es auch ein Verhältnis der Staaten untereinander gibt, das nachhaltig auf die soziale Entwicklung wirke. Neben den abstrakten politischen Ordnungskategorien sieht Hintze also auch einen zu engen Untersuchungsgegenstand und möchte daher die Staatsformenlehre ersetzen durch eine allgemeine Verfassungsgeschichte.

Aber auch bei Otto Hintze kommt es auf die Schlußfolgerung an: „Wertvoller, scheint mir, ist das negative Resultat, das wir aus diesem mit reichem Material und wissenschaftlicher Sorgfalt unternommenen Versuch ziehen können. Daß es möglich sein müsse, aus der Vergleichung der sozialen und politischen Entwicklung aller Zeiten und Völker ein Entwicklungsgesetz des sozialen und politischen Lebens überhaupt abzuleiten, ist eine Vorstellung, die schon jahrzehntelang viele Köpfe beschäftigt hat. Roschers Buch lehrt, scheint mir, daß ein großer wissenschaftlicher Gewinn von einem solchen Verfahren überhaupt nicht zu erwarten ist."[120] Die Grenzen eines Ansatzes, eines Forschungsprogramms aufzuzeigen, setzt voraus, daß das Forschungsprogramm gewissermaßen abgearbeitet wurde und so von selbst auf seine Begrenztheit aufmerksam macht. Die unermeßliche empirische Stoffülle sträubt sich der Zuordnung von Begriffen, die bei aller Verfeinerung noch der aristotelischen Systematik entsprechen, damit aber den Entwicklungsgedanken gewissermaßen ersticken und die Begriffe überfordern. Eine gewisse Tragik mag darin liegen. Die Historisierung der politischen Wissenschaften gelingt gerade auf jenem Gebiet der „Naturlehre des Staates" nicht, das wohl zum Kernbestand einer jeden Politikwissenschaft gehört.

---

120 Otto *Hintze*: Roschers politische Entwicklungslehre, in: ders.: Soziologie und Geschichte. Gesammelte Abhandlungen zur Soziologie, Politik und Theorie der Geschichte, Göttingen 1964, S. 43.

Literaturverzeichnis

Allgemeine deutsche Biographie, hrsg. durch die historische Commission bei der königlichen Akademie der Wissenschaften, Bd.53, Leipzig 1907.

Behrmann, Günter C.: Das wissenschaftliche Ganzheitsideal der Historischen Schule und die Verselbständigung der Wissenschaft von der Politik, in: Bock/Homann/Schiera: Gustav Schmoller, S. 333-371.

Biermann, Wilhelm Ed.: Briefwechsel zwischen Wilhelm Roscher und Gustav Schmoller. – Wilhelm Stieda. Zwei Beiträge zur Literatur der Nationalökonomie, Greifswald 1922.

Bock, Michael/Homann, Harald/Schiera, Pirangelo (Hrsg.): Gustav Schmoller heute: die Entwicklung der Sozialwissenschaften in Deutschland und Italien, Berlin 1990.

Brinkmann, Carl, Historische Schule, in: Erwin von Beckerath (Hrsg.): Handwörterbuch der Sozialwissenschaften, Bd.5, Stuttgart 1956, S. 121-126.

Bruch, Rüdiger vom, Zur Historisierung der Staatswissenschaften. Von der Kameralistik zur historischen Schule der Nationalökonomie, in: Berichte zur Wissenschaftsgeschichte 8 (1985), S. 131-146.

Bußmann, Walter: Treitschke. Sein Welt- und Geschichtsbild, Zürich 1952.

Burgess, John W.: Reminiscences of an American Scholar, New York 1934

Eisermann, Gottfried: Die Grundlagen des Historismus in der deutschen Nationalökonomie, Stuttgart 1956.

–: Die Grundlagen von Wilhelm Roschers wissenschaftlichem Werk, in: Schefold: Dogmengeschichte, S. 27-78.

Gehring, Hans: Die Begründung des Prinzips der Sozialreform. Eine litera-historische Untersuchung über Manchestertum und Kathedersozialismus, Jena 1914.

Hennis, Wilhelm: Politik als praktische Wissenschaft. Aufsätze zur politischen Theorie und Regierungslehre, München 1968.

Hennings, Klaus Hinrich: Die Wirtschaftswissenschaften an der Universität Leipzig im achtzehnten und neunzehnten Jahrhundert, in: N. Wazek (Hrsg.): Die Institutionalisierung der Nationalökonomie an deutschen Universitäten, Hannover 1988, S. 122-161.

Hintze, Otto: Roschers politische Entwicklungslehre, in: ders.: Soziologie und Geschichte. Gesammelte Abhandlungen zur Soziologie, Politik und Theorie der Geschichte, Göttingen 1964, S. 3-45.

Homann, Harald: Gesetz und Wirklichkeit in den Sozialwissenschaften. Vom Methodenstreit zum Positivismusstreit, Diss. Tübingen 1989.

Jaeger, Friedrich/Rüsen, Jörn : Geschichte des Historismus, München 1992.

Knapp, Georg Friedrich: Aus der Jugend eines deutschen Gelehrten, Berlin, Stuttgart 1927.

–: Einführung in einige Hauptgebiete der Nationalökonomie, München, Leipzig 1925.

Koslowski, Peter (ed.): The theory of ethical economy in the historical school: Wilhelm Roscher, Lorenz von Stein, Gustav Schmoller and the contemporary theory, Berlin u.a. 1995.

Lindenlaub, Dieter: Richtungskämpfe im Verein für Sozialpolitik. Wissenschaft und Sozialpolitik im Kaiserreich, vornehmlich vom Beginn des „Neuen Kurses" bis zum Ausbruch des Ersten Weltkrieges (1890-1914) (= Vierteljahrschrift für Sozial-und Wirtschaftsgeschichte, Beihefte 52/53), Wiesbaden 1967.

Maier, Hans: Die Lehre der Politik an den deutschen Universitäten, in: Dieter Oberndörfer (Hrsg.): Wissenschaftliche Politik. Eine Einführung in Grundfragen ihrer Tradition und Theorie, Freiburg 1962, S. 59-116.

Medick, Hans: Naturzustand und Naturgeschichte der bürgerlichen Gesellschaft, Göttingen 1981.

Miaskowski, August von: Nekrolog auf das verstorbene Mitglied Wilhelm Roscher, in: Berichte über die Verhandlungen der Königlich Sächsischen Gesellschaft der Wissenschaften zu Leipzig, Philologisch-historische Classe, Leipzig 1894.

Oesterreich, Gerhard: Die Fachhistorie und die Anfänge der sozialgeschichtlichen Forschung in Deutschland, in: ders., Strukturprobleme der frühen Neuzeit. Ausgewählte Aufsätze, Berlin 1980, S. 57-95.

Oexle, Otto Gerhard: Geschichtswissenschaft im Zeichen des Historismus, Göttingen 1996.

–/Rüsen, Jörn (Hrsg.): Historismus in den Kulturwissenschaften. Geschichtskonzepte, historische Einschätzungen, Grundlagenprobleme, Köln, Weimar, Wien 1996.

Pankoke, Eckart: Sociale Bewegung-Sociale Frage-Sociale Politik. Grundfragen der deutschen „Socialwissenschaft" im 19. Jahrhundert, Stuttgart 1970.

Penz, Reinhard/Wilkop, Holger (Hrsg.): Zeit der Institutionen – Thorstein Veblens evolutorische Ökonomik, Marburg 1996.

Priddat, Birger P.: Die andere Ökonomie. Eine neue Einschätzung von Gustav Schmollers Versuch einer „ethisch-historischen" Nationalökonomie im 19. Jahrhundert, Marburg 1995.

–: Die staatswirtschaftlichen Tendenzen der deutschen Nationalökonomie des späten 19. Jahrhunderts. Diskussionsbeiträge und Berichte aus dem Institut für politische Wissenschaft Universität Hamburg, Hamburg 1988.

Rassem, Mohammed H./Wölky, Guido: Zur Göttinger Schule der Staatswissenschaften bis zu den Freiheitskriegen [in diesem Band S. 79-104].

Riedel, Manfred: Der Staatsbegriff der deutschen Geschichtsschreibung des 19. Jahrhunderts in seinem Verhältnis zur klassisch-politischen Philosophie, in: Der Staat 2 (1963), H.2, S. 41-63.

Roscher, Wilhelm: Ansichten der Volkswirtschaft aus dem geschichtlichen Standpunkte, Leipzig, Heidelberg 1861.

–: Geschichte der National-Ökonomik in Deutschland, München 1874.

–: Grundlagen der Nationalökonomie. Ein Hand- und Lesebuch für Geschäftsmänner und Studierende, Stuttgart ^{23}1900.

–: Grundriß zu Vorlesungen über die Staatswirthschaft. Nach geschichtlicher Methode, Göttingen 1843.

–: Leben, Werk und Zeitalter des Thukydides. Mit einer Einleitung zur Ästhetik der historischen Kunst überhaupt, Göttingen 1842.

–: Politik, Geschichtliche Naturlehre der Monarchie, Aristrokratie und Demokratie, Meersburg u.a. 1933 [ND der Ausgabe von 1892].

–: Über die Ein- und Durchführung des Adam Smith'schen Systems in Deutschland, in: Berichte über die Verhandlungen der Königlich Sächsischen Gesellschaft der Wissenschaften zu Leipzig, Philologisch-historische Classe, Leipzig 1870.

–: Über die Stellung der Nationalökonomie im Kreise der verwandten Wissenschaften, in: Berichte über die Verhandlungen der Königlich Sächsischen Gesellschaft der Wissenschaften zu Leipzig, Philologisch-historische Classe, Leipzig 1853.

Schäfer, Ulla G.: Historische Nationalökonomie und Sozialstatistik als Gesellschaftswissenschaften, Köln, Wien 1971.

Schefold, Bertram (Hrsg.): Vademecum zu einem Klassiker der deutschen Dogmengeschichte, Düsseldorf 1992.

– (Hrsg.): Vademecum zu einem Klassiker der historischen Schule, Düsseldorf 1994.

Schiera, Pirangelo/Tenbruck, Friedrich (Hrsg.): Gustav Schmoller in seiner Zeit: die Entstehung der Sozialwissenschaften in Deutschland und Italien, Berlin, Bologna 1989.

Schmoller, Gustav: Zur Litteraturgeschichte der Staats-und Sozialwissenschaften, Leipzig 1888.

–: Zur Social- und Gewerbepolitik, Leipzig 1890.

Schorn-Schütte, Luise: Karl Lamprecht, Kulturgeschichtsschreibung zwischen Wissenschaft und Politik, Göttingen 1984.
Shils, Edward: Geschichte der Soziologie: Tradition, Ökologie und Institutionalisierung, in: Parsons, Talcott/Shils, Edward/ Lazarsfeld, Paul. F.: Soziologie – autobiographisch, Stuttgart 1975, S. 69-146.
Stieda, Wilhelm: Die Nationalökonomie als Universitätswissenschaft, Leipzig 1906.
Streißler, Erich: Carl Menger, der deutsche Nationalökonom, in: Birger P. Priddat (Hrsg.): Wert, Meinung, Bedeutung, Marburg 1997, S. 33-88.
Weber, Max: Roscher und Knies und die logischen Probleme der historischen Nationalökonomie, in: ders.: Gesammelte Aufsätze zur Wissenschaftslehre, Tübingen 1922, S. 1-145.
Weber, Wolfgang: Priester der Klio, Frankfurt/Main 1984.
Winkel, Harald: Die deutsche Nationalökonomie im 19. Jahrhundert, Darmstadt 1977.
Wirth, Max: Bismarck, Wagner, Rodbertus. Betrachtungen über ihr Wirken und die Zukunft ihrer Werke, Leipzig 1882.

Gab es eine „Kieler Schule"?
Die Kieler Grenzlanduniversität und das Konzept der „politischen Wissenschaften" im Dritten Reich

Ralf Walkenhaus

Das wissenschaftsgeschichtliche Interesse an der Politikwissenschaft kann vor dem Dritten Reich nicht ausweichen. Der vor mehr als zehn Jahren geführte Disput zwischen Johannes Weyer und Kurt Lenk um die Existenz einer eigenständigen universitär institutionalisierten Politikwissenschaft im Dritten Reich hat dieses in Vergessenheit geratene Gebiet der Wissenschaftsgeschichte wieder zutage gefördert und zahlreiche Publikationen nach sich gezogen.[1] Heute steht fest, daß es etwa mit der Fortexistenz der Deutschen Hochschule für Politik, Berlin bis 1939 und der Auslandswissenschaftliche Fakultät an der Berliner Universität Ansätze wissenschaftlicher Beschäftigung mit Politik auch unterhalb der Ebene einer Institutionalisierung als wissenschaftlicher Disziplin gegeben hat.[2] Darüber hinaus gab es in allen geisteswissenschaftlichen Disziplinen Konzeptionen „politischer Wissenschaften", etwa politische Soziologie, politische Staatswissenschaft, politische Pädagogik, die mit dem Impetus synoptischer Betrachtung die politischen Ziele des Nationalsozialismus in ihr Wissenschaftsprogramm inkorporiert haben und mit dem Gedanken der Politisierung die Weltanschauung in das Zentrum ihrer wissenschaftlichen Arbeit gestellt haben. Der Philosoph Alfred Baeumler war beispielsweise Leiter des Berliner Instituts für „politische Pädagogik", der Soziologe Hans Freyer folgte einem Ruf auf einen Lehrstuhl für „politische Wissenschaften" in Leipzig und auch an den juristischen Fakultäten wurden Institute für „politische Wissenschaft" eingerichtet.

---

1   Vgl. zur Diskussion: Johannes *Weyer*: Politikwissenschaft im Faschismus (1933-1945), in: Politische Vierteljahresschrift 26 (1985), S. 423-437; Hubertus *Buchstein*/Gerhard *Göhler*: In der Kontinuität einer braunen Politikwissenschaft? – Empirische Befunde und Forschungsdesiderate, in: Politische Vierteljahresschrift 27 (1986), S. 330-339; Kurt *Lenk*: Über die Geburt der „Politikwissenschaft" aus dem Geiste des „unübertrefflichen" Wilhelm Heinrich Riehl, in: Politische Vierteljahresschrift 27 (1986), S. 252-258; Johannes *Weyer*: Replik auf Kurt Lenk. Forschen um jeden Zweck? Zur Diskussion über die Politikwissenschaft im Faschismus, in: Politische Vierteljahresschrift, 27 (1986), S. 259-264; Rainer *Eisfeld*: Ausgebürgert und doch angebräunt? Deutsche Politikwissenschaft 1920-1945, Baden-Baden 1991; zusammenfassend auch: Ernst *Haiger*: Politikwissenschaft und Auslandswissenschaft im „Dritten Reich". (Deutsche) Hochschule für Politik 1933-1939 und Auslandswissenschaftliche Fakultät der Berliner Universität 1940-1945, in: Gerhard *Göhler*/Bodo *Zeuner* (Hrsg.): Kontinuitäten und Diskontinuitäten in der deutschen Politikwissenschaft, Baden-Baden 1991, S. 94-136.
2   *Haiger*: Politikwissenschaft, S. 130; s.a. *Eisfeld*: Ausgebürgert, S. 93ff. u. 139ff.

Die Rechtswissenschaft war im Kanon der Geisteswissenschaften seit dem 19. Jahrhundert nicht nur Wissenschaft vom Staat, sondern auch scientia regis all jener politischen Wissensbereiche, die Verfassung, Herrschaft und Macht und Recht betrafen. Die mit dem Rechtspositivismus im Öffentlichen Recht aufgegangene Allgemeine Staatslehre hat organisationsgeschichtlich bis zum Dritten Reich die Rolle einer Politikwissenschaft als Regierungslehre und Staatstheorie erfüllt und an den Universitäten die Lehre der Politik abgedeckt. Die ihr zugeschriebene Funktion juristischer Dogmatik, die an das jeweilige normative Verfassungskonzept gebunden war, brachte die Rechtswissenschaft 1933 in die Rolle der Königswissenschaft zur Ausgestaltung der nationalsozialistischen Herrschaftsordnung. Der mit der „Revolution" von 1933 einhergehende Umbau der Jurisprudenz korrespondierte mit der Gleichschaltung der Universitätsgremien und der Umstrukturierung von Lehre und Forschung. Die Politisierung des Rechts im Dritten Reich hatte den Zweck, die ehemals bürgerlich-konstitutionellen Grundlagen des Rechts und der Rechtsdogmatik, politische Normsetzungsakte nach Herrschaft und Güte zu klassifizieren und den Sinn von Normen und ihre Bedeutung für konkrete Streitfälle zu ermitteln, für das Programm einer nationalsozialistischen Rechtswissenschaft zu zerstören. Die auf Führerbefehl, Maßnahmen und Generalklauseln fußende Rechtspolitik im Dritten Reich entwickelte sich mit der Überwindung der Positivität des Rechts zu einer Situationsjurisprudenz.[3]

Die Juristische Fakultät der Christian-Albrechts-Universität Kiel stand nach der Machtergreifung am 30. Januar 1933 für den vollständigen personellen Austausch und eine umfassende organisatorische Umgestaltung im Sinne der nationalsozialistischen Hochschulerneuerung. Dieses als „Kieler Schule" in der Literatur bekannt gewordene Experiment des Umbaus der juristischen Fakultät zu einer politischen „Stoßtruppfakultät" im Dienste der politischen Sendung im Grenzland ist exemplarisch für die Gleichschaltung des inhaltlichen Zuschnitts der Rechtswissenschaft als „politische Wissenschaft" auf die Ziele der nationalsozialistischen Wissenschaftspolitik.[4] Auch das Grenzlandkonzept ist ein rechtswissenschaftliches Programm, das mit den Lehrplänen der „Fakultäten für Rechts- und Staatswissenschaften" der Universitäten Kiel, Breslau und Königsberg als universitärer Grenzstandort verbunden war. Das Grenzlandkonzept im Dritten Reich wird im allgemeinen als juristische Konstruktion mit dem Umbau der juristischen Fakultäten und dem curricularen Neubau der Universitätslehre in Beziehung gesetzt. Wenn im Hochschulalltag diese Konzepte auch eigentlich unvermittelt nebeneinander standen, so waren sie doch universitäts- und fakultätspolitisch als ganzheitliches Programm entwickelt worden.

---

3   Dieter *Grimm*: Die „Neue Rechtswissenschaft". Über Funktion und Formation nationalsozialistischer Jurisprudenz, in: Peter *Lundgreen* (Hrsg.): Wissenschaft im Dritten Reich, Frankfurt/Main 1985, S. 31ff.

4   Hans Werner *Prahl*: Die Hochschulen und der Nationalsozialismus, in: *ders.* (Hrsg.): Uni-Formierung des Geistes. Universität Kiel im Nationalsozialismus, Bd.1, Kiel 1995, S. 1-50, hier: S. 28 u. 35f.; s.a. Jörn *Eckert*: Die Juristische Fakultät im Nationalsozialismus, in: Prahl: Uni-Formierung, Bd. 1, S. 51f.

Die Erforschung von wissenschaftlichen Schulen im Dritten Reich steht vor der unüberwindlichen Problematik, daß die nationalsozialistische Hochschul- und Wissenschaftspolitik kaum Verallgemeinerungen zuläßt und die universitären Reform- und Modernisierungsbestrebungen bereits 1936/37 gescheitert sind. Es hat weder eine für Staat und Partei verbindliche Wissenschaftstheorie gegeben, noch glückte der Versuch, alle Hochschulen auf die nationalsozialistischen Ziele von Staat und Partei einzuschwören.[5] Jegliche wissenschaftsgeschichtliche Rekonstruktion ist mit diesem für das Dritte Reich typischen Verlaufsphänomen verbunden. Das Grenzlandkonzept ist im Rahmen der Politisierung der Universitätsdisziplinen im Dritten Reich kaum untersucht worden. Es fehlt sowohl an erschlossenem Quellenmaterial der Universitäten Breslau und Königsberg, aber auch an verallgemeinerungsfähigen Strukturen und Verlaufsphänomenen vor dem Hintergrund der inkonsequenten Verfolgung nationalsozialistischer Hochschulpolitik. Das residuale Bild der nationalsozialistischen Wissenschaftspolitik läßt sich nur anhand des Fallbeispiels der Kieler Grenzlanduniversität rekonstruieren.[6] Inwieweit die „Kieler Schule" als die institutionell und konzeptionell beherrschende Erscheinung der „völkischen Rechtserneuerung"[7] den wissenschaftlichen Schulenkriterien gerecht wird, soll im folgenden analysiert werden.

1. Das Ideologisierung des Grenzlandkonzept

Die 1665 gegründete Christian-Albrechts-Universität zu Kiel hat die Nationalsozialisten wohl wegen ihrer institutionellen Überschaubarkeit als Modell einer vollpolitisierten Universität interessiert. Gegen Ende der Weimarer Republik hatte sie circa 2.500 Studenten. Seit dem Kaiserreich gehörte sie mit ihren liberalen und fortschrittlichen Professoren wie dem Ökonomen Bernhard Harms (Gründer des Instituts für Weltwirtschaft), dem Soziologen Ferdinand Toennies und den Juristen Walther Schücking und Hermann Kantorowicz nicht zu den konservativen Bollwerken deutscher Universitätstraditionen. Die Gleichschaltung der Kieler Universität und die Entlassung der jüdischen Professoren ist vor allem unter dem Druck des bereits 1930 mit satter Mehrheit agierenden Nationalsozialistischen Deutschen Studentenbundes

---

5   Hellmut *Seier*: Universitäten und Hochschulpolitik im nationalsozialistischen Staat, in: Klaus Malettke (Hrsg.): Der Nationalsozialismus an der Macht. Aspekte nationalsozialistischer Politik und Herrschaft, Göttingen 1984, S. 143-165.
6   Horst *Möller*: „Wissensdienst für die Volksgemeinschaft". Bemerkungen zur nationalsozialistischen Wissenschaftspolitik, in: Wolfgang Treue/Karlfried Gründer (Hrsg.): Berlinische Lebensbilder. Wissenschaftspolitik in Berlin. Minister, Beamte, Ratgeber, Berlin 1987, S. 308.
7   Jörn *Eckert*: Was war die Kieler Schule?, in: Franz Jürgen Säcker (Hrsg.): Recht und Rechtslehren im Nationalsozialismus. Ringvorlesung der Rechtswissenschaftlichen Fakultät der Christian-Albrechts-Universität Kiel, Baden-Baden 1992, S. 37; *ders.*: Fakultät, S. 51f.

betrieben worden. Dabei stand allerdings nicht fest, welche Rolle die Universität als solche spielen sollte. Als „politische Universität", so stellte der Jurist und Rektor Georg Dahm 1935 fest, war sie von der nationalsozialistischen Weltanschauung erfaßt „und wandelt alle Gebiete des geistigen Lebens, alle Wissenschaften und alle Berufe, die dadurch zu einer wirklichen Einheit, zu einer neuen Universitas zusammengefaßt werden".[8] Die nationalsozialistische Hochschulreform, wenn sie im ganzen auch langfristig gescheitert ist, sah vor, die Universität unter staatliche und ideologische Kontrolle zu bringen, den „liberalen" und „jüdischen" Geist auszurotten und mit neuen Kommissionen und politisierter Personalpolitik die mittelalterliche Universitas zu einem völkischen Gemeinschaftskonzept mit dem Kerngedanken der „Führung" und „Auslese" umzubiegen.[9]

Der Universitätsstandort Kiel synthetisierte wegen seiner Grenzlage zum Norden das Grenzlandkonzept mit dem nordischen Rassenmythos und hob sich damit weltanschaulich gegenüber den anderen Grenzstandorten Breslau oder Königsberg hervor. Es war geplant, die Philosophische Fakultät mit ihren auf den Norden bezogenen Disziplinen von Geschichte, Literatur und Sprachwissenschaft als Träger der völkischen Grenzlandsendung einzubeziehen.[10] Das Grenzlandkonzept steht für die voll politisierte Universität im Nationalsozialismus. Es vereint im Rahmen der politischen Geographie die Stadt Kiel als Universitäts- und Kriegsmarinestandort sowie als Tor zur Nordmark mit dem Konzept des Lebensraums und damit korrespondierenden erlebnishaften Versatzstücken der „nordischen Rasse". Die Aufsätze und Pamphlete der Kieler Rektoren, Volkskundler, Soziologen und Historiker zum Grenzlandkonzept sind vorzugsweise in der Studentenzeitung *Der Schleswig-Holsteiner*, seit 1937 umbenannt in *Student der Nordmark*, dokumentiert.[11] Das neue Hochschulkonzept machte den Grenzlandstandort Kiel mit einer gehörigen Portion Nordlandromantik als vitalistischem Element für das nordische Rassenethos zum Träger des Volkstumskampfes gegen die Dänen.[12]

---

8   Georg *Dahm*: Kiel als politische Universität, in: Schleswig-Holsteinische Hochschulblätter 11 (1935), Nr. 1 (30. Januar), S. 1; zur „politischen Universität" vgl. auch: Geoffrey J. *Giles*: Die Idee der politischen Universität. Hochschulreform nach der Machtergreifung, in: Heinemann: Erziehung, S. 50-60.
9   *Giles*: Idee, S. 56f.
10 *Giles*: Idee, S. 56f.; *Dahm*: Kiel, S. 1.
11 *Ungezeichnet*: Kiel - Grenzland-Universität, in: Student der Nordmark 13 (1937), S. 2f.; Carl *Petersen*: Die Kieler Universität in ihrem Verhältnis zum Norden, in: Schleswig-Holsteinische Hochschulblätter 10 (1934), Nr. 2 (13. Juni), S. 9-12; *Dahm*: Kiel, S. 1-2; Hans *Meyersahm*: Der Grenzkampf in der Nordmark; in: Schleswig-Holsteinische Hochschulblätter 10 (1934), Nr. 2 (20. November), S. 6-9; R. *Kern*: Unsere Grenzlandaufgabe, in: Schleswig-Holsteinische Hochschulblätter 10 (1934), Nr. 7 (15. Dezember), S. 2-4 sowie die Themenhefte: „Deutsches Grenzland", in: Schleswig-Holsteinische Hochschulblätter 9 (1933), Nr. 2/3 (26. Juni) und „Grenzland-Universität Kiel", in: Student der Nordmark 13 (1937), Nr. 2 (12. Juni).
12 *Petersen*: Universität, S. 10f.; s.a.: Karl Dietrich *Erdmann*: Wissenschaft im Dritten Reich, Kiel 1967, S. 9f.

Für die Durchsetzung des Grenzlandkonzepts spielte der legitimatorische Druck des Nationalsozialistischen Deutschen Studentenbundes eine wichtige Rolle. In den ministeriellen Richtlinien für das Studium der Rechtswissenschaften wurden die Studenten aufgefordert: „Bevorzugt zunächst die rechtswissenschaftlichen Fakultäten in Kiel, Breslau und Königsberg, die als politischer Stoßtrupp ausersehn sind."[13] Obwohl in der zeitgenössischen Literatur kaum definiert, war die „Stoßtruppfakultät" die an den nationalsozialistischen Zielen der Hochschulreform ausgerichtete Modell-Fakultät mit neu berufenen Professoren, die sich dem Nationalsozialismus verpflichtet fühlten und als „politische Professoren" die Inhalte und Lehrformen der Universitätsdisziplinen im Rahmen des Konzepts der Politisierung auf die nationalsozialistische Weltanschauung zugeschnitten hatten. „Stoßtruppfakultät" und „Grenzlanduniversität", beides sind juristische Konzepte, in deren Planungszusammenhang auch die Kieler Juristenfakultät fiel. So resümierte Rektor Dahm dazu: „Die Entscheidung darüber, welche Kräfte das Leben der Universität bestimmen, hängt natürlich von den besonderen Verhältnissen an den einzelnen Hochschulen ab. Für Aufbau und Erneuerung der Universität wird es zunächst auf die Wissenschaften ankommen, in denen das neue völkische Gemeinschaftsdenken besonders lebendig ist. So ist es schon im Gegenstand begründet, daß etwa die rechts- und staatswissenschaftliche und die medizinische Fakultät stärker hervortreten. Denn größere Bedeutung als jede theoretische Einsicht hat das Wirksamwerden eines neuen aktiven Gemeinschaftsdenkens in lebensnahen und politischen Wissenschaften."[14]

Die inhaltliche Indienstnahme der Grenzlanduniversitäten im Sinne einer Grenzlandideologie[15] dokumentieren die Hochschulblätter jener Zeit ganz deutlich. Mit dem Grenzlandgedanken sollte das Grenz- und Auslandsdeutschtum für das expansionistische Raumdenken der Nazis in Dienst genommen wurde. „Reich", „Raum", „Volk", „Rasse" und die völkische Gestaltungskraft der deutschen Geschichte sind die Angelpunkte dieses politisierten Universitätskonzepts. Es ist programmatisch durch das Anlegen der völkischen Ideologie auf das Grenz- und Auslandsdeutschtum bestimmt mit dem Ziel, bei expansionistischem Raumgewinn die neu hinzugewonnenen Gebiete mit politisierter Volkstumsarbeit „gleichzuschalten" und der Grenzlanduniversität als ganzem diese Umerziehungs- und Politisierungsarbeit zur Aufgabe zu machen.[16] Das Themenheft „Deutsches Grenzland" der Schleswig-Holsteinischen Hochschulblätter von Juni 1933 gibt einen holzschnittartigen Überblick über die völkischen, geographischen und historischen Argumentionslinien des Grenzlandkonzepts. Einerseits wurde die „europäische Mittellage" Deutschlands als zentrales Argument der politischen Größe des

---

13 Zit. nach *Erdmann*: Wissenschaft, S. 10.
14 Dahm: Kiel, S. 1.
15 *Ungezeichnet*: Kiel, S. 2-3.
16 *Meyersahm*: Grenzkampf, S. 6-9. In diesem Aufsatz wird die schlechte ökonomische und materielle Situation der Auslandsdeutschen in Dänemark für den völkischen Grenzkampf verbrämt.

Dritten Reiches apostrophiert, andererseits die volks- und landschaftsgeschichtliche Ebene der volksbildenden Kraft der deutschen Geschichte mit der des existentiellen Kampfes verbunden und daraus die Intention eines tieferen Verständnisses „der ungeheuer vielfältigen Bedingungen der Grenzräume"[17] abgeleitet. Ziel des universitären Grenzlandkonzeptes war die Erforschung des „eigengeprägten Volkstums grenz- und auslandsdeutscher Gruppen".[18]

Damit korrespondiert der Wunsch, ein Institut für Volkskunde zu gründen:[19] „Das Wesen der deutschen Grenzräume ist charakterisiert durch das in der Geschichte sich vollziehende Vorrücken und Zurückweichen eines Bündels von Grenzen: der Staatsgrenzen, der Sprachgrenzen, der Volksgrenzen, der nationalen Grenzen. Für jede Grenzbevölkerung wird es schicksalshaft, unter welchem Staate es sich entscheidende geistige Bewegungen durchmacht und erlebt: ob bei dem Staate des eigenen Volkstums oder dem eines fremden."[20] Daraus ergeben sich zwei Grundformen: 1. im Wesen findet sich kein Kulturgefälle, das heißt keine Verschiedenheit der Höhe der kulturellen Lagen zwischen den angrenzenden Völkern, kein bevölkerungspolitisches Spannungsfeld; 2. im ganzen Verlauf der Ostgrenzen gibt es ein starkes kulturelles Gefälle von West nach Ost mit bevölkerungspolitischem Druck- und Spannungsverhältnis (Reslavisierungsproblematik der zwanziger Jahre, zum Beispiel Polens); 3. aus dem staatlich-nationalen Problem des Westens wie aus dem staats- und volkspolitischen Problem des Ostens resultiert ein Minderheitenproblem, das politische Verhältnis der deutschen Minderheiten (Nationalität) zum Staatsvolk; Beispiele: Elsaß, Polen, Tscheschoslowakei, Südtirol, Nordschleswig, Estland. Mit dem völkischen Expansionsgedanken des Grenzlandkonzeptes sollen nicht nur alle sozialen und ethnischen Konflikte nivelliert, sondern zugleich zum Zwecke der expansionistischen Sendung auch volkstumstheoretisch polarisiert werden.[21]

2. Exkurs: Geltungskriterien wissenschaftlicher Schulen

Wird dem weltanschaulich vereinheitlichten Lehrkörper der Kieler Juristenfakultät der Status einer wissenschaftlichen Schule zugebilligt, wie die Sekundärliteratur zur NS-Rechtsgeschichte auch unterstellt, so ist nach Kriterien der Geltung wissenschaftlicher Schulen zu fragen, die vorzugsweise aus der wissenschaftshistorischen Literatur der Soziologie abgeleitet werden.

---

17 Carl *Petersen*: Deutsche Grenzprobleme, in: Schleswig-Holsteinische Hochschulblätter 9 (1933), S. 3.
18 *Petersen*: Grenzprobleme.
19 Gustav Fr. *Meyer*: Wir benötigen ein Institut für Volkskunde! Die Volkskundliche Arbeit im Grenzland, in: Themenheft: Grenzland-Universität, S. 14-15; *Petersen*: Grenzprobleme, S. 3.
20 *Petersen*: Grenzprobleme, S. 3.
21 *Petersen*: Grenzprobleme.

Die Bedeutungsvarianz des Schulenbegriffs ist vielfältig. Im wissenschaftssoziologischen Sinne wird eine institutionell organisierte Anhängerschaft einer bestimmten Lehre oder eines Lehrers angenommen. Kriterium der Schulenbildung im 19. Jahrhundert ist schon ein theoretisch-methodologischer Ansatz oder eine ideengeschichtliche Grundposition gewesen. Mit dem intellektuellen Moment geht zumeist eine personalistische Komponente einher. Schulen sind wissenschaftliche Gruppenbildungen, die auf der Ausstrahlungskraft eines charismatischen Gelehrten und einer Jüngerschaft beruhen, die akademische Familien und Stammbäume produzieren, indem die vom Meister begründete Methode als richtigkeitsverbürgend rezipiert und als akademisch-generatives Erbe weitergegeben wird. Gleichzeitig sorgen die akademischen Väter im Beziehungsgeflecht Wissenschaft für die beruflichen Karrieren der Schülerinnen und Schüler sorgen. Wissenschaftliche Schulen tragen mit einer koordinierten Publikationspolitik zur schulischen Identität in Wissenschaft und Öffentlichkeit bei. Der internen Definition der Schule dienen charakteristische Verankerungen ihrer Lehrstühle in den Fakultätsstrukturen. Dazu werden praktische Ausbildungsgänge kreiert und Einfluß auf die akademische Berufungspolitik genommen. Zur Identität einer akademischen Schule trägt auch ihre Definitionsmacht nach außen zu konkurrierenden Schulen bei. Im Laufe der Generationen schwächen sich in der Regel das Profil und die Kohärenz der etablierten Schulen ab. Es gibt eine Vielzahl von ideengeschichtlichen, gelehrtengeschichtlichen, sozialisations-, professions- und allgemeingeschichtlichen Aspekten der Entwicklung von Schulen innerhalb eines Faches. Damit kann nur ein bestimmter Theorietyp, eine Richtung, eine Doktrin, ein Gesamtsystem oder eine Theorie der Politik verbunden sein.[22]

Die Soziologiegeschichte nennt institutionelle, psychologische und typologische Bedeutungsebenen des Schulenbegriffs.[23] Das institutionelle Kriterium wird verwendet, wenn einer Gruppe von Wissenschaftlern Interessen gemeinsam sind, die innerhalb eines institutionellen Rahmens ausgebildet werden. Dafür gibt es aber keine feststehenden Regeln. Ein hohes Maß an Institutionalisierung schafft notwendigerweise noch keinen theoretischen Konsens. Auch außerhalb von Institutionen können andere Wissenschaftler zu ähnlichen Ansichten und Ergebnissen kommen. Der Begriff der Schule hat eine andere Konnotation, wenn nicht die Institution, sondern die Banden zwischen den Mitgliedern thematisiert wird.[24] Das betrifft die psychologische Bedeutung des Schulenbegriffs. Die Situation ähnelt dem symbolischen Interaktionismus, der sich so nennt, um auf seine Bezugsgruppe hinzuweisen, die sich mit irgendeiner bestehenden Institution identifiziert. In bezug auf die Methodologie einer Schule betrifft es die theoretische Solidarität, vor allem zwischen Schülern und Gründerfigur. Als Schulenkriterien kommen auch re-

---

22 Jerzy *Szacki*: „Schulen" in der Soziologie, in: Lepenies: Geschichte, S. 16f.
23 *Szacki*: Schulen, S. 18.
24 *Szacki*: Schulen, S. 19f.

gionale und nationale Einstellungen und auch außerwissenschaftliche Faktoren wie Politik, Ideologie, Mode sowie die politischen und sozialen Einflüsse von politischen Systembrüchen in Frage.[25] Das typologische Verständnis von „Schulen" klassifiziert die Mitglieder unabhängig von ihrem Selbstbild der Zugehörigkeit nach nationalen, methodologischen und zeitlichen Eingrenzungskriterien. So können Schulen auch nachträglich definiert werden, wenn bei konjunkturellen Rezeptionen ganz bestimmte methodologische, begriffliche und thematischen Eigenarten einen innovativen Impuls für die Wissenschaft geben. Klassifikationsschemata können idealtypisch, empirisch oder im Rahmen der Validität ermittelt werden. Diese typologischen Kriterien bringen die Stabilität theoretischer Perspektiven ans Licht.[26]

3. Der Vater der „Kieler Schule" und die Neubesetzung der Juristenfakultät

Das Grenzlandkonzept setzte der Rechtshistoriker Karl August Eckhardt zusammen mit dem Reichswissenschaftsministerium wissenschaftspolitisch durch. Karl August Eckhardt war die Schlüsselfigur der juristischen Fakultät und zugleich der hochschulpolitische Drahtzieher bei Berufungsverfahren in Kiel. Er hatte Einfluß auf die wichtigsten Inhalte der Rechtserneuerung genommen und übte seit 1934 entscheidenden Einfuß auf die weitere personelle Zusammensetzung der Kieler Fakultät aus. Zum Wintersemester 1933/34 wechselte Eckhardt von Bonn nach Kiel. Aber schon am 21. März 1934 verließ er wieder Kiel, um im Reichswissenschaftsministerium für die „Betrauung mit einer politischen und wissenschaftlichen Aufgabe" nachzusuchen.[27] Zum 1. Oktober 1934 wurde Eckhardt in die Hochschulabteilung des Reichs- und Preußischen Ministeriums für Wissenschaft, Erziehung und Volksbildung als Hauptreferent für die Fächer Recht, Staat, Politik, Wirtschaft und Geschichte versetzt. Zugleich wurde ihm ein Lehrstuhl für Mittlere Geschichte an der Philosophischen Fakultät der Berliner Universität übertragen. Eckhardt war der maßgebliche Mann im Ministerium von Bernhard Rust für die nationalsozialistische Umgestaltung der Universitätsverfassungen und der Studienordungen. Der Kieler Lehrstuhl von Eckhardt wurde nicht mehr besetzt, sondern von Eugen Wohlhaupter auf Dauer vertreten.[28]

---

25 *Szacki*: Schulen, S. 21.
26 *Szacki*: Schulen, S. 22.
27 *Eckert*: Fakultät, S. 61.
28 1933 konnte der erst einunddreißigjährige Eckhardt schon siebzig Publikationen vorweisen und hatte drei Rufe auf Ordinariate in Kiel, Berlin und Bonn angenommen. Kein Vertreter der deutschen Rechtsgeschichte seiner Generation war so erfolgreich. Eckhardt war bereits früh politisch tätig und verschrieb sich geradezu fanatisch der nationalsozialistischen Bewegung, was vor allem auf den Kontakt mit den nationalsozialistischen deutschen Studentenbund seit 1930 zurückzuführen ist. Seit Februar 1932 gehörte er der

Für Eckhardt ist charakteristisch, daß er als „Vater" der Kieler nationalsozialistischen Juristenfakultät eigentlich nicht als Wissenschaftler mit dem Anspruch der für Schulen so wichtigen Themenfixierung und Methodendefinition in Erscheinung tritt, sondern wissenschaftsextern als Manager in der Ministerialbürokratie. Immerhin war er seit 1934 nicht mehr hauptamtlich auf seinem rechtshistorischen Lehrstuhl in Kiel. Eckhardt ist also streng genommen nicht der wissenschaftliche Vater der Kieler Arbeitsgemeinschaft, sondern der wissenschaftspolitische Drahtzieher zur Durchsetzung eines bestimmten Politisierungskonzept für die Jurisprudenz bei entsprechender politisch-ideologischer Auswahl des Lehrkörpers. Es ist außerdem Eckhardts Verdienst, im Ringen um die Trägerschaft des Grenzlandkonzepts nicht der Philosophischen und der Medizinischen Fakultät die Rolle der politischen Führerschaft zuzuerkennen, sondern der Fakultät für Rechts- und Staatswissenschaft. Das entspricht dem typischen hochschulpolitischen Zugriff nationalsozialistischer Wissenschaftspolitik, auf Fakultätsstrukturen im Sinne einer „vollpolitisierten Universität" mit ministeriellem Auftrag Einfluß zu nehmen.

Mit der Gleichschaltung der Kieler Universität und der Entlassung der meisten demokratisch gesinnten und jüdischen Hochschullehrer nach dem Gesetz zur Wiederherstellung des Berufsbeamtentums wurde bis 1935 diese erste Stufe der personellen Umbesetzung in der Juristischen Fakultät abgeschlossen. Für die Kieler Situation trifft denn auch die für die sonstige nationalsozialistische Hochschulpolitik so typische Kette von Improvisationen nicht zu. Eckhardt betrieb eine generalstabsmäßig organisierte Umstrukturierung des ganzen juristischen Personalkörpers. Die personelle Neubesetzung richtete sich nach der Eignung der neuen Kandidaten für die politisch-ideologischen Ziele des Nationalsozialismus.

So wurden die jungen Rechtsdozenten Ernst Rudolf Huber, Karl Larenz und Georg Dahm schon in ihrem Vertretungssemester im Sommer 1933 von dem Hilfsreferenten in der Hochschulabteilung des Preußischen Kultusministeriums, Wilhelm Ahlmann, auf ihre besondere politisch-didaktische Arbeit

---

NSDAP an, bereits im Mai 1931 trat Eckhardt der SA bei. Nach der Machtübernahme wurde er Mitbegründer der Godesberger Ortsgruppe des Nationalsozialistischen Kraftfahrerkorps und trat im Oktober 1933 der SS bei. Im August 1933 avancierte er zum Schulungsleiter eines SS-Sturmes, zum 1. Januar 1935 wurde Eckhardt als Unterstumführer der SS zum Persönlichen Stab des Reichsführers SS abkommandiert. Noch 1935 erfolgte seine Abkommandierung zum Sicherheitsdienst. Neben der bloßen SS-Zugehörigkeit unterhielt Eckhardt eine Freundschaft zu Heinrich Himmler, die bis zum Ende des Dritten Reiches andauerte und seine akademische Karriere entscheidend beeinflußte. 1937 gründete er in Bonn das „Deutschrechtliche Institut" im Interesse der Ahnenverehrung und des Unsterblichkeitsglaubens. Dem Mißkredit Hitlers, den Eckhardt mit seiner „unzulänglichen Einstellung zur Judenfrage" mit einem Nachruf auf seinen jüdischen Lehrstuhlvorgänger Max Pappenheim einhandelte, folgte die Rehabilitierung durch Himmler. Im Februar 1938 verlieh ihm Himmler den Ehrendegen der SS und beförderte ihn zum SS-Sturmbannführer. Im Juni 1941 verfaßte Eckhardt eine Festschrift zum 40. Geburtstag Himmlers. Vgl. *Eckert*: Fakultät, S. 62.

hingewiesen.[29] Sie wurden alle mit Wirkung zum 1. August 1933 in Kiel zu ordentlichen Professoren berufen. Der Radbruch-Schüler Georg Dahm[30] bekam das Ordinariat für Strafrecht von Hermann Kantorowicz. Dahm war Rektor der Kieler Universität vom Wintersemester 1934/35 bis zum Sommersemester 1937 und stand dem späteren Rektor Andreas Predöhl 1942 bis 1944 als Prorektor zur Seite. Ernst Rudolf Huber[31], von Carl Schmitt und Heinrich Göppert kommend ein ausgewiesener Experte für Wirtschaftsverwaltungsrecht und Staatsrecht, erhielt das Ordinariat für Staats-, Wirtschafts- und Arbeitsrecht am Institut für Weltwirtschaft von Walther Schücking, Karl Larenz[32] den Lehrstuhl für Rechtsphilosophie von Husserl. Karl Michaelis übertrug man das Ordinariat für Zivilprozeßrecht am 18. Juli 1933. Wolfgang Siebert[33] wurde am 1. April 1935 auf den Lehrstuhl für Bürgerliches Recht, insbesondere Handels- und Arbeitsrecht, berufen. Fritz Schaffstein[34], vorher in Leipzig, erhielt im April 1935 den Lehrstuhl für Strafrecht, insbesondere Jugendrecht.

Unter den Rektoren Ritterbusch und Dahm wurde nicht nur das Personal fast vollständig ausgetauscht, sondern auch die Dozenten nach Eignung für die politisch-ideologischen Ziele der Machthaber berufen.[35] Im Oktober 1935 wurde Paul Ritterbusch, ehemals Assistent des Gründers der Zeitschrift für Politik, Richard Schmidt, auf den öffentlich-rechtlichen Lehrstuhl berufen, der die Leitung des Kieler „Instituts für Internationales Recht" vorsah. Ritterbusch legte das Institut 1937 mit dem „Institut für Politik" als „Institut für Politik und Internationales Recht" zusammen, das dann in die Abteilungen „Politik" (Staatslehre), „Politische Auslandskunde", ähnlich der Berliner Auslandswissenschaftlichen Fakultät, „Völkerrecht" und „Internationales Pri-

---

29 *Eckert*: Fakultät, S. 60; s.a. die Selbstdarstellung von Karl Larenz in: Josef *Kockert*: Briefe, die Geschichte schreiben – Karl Larenz und die nationalsozialistische Zeit, in: Zeitschrift für Neuere Rechtsgeschichte 18 (1996), S. 27.
30 Vgl. statt vieler: Karl *Larenz*: Der Methodenstreit in der heutigen Strafrechtswissenschaft, in: Zeitschrift für die gesamte Strafrechtswissenschaft 57 (1938), S. 223ff.
31 Vgl. zu den Veröffentlichungen von Ernst Rudolf Huber im Dritten Reich exemplarisch: Ernst Rudolf *Huber*: Die Einheit der Staatsgewalt, in: Deutsche Juristenzeitung 39 (1934), S. 950-960; *ders*.: Die deutsche Staatswissenschaft, in: Zeitschrift für die gesamte Staatswissenschaft 95 (1934/35), S. 1-60; *ders*.: Das Staatsoberhaupt des Deutschen Reiches, in: Zeitschrift für die gesamte Staatswissenschaft 95 (1934/35), S. 202-229; *ders*.: Verfassung, Hamburg 1937; *ders*.: Einheit und Gliederung des völkischen Rechts – ein Beitrag zur Überwindung des Gegensatzes von öffentlichem und privatem Recht, in: Zeitschrift für die gesamte Staatswissenschaft 98 (1938), S. 310-359.
32 Vgl. Karl *Larenz*: Deutsche Rechtserneuerung und Rechtsphilosophie, Tübingen 1934; *ders*.: Rechts- und Staatsphilosophie der Gegenwart, Berlin ²1935; *ders*.: Volksgeist und Recht, in: Zeitschrift für Deutsche Kulturphilosophie 1 (1935), S. 40-60; *ders*.: Über Gegenstand und Methode des völkischen Rechtsdenkens, Berlin 1938.
33 Wolfgang *Siebert*: Die deutsche Arbeitsverfassung, Hamburg ²1942; *ders*.: Betriebsgemeinschaft und Arbeitsverhältnis, in: Deutsches Recht 5 (1935), S. 481ff.; *ders*.: Die nationalsozialistische Ordnung der Arbeit, in: Deutsches Recht 5 (1935), S. 101ff.
34 Fritz *Schaffstein*: Formalismus im Strafrecht, in: Deutsches Recht 4 (1934), S. 349ff.; *ders*.: Politische Strafrechtswissenschaft, Hamburg 1935.
35 *Eckert*: Fakultät, S. 61.

vatrecht" gegliedert wurde.³⁶ Ritterbusch war nicht so eng in die juristische „Wissenschaftsgemeinschaft" eingebunden, sondern wurde von Karl August Eckhardt mit der hochschulpolitischen Gestaltung beauftragt. Ihm fiel nach Eckhardt und nach der Auffassung der Parteistellen die Aufgabe zu, die Ausrichtung der Fakultät im nationalsozialistischen Sinne sicherzustellen. Ritterbusch schien wegen seines starken parteipolitischen Engagements dafür prädestiniert zu sein, nicht zuletzt durch seine führende Stellung im NS-Dozentenbund und sein späteres Kieler Rektorat von 1937 bis 1941.³⁷

Damit legte Eckhardt bis Ende 1935 den Grundstein für eine völlige personelle Neubesetzung der Fakultät. Es wäre aber überzogen, bei den im allgemeinen um dreißig Jahre alten Professoren von dogmatisch und weltanschaulich identischer Ausrichtung und Qualifikation zu reden. Alle Juristen kamen aus verschiedenen methodisch ausgerichteten Denkrichtungen Weimarer Jurisprudenz.³⁸ Ihr wissenschaftliches Selbstbild des gemeinschaftlichen Aufbaus einer „neuen" Rechtswissenschaft ist aber erstaunlich einheitlich geschehen, auch wenn es schwierig ist, bei ihnen untereinander Zitationskartelle als Kriterium wissenschaftlicher Schulenbildung nachzuweisen. Die Zweckrationalität eines einheitlichen Forschungs- und Lehrprogramms mit methodisch gleichen Ansätzen in den verschiedensten Rechtsbereichen ist das typische Moment der Kieler Rechtswissenschaft. Es sei nur auf das gemeinsame Konzept als Arbeitsgemeinschaft verwiesen:

4. Das Kieler Konzept der „politischen Wissenschaft"

Begriffsgeschichtlich und methodologisch unterscheiden sich „politische Wissenschaften" von einer eigenständigen Politikwissenschaft oder der aus dem amerikanischen Sprachgebrauch übernommenen „Politischen Wissenschaft" vor allem dadurch, daß sie keinen eigenständigen Fächerkanon begründen, sondern „politische Wissenschaften" im Sinne politisierter oder politisch wirkender Wissenschaften sein wollen. Nach ihrem Selbstverständnis wollen „politische Wissenschaften" gestaltende Wissenschaften sein, die dem Ziel der Erziehung und der ideologischen Durchdringung des wissenschaftlichen Stoffes dienen. Das Politische an diesen Weltanschauungswissenschaften ist zugleich der Erkenntniszweck der Schulung im Geiste der ideologischen Durchdringung des Bewußtseins. So wurden im Nationalsozialismus Hygienewissenschaft, Philosophie, Staatswissenschaft, Mathematik und Medizin als „politische Wissenschaften" mit der nationalsozialistischen Ideolo-

---

36 Curt *Rühland*: 25jähriges Bestehen des Instituts für Politik und Internationales Recht an der Universität Kiel, in: Zeitschrift für Völkerrecht 3 (1939), S. 107-108.
37 *Eckert*: Fakultät, S. 62ff.
38 Vgl. Jürgen *Meinck*: Weimarer Staatslehre und Nationalsozialismus. Eine Studie zum Problem der Kontinuität im staatsrechtlichen Denken in Deutschland 1928-1936, Frankfurt/Main 1978.

gie durchdrungen und mit den Leerformeln „Volksgemeinschaft", „Führung", „Treue" und „Bindung" durchsetzt.[39]

Während sich das institutionelle Kriterium der „Kieler Schule" aus dem Grenzlandstandort und dem damit korrespondierendem Konzept der Juristenfakultät ergibt, ist der Aspekt der gemeinsamen Methodologie oder der theoretischen Solidarität schon weniger stringent nachweisbar. Doch obwohl die Kieler Juristen Schaffstein, Huber, Siebert, Larenz, Ritterbusch, Dahm und Michaelis aus unterschiedlichen juristischen Schulen kamen, haben sie sich der gemeinsamen Aufgabe der Umgestaltung der Rechtswissenschaft im Sinne einer „politischen Wissenschaft" unterstellt. Ernst Rudolf Huber hat das in seinem Konzept der „deutschen Staatswissenschaft"[40] ebenso vorgelegt wie Fritz Schaffstein in seiner „politischen Strafrechtswissenschaft"[41] und Karl Larenz mit seinem umfangreichen Bemühen, Hegels Rechtsphilosophie als Rechtsquellenlehre zu begründen, um damit Familie, Staat, Gemeinschaft als „konkreten Ordnungen" in irrationale völkische Korporationen umzuwandeln.[42] Alle Gebiete der Jurisprudenz sind von den Kieler Wissenschaftlern weltanschaulich gebunden und die Trennung von öffentlichem und privatem Recht aufgehoben worden. Daß die Arbeitsgemeinschaft auch zu unterschiedlichen Ergebnissen kam, entzweit nicht ihren Gemeinschaftsimpetus der Politisierung und curricularen Umbautendenzen, denn immerhin ist der Zweck der Politisierung und weltanschaulichen Durchdringung der juristischen Dogmatik bei allen gleich.

Das auch von den Kieler Juristen benutzte Konzept der „neuen Rechtswissenschaft" als „politische Wissenschaft" war „Integrationswissenschaft": eine systemische Sichtweise, die alle Teilbereiche des öffentlichen und privaten Rechts unter völkisch-ganzheitlichem Aspekt zusammenfaßt und den sozialen Konfliktstoff bürgerlich-pluralistischer Provenienz eliminiert. Der wissenschaftliche Gründungsimpetus dokumentiert sich in dem von allen Kieler Juristen gemeinsam herausgegebenen Sammelband *Grundfragen der neuen Rechtswissenschaft*[43], in dem alle Rechtsbereiche abgehandelt werden. Gemeinsames Ziel ist das „Ringen" um ein neues deutsches Rechtsdenken,

---

39 Vgl. für die Rechtswissenschaft im Dritten Reich: Michael *Stolleis*: Gemeinschaft und Volksgemeinschaft. Zur juristischen Terminologie im Nationalsozialismus, in ders.: Recht im Unrecht. Studien zur Rechtsgeschichte des Nationalsozialismus, Frankfurt/Main 1994, S. 94-125.
40 *Huber*: Staatswissenschaft, S. 28ff.
41 *Schaffstein*: Strafrechtswissenschaft, S. 16ff. mit Bezug auf Carl Schmitts „konkrtes Ordnungs- und Gestaltungsdenkens" als neue Variante politischen und organischen Rechtsdenkens.
42 *Larenz*: Staatsphilosophie, S. 165ff.; *ders*.: Gegenstand, S. 23ff.
43 Vgl. Georg *Dahm* u.a. (Hrsg.): Grundfragen der neuen Rechtswissenschaft, Berlin 1935, mit Aufsätzen zum neuen Programm der „neuen Rechtswissenschaft" (Mitherausgeber sind Ernst Rudolf Huber, Karl Larenz, Karl Michelis, Fritz Schaffstein und Wolfgang Siebert); vgl. zu diesem Programm auch Ernst *Döhring*: Geschichte der juristischen Fakultät 1665-1965, in: Geschichte der Christian-Albrechts-Universität Kiel 1665-1965, Bd. 3, Teil 1, Neumünster 1969, S. 209f.

das Dieter Grimm nach dem Titel des Sammelbandes der Kieler Juristen bezeichnenderweise als *Neue Rechtswissenschaft* herausgestellt hat.[44] Der 1935 publizierte Sammelband *Grundfragen der neuen Rechtswissenschaft* stellt die neuen Arbeitsgebiete enzyklopädisch zusammen. Huber, Siebert, Dahm und Schaffstein haben vor allem im Zivilrecht, Strafrecht und in der staatsrechtlichen Grundrechtsdiskussion den Begriff des subjektiven Rechts überwunden und mit der „Pflichtbindung" des „Volksgenossen" Gehorsam, Führerbindung und volksgenössisches Verhalten zu den tragenden Prinzipien des volksgenössischen Rechts gemacht. Die Kernfunktion der „neuen Rechtswissenschaft" war die Entliberalisierung des Rechts und die Überführung des positiven Rechts in Situationsrecht, das im wesentlichen durch Führerbefehl, Generalklauseln, Maßnahmen und Richterentscheidung bestimmt war.[45]

Die „neue Rechtswissenschaft" hat zum Ziel, die Kategorien „Volk", „Staat", „Bewegung", „Führer", Volksgemeinschaft" als „konkrete Ordnungen" zu begründen und statt des bürgerlichen Subsumtionsmodells die „völkischen Rechtserneuerung" als „Einlegung" von Rechtsbegriffen im Sinne einer Rechtsquellenlehre zu begreifen. Das Wissenschaftsprogramm setzt sich über die Gewißheitsverluste politischen Denkens hinweg, indem es im Sinne des „Begriff des Politischen" von Carl Schmitt nach außen den Feind bestimmt, nach innen den Freund. Diese existentielle Kampfunterscheidung von Freund und Feind im Sinne der Artgleichheit und Bindung an „Führer" und „Volksgemeinschaft" ist der argumentative Kern dieser irrationalen „Integrations"- oder „Synthesewissenschaft". Der Forscher ist nicht mehr dem objektiven Urteil und dem Anspruch der Werturteilsfreiheit verpflichtet, sondern trägt „existentiell in der Mitte des Seins" integriert dazu bei, zur „neuen Schau des Weltganzen" beizutragen und die „Elementarkräfte der Weltanschauung zu tragen".[46] Ziel der weltanschaulichen Durchdringung des juristischen Stoffes ist die Lebensbedingtheit aller Wissenschaft, die Wirklichkeitsbedingtheit, die völkische Bedingtheit, die historische Bedingtheit, die Standortgebundenheit aller Wissenschaft, die Einheit von Theorie und Praxis, das Gebot der Totalität, die weltanschauliche Sinnhaftigkeit aller Wissenschaft, die zukunftsgestaltende Aufgabe und die Bindekraft der Wissenschaft. Das daraus ableitbare Missionsbewußtsein diente der Legitimierung und erzieherischen Sendung von Macht.[47]

Paul Ritterbusch hat viel später ein ähnliches Projekt initiiert und Aufsätze anläßlich der Arbeitstagung des „Instituts für Politik und Internationales

---

44 *Grimm*: Rechtswissenschaft, S. 40ff.
45 Vgl. *Grimm*: Rechtswissenschaft, S. 40ff.
46 Ernst *Krieck*: Gibt es eine Wissenschaft von der Politik?, in: ders.: Wissenschaft, S. 55-60.
47 Ernst *Krieck*: Zehn Grundsätze ganzheitlicher Wissenschaft, in: ders.: Wissenschaft, S. 61ff.. Bei inhaltlicher Nuancierung ist diese Aufzählung wissenschaftstheoretischer Prämissen ganzheitlicher Orientierung auch so bei Ritterbusch und Dahm vorhanden. Vgl. Georg *Dahm*: Zur gegenwärtigen Lage der deutschen Universität, in: Zeitschrift für Deutsche Kulturgeschichte 2 (1936), S. 211-224, hier S. 215ff.; Paul *Ritterbusch*: Idee und Aufgabe der Reichsuniversität, Hamburg 1935, S. 23ff.; ders.: Wissenschaft im Kampf um Reich und Lebensraum, Stuttgart, Berlin 1942, S. 11ff.

Recht an der Universität Kiel" von März/April 1939 als Sammelband mit dem Titel *Politische Wissenschaft* (Berlin 1940) herausgegeben. In dem Tagungsband sind Aufsätze von Huber über den Volksgedanken von 1848, von Carl Schmitt über völkerrechtliche Großraumordnung, von Gustav Adolf Walz über Volksgruppenrecht und von ausländischen Juristen über Wirtschafts- und Verfassungsrecht enthalten. Dieses Projekt fällt aber schon in die Kriegsphase, als die Kieler Schule längst aufgelöst war. Aber immerhin wird auch hier der Anspruch einer Rechtswissenschaft als „politischer Wissenschaft" eingelöst.

Dem Bemühen um die irrationale dogmatische Durchdringung des Rechtsstoffes und der Zurückdrängung positivistischer Abstraktion kam das 1934 von Carl Schmitt als „dritte Art rechtswissenschaftichen Denkens" postulierte „konkrete Ordnungs- und Gestaltungsdenken" entgegen, das Georg Dahm in einer Rezension als den neuen Werthorizont völkischen Rechtsdenkens schlechthin verteidigte.[48] Die Kieler Rechtshegelianer und Rechtsphilosophen Karl Larenz und Martin Busse und der Carl Schmitt-Schüler Ernst Rudolf Huber zählen zu den eifrigsten Juristen, die dem noch undifferenzierten „konkreten Ordnungs- und Gestaltungsdenken" eine praktikable Form gaben.[49] Das Ziel des „konkreten Ordnungsdenkens" war, Rechtsidee und Rechtswirklichkeit zusammenzudenken und existentiell in der nun rassisch begründeten Identität der „Volksgemeinschaft" aufzuheben. Mit dem „konkreten Ordnungsdenken" als Rechtsquellenlehre sollte die neue Rechtsdogmatik auf die neuen Grundbegriffe von „Gemeinschaft", „Volk", „Pflicht", „Treue", „Ehre" umgestellt werden. Die Jahrgänge 1934 bis 1937 der *Zeitschrift für die gesamte Staatswissenschaft* und der *Zeitschrift für die gesamte Strafrechtswissenschaft* wimmeln von Rezensionen und Aufsätzen der Kieler Juristen über das konkrete Ordnungsdenken. Augenscheinlich sind die rechtsphilosophischen und methodologischen Arbeiten von Larenz und Binder die Kernarbeiten zum Wesens- und Ordnungsdenken von Rechtsbegriffen, auf die alle Kieler Juristen im Arbeitsrecht, Strafrecht, Staats- und Verwaltungsrecht zurückgreifen.

Den Primat des Politischen, mit der „Einlegung" von „konkreten Ordnungen" wie „Volksgemeinschaft", „Hof", „Reichsnährstand" etc. den juristischen Stoff entspechend der nationalsozialistischen Weltanschauung zu fördern, haben alle Kieler Juristen betrieben: Ernst Rudolf Huber mit seinem Programm einer „deutschen Staatswissenschaft" 1935 und dem für das Dritte

---

48 Vgl. zum „konkreten Ordnungs- und Gestaltungsdenken" als für das Dritte Reich zeitgebundenen Art rechtswissenschaftlichen Denkens: Carl *Schmitt*: Über die drei Arten rechtswissenschaftlichen Denkens, Hamburg 1934, S. 54ff.; zur Rezeption als Arbeitsprogramm der Kieler Juristen vgl.: Georg *Dahm*: Über die drei Arten rechtswissenschaftlichen Denkens, in: Zeitschrift für die gesamte Staatswissenschaft 95 (1935), S. 181-188.

49 Vgl. Karl *Larenz*: Staatsphilosophie, S. 165ff; *Huber*: Staatswissenschaft, S. 58ff.; vgl. zur sozialen und politischen Funktion des „konkreten Ordnungsdenkens": Ralf *Walkenhaus*: Konservatives Staatsdenken. Eine wissenssoziologische Studie zu Ernst Rudolf Huber, Berlin 1997, S. 294ff.

Reich wohl umfangreichsten Versuch, eine enzyklopädische Verfassung zu schreiben, Friedrich Schaffstein mit seiner „politischen Strafrechtswissenschaft" von 1934, Karl Larenz in seiner „völkisch" umgeschriebenen zweiten Auflage der *Rechts- und Staatsphilosophie der Gegenwart* von 1934, Wolfgang Siebert in seinem vielbeachteten Arbeitsrecht. Allen Konzepten ist die Überwindung des Rechtspositivismus als „Trennungsdenken" gemeinsam und der Versuch, eine autoritäre völkische Rechtswissenschaft an staatlicher Führung festzumachen. Die Zeitschrift der „Kieler Schule" war die seit 1933 von Hermann Bente, Andreas Predöhl und Ernst Rudolf Huber herausgegebene *Zeitschrift für die gesamte Staatswissenschaft*, die mit ihrem Jahresband 1934/35 das Konzept der „neuen Rechtswissenschaft" auf der Basis des „konkreten Ordnungs- und Gestaltungsdenken" mit vielen Aufsätzen dokumentiert. Für die Rechtspraxis war die 1935 von Karl August Eckhardt im Auftrag der Minister Rust und Frank gegründete Zeitschrift *Deutsche Rechtswissenschaft* aber bedeutender. Im ersten Heft von 1936 fanden sich vom Kieler Dozentenlager insgesamt sechs Beiträge zur Auslegung der neuen Rechtspraxis.[50]

5. Die Wirkung der Kieler Schule – eine Schule ohne Nachwuchs

Die Wirkung einer Schule ist nachweisbar in der Fortführung ihrer Lehren und Methoden durch akademische Schüler. Für die „Kieler Schule" ist dieses Kriterium aber nur eingeschränkt wirksam. Das hängt mit der früh einsetzenden Fluktuation ihrer Mitglieder zusammen, der nur kurzen gemeinsamen rechtspolitischen Arbeit von Sommer 1933 bis 1937.[51] Es zeigte sich aber schon seit 1936/37, daß mit dem Verlust der Glaubwürdigkeit der weltanschaulichen Durchdringung des juristischen Stoffes auch der Zusammenhalt der Kieler Juristen spürbar lockerer wurde. Die Kieler Juristen verlagerten ihre Forschungsschwerpunkte in politisch unverfänglichere Bereiche.[52]

Die Resignation der Kieler Juristen wurde noch dadurch gefördert, daß ihre Lehren im Arbeits-, Wirtschafts-, Straf- und Staatsrecht weder in der Konkurrenz der Universitäten noch in der Gesetzgebung voll durchzusetzen waren.[53] Ebenso wirkte es angesichts der in hohem Maße betriebenen Selbstindienstnahme für den politischen Umbau der Rechtswissenschaften ernüchternd, daß das Strafrecht von den maßgeblichen Staatsstellen ohne Verwendung ihrer methodischen und kriminalpolitischen Vorarbeiten reformiert wurde. Der Modellcharakter der vollpolitisierten Universität Kiel wurde von

---

50 *Rüthers*: Recht, S. 48.
51 *Eckert*: Fakultäten, S. 77; s.a. ders.: Schule, S. 65ff.
52 *Eckert*: Schule, S. 68.
53 *Eckert*: Schule, S. 68.

den Parteistellen zur eigenverantwortlichen Mitarbeit im System nicht so berücksichtigt, wie es sich die Kieler Juristen vorgestellt hatten. Die Zerstrittenheit der Mitglieder und die Ernüchterung über die Wirkung ihrer Lehren in der rechtspolitischen Praxis während der Konsolidierungsphase des Dritten Reiches setzte eine Woge von Wegberufungen in Gang, die auch Rektor Paul Ritterbusch trotz seiner guten Kontakte zu Partei und Verwaltung nicht zu verhindern vermochte. Das nur kurze institutionelle Gefüge tat der öffentlichen, politischen und innerwissenschaftlichen Wirkung der Kieler Juristen aber keinen Abbruch. Die von Paul Ritterbusch in der Wissenschaftsverwaltung und der Partei betriebene Protektion verschaffte den Kieler Juristen den Nimbus der Unantastbarkeit und machte Kritiker ihrer Lehren zugleich politisch verdächtig.[54]

Die bereits 1936 allgemein konstatierte Krise der Personalstruktur der nationalsozialistischen Universitäten war auf die krude Reduktion der Wissenschaftsorganisation und der akademischen Weiterqualifikation auf Parteiziele und weltanschauliche Kontrolle zurückzuführen. Auch die Zahl der Jura-Studenten reduzierte sich bis 1939 drastisch von 15.000 auf 5.000. Die Hochschullehrerlaufbahn erschien vielen Interessierten wegen der nationalsozialistischen Infiltrierung und Unsicherheit nicht mehr attraktiv.[55] Diese Strukturprobleme waren auch in Kiel zu spüren.

Ernst Rudolf Huber und Karl Michaelis gingen 1937 und 1938 nach Leipzig, Wolfgang Siebert nach Berlin, Georg Dahm 1939 ebenfalls nach Leipzig, Fritz Schaffstein 1941 an die neu gegründete Reichsuniversität Straßburg, an der sich nun auch Ernst Rudolf Huber einfand. Interessanterweise wurde das juristische Konzept „politischer Wissenschaft" 1941 für Straßburg übernommen. Nicht der Grenzlandgedanke, sondern der Reichsgedanke war nun die Prägkraft für die „vollpolitisierte" Universität.[56] Die hochschulpolitischen Stationen des Kieler Rektors Paul Ritterbusch weisen dem Kieler Beispiel folgende Konzepte „politischer Wissenschaft" auch in Königsberg und Berlin aus. Die Straßburger Fakultät für „Rechts- und Staatswissenschaft" sah sich ebenso einer interdisziplinären Arbeit politischer Wissenschaft auf dem Gebiet der Staatswissenschaften, der Wirtschaftsgeschichte, Geographie und Soziologie verpflichtet.[57]

Während im Straf- und Arbeitsrecht die praktische Rechtsquellenarbeit von der Parteiführung auch nachgefragt wurde, stand die philosophische und theoretische Arbeit in Konkurrenz zu anderen staatspolitischgen Richtungen des Nationalsozialismus. Vor allem die ordotheoretischen junghegelianischen

---

54 *Rüthers*: Recht, S. 45.
55 Vgl. Aharon *Kleinberger*: Gab es eine nationalsozialitische Hochschulpolitik?, in: Heinemann: Erziehung, S. 17.
56 Zu den Konzepten von Kiel und Straßburg vgl. Ernst Rudolf *Huber*: Rechts- und Staatswissenschaften, in: Die Bewegung 9 (1941), H. 48/49, S. 7.
57 Ernst *Haiger*: Politikwissenschaft, S. 131, insbesondere Anm. 182 mit archivgestütztem Hintergrundwissen. Diese integrationswissenschaftlichen Konzepte lassen sich in der Zeitschrift für die gesamte Staatswissenschaft nachweisen.

Lehren des „objektiven Idealismus" von Karl Larenz und Martin Busse und die verfassungspolitischen Interpretationen Ernst Rudolf Hubers standen in deutlicher Konkurrenz zu den anarchotheoretischen, SS und SA in das Zentrum der Macht stellenden Lehren von Otto Koellreutter, Reinhard Höhn und Alfred Rosenberg. Mit den theoretischen Arbeiten der Kieler Juristen war kein Coup d'état im Sinne einer Revolution der Bewegung gegen Hitler zu machen, sondern wurde der politische Status quo gesichert.[58] Die Kieler Rechtsfakultät leistete dem Herrschaftssystem den wissenschaftspolitischen Dienst der Legitimierung und rechtlichen Bemäntelung nationalsozialistischer Willkürherrschaft. Es wurden mit der Rechtsquellenlehre nach Vorbild des „konkreten Ordnungsdenkens" alle Maßnahmen, Generalklauseln und Führerbefehle legitimiert.

Die praktische rechtspolitische Arbeit zur Auslegung des nationalsozialistischen Rechts schien somit erfolgversprechender zu sein, als die theoretische und damit ideen- und rechtsgeschichtliche Auffüllung nationalsozialistischer Staats- und Ordnungskonzepte, die zugleich die Konkurrenz unterschiedlicher Lager in der Staatsrechtswissenschaft heraufbeschwor. Deshalb waren die autoritären Strafrechtslehren von Georg Dahm und Fritz Schaffstein auch viel erfolgreicher. Die Entliberalisierung des Stafrechts, die Diffamierung der subjektiven Grundrechtsfunktion und schließlich die Ächtung der Verurteilten als Rechtssubjekt öffneten der spekulativen und politischen Interpretation Tür und Tor. Führerbefehl, Artgleichheit, NSDAP-Programm und das „gesunde Volksempfinden" erhielten nun Rechtsquellencharakter. Die Tätertypenlehre fand Eingang in zahlreiche Gesetze über gefährliche Gewohnheitsverbrecher und über die Verordnung zum Schutz gegen jugendliche Schwerverbrecher. Das „konkrete Ordnungsdenken" erleichterte durch seine irrationale und leerformelhafte Logik den vom Regime erwarteten schnellen rechtspolitischen Anpassungsdruck. Trotzdem ist es nicht zu der mit der „völkischen Rechtserneuerung" motivierten großen nationalsozialistischen Rechtsbereinigung gekommen.[59] Ein Volksgesetzbuch kam nie zustande, und das Strafrecht wurde ohne Rückgriff auf die methodischen und begrifflichen Vorleistungen der Kieler Juristen reformiert.

Nachhaltiger als die Rechtslehren in der Praxis war die Juristenausbildung der Kieler Rechtsfakultät. Der Juristennachwuchs für Verwaltung und Staatsdienst war in der Konsolidierungsphase des Regimes groß. Deshalb ist die Wirkung der Kieler Juristen vorzugsweise in der praxeologischen Arbeit und in der curricularen Erstellung von Lehrbüchern und Kompendien zu sehen. Gleich vier Kieler Juristen erhielten 1935 von Reichsjuristenführer Hans Frank den

---

58 Vgl. Joachim *Lege*: Neue methodische Positionen in der Staatsrechtslehre und ihr Selbstverständnis, in: Ernst-Wolfgang Böckenförde (Hrsg.): Staatsrecht und Staatsrechtslehre im Dritten Reich, Heidelberg 1985, S. 23-43.
59 Vgl. Georg *Dahm*: Verbrechen und Tatbestand, in: ders. u.a.: Grundfragen der neuen Rechtswissenschaft, S 85ff.; s.a. Wolfgang *Siebert*: Subjektives Recht, konkrete Berechtigung, Pflichtenordnung, in: Deutsche Rechtswissenschaft 1 (1936), S. 23f.; *ders*.: BGB-System und völkische Ordnung, in: Deutsche Rechtswissenschaft 1 (1936), insbes. S. 246ff.

Auftrag, Leitsätze zur Stellung von Richtern und Staatsanwälten auszuarbeiten, um eine rasche Praktikabilität nationalsozialistischen Rechts zu gewährleisten. Karl-August Eckhardt, Paul Ritterbusch, Georg Dahm und Wolfgang Siebert erarbeiteten zusammen mit Reinhard Höhn derartige Leitsätze, die von Eckhardt schon im Januar 1936 auf der Tagung der Reichsfachgruppe Richter, Staatsanwälte und Rechtspfleger in Berlin verkündet wurden. Dem Richter wurde das Prüfungsrecht gegenüber Führerbefehlen untersagt, Kriterien für das „gesunde Volksempfunden" an die Hand gegeben und die Rechtsquellen näher bestimmt.[60] Die Zeitschrift „Deutsche Rechtswissenschaft" dokumentiert 1936 die zur Anwendung gestellten Leitsätze für die Rechtspraxis vorzugsweise mit Aufsätzen aus dem Kieler Dozentenlager Kitzeberg.

Der Juristennachwuchs für Verwaltung und Staatsdienst wurde ganz nach dem Vorbild des „politischen Semesters" von Hans Freyer in einer Art Lagergemeinschaft geplant. Das Dozentenlager „Haus Buchenhagen" in Kiel-Kitzeberg stand dazu quasi modellhaft für die ideologische Einbindung der „Stoßtruppfakultät" in den Dienst der politischen Erziehung.[61] Nach der Auffassung Karl August Eckhardts sollten die methodischen und weltanschaulichen Elemente der völkischen Rechtserneuerung ganz im Sinne des völkischen Erlebens in der Praxis begriffen werden. Die gemeinschaftliche Arbeit in „Haus Buchenhagen" sollte die Inhalte der Rechserneuerung vorantreiben. „Haus Buchenhagen" wurde im Herbst 1933 von NS-Studenten gegründet und seitdem als ständiges Schulungslager genutzt. 1934 wurde an diesem Ort die erst preußische Dozentenakademie eingerichtet, die als „Gemeinschaftslager" für angehende Dozenten dienen sollte. Alle habilitierten Hochschullehrer mußten dieses Lager durchlaufen. Es wurde im Deutschen Reich als Vorbild angepriesen.[62] Als Referenten des Lagers kamen die Kieler Rechtsprofessoren und auch Gäste der Breslauer Grenzlanduniversität zum Einsatz.[63]

Somit verbanden sich die Konzepte der „Stoßtruppfakultät", des Dozentenlagers und des Grenzlandgedankens zu einer zumindest äußerlich funktionsfähigen Fachausbildung von Juristen am Universitätsstandort Kiel. Der Lagerleiter Gerhard Jungmann gab in der Mai-Ausgabe der Schleswig-Holsteinischen Hochschulblätter von 1934 Informationen über die Ziele des Lagers für das juristische Studium heraus: Es sollten Kurse „politischer Grundschulung" für die jungen Semester, Führerschulungen, „Vorschulungen zur Grenz- und Auslandsarbeit" und auch die „Zusammenfassung und Ausrichtung der Fachschaftsarbeit"[64] betrieben werden. Ziel des Lagerlebens war, „daß man politische Gesetze und Wahrheiten nur erlebnishaft nahebringen kann, wie unsere nationalsozialistische Idee es erfordert."[65] Damit bündelte

---

60 *Eckert*: Fakultät, S. 76.
61 *Eckert*: Fakultät, S. 75.
62 *Prahl*: Hochschulen, S. 34f.
63 *Rüthers*: Recht, S. 42ff.
64 Gerhard *Jungmann*: Das Schulungslager „Buchenhagen", in: Schleswig-Holsteinische Hochschulblätter 10 (1934), Nr. 5 (Mai), S. 9.
65 *Jungmann*: Schulungslager, S. 9.

sich in der Lagerkonzeption zugleich der Sinn nationalsozialistischer Hochschulpolitik: die „politische Universität" wurde als „Zuchtstätte deutschen Geistes" angesehen, das Kitzeberger Lager als Neuanfang einer „neuen Universität" gefeiert, um die Studenten im „völkischen Geist zu erziehen und zu schulen, d.h. auszubilden".[66]

Bilanziert man ideelles Konzept und politische Realisierung der „Kieler Schule", so ergibt sich ein zwiespältiges Bild. Die Kieler Arbeitsgemeinschaft ist in der Rechtswissenschaft im Dritten Reich die kohärenteste Form der weltanschaulichen Zusammenarbeit auf Fakultätsebene gewesen und so auch nicht mehr erreicht worden. Ihre ideologiepolitische Einbindung im Wissenschaftsapparat stand unter dem Gesichtspunkt der instrumentellen Effizienz und ist daher verantwortlich für den wenig institutionenstabilen Verlauf. Trotz der immerhin knapp fünfjährigen Existenz der Kieler Arbeitsgemeinschaft ist auch die Instrumentalisierung der Rechtswissenschaft in der Hochschulpolitik der für das Organisationschaos im Nationalsozialismus so typischen Mischung aus Aktionismus, Organisationsfetischismus, Kompetenzwirrwarr und persönlichen Intrigen erlegen.[67] Auch der für die Etablierungsphase des Systems bis 1934 so wichtige Aktionismus der Selbsteinbindung und sukzessiven Selbstgleichschaltung wich ab 1935 einer Ernüchterung, die auch in den Reihen der Kieler Juristen spürbar war.

Legt man die Geltungskriterien wissenschaftlicher Schulenbildung[68] an, so ergibt sich folgendes Bild: Der Gründungsschub der Kieler Juristenfakultät durch Karl August Eckhardt, die fachwissenschaftliche Ausrichtung auf die Ziele nationalsozialistischer Hochschulpolitik und die anfänglichen Arbeitserfolge durch Publikationen haben gewiß eine Vorbildfunktion in den Reihen der NS-Rechtswissenschaft gehabt. Die drei Säulen des politisierten Wissenschaftskonzepts, die Grenzlanduniversität, die „Stoßtruppfakultät" und das Dozentenlager, sind aber wenig kohärent verbunden gewesen und außerwissenschaftlich definiert worden.

Die Kieler Rechtsfakultät war keine „wissenschaftliche Gemeinschaft" im Sinne Thomas S. Kuhns, die sich von innen heraus konstituierte, sondern eine wissenschaftsexterne Gründung „von oben", die ihre Gemeinschaftsimpulse nicht aus dem Geist der Forschung, sondern aus den integrativen Versatzstücken der Volksgemeinschaftsideologie zog. Ihre symbolische Ausdrucksform[69] war die mit der „nationalen Revolution" von 1933 verbundene politische Arbeit neuberufener Professoren, die ihren Stil und ihre Arbeitstechnik an den weltanschaulichen Prämissen der nationalsozialistischen Wissenschaftspolitik ausrichteten. Doch dieser gemeinschaftsbildende Im-

---

66 *Jungmann*: Schulungslager, S. 10.
67 Peter *Lundgreen*: Hochschulpolitik und Wissenschaft im Dritten Reich, in: ders.: Wissenschaft, S. 14.
68 Vgl. *Szacki*: Schulen.
69 Edward A. *Tiryakian*: Die Bedeutung von Schulen für die Entwicklung der Soziologie, in: Lepenies: Geschichte, S. 32f. u. 38ff.

petus wich nach 1935 den Ernüchterungen über den tatsächlichen Verlauf und die mangelnde Indienstnahme durch Staat und Partei.

Insofern rekrutierte sich der Kieler Arbeitskreis primär nicht nach rechtswissenschaftlichen Gesichtspunkten, sondern zuerst nach Parteizugehörigkeit und Gesinnungstreue. Freilich ist die Kohärenz und Dichte der Lehrmeinungen der Kieler Juristen aufgrund der entfernten Arbeitsgebiete wie Staatsrecht, Arbeitsrecht, Jugendrecht, Strafrecht und Rechtsphilosophie nur bedingt ein Faktor für die Feststellung einer auf stringenter Methodologie fußenden wissenschaftlichen Schule. Das „konkrete Ordnungs- und Gestaltungsdenken", das alle Kieler Juristen anwenden, reicht als Kriterium theoretischer Solidarität nicht aus. Ihre nebulöse, leerformelhafte Begrifflichkeit und irrationale Logik kann zwar als rationalisierte Methode irrationaler Rechtswissenschaft zur Überwindung des bürgerlichen Subsumtionsmodells in Dienst genommen werden, ihre theoretische Unbeständigkeit und Polemik reicht aber für eine Rubrizierung als Methodologie oder Theoriemodell wissenschaftlicher Schulenbildung nicht aus.

Das Kieler Juristenbeispiel dokumentiert dagegen vielmehr die Grenzen der Anwendung bürgerlich-pluralistischer und wissenschaftsgeschichtlicher Geltungskriterien von Schulen auf die Situation der gleichgeschalteten geisteswissenschaftlichen Disziplinen als politisierten Weltanschauungswissenschaften im Dritten Reich. Die praxiorientierte Situationsjurisprudenz der Kieler Rechtswissenschaft, auf machtpolitische Vorgaben und Führerbefehle stets angemessen und schnell zu reagieren, stand einer stringenten theoretischen Perspektive faktisch im Wege. Das „konkrete Ordnungsdenken" war in seinem irrationalen Zuschnitt die passende Antwort der „neuen Rechtswissenschaft" auf diese weltanschauliche Adaption. Insofern ist der zweckrationale Zuschnitt irrationaler Rechtswissenschaft auf den Nationalsozialismus und seine Machthaber eine professionsgeschichtliches Beispiel für administrativ geplante und durchgeführte Fakultätspolitik in der Konsoldierungsphase seit 1934.

Im allgemeinen würde die „Kieler Arbeitsgemeinschaft" dem Geltungskriterium „Schule" gerecht werden, wenn der Aspekt der außerwissenschaftlichen Ideologie und Politikberatung herangezogen würde als Element innerwissenschaftlicher Themenstellung. Insofern reagiert Wissenschaft unter dem Deckmantel der Wissenschaftlichkeit mit der Politisierung ihrer Begriffe und Methoden. Das zumindest zeitlich kurze Erfolgsrezept der Kieler Juristen war eine rasche Adaption der Jurisprudenz mit einer irrationalen Dogmatik auf die Herrschaftssituation im Dritten Reich. Als Dilemma langzeitiger Stabilisierung und Geltung sollte sich der latent fortgesetzte Methodenpluralismus der Staatsrechtswissenschaft nach 1933[70] und auch die wenig effektive Nachfrage der Machthaber nach rechtspolitischem Praxiswissen erweisen.

Man kann Pro und Contra abwägen, wie man will. Der erfolgreichen Koordination von Publikationen, dem pragmatischen und praxisorientierten Ar-

---

70 *Rüthers*: Recht, S. 33ff.

beitsstil der Ausbildung von Verwaltungsjuristen für die Staatspraxis und auch der theoretisch wenig kohärenten Ausrichtung des Konzepts der „politischen Wissenschaft" auf die völkischen Umbau der Rechtswissenschaft lag kein inhaltlich festes Wissenschaftsparadigma zugrunde, und die nur kurze Rekrutierungsdauer der Kieler Arbeitsgemeinschaft bis 1937/38 läßt eine Verortung als „wissenschaftliche Schule" nicht zu. Außerdem hat sich diese politische Richtung der Rechtswissenschaft nicht durch Habilitationen und wissenschaftlichen Nachwuchs ausweisen können. Einer längeren Wirkung über das Dritte Reich hinaus stand die moralische Diskreditierung im demokratischen Nachkriegsdeutschland im Wege.

Erich Döhring, der Chronist der Kieler Universitätsgeschichte, lehnte bereits 1965 in seiner wissenschaftsgeschichtlichen Darstellung zur Juristischen Fakultät der Christian-Albrechts-Universität den Begriff der „Kieler Schule" ab und sprach vom „Kieler Arbeitskreis"[71]. Dem schloß sich auch der Zeitzeuge Ernst Rudolf Huber bereits 1941 rückblickend an: „Was man als ‚Kieler Richtung' bezeichnet hat, war keine wissenschaftliche Schule im Sinne eines bestimmten Lehrgebäudes, sondern eine kameradschaftlich verbundene Arbeitsgemeinschaft junger Rechtsgelehrter, die durch das Erlebnis des Jahres 1933 zu gemeinsamem wissenschaftlichem Einsatz verbunden waren."[72] Insgesamt spricht die Lehr- und Arbeitssituation der Kieler Juristen im Zusammenhang der Entwicklung der nationalsozialistischen Wissenschafts- und Hochschulpolitik also gegen eine Typologisierung als Schule.

Literaturverzeichnis

Buchstein, Hubertus/Göhler, Gerhard: In der Kontinuität einer braunen Politikwissenschaft? – Empirische Befunde und Forschungsdesiderate, in: Politische Vierteljahresschrift 27 (1986), S. 330-339.
Dahm, Georg u.a. (Hrsg.): Grundfragen der neuen Rechtswissenschaft, Berlin 1935.
–: Kiel als politische Universität, in: Schleswig-Holsteinische Hochschulblätter 11 (1935), Nr.1 (30. Januar), S. 1-2.
–: Über die drei Arten rechtswissenschaftlichen Denkens, in: Zeitschrift für die gesamte Staatswissenschaft 95 (1935), S. 181-188.
–: Zur gegenwärtigen Lage der deutschen Universität, in: Zeitschrift für Deutsche Kulturgeschichte 2 (1936), S. 211-224.
Döhring, Ernst: Geschichte der juristischen Fakultät 1665-1965, in: Geschichte der Christian-Albrechts-Universität Kiel 1665-1965, Bd. 3, Teil 1, Neumünster 1969, S. 201-220.
Eckert, Jörn: Die Juristische Fakultät im Nationalsozialismus, in: Prahl: Uni-Formierung, Bd. 1, S. 51-85.
–: Was war die Kieler Schule?, in: Franz Jürgen Säcker (Hrsg.): Recht und Rechtslehren im Nationalsozialismus. Ringvorlesung der Rechtswissenschaftlichen Fakultät der Christian-Albrechts-Universität Kiel, Baden-Baden 1992, S. 37-69.

---

71 *Döhring*: Geschichte, S. 209.
72 *Huber*: Staatswissenschaften, S. 7.

Eisfeld, Rainer: Ausgebürgert und doch angebräunt? Deutsche Politikwissenschaft 1920-1945, Baden-Baden 1991.
Erdmann, Karl Dietrich: Wissenschaft im Dritten Reich, Kiel 1967.
Giles, Geoffrey J.: Die Idee der politischen Universität. Hochschulreform nach der Machtergreifung, in: Heinemann Erziehung, S. 50-60.
Grimm, Dieter: Die „Neue Rechtswissenschaft". Über Funktion und Formation nationalsozialistischer Jurisprudenz, in: Lundgreen: Wissenschaft, S. 31-54.
Haiger, Ernst: Politikwissenschaft und Auslandswissenschaft im „Dritten Reich". (Deutsche) Hochschule für Politik 1933-1939 und Auslandswissenschaftliche Fakultät der Berliner Universität 1940-1945, in: Gerhard Göhler/Bodo Zeuner (Hrsg.): Kontinuitäten und Diskontinuitäten in der deutschen Politikwissenschaft, Baden-Baden 1991, S. 94-136.
Heinemann, Manfred (Hrsg.): Erziehung und Schulung im Dritten Reich, Teil 2: Hochschule und Erwachsenenbildung, Stuttgart 1980.
Huber, Ernst Rudolf: Das Staatsoberhaupt des Deutschen Reiches, in: Zeitschrift für die gesamte Staatswissenschaft 95 (1934/35), S. 202-229.
–: Die deutsche Staatswissenschaft, in: Zeitschrift für die gesamte Staatswissenschaft 95 (1934/35), S. 1-60.
–: Die Einheit der Staatsgewalt, in: Deutsche Juristenzeitung 39 (1934), S. 950-960.
–: Einheit und Gliederung des völkischen Rechts – ein Beitrag zur Überwindung des Gegensatzes von öffentlichem und privatem Recht, in: Zeitschrift für die gesamte Staatswissenschaft 98 (1938), S. 310-359.
–: Rechts- und Staatsphilosophie der Gegenwart, Berlin ²1935.
–: Rechts- und Staatswissenschaften, in: Die Bewegung 9 (1941), H.48/49, S. 7.
–: Über Gegenstand und Methode des völkischen Rechtsdenkens, Berlin 1938.
–: Verfassung, Hamburg 1937.
Jungmann, Gerhard: Das Schulungslager „Buchenhagen", in: Schleswig-Holsteinische Hochschulblätter 10 (1934), Nr.5 (Mai), S. 9-10.
Kern, R.: Unsere Grenzlandaufgabe, in: Schleswig-Holsteinische Hochschulblätter 10 (1934), Nr.7 (15. Dezember), S. 2-4.
Kleinberger, Aharon: Gab es eine nationalsozialitische Hochschulpolitik?, in: Heinemann: Erziehung, S. 9-30
Kockert, Josef: Briefe, die Geschichte schreiben – Karl Larenz und die nationalsozialistische Zeit, in: Zeitschrift für Neuere Rechtsgeschichte 18 (1996), S. 23-43.
Krieck, Ernst: Gibt es eine Wissenschaft von der Politik?, in: ders.: Wissenschaft, S. 55-60.
–: Wissenschaft, Weltanschauung, Hochschulreform, Leipzig 1934.
–: Zehn Grundsätze ganzheitlicher Wissenschaft, in: ders.: Wissenschaft, S. 60-62.
Larenz, Karl: Der Methodenstreit in der heutigen Strafrechtswissenschaft, in: Zeitschrift für die gesamte Strafrechtswissenschaft 57 (1938), S. 223-294.
–: Deutsche Rechtserneuerung und Rechtsphilosophie, Tübingen 1934.
–: Volksgeist und Recht, in: Zeitschrift für Deutsche Kulturphilosophie 1 (1935), S. 40-60.
Lege, Joachim: Neue methodische Positionen in der Staatsrechtslehre und ihr Selbstverständnis, in: Ernst-Wolfgang Böckenförde (Hrsg.): Staatsrecht und Staatsrechtslehre im Dritten Reich, Heidelberg 1985, S. 23-43.
Lenk, Kurt: Über die Geburt der „Politikwissenschaft" aus dem Geiste des „unübertrefflichen" Wilhelm Heinrich Riehl, in: Politische Vierteljahresschrift 27 (1986), S. 252-258.
Lepenies, Wolf (Hrsg.): Geschichte der Soziologie. Studien zur kognitiven, sozialen und historischen Identiät einer Disziplin, Bd.2, Frankfurt/Main 1981.
Lundgreen, Peter: Hochschulpolitik und Wissenschaft im Dritten Reich, in: ders.: Wissenschaft S. 9-30.

– (Hrsg.): Wissenschaft im Dritten Reich, Frankfurt/Main 1985.
Meinck, Jürgen: Weimarer Staatslehre und Nationalsozialismus. Eine Studie zum Problem der Kontinuität im staatsrechtlichen Denken in Deutschland 1928-1936, Frankfurt/Main 1978.
Meyer, Gustav Fr.: Wir benötigen ein Institut für Volkskunde!. Die Volkskundliche Arbeit im Grenzland, in: Themenheft: Grenzland-Universität, S. 14-15.
Meyersahm, Hans: Der Grenzkampf in der Nordmark; in: Schleswig-Holsteinische Hochschulblätter 10 (1934), Nr.2 (20. November), S. 6-9.
Möller, Horst: „Wissensdienst für die Volksgemeinschaft". Bemerkungen zur nationalsozialistischen Wissenschaftspolitik, in: Wolfgang Treue/Karlfried Gründer (Hrsg.): Berlinische Lebensbilder. Wissenschaftspolitik in Berlin. Minister, Beamte, Ratgeber, Berlin 1987, S. 308-324.
Petersen, Carl: Deutsche Grenzprobleme, in: Schleswig-Holsteinische Hochschulblätter, 9 (1933), S. 3
–: Die Kieler Universität in ihrem Verhältnis zum Norden, in: Schleswig-Holsteinische Hochschulblätter 10 (1934), Nr.2 (13. Juni), S. 9-12.
Prahl, Hans Werner: Die Hochschulen und der Nationalsozialismus, in: ders.: Uni-Formierung, S. 1-50.
– (Hrsg.): Uni-Formierung des Geistes. Universität Kiel im Nationalsozialismus, Bd.1, Kiel 1995.
Ritterbusch, Paul: Idee und Aufgabe der Reichsuniversität, Hamburg 1935.
–: Wissenschaft im Kampf um Reich und Lebensraum, Stuttgart, Berlin 1942.
Rühland, Curt: 25jähriges Bestehen des Instituts für Politik und Internationales Recht an der Universität Kiel, in: Zeitschrift für Völkerrecht 3 (1939), S. 107-108.
Schaffstein, Fritz: Formalismus im Strafrecht, in: Deutsches Recht 4 (1934), S. 349-352.
–: Politische Strafrechtswissenschaft, Hamburg 1935.
Schmitt, Carl: Über die drei Arten rechtswissenschaftlichen Denkens, Hamburg 1934.
Seier, Hellmut: Universitäten und Hochschulpolitik im nationalsozialistischen Staat, in: Klaus Malettke (Hrsg.): Der Nationalsozialismus an der Macht. Aspekte nationalsozialistischer Politik und Herrschaft, Göttingen 1984, S. 143-165.
Siebert, Wolfgang: Betriebsgemeinschaft und Arbeitsverhältnis, in: Deutsches Recht 5 (1935), S. 481-485.
–: BGB-System und völkische Ordnung, in: Deutsche Rechtswissenschaft (1936), S. 204-262.
–: Die deutsche Arbeitsverfassung, Hamburg ²1942.
–: Subjektives Recht, konkrete Berechtigung, Pflichtenordnung, in: Deutsche Rechtswissenschaft 1 (1936), S. 23-31.
Stolleis, Michael: Gemeinschaft und Volksgemeinschaft. Zur juristischen Terminologie im Nationalsozialismus, in: ders.: Recht im Unrecht. Studien zur Rechtsgeschichte des Nationalsozialismus, Frankfurt/Main 1994, S. 94-125.
Szacki, Jerzy: „Schulen" in der Soziologie, in: Lepenies: Geschichte, S. 16-30.
Themenheft „Grenzland-Universität Kiel", in: Student der Nordmark 13 (1937), Nr.2 (12. Juni).
Themenheft: „Deutsches Grenzland", in: Schleswig-Holsteinische Hochschulbätter 9 (1933), Nr.2/3 (26. Juni).
Tiryakian, Edward A.: Die Bedeutung von Schulen für die Entwicklung der Soziologie, in: Lepenies: Geschichte, S. 31-68.
Ungezeichnet: Kiel – Grenzland-Universität, in: Student der Nordmark 13 (1937), Nr.1 (30. Januar), S. 2-3.
Walkenhaus, Ralf: Konservatives Staatsdenken. Eine wissenssoziologische Studie zu Ernst Rudolf Huber, Berlin 1997.

Weyer, Johannes: Politikwissenschaft im Faschismus (1933-1945), in: Politische Vierteljahresschrift 26 (1985), S. 423-437.
–: Replik auf Kurt Lenk. Forschen um jeden Zweck? Zur Diskussion über die Politikwissenschaft im Faschismus, in: Politische Vierteljahresschrift 27 (1986), S. 259-264.

Wissenschaft von der Politik, Auslandswissenschaft, Political Science, Politologie
Die Berliner Tradition der Politikwissenschaft von der Weimarer Republik bis zur Bundesrepublik[1]

Hubertus Buchstein

1. Einleitung: „Schulen" in der Politikwissenschaft?

Das Konzept der „Schule" hat sich als Instrument bei der historischen Beschreibung der Politikwissenschaft und anderer Geistes- und Sozialwissenschaften bislang als wenig hilfreich erwiesen. Den Grundgedanken, den der Schulbegriff mit anderen wissenschaftssoziologischen Beschreibungskategorien wie „Forschergemeinschaft", „scientific community" oder „invisible college" teilt, besteht darin, daß damit ein Zusammenhang zwischen sozialen und kognitiven Positionen im Wissenschaftsbetrieb herausgehoben werden soll. Anders als die anderen genannten Konzepte zielt der Schulbegriff darüber hinaus auf eine ganz spezifische Form der sozialen Interaktion innerhalb einer Wissenschaftlergruppe: Wissenschaftliche Schulen sind hierarchisch um eine tonangebende Wissenschaftlerpersönlichkeit gruppiert; Schulen haben eine abzählbare Mitgliedschaft; innerhalb der Schulen herrscht ein hoher Grad affektiver Bindungen; Schulen sind Zusammenhänge, die sich über mehrere Wissenschaftlergenerationen tradieren.

Neben dieser speziellen Form der sozialen Organisation bedürfen Schulen eines Mindestgrades an kognitiver Kohärenz. Die neueren Forschungen zur Wissenschaftsgeschichte der Politikwissenschaft haben freilich ergeben, daß es für unser Fach äußerst schwer ist, in sozialen Wissenschaftlerkonglomeraten auch kognitive Kohärenzen trennscharf nachzuweisen. Denn so trivial die Annahme kognitiver Übereinstimmungen auf den ersten Blick ist, so hat sich eine inhaltliche Schulidentität selbst für diejenigen Zusammenhänge, für die der Schulbegriff doch auf jeden Fall geeignet sein sollte – in Deutschland die sog. Freiburger und Münchner Schule wie auch die sog. Marburger Schule – nicht überzeugend nachweisen lassen. Gerhard Göhlers methodisch ambitionierte Analyse der Arbeiten der wichtigsten Politikwissenschaftler, die der Freiburger und Münchner Schule zugerechnet werden, hat ergeben, daß es keine klaren kognitiven Elemente gibt, anhand derer sich die Schulzugehörigkeit feststellen ließe.[2] So lautet denn Göhlers These, daß es sich bei den von ihm untersuchten Schulzusammenhängen weniger um ein For-

---

1 Für Diskussionen, Anregungen und Kritik danke ich Peter Th. Walther, Ernst Haiger und Cord Arendes.
2 Vgl. Gerhard *Göhler*: Die Freiburger Schule als Scientific Community, Berlin 1982.

schungsprogramm als um das soziale Muster einer „Seilschaft"[3] handele. Auch die Studie von Horst Schmitt zum politischen Forschungsprogramm der Freiburger Politikwissenschaft kann bei all ihren Verdiensten kein exklusives kognitives Profil der als zentral angesehenen Autoren identifizieren. Frappierend sind vor allem die von Schmitt herausgearbeiteten unterschiedlichen Bewertungen gesellschaftlicher Konflikte und des politischen Pluralismus zwischen Bergstraesser und seinen Schülern sowie die demokratietheoretischen und wissenschaftskonzeptionellen Differenzen zwischen den von ihm untersuchten Autoren[4]. Noch am ehesten scheint das Schul-Konzept für eine bestimmte Phase der Marburger Politikwissenschaft von heuristischem Nutzen zu sein. Doch auch hier hat die Analyse des Kreises um Wolfgang Abendroth ergeben, daß es jenseits der Ebene politischer Grundannahmen kein einheitliches Programm für eine kritische, marxistische Politikwissenschaft gegeben hat[5].

Für die (West-) Berliner Situation nach dem Zweiten Weltkrieg gilt, daß es nicht wie an anderen Orten die eine große Gründerfigur gab, sondern daß die Politikwissenschaft von einer Gruppe aufgebaut wurde, die im Kern – so man bei einer derartigen Größe überhaupt noch sinnvollerweise von einem „Kern" sprechen kann – ungefähr fünfzehn Mitglieder umfaßte. Die wichtigsten Mitbegründer der Politikwissenschaft beim institutionellen Aufbau der Lehre und der Forschung in Berlin waren Otto Suhr, Carl Heinrich von Trotha, Gert von Eynern, Eugen Fischer-Baling, Otto Heinrich von der Gablentz, Ernst Tillich, Martin Drath, Otto Stammer, Ernst Fraenkel, A.R.L. Gurland, Franz L. Neumann und Ossip K. Flechtheim, Ernst Richert, Max G. Lange und Karl-Dietrich Bracher. Bis auf Bracher[6] standen alle Mitglieder dieser Gruppe bereits im fünften oder sechsten Lebensjahrzehnt;. sie hatten somit ihre formenden wissenschaftlichen Erfahrungen längst hinter sich. Und entsprechend heterogen waren die Ansätze, die sich unter dem gemeinsamen Dach der Berliner Politikwissenschaft verbargen.

Im ersten Heft des 1954 wiedergegründeten Fachorgans *Zeitschrift für Politik* findet sich ein kleiner Artikel von Gert von Eynern, in dem dieser berichtete, mit welchem Ergebnis in Berlin die Frage nach der Bezeichnung der neuen Disziplin beschieden worden war. Von Eynern erneuerte an dieser Stelle den bereits in der Gründungsphase der Deutschen Hochschule für Politik von Eugen Fischer-Baling vorgebrachten Vorschlag, die Bezeichnung „Politologie" zu verwenden. „Kurz, klangvoll und richtig [grammatisch,

---

3   Vgl. Gerhard *Göhler*: Unterschiedliche theoretische Positionen in der Politikwissenschaft der fünfziger Jahre (Vortrags-Ms.), Berlin 1988.
4   Vgl. Horst *Schmitt*: Politikwissenschaft und freiheitliche Demokratie, Baden-Baden 1995, S. 160-173, 179ff, 200f.
5   So jedenfalls: Christoph *Hüttig*/Lutz *Raphael*: Die „wissenschaftliche Politik" der „Marburger Schule", in: Politische Vierteljahresschrift 33 (1992), S. 427-454.
6   Zum Einfluß der älteren Berliner Gründungspolitologen - insbesondere Ernst Fraenkel - auf Bracher vgl.: Karl Dietrich *Bracher* im Gespräch mit Werner *Link*: Von der Alten Geschichte zur Politikwissenschaft, in: Neue Politische Literatur 37 (1997), S. 260ff.

H.B.] gebildet" lauteten die von von Eynern genannten Vorzüge dieser Bezeichnung[7]. Inspiriert war dieser terminologische Vorschlag von den Überlegungen des Heller-Herausgebers Gerhardt Niemeyers zur Notwendigkeit eines neuen Disziplinnamens. Grundsätzlich stimmte man seinen Überlegungen zu, nur konnte man sich vom Sprachgefühl mit Niemeyers „Politokologie"[8] nicht so recht anfreunden. Auch wenn sich in den späten fünfziger und bis in die Mitte der sechziger Jahre hinein Suhr, Fischer-Baling, von Eynern, von der Gablentz, Fraenkel, Flechtheim und Bracher bemühten, den Terminus „Politologie" zu etablieren[9], so konnte er sich selbst am Ort seines Entstehens nie voll durchsetzen. In Berlin wurden die laut von Eynern ausdrücklich als „falsch" oder „unschön" apostrophierten Bezeichnungen „Wissenschaft von der Politik", „Politische Wissenschaft", „Politikwissenschaft", „Politische Soziologie" oder „Wissenschaftliche Politik" weiterhin verwendet.

Der Mangel an Einigkeit unter den Berliner Nachkriegspolitologen zeigt sich nicht nur in der leidigen Namensfrage. Auch im konkreten Selbstverständnis des neuen Faches gab es Differenzen. In diesem Zusammenhang kommt vielleicht folgendem Detail eine mehr als symbolische Bedeutung zu: Das von Fraenkel und Bracher 1957 erstmals herausgegebene Fischer-Lexikon *Staat und Politik*, das größtenteils von Berliner Politologen verfaßte Artikel enthielt und vielleicht noch am ehesten als eine Art „Schul"-Manifest gedeutet werden könnte, delegierte in seinen Neuauflagen ausgerechnet den Grundsatzartikel „Politikwissenschaft" an einen Auswärtigen, den Freiburger Hans Maier[10].

Aus den genannten Gründen wird im folgenden gar nicht erst der Versuch unternommen, eine sich klar gegenüber der westdeutschen Politikwissenschaft abgrenzende Schulidentität der Berliner Nachkriegspolitologie zu konstruieren. Stattdessen wird sich der Beitrag auf die Frage nach den wesentlichen Traditionslinien der Berliner Politikwissenschaft von 1920-1960 konzentrieren. Zum Zweck der Unterscheidung der einzelnen Traditionsstränge werden dabei die jeweils zeitgenössisch dominierenden Termini verwendet – „Wissenschaft von der Politik" für die Weimarer Jahre, „Auslandswissenschaft" während der NS-Zeit, „Political Science" für die Emigrationsphase und „Politologie" für die Nachkriegsära.

---

7   Gert von *Eynern*: Politikwissenschaft, in: Zeitschrift für Politik 1 (1954), S. 83.
8   Vgl. die Fußnote des Herausgebers Gerhardt Niemeyer in: Hermann *Heller*: Staatslehre, Leiden 1934, S. 4.
9   So erschien am Otto-Suhr-Institut in den sechziger Jahren eine Zeitschrift mit dem Titel *Der Politologe*. Auch in den Prüfungsordnungen dieser Zeit wird die Fachbezeichnung *Politologie* verwendet.
10 Die erweiterte Neuauflage von *Staat und Politik* erschien 1964. Das Lexikon erlebte bis Ende der sechziger Jahre eine Auflage von insgesamt 300.000 Exemplaren.

2. Die „Deutsche Hochschule für Politik" vor und nach 1933

Die Deutsche Hochschule für Politik (DHfP) wurde 1920 in der Rechtsform eines unabhängigen Vereins als Stätte der politischen Bildung gegründet. Im Laufe der zwanziger Jahre etablierten sich an ihr darüber hinaus Ansätze einer „Wissenschaft von der Politik". Im Sommer 1933 wurde die DHfP in der Form eines neuen Vereins unter der Aufsicht des Reichspropagandaministeriums neu gegründet; 1937 wurde sie eine Reichsanstalt und 1940 ging sie in die Auslandswissenschaftliche Fakultät an der Berliner Universität auf. Im Januar 1949 erfolgte die Neugründung der DHfP in den Westsektoren Berlins. Unter dem Namen Otto-Suhr-Institut (OSI) wurde die Hochschule 1959 als interfakultatives Institut in die Freie Universität integriert. Das OSI erhielt 1970 den Status eines eigenständigen Fachbereichs „Politische Wissenschaft". Sollten sich die derzeitigen hochschulpolitischen Planungen an der FU realisieren, so wird der Fachbereich innerhalb der nächsten Jahre seine Eigenständigkeit wieder verlieren und mit einigen Nebenfächern unter dem Dach einer übergreifenden Fakultät versammelt werden.

Für das Verständnis des Kontinuitätsproblems seit der Weimarer Republik ist es hilfreich, mit einer Frage zu beginnen, die angesichts unseres Wissens um die nationalsozialistische Terrorherrschaft und des Holocaust absurd anmuten mag. Sie lautet: Wie wäre die Entwicklung der Deutschen und der Berliner Politikwissenschaft wohl verlaufen, wenn der Zusammenbruch der Weimarer Republik in der politischen Krise der dreißiger Jahre wie durch ein Wunder von den republikfreundlichen Kräften hätte aufgehalten werden können? Stellen wir uns für einen Moment das Berlin einer Weimarer Republik im Jahre 1950 vor und spekulieren, welches Gesicht die Politikwissenschaft dann wohl gehabt hätte.

Aus der Hochschulpraxis wäre die Wissenschaft von der Politik nach dreißig Jahren des Bestehens der DHfP unter Protektion der preußischen sozialdemokratischen Regierung und amerikanischer Stiftungen wie der Carnegie Endownment for Peace zu einer international anerkannten Stätte politikwissenschaftlicher Lehre und Forschung mit vielfachen internationalen Beziehungen gereift. Die Strategie des langjährigen preußischen Kultusministers Carl-Heinrich Becker und reformorientierter preußischer Regierungsbeamter wie Bill Drews, mit der Hochschule ein Beispiel für eine generelle Hochschulreform im Sinne demokratischer politischer Bildung zu schaffen, um auf diese Weise den in Artikel 148 der Weimarer Verfassung enthaltenen staatsbürgerlichen Bildungsauftrag zu realisieren, hätte der Hochschule erhebliche finanzielle Unterstützung verschafft. Von den sozialdemokratisch orientierten Dozenten der zwanziger Jahre wären die beiden Neumanns – Sigmund und Franz L. –, Arnold Wolfers, Franz Naphtali, Albert Salomon, Arnold Brecht und Hajo Holborn zu anerkannten Vertretern der Disziplin herangewachsen. Doch auch den konservativ oder völkisch orientierten Dozenten an der Hochschule wie Adolf Grabowsky, Friedrich Berber oder Otto

Hoetzsch wäre es gelungen, wissenschaftlich Fuß zu fassen. Andere Dozenten an der Hochschule wie Ernst Jäckh, Hans Simons, Otto Suhr oder Theodor Heuss hätten wohl wegen ihrer geringeren wissenschaftlichen Leistungsfähigkeit nur eine kleinere Rolle gespielt, aber für eine enge Verbindung zwischen Politik und Wissenschaft sorgen können.

Zweitens wäre von der Theorie her, und zwar vor allem von Seiten der Weimarer Staatsrechtslehre, Hermann Heller – dessen früher Tod in Spanien 1934 den Strapazen seiner Flucht ins Exil zuzuschreiben ist – mit der Publikation seiner abgeschlossenen *Staatslehre* und den daran anschließend geführten Debatten in den einschlägigen Fachzeitschriften eine ansehnliche Schülerzahl zugewachsen, die sich anschickt, in Professuren nachzurücken. Heller hatte mit seinem Artikel „Political Science" von 1933 in der *Encyclopedia of the Social Sciences* von Alvin Johnson von der New Yorker New School for Social Research international Resonanz erlebt und wäre daraufhin sicherlich als regulärer Gastprofessor für einige Semester in die USA gegangen, um den begonnenen wissenschaftlichen Austausch zu intensivieren. Hellers Ansatz bildete nicht nur ein deutliches Kontrastprogramm zum staatsrechtlichen Positivismus eines Hans Kelsen, sondern hätte sich ohne Zweifel auch als intellektuell stärkster Widerpart zur konservativen Integrationslehre Rudolf Smends und der auf den autoritären Staat zielenden Position Carl Schmitts erwiesen. Insbesondere in der Gruppe der jungen, um die sozialdemokratische Zeitschrift *Die Gesellschaft* gescharten Autoren – unter ihnen Ernst Fraenkel, Otto Kirchheimer, Otto Kahn-Freund, Herbert Marcuse, Hans Speier, Eckardt Kehr und Alfred Vagst, die sich seit den späten zwanziger Jahren regelmäßig im Cafe Dümchen in der Linkstraße in Berlin-Mitte trafen – wäre Hellers Programm einer zur Politikwissenschaft ausgeweiteten Staatslehre sicherlich auf ausgesprochene Resonanz gestoßen und hätte eine Weiterführung erfahren.

Das Zusammenwachsen dieser beiden Stränge – den heterogenen Ansätzen an der DHfP und dem der Hellerschen Staatslehre – zu einer eigenständigen Wissenschaft von der Politik wäre drittens durch die Nachfrage seitens der Politischen Bildung und die Aktivitäten der 1930 gegründeten *Vereinigung für die Freunde der Politischen Wissenschaft* forciert worden. Wissenschaftler anderer Disziplinen wie Karl Mannheim oder Alfred Weber und selbst okkasionelle Staatsrechtslehrer hätten sich lebhaft an der konzeptionellen Debatte beteiligt und eigene Forschungsbeiträge zur Disziplin „Wissenschaft von der Politik" geliefert. – Dieses Bild ließe sich noch weiter über Berlin hinaus ausspinnen, etwa unter Einbezug der Berliner Handelshochschule, des Hamburger Instituts für Auswärtige Politik, der politikwissenschaftlichen Belangen offenen rechtswissenschaftlichen Fakultät der Universität Hamburg oder des Politischen Seminars an der Universität Heidelberg. Doch das Gemälde kann hier wieder weggewischt werden, denn es hat seinen Zweck erfüllt. Deutlich gemacht werden sollte auf diese Weise, wie weit sich die „Wissenschaft von der Politik" bereits in der Weimarer Republik, und hier federführend in Berlin, bis zum Jahre 1933 entwickelt hatte. Im heutigen

Rückblick läßt sich in den aufgezählten Beispielen eine zwar heterogene, aber dennoch in ihren Konturen erkennbare zukünftige Politikwissenschaft identifizieren.

Die historische Entwicklung verlief bekanntlich anders als in dem Gedankenexperiment durchgespielt. Und dies nicht erst seit 1933, als nach einer zwischenzeitlichen Schließung die DHfP unter nationalsozialistischer Ägide neu eröffnet wurde. Im Zuge der Haushaltskürzungen an der DHfP hatten zwischen 1929 und 1933 – der Haushalt sank um mehr als dreißig Prozent – ausgerechnet mehrere der erwähnten Dozenten vom linken Flügel die Hochschule wieder verlassen müssen. Sigmund Neumann übernahm 1930 hauptberuflich die Leitung einer Berliner Volkshochschule, Salomon verließ die Hochschule 1931 in Richtung Köln und Heller wechselte 1932 nach Frankfurt am Main. Diese Entwicklung ist besonders deshalb zu erwähnen, da die DHfP noch vor der Berliner Handelshochschule und dem Kreis um die Zeitschrift *Die Gesellschaft* der wichtigste institutionelle Kern der im Entstehen begriffenen Wissenschaft von der Politik war.

Die neuere Forschung zur Geschichte der Weimarer DHfP hat aufzeigen können, daß die Hochschule bei aller „Akademisierung" oder „Verwissenschaftlichung" bis 1933 primär doch eine Stätte der politischen Bildung geblieben war.[11] Wichtiger vielleicht noch ist, daß die neuere Forschung die politische Zusammensetzung der Dozentenschaft und die internen politischen Frontstellungen aufhellen konnte.[12] Die im Entstehen begriffene „Wissenschaft von der Politik" war in ihrer politischen Ausrichtung ausgesprochen heterogen. Die „Wiedergründer" der DHfP um Otto Suhr haben nach 1948 erfolgreich an der Legende gestrickt, bei der „Wissenschaft von der Politik" hätte es sich um eine Hochburg der Weimarer Parteien – insbesondere der Sozialdemokraten – gehandelt. Die neuere Forschung hat mit dem Bild einer demokratisch-republikanischen Hochburg gründlich aufgeräumt und es durch eine Darstellung ersetzt, nach der an der Weimarer DHfP sich auch – wenn nicht sogar dominierend – völkisch und deutschnational orientierte Autoren darum bemühten, die Wissenschaft von der Politik konzeptionell und mit eigenen Forschungsbeiträgen zu begründen.

Diese inhaltliche Neubewertung der Politikwissenschaft an der Berliner DHfP hat eine Debatte über Kontinuität und Diskontinuität der Politikwissenschaft in Deutschland von 1920 bis 1960 entfacht. Dabei ist vor allem der Status der lange verdrängten „rechten" Tradition der deutschen Politikwissenschaft kontrovers diskutiert worden. Johannes Weyer stellte in diesem Zusammenhang 1985 die These auf, die deutsche Politikwissenschaft habe sich

---

11 Vgl. Detlev *Lehnert*: Politik als Wissenschaft, in: Politische Vierteljahresschrift 30 (1989), S. 450-483 und ders.: „Schule der Demokratie" oder „politische Fachhochschule"?, in: Göhler/Zeuner: Kontinuitäten, S. 65-93, sowie Alfons *Söllner*: Gruppenbild mit Jäckh, in: ders.: Deutsche Politikwissenschaftler in der Emigration, Opladen 1996, S. 31-54.

12 Vgl. außer den in der vorigen Anmerkung genannten Arbeiten: Steven *Korenblat*: The Deutsche Hochschule für Politik. PhD-Thesis, University of Chicago (Department of History) 1978; Antonio *Missiroli*: Die Deutsche Hochschule für Politik, Königswinter 1988.

ausgerechnet in den Jahren von 1933 bis 1945 zu einer eigentlichen wissenschaftlichen Disziplin entwickelt.[13] Er implizierte damit die Annahme einer Kontinuität zwischen einigen der erwähnten Weimarer Ansätzen, der „braunen" Periode 1933-45 und schließlich der Politikwissenschaft im westlichen Nachkriegsdeutschland. Rainer Eisfeld hat in seiner Monographie „Ausgebürgert und doch angebräunt" zumindest den ersten Teil dieser These – die Behauptung einer Kontinuität der DHfP über 1933 hinaus – übernommen.[14] Die Frage nach Kontinuität und Diskontinuität der Jahre 1920-1960 spaltet sich in zwei Unterfragen auf: *Erstens*, wie stark war die konzeptionelle, sachliche, institutionelle und personelle Kontinuität an der DHfP vor und nach 1933? *Zweitens*, aus welchen konzeptionellen, sachlichen, institutionellen und personellen Quellen speiste sich der Neuaufbau der Berliner Politikwissenschaft nach 1945? Die Beantwortung der ersten Frage muß mit einer generellen Erörterung darüber einsetzen, wie sich überhaupt feststellen läßt, ob es im Nationalsozialismus Politikwissenschaft gegeben hat. Denn von einer Beantwortung dieser Frage hängt entscheidend ab, wie die Kontinuitätsthese von Weyer bewertet werden muß. Will man in der Antwortstrategie keine politisch motivierte Wortklauberei getreu dem Motto „was nicht sein soll, wird wegdefiniert" betreiben, so sind zwei Differenzierungen hilfreich.

Zum *Ersten* muß daran erinnert werden, daß der Terminus „Politische Wissenschaft" nach 1933 eine vorher in dieser Deutlichkeit nicht bestehende Zusatzbedeutung erhalten hat.[15] Für die meisten der in diesem Zusammenhang geäußerten Überlegungen zur „Politischen Wissenschaft" insbesondere der Jahre 1933-1935 gilt, daß sie nicht die spezielle Disziplin einer eigenständigen „Wissenschaft von der Politik" meinen, sondern eine nun generell für alle Fächer als „politisch" proklamierte Wissenschaft. Erinnert sei nur an Hans Freyers *Politisches Semester*[16], Johann Mannhardts „politische Akademien"[17], Alfred Bäumlers „Politische Pädagogik" oder die Vertreter der juristischen sog. „Kieler Schule", die an den Instituten, an denen „Politik" gelehrt werden sollte[18], eine nationalsozialistisch orientierte Rechtswissenschaft betrieben. Nationalsozialistische Politiker und Beamte im Reichserziehungsministerium lehnten die Existenz einer eigenständigen Fachdisziplin für Politik mit der Begründung ab, „im nationalsozialistischen Staat muß Wissenschaft schlechtweg politische Wissenschaft sein"[19]. Die in diesem Zitat deut-

---

13 Vgl. Johannes *Weyer*: Politikwissenschaft im Faschismus. Die vergessenen zwölf Jahre, in: Politische Vierteljahresschrift 26 (1985), S. 423-437.
14 Vgl. Rainer *Eisfeld*: Ausgebürgert und doch angebräunt. Deutsche Politikwissenschaft 1920-45, Baden-Baden 1991.
15 Vgl. Agnes *Tandler*: Die Deutsche Hochschule für Politik in Berlin 1933-40. Diplomarbeit am Fachbereich Politische Wissenschaft der FU Berlin, Berlin 1990, S. 17-24.
16 Hans *Freyer*: Das politische Semester, Jena 1933, S. 26.
17 Johann Wilhelm *Mannhardt*: Hochschulrevolution, Hamburg 1933, S. 89.
18 Unter anderen in Königsberg, Kiel, Berlin und Straßburg.
19 So der für die HfP zuständige Beamte W. im Reichserziehungsministerium im Februar 1939 anläßlich der Verhandlungen mit der HfP, der Hochschule die Insignien einer wissenschaftlichen Anstalt zu verleihen (zit. nach: Ernst *Haiger*: Politikwissenschaft und

lich werdende Einstellung ist einer der Hauptgründe für die (von Autoren wie Weyer und Eisfeld nicht genügend herausgestellte) Erfolglosigkeit der DHfP nach 1933 und ihre vergleichsweise niveaulosen Neubesetzungen im Personalbereich. Indikatoren für die Einbuße an wissenschaftlichen Elementen sind unter anderem, daß der Anteil an Promovierten und Hochschullehrern erheblich sank und daß unter den Hörern die Zahl der Nicht-Abiturienten anstieg.

Zweitens ist es zur Beantwortung der obigen Frage wichtig, die Unterscheidung von Politikwissenschaft und Auslandswissenschaft nicht vorschnell zu verwischen. Die DHfP – und darauf hat Ernst Haiger nachdrücklich aufmerksam gemacht[20] – wurde nicht in die Auslandswissenschaftliche Fakultät an der Berliner Universität umgewandelt, sondern kam lediglich dazu, als 1939/40 die Auslandshochschule an der Universität Berlin in die genannte Fakultät umgewandelt wurde. Die Auslandswissenschaft steht weniger in der Tradition der Weimarer DHfP als in der Tradition der vielfältigen Institutionen einer wissenschaftlichen Auslandskunde. Die neue Auslandswissenschaftliche Fakultät an der Berliner Universität hat sozial wie kognitiv weniger die Hinterlassenschaft der alten DHfP als die diversen Anläufe einer wissenschaftlichen Auslandskunde seit dem Kaiserreich aufgenommen. In dieser Perspektive war es nicht die embryonale Weimarer Politikwissenschaft, die in der nationalsozialistischen Ära eine wissenschaftlich professionalisierte Institution erhielt, sondern das Fach „Auslandswissenschaft".

Nimmt man die konkreten Veränderungen an der DHfP nach 1933 in den Blick[21], so zeigt sich, daß die Hochschule von den Nationalsozialisten signifikant umstrukturiert und umfassend personell erneuert wurde. Die Bereiche „Allgemeine Politik" und „Politische Soziologie" wurden ersatzlos gestrichen, stattdessen wurden drei neue Abteilungen installiert: „Biologische Grundlagen" (später „Rassenkunde und Rassenpflege") , „Wehrpolitik" und „Propaganda und Presse". Die „Philosophie der Politik" wurde zur „Staatsphilosophie". Aus der „Debatte-Übung" wurde das „Redner-Seminar". Der „Marxistische Arbeitskreis" an der Hochschule, von dem seit 1928 wichtige Impulse für die Zeitschrift *Die Gesellschaft* ausgingen, wurde ebenso beendet wie die Wirtschaftsschule und das Volksbildnerseminar, die als marxistisch „verseucht" galten. Noch gravierendere Veränderungen erfolgten im Lehrkörper der Hochschule. Der damalige Hochschuldirektor Ernst Jäckh erwähnt

---

Auslandswissenschaft im „Dritten Reich", in: Göhler/Zeuner: Kontinuitäten, S. 111, Anm. 93). Auch Franz Alfred Six berichtet 1940 von den Gründen, warum eine eigenständige Politikwissenschaft im Nationalsozialismus abzulehnen sei: Alle Wissenschaften müßten politisch sein und die „Schaffung eines unverwendbaren „Politiker-Nachwuchses"„ solle „in der Anlage vermieden" werden (Franz Alfred *Six*: Auslandskunde auf neuen Bahnen, in: Wir und die Welt 2 (1940), H.1, S. 46).

20 Vgl. *Haiger*: Politikwissenschaft.
21 Vgl. zum folgenden Hubertus *Buchstein*/Gerhard *Göhler*: In der Kontinuität einer „braunen" Politikwissenschaft? Empirische Befunde und Forschungsdesiderate, in: Politische Vierteljahresschrift 30 (1986), S. 331ff. sowie die bereits zitierten Arbeiten von Tandler und Haiger: Politikwissenschaft.

in seinen Memoiren lediglich drei Personen des alten Lehrkörpers, die nach der Gleichschaltung „dem Geist der Hochschule untreu"[22] geworden seien: Friedrich Berber, Otto Hoetzsch und Heinrich Rogge. Nun sind die Erinnerungen Jäckhs keine seriöse historische Quelle. Zu Jäckhs Geschichtsklitterung gehört beispielsweise die von ihm in seinen Memoiren und späteren Artikeln zur Geschichte der alten DHfP suggerierte Darstellung, von ihm sei zwischen dem Regierungsantritt Hitlers und der institutionellen Liquidierung der DHfP Ende Juli 1933 eine konsequente Linie des Widerstands erfolgt. Diesen Darstellungen Jäckhs konnten mittlerweile anhand von Quellenmaterial bewußte Dokumentenfälschungen nachgewiesen werden. Tatsächlich war Jäckh in der ersten Jahreshälfte 1933 bereit, den neuen Machthabern weitgehende Zugeständnisse zu machen, und verwies sogar öffentlich auf die übereinstimmenden Elemente zwischen dem Nationalliberalismus des Hochschulgründers Friedrich Naumann und den nationen Zielen der Regierung Hitler.[23] Doch was auch immer die Motive für dieses Verhalten waren – mögen sie als verzweifelter Versuch der Rettung der Hochschule vor dem Hintergrund eines Irrglaubens über die Dauer des NS-Regimes, in purem Opportunismus oder in wirklichen Annäherungen an die neue Regierung bestanden haben; im Kern trifft die Jäckhsche These eines umfassenden Bruchs bezüglich des personellen Profils an der Hochschule nach 1933 dennoch zu.

Nur 17 Prozent der alten Dozenten waren im Sommersemester 1933 weiterhin an der Hochschule verblieben. Die profilierten Köpfe – und hier vor allem diejenigen, die sich in den zwanziger Jahren um die Verwissenschaftlichung der Hochschule besonders verdient gemacht hatten wie Hajo Holborn, Sigmund Neumann, Arnold Brecht oder Adolf Grabowsky – hatten die Hochschule bereits verlassen oder verließen sie im Laufe der Umbruchphase. Von den 16 festen Mitgliedern des Kollegiums der Hochschule verblieben nur zwei im Amt, Friedrich Berber und Max-Hildebert Boehm. Insgesamt lehrten von den 51 Dozenten des Wintersemesters 1932/33 im folgenden Semester nur noch neun Personen. Von den insgesamt 51 Dozenten des Sommersemesters 1933 waren 83 Prozent zum ersten Mal an der DHfP tätig. Im Wintersemester 1937/38 hatte die Hochschule mittlerweile 97 Dozenten. Nur vier von ihnen (Friedrich Berber, Paul Massonet, Max-Hildebert Boehm, Axel Seeberg) hatten noch an der „alten" DHfP gelehrt. An die 1939/40 gegründete Deutsche Auslandswissenschaftliche Fakultät an der Berliner Universität (DAWF) gingen mit Berber, Massonet und Seeberg lediglich drei von ihnen. Personell bestand also so gut wie keine Kontinuität des neuen Universitätsfachs zur Weimarer Wissenschaft von der Politik, was insbesondere angesichts der Kontinuität zu anderer Disziplinen (wie der

---

22 Ernst *Jäckh*: Weltstaat. Erlebtes und Erstrebtes, Stuttgart 1960, S. 89.
23 Zu Jäckhs Versuchen, die Hochschule möglichst lange zu erhalten, und seinem Ansinnen, in einer Hochschule unter nationalsozialistischer Regie eine außenpolitische Forschungsabteilung zu leiten, vgl. die bereits zitierten Arbeiten von *Korenblat*: Hochschule, S. 303ff., *Haiger*: Politikwissenschaft, S. 96f., *Eisfeld*: Ausgebürgert, S. 93-107 und *Söllner*: Gruppenbild, S. 47f.

Geographie, Geschichte, Soziologie oder Neuphilologie) bemerkenswert ist. Die nationalsozialistische Selbstbeschreibung von Bruno Kleist kurz nach der Wiedereröffnung der Hochschule Ende Mai 1933, es handele sich bei der DHfP um eine andere Institution mit lediglich demselben Namen[24], ist durchaus zutreffend.

Signifikant sind desweiteren die thematischen Veränderungen des Faches. Auf die Thesen von Johannes Weyer hat es zum Teil heftige Reaktionen gegeben. Insbesondere Kurt Lenk[25] widersprach Weyer dabei mit dem Argument, daß es sich im nationalsozialistischen Wissenschaftsbetrieb nicht um „Wissenschaft" im eigentlichen Sinne gehandelt haben könne, da die Forschung im NS-Regime extrem finalisiert gewesen sei. Ich halte von einer derartigen Argumentation wenig, denn sie basiert auf einem normativ verengten Verständnis von Wissenschaft. Sinnvoller ist es demgegenüber, auf der sozialen wie auf der kognitiven Ebene unvoreingenommen die Kontinuitäten und Brüche in den Traditionslinien der Berliner Politikwissenschaft während der Weimarer Republik, dem Nationalsozialismus und später in den Westsektoren Berlins zu untersuchen und diese Ergebnisse dann mit den Thesen Weyers zu konfrontieren. Die von Gerhard Göhler, Ernst Haiger und mir angestellten Recherchen in den bereits zitierten Arbeiten ergeben diesbezüglich ein eindeutiges Resultat: Nicht nur personell, auch kognitiv ist der 1933 erfolgte Bruch so erheblich, daß es wenig Sinn macht, beide Wissenschaftsgebiete unter der gleichen Disziplinbezeichnung firmieren zu lassen.

Einige der kognitiven Differenzen sollen wenigstens noch kurz angesprochen werden. Bemerkenswert sind zum einen die thematischen Veränderungen des Faches nach 1933. Auf neue Bereiche wie Rassenkunde wurde schon hingewiesen. Bemerkenswert ist, daß neben der Ausbildung für propagandistische Zwecke die außenpolitischen Themen zusehends mehr ins Gewicht fielen. Thematisch zumindest wurde die Politikwissenschaft nicht „autonomer", sondern die einst breite Palette der politikwissenschaftlichen Arbeiten Weimarer Provenienz fand sich auf den Sektor Auslandskunde verengt. Im Wintersemester 1932/33 betrug der Anteil von Außenpolitik und Fremdsprachen im Lehrangebot noch 29,5 Prozent, im Sommersemester 1933 dann 31 Prozent und im Wintersemester 1935/36 bereits 43,5 Prozent. Den konsequenten Schlußstein auf diese Entwicklung setzte die Integration der DHfP in die Deutsche Auslandswissenschaftliche Fakultät an der Berliner Universität. Sprachkurse und Auslandskunde waren nun die fast ausschließlichen Lehrangebote.

Statt – wie Weyer es vermutet – von einer „Autonomisierung" des Faches sollte also besser von einer Verengung gesprochen werden. Noch treffender wäre es, von einer Verschiebung von Politikwissenschaft in Richtung

---

24 Bruno *Kleist*: Die neue Hochschule für Politik, in: Hochschule und Ausland 11 (1933), H. 9, S. 36.
25 Vgl. Kurt *Lenk*: Über die Geburt der „Politikwissenschaft" aus dem Geiste des „unübertrefflichen" W.H. Riehl, in: Politische Vierteljahresschrift 27 (1986), S. 252-258.

auf eine unter ganz bestimmten politischen Prämissen agierenden[26] Auslandskunde zu sprechen. Aus einer solchen Perspektive wird deutlich, daß die Deutsche Auslandswissenschaftliche Fakultät weniger in der Tradition der Weimarer DHfP steht als in der Nachfolge diverser Auslandsinstitute der zwanziger und dreißiger Jahre: dem Ungarischen Institut an der Universität Berlin, der aus dem 1887 errichteten Seminar für Orientalische Sprachen 1935 hervorgegangenen Auslandshochschule an der Universität Berlin, dem Osteuropainstitut in Breslau, dem Institut für Grenz- und Auslandsdeutsche in Marburg, dem Nordischen Instituts an der Universität Greifswald oder dem Kieler Institut für Weltwirtschaft und Seeverkehr. In dieser Tradition und nicht in der als „Sammelplatz der parteipolitischen Meinungskämpfe"[27] apostrophierten Weimarer DHfP hat sich die Auslandswissenschaft unter dem Nationalsozialismus gesehen.

Eine Verbindung zur Weimarer Wissenschaft von der Politik gibt es nur auf eine höchst indirekte Weise. Mit Karl-Heinz Pfeffer, Ernst Wilhelm Eschmann und Franz Alfred Six waren es drei Schüler Arnold Bergstraessers, die die Berliner Auslandswissenschaft entscheidend vorantrieben.[28] Bergstraesser sah sich in den dreißiger Jahren allerdings noch nicht in der Rolle eines „Wissenschaftlers von der Politik", sondern in den Fußstapfen der Kultursoziologie Alfred Webers. Selbst sein Freiburger Lehrstuhl von 1954 hatte die Doppel-Bezeichnung „Wissenschaft von der Politik und Soziologie". Bergstraesser wollte dadurch anzeigen, daß er sich weiterhin nicht ausschließlich als Politikwissenschaftler verstand. Dieser Zusammenhang ist von Bedeutung für die konzeptionellen Parallelen zwischen dem kultursoziologischen Ansatz Alfred Webers, dem integrationswissenschaftlichen Ansatz der Auslandswissenschaftler und Bergstraessers späterer synoptischer Wissenschaftskonzeption.

Mit den obigen Ausführungen soll nicht in Abrede gestellt werden, sondern eher noch darauf aufmerksam gemacht werden, daß sowohl Überlegungen im Kontext einer „Politisierung" aller Wissenschaften wie auch der Geschichte der Auslandswissenschaft zu einem Untersuchungsprogramm gehören, welches über heute bestehende Disziplingrenzen hinaus beschreibt, wie

---

26 Zur politischen Stoßrichtung der Auslandswissenschaft im Unterschied zu vielen der Beiträge zur Internationalen Politik an der Weimarer DHfP vgl. *Haiger*: Politikwissenschaft, S. 98ff. u. 116ff. Zu den nach 1933 als „pazifisch" verfemten Vertretern einer an einer Aussöhnung mit den ehemaligen Kriegsgegnern orientierten Auslandskunde an der alten DHfP gehörten u.a. Holborn, Wolfers und Haas.

27 Herbert *Scurla*: Die deutschen auslandswissenschaftlichen Institute, in: Zeitschrift für Politik 32 (1942), S. 549.

28 Vgl. in diesem Kontext Bergstraessers späteres Urteil über die Auslandswissenschaftliche Fakultät an der Berliner Universität. Sie sei eine der „Unternehmungen des nationalsozialistischen Regimes" gewesen, aber ein „mißlungener oder ein nicht voll befriedigender Versuch" geblieben, denn es seien „aus einer richtigen Erkenntnis wissenschaftlich, politisch und ethisch falsche und verderbliche Folgerungen gezogen" geworden (Arnold *Bergstraesser*: Amerikastudien als Problem der Forschung und Lehre, in: Jahrbuch für Amerikastudien 1 (1956), S. 9).

und mit welchen Intentionen in Deutschland Politik zum Gegenstand wissenschaftlicher Arbeit gemacht wurde. Ein solches Forschungsdesign – und nur darauf bezieht sich mein Einwand – ist freilich noch nicht automatisch identisch mit einer (Vor-) Geschichte der Berliner Nachkriegspolitologie. Um eine solche Vorgeschichte der Berliner und der westdeutschen Politikwissenschaft zu schreiben, kann wiederum nur eine ex-post Perspektive eingenommen werden, die berücksichtigt, daß das Fach im Unterschied zur zeitgenössischen Germanistik oder Jurisprudenz vorher nur in den beschriebenen disparaten Ansätzen zu finden war. Rangiert demgegenüber die Auslandswissenschaft als Referenzpunkt, so ergibt dies zwar interessante Einblicke in das Wissenschaftssystem unter dem Nationalsozialismus. Einen unmittelbaren Beitrag zum Selbstverständnis der Berliner oder der westdeutschen Politologie erbringt dies noch nicht. Von der Nachkriegspolitologie ausgehend ist stattdessen negativ danach zu fragen, welche von den genannten Anknüpfungspunkten nach 1945 bewußt nicht genutzt wurden, und positiv danach, welche Quellen und Bestandteile es stattdessen waren, aus denen das Fach seine Identität schöpfte.

Noch gibt es leider keine detaillierte Darstellung der „Hochschule für Politik in der Emigration". Doch einige Daten sollen hier wenigstens angeführt werden. Nachdem Jäckh mit seinen Kooperationsplänen mit der neuen Regierung scheiterte, ging er im Sommer 1933 nach England. Adolf Grabowsky verließ Berlin in Richtung Schweiz. Hermann Heller hielt zunächst an der London School of Economics (LSE) Gastvorlesungen, um im Herbst 1933 in Madrid eine Professur anzutreten, wo er im November nach dem Strapazen der Emigration an einem Herzanfall starb. Ebenfalls von Harold Laski an die Londoner LSE wurde Franz Neumann geholt, wo er ein zweites Mal promovierte. 1938 ging Neumann an das New Yorker Institute for Social Research Max Horkheimers und erhielt nach seiner Veröffentlichung des *Behemoth* eine Full Professorship an der New Yorker Columbia University. Wie er flüchteten die meisten seiner Berliner Kollegen in die amerikanische Emigration. Sigmund Neumann gelang es 1933, am Wesleyan College als Visiting Professor unterzukommen. Arnold Wolfers und Hajo Holborn fanden eine Stelle als Visiting Professor in Yale, bevor sie als Full Professor übernommen wurden. Die eigentliche Fortsetzung des linken und des liberalen Flügels der Hochschule für Politik im Exil wurde an der New Yorker New School for Social Research betrieben. 1933 gründete Alvin Johnson an der New School die „University in Exil" (ab 1934 „Graduate Faculty" der New School), die aus Europa vertriebenen Sozialwissenschaftlern eine angemessene Arbeitsmöglichkeit bieten sollte.[29] Der ehemalige DHfP-Dozent Hans Simons avancierte zum langjährigen Präsidenten der New School und Arnold Brecht leitete das Institute of World Affairs in den vierziger Jahren.

---

29 Zur Gründung und Geschichte der Graduate Faculty an der New School for Social Research vgl. Peter *Rutkoff*/William *Scott*: New School. A History of the New School for Social Research, New York 1986.

Die Graduate Faculty (GF) der New School wurde dadurch zum Zentrum der linken und liberalen Sozialwissenschaft in der amerikanischen Emigration. Unter anderem forschten und lehrten hier in den vierziger Jahren Hans Staudinger, Hans Speier, Emil Lederer, Frieda Wunderlich, Albert Salomon, Adolf Lowe, Ernst Fraenkel, Otto Kirchheimer, Erich Hula, Eduard Heimann und Hans Jonas. Seit den fünfziger Jahren gehörte Hannah Arendt zu den berühmtesten deutschen Emigranten an der Graduate Faculty. Auch konservativere Geister fanden zeitweiligen Unterschlupf an der New School, so Leo Strauss, bevor er nach Chicago wechselte. Chicago entwickelte sich zu einer Sammelpunkt der konservativen deutschen Emigration. Das „Zentrum der akademischen Emigration" war vom Präsidenten der Chicago University systematisch aufgebaut worden. Neben Arnold Bergstraesser lehrten hier u.a. Helmut Kuhn und Hans Rothfels.

3. Die Neugründung der Berliner Politikwissenschaft nach 1945

Die Berliner Nachkriegspolitologie ist in der Literatur vergleichsweise umfassend aufgearbeitet. Ich möchte deshalb im folgenden lediglich noch einmal kurz die wichtigsten Stationen der Nerbegründung der DHfP im Jahre 1949 in Erinnerung rufen, um dann auf die ersten fünf Jahre der zweiten Institution der Berliner Nachkriegspolitologie, dem 1950 eröffneten Institut für Politische Wissenschaft (IfPW), einzugehen. Das erste Dokument zur Wiederbegründung der DHfP[30] stammt vom Herbst 1947. Es handelt sich um ein Memorandum, das Otto Suhr, ein ehemaliger Dozent der DHfP und nun Vorsteher der Berliner Stadtverordnetenversammlung, angeregt und Walter Jaroschowitz, gleichfalls altgedienter Sozialdemokrat und Mitglied des Kulturpolitischen Ausschusses der Berliner SPD, verfaßt hatte. Der Kern ihres Entwurfes war, ohne Veränderungen an das bis 1933 gültige Konzept der „alten" Hochschule mit seiner Doppelfunktion als Stätte der Politischen Erwachsenenbildung und einem kleineren Wissenschaftsbetrieb anzuknüpfen.

Die Initiative zur Wiedergründung der DHfP blieb nach diesen ersten Diskussionen im Kreis um Otto Suhr eine rein Berliner Angelegenheit. Sie erfolgte, im Gegensatz etwa zu gleichzeitigen Bemühungen in Hessen, ohne Anregung, Einflußnahme oder Absprache mit den westlichen Alliierten. Nachdem die Beratungen die Gremien der SPD erfolgreich passiert hatte, begann die Gruppe um Suhr – zu ihr zählten anfangs neben Walter Jaroschowitz der ehemalige DHfP Absolvent Walther G. Oschilewski, Stadtrat Walter May und Siegfried Nestriepke –, in den anderen Berliner Magistratsparteien

---

30 Vgl. zum folgenden mit weiteren Literaturhinweisen Gerhard *Göhler*: Die Wiederbegründung der Deutschen Hochschule für Politik – Traditionspflege oder wissenschaftlicher Neubeginn? in: ders./Zeuner: Kontinuitäten, S. 144-163.

Verbündete für das Vorhaben zu suchen. Bewußt ausgespart blieb die SED. Für das politische Selbstverständnis der Gründer war dies bezeichnend. Mit der CDU und der liberalen LDPD waren sich die Aktivisten im sozialdemokratischen Kulturpolitischen Ausschuß einig in der Orientierung der Hochschule am westlichen Demokratieverständnis.

Das große Vorbild war die „alte" Hochschule vor 1933, an der die meisten von ihnen noch selbst gelehrt oder studiert hatten. Unterschiedliche Vorstellungen gab es eigentlich nur darüber, an „welche" alte DHfP man anschließen sollte: an die der frühen zwanziger Jahre, die sich vornehmlich als eine Stätte der Erwachsenenbildung begriffen hatte, oder die der frühen dreißiger Jahre, an der selbstbewußter von „Wissenschaft von der Politik" gesprochen wurde. Auf Suhrs Anregung hin einigte man sich im Juni 1948 auf einen Kompromiß: Wie ihre Vorgängerin sollte die neue DHfP als Erwachsenenbildungsstätte für politische Angelegenheiten mit der Aufgabe beginnen, Lehrern, Verwaltungsangestellten, Parteifunktionären, Journalisten oder Kommunalpolitikern die für das Funktionieren der Demokratie nötige politische Bildung zu vermitteln. Angesichts der Entwicklung ihrer Vorgängerin wollte man die Tür zumindest offen lassen für einen Verwissenschaftlichungsprozeß.

Ursprünglich sollte die Hochschule ihre Pforten im Mai 1948 öffnen. Daß die Gründungsvorbereitungen sich erheblich verzögerten, war in erster Linie den aktuellen politischen Vorgängen des Jahres 1948 in und um Berlin geschuldet. Hochschulpolitische Bedeutung hatte, daß die sozialdemokratische Fraktion in der Stadtverordnetenversammlung am 24. April den Antrag stellte, als Antwort auf die zunehmenden politischen Repressalien an der im Ostsektor der Stadt gelegenen Berliner Universität in den Westsektoren eine „Freie" Universität zu eröffnen.[31] Dies hatte nicht unerhebliche Auswirkungen für die Hochschulgründung, denn nun hatte in den Augen der Öffentlichkeit im Westteil der Stadt die FU den hochschulpolitischen Vorrang. Auf die aus heutiger Sicht naheliegende Idee, beide Gründungsvorhaben zusammenzulegen, kam damals niemand. Die Hochschulgründer wollten die alte autonome DHfP wiederbeleben, und die FU-Initiatoren hatten genügend Probleme mit ihren hochschulreformerischen Vorstellungen, um sich nicht auch noch eine an den anderen deutschen Universitäten nicht vorhandene Fakultät für Politikwissenschaft zuzulegen. Die von den Sowjets im Juni verhängte Berliner Blockade tat ihr übriges dazu, daß die DHfP erst mit fast dreivierteljährlicher Verspätung und einige Wochen nach der FU am 15. Januar 1949 ihre Pforten öffnen konnte.

Die konzeptionelle Gestaltung der Hochschule lag in den Händen eines Hochschulsenats, der sich aus dem Hochschuldirektor Suhr und sechs hauptamtlichen Dozenten – den Abteilungsleitern – zusammensetzte. Eine prägende Gemeinsamkeit seiner Mitglieder, die wichtig ist, um den Impetus der ersten Jahre zu verstehen, waren ihre Aktivitäten in den Jahren von 1933 bis

---

31 Zur Gründungsgeschichte der Freien Universität vgl. James F. *Tent*: Freie Universität Berlin 1948-88, Berlin 1988, S. 80ff.

1945. Im Unterschied zu vielen anderen sozialwissenschaftlichen Instituten im westlichen Nachkriegsdeutschland finden sich im eigentlichen Gründungskreis der DHfP keine Emigranten. Ernst Fraenkel, Ossip K. Flechtheim und Richard Löwenthal stießen erst später zur Hochschule. Und im Unterschied zu so vielen Professoren der deutschen Universitäten – auch in Berlin, und zwar in beiden Teilen der Stadt – waren sie alle erwiesene Gegner des NS-Regimes gewesen. Der erste Hochschulsenat der DHfP läßt sich ohne Übertreibung als ein Gremium ehemaliger Widerstandskämpfer gegen das Dritte Reich bezeichnen. Suhr stand unumstritten in seinem Zentrum nicht nur ob seiner Gründungsaktivitäten und seiner Position als Hochschuldirektor; seine Autorität beruhte zu einem ganz wesentlichen Teil auch auf der Rolle, die er bis 1945 im Widerstand hatte.[32]

Der DHfP-Senat versuchte zunächst, an der Erwachsenenbildung festzuhalten. Doch es gelang von Beginn an nicht, die angesprochenen Multiplikatoren in den Schulen, Parteien und Verwaltungen für das angebotene Abendstudium zu motivieren. Die Mehrzahl der eingeschriebenen Studenten waren sogenannte „Vollstudenten" (eine Anspielung auf ihren Status bei der Lebensmittelkartenzuteilung). Die auch in den folgenden Semestern unaufhaltsam fortschreitende Verschiebung in der Zusammensetzung der Hörerschaft zugunsten der Vollstudenten blieb nicht ohne Auswirkungen auf die Konzeption der Hochschule. Man mußte, wollte man nicht einen drastischen Schwund der Hörerschaft in Kauf nehmen, schneller als ursprünglich vorgesehen ein universitätsadäquates Hochschulstudium anbieten. Der Verwissenschaftlichungsprozeß an der DHfP verlief auf zwei Ebenen. einmal auf der hochschulinternen, indem man die Lehrgebiete der Hochschule zweimal, 1951 und 1953, neu definierte und indem man die allein für die Erwachse-

---

32 Nur in Stichworten seien die biographischen Hintergründe aus dem Widerstand skizziert: *Otto Suhr* war nach 1933 in der Reichshauptstadt geblieben. Im Gegensatz zu seinen jüdischen Freunden Ernst Fraenkel und Franz L. Neumann, die in die Emigration flüchten mußten, wurde er nicht „rassisch" verfolgt und konnte sich bis zum Schluß im sozialistischen Widerstand betätigen. Aktiv war er als Mitglied eines illegalen Gewerkschaftskomitees. Unter anderem hielt er Kontakt zum „Internationalen Sozialistischen Kampfbund", an dem auch sein späterer Hochschulkollege Ossip K. Flechtheim beteiligt war. Kurz vor Kriegsende tauchten Suhr und seine Frau Susanne unter. Sie hielten jedoch Kontakt zu zwei weiteren späteren DHfP-Senatsmitgliedern, *Carl Dietrich von Trotha* und *Gert von Eynern*. Eynern war schon seit den zwanziger Jahren mit Suhr befreundet. Gegen Kriegsende wirkten Suhr, Eynern und Trotha in einem illegalen „Planwirtschaftlichem Arbeitskreis", wo sie Konzepte für ein sozialistisches Nachkriegsdeutschland diskutierten. Trotha gehörte wiederum zum Kern einer anderen Widerstandsgruppe, dem Kreisauer Kreis. Dort war ein viertes späteres DHfP-Senatsmitglied tätig, *Otto Heinrich von der Gablentz*. Gablentz war besonders beeinflußt vom religiösen Sozialismus. Als fünftes Senatsmitglied war auch *Ernst Tillich*, ein entfernter Verwandter des Theologen Paul Tillich, im kirchlichen Widerstand aktiv. Wegen seines Engagements im Rahmen der Bekennenden Kirche war er mehrere Jahre im Konzentrationslager Sachsenhausen interniert. Der sechste schließlich, der Jurist *Martin Draht*, wurde 1933 mit einem Berufsverbot belegt und gehörte zu den wenigen deutschen Nachkriegsjuristen, die während des Dritten Reiches keine apologetischen Beiträge veröffentlicht hatten. Drath hielt während der zwölf Jahre Kontakt mit seinen sozialdemokratischen Parteigenossen.

nenbildung geeigneten Abteilungsleiter wie Ernst Tillich oder Kurt Landsberg durch engagierte Anhänger einer Verwissenschaftlichung ersetzte. Zu diesen Neuankömmlingen zählte Ernst Fraenkel, der 1951 über Süd-Korea aus der amerikanischen Emigration nach Deutschland zurückkehrte. Die zweite Ebene, auf der sich der Verwissenschaftlichungsprozeß niederschlug, war die hochschulexterne, indem man sich um eine Aufwertung des Studiums der Politologie mühte. Über diese Schiene läßt sich der dreistufige Integrationsprozeß der DHfP in die FU verstehen: 1952 mit der Anerkennung der Promotionsrechte für DHfP Absolventen, 1956 mit der Anerkennung des Hochschuldiploms durch die FU und 1959 schließlich mit der Eingliederung der DHfP als Otto-Suhr-Institut in die Freie Universität.

Die zweite Institution der Berliner Nachkriegspolitologie ist das 1950 gegründete Institut für Politische Wissenschaft (IfPW). In der Literatur ist das IfPW bislang vergleichsweise stiefmütterlich behandelt worden.[33] Dies ist erstaunlich ist, da das IfPW der eigentliche Ort war, an dem die ersten großen politikwissenschaftlichen Arbeiten aus Berlin entstanden sind; erinnert sei nur an Karl-Dietrich Brachers große Studie über die Auflösung der Weimarer Republik aus dem Jahre 1955. Wie die Pläne für die wiederbegründete DHfP stammten auch die ersten Überlegungen für die Gründung des IfPW aus der Feder von ehemaligen Dozenten der Weimarer DHfP. Im Unterschied zu den Hochschulgründern hatten sie die Jahre der nationalsozialistischen Diktatur unter völlig anderen Bedingungen verbracht. Franz L. Neumann und sein Namensvetter Sigmund Neumann waren als Juden in die amerikanische Emigration gezwungen worden. Beide hatten in der amerikanischen Political Science Karriere gemacht. Nach dem Kriegsende arbeiteten beide als Berater für Erziehungsfragen für das amerikanische State Department und schlugen in dieser Eigenschaft seit 1948 mehrfach vor, in Berlin ein politikwissenschaftliches Forschungsinstitut aufzubauen.

Die Geschichte der Politikwissenschaft an der Freien Universität Berlin beginnt mit der finanziellen Krise der Universität im Spätherbst 1949, die zur Gründung des IfPW führen sollte. Der finanzielle Engpaß der FU spitzte sich soweit zu, daß die Ostberliner Presse bereits über das absehbare Ableben der neuen Universität im amerikanischen Sektor frohlockte. Vom 1. bis 22. Dezember 1949 unternahm FU-Rektor Edwin Redslob eine Reise in die USA. Ziel war es, weitere Geldgeber für die FU zu gewinnen. Die Reise wurde ein voller Erfolg: Politisch, da Redslob als erster Rektor überhaupt einer deut-

---

33 Zur Geschichte des IfPW vgl. Otto *Stammer*: Zehn Jahre Institut für Politische Wissenschaft, in: ders. (Hrsg.): Politische Forschung, Köln, Opladen 1960, S. 175-210; Tilman *Fichter*/Siegward *Lönnendonker*: Historisch-empirische Politikforschung in Berlin, in: Sozialwissenschaftliche Forschungen. Arbeitsbericht des ZI 6 der FU Berlin, München 1975, S. 1-53; Hubertus *Buchstein*: Verpaßte Chancen einer kritischen Politikwissenschaft? Zu A.R.L. Gurlands Gastspiel in Berlin 1950-54, in: Exilforschung 9 (1991), S. 128-145. Zur inhaltlichen Arbeit auf dem Gebiet der Zeitgeschichte und SBZ/DDR-Forschung vgl.: Hubertus *Buchstein*: Totalitarismustheorie und empirische Politikforschung, in: Söllner: Totalitarismus, S. 239-266.

schen Universität nach dem Kriege in den USA in offizieller Mission weilte; und finanziell, weil ihm von verschiedenen amerikanischen Institutionen konkrete Zusagen gegeben wurden. Zugleich erwies sich der finanzielle Engpaß der FU als Einschlupfloch der Politikwissenschaft. Franz Neumann nutzte als offizieller Verbindungsmann der FU-Partneruniversität Columbia University in New York die Finanzverhandlungen, um unmißverständlich auf das Interesse an der Etablierung von Politikwissenschaft an der FU hinzuweisen. Im Januar 1950 fuhr Neumann als dreifach Beauftragter des State Departments, der Ford-Foundation und der Columbia University nach Berlin, um an Ort und Stelle Einfluß auf die Verteilung der finanziellen Hilfen zu nehmen. Am 1.Februar 1950 stattete er dem Akademischen Senat der FU einen Besuch ab und verlangte die sofortige Einführung der Politikwissenschaft an der FU. Wenn auch nicht gleich mit einer ganzen Fakultät, so jedoch mit „einer Stelle in der Wirtschafts- und Sozialwissenschaftlichen Fakultät [...], die dann wachsen könne, bis sie eine solche Fakultät zu bilden in der Lage ist. Dies wird bedingen" – so Neumann weiter – „daß zunächst einige Jahre im wesentlichen nur politische Forschungsarbeit zur Aneignung der modernen Forschungsmethoden notwendig ist".[34]

Auf Begeisterung stieß Neumann mit seinem Anliegen nicht. Der Dekan der Juristischen Fakultät Wilhelm Wengler plädierte für ein von den universitären Fakultäten ausgelagertes Studium der Politik; als möglichen Ort dafür schlug er die Kaiser-Wilhelm-Gesellschaft für Völkerrecht und ausländisches Öffentliches Recht vor. Neumann insistierte: Politikwissenschaft solle nicht nebenbei irgendwo interfakultativ betrieben werden, sondern als eine selbständige Universitätsdisziplin aufgebaut werden. Nach längerer Diskussion wogen die Argumente der Geldgeber schwerer, schließlich brauchte man dringend einen neuen Hörsaal (der heutige Henry-Ford-Bau) und andere wichtige Anschaffungen. Der Akademische Senat gelobte, bei der Besetzung eines Lehrstuhls an der Juristischen und an der Wirtschafts- und Sozialwissenschaftlichen Fakultät auf die „Gewinnung eines besonderen Fachmannes für Political Science" zu achten. Bei vorhandenen Mitteln sollte darüber hinaus ein Institut eingerichtet werden in der Absicht, „später hieraus eine Fakultät für Political Science"[35] aufzubauen. Wenige Tage nach seinen Gesprächen an der FU führte Neumann informelle Gespräche mit den Verantwortlichen an der DHfP. Man kam überein, daß sich neben der FU auch die DHfP an dem geplanten Projekt beteiligen sollte. Da Neumann für die unmittelbare Zukunft weder die Integration der DHfP erwartete noch den Aufbau der Politikwissenschaftlichen Fakultät an der FU, lautete seine Strategie, daß ein gemeinsam von FU und DHfP getragenes Forschungsinstitut eine Brückenfunktion auf dem Wege zu der angestrebten FU-Fakultät übernehmen könnte.

---

34 Sitzungsprotokoll des Akademischen Senats der Freien Universität vom 1. Februar 1950. (Hochschularchiv der FU, Sitzungsprotokolle AS).
35 Sitzungsprotokoll des Akademischen Senats der Freien Universität vom 1. Februar 1950. (Hochschularchiv der FU, Sitzungsprotokolle AS).

Am 28. Juli 1950 fand die öffentliche Gründungsfeier des IfPW statt. Ihr designierter Leiter war Otto Heinrich von der Gablentz, als Stellvertreter war Neumanns ehemaliger Kollege an Horkheimers Institut für Sozialforschung, A.R.L. Gurland, vorgesehen. Die ersten drei großen Arbeiten des Instituts waren eine Studie von Stephanie Münke über die Berliner Wahl vom Dezember 1950, Karl-Dietrich Brachers Forschungsgruppe zum Thema Zusammenbruch der Weimarer Republik sowie eine Untersuchung von Ernst Richert über Propaganda in der SBZ/DDR. Zwischen von der Gablentz und Gurland eskalierten innerhalb kurzer Zeit mehrere Konflikte, die dazu führten, daß sich von der Gablentz vom Institut zurückzog und Gurland die alleinige Leitung überließ. Doch auch dies konnte die internen Probleme des Instituts nicht lösen. Gurland war bei allem Elan mit der Leitung eines Instituts überfordert und übergab die Position 1954 seinem alten Leipziger Studienfreund Otto Stammer. Dies bedeutete allerdings keine inhaltlichen Änderungen, denn Stammers konzeptionellen Vorstellungen waren mit denen Gurlands nahezu identisch. Stammer war fortan die unbestrittene Leitfigur des IfPW. Sein Ansatz zeichnete sich durch die Verarbeitung dreier Weimarer Traditionslinien aus: der Staatslehre seines ehemaligen Lehrers Hermann Heller, der Soziologie seines ehemaligen Lehrers Hans Freyer sowie dem Austromarxismus. Das Amalgam dieser drei Traditionen erlaubte es Stammer, in den fünfziger Jahren relativ unbefangen an eine empirisch orientierte amerikanische Political Science anzuschließen. Mit Stammer hatte das Institut einen Wissenschaftlichen Leiter gefunden, der es die folgenden fünfzehn Jahre erfolgreich steuern sollte. Stammer ließ die unter Gurlands Ägide begonnenen Vorhaben zu Ende führen und konzentrierte sich selbst auf die Verbändeforschung. Bereits fünf Jahre nach der Eröffnung konnte das IfPW mit herausragenden politikwissenschaftlichen Studien zu den Themen Ende der Weimarer Republik, Wahlforschung, Verbändeforschung, Rechtsextremismus und SBZ/DDR-Forschung aufwarten.

Für die Berliner Nachkriegspolitologie markierte das Jahr 1954 in mehrfacher Hinsicht einen Einschnitt. In diesem Jahr konsolidierte sich das IfPW mit der Leitungsübernahme durch Stammer. Zur gleichen Zeit war auch an der DHfP eine entscheidende Weichenstellung erfolgt. Die Hochschule hatte 1954 erfolgreich begonnen, den Weg der Verwissenschaftlichung zu beschreiten. Sie hatte 1952 das Promotionsrecht erhalten und ihre Abteilungen gemäß der Vorstellung umstrukturiert, daß es eine eigenständige Wissenschaft von der Politik gäbe. Nach Otto Suhrs Weggang in die Politik als Regierender Bürgermeister 1955 war es Ernst Fraenkel, der das wissenschaftliche Profil der Hochschule prägen sollte. Schließlich ist 1954 als das Jahr zu nennen, in dem der externe Förderer der Berliner Politikwissenschaft, Franz L. Neumann, starb und sie ohne seinen Rat und seine finanzielle Hilfe auskommen mußte. Auch wenn Neumann sich in den konkreten Einzelschritten auf dem Wege zu einer Politikwissenschaftlichen Fakultät an der FU getäuscht haben sollte, mit der Umwandlung der vormaligen DHfP in den „Fachbereich 15 für Politische Wissenschaft" an der FU war sein ursprüngliches Ziel vom Sommer 1949 mit zwanzig Jahren Verspätung schließlich doch noch realisiert.

4. Auslandswissenschaft, Political Science und Politologie

Wirft man nun die Kontinuitätsfragen von der Nachkriegsära her auf, so gehört dazu: Was ist aus den ehemaligen Mitarbeitern der Berliner Auslandswissenschaft geworden? In welchen Fächern und an welchen Institutionen waren die Auslandswissenschaftler der Jahre von 1933 bis 1945 später im Wissenschaftsbetrieb Berlins oder der Bundesrepublik tätig? Inwieweit haben sie die westdeutsche Politikwissenschaft beeinflußt?

In einer empirischen Verbleibsstudie haben Gerhard Göhler und ich vier Wissenschaftlerpopulationen untersucht[36]: Zum einen den Lehrkörper der Deutschen Auslandswissenschaftlichen Fakultät, zweitens die dort ausgebildeten Personen, drittens sämtliche Autoren der Zeitschrift *Politische Wissenschaft* sowie schließlich sämtliche Autoren der *Zeitschrift für Politik* der Jahrgänge 1933-45. Die vier Auswertungen haben ergeben, daß weder die Berliner noch die westdeutsche Politikwissenschaft in einer Kontinuität zur Auslandswissenschaft der nationalsozialistischen Ära steht. Dies gilt ausdrücklich auch für das mit den Auslandswissenschaften vom Gegenstandsbereich noch am ehesten in Verbindung zu bringende Lehrgebiet der „Internationalen Beziehungen". Zwar publizierten in der seit 1951 wieder (unter Karl-Heinz Pfeffers Mitherausgeberschaft) erscheinenden *Zeitschrift für Geopolitik* u.a. Pfeffers alte Kameraden Axel Seeberg, Andreas Predöhl, Gotthard Jäschke und Max-Hildebert Boehm. Direkte Einflüsse ihrer Arbeit auf das entstehende Fachgebiet der Internationalen Beziehungen sind freilich nicht nachweisbar. Dagegen kehrten nach 1945 verschiedene Auslandswissenschaftler wieder in ihre angestammten Disziplinen zurück und machten dort eine zum Teil bemerkenswerte Karriere. So zum Beispiel Egmont Zechlin und Hans Übersberger als Historiker oder Wilhelm Grewe, Helmut Rumpf und Friedrich Berber in der Jurisprudenz. Der Grad der subjektiven Überzeugung, daß mit dem Fach Politologie nach 1945 in Berlin etwas aufgebaut wurde, das mit dem nationalsozialistischen Wissenschaftsbetrieb nichts zu tun haben sollte, läßt sich an Ernst Fraenkels Gutachtertätigkeit illustrieren: Einen Bewerber an der DHfP, der seine Meriten an der Auslandswissenschaftlichen Fakultät erworben hatte, qualifizierte er als per se unwissenschaftlich ab. Die Aversion der Hochschulneugründer richtete sich auch gegen jungkonservative ehemalige Dozenten der DHfP. Heinz Brauweiler, der in der Weimarer Republik dem Politischen Kolleg angehört hatte, 1933 aber dennoch mit seinem Übernahmegesuch an die wiedereröffnete DHfP

---

36 Zu den Ergebnissen im einzelnen vgl. die oben angeführte Arbeit von *Buchstein/Göhler*: Kontinuität, S. 333-337.

scheiterte, bewarb sich nach dem zweiten Weltkrieg erneut, wurde aber von von der Gablentz abgelehnt.[37]

Eine andere mögliche Traditionslinie ist der Emigrationseinfluß. Dessen Stellenwert wird augenblicklich wieder kontrovers diskutiert. Während die Bedeutung des Exileinflusses für die bundesdeutsche Politikwissenschaft im allgemeinen und für die Berliner Politologie im besonderen von einigen Autoren sehr hoch veranschlagt wird, messen ihm andere einen geringeren Stellenwert bei.[38] Die eher skeptische Sicht deckt sich mit den Ergebnissen der neueren Fachgeschichtsschreibung. Arno Mohr gelangte in seiner 1988 publizierten umfangreichen vergleichenden Studie über den Aufbau des Faches Politikwissenschaft in Westdeutschland zum Ergebnis, daß sowohl der inhaltliche wie der organisatorische Einfluß von Emigranten eher gering zu veranschlagen ist.[39] Auf inhaltlicher Ebene hatte Gerhard Göhler in seiner theoriebiographischen Analyse des Werkes von Ernst Fraenkel festgestellt, daß der Stellenwert der Emigrationserfahrung für sein Spätwerk erheblich

---

37 Vgl. *Eisfeld*: Ausgebürgert, S. 168.
38 In der älteren Literatur zur Fachgeschichte galt die westdeutsche Politikwissenschaft als Paradebeispiel des Exileinflusses „auf das Bewußtsein ganzer Fächer" (Wolfgang *Frühwald*: Die Vertreibung der Wissenschaft aus Deutschland, in: Jahrbuch der historischen Forschung in der Bundesrepublik Deutschland/Berichtsjahr 1986, S. 53.). Schon kurz nach der Neugründung der Politikwissenschaft in Deutschland wurden exponierte Gegner des neuen Faches wie der Freiburger Historiker Gerhard Ritter nicht müde, einer seiner Meinung nach „aus Amerika importierten Wissenschaft" die Existenzberechtigung zu bestreiten (Gerhard *Ritter*: Wissenschaftliche Historie, Zeitgeschichte und „politische Wissenschaft", Heidelberg 1959, S. 9). Aus der Verteidigung gegen diesen Vorwurf ist dann wohl seit den sechziger Jahren eine Art positive Bezugnahme auf die Emigration geworden, wenn etwa der ebenfalls in Freiburg lehrende Bergstraesser-Assistent Hans-Peter Schwarz 1962 schrieb, die deutsche Politikwissenschaft sei gleichermaßen von Aristoteles wie von der amerikanischen Political Science beeinflußt (Hans-Peter *Schwarz*: Probleme der Kooperation von Politikwissenschaft und Soziologie, in: Dieter Oberndörfer (Hrsg.): Wissenschaftliche Politik, Freiburg 1962, S. 304.). Sowohl Hans Kastendiek auf der Linken wie Hans Joachim Arndt auf der Rechten waren in ihren beiden Fachgeschichten aus den siebziger Jahren übereinstimmend der Ansicht, daß der Einfluß der Emigration auf die Nachkriegspolitologie erheblich gewesen sei. Auf Seiten der Exilforschung wurde ebenfalls diese These vertreten. Genannt sei sei nur die Aussage von Rainer M. Lepsius, der von „größter Bedeutung" der Remigration für die Konstituierung des Faches spricht (Rainer M. *Lepsius*: Die sozialwissenschaftliche Emigration und die Folgen, in: ders. (Hrsg.): Soziologie in Deutschland und Österreich 1918-1945, Köln, Opladen 1982, S. 478.). Alfons Söllner hat es sich in seinen Arbeiten seit Mitte der achtziger Jahre zum Anliegen gemacht, diese These für die Politikwissenschaft detaillierter zu belegen (vgl. die jetzt in einem Sammelband zusammengefaßten Studien von Alfons *Söllner*: Deutsche Politikwissenschaftler in der Emigration, Opladen 1996). Zusammen mit Peter Walther hatte ich 1989 den Versuch unternommen, die These des überragenden Exileinflusses auf die bundesdeutsche Politikwissenschaft anhand der neueren Literatur zur Emigrationsforschung zu konkretisieren. Wir waren allerdings zu dem frappierenden Resultat gelangt, daß selbst die Literatur der Exilforscher ein im Detail skeptischeres Bild liefert, als es die gerade angeführten generellen Statements vermuten lassen (vgl. Hubertus *Buchstein*/Peter Th. *Walther*: Politikwissenschaft in der Emigrationsforschung, in: Politische Vierteljahresschrift 30 (1989), S. 342-352).
39 Vgl. Arno *Mohr*: Politikwissenschaft als Alternative, Bochum 1988, S. 160ff.

geringer zu veranschlagen ist, als bislang gemeinhin angenommen worden war.[40] Horst Schmitt konnte unlängst die „dezidiert traditionsbewahrende Dimension"[41] Arnold Bergstraessers während seiner acht Emigrationsjahre aufzeigen. Und auch Rainer Nicolaysen hebt in seiner Studie über Siegfried Landshut hervor, wie sehr sich dieser der älteren deutschen Tradition der „Politk" verpflichtet sah.[42] Zu einem ähnlichen Ergebnis wie Mohr und Göhler kommt schließlich auch eine vergleichende Studie der Entwicklung der vier Emigranten Ernst Fraenkel, A.R.L. Gurland, Ossip K. Flechtheim und Franz L. Neumann mit den im Widerstand daheimgebliebenen Otto Suhr und Otto Stammer. Der Befund lautete, daß sich keine Korrelation zwischen dem biographischen Faktor emigriert/daheimgeblieben mit kognitiven Positionen nachweisen läßt.[43] Bei den vier genannten Emigranten ließ sich demgegenüber sogar zeigen, daß die Weimarer Traditionen – verschiedene marxistische Einflüsse, die Soziologie Max Webers, die Staatslehre Hermann Hellers, die Wirklichkeitswissenschaft Freyers – die formative Kraft für ihr Nachkriegswerk hatten und die amerikanische Political Science lediglich dann, wenn es in dieses kognitive Schema zu passen schien, aufgenommen wurde.

Angesichts der oben beschriebenen Gründungsgeschichte des IfPW ist die Person A.R.L. Gurlands für diese Frage natürlich von besonderem Interesse. Gurland hatte sich in seinen programmatischen Aufsätzen der frühen fünfziger Jahre am IfPW von allen Berliner Autoren am häufigsten auf die amerikanische Political Science berufen. Eine vertiefende Analyse der in seinem Ansatz aktualisierten Traditionen ergibt allerdings, daß es vor allem die Mischung von zwei Weimarer Einflüssen – Hans Freyers (Gurlands Doktorvater) Wirklichkeitswissenschaft und ein an Max Adler orientierter empiristischer Marxismus – waren, die Gurland zu seinem Konzept von Politikwissenschaft als empirischer Sozialwissenschaft gelangen ließen. Vom Boden dieses eigenständig entwickelten Konzepts aus berief sich Gurland dann aus wissenschaftsstrategischen Gründen auf die amerikanische Political Science.[44] Wie für Gurland gilt auch für Fraenkel, Flechtheim und F.L. Neumann, daß sich von einer Art Geburt ihrer Politologie aus jeweils eigenständigen und unterschiedlich verlaufenden Auseinandersetzungen mit unterschiedlichen Varianten des Marxismus der Weimarer Republik sprechen läßt.

Inzwischen hat die Debatte um den Exileinfluß einen politischen Oberton erhalten, der die sachliche Behandlung des Themas eher erschwert. So lautet der Vorwurf von Ernst Stiefel und Frank Mecklenburg in ihrer ansonsten vorzüglichen Studie über deutsche Juristen im Exil, daß die Kritik an den Thesen

---

40 Vgl. Gerhard *Göhler*: Vom Sozialismus zum Pluralismus. Politiktheorie und Emigrationserfahrung bei Ernst Fraenkel, in: Politische Vierteljahresschrift 27 (1986), S. 6-27.
41 *Schmitt*: Politikwissenschaft, S. 85.
42 Vgl. Rainer *Nicolaysen*: Siegfried Landshut. Die Wiederentdeckung der Politik, Frankfurt/Main 1997, S. 362f.
43 Vgl. Hubertus *Buchstein*: Politikwissenschaft und Demokratie, Baden-Baden 1992, S. 331ff.
44 Vgl. *Buchstein*: Chancen, S. 136ff.

der Exilforscher durch Walther und mich eine „nationalistische Klangfarbe"[45] hätte. Im seinem speziell für den 1996 erschienenen Sammelband *Deutsche Politikwissenschaftler in der Emigration* verfaßten letzten Kapitel stößt Alfons Söllner in das gleiche Horn. Söllner erneuert hier seine These daß – pacem Mohr – den Remigranten ein wesentlicher Anteil des Aufbaus des Faches zu verdanken sei. Kritikern dieser These wie Göhler, Walther oder mir attestiert er im Jargon der Psychoanalyse eine Art „narzistische Kränkung" dergestalt, daß diese Kritiker einem „sublimierten Ausdruck eines tiefsitzenden Vorurteils" aufgesessen seien und auf die „zerklüftete Disziplingeschichte" eine „nationale Kontinuitätskonstruktion" zu legen wollen versuchten.[46] Gegen diese Vorwürfe ist zu sagen, daß sich die eindrucksvolle Emigrationsforschung der letzten fünfzehn Jahre nicht noch dadurch legitimieren muß, daß sie auf einen flächendeckend starken Einfluß der Remigration für die deutsche Nachkriegsentwicklung insistiert. Wie groß der Einfluß der Remigranten und des Faktors Emigration auf die Disziplin Politikwissenschaft nach 1945 war, sollte zunächst als empirische Frage behandelt werden. Emigrationseinfluß kann sich im Rahmen verschiedener gesellschaftlicher Teilbereiche und wissenschaftlicher Disziplinen unterschiedlich darstellen.[47] Zudem muß die Feststellung, daß der Einfluß von Emigration etwa auf die Entwicklung wissenschaftlicher Disziplinen nicht überragend war, nicht unbedingt als Plädoyer für eine nationalistisch inspirierte Wissenschaftshistorie gelesen werden, sondern könnte sich auch als kritischer Hinweis auf die Schwierigkeiten verstehen, auf die „westliche" Orientierungen in den Geistes- und Sozialwissenschaften der Bundesrepublik anfangs stießen.

Der konzeptionelle Einfluß der Emigration nach 1945 auf die Berliner Politologie trat deutlich hinter dem der Weimarer Traditionen zurück. Die Traditionen, auf die die Berliner sich bezogen, wiesen zudem eine bestimmte Akzentuierung auf. Fast alle hatten in ihren Weimarer Jahren von den unterschiedlichen marxistischen Strömungen profitiert. Hinzu kamen jeweils spezifische Rezeptionen Hermann Hellers, Hugo Sinzheimers, Hans Freyers, Eugen Lederers oder Ferdinand Tönnies". Anhand der Selektion Weimarer Traditionen, die in Berlin ab 1948 aktualisiert wurden, läßt sich die Berliner Politikwissenschaft vielleicht noch am ehesten charakterisieren. Zwei Weimarer Netzwerke sind es vor allem, die für die Berliner Nachkriegspolitologie von besonderer Bedeutung waren. Einmal das Netzwerk der gewerkschaftlichen Dozenten an der alten DHfP. Fraenkel und F.L. Neumann hatten gemeinsam bei Hugo Sinzheimer in Frankfurt am Main promoviert und waren dann ebenfalls gemeinsam nach Berlin als Syndiki der SPD und der Gewerkschaften gegangen. Hier intensivierten sie ihren Kontakt zu Otto Suhr,

---

45 Ernst C. *Stiefel*/Frank *Mecklenburg*: Deutsche Juristen im amerikanischen Exil, Tübingen 1991, S. 212.
46 Alle Zitate aus dem oben genannten Sammelband von Alfons *Söllner*: Politikwissenschaftler, S. 274.
47 Vgl. zu derartigen Unterschieden die Beiträge in dem Sammelband Claus-Dieter *Krohn*/Patrik zur *Mühlen* (Hrsg.): Rückkehr und Aufbau nach 1945. Deutsche Remigranten im öffentlichen Leben Nachkriegsdeutschlands, Marburg 1997.

Wissenschaft von der Politik 205

anderen linken Dozenten an der DHfP wie Albert Salomon und Carl Mennicke und zählten zu den jüngeren Mitgliedern des Kreises um *Die Gesellschaft*. Eine zweite Dreier-Gruppe studierte zunächst in Berlin und ging dann gemeinsam nach Leipzig. A.R.L. Gurland, Otto Stammer und Max. G. Lange gehörten dort zum linken Kreis um Hans Freyer (und zeitweilig Hermann Heller), wo sich ihnen Ernst Richert anschloß.[48] Sowohl „die Berliner" wie „die Leipziger" setzten sich am Ende der Weimarer Republik politisch engagiert auf Seiten der sozialistischen und sozialdemokratischen Linken ein. Anders als andere spätere Gründerväter der Politikwissenschaft wie Arnold Bergstraesser in Freiburg, der sich nach 1933 der neuen Regierung zustimmend anbot[49], oder Carl J. Friedrich in Heidelberg, der einer autoritären Lösung der Weimarer Krise Zustimmung entgegengebracht hatte[50], hatten „die Berliner" und „die Leipziger" keinerlei Sympathien für die Weimarer Rechte gezeigt. Wenn mit dem Etikett „Berliner Politologie" in den späten fünfziger und frühen sechziger Jahre über die bloße Ortsangabe hinaus sinnvoll etwas gemeint sein konnte, dann vor allem diese deutlichere Distanz zur politischen Rechten aus der Weimarer Republik, als sie an anderen Hochschulorten mit Bergstraesser (Freiburg), Voegelin (München) oder Friedrich (Heidelberg) vorzufinden war.

Mit Blick auf das eingangs angesprochene Thema „Schulbindung" läßt sich trotz dieser gemeinsamen anti-nazistischen Stoßrichtung keine Berliner Schule (im eingangs definierten Sinne) der Politologie nach 1945 behaupten. Neben den Differenzen auf der kognitiven Ebene entsprach auch die soziale Konfiguration der Berliner Politologie nicht dem Schulkonzept. Weder gab es eine soziale Gruppierung, die sich loyal um einen oder mehrere Führungsfiguren organisierte, noch konnte sich ein über mehrere Wissenschaftlergenerationen erhaltender Zusammenhang etablieren. Denn so erfolgreich den Berliner Politologen der Aufbau des neuen Faches bis Mitte der sechziger Jahre am IfPW und am OSI gelang, so nachdrücklich erfolgte nach ihrer Pensionierung ein Bruch mit ihrem Erbe. Den Berliner Gründungspolitologen gelang es nur in Ausnahmen, ihre Tradition längerfristig weiterzugeben. Wo ihre Ansätze von der Sache her in den späten sechziger und in den siebziger Jahren in Berlin fortgesetzt wurden, geschah dies durch Politologen wie Kurt Sontheimer oder Alexander Schwan, die ihre Ausbildung nicht am Berliner Otto-Suhr-Institut, sondern in Freiburg erhalten hatten. Selbst einer so großen Figur der Berliner Nachkriegspolitologie wie Ernst Fraenkel ist es nicht gelungen, seinen Ansatz in Form einer in Berlin verbleibenden Schülerschaft weiterzupflegen. Wo es Professoren wie Fraenkel oder Flechtheim gelang, ehemalige Asisstenten in Professorenstellen am Fachbereich zu plazieren,

---

48 Zu biographischen Angaben zu den „Leipzigern" und ihren späteren Beiträgen zur SBZ/DDR-Forschung am IfPW vgl. *Buchstein*: Totalitarismustheorie, S. 239-266.
49 Vgl. *Eisfeld*: Ausgebürgert, S. 125ff. und Schmitt: Politikwissenschaft, S. 71f. mit weiteren Hinweisen.
50 Vgl. Hans J. *Lietzmann*: Von der konstitutionellen zur totalitären Diktatur. C.J. Friedrichs Totalitarismustheorie, in: Söllner: Totalitarismus, S. 182ff.

zeichneten sich diese durch eher geringe wissenschaftliche Ausstrahlungskraft aus.[51] Am Otto-Suhr-Institut wurde die Gründungspolitologie geradezu hinweggefegt vom Neuansatz einer spezifisch Berliner Variante der „Kritik der Politischen Ökonomie". Dieser Ansatz rekrutierte sich personell zwar fast ausschließlich aus den Assistenten am Institut und konnte es zumindest in den siebziger Jahren ganz entscheidend prägen[52], wurde aber inhaltlich ohne jede positive Bezugnahme auf die Berliner Gründungspolitologie entwickelt. Noch am ehesten gelang es Otto Stammer, seinen Mitarbeitern – u.a. Jürgen Fijalkowski und Peter Weingart[53] – einen gewissen Stempel aufzudrücken.

Und selbst für die Gründungspolitologie der fünfziger Jahre läßt sich kein deutliches, für Berlin spezifisches, wissenschaftliches Programm angeben. Die Differenzen zwischen von der Gablentz, Gurland, Stammer, Fraenkel oder Fischer-Baling steckten in ihrer Streuung fast das gesamte programmatische Feld der bundesdeutschen Politikwissenschaft von Abendroth bis Bergstraesser ab. Selbst der Untergruppe der sozialdemokratischen Professorenschaft gelang es nicht, sich auf ein Mindestmaß an gemeinsam geteilten Programmvorstellungen zu einigen; die über fünfzehn Jahre dauernde Kontroverse zwischen Stammer und Fraenkel, die nicht nur zwischen, sondern auch innerhalb der beiden Institutionen DHfP/OSI und IfPW ausgetragen wurde und zum mehrfachen Kreuzen der Klingen in wissenschaftlichen Zeitschriften führte, ist das wohl bekannteste Beispiel für die Berliner Auseinandersetzungen. In dieser Kontroverse ging es nicht um persönliche Rivalitäten zwischen zwei älteren Herren, sondern sie berührten Grundfragen des Fachverständnisses, bei denen die gesamte Dozentenschaft geteilter Meinung war.[54]

5. Schluß: „The Invention of a Tradition"

Zusammengefaßt ergibt die skizzierte Entwicklung folgendes Bild der politikwissenschaftlichen Traditionslinien in Berlin:

---

51 Bei Fraenkel habilitierten Winfried Steffani, Wolfram Bauer und Günther Doeker. Von diesen dreien ist es allein dem nach Hamburg gegangenen Steffani gelungen, wissenschaftliche Ausstrahlungskraft zu entwickeln. Die anderen beiden betreiben ihre Lehre in Berlin ohne weitere besondere (wissenschaftliche) Vorkommnisse.
52 Zum Programm und Scheitern dieses Ansatzes vgl. Michael Th. *Greven*: Was ist aus den Ansprüchen einer kritisch-emanzipatorischen Politikwissenschaft vom Ende der 60ger Jahre geworden? in: Göhler/Zeuner: Kontinuitäten, S. 221-246.
53 Ein weiterer Stammer-Schüler ist Claus Offe.
54 Zur Stammer-Fraenkel Kontroverse, die sich auf die programmatische Gegenüberstellung von „Politische Soziologie" und „integrationswissenschaftliche Politikwissenschaft" zuspitzte, vgl. Hubertus *Buchstein*: Politikwissenschaft, S. 188-193. Zur geistigen Präsenz der Weimarer Staatsrechtslehre und Weimarer Soziologie in den Berliner Kontroversen vgl. jetzt auch die rückblickende Beschreibung von Jürgen *Fijalkowski*: Die Bedeutung des Jahres 1945 für die Entwicklung der Politikwissenschaft in Deutschland, in: Jahrbuch zur Staats- und Verwaltungswissenschaft 9 (1996), S. 317-322.

Schema: Traditionslinien der Berliner Politikwissenschaft 1920-1960

Zeitraum: 1920-33	1933-45	Nach 1945
Nachbardisziplinen[55] Marxistische Debatte[56] Linke Flügel der DHfP[57] Liberale Flügel der DHfP[58]	Political Science Widerstand	Politologie
Rechte Flügel der DHfP[59] Wiss. Auslandskunde	Auslandswissenschaft	

Wenn in den neueren Arbeiten zur Weimarer DHfP ihre Heterogenität und damit die Existenz auch einer „rechten" Traditionslinie herausgearbeitet wurde, dann drängt sich natürlich die Frage auf, woraus sich das positive Bild, das sich bezüglich der Weimarer DHfP so fest im Gedächtnis des politologischen disziplinären Selbstverständnisses für fast vier Jahrzehnte eingenistete hatte, eigentlich gespeist hat. Autoren wie Eisfeld und Söllner schieben die Verantwortung einer Profession zu, die bereitwillig das glaubte, was sie glauben wollte und dementsprechend den nachträglichen Dokumentenfälschungen eines Ernst Jäckh willig auf den Leim gegangen ist. Der Vorwurf der mangelnden Vergangenheitsbewältigung ist noch der geringste von ihnen erhobene Vorwurf[60]. Mit einer solchen Beschreibung wird die bundesdeutsche Politikwissenschaft zu einem willfährigen Teilnehmer am nachkriegsdeutschen „Verdrängungswettbewerb" in Sachen Vergangenheitsbewältigung gemacht.

Doch diese Sicht der Ursachen für die Genese der DHfP-Legende macht es sich zu einfach. Sie kann den frappierenden Befund nicht erklären, daß nach 1945 nicht nur unredlich motivierte Personen wie Jäckh, sondern ausgerechnet solche ehemaligen Hochschuldozenten, die die DHfP 1933 aus politischen Gründen verlassen mußten, an der positiven Legende bastelten: so Otto Suhr, als es um die Wiedergründung der Hochschule im Jahre 1949 ging; so aber vor allem die über den Verdacht einer jeden Bagatelisierung des Natio-

---

55 Insbesondere die Weimarer Staatsrechtslehre (v.a. Schmitt, Heller, Smend), die Weimarer Soziologie (v.a. Weber-Rezeption, Mannheim, Freyer, Tönnies) und die Weimarer Nationalökonomie.
56 Dazu zählen der Austromarxismus (Bauer, Adler), der sozialdemokratische Revisionismus (Bernstein, Kautsky) sowie bei einigen Autoren der neuentstehende Hegel-Marxismus.
57 U.a. Hermann Heller, Sigmund Neumann, F.L. Neumann, Otto Suhr, Hajo Holborn, Eckhart Kehr, Carl Mennicke, Albert Salomon, Franz Naphtali, Rudolf Hilferding.
58 U.a. Theodor Heuss, Ernst Jäckh, Gertrud Bäumer, Friedrich Meinecke, Arnold Wolfers, Hans Simons, Arnold Brecht.
59 U.a. Max Hildebert Boehm, Heinz Brauweiler, Friedrich Berber, Otto Hoetzsch, Martin Spahn, Kleo Pleyer, Axel Seeberg, mit gewissen Abstrichen auch Adolf Grabowski und Arnold Bergstraesser.
60 Vgl. *Eisfeld*: Ausgebürgert, S. 169.

nalsozialismus und seiner Vorgeschichte erhabenen Franz L. und Sigmund Neumann. Bei keinem von ihnen finden sich in ihren retrospektiven Äußerungen über die alte Hochschule Hinweise, ihre heterogene Identität. Übersehen haben diese (auch als fachliche Kenner der ideologischen Quellen des Nationalsozialismus ausgewiesenen) Wissenschaftler solche Erscheinungen damals jedoch sicher nicht. Was also waren die Motive für ihre Bewertungen? Oder gehörten auch sie zur klammheimlichen Koalition der Vergangenheitsverdränger? Die Antwort auf diese Frage hat eine subjektive und eine strategische Komponente.

Beginnen wir mit der subjektiven Komponente. Selbst wenn man Darstellungen wie die von Eisfeld mit ihrer einseitigen Akzentuierung des „rechten" Spektrums der alten DHfP unkommentiert stehen ließe, wäre doch damit das Gesamtbild noch nicht getroffen. Angesichts der heutigen Kenntnis um die fragile Ausbildung demokratischen Bewußtseins in Gesellschaft und Wissenschaft der Weimarer Republik hätte eigentlich der Vedacht schon viel eher auf der Hand liegen müssen, daß an der DHfP als „Kind ihrer Zeit" auch anti-demokratische Positionen vertreten waren; mehr noch liegt es auf der Hand, daß die damaligen Vorstellungen von Demokratie (vor allem in Anschluß an Max Weber) heutige Alt-Achtundsechziger nicht befriedigen würden.[61] Was indes wissenschaftshistorisch weniger zu erwarten ist und was in den Augen der damaligen Dozenten wie Suhr und S. Neumann das Besondere an der DHfP war, ist die Tatsache, wie gravierend sie sich in ihrer politischen Zusammensetzung von den deutschen Universitäten unterschied. Ich meine damit das schlichte Faktum des Ausmaßes, in dem die Hochschule für Dozenten mit linksliberalen, sozialdemokratischen und sozialistischen Positionen Raum bot. Es ist Legendenbildung, wenn man diese Seite der Hochschule zur dominierenden oder gar zur einzigen Richtung an der DHfP stilisiert. Es zeugt im Gegenzug aber auch nicht von zeitgeschichtlicher Sensibilität, wenn man diesen Strang der Hochschulgeschichte nicht als den eigentlich auffälligen herausstellt. Ich vermute, daß es dieser, in bezug auf die Wiemarer Hochschullandschaft gar nicht hoch genug zu veranschlagende politische Spielraum in die Mitte und nach links war, dessen dankbare Erinnerung den ehemaligen Hochschuldozenten nach 1945 so positiv einnahm. Völkische und Deutschnationale gab es in der Wissenschaft zuhauf; Republikaner und Sozialdemokraten waren die Ausnahme. Dieser erweiterte politische Spielraum erklärt zu einem Teil auch die im Vergleich zu den deutschen Universitäten markant abweichende politische Orientierung der Hörerschaft an der DHfP. Zu dieser Milieubeschreibung gehört noch der Umstand, daß die der Weimarer Republik aufgeschlossen gegenüberstehenden Dozenten meist zur jüngeren Generation gehörten. Erst mit solchem Kolorit versehen lassen sich die damalige Atmosphäre und das damalige intellektuelle Klima an der DHfP angemessen verstehen. Dieses Klima – und die Möglichkeit der offenen

---

61 Deutlich wird dies beispielsweise an Eisfelds Kritik an dem „funktionalistischen Demokratieverständnis" einiger Weimarer DHfP-Dozenten (vgl. *Eisfeld*: Ausgebürgert, S. 55-62).

Auseinandersetzung mit anderen Positionen – machte beipielsweise für Sigmund Neumann die eigentliche Identität „seiner" DHfP aus. An diese Tradition galt es zu erinnern, sie galt es zu pflegen und auszubauen. Daß es auch einige wenige Dozenten gab, die nach 1933 unter den Nazis dabeiblieben, das betraf 1948 in den Augen der Neugründer nicht das Besondere der DHfP, sondern nur das ihr mit anderen Wissenschaftsinstitutionen Gemeinsame.

Ein zusätzliches strategisches Motiv sollte bei solchen Überlegungen nicht unbeachtet bleiben. Der Aufbau der Politikwissenschaft erfolgte nach 1945 in West-Berlin wie überall in den Westzonen nur gegen heftiges Widerstreben der etablierten Universitätsdisziplinen. Auch die Berliner Politikwissenschaft benötigte außeruniversitäre Bündnispartner, um sich dagegen durchzusetzen, und das waren in erster Linie reformwillige Politiker und amerikanische Stiftungen. Wie oben ausgeführt, waren die beiden Neumanns ganz entscheidend am Auf- und Ausbau der Berliner Politologie beteiligt, indem sie als Mittelsmänner zwischen amerikanischen Geldgebern und deutschen Stellen agierten. Den amerikanischen Geldgebern gegenüber mußte es als höchst unklug erschienen sein, ein wirklichkeitsgetreues, differenziertes Bild der alten DHfP zu zeichnen und auf diese Weise der Hochschule den Wind als „Erneuerer" der Universitäten aus den Segeln zu nehmen. Indem die Gründer der Berliner Nachkriegspolitologie an eine vermeidliche demokratische Hochburg namens DHfP anzuknüpfen suchten, wurden gleichzeitig innerdisziplinär wichtige Pflöcke für die weitere Ausrichtung des Faches in Berlin eingeschlagen. Das Fach wurde in Berlin auf eine strikt anti-nationalsozialistische Orientierung festgelegt. Daraus ergab sich zwar keine klar abgrenzbare Berliner Schule der Politologie. Es ergab sich aber der Konsens, das neue Fach vor allem mit Personen zu besetzen, die vor und nach 1933 zu den Gegnern des NS-Regimes gehört hatten. Derartige strategische Funktionen eines „Invention of a Tradition" gilt es abzuwägen gegen den in der Literatur der letzten zehn Jahre erhobenen Vorwurf einer versäumten Vergangenheitsbewältigung.

So wie es in den ersten Nachkriegsjahren darum ging, die Berliner Politikwissenschaft unter Berufung auf eine konstruierte Tradition voranzutreiben, wurde auch später wiederholt erfolgreich versucht, Politik mit der Tradition des Faches zu machen. Besonders deutlich wurde dies im Zusammenhang mit dem Aufbau politikwissenschaftlicher Fakultäten in den neuen Bundesländern nach 1990. Die bundesdeutsche Politikwissenschaft wurde von ihren Vertretern als Demokratiewissenschaft par excellance gepriesen. Unter Berufung auf ihren Beitrag bei der Begründung und Festigung der westdeutschen Demokratie wurde zugleich der Anspruch erhoben, die Disziplin dieser Bedeutung entsprechend an den Universitäten im Beitrittsgebiet zu verankern.[62] Dies war eine Strategie, die, wie sich bald herausstellen sollte, nicht ohne Erfolg blieb.

---

62 Vgl. zum Stellenwert derartiger Argumente: Hubertus *Buchstein*/Gerhard *Göhler*: After the Revolution. Political Science in East Germany, in: Political Science and Politics 23 (1990), S. 668-673.

Literaturverzeichnis

Bergstraesser, Arnold: Amerikastudien als Problem der Forschung und Lehre, in: Jahrbuch für Amerikastudien 1 (1956), S. 8-14.
Bracher, Karl Dietrich im Gespräch mit Werner Link: Von der Alten Geschichte zur Politikwissenschaft, in: Neue Politische Literatur 37 (1997), S. 258-270.
Buchstein, Hubertus: Politikwissenschaft und Demokratie, Baden-Baden 1992.
–: Totalitarismustheorie und empirische Politikforschung, in: Söllner: Totalitarismus, S. 239-266.
–: Verpaßte Chancen einer kritischen Politikwissenschaft? Zu A.R.L. Gurlands Gastspiel in Berlin 1950-54, in: Exilforschung 9 (1991), S. 128-145.
–/Göhler, Gerhard: After the Revolution. Political Science in East Germany, in: Political Science and Politics 23 (1990), S. 668-673.
–/Göhler, Gerhard: In der Kontinuität einer „braunen" Politikwissenschaft? Empirische Befunde und Forschungsdesiderate, in: Politische Vierteljahresschrift 27 (1986), S. 330-334.
–/Walther, Peter Th.: Politikwissenschaft in der Emigrationsforschung, in: Politische Vierteljahresschrift 30 (1989), S. 342-352.
Eisfeld, Rainer: Ausgebürgert und doch angebräunt. Deutsche Politikwissenschaft 1920-45, Baden-Baden 1991.
Eynern, Gert von: Politikwissenschaft, in: Zeitschrift für Politik 1 (1954), S. 80-84.
Fichter, Tilman/Lönnendonker, Siegward: Historisch-empirische Politikforschung in Berlin, in: Sozialwissenschaftliche Forschungen. Arbeitsbericht des ZI 6 der FU Berlin, München 1975, S. 1-53.
Fijalkowski, Jürgen: Die Bedeutung des Jahres 1945 für die Entwicklung der Politikwissenschaft in Deutschland, in: Jahrbuch zur Staats- und Verwaltungswissenschaft 9 (1996), S. 317-322.
Freyer, Hans: Das politische Semester, Jena 1933.
Frühwald, Wolfgang: Die Vertreibung der Wissenschaft aus Deutschland, in: Jahrbuch der historischen Forschung in der Bundesrepublik Deutschland/Berichtsjahr 1986, S. 47-56.
Göhler, Gerhard: Die Freiburger Schule als Scientific Community, Berlin 1982.
–: Die Wiederbegründung der Deutschen Hochschule für Politik – Traditionspflege oder wissenschaftlicher Neubeginn? in: ders./Zeuner: Kontinuitäten, S. 144-163.
–: Unterschiedliche theoretische Positionen in der Politikwissenschaft der fünfziger Jahre (Vortrags-Ms.), Berlin 1988.
–: Vom Sozialismus zum Pluralismus. Politiktheorie und Emigrationserfahrung bei Ernst Fraenkel, in: Politische Vierteljahresschrift 27 (1986), S. 6-27.
Göhler, Gerhard/Zeuner, Bodo (Hrsg.): Kontinuitäten und Brüche in der deutschen Politikwissenschaft, Baden-Baden 1991.
Greven, Michael Th.: Was ist aus den Ansprüchen einer kritisch-emanzipatorischen Politikwissenschaft vom Ende der 60ger Jahre geworden? in: Göhler/Zeuner: Kontinuitäten, S. 221-246.
Hachmeister, Lutz: Der Gegnerforscher. Die Karriere des SS-Führers Franz Alfred Six, München 1998.
Haiger, Ernst: Deutsche Hochschule für Politik, Auslandswissenschaftliche Fakultät und Deutsches Auslandswissenschaftliches Institut in der Bauakademie, 1920-1945, in: Mythos Bauakademie. Die Schinkelsche Bauakademie und ihre Bedeutung für die Mitte Berlins (Ausstellungskatalog), Berlin 1998, S. 91-100.
–: Politikwissenschaft und Auslandswissenschaft im „Dritten Reich", in: Göhler/Zeuner: Kontinuitäten, S. 94-137.

Heller, Hermann: Staatslehre, Leiden 1934.
Hüttig, Christoph/Raphael, Lutz: Die „wissenschaftliche Politik" der „Marburger Schule", in: Politische Vierteljahresschrift 33 (1992), S. 427-454.
Jäckh, Ernst: Weltstaat. Erlebtes und Erstrebtes, Stuttgart 1960.
Kleist, Bruno: Die neue Hochschule für Politik, in: Hochschule und Ausland 11 (1933), H.9, S. 35-37.
Korenblat, Steven: The Deutsche Hochschule für Politik. PhD-Thesis, University of Chicago (Department of History) 1978.
Krohn, Claus-Dieter/Mühlen, Patrik zur (Hrsg.): Rückkehr und Aufbau nach 1945. Deutsche Remigranten im öffentlichen Leben Nachkriegsdeutschlands, Marburg 1997.
Lehnert, Detlev: „Schule der Demokratie" oder „politische Fachhochschule"?, in: Göhler/Zeuner: Kontinuitäten, S. 65-93.
–: Politik als Wissenschaft, in: Politische Vierteljahresschrift 30 (1989), S. 450-483.
Lenk, Kurt: Über die Geburt der „Politikwissenschaft" aus dem Geiste des „unübertrefflichen" W.H. Riehl, in: Politische Vierteljahresschrift 27 (1986), S. 252-258.
Lepsius, Rainer M.: Die sozialwissenschaftliche Emigration und die Folgen, in: ders. (Hrsg.): Soziologie in Deutschland und Österreich 1918-1945, Köln, Opladen 1982, S. 461-500.
Lietzmann, Hans J.: Von der konstitutionellen zur totalitären Diktatur. C.J. Friedrichs Totalitarismustheorie, in: Söllner: Totalitarismus, S. 182ff.
Mannhardt, Johann Wilhelm: Hochschulrevolution, Hamburg 1933.
Missiroli, Antonio: Die Deutsche Hochschule für Politik, Königswinter 1988.
Mohr, Arno: Politikwissenschaft als Alternative, Bochum 1988.
Nicolaysen, Rainer: Siegfried Landshut. Die Wiederentdeckung der Politik, Frankfurt/Main 1997.
Pfeffer, Karl-Heinz: Begriff und Methode der Auslandswissenschaften, in: Nachrichten der Deutschen Auslandswissenschaftlichen Fakultät, Folge 4 (1942), S. 278-283.
Ritter, Gerhard: Wissenschaftliche Historie, Zeitgeschichte und „politische Wissenschaft", Heidelberg 1959.
Rutkoff, Peter/Scott, William: New School. A History of the New School for Social Research, New York 1986.
Schmitt, Horst: Politikwissenschaft und freiheitliche Demokratie, Baden-Baden 1995, S. 160-173.
Schwarz, Hans-Peter: Probleme der Kooperation von Politikwissenschaft und Soziologie, in: Dieter Oberndörfer (Hrsg.): Wissenschaftliche Politik, Freiburg 1962, S. 297-333.
Scurla, Herbert: Die deutschen auslandswissenschaftlichen Institute, in: Zeitschrift für Politik 32 (1942), S. 545-558.
Six, Franz Alfred: Auslandskunde auf neuen Bahnen, in: Wir und die Welt 2 (1940), H.1, S. 46-47.
Söllner, Alfons: Deutsche Politikwissenschaftler in der Emigration, Opladen 1996.
–: Gruppenbild mit Jäckh, in: ders.: Deutsche Politikwissenschaftler in der Emigration, Opladen 1996, S. 31-54.
Stammer, Otto: Zehn Jahre Institut für Politische Wissenschaft, in: ders. (Hrsg.): Politische Forschung, Köln, Opladen 1960, S. 175-210.
Stiefel, Ernst C./Mecklenburg, Frank: Deutsche Juristen im amerikanischen Exil, Tübingen 1991.
Tandler, Agnes: Die Deutsche Hochschule für Politik in Berlin 1933-40. Diplomarbeit am Fachbereich Politische Wissenschaft der FU Berlin, Berlin 1990.
Tent, James F.: Freie Universität Berlin 1948-88, Berlin 1988.
Weyer, Johannes: Politikwissenschaft im Faschismus. Die vergessenen zwölf Jahre, in: Politische Vierteljahresschrift 26 (1985), S. 423-437.

Die Freiburger Schule 1954-1970
Politikwissenschaft in „Sorge um den neuen deutschen Staat"[1]

Horst Schmitt

1. Einleitung

Bereits vor Arnold Bergstraessers Tod am 24. Februar 1964 wurde es in der bundesrepublikanischen Politikwissenschaft üblich, von einer sogenannten „Freiburger Schule" zu sprechen.[2] Ja, Kurt Sontheimer schrieb in einem Nachruf, daß es nur ihm „unter den Pionieren" des Faches „gelungen" sei, „so etwas wie eine ‚Schule' zu bilden."[3] Mit dieser Ansicht stand er nicht allein. Auch weitere „Bergstraesser-Schüler" haben damals und in den folgenden Jahren mehrfach die „im guten Sinne schulestiftende[n] Vereinigung"[4] gerühmt und den Terminus „Freiburger Schule"[5] benutzt. Und nicht wenige aus dem wohlwollenden Umfeld hofften nach dem Tode Bergstraessers – so etwa der spätere Bundeskanzler Kiesinger –, „daß der Kreis seiner Schüler [...] in seinem Geist und Sinn weiterwirken"[6] möge. Sie zollten damit einem

---

1 Dieter *Oberndörfer*: Vorwort, in: ders.: Politik, S. 7.
2 Vgl. etwa Ernst *Fraenkel*: Die Wissenschaft von der Politik und die Gesellschaft, in: Gesellschaft, Staat, Erziehung 8 (1963), S. 279 und Hans *Mommsen*: Zum Verhältnis von politischer Wissenschaft und Geschichtswissenschaft in Deutschland, in: Vierteljahrshefte für Zeitgeschichte 10 (1962), S. 365. So wurde Sontheimer schon 1962 in der Frankfurter Allgemeinen Zeitung als „Vertreter der Freiburger Schule der politischen Wissenschaft" vorgestellt. Vgl. Kurt *Sontheimer*: Vom Staatsbewußtsein in der Demokratie, in: Frankfurter Allgemeine Zeitung (06.06.1962).
3 Kurt *Sontheimer*:Wahlverwandt mit Lorenzo, in: Die Welt (26.02.1964), abgedruckt in: Heinrich Jantzen: Namen und Werke. Biographien und Beiträge zur Soziologie der Jugendbewegung, Bd.3, Frankfurt/Main, S. 41. Vgl. auch Sontheimers spätere Vorbehalte gegen die Rede von einer „Freiburger Schule": ders.: Im Dienste der Demokratie, Rezension von Schmitt: Politikwissenschaft, in: Die Zeit (29.03.1996).
4 *Oberndörfer*: Vorwort, S. 8.
5 Vgl. *Oberndörfer*: Vorwort; ders.: Die Anfänge der Wissenschaftlichen Politik und Soziologie an der Universität Freiburg im Seminar Arnold Bergstraessers – Begegnungen mit Heinrich Popitz, in: Hans Oswald (Hrsg.): Macht und Recht. Festschrift für Heinrich Popitz, Opladen 1990, S. 40; ders.: Gemeinsame Jahre mit Manfred Hättich bei Arnold Bergstraesser in Freiburg: Bergstraessers Wirken und sein Umfeld, in: Manfred Heinrich Mols u.a. (Hrsg.): Normative und institutionelle Ordnungsprobleme des modernen Staates. Festschrift zum 65. Geburtstag Manfred Hättichs am 12. Oktober 1990, Paderborn u.a. 1990, S. 211; und Gottfried-Karl *Kindermann*: Theorie und Struktur der synoptischen Wissenschaft von der Politik, in: Freiburger Universitätsblätter 4 (1965), H. 10, S. 63; *Sontheimer*: Wahlverwandt, S. 41 und Alexander *Schwan*: Geschichtstheologische Konstitution und Destruktion der Politik. Friedrich Gogarten und Rudolf Bultmann, Berlin, New York 1976, S. V.
6 Kurt Georg *Kiesinger*: In memoriam Arnold Bergstraesser, in: Bergstraesser: Weltpolitik, S. 19.

charismatischen „Menschenfischer" (Franz Rieger) Respekt, der seit seiner Lehrstuhlübernahme im Jahre 1954 eine Gruppe von „Schülern" um sich zu sammeln vermochte, deren universitäre Karrieren er mit Blick auf die sich im Aufbau befindliche Disziplin unterstützte. Der offensichtliche Erfolg führte dazu, daß Bergstraesser und seine „Schüler" in der zeitgenössischen und retrospektiven Betrachtung für externe Beobachter gar zur „stärkste[n] Fraktion"[7] und „einflußreichste[n] Gruppierung"[8] in der westdeutschen Politikwissenschaft der sechziger Jahren avancierten.

Damit ist der Zeitrahmen meines Aufsatzes definiert. Es sind diese eineinhalb Jahrzehnte, die im Mittelpunkt meiner rekonstruktiven Annäherung an die „Freiburger Schule" und ihr „politisches Forschungsprogramm" stehen. Denn bis Ende der sechziger Jahre verließen – abgesehen von Dieter Oberndörfer – mit Manfred Hättich, Gottfried-Karl Kindermann, Hans Maier, Alexander Schwan, Hans-Peter Schwarz und Kurt Sontheimer nicht nur alle disziplinär relevanten „Bergstraesser-Schüler" das Freiburger Institut und wurden selbst zu Kristallisationspunkten neuer, teilweise nun auch mit dem „Schule"-Begriff etikettierter Gruppenbildungsprozesse.[9] Gleichzeitig wurden in diesen Jahren auch die kognitiven Ausdifferenzierungs- und Adaptionspotentiale, die Erkenntnischancen und -grenzen des „Freiburger Forschungsprogramms" sichtbar.

2. Der ‚Lehrer' Arnold Bergstraesser – Wege und Irrwege nach Freiburg

Trotz des genannten Zeitraums ist es notwendig, Bergstraessers „Vor-geschichte" zu skizzieren, da er – unisono als einer der „Gründerväter" der westdeutschen Politikwissenschaft bezeichnet – erst im Alter von 58 Jahren den Freiburger Lehrstuhl für „wissenschaftliche Politik und Soziologie" übernahm. Die südbadische Universitätsstadt wurde so zur letzten Station eines Lebensweges, der bereits im wilhelminischen Deutschland seinen Anfang genommen hatte und ohne dessen Kenntnis Bergstraessers Nachkriegsschriften und sein rastloser Ausbau des Freiburger Seminars zu einem „Clearing- und Förderungsinstitut für politikwissenschaftliche Talente" (Felix Messerschmid) nicht verstanden werden können.[10] Denn dieser Lebensweg

---

7 Reinhard *Kühnl*: Politikwissenschaft in der Bundesrepublik, in: Blätter für deutsche und internationale Politik 15 (1970), S. 818.
8 Henning *Ottmann*: Politische Philosophie als Gespräch. Überlegungen zum Stellenwert einer normativen politischen Philosophie, in: Neue Hefte für Philosophie 21 (1982), S. 76.
9 Zur Mitgliedschaft der „Freiburger" Gottfried-Karl Kindermann, Hans Maier und Kurt Sontheimer in einer „Münchener Schule" vgl. den Beitrag von Dietmar *Herz* und Veronika *Weinberger*: Die Münchener Schule der Politikwissenschaft [in diesem Band S. 269-291].
10 Ausführlicher zu Bergstraessers Biographie, seinem „geistesaristokratischen" Selbstverständnis, seinem Wissenschafts- und Methodenbegriff und seinem politischen Denken bis

Die Freiburger Schule 215

erzwang und ermöglichte einerseits Neuorientierungen, in denen Traditionsbewahrung und Horizonterweiterung, Syntheseversuche und Selbstkorrekturen ineinanderübergingen. Er machte ihn jedoch auch andererseits zu einem „Getriebene[n]", der von Freiburg aus besonders das „nachholen" wollte, „was ihm in den langen Jahren der Emigration an politischer und organisatorischer Wirksamkeit versagt geblieben war"[11].

Wie sah sein Weg nach Freiburg aus? Arnold Bergstraesser – geboren am 14. Juli 1896 in Darmstadt, Sohn eines protestantischen Verlegers und Landtagsabgeordneten, aktiv in der Wandervogelbewegung und kriegsfreiwilliger Abiturient – studierte nach dem Ersten Weltkrieg Nationalökonomie, Geschichte, Soziologie und öffentliches Recht. Seine Studien führten ihn nach Tübingen, Berlin, München und schließlich nach Heidelberg. Während seines Studiums entwickelte Bergstraesser vielfältige hochschulpolitische Aktivitäten, die ihn zu einem der „bedeutendsten Köpfe in der Studentenschaft"[12] der Jahre 1919-1923 werden ließen. 1924 wurde er Assistent von Alfred Weber, bei dem er ein Jahr zuvor über *Die wirtschaftlichen Mächte und die Bildung des Staatswillens nach der deutschen Revolution* promoviert hatte. Im gleichen Jahr übernahm er darüber hinaus die Geschäftsführung des in Heidelberg gegründeten Akademischen Austauschdienstes (AAD), einer Keimzelle des 1931 ins Leben gerufenen DAAD.[13]

Parteipolitisch engagierte sich Arnold Bergstraesser ab Mitte der zwanziger Jahre in der Deutschen Demokratischen Partei (DDP). Deren deutlich nach „rechts" gerückte Nachfolgerin, die Deutsche Staatspartei, bot ihm 1932 – so Peter Jochen Winters – vergeblich die Kandidatur für ein Reichstagsmandat an.[14] 1927 habilitierte sich Bergstraesser an dem von ihm mitaufgebauten Heidelberger Institut für Sozial- und Staatswissenschaften mit einigen kleineren Arbeiten über Frankreich, die die Basis seines 1930 erschienenen Buches *Staat und Wirtschaft Frankreichs* bildeten. Neben seiner Lehrtätigkeit an der Ruperto Carola, die sich auf nationalökonomische, ideen- und zeitgeschichtliche Themen konzentrierte, pflegte Bergstraesser enge Kontakte mit kulturellen „Institutionen" der Heidelberger Gesellschaft. Dies dokumentieren seine Einladungen zu Marianne Webers „Geistertee"[15], die emphatische Verehrung Stefan Georges[16] und seine Bekanntschaft mit einzelnen

---

zu seiner Rückkehr aus der Emigration Horst *Schmitt*: Politikwissenschaft und freiheitliche Demokratie. Eine Studie zum ‚politischen Forschungsprogramm' der ‚Freiburger Schule' 1954-1970, Baden-Baden 1995, S. 40-85.
11　*Oberndörfer*: Anfänge, S. 38f.
12　Jürgen *Schwarz*: Arnold Bergstraesser und die Studentenschaft der frühen zwanziger Jahre, in: Zeitschrift für Politik 22 (1968), S. 301.
13　Volkhard *Laitenberger*: Akademischer Austauschdienst und auswärtige Kulturpolitik. Der Deutsche Akademische Austauschdienst (DAAD) 1923-1945, Göttingen 1976, S. 73.
14　Peter Jochen *Winters*: Der Gelehrte: Arnold Bergstraesser, in: Christ und Welt (27.12.1963).
15　Marianne *Weber*: Lebenserinnerungen, Bremen 1948, S. 193-233, über Bergstraesser S. 200.
16　Carl-Joachim Friedrich hat den Bergstraesser dieser Jahre als „George-Jünger" bezeichnet. *Laitenberger*: Austauschdienst, S. 79. Ähnlich Hans-Georg *Gadamer*: Der Dichter Stefan

„George-Jüngern", etwa Friedrich Wolters, Edgar Salin und Robert Boehringer. Im Winterhalbjahr 1932/33 übernahm er, inzwischen auf die Heidelberger Eberhard-Gothein-Gedächtnis-Professur berufen, einen Lehrauftrag an der Deutschen Hochschule für Politik in Berlin.[17]

In diesen letzten „Krisenjahren der Republik" (Horst Möller) lassen sich nicht nur innerhalb der Schriften Bergstraessers argumentative Neugewichtungen feststellen, auch sein erheblicher Beitrag zur Entlassung des Heidelberger Statistik-Professors und Pazifisten Emil Julius Gumbel im Jahre 1932[18] zeigt deutlich seine gesunkene Toleranzschwelle. Bergstraesser, noch 1927 Referent auf einer Tagung des vernunftrepublikanischen „Weimarer Kreises", setzte spätestens ab 1930/31 auf eine autoritäre Umstrukturierung der Weimarer Republik, da er – so während einer Diskussion am 19. Oktober 1933 in London[19] – „had felt for many years that nothing but dictatorship would restore order and confidence in Germany"[20]. In ihm, um die Jahreswende 1932/33 noch zu den Beratern Kurt von Schleichers gehörend[21], vermuteten nicht wenige einen Mann, auf den „nach dem Umbruch bedeutende politische Funktionen im neuen Staat"[22] warten würden. Doch trotz großer, in mehreren Schriften geäußerter Sympathie für die „deutsche nationale Revolution als Neubegründung des Staats"[23] sah sich Bergstraesser nach der

---

George, in: ders.: Poetica, Frankfurt/Main 1977, S. 13 und Kurt *Hildebrandt*: Erinnerungen an Stefan George und seinen Kreis, Bonn 1965, S. 272. Doch trotz deutlicher Einflüsse – besonders von Wolters – gehörte Bergstraesser nicht zum George-Kreis.

17 Rainer *Eisfeld*: Ausgebürgert und doch angebräunt. Deutsche Politikwissenschaft 1920-1945, Baden-Baden 1991, S. 121ff.

18 Vgl. zur Person und zum Fall Gumbel Christian *Jansen*: Der „Fall Gumbel" und die Heidelberger Universität, Privatdruck Heidelberg 1981 und Carsten *Klingemann*: Das ‚Institut für Sozial- und Staatswissenschaften' an der Universität Heidelberg zum Ende der Weimarer Republik und während des Nationalsozialismus, in: Jahrbuch für Soziologiegeschichte [1] 1990, S. 80f.

19 Diese Diskussion fand im Anschluß an ein Referat Bergstraessers über *Economic policy of the German government* statt. Arnold *Bergsträsser*: The economic policy of the German government, in: International Affairs 13 (1934), S. 26-46.

20 *Bergsträsser*: Policy, S. 44.

21 Dazu und zu weiteren Aktivitäten Bergstraessers im Umfeld des Tat-Kreises und des Herrenclubs vgl. Guido *Müller*: Der Publizist Max Clauss. Die Heidelberger Sozialwissenschaften und der ‚Europäische Kulturbund' (1924/5-1933), in: Blomert/Eßlinger/Giovannini: Staats- und Sozialwissenschaften, S. 369-409.

22 M. *Weber*: Lebenserinnerungen, S. 200: „Ein Webfehler im Geflecht seiner Vorfahren verhinderte seinen Aufstieg und trieb ihn nach drüben." Ähnlich, wenn auch in schärferer Form, Hannah *Arendt*: Brief an Karl Jaspers vom 3.6.1949, in: dies./Karl Jaspers: Briefwechsel 1926-1969, herausgegeben von Lotte Köhler/Hans Saner, München, Zürich 1985, S. 172-174. Vgl. auch die von Klaus-Dieter *Krohn*: Der Fall Bergstraesser in Amerika, in: Exilforschung 4 (1986), S. 254-275 zitierten Stellungnahmen Riemers, Sultans und Golo Manns – „Edelnazi" – über Bergstraesser und die Äußerungen von Ludwig *Marcuse*: Professor Alfred Weber, in: Das Neue Tage-Buch (Paris) (09.11.1935), S. 1074.

23 Arnold *Bergstraesser*: Nation und Wirtschaft, Hamburg 1933, S. 31. Allerdings scheint Bergsträsser 1935/36 bewußt geworden zu sein, daß er auf den falschen „Weg" gesetzt hatte. Sein 1936 in der *Corona* erschienener Essay *Mensch und Staat im Wirken Goethes – Pandora*, die letzte Publikation Bergstraessers neben einer Arbeit über Lorenzo de Medici

Die Freiburger Schule 217

Machtübernahme mit Anfeindungen aus der Heidelberger NS-Studentenschaft[24] und Störungen seiner Lehrveranstaltungen[25] konfrontiert. Zweifel an seiner politischen Zuverlässigkeit seitens der Gestapo[26], der Nachweis jüdischer Ahnen und der Entzug der venia legendi zwangen ihn und seine Familie schließlich ins Exil.[27]

1937 emigrierte Bergstraesser in die Vereinigten Staaten. Nach sieben Jahren am Scripps College und am College von Claremont ging er 1944 an die University of Chicago, wo er als Professor für „German cultural history" lehrte. Hier begegnete er Anfang der fünfziger Jahre auch zwei Austauschstudenten – Gottfried-Karl Kindermann und Kurt Sontheimer –, die er nach seiner Rückkehr nach Deutschland wiedertreffen sollte. In Chicago gehörte er zu jener Gruppe von Emigranten, die – so Laura Fermi – „were so basically and uncompromisingly German that they could not become Americanized."[28] Nicht allein seine unermüdlichen Bemühungen, die *Deutschen Beiträge zur geistigen Überlieferung*[29] herauszustellen[30], auch seine Heidelberger Zeit, der „Fall Gumbel" und seine Publikationen aus den Jahren 1933/34 sorgten dafür, daß er mehrfach in den Blickpunkt öffentlicher Anklagen und Kontroversen geriet. Verhaftungen durch das FBI[31], mehrmonatige Internierungen und die breite Diskussion des „Falls Bergstraesser"[32] in der größten jüdischen Emigrantenzeitschrift *Aufbau* belasteten seine amerikanischen Jahre. Bergstraesser resümierte angesichts dieser Vorgänge, daß „jede Verteidigung ,es

---

vor der Emigration, kann als „esoterische" Distanzierung von der NS-Herrschaft gelesen werden, da seine Goethe-Interpretation jenen intimen Zusammenhang von „Enttäuschung und Zweideutigkeit" (Jerry Z. Muller) erkennen läßt, der nicht nur ihm eigen war. Vgl. Arnold *Bergstraesser*: Mensch und Staat im Wirken Goethes – Pandora, in: Corona 6 (1936), S. 99-123 und *ders.*: Lorenzo Medici – Kunst und Staat im Florentiner Quattrocento, Frankfurt/Main 1936.

24 *Laitenberger*: Austauschdienst, S. 129.
25 Josef *Wingerter*: Wie es Prof. Bergsträsser in Heidelberg erging, in: Rheinischer Merkur (13.03.1964).
26 Arno *Mohr*: Politikwissenschaft als Alternative, Bochum 1988, S. 145.
27 Am 27. August 1936 wurde Bergstraesser – nach einer Beurlaubung – endgültig die venia legendi entzogen. Vgl. Dorothee *Mussgnug*: Die vertriebenen Heidelberger Dozenten, Heidelberg 1988, S. 60 u. 82ff.
28 Laura *Fermi*: Illustrious Immigrants. The Intellectual Migration From Europe 1930-41, Chicago, London 1968, S. 102f. u. S. 387.
29 Diese, von Bergstraesser mitherausgegebene Zeitschrift – sie wurde ab 1953 sowohl in den Vereinigten Staaten als auch in der Bundesrepublik verlegt – stellte ihr Erscheinen 1972 ein.
30 Arnold *Bergstraesser*: Interview, gekürzt wiedergegeben in : Auszug des Geistes. Bericht über eine Sendereihe von Radio Bremen, Bremen 1962, S. 130. Vgl. auch *Fermi*: Immigrants, S. 103.
31 Vgl. *Schmitt*: Politikwissenschaft, S. 74f.
32 Nachdem der *Aufbau* die Verhaftung Bergstraessers gemeldet hatte, schrieb Grossmann einen gegen diesen gerichteten Leserbrief. Diesem Angriff, abgedruckt am 23. Januar 1942, folgte am 27. März eine weitere negative Stellungnahme von Scheer. Ausgelöst von diesen beiden Beiträgen nahm im *Aufbau* vom 3. Juli Friedrich Stellung, der die Angriffe gegen Bergstraesser als unbegründet und inhaltlich falsch bezeichnete. Ihm antworteten in dieser Ausgabe wiederum Scheer und Grossmann, die ihre Vorwürfe nicht entkräftet sahen.

nur schlimmer mach[e]'".[33] 1944 erschien eine von ihm und George N. Shuster arbeitsteilig verfaßte Schrift: *Germany. A Short History*, mit der er unter anderem jenen Vorstellungen begegnen wollte, die Hitler für „a genuine expression of the German spirit"[34] hielten. Besondere Aufmerksamkeit gewann für Bergstraesser dabei auch die bereits in den Heidelberger Jahren begonnene Auseinandersetzung mit Goethe. *Goethe's Image of Man and Society* nannte er seine 1949 in Chicago publizierte Studie, in der er die zeitlose Aktualität der Goetheschen Reflexionen darzustellen versuchte.

Die – trotz aller Konflikte – für einen Emigranten beruflich vergleichsweise erfolgreichen Jahre in den USA ließen allerdings niemals sein Interesse an den gesellschaftlichen und politischen Entwicklungen in Deutschland und den Wunsch nach Rückkehr in den Hintergrund treten. Nachdem die von ihm favorisierte Rückberufung nach Heidelberg aus vielfältigen Gründen gescheitert war[35], lehrte er im Rahmen eines Professoren-Austauschs in Frankfurt am Main (1950) und in Erlangen (1952/53). Angebote des Kieler Instituts für Weltwirtschaft und der Universitäten Köln und Frankfurt lehnte er ab. Er entschied sich stattdessen 1954 für die Übernahme des in Freiburg neu eingerichteten Ordinariats für „Wissenschaftliche Politik und Soziologie". Er habe sich für den Ruf nach Freiburg entschieden, da „die Lehre im Bereich des politischen Denkens wichtiger sei als die reine Kultursoziologie."[36] Diese politisch-praktisch orientierte Argumentation stand nicht nur in der Tradition seines „existenziellen" Wissenschaftsbegriffs[37] der Vorkriegszeit, in ihr spie-

---

33 Arnold *Bergsträsser*: Brief an Alfred Weber vom 21.4.1948, in: Bundesarchiv Koblenz, NL Weber, Bd.19. Vgl. generell zum „Fall Bergstraesser" Klaus-Dieter *Krohn*: Der Fall Bergstraesser in Amerika, in Exilforschung 4 (1986), S. 254-275, der jedoch Bergstraessers Distanzierung vom Nationalsozialismus schon vor der Emigration nicht zur Kenntnis nimmt. Wie prekär dieser gesamte Themenkomplex für Bergstraesser war, sollte Kurt Sontheimer noch Jahre später erleben. Seine Habilitation über *Antidemokratisches Denken in der Weimarer Republik* wurde von Bergstraesser nur unter Einschränkungen akzeptiert. Bergstraesser sei „dem typologisierenden – und damit unhistorischen – und moralisierenden Charakter der Arbeit mit Vorbehalten begegnet." So Hans-Peter *Schwarz*: Gesprächsprotokolle (28./29.08.1989 in Bonn), S. 3. Auch Hans *Maier*: Interviewtext (13.07.1989 in München), S. 4 berichtete mir, daß es wegen der ehemaligen ‚Nähe' Bergstraessers zu den von Sontheimer kritisierten Denkfiguren und Personen mehrfach zu Auseinandersetzungen gekommen sei. „Er kam immer ganz verzweifelt zu mir und sagte: ‚Da habe ich in ein Wespennest gestochen.'" „Ich verstehe meine langjährige Beschäftigung mit den antidemokratischen Ideen der Rechten in der Weimarer Republik teilweise auch als einen Versuch, mich dem Einfluß Bergstraessers und seiner Faszination etwas zu entziehen", so Sontheimer, zitiert nach Hans *Maier*: Laudatio auf Kurt Sontheimer, in: Ernst-Robert-Curtius-Preis für Essayistik. Dokumente und Ansprachen, Bonn 1985, S. 17.
34 Arnold *Bergsträsser*/George N. *Shuster*: Germany. A Short History, New York 1944, S. 10.
35 Dazu *Mohr*: Politikwissenschaft, S. 146f. und *Mussgnug*: Dozenten, S. 231ff. Ludwig Bergsträsser sprach sich 1948 gegenüber amerikanischen Dienststellen strikt gegen die Rückkehr seines Vetters auf eine Professur an einer deutschen Universität aus. Vgl. Ludwig *Bergsträsser*: Befreiung, Besatzung, Neubeginn, München 1987, S. 139.
36 So Bergstraesser in *Winters*: Gelehrte.
37 Dazu Horst *Schmitt*: Existenzielle Wissenschaft und Synopse – Zum Wissenschafts- und Methodenbegriff des ‚jungen' Arnold Bergstraesser, in: Politische Vierteljahresschrift 29 (1989), S. 466-481.

gelt sich auch ein politischer und wissenschaftshistorischer Kontext, der in seiner Spezifik für die Herausbildung der „Freiburger Schule" kaum überschätzt werden kann.

3. Wissenschaftliche Politik an der Universität Freiburg – eine „neue" Disziplin zwischen Aufbruch und Anfeindung

Als Arnold Bergstraesser 1954 an die Universität Freiburg kam – wenige Jahre nach Gründung der Bundesrepublik, mitten im „Kalten Krieg", der im eben beendeten Korea-Krieg (1950-1953) seinen vorläufigen Höhepunkt gefunden hatte, ein Jahr nach der Niederschlagung des ostdeutschen Volksaufstandes, in der Zeit des „Wirtschaftswunders" und der „Kanzler-demokratie" Adenauers – konnte die westdeutsche Politikwissenschaft nur auf eine kurze Zeit der politisch-pädagogisch motivierten, von den Nachbarfächern beargwöhnten Entwicklung zurückschauen. Denn die Etablierung dieser „alten", jedoch seit Ende der vierziger Jahre „neu" in den universitären Fächerkanon aufgenommenen Disziplin verdankte sich entscheidend der westalliierten Besatzungspolitik und dem geforderten „Encouragement of Democratic Ideas" (Military Government Regulations). Für die Amerikaner schien besonders die Fächerstruktur der Universitäten ein Ansatzpunkt, um Reformen in diesem Sinne durchzusetzen. Ohne Ausbau und Intensivierung einer breit angelegten politischen Erziehung glaubten sie ihr „Sponsorchip of Democracy" (Walter Cerf) nicht erreichen zu können. Im Gesamtzusammenhang dieser Überlegungen avancierte die Politikwissenschaft zur wichtigsten Sozialwissenschaft. Ihr Vorteil bestand darin, daß sie nicht durch zwölf Jahre Nationalsozialismus desavouiert war. So konnten nach und nach – trotz massiver Vorbehalte, speziell aus den Reihen der Soziologie, Staatsrechtslehre und der Geschichtswissenschaft, aber auch von konservativen Publizisten und der Westdeutschen Rektorenkonferenz – die Voraussetzungen für die wissenschaftspolitische und organisatorische Konsolidierung des Faches geschaffen werden.[38] Insbesondere in Baden-Württemberg bemühte man sich um die institutionelle Absicherung politischer Bildungsarbeit. Noch vor der endgültigen Entstehung dieses Bundeslandes durch die Vereinigung der Länder Baden, Württemberg-Baden und Württemberg-Hohenzollern gründete Gebhard Müller, Staatspräsident des letztgenannten Landes, 1949 den *Heimatdienst Südwürttemberg-Hohenzollern*.[39] In Württemberg-Baden entstand 1950 die Arbeitsgemeinschaft *Der Bürger im Staat*. Diese allgemeinen Anstrengungen

---

38 Dazu generell Hans *Kastendiek*: Die Entwicklung der westdeutschen Politikwissenschaft, Frankfurt/Main, New York 1977, Hans-Joachim *Arndt*: Die Besiegten von 1945, Berlin 1978 und *Mohr*: Politikwissenschaft.

39 In Württemberg-Baden wurde schon im Frühjahr 1946 ein „Heimatdienst" mit dem Auftrag der politischen Bildung gegründet. Allerdings schon ein Jahr später führten inhaltliche und organisatorische Differenzen mit der Regierung zu seiner Auflösung.

im Bereich der politischen Bildung erforderten jedoch als Voraussetzung – so Theodor Eschenburg – die „akademische Institutionalisierung von Politik", da die „Staatsbürgerkunde [...] ohne Universitätsausbildung der Lehrenden eine Farce bleibe[n]".[40] Diese immer wieder vorgebrachte Argumentation trug mit dazu bei, daß an den baden-württembergischen Universitäten Tübingen, Heidelberg und Freiburg politikwissenschaftliche Lehrstühle eingerichtet wurden.[41]

Nach Annahme des Rufs auf den Freiburger Lehrstuhl stieß Bergstraesser auf die gleichen Vorurteile, derer sich die ersten Vertreter der „neuen" Disziplin an allen bundesrepublikanischen Universitäten erwehren mußten. „Die Kollegen benachbarter Disziplinen betrachteten den Paradiesvogel [Bergstraesser, H.S.] argwöhnisch, befürchteten einen Einbruch in ihre geheiligten Gefilde."[42] Besonders der renommierte Historiker Gerhard Ritter – er „zog mit privat gedruckten Plakaten wider ihn zu Felde"[43] – ließ keine Gelegenheit ungenutzt, die seiner Meinung nach „aus Amerika importierte[n] ‚Wissenschaft von der Politik‘ " zu problematisieren[44]. Beide wurden zu „mitunter zornigen [...] Exponenten"[45] einer Dauerauseinandersetzung, die bis in die sechziger Jahre anhielt.[46] Bergstraesser wies dabei energisch die Stigmatisierung der Politikwissenschaft als „importiert" zurück, da „ihre Tradition in Deutschland viel älter [sei] als in Amerika"[47]. Gleichzeitig bestand er nachdrücklich darauf, daß Geschichte als Medium politischer Bildung nicht ausreiche. Denn es müsse die gänzlich divergierende, auf die *res gerendae* zentrierte Fragestellung der Politikwissenschaft samt ihrer politisch beratenden und politisch erziehenden Funktion gesehen werden. Diese seien alleine über historisches Wissen nicht zu erfüllen.[48]

Doch trotz aller universitätsinternen Widerstände entwickelte Bergstraesser, den Marianne Weber bereits in den dreißiger Jahren eher „zum Jugend-

---

40 Vgl. Theodor *Eschenburg*: Anfänge der Politikwissenschaft und das Schulfach Politik in Deutschland seit 1945, in: ders: Spielregeln der Politik, Stuttgart 1987, S. 161ff.
41 *Mohr*: Politikwissenschaft, S. 137ff.
42 Karl Heinz *Jansen*: Sprachlose Seminare, in: Die Zeit (08.10.1982).
43 K.H. *Jansen*: Seminare.
44 Gerhard *Ritter*: Wissenschaftliche Historie, Zeitgeschichte und ‚politische Wissenschaft‘, Heidelberg 1959, S. 5.
45 Manferd *Hättich*: Interviewtext (12.07.1989 in Tutzing), S. 6. Dazu auch Ritter 1965 mit einer Fülle offener und versteckter Angriffe gegen Bergstraesser.
46 So nutzte Ritter u.a. die Habilitationsverfahren Kindermanns und Maiers, um deutlich seine Vorbehalte gegenüber der Politikwissenschaft zu demonstrieren. So wurde Maier von Ritter wegen seiner Habilitationsschrift „furchtbar beschimpft", da er „nun auch übergelaufen sei zu denen, die um der politischen Bildung und der Demokratisierung willen" „historische[n] Grundsätze verrieten und die deutsche Geschichte in die Pfanne hauen würden." *Maier*: Interviewtext, S. 6f. „Bei meiner Antrittsvorlesung saß Ritter in der vordersten Reihe und schüttelte von A bis Z den Kopf", so Gottfried Karl *Kindermann*: Interviewtext (13.07.1989 in München), S. 9.
47 Arnold *Bergstraesser*: Geschichtliches Bewußtsein und politische Entscheidung, in: Waldemar Besson/Friedrich Frhr. Hiller von Gaertingen (Hrsg.): Geschichte und Gegenwartsbewußtsein, Festschrift für Hans Rothfels, Göttingen 1963, S. 16.
48 Allgemein dazu *Bergstraesser*: Bewußtsein.

Die Freiburger Schule 221

führer und Politiker als zum Forscher und Denker"[49] bestimmt sah, kaum zu überblickende Aktivitäten.[50] Speziell im Bereich der „Internationalen Politik" und der „Politischen Bildung" boten sich ihm ab Ende der fünfziger Jahre vielfältigste Aufgabenfelder. Hier schuf Bergstraesser – der „Condottiere" (Hans Maier) und „empire-builder" (Hans-Peter Schwarz) – über die bewußt eingenommene Rolle des „Mittlers zwischen Universität, Gesellschaft und Politik"[51] vielfältige Netzwerke, die seinen „Schülern" zugute kommen sollten. So gründete er mit Unterstützung führender Politiker außeruniversitäre Forschungsinstitute, die den nachhaltigen Einfluß der amerikanischen Emigrationsjahre dokumentieren. Für Bergstraesser wurde es zur maßgeblichen Einsicht, daß „Wissenschaft heute betrieblich organisiert sein [müsse], wenn sie effektiv" sein solle.[52] Dazu gehörte auch die systematische Pflege öffentlichkeitswirksamer Publikationsmöglichkeiten. Neben seiner redaktionellen Mitarbeit an verschiedenen Fachzeitschriften bot besonders der Freiburger Rombach-Verlag enge Kooperationschancen, die er für sich und seinen wachsenden „Schüler"-Kreis zu nutzen wußte.[53] Denn trotz der schon geschilderten Auseinandersetzungen mit Ritter, der „Abwehr gegen den ‚Emigranten' Bergstraesser in Teilen der Freiburger Professorenschaft"[54] und deutlichen „Animositäten", unter denen die ersten „Bergstraesser-Schüler" „zu leiden" hatten[55], gelang es ihm schnell, einen „Schüler"-Kreis um sich zu

---

49 M. *Weber*: Lebenserinnerungen, S. 200.
50 Mitbegründer der *Deutschen Gesellschaft für Amerikastudien*, Vorsitzender des Beirats der politischen Akademien von Tutzing und Eichstätt, Vorsitzender der Arbeitsgemeinschaft *Der Bürger im Staat*, Mitbegründer und Leiter des Forschungsinstituts der *Gesellschaft für Auswärtige Politik* in Frankfurt am Main, Vorstandsmitglied des deutschen Hochschulverbandes, der *Deutschen Gesellschaft für Soziologie* und der *Deutschen Vereinigung für Politische Wissenschaft*, Beiratsmitglied des deutschen Volkshochschulverbandes, Mitglied der Kommission für staatsbürgerliche Bildung und Erziehung bei der Bundesregierung, Berater der Thyssen-Stiftung, Gründer und Leiter der *Arbeitsstelle für kulturwissenschaftliche Forschung e.V.* in Freiburg, Mitbegründer der *Stiftung Wissenschaft und Politik* in Ebenhausen, Präsident der deutschen UNESCO-Kommission (1960-1964), Herausgeber oder Mitherausgeber der Freiburger Studien zur Politik und Soziologie, des Jahrbuches für Amerikastudien, des Jahrbuchs der *Deutschen Gesellschaft für Auswärtige Politik* und der Zeitschrift *Gesellschaft, Staat, Erziehung*, im Beirat der *Kölner Zeitschrift für Soziologie und Sozialpsychologie* usw.
51 Hans-Peter *Schwarz*: Arnold Bergstraesser, in: Görres-Gesellschaft (Hrsg.): Staatslexikon, Ergänzungsbd.1, Freiburg 61969, S. 223.
52 So Hans *Tietgens*: Universität als Erwachsenenbildung. Zum Tode Arnold Bergstraessers, in: Volkshochschule im Westen 16 (1964), S. 69 treffend über Bergstraessers forschungsorganisatorisches Engagement. Carl Jantke, Bergstraesser-Assistent 1934 in Heidelberg, berichtete mir, daß er Bergstraesser nach der Rückkehr „versachlichter" erlebt habe. Er führte dies auf die „amerikanischen Erfahrungen" zurück. So habe Bergstraesser ihm gegenüber die Freiburger *Arbeitsstelle für kulturwissenschaftliche Forschung e.V.* als „seine Firma" bezeichnet. Carl *Jantke*: Protokoll eines Telefon-Interviews vom 20.02.1986 in Hamburg, S. 2.
53 Bergstraesser kannte den dortigen „wissenschaftlichen Chef" Carl Rothe schon aus gemeinsamen Zeiten in der Jugend- und Studentenbewegung der Weimarer Republik.
54 *Oberndörfer*: Jahre, S. 206.
55 *Kindermann*: Interviewtext, S. 9.

sammeln.⁵⁶ Erleichtert wurde dies durch strukturelle Rahmenbedingungen am Freiburger Seminar: überschaubare Studentenzahlen, intensive Diskussionsmöglichkeiten zwischen dem charismatischen Professor und seinen Studenten und ein eingeschränktes Lehr- und Lehrerangebot, das „die Möglichkeit des ‚shopping around' für Studenten weitgehend aus[schloß]."⁵⁷

Als Arnold Bergstraesser am 24. Februar 1964 starb, stand mit seinem ehemaligen Assistenten Dieter Oberndörfer – 1963 auf den zweiten Lehrstuhl am Freiburger Seminar berufen – nicht nur ein „Schüler" bereit, der sein „institutionelles Erbe" (Hättich) und damit vor allem die Leitung der ‚Arbeitsstelle für kulturwissenschaftliche Forschung'⁵⁸ antreten konnte. Bergstraesser hatte vielmehr – auch durch seine aktive Habilitationspraxis – einen Kreis junger Wissenschaftler gefördert, der bereits seit Anfang der sechziger Jahre nach und nach politikwissenschaftliche Ordinariate von Hamburg bis München besetzte und sich auch verbandspolitisch in der DVPW profilierte.

4. Arnold Bergstrasser und seine „ersten Schüler"

Neben Kurt Sontheimer und Dieter Oberndörfer, die Bergstraesser von Erlangen nach Freiburg gefolgt waren, kristallisierten sich seit Mitte der fünfziger Jahre mit Manfred Hättich, Gottfried-Karl Kindermann, Hans Maier, Hans-Peter Schwarz und Alexander Schwan jene „politikwissenschaftlichen Talente" (Felix Messerschmid) heraus, die eine „Freiburger Schule" konstituierten.⁵⁹ Mit Hilfe seiner zahlreichen Verbindungen unterstützte er ihre be-

---

56 Vgl. hierzu auch die überaus kritische Retrospektive von Wolfgang S. *Freund*: Zur Berg- und Talfahrt der Sozialwissenschaften in Deutschland, in: Soziologie (1987), H.2, S. 148ff.
57 Dazu generell Rudolf *Stichweh*: Zur Soziologie wissenschaftlicher Schulen [in diesem Band S. 19-32].
58 Die *Arbeitsstelle für kulturwissenschaftliche Forschung* – nach Bergstraessers Tod in *Arnold-Bergstraesser-Institut* umbenannt – wurde im Juli 1960 auf seine Initiative hin gegründet. Ehrenvorsitzender wurde der damalige baden-württembergische Ministerpräsident Kiesinger, der dies auch als Bundeskanzler blieb. Das Auswärtige Amt stellte einen Teil der „Anfangsfinanzierung zur Verfügung". Vgl. *Arnold-Bergstraesser-Institut* für kulturwissenschaftliche Forschung e.V.: Tätigkeitsbericht 1964-1967, Freiburg 1967, S. 11ff.
59 Dabei wurden von mit folgende Kriterien zugrunde gelegt: 1.) Dissertation bei Bergstraesser und/oder von Bergstraesser geförderte Habilitation in Freiburg, 2.) Selbstbeschreibung als Bergstraesser-„Schüler", 3.) Lehrauftrag und Assistentur am Seminar für wissenschaftliche Politik in Freiburg während der „Bergstraesser-Jahre" 1954-1964, 4.) Mitarbeit an der Bergstraesser-Ferstschrift 1962, 5.) Besetzung einer politikwissenschaftlichen Professur bis 1970, 6.) Bezeichnung als Mitglied der „Bergstraesser"- oder „Freiburger Schule" in der propädeutischen, wissenschaftshistorischen und rezensierenden Sekundärliteratur und 7.) Verfasser eines bis 1965 publizierten Beitrags zur wissenschaftstheoretischen, programmatischen und/oder disziplingeschichtlichen Selbstverständigung der westdeutschen Politikwissenschaft. Legt man dieses Raster an, dann wird die oben genannte Gruppe von sieben Wissenschaftlern sichtbar. Zur Begründung der Kriterien und zu den Biographien der genannten „Schüler" ausführlicher *Schmitt*: Politikwissenschaft, S. 92-103. Da biographische Skizzen der „Schüler"

Die Freiburger Schule 223

ruflichen Werdegänge. Doch jenseits persönlicher Sympathien und karrierestrategischer Optionen besaßen Bergstraesser und seine „ersten Schüler" eine fundamentale, verbindende Gemeinsamkeit, ohne die die kognitive Dimension der „Freiburger Schule" und damit ihr „politisches Forschungsprogramm" nicht verständlich ist: die existenziell erlebte und erlittene „Sozialisation durch politische Erfahrung"[60].

Wenn Manfred Hättich rückblickend seine Erlebnisse „unter dem nationalsozialistischen Regime" beschreibt[61] oder Hans Maier sein „Staunen" darüber äußert, „daß es weiterging nach soviel Abbruch und Zerstörung"[62]; wenn Gottfried-Karl Kindermann über sein politisches Engagement im „vierfach-besetzten Wien"[63] berichtet, oder Hans-Peter Schwarz – durch DDR-Besuche schon in den fünfziger Jahren beeinflußt – feststellt: „Ich war immer anti-sowjetisch"[64]: dann benennen sie alle einen historisch einzigartigen Generationenhintergrund, dessen Prägekraft auch für Dieter Oberndörfer[65], Alexander Schwan[66] und Kurt Sontheimer[67] kaum überschätzt werden kann.[68] In all diesen Selbstauskünften wird jene „individuelle Allgemeinheit" (Jean-Paul Sartre) sichtbar, die sich über die Begriffe „Nationalsozialismus", „Zweiter Weltkrieg", „Totalitarismus" und „Kalter Krieg" strukturieren läßt. So kann die Geburtskohorte „1925-1934" der „Schüler" zwanglos als „politische Generation"[69] bezeichnet werden, deren Erfahrungshorizont die forschungsprogrammatische Zentralintention der „Freiburger Schule" konstituierte. Denn die individuelle Konfrontation mit historisch-politischen Extremlagen erzeugte bei dem „geläuterten" Bergstraesser und seinen „ersten Schülern" nicht nur Utopieresistenz und verhaltenen Skeptizismus[70], darüber

---

den vorgebenen Rahmen dieses Aufsatzes sprengen würden, beschränken sich die folgenden Kurzinformationen weitgehend auf Promotion, Habilitation und angenommene Rufe (siehe Anhang: Kurzbiographien, S. 235-236).

60 Dazu *Arndt*: Die Besiegten, S. 274ff.
61 *Hättich*: Interviewtext, S. 1.
62 Hans *Maier*: Die Deutschen und die Freiheit. Perspektiven der Nachkriegszeit, Stuttgart 1985, S. 13. Vgl. dazu auch Thomas *Noetzel*: Hans Maier: Traditionsbestände des summum bonum, in: Rupp/ders.: Macht, Bd.2, S. 100.
63 *Kindermann*: Interviewtext 1989, S. 1.
64 *Schwarz*: Gesprächsprotokolle, S. 3.
65 Wolfgang *Jäger*: Zu Biographie und Werk des praktischen Politikwissenschaftlers Dieter Oberndörfer, in: ders. u.a. (Hrsg.): Republik und Dritte Welt. Festschrift zum 65. Geburtstag Dieter Oberndörfers, Paderborn 1994, S. 11f.
66 Vgl. Alexander *Schwan*: Pluralistische Demokratie und Marxismus, in: Der Monat 296 (1985), S. 220. Dazu auch Gerhard *Göhler*: Nachruf auf Alexander Schwan, in: Politische Vierteljahresschrift 30 (1990), S. 97-100.
67 Vgl. Kurt *Sontheimer*: Brief an Jürgen Habermas (1977), abgedruckt in: Habermas: Schriften, S. 392 u. 397. Dazu auch Wilhelm *Bleek*: Kurt Sontheimer: Politikwissenschaft als öffentlicher Beruf, in: Rupp/Noetzel: Macht, Bd.2, S. 30.
68 Dazu *Arndt*: Die Besiegten, S. 280 und Thomas *Noetzel*/Hans Karl *Rupp*: Zur Generationenfolge in der westdeutschen Politikwissenschaft, in: Lietzmann/Bleek: Politikwissenschaft, S. 86ff.
69 Vgl. allgemein Helmut *Fogt*: Politische Generationen. Modell, Opladen 1982.
70 *Oberndörfer*: Anfänge, S. 40.

hinaus legitimierte es für sie die politikwissenschaftlich folgenreiche Einsicht, daß die neu etablierte „Politische[n] Wissenschaft in Deutschland [...] der Wahrung, Sicherung und Stärkung unseres demokratischen Regimes und seiner freiheitlichen Ordnung zu dienen"[71] habe.

5. Das „politische Forschungsprogramm" der „Freiburger Schule"

Diese – für alle „Freiburger" verbindliche – Zentralreferenz war mit thematisch weitausgreifenden Frage- und Antwort-Bedarfen verbunden. So verschränken sich denn auch in einer von Arnold Bergstraesser 1959 formulierten Aufgabenskizze: die spezifische Ausgangssituation der jungen Disziplin und die eigenen Analyse-, Urteils- und Praxisambitionen:

– sich der „Grundlagenforschung einschließlich der Systematik und der Methodik der eigenen Disziplin [...] [zu] widmen";
– den „Ausbau ihrer Teildisziplinen" zu fördern;
– ein „konstruktives Verhältnis zu ihren Nachbardisziplinen herauszubilden";
– „für einen ausreichenden qualifizierten Nachwuchs[...] Vorsorge zu treffen" und
– „Mitverantwortung für die Anwendungsformen der Wissenschaftlichen Politik im Erziehungs- und Bildungswesen zu übernehmen".[72]

Generell legitimiert sah er diese Aufgabenbeschreibung durch „die universale weltpolitische Konzeption" des „sowjetischen Marxismus", die es „[u]m so wichtiger" mache – so Bergstraesser –, „daß wir im freiheitlichen Rechtsstaat der Bundesrepublik die Arbeit auf uns nehmen, dem Staatsbürger die freie Urteilsbildung durch die Vermittlung der dazu unentbehrlichen Kenntnisse zu ermöglichen."[73] Hier wird die Dichotomie von „freiheitlicher Demokratie" und „Totalitarismus" explizit benannt, die sich in der rekonstruktiven Analyse als kontinuitäts- und identitätsstiftender „harter Kern" des gesamten „Freiburger Forschungsprogramms"[74] dechiffrieren läßt. Denn dieser „harte Kern", bestehend aus einer „Minimalanthropologie" (Mathias Schmitz) und einer antagonistisch strukturierten Topik „freiheitliche Demokratie" versus „Totalitarismus"[75], determinierte die Enstehungs-, Begründungs- und Wirkungszu-

---

71 Kurt *Sontheimer*: Politische Wissenschaft und Staatsrechtslehre, Freiburg 1963, S. 9.
72 Arnold *Bergstraesser*: Die Anforderungen der Weltlage an die wissenschaftliche Politik in der Bundesrepublik, in: Schriftenreihe Forschung und Wirtschaft 1 (1959), S. 11.
73 *Bergstraesser*: Anforderungen, S. 11.
74 Ausführlich zur Kategorie des „politischen Forschungsprogramms", zu seiner wissenschaftstheoretischen Herkunft, seiner Struktur, seinen einzelnen Bestandteilen und den jeweiligen Funktionen *Schmitt*: Politikwissenschaft, S. 31ff.
75 Die Topik der „freiheitlichen Demokratie" besteht u.a. aus den Topoi „Grund- und Menschenrechte", „parlamentarisch-repräsentative Demokratie", „sozialer Rechtsstaat", „Ge-

Die Freiburger Schule

sammenhänge des „Freiburger Forschungsprogramms": von den zulässigen Frageperspektiven bis hin zu den möglichen Praxisoptionen.

Die damit verknüpfte „Doppelstruktur" aus „Parteinahme für die im Grundgesetz der Bundesrepublik Deutschland proklamierte Idee der freiheitlichen und sozialen Demokratie"[76] und gleichzeitig beanspruchter Wissenschaftlichkeit markiert seine Spezifik. Ein solches „Forschungsprogramm" erzwang auf der Ebene des wissenschaftlichen Diskurses enorme begründungstheoretische und thematische Elastizitäten, denen eine disziplinär beschränkte Gegenstandsorientierung oder etablierte Fächergrenzen Makulatur werden mußten. Denn nur solange es den Vertretern der „Freiburger Schule" gelang:

– die Inhalte des „harten Kerns" begrifflich zu systematisieren, theoriestrategisch umzusetzen und handlungsorientierend zu definieren;
– vorhandene Wissensbestände unter dem Gesichtspunkt der Kompatibilität mit den Inhalten des „harten Kerns" zu rezipieren oder abzuweisen;
– forschungsprogrammatische Leerstellen auszufüllen;
– argumentative Anomalien erfolgreich zu leugnen oder zu beheben;
– Anhänger für ein solches „Forschungsprogramm" zu rekrutieren und dessen institutionelle Infrastruktur wissenschaftspolitisch zu sichern und
– politisch-gesellschaftliche Funktionseliten im Rahmen ihrer strategischen Wissensauswahl zu interessieren;
– solange war auch der „harte Kern" im Zentrum ihres „politischen Forschungsprogramms" geschützt.

Diese Aufgabenstellung eröffnete für Bergstraessers „Schüler" – dies zeigt die rekonstruktive Betrachtung – nicht alleine individuelle Profilierungschancen, sie erzeugte auch Spezialisierungsgewinne für Teilbereiche des „Forschungsprogramms". Während Bergstraesser noch zu allen Themengebieten, wenn auch meist in essayistischer Form, publizierte, läßt sich bei den „Schülern" ein sukzessiver Prozeß thematischer Schwerpunktsetzungen feststellen, zu denen sie eine Vielzahl von Studien publizierten:

Manfred Hättich: Demokratietheorie / Politische Bildung,
Gottfried-Karl Kindermann: Internationale Politik,
Hans Maier: Wissenschaftsgeschichte / Kirche und Demokratie,
Dieter Oberndörfer: Internationale Politik / Politische Theorie,
Alexander Schwan: Theoriengeschichte / Politische Philosophie,
Hans-Peter Schwarz: Zeitgeschichte / Internationale Politik und
Kurt Sontheimer: Zeitgeschichte / Vergleichende Regierungslehre.[77]

---

waltenteilung", „Pluralismus", „soziale Marktwirtschaft", „wehrhafte Demokratie" und „Mitglied des freien Westens", die des „Totalitarismus" aus den Topoi „Einparteiendiktatur", „Mißachtung der Grundrechte", „Gewaltenvereinigung", „ideologischer Monismus", „Gefahr für freie Gesellschaften" usw.

76 Kurt *Sontheimer*: Grundzüge des politischen Systems der Bundesrepublik Deutschland, München ⁴1974 [Erstauflage 1971], S. 9.
77 In der abschließenden Literaturliste sind einige der Studien aufgeführt, da im Rahmen dieses Aufsatzes nicht auf die zahlreichen Publikationen zu diesem Themenspektrum eingegangen werden kann.

Doch sie alle ließen selbst innerhalb spezialisierter Fragehorizonte keinen Zweifel an dem forschungsprogrammatisch leitenden Wunsch nach „Erhaltung und Kräftigung der rechtsstaatlich-demokratischen Freiheit"[78] aufkommen. Daß dies mehr als berechtigt schien, darin bestärkten sie die politisch-ideologischen Herausforderungen, mit denen sie die Bundesrepublik und den „freien Westen" konfrontiert sahen. Auch ihr Wissenschaftskonzept einer „praktischen Politikwissenschaft" blieb hierin unbeirrbar: „Praxis" für einen „Staat in gefährdeter Situation" (Arnold Bergstraesser) und gegen die „totalitäre Alternative" (Hans-Peter Schwarz).

6. Politikwissenschaft als „praktische Wissenschaft"

Die prekäre Polarität zwischen politisch motivierter Institutionalisierung und den gleichzeitig von konkurrierenden Nachbardisziplinen eingeklagten Seriositätsbeweisen verlangte – neben der wissenschaftshistorischen Selbstverortung über eine deutsche Ahnenreihe[79] – nach wissenschaftstheoretischer Klärung. Denn einerseits bestritten Vertreter einzelner Nachbardisziplinen grundsätzlich den Wissenschaftscharakter der Politikwissenschaft, da ihr ein genuiner Gegenstandsbereich, eine nur ihr eigene Fragestellung und eine spezifische Methode fehle, andererseits sahen sie jedoch gerade darin die Gefahr einer unkontrollierten Ausdehnung in eigene Forschungsterrains und reklamierte Praxisbereiche. Darüber hinaus bedurften die politisch-pädagogischen Ambitionen der Disziplin einer wissenschaftstheoretischen Selbstverständigung. Bei dieser Aufgabenstellung und damit bei dem Versuch, die für alle Sozialwissenschaften eigentümliche Balance von „Engagement und Distanzierung" (Norbert Elias) methodologisch zu reflektieren, nahmen Mitglieder der „Freiburger Schule" innerhalb der „frühen" bundesrepublikanischen Politikwissenschaft eine zentrale Stellung ein.[80]

Wenn Bergstraesser ab Mitte der fünfziger Jahre die „Politik-wissenschaft" als „ ,praktische' Disziplin"[81] titulierte, dann blieb er damit im Rahmen disziplinärer Selbstlegitimationen und politisch-gesellschaftlicher Erwartungshorizon-

---

78 Arnold *Bergstraesser*: Die wissenschaftliche Politik, in: Geschichte in Wissenschaft und Unterricht 6 (1955), S. 480.
79 Hans Maiers wissenschaftshistorische Studien, die in der bundesrepublikanischen Politikwissenschaft und über deren fachliche Grenzen hinaus große Beachtung fanden, wurden innerhalb des „Freiburger Forschungsprogramms" zu zentralen wissenschaftshistorischen Referenzen. Hans *Maier*: Die Lehre von der Politik an den deutschen Universitäten vornehmlich vom 16. bis 18. Jahrhundert, in: Oberndörfer: Politik, S. 59-116; *ders.*: Die ältere deutsche Staats- und Verwaltungslehre, Neuwied, Berlin 1966; *ders.*: Ältere deutsche Staatslehre und westliche politische Tradition, Tübingen 1966.
80 Vgl. Klaus *Günther*: Politisch-soziale Analysen im Schatten von Weimar, Frankfurt/Main u.a. 1985, S. 29, der für die „frühe" westdeutsche Politikwissenschaft betont, daß die „wenigen Versuche, politisch-sozialer Analyse einen gedanklichen Hintergrund zu geben", „aus der sogenannten Freiburger Schule Arnold Bergstraessers stammten oder ihr nahestanden".
81 *Bergstraesser*: Bewußtsein, S. 12.

te. Gleichzeitig konnte er an sein „existenzielles", „lebensdienliches" Wissenschaftsverständnis der Vorkriegs- und Emigrationszeit anschließen. Politikwissenschaft als „praktische Disziplin": dahinter verbarg sich allerdings für ihn nicht nur ein anschlußfähiges „Erbe" der zwanziger und dreißiger Jahre. Auch seine Emigrationserfahrungen zeigten in diesem Punkte nachhaltige Wirkung. Denn der in den USA schon während der vierziger und fünfziger Jahre erreichte Grad wissenschaftlicher Politik-Beratung blieb nicht ohne Einfluß auf sein Denken. Speziell in der dortigen Förderung der Internationalen Politik sah Bergstraesser ein „eindrucksvolles Beispiel vorausschauender Wissenschaftspolitik"[82]. Indes, die Bergstraesserschen Ausführungen über den methodologischen Status der Politikwissenschaft – von der Theorie-Praxis-Problematik bis hin zur „Synopse"[83] – können nur schwerlich als systematische Erörterungen bezeichnet werden. Vielmehr wurden seine Überlegungen erst von seinen „Schülern" als „Anregungspotential" (Hauke Brunkhorst) aufgenommen und ausgearbeitet. Besonders Dieter Oberndörfer, der seine Reflexionen als „Exploration der von Bergstraesser entwickelten Konzeption"[84] bezeichnete, unternahm in seinem 1962 publizierten Aufsatz „Politik als praktische Wissenschaft" den Versuch, sich des politikwissenschaftlichen „Gegenstandsbereichs und dessen Wissenschaftswürdigkeit zu vergewissern". In seinen Überlegungen spiegelte sich ein seit Anfang der sechziger Jahre in fast allen bundesrepublikanischen Sozial- und Geisteswissenschaften aufbrechender methodologischer Selbstverständigungsdisput. Denn in der „Zielsetzung", die „Praxis aus der Umklammerung durch die technische oder instrumentelle Vernunft" zu lösen, trafen sich in diesen Jahren unterschiedlichste Denkansätze[85]. Sie beharrten bei allen Divergenzen darauf, daß man – „inmitten aller Entzauberung durch Wissenschaft" – gezwungen sei, „Politik zu treiben und über Politik nachzudenken".[86]

Im Kontext dieser vielschichtigen Problemlage formulierte Dieter Oberndörfer seine Grundlegung, in die ‚Positivismus'-kritische Denkmotive seiner Dissertation[87] und gewichtige Elemente der amerikanischen „Behavioralismus-Kontroverse"[88] eingingen. Ausgehend von der Prämisse, daß sich

---

82 Arnold *Bergstraesser*: Prinzip und Analyse in der amerikanischen wissenschaftlichen Politik, in: Jahrbuch für Amerikastudien 3 (1958), S. 13.
83 „Synopsis": dieser Begriff benennt neben dem Adjektiv „praktisch" die zweite elementare methodologische Selbstbeschreibung, die in den Schriften der „Freiburger Schule" thematisiert wird. Dazu ausführlich *Schmitt*: Politikwissenschaft, S. 53ff. u. 137ff.
84 Dieter *Oberndörfer*: Politik als praktische Wissenschaft, in: ders.: Politik, S. 9.
85 Vgl. Heinz *Kleger*: Praxis, praktisch: III, in: Joachim Ritter/Karlfried Gründer (Hrsg.): Historisches Wörterbuch der Philosophie, Bd.7, Basel, Stuttgart 1989, S. 1304.
86 Martin *Greiffenhagen*: Demokratie und Technokratie, in: Claus Koch/Dieter Senghaas (Hrsg.): Texte zur Technokratiediskussion, Frankfurt/Main 21971, S. 70.
87 Dieter *Oberndörfer*: Von der Einsamkeit des Menschen in der modernen amerikanischen Gesellschaft, Freiburg 1958, S. 131ff.
88 Dies zeigt schon die angemerkte Literatur – von Voegelin und Strauss bis Catlin und Lasswell. Vgl. zu dieser Kontroverse innerhalb der amerikanischen Politikwissenschaft David M. *Ricci*: The Tragedy of Political Science, New Haven 1984, S. 133ff.

jede Wissenschaft über eine „spezifische Weise" der „Befragung" ihres Gegenstandsbereiches und die Existenz eines „speziell ihr zugehörigen Fragezentrums" konstituiere[89], kritisierte er einerseits eine „bloß deskriptiv-analytische Politikwissenschaft", andererseits verwarf er die Vorstellung, Politikwissenschaft sei eine „systematische Wissenschaft von den Gesetzen des Politisch-Sozialen".[90]

Als Alternative zu diesen Begründungsstrategien skizzierte Oberndörfer die Konzeption einer „praktischen" Wissenschaft von der Politik, die „ihr kritisches Ethos und damit zugleich ihre letzten Ziele prinzipiell aus der Reflexion über das Wohl des Ganzen" gewinne.[91] Sie stelle sich die „Frage", „was im Lichte des möglichen und wünschbar Guten geschehen solle und könne".[92] Die Beantwortung dieser Frage bedürfe einerseits der philosophischen „Normenreflexion", und sie könne andererseits nicht ohne „wissenschaftliche[s] Vordenken" geleistet werden.[93] Daß dabei auch der empirischen Sozialforschung ein wichtiger Platz einzuräumen sei, dies war für ihn selbstverständlich. Denn die „Beantwortung der Frage nach dem ‚guten Handeln' und der ‚guten Ordnung' [sei] immer zugleich eine empirische [...], die genaue Kenntnisse der politisch-sozialen Wirklichkeit voraus[setze]".[94]

Entscheidend blieb jedoch für Oberndörfer – wie für alle „Freiburger" – der rein instrumentelle Charakter empirischer Sozialforschung, der weder disziplinäre Fragehorizonte und Gegenstandsbereiche qua methodischer Selbstbeschränkung restringieren, noch Einfluß auf forschungspraktische Relevanzdefinitionen erhalten dürfe. Denn eben diese werde für eine auf die *res gerendae* bezogene Wissenschaft primär von den konkreten Problemlagen des „Gemeinwesens" und den daraus resultierenden Anforderungen vorgegeben.[95] Für sie werde das wissenschaftliche „Vordenken politischer Entscheidungen" zur zentralen Aufgabe.[96] Diese Grundposition, die von allen „Freiburgern" – mit unterschiedlichen Nuancierungen, Referenzen und Intensitäten – geteilt wurde[97], bot allerdings Angriffsflächen. Denn die proklamierte

---

89 *Oberndörfer*: Wissenschaft, S. 11.
90 *Oberndörfer*: Wissenschaft, S. 12.
91 *Oberndörfer*: Wissenschaft, S. 19.
92 *Oberndörfer*: Wissenschaft, S. 19.
93 *Oberndörfer*: Wissenschaft, S. 50.
94 *Oberndörfer*: Wissenschaft, S. 46.
95 *Oberndörfer*: Wissenschaft, S. 19.
96 *Oberndörfer*: Wissenschaft, S. 50.
97 Vgl. u.a. *Bergstraesser*: Politik; *ders.*: Die Stellung der Politik unter den Wissenschaften, in: Albert-Ludwigs-Universität Freiburg (Hrsg.): Dies Universitatis, Bd.6, Freiburg 1957/58, S. 85-95 oder *ders.*: Bewußtsein, S. 12 u. 34, wo er ausdrücklich auf Oberndörfers Aufsatz hinweist. Vgl. auch *Kindermann*: Theorie, S. 64ff. u. 71ff.; Alexander *Schwan*: Die Staatsphilosophie im Verhältnis zur Politik als Wissenschaft, in: Oberndörfer: Politik, S. 154ff. u. 193ff.; *ders.*: Politik als ‚Werk der Wahrheit'. Einheit und Differenz von Ethik und Politik bei Aristoteles, in: Paulus Engelhardt (Hrsg.): Sein und Ethos, Mainz 1963, S. 97; *ders.*: Politische Philosophie im Denken Heideggers, Köln, Opladen 1965, S. 176ff.; Kurt *Sontheimer*: Zum Begriff der Macht als Grundkategorie der politischen Wissenschaft, in: Oberndörfer: Politik, S. 209; *ders.*: Wissenschaft, S. 10ff. u. 29ff.; Man-

Die Freiburger Schule 229

Integration von Normenreflexion, problem- und zukunftsorientierter Analyse, wertender Stellungnahme und einem nicht-technologischen Beratungsmodell konnte keineswegs die Begründungsprobleme vergessen machen, die diesem Versuch einer nicht-scientistischen Beantwortung der „Frage nach dem Wozu von Forschung und Lehre"[98] eigen waren. So blieb u.a. die zentrale Kategorie des „Gemeinwohls" inhaltlich dem „harten Kern" des „Forschungsprogramms" und seinen normativ-institutionellen „Vorent-scheidungen" verpflichtet. Und so monierten selbst nichtmarxistische Kritiker die scheinbare inhaltliche Unverbindlichkeit des „wünschbar Guten" (Dieter Oberndörfer). Hinter dieser Kategorie vermuteten sie nicht ohne Grund eine Teleologie, deren Telos für die Vertreter der „Freiburger Schule" schon in der bundesrepublikanischen Demokratie realisiert schien.[99]

Doch diese Kritik, die über den Nachweis wertplatonischer Argumentationen oder ontologischer und naturalistischer Fehlschlüsse[100] fortgesetzt werden könnte, berührte nicht den grundlegenden Funktionszusammenhang des „Forschungsprogramms". Vielmehr bewies die ab Mitte der sechziger Jahre besonders bei Dieter Oberndörfer und Manfred Hättich einsetzende Rezeption empirisch-analytischer, systemtheoretischer und sprachphilosophischer Denkfiguren die Adaptionskapazitäten des „Freiburger Forschungsprogramms". Sie gestatteten es, wissenschaftstheoretische Defizite auszugleichen und die Möglichkeit erfahrungswissenschaftlicher Professionalisierung innerhalb des „Freiburger Forschungsprogramms" zu demonstrieren.[101]

---

fred *Hättich*: Das Ordnungsproblem als Zentralthema der Innenpolitik, in: Oberndörfer: Politik, S. 223ff.; Hans Peter *Schwarz*: Probleme der Kooperation von Politikwissenschaft und Soziologie in Westdeutschland, in: Oberndörfer: Politik, S. 329ff.; Hans *Maier*: Zur Lage der politischen Wissenschaft in Deutschland, in: Vierteljahrshefte für Zeitgeschichte 10 (1962), S. 232ff. u. 244ff.

98 *Schwarz*: Probleme, S. 332.
99 Vgl. Mommsens Kritik an den Oberndörferschen Ausführungen (*Mommsen*: Verhältnis, S. 371). Ab Mitte der sechziger Jahre wurde zunehmend Kritik an der „Freiburger Schule" oder an einzelnen ihrer Repräsentanten von Wissenschaftlern geübt, die weder dogmatisch-marxistischen Positionen noch der kritischen Theorie verpflichtet waren. Sie nutzen nicht selten ideologiekritische Argumente. Vgl. etwa von Graf Christian von *Krockow*: Politik als praktische Wissenschaft, in: Gesellschaft, Staat, Erziehung 11 (1966), S. 91 u. 94f.; Rudolf *Wildenmann*: Politologie in Deutschland, in: Der Politologe 8 (1967), S. 17, Karl Dietrich *Bracher*: Staatsbegriff und Demokratie in Deutschland, in: Politische Vierteljahresschrift 8 (1969), S. 26; Klaus von *Beyme*: Politische Ideengeschichte, Tübingen 1969, S. 49. Vgl. auch Ulrich *Matz*: Kritik konservativer und revolutionärer Ideologien, in: Reinisch: Wissenschaft, S. 128f.
100 Vgl. dazu – im Kontext der „Freiburger Selbstkritik" im Kreis um Oberndörfer: Mathias *Schmitz*: Politikwissenschaft zwischen Common-sense und Scientismus, in: Oberndörfer: Systemtheorie, S. 21ff. und Winfried *Dettling*: Drei Politikwissenschaften oder keine?, in: Neue Politische Literatur 17 (1972), S. 419ff. Dazu ausführlich *Schmitt*: Politikwissenschaft, S. 196ff.
101 Oberndörfers neues Problembewußtsein zeigte sich in der begründeten Feststellung, daß der von „normative[n] Konzeptionen geleistete Widerstand gegen den Szientismus [...] philosophisch-metaphysisch" nicht „allzu überzeugend unterbaut" sei, und daß er sich darüber hinaus „durch eine bemerkenswerte Unkenntnis [...] sozialwissenschaftlich relevanter Wissenschaftstheorie" auszeichne. Dieter *Oberndörfer*: Zur Lage der Politikwissen-

"Politik als praktische Wissenschaft", ob nun im Kontext eines aristotelisch konturierten Traditionsbezugs oder nach der "Neuorientierung" im Kreis um Dieter Oberndörfer im Rahmen einer "verhaltenswissenschaftlich orientierten Politikwissenschaft"[102] reformuliert, dieser Anspruch blieb für alle Mitglieder der "Freiburger Schule" verbindlich. Und er beschränkte sich keineswegs auf den Bannkreis programmatischer Schriften und abstrakt formulierter Bekenntnisse. Politische Bildung, Hochschul- und Wissenschaftspolitik, Politikberatung und Publizistik bezeichnen jene Praxisfelder, in denen Bergstraesser und seine "ersten Schüler" mit großem Engagement aktiv wurden.

Diese "systemgetreue Zusammenarbeit"[103] ließ sich innerhalb der Disziplin durch zwei differierende und doch kompatible Strategien legitimieren, die sich idealtypisch mit den Begriffen Orientierungs- und Erfahrungswissenschaft benennen lassen. Während die erfahrungswissenschaftliche "Sicherung von ‚Praxisrelevanz'" (Friedhelm Neidhardt) erst ab Mitte der sechziger Jahre im Kreis um Dieter Oberndörfer systematisch ausformuliert und umgesetzt wurde, stand die "Freiburger Schule" in den Jahren von 1954 bis 1965 unter einem dezidiert orientierungswissenschaftlichen Praxis-Anspruch, in dem sich die normativ-pädagogische Gründungsintention der westdeutschen Politikwissenschaft spiegelte. Der aus dieser Etablierungskonstellation resultierende "Nachfragedruck, der sich auf Norm- und nicht auf Faktenproduktion richtete"[104], unterstützte – neben der geisteswissenschaftlichen Sozialisation der "Freiburger" – ein orientierungswissenschaftliches Praxis-Konzept, in dem der "Beitrag" zur ideellen "Verankerung des bestehenden demokratischen Systems"[105] im Vordergrund stand.

7. *Politikwissenschaft zwischen Common Sense und Ernstfall*

Eingedenk des Diktums von Arnold Bergstraesser, daß die "freiheitliche Daseinsordnung" es "wert" sei, daß ihr in der "wissenschaftlichen [...] Tagesarbeit [ge]dien[t]" werde[106], wird auch die kritische und alleine kursorische Re-

---

schaft in der Bundesrepublik Deutschland, in: Hanns-Albert Steger (Hrsg.): Die aktuelle Situation Lateinamerikas, Frankfurt/Main 1971, S. 79. Vgl. später *ders.* (Hrsg.): Verwaltung und Politik in der Dritten Welt, Berlin 1981, S. 7 (Vorwort); *ders.*: Verwaltungsforschung und Verwaltungshilfe für die Dritte Welt, in: ders.: Verwaltungsforschung, S. 13-27; *ders.*: Politik und Verwaltung in der Dritten Welt – Überlegungen zu einer neuen Orientierung, in: Joachim Jens Hesse (Hrsg.): Politikwissenschaft und Verwaltungswissenschaft (= PVS-Sonderheft, Bd.13), Opladen 1982, S. 450ff.
102 Vgl. *Dettling*: Politikwissenschaften, S. 431ff.
103 Arnold *Bergstraesser*: Führung in der modernen Welt, Freiburg 1961, S. 38ff.
104 *Günther*: Analysen, S. 25.
105 Kurt *Sontheimer*: Wozu studiert man eigentlich Politische Wissenschaft?, in: Die Zeit (27.02.1970).
106 *Bergstraesser*: Führung, S. 56.

trospektive zugestehen müssen, daß er und seine „Schüler" einen wesentlichen Beitrag zur inhaltlichen Einlösung dieses Anspruchs geleistet haben. Denn mochten sie auch eingebunden sein in die allgemeine demokratiewissenschaftliche Gründungsintention der westdeutschen Politikwissenschaft, so darf doch nicht übersehen werden, daß „Freiburg" in den fünfziger und sechziger Jahren der einzige Ort blieb, an dem eine Gruppe von Wissenschaftlern die mehrdimensionalen Argumentationszwänge dieser Intention umfassend antizipierte und erhebliche „Thematisierungskapazitäten" (Niklas Luhmann) aktivierte. Wissenschaftsgeschichte, Wissenschaftstheorie, Ideenhistorie, politische Philosophie, Zeitgeschichte, Demokratietheorie, Internationale Politik; so lauten die Themenbereiche, zu denen in Freiburg eine Fülle wichtiger Studien – ja Standardwerke – verfaßt wurden.

Bei aller Themen- und Adressatenvielfalt blieben ihre Publikationen und Praxisoptionen einem „politischen Forschungsprogramm" verpflichtet, das das „antitotalitäre Einüben einer demokratischen Gesinnung und demokratischer Verhaltensformen bei der Bevölkerung dieses Staates"[107] wissenschaftlich begleiten und fördern wollte. Dies war für Bergstraesser, Hättich, Kindermann, Maier, Oberndörfer, Schwan, Schwarz und Sontheimer immer selbstverständlich. Die Unterschiede der jeweiligen Forschungsschwerpunkte, der öffentlichen Ambitionen, der parteipolitischen Präferenzen und selbst persönliche Animositäten konnten diesen Anspruch der „Freiburger Schule" nicht relativieren.

Doch genau an diesem Punkt wird eine Hypothek sichtbar, die allen dezidiert „politischen Forschungsprogrammen" eigen ist. Denn ihre Vertreter werden einerseits mit nur schwer zu befriedigenden Begründungs- und Analysezumutungen konfrontiert, andererseits leben sie jedoch auch in einem nicht unerheblichen Maße von der „Uminterpretation" gesellschaftlich-politischer Konstellationen, die sich der normativ-analytischen Konstruktionslogik ihres Referenzsystems widersetzen.

Für das „Freiburger Forschungsprogramm" läßt sich dies für den Zeitrahmen dieses Aufsatzes und darüber hinaus exemplarisch zeigen. Bis Mitte der sechziger Jahre eingebunden in die disziplinäre Hauptaufgabe, einen Beitrag „zur demokratischen Unterfütterung des westdeutschen Gemeinwesens"[108] zu liefern, markierte die Entstehung der „Neuen Linken" und der zeitweilige Erfolg der Studentenbewegung ab Mitte der sechziger Jahre eine zentrale Zäsur für ihre Forschungsprioritäten. Fand in den Jahren vorher das immanente Kritikpotential des eigenen „Forschungsprogramms" in Sontheimers Kritik der Weimarer und bundesrepublikanischen Rechten[109], in Hät-

---

107 *Schwarz*: Probleme, S. 303.
108 Otwin *Massing*: Politikwissenschaft in Perspektive, in: Politische Vierteljahresschrift 20 (1980), S. 196.
109 Kurt *Sontheimer*: Antidemokratisches Denken in der Weimarer Republik, München 1962 und ders.: Die Wiederkehr des Nationalismus in der Bundesrepublik, in: ders./Eberhard Stammler/Hans Heigert: Sehnsucht nach der Nation? Drei Plädoyers, München 1966, S. 7-34.

tichs Ausführungen zum Nationalismus[110] oder auch in Maiers Schrift über die NPD[111] seinen Ausdruck, so wurde nun durchgängig eine gouvermental-integrative Sichtweise vorherrschend, in der sich Soziologieverzichte und ideenpolitische Verhärtungen ergänzten. Denn die in diesen Jahren einsetzende Absage an die „pluralistische Stille vor 1968" (Eike Hennig) und die damit verknüpfte „Wiederentdeckung gesellschaftlicher Machtstrukturen"[112] durch einen wachsenden Teil der Fachöffentlichkeit[113] schufen für Bergstraessers „Schüler" eine Konfliktlinie, die Wahrnehmungsbereitschaften minderte. Trotz aller berechtigten Kritik an der voluntaristischen Emphase und anti-institutionellen Naivität damals diskutierter Politikkonzepte liefen sie damit „Gefahr", die „empirischen Mängel der Demokratien zu übersehen".[114]

So wurde in den folgenden Jahren keinem der Themen, die selbst im Rahmen des eigenen „politischen Forschungsprogramms" kritisch hätten thematisiert werden können – ob Parteien- und Politikerfinanzierung, Repräsentationsdefizite und thematische Selektivitäten, ob Ämterpatronage und parteipolitische Kartellbildungen – eine eigene Monographie gewidmet. Stattdessen bot der sogenannte „Angriff der linken Theorie"[115] die Chance zur Dramatisierung intellektueller Einflußchancen und zur Bagatellisierung gesellschaftlich-politischer Ursachen.

Nicht nur Hans Maiers Warnung vor einer „vorrevolutionären Situation" im Jahre 1972[116] und Kurt Sontheimers Formulierung aus dem Jahre 1977, daß angesichts des RAF-Terrorismus „von einer neuen Art Bürgerkrieg"[117] gesprochen werden müsse, zeigen dies. Vielmehr dokumentiert sich darin eine weitere Hypothek, die allen „politischen Forschungsprogrammen" gemeinsam ist: die Suche nach der wie auch immer perzipierten „Krise". Denn nur sie – je nach Standort – als abzuwehrende Bedrohung oder als erhoffte Revolutionierung bestehender Strukturen und Legitimationsmuster stilisiert, rechtfertigt die Dynamik von „Geisteskämpfen" (Hermann Lübbe), die der

---

110 Manfred *Hättich*: Nationalbewußtsein und Herrschaftsordnung in der pluralistischen Gesellschaft, Mainz 1966.
111 Hans *Maier*: Die NPD. Struktur und Ideologie einer ‚nationalen Rechtspartei', München 1967.
112 Ekkehard *Krippendorff*: Politikwissenschaft und Außerparlamentarische Opposition, in: Gerhard Lehmbruch u.a. (Hrsg.): Demokratisches System und politische Praxis. Festschrift für Theodor Eschenburg, München 1971, S. 100f.
113 Vgl. *Oberndörfer*: Jahre, S. 211f.
114 So Koslowski über die Argumentation in Alexander *Schwan*: Wahrheit – Pluralität – Freiheit, Hamburg 1976 und die generelle Tendenz der bundesrepublikanischen Politikwissenschaft nach 1945. Peter *Koslowski*: Rezension von Schwan: Wahrheit, in: Zeitschrift für Philosophische Forschung 31 (1977), S. 460.
115 Kurt *Sontheimer*: Das Elend unserer Intellektuellen, Hamburg 1976, S. 12.
116 Hans *Maier*: Sprache und Politik, Zürich 1977 (erstmals 1972 gedruckt), S. 25. Im Nachwort dieser Schrift hat Maier allerdings bemerkt, daß retrospektiv die „Rede von der vorrevolutionären Situation [...] zu differenzieren" wäre. *Maier*: Sprache, S. 51.
117 Sontheimer, zitiert nach Jürgen *Habermas*: Kleine Politische Schriften, Frankfurt/Main 1981, S. 372.

Die Freiburger Schule 233

Veralltäglichung und damit dem Überflüssigwerden des eigenen ideenpolitischen Engagements entgegengesetzt werden können. Die „Krise" – von Bergstraessers Definition der Bundesrepublik als eines „Staat[es] in gefährdeter Situation"[118] bis hin zu Schwarz' „Parteinahme" gegen „Kapitulationsgesinnung" und „für die Selbstbehauptung der liberalen Demokratie"[119] – benennt das Lebenselexier aller „politischen Forschunsprogramme" und damit auch das der „Freiburger Schule". Hier wird allerdings das fundamentale Dilemma des „Freiburger Forschungsprogramms" sichtbar. Während sich einerseits seine Repräsentanten am Aufbau eines tragfähigen und krisensicheren Common Sense als „Immunsystem gegen Prozesse totalitärer Ideologisierung"[120] beteiligten, bedurfte ihre professionelle und theorienpolitische Selbstlegitimation des – wenigstens in Zeitintervallen beschworenen – „Ernstfalls"[121]. Denn nur er relativierte den eingelebten „Ethos" der „freiheitlichen Demokratie", dessen begründungstheoretische Verteidigung gegen vermeintliche oder wirkliche „Herausforderungen" ansonsten als rein akademische Argumentationsroutine hätte interpretiert werden können.[122] Hervorzuheben bleibt allerdings das in diesem Dilemma angelegte seismographische Potential. So sensibilisierte der „harte Kern" des „Freiburger Forschungsprogramms" Ende der sechziger Jahre nicht nur für die freiheitsverbürgenden und universalistischen Gehalte des bürgerlichen Rechtsstaates[123] angesichts linksdogmatischer Radikalkritik. Er hielt auch über den Totalita-

---

118 Arnold *Bergstraesser*: Warum ist politische Bildung nötig?, in: Offene Welt 5 (1957), S. 555.
119 Hans-Peter *Schwarz*: Die gezähmten Deutschen, Stuttgart 1985, S. 11.
120 Heinz *Kleger*: Common Sense als Argument, Teil 1, in: Archiv für Begriffsgeschichte 30 (1986/87), S. 196.
121 Vgl. u.a. Hans *Maier*: Stellungnahmen. Reden – Vorträge – Interviews, München 1978, S. 27; Kurt *Sontheimer*: Die verunsicherte Republik. Die Bundesrepublik nach 30 Jahren, München 1979; *ders.*: Der unbehagliche Bürger, Zürich 1980; *ders.*: Brief (erstmals 1977 publiziert), S. 392ff.; Alexander *Schwan*: Die Krise der pluralistischen Demokratie ist ihre Chance, in: Gerd-Klaus Kaltenbrunner (Hrsg.): Rückblick auf die Demokratie. Gibt es Alternativen?, Freiburg, Basel, Wien 1977, S. 36-53; *ders.*: Grundwerte der Demokratie. Orientierungsversuche im Pluralismus, München 1978 und für die Außenpolitik Hans-Peter *Schwarz*: Eine Lage wie im Jahr 1939, in: Rheinischer Merkur (18.01.1980) und *ders.*: Deutschen.
122 Genau in dieser Problemstellung besteht die „Tragik", die über Alexander Schwans bis zu seinem Tode vertretenen Anspruch stand, daß die etablierten (!) „freiheitlichen Demokratien" der „philosophischen Begründung" bedürften. Alexander *Schwan*: Pluralismus und Personalismus. Die Bedeutung Max Müllers für die gegenwärtige politische Philosophie, in: Philosophisches Jahrbuch 93 (1986), S. 318-325; *ders.*: Das Problem des Naturrechts in der pluralistischen Demokratie, in: Philosophisches Jahrbuch 94 (1987), S. 297-315; *ders.*: Die philosophische Begründbarkeit freiheitlicher Politik, in: Volker Gerhardt (Hrsg.): Der Begriff der Politik, Stuttgart 1990, S. 20-41. Er suchte damit Antworten auf Fragen, die an den aktuellen Problemen „westlicher Demokratien" vorbeigingen und vorbeigehen.
123 Dieser Argumentationsstrang wurde am Ende der achtziger Jahre – angesichts wachsender Fremdenfeindlichkeit – von Dieter *Oberndörfer*: Die Menschenrechte in der Entwicklungspolitik und der deutschen politischen Kultur, in: Zeitschrift für Politik, 35 (1988), S. 1-14; *ders.*: Nationales und republikanisches Selbstverständnis, in: Sonde 21 (1988), H.3, S. 3-10; *ders.*: Die offene Republik, Freiburg, Basel, Wien 1991 wieder konsequent in den Vordergrund gerückt.

rismusbegriff – bei allen theoretischen Schwächen – zu Recht die „Opferperspektive" (Eckhard Jesse) offen. Doch spätestens seit Ende der siebziger Jahre stellten und stellen sich vordringlich neue Fragen, die nicht mehr über die Gegenüberstellung von „Demokratie" und „Totalitarismus" beantwortet werden können.

Zwar konstatierte Hans-Peter Schwarz Ende 1989 zu Recht, daß nach dem Bankrott des „real existierenden Sozialismus" „[a]lle Augen [...] auf die westlichen Modelle" gerichtet seien: „westlicher Rechtsstaat, westliche Menschen- und Bürgerrechte, politischer Pluralismus in vielen Formen, Marktwirtschaft in vielerlei Formen, nationale Selbstbestimmung"[124], doch dabei übersah er gleichzeitig das heute viel entscheidendere Problem, das in Bergstraessers universal stilisiertes „Grundmodell einer freiheitlichen Gesellschaftsordnung"[125] noch nicht eingehen konnte. Es ist gerade die Mahnung vor der „Nachahmung" im Weltmaßstab, die mit „großer Wahrscheinlichkeit das Ende lebenswerter Menschlichkeit" bedeuten würde, die aktuell auf der Tagesordnung steht.[126]

Bereits dieser Aspekt dokumentiert den grundlegenden Wandel „praktischer" Fragestellungen gegenüber den fünfziger und sechziger Jahren. „Eine völlig neue Welt bedarf einer neuen politischen Wissenschaft" – diese berühmte Sentenz aus Tocquevilles Werk *Über die Demokratie in Amerika*[127] scheint am Ende des Kalten Krieges, angesichts sich radikalisierender Nationalismen und Fundamentalismen und vor dem Hintergrund ökologischer, technologischer und globaler Herausforderungen von ungeheurer Aktualität.[128]

Mag vor diesem Hintergrund auch die Dichotomie „freiheitliche Demokratie" versus „Totalitarismus" des „Freiburger Forschungsprogramms" aktuell eher problemverstellend denn problemgenerierend sein, so bleibt doch an folgendes zu erinnern: Besonders das Konzept einer „praktischen" Politikwissenschaft hat – bei allen offenen Fragen – nichts von seiner Relevanz verloren. Dieses Konzept bedürfte jedoch der systematischen Reformulierung.[129] Losgelöst von normativ-analytischen Wahrnehmungs- und Thematisierungsschranken ließe sich hier ein „Praxisbezug" konkretisieren, der in der „bewußte[n] Hinwendung analytischer Kompetenz zu den aktuellen und

---

124 Vgl. Hans-Peter *Schwarz*: Auf dem Weg zum post-kommunistischen Europa, in: Europa-Archiv (1989), S. 319ff.

125 Arnold *Bergstraesser*: Gedanken zu Verfahren und Aufgaben der kulturwissenschaftlichen Gegenwartsforschung, in: Kindermann: Kulturen, S. 413.

126 So mit dankenswerter Klarheit der Oberndörfer-„Schüler" Mols schon 1975. Manfred Heinrich *Mols*: Zum Problem des westlichen Vorbilds in der neueren Diskussion zur politischen Entwicklung, in: Verfassung und Recht in Übersee 8 (1975), S. 8f.

127 Alexis de *Tocqueville*: Über die Demokratie in Amerika, München ²1984, S. 9.

128 So eröffnen sich z.B. für die Demokratietheorie durch den Siegeszug der Neuen Medien grundsätzlich veränderte Frageperspektiven und Forschungsbedarfe. Dazu u.a. Hubertus *Buchstein*: Cyberbürger und Demokratietheorie, in: Deutsche Zeitschrift für Philosophie 44 (1996), S. 583-607.

129 Vgl. dazu auch *Oberndörfer*: Jahre, S. 212; Manfred *Hättich*: Politikwissenschaft, in: Görres-Gesellschaft (Hrsg.): Staatslexikon, Bd.4, Freiburg, Basel, Wien ⁷1988, S. 447f.; Hans *Maier*: Verteidigung der Politik. Recht – Moral – Verantwortung, Zürich 1990, S. 30ff.

strukturellen Gesellschaftsproblemen, [der] Entwicklung innovativer Problemlösungen und [der] Erarbeitung von Implementierungsstrategien"[130] sein Ziel fände. Ein solches Forschungsprogramm hätte gerade nach dem Ende des Ost-West-Konflikts die Aufgabe, die immanente Kritik „freiheitlicher Demokratien" zu intensivieren. Denn es sind speziell die selbstdestruktiven Entwicklungslinien „freiheitlicher Demokratien", deren radikale Analyse nur eingeschränkt[131] innerhalb der dichotomen Sichtfelddimensionierung des „Freiburger Forschungsprogramms" und deren normativ-analytischen Thematisierungsgrenzen möglich wird.

Mit dieser Feststellung sollen die wichtigen Beiträge zur „Öffnung gegenüber der politischen Kultur des Westens" (Jürgen Habermas), die im Rahmen des „Freiburger Forschungsprogramms" erbracht wurden, nicht relativiert werden. Doch Weimar, der Nationalsozialismus und Stalinismus, die Kritik des „deutschen Geistes" im Lichte westlicher Denktraditionen, die politisch-pädagogische Werbung für die „freiheitliche Demokratie" und die zeitgeschichtliche Aufarbeitung der bundesrepublikanischen „Erfolgsgeschichte" benennen ein Themenrepertoire, das seine Abhängigkeit von Erfahrungen einer spezifischen „Erlebnisgeneration" (Manfred Hättich) nicht verleugnen kann. „Und was in schwankender Erscheinung steht, befestigt mit dauernden Gedanken"[132]; dieses Faust-Zitat umschreibt vielleicht das zentrale Arbeitsmotiv des Goethe-Bewunderers Bergstraesser und seiner „Schüler" angesichts der von ihnen erlebten, mühevollen Etablierung und Konsolidierung der bundesrepublikanischen Demokratie nach 1945. Doch die „großen Kulturprobleme" (Max Weber) sind inzwischen weitergezogen; sie stellen keineswegs nur „neue" Fragen, sie bedürfen jedoch vielfach „neuer" Antworten.

8. Anhang: Kurzbiographien

Manfred Hättich (*12.10.1925, Owingen): Promotion 1957 über das Thema *Wirtschaftsordnung und katholische Soziallehre*, Zweitgutachter Bergstraesser. Habilitation – nach Bergstraessers Tod – mit der Schrift *Demokratie als Herrschaftsordnung* 1965 bei Oberndörfer. 1967 Ruf an die Universität Mainz, 1970 Ruf an die Universität München.

---

130 Raimund *Seidelmann*: Verbindung von Forschung und Lehre, Praxisbezug und Weltbürgertum als Bedingungen von Professionalisierung, in: Hans-Hermann Hartwich (Hrsg.): Politikwissenschaft. Lehre und Studium zwischen Professionalisierung und Wissenschaftsimmanenz, Opladen 1987, S. 143.
131 Exemplarisch dafür Oberndörfers Plädoyer gegen die Abholzung der Regenwälder. Dieter *Oberndörfer*: Schutz der tropischen Regenwälder durch Entschuldung. Perspektiven und Orientierungen (= Schriftenreihe des Bundeskanzleramtes, Bd.5). München 1989.
132 Johann Wolfgang von *Goethe*: Faust, in: Goethes Werke, Bd.3., Hamburg [8]1967, S. 19.

Gottfried-Karl Kindermann (*13.04.1926, Wien): Promotion 1956 mit einer Arbeit über *The Sino-Soviet Entente Policy of Sun Yat Sen 1923-1925* bei Hans J. Morgenthau in Chicago. Habilitation 1964 in Freiburg mit der Studie *Weltpolitische Aspekte des chinesischen Bürgerkrieges 1927-1964*. 1967 Ruf an die Universität München.

Hans Maier (*18.06.1931, Freiburg): 1957 Promotion bei Bergstraesser über das Thema *Revolution und Kirche. Zur Frühgeschichte der christlichen Demokratie*. 1962 Habilitation in Freiburg mit der Arbeit *Die ältere deutsche Staats- und Verwaltungslehre*, im gleichen Jahr Ruf nach München. 1970-1986 bayerischer Kultusminister, 1987 Ruf auf die Professur für Christliche Weltanschaung, Religions- und Kulturtheorie an der Universität München.

Dieter Oberndörfer, (*05.11.1929, Nürnberg): 1955 Promotion bei Bergstraesser mit der Studie *Von der Einsamkeit des Menschen in der modernen amerikanischen Gesellschaft*.1960 Habilitation mit der Schrift *Die amerikanische Außenpolitik vor dem Problem der Koexistenz,* 1963 Ruf auf den zweiten Lehrstuhl am Seminar für wissenschaftliche Politik in Freiburg. Seit 1964 Direktor des Arnold-Bergstraesser-Instituts. 1991-1993 Gründungsdekan der Wirtschafts- und Sozialwissenschaftlichen Fakultät an der Universität Rostock.

Alexander Schwan (*10.02.1931, Berlin – † 30.11.1989, Berlin): 1959 Promotion bei Bergstraesser mit *Der Ort der Gegenwart in der Eschatologie des Seins. Eine Studie zur Ortsbestimmung der Gegenwart im ‚neuen' Denken Heideggers*. 1965 Habilitation in Freiburg mit der Studie *Geschichtlichkeit und Politik. Zur Grundlegung politischer Ethik in der Geschichtstheologie Friedrich Gogartens und Rudolf Bultmanns*. 1966 Ruf an die FU Berlin.

Hans-Peter Schwarz (*13.05.1934, Lörrach): 1958 Promotion bei Bergstraesser mit einer Arbeit über Ernst Jünger. 1963 Ruf an die PH Osnabrück. 1966 Habilitation bei Theodor Eschenburg mit der Studie *Vom Reich zur Bundesrepublik. Deutschland im Widerstreit der außenpolitischen Konzeptionen in den Jahren der Besatzungsherrschaft 1945-1949*. Anschließend Ruf an die Universität Hamburg. Seit 1973 Professor an der Universität Köln, 1987 Ruf an die Universität Bonn.

Kurt Sontheimer (*31.07.1928, Gernsbach): 1953 Promotion bei Bergstraesser über *Die amerikanische Soziologie als Organ des Konformismus*. 1960 Habilitation in Freiburg mit der Studie *Antidemokratisches Denken in der Weimarer Republik,* im gleichen Jahr Ruf an die PH Osnabrück. 1962 Ruf an die FU Berlin. 1969 Ruf an die Universität München.

Literaturverzeichnis

Arendt, Hannah: Brief an Karl Jaspers vom 3.6.1949, in: dies./Karl Jaspers: Briefwechsel 1926-1969, herausgegeben von Lotte Köhler/Hans Saner, München, Zürich 1985, S. 172-174.
Arndt, Hans-Joachim: Die Besiegten von 1945, Berlin 1978.
Arnold-Bergstraesser-Institut für kulturwissenschaftliche Forschung e.V.: Tätigkeitsbericht 1964-1967, Freiburg 1967.
Bergstraesser, Arnold: Brief an Alfred Weber vom 21.4.1948, in: Bundesarchiv Koblenz, NL Weber, Bd.19.
–: Die Anforderungen der Weltlage an die wissenschaftliche Politik in der Bundesrepublik, in: Schriftenreihe Forschung und Wirtschaft 1 (1959), S. 3-13.
–: Die Macht als Mythos und Wirklichkeit, Freiburg 1965.
–: Die Stellung der Politik unter den Wissenschaften, in: Albert-Ludwigs-Universität Freiburg (Hrsg.): Dies Universitatis, Bd.6, Freiburg 1957/58, S. 85-95.
–: Die wirtschaftlichen Mächte und die Bildung des Staatswillens nach der deutschen Revolution, Univ. Diss. Heidelberg 1923.
–: Die wissenschaftliche Politik, in: Geschichte in Wissenschaft und Unterricht 6 (1955), S. 476-480.
–: Führung in der modernen Welt, Freiburg 1961.
–: Gedanken zu Verfahren und Aufgaben der kulturwissenschaftlichen Gegenwartsforschung, in: Kindermann: Kulturen, S. 401-422.
–: Geschichtliches Bewußtsein und politische Entscheidung, in: Waldemar Besson/ Friedrich Frhr. Hiller von Gaertingen (Hrsg.): Geschichte und Gegenwartsbewußtsein, Festschrift für Hans Rothfels, Göttingen 1963, S. 9-38.
–: Goethe's Image of Man and Society, Chicago 1949.
–: Internationale Politik als Zweig der politischen Wissenschaft, in: Politische Vierteljahresschrift 1 (1960), S. 106-119.
–: Interview, gekürzt wiedergegeben in : Auszug des Geistes. Bericht über eine Sendereihe von Radio Bremen, Bremen 1962, S. 128-130.
–: Lorenzo Medici – Kunst und Staat im Florentiner Quattrocento, Frankfurt/Main 1936.
–: Mensch und Staat im Wirken Goethes – Pandora, in: Corona 6 (1936), S. 99-123.
–: Nation und Wirtschaft, Hamburg 1933.
–: Politik in Wissenschaft und Bildung. Schriften und Reden, Freiburg 1961.
–: Prinzip und Analyse in der amerikanischen wissenschaftlichen Politik, in: Jahrbuch für Amerikastudien 3 (1958), S. 7-14.
–: Sinn und Grenzen der Verständigung zwischen Nationen, München, Leipzig 1930.
–: Staat und Erziehung, in: Hochschule und Ausland 11 (1933), S. 6-10.
–: Staat und Wirtschaft Frankreichs, Berlin, Leipzig 1930.
–: The economic policy of the German government, in: International Affairs 13 (1934), S. 26-46.
–: Volkskunde und Soziologie, in: Geistige Arbeit 1 (1934), Nr.11, S. 3-5.
–: Warum ist politische Bildung nötig?, in: Offene Welt 5 (1957), S. 555-561.
–: Weltpolitik als Wissenschaft, Köln, Opladen 1965.
–: /George N. Shuster: Germany. A Short History, New York 1944.
Bergsträsser, Ludwig: Befreiung, Besatzung, Neubeginn, München 1987.
Beyme, Klaus von: Politische Ideengeschichte, Tübingen 1969.
Bleek, Wilhelm: Kurt Sontheimer: Politikwissenschaft als öffentlicher Beruf, in: Rupp/ Noetzel: Macht, Bd. 2, S. 27-43.

Blomert, Reinhard/Eßlinger, Hans Ulrich/Giovannini, Norbert (Hrsg.): Heidelberger Sozial- und Staatswissenschaften. Das Institut für Sozial- und Staatswissenschaften zwischen 1918 und 1958, Marburg 1997.
Bracher, Karl Dietrich: Staatsbegriff und Demokratie in Deutschland, in: Politische Vierteljahresschrift 8 (1969), S. 2-27.
Buchstein, Hubertus: Cyberbürger und Demokratietheorie, in: Deutsche Zeitschrift für Philosophie 44 (1996), S. 583-607.
Dettling, Warnfried: Drei Politikwissenschaften oder keine?, in: Neue Politische Literatur 17 (1972), S. 419-437.
Eisfeld, Rainer: Ausgebürgert und doch angebräunt. Deutsche Politikwissenschaft 1920-1945, Baden-Baden 1991.
Eschenburg, Theodor: Anfänge der Politikwissenschaft und das Schulfach Politik in Deutschland seit 1945, in: ders.: Spielregeln der Politik, Stuttgart 1987, S. 159-177.
Fermi, Laura: Illustrious Immigrants. The Intellectual Migration From Europe 1930-41, Chicago, London 1968.
Fogt, Helmut: Politische Generationen. Modell, Opladen 1982.
Fraenkel, Ernst: Die Wissenschaft von der Politik und die Gesellschaft, in: Gesellschaft, Staat, Erziehung 8 (1963), S. 273-285.
Freund, Wolfgang S. : Zur Berg- und Talfahrt der Sozialwissenschaften in Deutschland, in: Soziologie (1987), H.2, S. 134-167.
Friedrich, Carl J.: Für Arnold Bergstraesser, in: Aufbau (03.07.1942).
Gadamer, Hans-Georg: Der Dichter Stefan George, in: ders.: Poetica, Frankfurt/Main 1977, S. 7-38.
Göhler, Gerhard: Die Freiburger und Münchner Schule als Scientific Community (= Occasional-Papers, Nr.4), FU Berlin 1982.
–: Nachruf auf Alexander Schwan, in: Politische Vierteljahresschrift 30 (1990), S. 97-100.
–/Zeuner, Bodo (Hrsg.): Kontinuitäten und Brüche in der deutschen Politikwissenschaft, Baden-Baden 1991.
Goethe, Johann Wolfgang von: Faust, in: Goethes Werke, Bd.3, Hamburg ^{8}1967.
Greiffenhagen, Martin: Demokratie und Technokratie, in: Claus Koch/Dieter Senghaas (Hrsg.): Texte zur Technokratiediskussion, Frankfurt/Main ^{2}1971, S. 54-70.
Grossmann, Kurt R.: Wer ist Arnold Bergsträsser?, in: Aufbau (23.01.1942).
–: Antwort an Friedrich, in: Aufbau (03.07.1942).
Günther, Klaus: Politisch-soziale Analysen im Schatten von Weimar, Frankfurt/Main u.a. 1985.
Habermas, Jürgen 1981: Kleine Politische Schriften, Frankfurt/Main 1981.
Hättich, Manfred: Begriff und Formen der Demokratie, Mainz 1966.
–: Das Ordnungsproblem als Zentralthema der Innenpolitik, in: Oberndörfer: Politik, S. 211-236.
–: Demokratie als Herrschaftsordnung, Köln, Opladen 1967.
–: Freiheit als Ordnung, 2 Bde. München 1988-1989.
–: Interview-Text (12.07.1989 in Tutzing).
–: Lehrbuch der Politikwissenschaft, 3. Bde., Mainz 1967-1972.
–: Nationalbewußtsein und Herrschaftsordnung in der pluralistischen Gesellschaft, Mainz 1966.
–: Politikwissenschaft, in: Görres-Gesellschaft (Hrsg.): Staatslexikon, Bd.4, Freiburg, Basel, Wien ^{7}1988, S. 444-448.
–: Wirtschaftsordnung und katholische Soziallehre, Stuttgart 1957.
–: (Hrsg.): Politische Bildung nach der Wiedervereinigung, München ^{2}1992.
– u.a.: Politische Bildung. Grundlagen und Zielprojektionen für den Unterricht in Schulen, hrsg. von Walter Braun u.a., Stuttgart 1976.

Herz, Dietmar/Weinberger: Veronika: Die Münchener Schule der Politikwissenschaft [in diesem Band S. 269-291].
Hildebrandt, Kurt: Erinnerungen an Stefan George und seinen Kreis, Bonn 1965.
Jäger, Wolfgang: Zu Biographie und Werk des praktischen Politikwissenschaftlers Dieter Oberndörfer, in: ders. u.a. (Hrsg.): Republik und Dritte Welt. Festschrift zum 65. Geburtstag Dieter Oberndörfers, Paderborn 1994, S. 11-20.
Jansen, Christian: Der „Fall Gumbel" und die Heidelberger Universität, Privatdruck Heidelberg 1981.
Jansen, Karl Heinz: Sprachlose Seminare, in: Die Zeit (08.10.1982).
Jantke, Carl: Protokoll eines Telefon-Interviews vom 20.02.1986 in Hamburg.
Kastendiek, Hans: Die Entwicklung der westdeutschen Politikwissenschaft, Frankfurt/Main, New York 1977.
Kiesinger, Kurt Georg: In memoriam Arnold Bergstraesser, in: Bergstraesser: Weltpolitik, S. 17-19.
Kindermann, Gottfried-Karl: Brief an den Verfasser (07.07.1989).
–: Internationale Politik – Eine Einführung in das Fach, in: Reinisch: Wissenschaft, S. 91-109.
–: Interviewtext (13.07.1989 in München).
–: Philosophische Grundlagen und Methodik der Realistischen Schule von der Politik, in: Oberndörfer: Politik, S. 251-296.
–: Theorie und Struktur der synoptischen Wissenschaft von der Politik, in: Freiburger Universitätsblätter, 4 (1965), H.10, S. 63-73.
– (Hrsg.): Grundelemente der Weltpolitik, München ^{3}1986 (erweiterte Neuauflage).
– (Hrsg.): Kulturen im Umbruch – Studien zur Entwicklungsforschung, Freiburg 1962.
Kleger, Heinz: Common Sense als Argument, Teil 1, in: Archiv für Begriffsgeschichte 30 (1986/87), S. 192-223.
–: Praxis, praktisch: III, in: Joachim Ritter/Karlfried Gründer (Hrsg.): Historisches Wörterbuch der Philosophie, Bd.7, Basel, Stuttgart 1989, S. 1295-1307.
Klingemann, Carsten: Das ‚Institut für Sozial- und Staatswissenschaften' an der Universität Heidelberg zum Ende der Weimarer Republik und während des Nationalsozialismus, in: Jahrbuch für Soziologiegeschichte [1] (1990), S. 79-120.
Koslowski, Peter: Rezension von Schwan: Wahrheit, in: Zeitschrift für Philosophische Forschung 31 (1977), S. 458-460.
Krippendorff, Ekkehart: Politikwissenschaft und Außerparlamentarische Opposition, in: Gerhard Lehmbruch u.a. (Hrsg.): Demokratisches System und politische Praxis. Festschrift für Theodor Eschenburg, München 1971, S. 97-123.
Krockow, Graf Christian von: Politik als praktische Wissenschaft, in: Gesellschaft, Staat, Erziehung 11 (1966), S. 84-98.
Krohn, Klaus-Dieter: Der Fall Bergstraesser in Amerika, in: Exilforschung 4 (1986), S. 254-275.
Kühnl, Reinhard: Politikwissenschaft in der Bundesrepublik, in: Blätter für deutsche und internationale Politik 15 (1970), S. 815-827.
Laitenberger, Volkhard: Akademischer Austauschdienst und auswärtige Kulturpolitik. Der Deutsche Akademische Austauschdienst (DAAD) 1923-1945, Göttingen 1976.
Lietzmann, Hans J./Bleek, Wilhelm (Hrsg.): Politikwissenschaft. Geschichte und Entwicklung, München, Wien 1996.
Maier, Hans: Ältere deutsche Staatslehre und westliche politische Tradition, Tübingen 1966.
–: Die ältere deutsche Staats- und Verwaltungslehre, Neuwied, Berlin 1966.
–: Die Deutschen und die Freiheit. Perspektiven der Nachkriegszeit, Stuttgart 1985.
–: Die Lehre von der Politik an den deutschen Universitäten vornehmlich vom 16. bis 18. Jahrhundert, in: Oberndörfer: Politik, S. 59-116.

–: Die NPD. Struktur und Ideologie einer ‚nationalen Rechtspartei', München 1967.
–: Eine Münchner Schule: Die Politische Wissenschaft in Deutschland und das Geschwister-Scholl-Institut, in: Peter Cornelius Mayer-Tasch (Hrsg.): Münchner Beiträge zur Politikwissenschaft, Freiburg 1980, S. 15-29.
–: In memoriam Arnold Bergstraesser, in: Zeitschrift für Politik 11 (1964), S. 97-99.
–: Interviewtext (13.07.1989 in München).
–: Kritik der politischen Theologie, Einsiedeln 1970.
–: Laudatio auf Kurt Sontheimer, in: Ernst-Robert-Curtius-Preis für Essayistik. Dokumente und Ansprachen, Bonn 1985, S. 15-23.
–: Revolution und Kirche. Studien zur Frühgeschichte der christlichen Demokratie 1789-1850, Freiburg 1959.
–: Sprache und Politik, Zürich 1977.
–: Stellungnahmen. Reden – Vorträge – Interviews, München 1978.
–: Verteidigung der Politik. Recht – Moral – Verantwortung, Zürich 1990.
–: Zur Lage der politischen Wissenschaft in Deutschland, in: Vierteljahrshefte für Zeitgeschichte 10 (1962), S. 225-249.
–: Zur Situation der Politischen Wissenschaft in Deutschland. Eine Umfrage, in: Zeitschrift für Politik 12 (1965), S. 201-223.
–/Rausch, Heinz/Denzer, Horst (Hrsg.): Klassiker des politischen Denkens, 2 Bde., München 1968.
Marcuse, Ludwig: Professor Alfred Weber, in: Das Neue Tage-Buch (Paris) (09.11.1935), S. 1073-1075.
Massing, Otwin: Politikwissenschaft in Perspektive, in: Politische Vierteljahresschrift 21 (1980), S. 187-197.
Matz, Ulrich: Kritik konservativer und revolutionärer Ideologie, in: Reinisch: Wissenschaft, S. 121-133.
Messerschmid, Felix: In memoriam Arnold Bergstraesser, in: Gesellschaft, Staat, Erziehung 9 (1964), S. 77-80.
Mohr, Arno: Politikwissenschaft als Alternative, Bochum 1988.
Mols, Manfred Heinrich: Zum Problem des westlichen Vorbilds in der neueren Diskussion zur politischen Entwicklung, in: Verfassung und Recht in Übersee 8 (1975), S. 5-22.
Mommsen, Hans: Zum Verhältnis von politischer Wissenschaft und Geschichtswissenschaft in Deutschland, in: Vierteljahrshefte für Zeitgeschichte 10 (1962), S. 341-372.
Müller, Guido: Der Publizist Max Clauss. Die Heidelberger Sozialwissenschaften und der ‚Europäische Kulturbund' (1924/5-1933), in: Blomert/Eßlinger/Giovannini: Staats- und Sozialwissenschaften, S. 369-409.
Mussgnug, Dorothee: Die vertriebenen Heidelberger Dozenten, Heidelberg 1988.
Noetzel, Thomas: Arnold Bergstraesser. Ontologie der Macht, in: Rupp/ders.: Macht, Bd.1, S. 121-136.
–: Hans Maier: Traditionsbestände des summum bonum, in: Rupp/ders.: Macht, Bd.2, S. 99-110.
–/Rupp, Hans Karl: Zur Generationenfolge in der westdeutschen Politikwissenschaft, in: Lietzmann/Bleek: Politikwissenschaft, S. 77-98.
Oberndörfer, Dieter: Demokratisierung von Organisationen? Eine kritische Auseinandersetzung mit Frieder Nascholds ‚Organisation und Demokratie', in: ders.: Systemtheorie, S. 577-607.
–: Die Anfänge der Wissenschaftlichen Politik und Soziologie an der Universität Freiburg im Seminar Arnold Bergstraessers – Begegnungen mit Heinrich Popitz, in: Hans Oswald (Hrsg.): Macht und Recht. Festschrift für Heinrich Popitz, Opladen 1990, S. 29-42.
–: Die Menschenrechte in der Entwicklungspolitik und der deutschen politischen Kultur, in: Zeitschrift für Politik 35 (1988), S. 1-14.

Die Freiburger Schule 241

—: Die offene Republik, Freiburg, Basel, Wien 1991.
—: Gemeinsame Jahre mit Manfred Hättich bei Arnold Bergstraesser in Freiburg: Bergstraessers Wirken und sein Umfeld, in: Manfred Heinrich Mols u.a. (Hrsg.): Normative und institutionelle Ordnungsprobleme des modernen Staates. Festschrift zum 65. Geburtstag Manfred Hättichs am 12. Oktober 1990, Paderborn u.a. 1990, S. 198-213.
—: Nationales und republikanisches Selbstverständnis, in: Sonde 21 (1988), H. 3, S. 3-10.
—: Nekrolog Arnold Bergstraesser, in: Kölner Zeitschrift für Soziologie und Sozialpsychologie 16 (1964), S. 426-430.
—: Politik als praktische Wissenschaft, in: ders.: Politik, S. 9-58.
—: Politik und Verwaltung in der Dritten Welt – Überlegungen zu einer neuen Orientierung, in: Joachim Jens Hesse (Hrsg.): Politikwissenschaft und Verwaltungswissenschaft (= PVS-Sonderheft, Bd.13), Opladen 1982, S. 447-457.
—: Schutz der tropischen Regenwälder durch Entschuldung. Perspektiven und Orientierungen (= Schriftenreihe des Bundeskanzleramtes, Bd. 5). München 1989.
—: Verwaltungsforschung und Verwaltungshilfe für die Dritte Welt, in: ders.: Verwaltungsforschung, S. 13-27.
—: Von der Einsamkeit des Menschen in der modernen amerikanischen Gesellschaft, Freiburg 1958.
—: Vorwort, in: ders.: Politik, S. 7-8.
—: Zur Lage der Politikwissenschaft in der Bundesrepublik Deutschland, in: Hanns-Albert Steger (Hrsg.): Die aktuelle Situation Lateinamerikas, Frankfurt/Main 1971, S. 63-84.
— (Hrsg.): Systemtheorie, Systemanalyse und Entwicklungsländerforschung, Berlin 1971.
— (Hrsg.): Verwaltung und Politik in der Dritten Welt, Berlin 1981.
— (Hrsg.): Wissenschaftliche Politik. Eine Einführung in Grundfragen ihrer Tradition und Theorie, Freiburg 1962.
—/Jäger, Wolfgang (Hrsg.): Die neue Elite. Eine Kritik der kritischen Demokratietheorie, Freiburg 1975.
Ottmann, Henning: Politische Philosophie als Gespräch. Überlegungen zum Stellenwert einer normativen politischen Philosophie, in: Neue Hefte für Philosophie 21 (1982), H. 21, S. 75-93.
Reinisch, Leonhard (Hrsg.): Politische Wissenschaft heute, München 1971.
Ricci, David M.: The Tragedy of Political Science, New Haven 1984.
Ritter, Gerhard: Antworten, in: Maier: Freiheit, S. 219-220.
—: Wissenschaftliche Historie, Zeitgeschichte und ‚politische Wissenschaft', Heidelberg 1959.
Rupp, Hans Karl/Noetzel, Thomas: Macht, Freiheit, Demokratie, Bd.1, Marburg 1991.
—: Macht, Freiheit, Demokratie, Bd. 2, Marburg 1994.
Scheer, Maximilian: Bergsträsser, in: Aufbau (27.03.1942).
—: Gegen Arnold Bergsträsser, in: Aufbau (03.07.1942).
Schmitt, Horst 1989: Ein „typischer Heidelberger im Guten wie im Gefährlichen" – Arnold Bergstraesser und die Ruperto Carola 1923-1936, in: Blomert/Eßlinger/Giovannini: Staats- und Sozialwissenschaften, S. 167-196.
—: Existenzielle Wissenschaft und Synopse – Zum Wissenschafts- und Methodenbegriff des ‚jungen' Arnold Bergstraesser, in: Politische Vierteljahresschrift 29 (1989), S. 466-481.
—: Politikwissenschaft und freiheitliche Demokratie. Eine Studie zum ‚politischen Forschungsprogramm' der ‚Freiburger Schule' 1954-1970, Baden-Baden 1995.
Schmitz, Mathias: Politikwissenschaft zwischen Common-sense und Scientismus, in: Oberndörfer: Systemtheorie, S. 11-61.
Schwan Alexander: Das Problem des Naturrechts in der pluralistischen Demokratie, in: Philosophisches Jahrbuch 94 (1987), S. 297-315.

—: Die Krise der pluralistischen Demokratie ist ihre Chance, in: Gerd-Klaus Kaltenbrunner (Hrsg.): Rückblick auf die Demokratie. Gibt es Alternativen?, Freiburg, Basel, Wien 1977, S. 36-53.
—: Die philosophische Begründbarkeit freiheitlicher Politik, in: Volker Gerhardt (Hrsg.): Der Begriff der Politik, Stuttgart 1990, S. 20-41.
—: Die Staatsphilosophie im Verhältnis zur Politik als Wissenschaft, in: Oberndörfer: Politik, S. 153-195.
—: Geschichtstheologische Konstitution und Destruktion der Politik. Friedrich Gogarten und Rudolf Bultmann, Berlin, New York 1976.
—: Grundwerte der Demokratie. Orientierungsversuche im Pluralismus, München 1978.
—: In der Zerreißprobe. Zur Lage der deutschen Politologie – Eine Wissenschaft von der Demokratie?, in: Die Zeit (03.07.1970).
—: Pluralismus und Personalismus. Die Bedeutung Max Müllers für die gegenwärtige Politische Philosophie, in: Philosophisches Jahrbuch 93 (1986), S. 318-325.
—: Pluralistische Demokratie und Marxismus, in: Der Monat 296 (1985), S. 220-224.
—: Politik als ‚Werk der Wahrheit'. Einheit und Differenz von Ethik und Politik bei Aristoteles, in: Paulus Engelhardt (Hrsg.): Sein und Ethos, Mainz 1963, S. 69-110.
—: Politische Philosophie im Denken Heideggers, Köln, Opladen 1965.
—: Wahrheit – Pluralität – Freiheit, Hamburg 1976.
—/Sontheimer, Kurt (Hrsg.): Reform als Alternative, Köln, Opladen 1969.
Schwarz, Hans-Peter: Adenauer. Der Aufstieg: 1876-1952, Stuttgart 1986.
—: Adenauer. Der Staatsmann: 1952-1967, Stuttgart 1991.
—: Arnold Bergstraesser, in: Görres-Gesellschaft (Hrsg.): Staatslexikon, Ergänzungsbd.1, Freiburg ⁶1969, S. 221-223.
—: Auf dem Weg zum post-kommunistischen Europa, in: Europa-Archiv (1989), S. 319-330.
—: Der konservative Anarchist. Politik und Zeitkritik Ernst Jüngers, Freiburg 1962.
—: Die Ära Adenauer 1949-1957, Stuttgart 1981.
—: Die Ära Adenauer 1957-1963, Stuttgart 1983.
—: Die gezähmten Deutschen, Stuttgart 1985.
—: Die Politik der Westbindung oder die Staatsraison der Bundesrepublik, in: Zeitschrift für Politik 22 (1975), S. 307-337.
—: Die Zentralmacht Europas, Berlin 1994.
—: Eine Lage wie im Jahr 1939, in: Rheinischer Merkur (18.01.1980).
—: Gesprächsprotokolle (28./29.08.1989 in Bonn).
—: Probleme der Kooperation von Politikwissenschaft und Soziologie in Westdeutschland, in: Oberndörfer: Politik, S. 297-333.
—: Vom Reich zur Bundesrepublik, Neuwied, Berlin 1966.
Schwarz, Jürgen: Arnold Bergstraesser und die Studentenschaft der frühen zwanziger Jahre, in: Zeitschrift für Politik, 15 (1968), S. 300-311.
Seidelmann, Raimund: Verbindung von Forschung und Lehre, Praxisbezug und Weltbürgertum als Bedingungen von Professionalisierung, in: Hans-Hermann Hartwich (Hrsg.): Politikwissenschaft. Lehre und Studium zwischen Professionalisierung und Wissenschaftsimmanenz, Opladen 1987, S. 141-145.
Sontheimer, Kurt: Antidemokratisches Denken in der Bundesrepublik, in: ders.: Antidemokratisches Denken in der Weimarer Republik (Studienausgabe), München 1968, S. 317-347.
—: Antidemokratisches Denken in der Weimarer Republik, München 1962.
—: Brief an Jürgen Habermas (1977), abgedruckt in: Habermas: Schriften, S. 387-397.
—: Das Elend unserer Intellektuellen, Hamburg 1976.
—: Das politische System Großbritanniens, München 1972.
—: Der unbehagliche Bürger, Zürich 1980.

–: Deutschland zwischen Demokratie und Antidemokratie, München 1971.
–: Die amerikanische Soziologie als Organ des Konformismus, Univ. Diss. Erlangen 1953.
–: Die verunsicherte Republik. Die Bundesrepublik nach 30 Jahren, München 1979.
–: Die Wiederkehr des Nationalismus in der Bundesrepublik, in: ders./Eberhard Stammler/Hans Heigert: Sehnsucht nach der Nation? Drei Plädoyers, München 1966, S. 7-34.
–: Grundzüge des politischen Systems der Bundesrepublik Deutschland, München ^{4}1974 (Erstauflage 1971).
–: Im Dienste der Demokratie, Rezension von Schmitt: Politikwissenschaft, in: Die Zeit (29.03.1996).
–: Politikwissenschaft als Beruf, in: Peter Cornelius Mayer-Tasch (Hrsg.): Münchner Beiträge zur Politikwissenschaft, Freiburg 1980, S. 32-49.
–: Politische Wissenschaft und Staatsrechtslehre, Freiburg 1963.
–: Thomas Mann und die Deutschen (1961), Frankfurt/Main, Hamburg 1965.
–: Vom Staatsbewußtsein in der Demokratie, in: Frankfurter Allgemeine Zeitung (06.06.1962).
–: Von Deutschlands Republik. Politische Essays, Stuttgart 1991.
–: Wahlverwandt mit Lorenzo, in: Die Welt (26.02.1964), abgedruckt in: Heinrich Jantzen: Namen und Werke. Biographien und Beiträge zur Soziologie der Jugendbewegung, Bd.3, Frankfurt/Main, S. 41-42.
–: Wozu studiert man eigentlich Politische Wissenschaft?, in: Die Zeit (27.02.1970).
–: Zum Begriff der Macht als Grundkategorie der politischen Wissenschaft, in: Oberndörfer: Politik, S. 197-209.
–/Bleek, Wilhelm: Die DDR – Politik, Gesellschaft, Wirtschaft, München 1972.
Stichweh, Rudolf: Zur Soziologie wissenschaftlicher Schulen [in diesem Band S. 19-32].
Tietgens, Hans: Universität als Erwachsenenbildung. Zum Tode Arnold Bergstraessers, in: Volkshochschule im Westen 16 (1964), S. 68-69.
Tocqueville, Alexis de: Über die Demokratie in Amerika, München ^{2}1984.
Wagner, Peter: Sozialwissenschaften und Staat. Frankreich, Italien, Deutschland 1870-1980, Frankfurt/Main, New York 1990.
Weber, Alfred: Brief an Arnold Bergstraesser vom 22.12.1947, in: Bundesarchiv Koblenz, NL Weber, Bd.19.
Weber, Marianne: Lebenserinnerungen, Bremen 1948.
Wildenmann, Rudolf: Politologie in Deutschland, in: Der Politologe 8 (1967), S. 13-23.
Wingerter, Josef: Wie es Prof. Bergsträsser in Heidelberg erging, in: Rheinischer Merkur (13.03.1964).
Winters, Peter Jochen: Der Gelehrte: Arnold Bergstraesser, in: Christ und Welt (27.12.1963).

Integration und Verfassung
Oder: Gibt es eine Heidelberger Schule der Politikwissenschaft?

Hans J. Lietzmann

Mitte der fünfziger Jahre versammelte sich die *Aktionsgemeinschaft Soziale Marktwirtschaft* zu einem Symposion. Gegründet von Alexander Rüstow, dem Nachfolger Alfred Webers auf dessen Heidelberger Lehrstuhl für Soziologie, beschäftigte sich die *Aktionsgemeinschaft* auf ihrem Treffen mit dem programmatischen Thema: „Hat der Westen eine Idee?" Das Ergebnis der damaligen Zusammenkunft, an deren Vorträgen und Diskussionen sich auch die anderen beiden Heidelberger Politikwissenschaftler, Dolf Sternberger und Carl Joachim Friedrich, beteiligten, lautete: „Der Westen hat eine Idee, [...]; der Westen ist sich aber seiner Idee nicht ausreichend bewußt, ja, er handelt ihr vielfach zuwider – durch Trägheit des Herzens und des Geistes ebenso wie z.B. durch eine verfehlte Eigentums- und Sozialpolitik." Und die Redner nahmen für sich in Anspruch, „von Parteien und Interessen unabhängig" eine „Darstellung der entscheidenden Lebensfragen des Westens" gegeben zu haben.[1]

Bei aller Differenz zu heutigen Diskussionen erscheint es interessant, sich dieser „Idee des Westens" zu vergewissern, welche die entscheidenden Heidelberger Politologen verfolgten. Dies soll im Folgenden geschehen. Darüber hinaus soll aber dargestellt werden, inwieweit die Heidelberger Politikwissenschaftler bei der Bestimmung dieser „Idee des Westens" von gemeinsamen politiktheoretischen Wurzeln ausgehen und ob sie in der Bestimmung dieser Idee so weit übereinstimmen, daß man fuglich von einem gemeinsamen Heidelberger Paradigma der Politikwissenschaft sprechen könnte.

Ich gehe dabei erkennbar von einer Begriffsbestimmung aus, wie sie Rudolf Stichweh näher skizziert hat[2], und verstehe „wissenschaftliche Schulen" als politologische Wissenszusammenhänge, die eine gewisse Übereinstimmung in methodischen und in Wertungsfragen miteinander verbindet. Es geht mir letztlich also mehr um die Gemeinsamkeit inhaltlicher, politikwissenschaftlicher Lehr- und Denkschemata als um organisatorische Zusammen-

---

1 Die Zitate sind der Verlagsankündigung in späteren Heften der *Aktionsgemeinschaft Soziale Marktwirtschaft* entnommen. Alexander *Rüstow* (Hrsg.): Heiße Eisen im Wahlkampf. Vorträge auf der 14. Tagung der Arbeitsgemeinschaft Soziale Marktwirtschaft, Ludwigsburg 1960, S. 202.
2 Rudolf *Stichweh*: Zur Soziologie wissenschaftlicher Schulen [in diesem Band S. 19-32].

hänge. Ausgeblendet bleiben in meiner Darstellung daher sowohl die Frage eventuell vorhandener Lehrer-Schüler-Hierarchien als auch die Fragen einer möglichen „Emanzipation" der Schüler von diesen Wissenszusammenhängen. Mit einer wichtigen Ausnahme werde ich auch nicht auf die Frage einer über mehrere Generationen sich erstreckenden Schulbildung zu sprechen kommen, sondern mich vorwiegend mit der Gründungssituation der Politikwissenschaft in Heidelberg nach dem Zweiten Weltkrieg und ihrer Rolle im Set der anderen Zentren politikwissenschaftlicher Lehre in Deutschland, wie zum Beispiel Hamburg, Berlin, Marburg, befassen.

Als maßgebliche Protagonisten einer politikwissenschaftlichen Lehre in Heidelberg betrachte ich dabei Alexander Rüstow, Carl Joachim Friedrich und Dolf Sternberger, die sich – wenngleich teilweise zeitversetzt, an zum Teil unterschiedlichen Fakultäten, auf zum Teil unterschiedlich zugeordneten Professuren und vor zum Teil gänzlich differenten Foren – für eine Neugründung der Politikwissenschaft einsetzten. Im Hintergrund dieses Szenarios und gleichsam als signifikante Verkörperung des Heidelberger genius loci stand Alfred Weber, mit dem die drei von mir Hervorgehobenen alle in einer je spezifischen Beziehung standen.[3]

1. Alexander Rüstow: Die Verfassung als moralische Anstalt

Alexander Rüstow, geboren 1885, betätigte sich in seiner Jugend sowohl in den politischen Reform- und Revolutionsbewegungen der Jahre 1918/19 wie auch im Rahmen des linken Flügels der bündischen Jugend; er promovierte 1908 über die Figur des Lügners in der Antike und bewegte sich bereits in der Zeit der Weimarer Republik in den Kreisen des späteren InSoStas, des Heidelberger Instituts für Sozial- und Staatswissenschaften, um Alfred Weber, Edgar Salin, Arnold Bergstrasser, Carl Brinkmann und anderen. Seinen Lebensunterhalt bezog er freilich aus seiner Tätigkeit in der Privatwirtschaft als Verlagslektor und Beauftragter verschiedener Wirtschaftverbände. Nach einem mit dieser Tätigkeit verbundenen politischen Schwenk stellte er sich

---

3   Zu dem Einfluß Alfred Webers und seiner politisch soziologischen Theoriebildung vgl. Hans J. *Lietzmann*: Kontinuität und Schweigen. Über die Fortwirkung Alfred Webers und seiner politischen Theorie in der westdeutschen Politikwissenschaft, in: Nutzinger: Nationalökonomie, S. 137-159. Vgl. auch Eberhard *Demm*: Von der Weimarer Republik zur Bundesrepublik. Der politische Weg Alfred Webers 1920-1958 (= Schriften des Bundesarchives, Bd.51), Düsseldorf 1997, der auch die hier beschriebene Epoche noch streift. Zur Gründungssituation der Politikwissenschaft in Heidelberg vgl. Arno *Mohr*: Politikwissenschaft als Alternative, Bochum 1988, insb. 137ff.; ein gutes Stimmungsbild des „InSoSta" nach 1945 liefert der A. Weber-Schüler Heinz *Markmann*: Das InSoSta nach dem zweiten Weltkrieg, in: Blomert/Eßlinger/Giovannini: Sozial- und Staatswissenschaften, S. 83-96. Zur Situation der deutschen Politikwissenschaft der Nachkriegszeit insgesamt Hans J. *Lietzmann*: Politikwissenschaft in der Bundesrepublik Deutschland. Entwicklung, Stand und Perspektiven, in: ders./Bleek: Politikwissenschaft, S. 38-77.

auch den bürgerlich-autoritären Regierungen Papen und Schleichers als Berater zur Verfügung. Er galt als designierter Wirtschaftsminister, bevor er nach Hitlers Machtübernahme als erklärter Gegner der Nationalsozialisten in die Türkei Atatürks emigrierte. In Istanbul wurde er zum Professor für Wirtschaftsgeographie und Wirtschaftsgeschichte ernannt. 1949 kehrte er nach Deutschland zurück und trat die Nachfolge Alfred Webers auf dessen Heidelberger Lehrstuhl für Soziologie an, den er bis 1955 innehatte. Er engagierte sich voller Elan für den Aufbau der Nachkriegsgesellschaft, beteiligte sich an der Gründung verschiedener Verbände und Organisationen, wie zum Beispiel der *Vereinigung für die Wissenschaft von der Politik* und der *Arbeitsgemeinschaft Soziale Marktwirtschaft*, deren beider Vorsitzender er für einige Jahre wurde[4]. Politisch galt er als sozial engagierter Neoliberaler und wirkte als Berater der Wirtschaftspolitik Ludwig Erhards. Er starb hochdekoriert mit akademischen und politischen Ehren im Jahr 1963.[5]

Es gehört zur emigrationspolitischen Tragik von Rüstows Leben, daß er sein sozialwissenschaftliches Hauptwerk, die dreibändige *Ortsbestimmung der Gegenwart*[6], an dem er bereits in den zwanziger Jahren zu arbeiten begann[7], erst nach der Emeritierung im Alter von 72 Jahren endgültig zur Veröffentlichung bringen konnte. Allerdings war diese Verspätung auch dem Umstand geschuldet, daß sich Rüstow von 1949 beständig in Gelegenheitstexten mit der gegenwärtigen Situation der jungen Bundesrepublik auseinandersetzte. Seine grundlegenden akademischen Forschungen schienen lange Zeit zum Stillstand gekommen zu sein.[8] An ihre Stelle war eine enthusiastische Einmischung in das öffentliche Leben getreten. Doch auch in den Gelegenheitstexten bleiben seine politikwissenschaftlichen Optionen und grundlegenden Auffassungen unverkennbar.

Es handelt sich vor allem um die Theorie der „Überlagerung"[9]. Sie bildet die Grundlage seiner Überzeugung von einer fundamentalen Ambivalenz

---

4 *Vereinigung für die Wissenschaft von der Politik*: 1954-1956; *Arbeitsgemeinschaft Soziale Markitwirtschaft*: 1955-1962.
5 Nähere biographische Angaben zu Rüstow finden sich bei Kathrin *Meier-Rust*: Alexander Rüstow. Geschichtsdeutung und liberales Engagement, Stuttgart 1993; Dieter *Haselbach*: Autoritärer Liberalismus und soziale Marktwirtschaft. Gesellschaft und Politik im Ordoliberalismus, Baden-Baden 1991, S. 185ff; Dankwart A *Rustow*: Alexander Rüstow 1885-1963): Eine biographische Skizze, in: Lepsius: Soziologie, S. 369-378; Gottfried *Eisermann*: Alexander Rüstow (1885-1963), in: Kölner Zeitschrift für Soziologie und Sozialpsychologie 15 (1963), S. 593-604; Dolf *Sternberger*: Der Gelehrte als Arzt der Gesellschaft. Zu Alexander Rüstows 75. Geburtstag, in: Frankfurter Allgemeine Zeitung (06.04.1960), S. 11.
6 Alexander *Rüstow*: Ortsbestimmung der Gegenwart. Ein universalgeschichtliche Kulturkritik, 3 Bde, Erlenbach, Zürich, Stuttgart 1950/1952/1957.
7 Dieter *Haselbach*: Die Staatstheorie von L. Gumplowicz und ihre Weiterentwicklung bei Franz Oppenheimer und Alexander Rüstow, in: Österreichische Zeitschrift für Soziologie 15 (1990), S. 97.
8 *Rustow*: Alexander Rüstow, S. 375.
9 Sie kann hier nicht im einzelnen ausgebreitet werden. Vgl. aber *Haselbach*: Liberalismus, S. 209ff; *Sternberger*: Gelehrte.

moderner Gesellschaften: deren politische und soziale Gefährdung erwächst aus einer „Überlagerung" ihrer ursprünglich funktionierenden Gemeinschaftlichkeit durch die Eroberungspolitik fremder, kriegerischer Kulturen. Obwohl sich die Entwicklung aller Hochkulturen der Moderne solchen Überlagerungen und Vermischungen verdankt, bleibt doch die gegenseitige Fremdheit der kulturellen Standards als ein „Sozialgift", als ein „sozialer Sündenfall" und als eine fortwirkende Erbschuld in den „Körpern" der Gesellschaften erhalten.[10] Vor allem wird deren ursprünglicher Zusammenhalt, ihre soziale Homogenität und Gemeinschaftlichkeit aufgelöst und an seine Stelle treten Dissoziation, Vermassung und eine grassierende Atomisierung der Individuen[11]. Diesen Überfremdungsprozeß aufzuhalten und eine „bewußte Rückkehr"[12] einzuleiten, ist Rüstow mit seinem programmatischen Handlungsprogramm angetreten. Er vertritt insofern strikt die Orientierung an einer expliziten „policy". Denn aus dem Problem der „Überlagerung" erwächst für ihn die politische Gestaltungsaufgabe einer Integration bzw. Reintegration der Gesellschaft. Die Entfaltung einer Theorie der „Integration" gehört deshalb zu seinen zentralen politischen und – im engeren Sinn – politikwissenschaftlichen Anliegen.[13] Sein Interesse gilt einer kulturellen Restabilisierung von Herrschaft in den modernen Gesellschaften, die sich weniger um die Beschaffenheit einzelner Institutionen als vielmehr um die Schaffung eines Gefühls der Aufgehobenheit und der Geborgenheit der Bürger sowie zugleich um eine verbindliche Orientierung der politischen Willensbildung an festgefügten Werten und Normen bekümmert. „Der Mensch will dynamisch eingebettet sein in eine Wertgemeinschaft, der Mensch will sich höheren Werten verpflichtet und untergeordnet fühlen."[14] Die Durchsetzung dieser Wertgemeinschaft und die Ausrichtung der Gesellschaft an deren Zielvorgaben bestimmen den Inhalt seines Politikverständnisses, das er als den Auftrag zur „Führung" im Zeitalter der Massendemokratie bereits in seiner Rede als erster Vorsitzender der *Deutschen Vereinigung für die Wissenschaft von der Politik* umschrieb.

Lange vor der Zuwendung der politikwissenschaftlichen Profession zu Problemen der Legitimation von Herrschaft und des Zusammenhalts von Gesellschaften finden wir hier deren Thematisierung – freilich in einer sehr spezifischen, normativen Sicht. Denn Rüstow unterscheidet zwischen einer „ne-

---

10 *Rüstow*: Ortsbestimmung, Bd.1, S. 98.
11 Erkennbar wird, daß es sich bei der Überlagerungstheorie um eine weitere Variante der Dissoziationstheorien von „Gemeinschaft" und „Gesellschaft" in der Nachfolge oder Zeitgenossenschaft Ferdinand Tönnies' handelt. Tatsächlich beruft sich Rüstow auch auf Tönnies. *Rüstow*: Ortsbestimmung, Bd.1, S. 316f.
12 *Rüstow*: Ortsbestimmung, Bd.1, S. 113.
13 Rüstow begreift die Politikwissenschaft als eine Teildisziplin der Soziologie, wie er in einer Auseinandersetzung mit Äußerungen Sternbergers auf dem 9. Soziologentag hervorhebt. Vgl. Kölner Zeitschrift für Soziologie und Sozialpsychologie 5 (1952), S. 229; zit. bei *Haselbach*: Liberalismus, S. 334.
14 Alexander *Rüstow*: Die Bewältigung des Wohlstandes (= Schriftenreihe der Pressestelle der Hessischen Kammern und Verbände), Ludwigsburg 1961, S. 18.

gativen" und einer „positiven" Integration.¹⁵ Die normale „demokratische" Integration appelliere dabei ‚realistischerweise' nur an „die schlechten Eigenschaften, die jeder Mensch hat"¹⁶; die Demokratie begünstige Egoismus und das Bequemlichkeitsbedürfnis der Bürger. Demgegenüber steht die „große Politik", die „gute demokratische Regierung" und die „positive demokratische Integration". Sie appelliert an die guten Seiten der Menschen, an ihren „Idealismus" und an ihre „Opferbereitschaft". Dies kann allerdings nur außerhalb und oberhalb des Systems der Willensbildung geschehen und hat sich „über die Köpfe der Parteien und Interessen hinweg an das Volk" zu wenden. Nur diese „große Politik", die mit der Normalität der Demokratie und ihren Funktionsverläufen bricht, ist imstande, „die ungeheuren moralischen Reserven im deutschen Volk" zu mobilisieren.¹⁷

Erkannt und anerkannt wird von dem ordoliberalen Rüstow dabei zugleich die Notwendigkeit einer kompensatorischen kulturellen Integration der Gesellschaften mit marktwirtschaftlich-ökonomischer Struktur. Die Mentalität einer marktwirtschaftlichen Ökonomie, banal gesprochen: die Ellenbogengesellschaft, zerstört die Reserven der gemeinschaftsorientierten Integration. Und den auf Abwehr staatlicher Eingriffe eingestellten traditionalen Liberalen, den „Paläo"-Liberalen, und ihrer – wie er sagt – „Staatsfremdheit" setzt er bewußt eine Integration durch neo-liberale Kultur entgegen. Diese komme vor allem ohne „Staatsfremdheit" und „Staatsfeindschaft" aus; sie bejahe und akzeptiere den staatlichen Zusammenhang wie dessen Aufgabe. Gegen die paläoliberale „Staatsfremdheit" hebt er deshalb die Aufgabe eines „starken Staats" zur Integration der Gesellschaft hervor, – eines starken Staats „oberhalb der Interessen, da wo er hingehört". Dieser starke, neutralisierte Staat, als „Arzt" der Gesellschaft für deren „Gesundheit" zuständig, bekommt die Aufgabe zugewiesen, den kulturellen Integrationsprozeß anzuleiten und „die großen Ziele", die in einer modernen Gesellschaft für alle gelten sollen und deshalb verbindlich gemacht werden müssen, zu formulieren, – „kraftvoll [...], eigenständig [...], neutral im Sinne des höheren Ganzen".¹⁸ Dieser mächtige Herrschafts- und Regulationsapparat, auch als „genossenschaftlicher Staat" bezeichnet, bekommt als zentrale Aufgabenstellung die Herstellung und die Bewahrung der politischen „Zielgemeinschaft". Er dient „ausserhalb der Parteien und Interessen" der Homogenisierung und Integration der atomisierten Gesellschaft.

Rüstow zeigt sich in seinem Leben immer wieder bemüht, für seine kultursoziologischen und politikanalytischen Erkenntnisse auch eingreifende politische Formen der Praxis vorzuschlagen. In einer kleinen – postum veröffentlich-

---

15 Alexander *Rüstow*: Wer ist schuld: der Wähler - oder die Regierung und Parteien?, in: ders. u.a.: Eisen, S. 11ff.; ders.: Zielgemeinschaft tut not, in: ders. u.a.: Was nun?, S. 9-20.
16 *Rüstow*: Wähler, S. 13.
17 *Rüstow*: Wähler, S. 14: „Dann würde die Welt ihr Wunder erleben, was das deutsche Volk leisten könnte, auch auf allen anderen Gebieten, nicht nur auf dem der Wirtschaft."
18 Alexander *Rüstow*: Die staatspolitischen Voraussetzungen des wirtschaftspolitischen Liberalismus (1932), in: ders.: Rede, S. 257.

ten[19] – Schrift mit dem Titel *Die Staatsverfassung als moralische Anstalt betrachtet* wendet er sich noch einmal gegen jeden liberalistischen Individualismus und jede Individualmoral. Ihr setzt er eine kraftvolle Gemeinschaftsmoral entgegen: die Verfassung.[20] Mit einem Verfassungsverständnis, das weit über die geschriebene Verfassung hinausgeht und „alle Maßregeln – seien es Gesetze, Verordnungen, Proklamationen oder was sonst –, die von zentraler Stelle aus die Politik und das öffentliche Leben beeinflussen", umfaßt.[21] Die Verfassung sei der zentrale Inhalt und das zentrale Instrument „staatlicher Integration". Von ihr erhofft er sich eine Wirkung, vergleichbar einem „zentrale[n] Schaltbrett, von dem aus ein einziger Hebelzug die Integrationsstruktur eines Volkes von Grund auf ändern kann".[22] Diese mechanistische und radikale staatliche Integration bestimmt seinen Begriff von „Politik". Und in der Erfassung dieser merkwürdig mechanistisch begriffenen Prozesse der Integration durch „Verfassung" liegt nach seiner Ansicht die „allerwichtigste Aufgabe der Political Science, der Wissenschaft von der Politik".[23]

Es muß kaum hinzugefügt werden, daß es sich bei diesem politischen Konzept um eine Fortschreibung der Tradition des preußischen Reformbeamtentums und der Verantwortlichkeit der Exekutive für die gesellschaftliche Harmonie und Gleichsamkeit handelt.[24] Mit einer Demokratisierung der Gesellschaft kann dies nicht verwechselt werden. Auch nicht mit einem Plädoyer für eine Demokratie als gültige politische Ordnung. Vielmehr handelt es sich um eine Theorie und Praxis zur unabdingbar notwendig gewordenen Korrektur gerade der Schäden, die durch die Demokratie und alle anderen Formen der gesellschaftlichen Überlagerung eingetreten sind. Es handelt sich um eine Theorie zur Reform oder Schadensbegrenzung der partizipativen Demokratie. Diese Theorie folgt einem als verbindlich vorgestellten normativen Programm, und die autoritäre Durchsetzung zumindest der dringlichsten Gemeinschaftswerte und der sie stabilisierenden Maßnahmen und Institutionen ist in dieser Theorie und der von ihr angeleiteten Praxis immer als Möglichkeit mitgedacht. Insofern knüpft Rüstow mit seinen politikwissenschaftlich innovativen Integrationstheorie an Überlegungen aus der Weimarer Republik an, als er zu eben solchen Zwecken eine „Diktatur innerhalb der Grenzen der Demokratie" forderte.[25]

---

19 Ferdinand Hermens weist als Herausgeber darauf hin, daß Rüstow mit dieser Veröffentlichung ein altes Anliegen wiederaufgreife. Er habe es eigentlich noch weiter ausformulieren wollen, wozu er nicht mehr gekommen sei. Vorwort zu Alexander *Rüstow*/Martin J. *Hillenbrand*/Ferdinand A. *Hermens*: Zwischen Demokratie und Ethik, Opladen 1968, S. 7.
20 Alexander *Rüstow*: Die Staatsverfassung als moralische Anstalt verstanden, in: ders./ Hillenbrand/Hermens: Demokratie, S. 31.
21 *Rüstow*: Staatsverfassung, S. 31.
22 *Rüstow*: Staatsverfassung, S. 32.
23 *Rüstow*: Staatsverfassung, S. 32.
24 Vgl. *Haselbach*: Liberalismus; *Meier-Rust*: Alexander Rüstow und in Andeutungen selbst *Sternberger*: Gelehrte. Emphatisch anderer Ansicht Sybille *Tönnies*: Kulturhistoriker der Freiheit. Dringlicher Hinweis auf Alexander Rüstow, in: Merkur 48 (1994), S. 72-75.
25 Hierauf kann und soll in diesem Zusammenhang nicht weiter eingegangen werden, da Rüstow diese Vorschläge nach 1945 nicht weiterverfolgt hat; er sah allerdings auch keinen

Integration und Verfassung 251

2. Dolf Sternberger: Verfassung als patriarchalische Zucht

Bei aller milden Kritik, die Dolf Sternberger an den programmatischen, autoritären und preußisch-konservativen Beiklängen Rüstows artikulierte, liegt in der apodiktischen Einforderung nach einer idealistisch-intuitiven Integration die Gemeinsamkeit beider Theoretiker. Niemals hätte Sternberger allerdings seine Kritik am Preußentum Rüstows und dessen autoritärer Komponente namentlich auf diesen bezogen.[26] Zu deutlich war die hierarchische und auch die generationsspezifische Distanz der beiden Heidelberger.

Sternberger[27], 1907 im preußischen Hessen-Nassau geboren und somit über zwanzig Jahre jünger als Rüstow, erhielt auch nicht – wie dieser – als Aktivist der Jugendbewegung politische Prägungen, weshalb ihm alle Gemeinschaftsorientierung fehlte. Seine Grundhaltung glich eher einer preussisch-distanzierten Wahrnehmung gesellschaftlicher Pluralität. Er promovierte 1929 bei Paul Tillich und wendet sich zur Zeit des Nationalsozialismus dem schriftstellerisch-wissenschaftlichen Zwischenreich des Journalismus, konkret der *Frankfurter Zeitung*, zu. Dort harrt er in einer Form innerer Emigration und Privatheit aus. Sein Entschluß, sich nach Kriegsende politisch-publizistisch zu engagieren, ist dann als das selbstkritische Eingeständnis einer nicht zu rechtfertigenden Weltflucht zu verstehen. Er gibt bereits seit 1945 mit Alfred Weber und Karl Jaspers die politisch-kulturelle Streitschrift mit dem programmatischen Titel *Die Wandlung* heraus und erhält ab 1947 einen Lehrauftrag für Publizistik in Heidelberg, den er nutzt, um „Politik" zu lehren.[28] Er engagiert sich vielfältig für die Einrichtung des Faches Politikwissenschaft an den Universitäten und beteiligt sich an der Neuinstallierung der Hochschule für Politik in Berlin sowie an der Gründung der politikwissenschaftlichen Vereinigung[29]. Zu dem Heidelberger Lehrauftrag kam 1951

Anlaß, sie in irgendeiner Weise näher zu erläutern, zu interpretieren oder gar zu korrigieren.
26 Vgl. Sternbergers sehr mittelbare Kritik aller aufs preußische Reformbeamtentum gerichteten Strategien und deren sich als interessenabgehoben inszenierende Tätigkeit. Dolf *Sternberger*: Das allgemeine Beste, in: Rüstow u.a.: Politik, S. 27ff. Eine Kritik, in die er sich sogar selbst mit einzubeziehen bereit ist („und wenn wir uns selber prüfen, so hängen wir sicher noch heimlich oder diesem Konzept auch heute noch weithin an"). Zu Recht.
27 Nähere biographische Angaben zu Dolf Sternberger finden sich bei Hans Karl *Rupp*/Thomas *Noetzel*: Macht, Freiheit, Demokratie. Anfänge der deutschen Politikwissenschaft, Marburg 1991, S. 99ff.; Gerhard *Storz*: Statt einer Vita im Stil des Sallust, in: Friedrich/ Reifenberg: Sprache, S. 9-25 und Eckhardt *Nordhofen*: Der Gang des Meisters. Zum Tode von Dolf Sternberger, in: Die Zeit (04.08.1989). Vgl. auch Udo *Bermbach*: Dolf Sternberger. Zum 80. Geburtstag, in: Politische Vierteljahresschrift 29 (1988), S. 85ff. und Bernhard *Vogel*: Dolf Sternberger zum 80. Geburtstag, in: Zeitschrift für Politik 34 (1987), S. 371ff.
28 *Rupp/Noetzel*: Macht, S. 100.
29 Sternberger schlug Rüstow zur Wahl des ersten Vorsitzenden vor; er wurde selbst Vorsitzender der DVPW 1962/3 und war lange Jahre Mitherausgeber der Politischen Vierteljahresschrift. Deren langjähriger Redakteur Erwin Faul gehörte zur „Forschungsgruppe für Politik am Alfred-Weber-Institut für Sozialwissenschaften zu Heidelberg" unter Sternbergers Leitung, die sich 1951 bildete.

ein eigenes Seminar und eine eigene *Forschungsgruppe für Politik*, 1955 eine Honorarprofessur und 1960 der Ruf auf eine ordentliche Professur hinzu. Geehrt durch verschiedene Festschriften, bekannt als politikwissenschaftlicher Anreger verschiedenster politischer Karrieren und gerühmt für die stilbildende Kraft und Eleganz seiner Begriffe und Formulierungen, stirbt Sternberger, einen Tag vor Vollendung seines 82. Geburtstages, im Juli 1989.

Einer seiner prägend gewordenen Begriffe ist zweifellos das Plädoyer für einen *Verfassungspatriotismus* in der Bundesrepublik[30]. An ihm lassen sich wie in einem Brennglas die Berührungspunkte zwischen dem Rüstowschen Plädoyer für eine moralische Integration des Volkes in die Politik des Staates und für eine „Zielvermittlung" großer Ziele mit der Sternbergerschen Position verdeutlichen. Hinzu tritt aber auch eine historische Koinzidenz der Ereignisse. Denn, anders als allgemein gedacht und anders als bisweilen suggeriert[31], reicht das Verständnis eines solchen „Verfassungspatriotismus" bei Sternberger weit über den Gebrauch des Terminus selbst hinaus und weist bis auf die Anfänge seiner politikwissenschaftlichen Schriften zurück.

Schon unmittelbar nach dem Zweiten Weltkrieg tritt dieses Integrationskonzept des Verfassungspatriotismus unter dem Etikett der *Vaterlandsliebe* in das Rampenlicht[32]; es wiedererstehet 1959 als „Vaterländische Gesinnung"[33] und findet 1963 als „Staatsfreundschaft" seine Fortsetzung. Und immer kreisen Sternbergers Überlegungen darum, eine leidenschaftliche und von Emotion gespeiste Rationalität solle die dumpfe Emotionalisierung autoritärer Systeme ablösen. Eine emotionalisierte Bürgergesinnung soll die Entindividualisierung und Entmündigung der Staatsbürger ersetzen. An die Stelle der erzwungenen und doktrinären Bejahung des Staates soll die bereitwillige und freiwillige Akzeptanz einer „wahren" Autorität konstitutioneller, also verfas-

---

30 Dolf *Sternberger*: Verfassungspatriotismus (1979), in: ders.: Schriften, Bd.X, S. 13-16; ders.: Verfassungspatriotismus. Rede bei der 25-Jahr-Feier der „Akademie für Politische Bildung" (1982), in: ders.: Schriften, Bd.X, S. 17-31. Zu Sternbergers Begriff des „Verfassungspatriotismus" habe ich mich bereits einmal im Zusammenhang der Adaption dieses Begriffes durch z.B. Jürgen Habermas, Alexander Schwan, Karl Dietrich Bracher u.a. geäußert. Ich greife hier z.T. auf diese Forschungen zurück. Vgl. Hans J. *Lietzmann*: „Verfassungspatriotismus" und „civil society". Eine Grundlage für Politik in Deutschland?, in: Voigt: Abschied, S. 205-227.

31 So nehmen die Herausgeber des X. Bandes der gesammelten Schriften mit dem Titel „Verfassungspatriotismus" für sich in Anspruch, der genannte Band enthalte „alle Arbeiten Sternbergers über ‚Verfassungspatriotismus' " und legen weiterhin nahe, die Geschichte dieser Begrifflichkeit reiche nur bis ins Jahr 1970 zurück. Das ist die halbe Wahrheit, insofern man sich sklavisch an diesem einen Begriff orientiert; es ist ganz falsch, wenn man die vielfältigen Vorläuferbegriffe („Verfassungstreue", „Vaterlandsliebe", „Staatsfreundschaft" usf.) hinzunimmt oder gar nach dem grundlegenden Verständnis Sternbergers fragt, das sich, kaum übersehbar, von dem Begriff der „Staatsfremdheit" seines Mentors Rüstow ableitet. Nachbemerkung der Herausgeber P. Haungs, K. Landfried, E. Orth und B. Vogel, in: Dolf *Sternberger*: Schriften Bd. X: Verfassungspatriotismus, Frankfurt/Main 1990, S. 387.

32 Dolf *Sternberger*: Begriff des Vaterlands (1947), in: ders.: Schriften, Bd. IV, S. 9-33.

33 Dolf *Sternberger*: Autorität, Freiheit und Befehlsgewalt (1959), in: ders.: Schriften, Bd. IV, S. 115-143.

sungsgebundener, Staatlichkeit treten. Die Bürger in der Demokratie sollen sich der staatlichen Führung als einer „sachlichen Autorität" anvertrauen und eine entsprechende „Anhänglichkeit" ausbilden. Sternberger definiert den Begriff seines Patriotismus zunächst betont als eine nicht-nationale „Vaterlandsliebe". Zugleich mit der Entnationalisierung mystifiziert er den Begriff allerdings auch wieder als eine „natürliche Empfindung der Zugehörigkeit" zu dem politischen Institutionensystem und als eine aristotelisch geprägte „fraglose Identifizierung" mit dem politischen Gemeinwesen.[34] Er sieht sie als eine nicht-rationale, naturwüchsige „starke Empfindung", die keine Rückfrage zuläßt und keiner Rückfrage bedarf. Es geht um Gewißheiten vaterländischer Art, das heißt um eine auf die „polity", das heißt auf die politische Struktur und die in sie eingelassene Wertorientierung gerichtete, nicht-nationale und nicht-völkische Anhänglichkeit unhinterfragbarer Natur. Das politische Ziel der Gesellschaft ist insofern – ganz aristotelisch – identifiziert mit dem Institutionensystem.

Und diese Nichthinterfragbarkeit des staatlichen Integrationsgedankens und seiner Inhaltes ist rigide und strikt bewehrt. Denn an diesem Punkt ist Sternberger Etatist. Das Zentrum seiner Überlegungen ist die staatliche Autorität und ihre Handlungsfähigkeit.[35] Kritik von Seiten der Bürger ist zwar pluralistisch gewollt, darf aber keinen Einfluß auf politische Struktur und die verantwortliche Tätigkeit der Regierung gewinnen.

Zugleich hat speziell der „Patrio"tismus und auch die Staatlichkeit allgemein bei Sternberger einen starken naturalistischen Bezug zur elterlichen, und zwar einzig und eindeutig zur väterlichen, Gewalt. Seine Betonung des „Vater"-Ländischen an diesem Patriotismus steht bei ihm in deutlichem Gegensatz zum – wie er sagt – „entindividualisierenden, dunklen Mutterschoß"[36]; als dessen Ergebnis sieht er eher düstere Mythen und Irrlichter, wie sie die Geschichte überzogener Nationalismen hervorbringe. Der entmächtigenden Mütterlichkeit stellt er mit großer Geste die „relative Kühle und Helligkeit des Vaterverhältnisses" gegenüber.[37] Nicht Verwirrung der Sinne, als die er die Mütterlichkeit vorstellt, sondern klares Kalkül; nicht Sinnlichkeit,

---

34 *Sternberger*: Verfassungspatriotismus (Rede), S. 89.
35 *Sternberger*: Autorität. In der Theorie der gemischten Verfassung findet Sternbergers grundlegende Auffassung von einer (funktionalen) Trennung von Staat und Gesllschaft ihren Ausdruck. Staatliche Autorität erscheint notwendig angewiesen auf die Abschottung von den Kräften der Gesellschaft. Vor allem Sternbergers schon früh entfaltete Parteientheorie gibt Zeugnis von dieser Grundüberzeugung; nicht zuletzt z.B. in seiner heftigen Kritik der Teilnahme von (gesellschaftlich gebundenen und demokratisch gewählten) Fraktionsvorsitzenden der Regierungsparteien an wichtigen Sitzungen der (oligarchisch enthobenen und staatlich verantwortlichen) Kabinette bzw. der regierungspolitisch einflußreichen Koalitionsrunden. Dolf *Sternberger*: Vorbereiteter Diskussionsbeitrag, in: Rüstow u.a.: Was nun?, S. 34f.
36 *Sternberger*: Begriff, S. 20; *ders*.: Verfassungspatriotismus (Rede), S. 81.
37 *Sternberger*: Begriff, S. 20: „Der Vater ist der Regent im Hause und die symbolische Figur der moralischen Ordnung [...] Gegen den mütterlichen Bereich gehalten, erscheint der Vater freier, fremder, mehr geistig als leiblich, auch deutlicher als individuelles Gesicht, als Person, mehr als Erzieher, denn als Erzeuger, als distanzierte Macht...".

Nachsicht oder Verzeihen, aber freiwillige Unterwerfung unter das „Machtgebot, das Zucht- und Züchtigungsrecht" lebt in diesem Bild des pater familiae und eines vom Vater abgeleiteten, das heißt von dem Rollenbild des Vaters institutionellen oder „politiy"-geprägten Patriotismus auf.[38]

Staatlichkeit und Gesellschaft verbinden sich in diesem Begriff des Patriotismus, anders als bei dem jugendbewegten und programmatisch orientierten Rüstow, weniger mit Geborgenheits- und Heimatgefühlen, als mit den Attributen einer hierarchischen Ordnungsidee. Wie Sternberger sagt: der „distanzierte[n] Macht"! Verfassungspatriotismus führt bei Sternberger zwar zu Bürgerbeteiligung an der Politik; aber nicht im Sinne einer gleichberechtigten, kritikfähigen und kritikbereiten, also gestalterischen und offenen Gesellschaftlichkeit, sondern im Sinne einer „fraglosen Identifizierung" mit der Staatlichkeit und ihrer Verfassung.

Und auch die „Verfassung", das Objekt und das Ziel des Patriotismus, ist nicht das geschriebene Recht und sie ist nicht so klar bestimmt, wie es Sternbergers Anspruch auf Rationalität erwarten lassen könnte. Es sind nicht die geschriebenen Verfassungsregeln, Verfahrensnormen und Kompetenzzuweisungen gemeint; vielmehr bezieht sich Sternberger, wenn er von Verfassung spricht, auf die vorherrschenden Moral- und Sittenkodices, die den gängigen Lauf der Gesellschaft und der Regierungsform bestimmen. Die geforderte „Loyalität" und „Anhänglichkeit" der Staatsbürger richtet sich auf ein Konstrukt aus Moral, Symbolismus und Nichtfestgelegtheit.[39] Auch scheint Kommunikation über diese Werte ausgeschlossen; eine Partizipation an ihrer Festlegung ist schon gar nicht denkbar.

So scheinen denn auch Demokratie, das heißt Mitbestimmung und Teilhabe, einerseits und „Verfassungspatriotismus" andererseits sich gegenseitig auszuschließen. Denn dort, wo die distanzierte, autoritäre Festlegung des „allgemeinen Besten", des Gemeinwohls und auch der Verfassung und ihrer Inhalte nicht möglich sind, kann echter Patriotismus für Sternberger nicht gedeihen.[40] „Verfassungspatriotismus", „Vaterlandsliebe", „Staatsfreundschaft" und wie die Integrationsmodi sonst heißen mögen, setzen vielmehr

---

38 *Sternberger*: Begriff, S. 20, 19: „Genaugenommen ist die moralisch-politische Seite des Begriffs auch schon im Bilde des ‚Vaters' symbolisch enthalten. Daß wir von ‚Vaterland' reden [...] und nicht von Mutterland [...], deutet eben darauf hin, denn der Vater ist der Regent im Hause und die symbolische Figur der moralischen Ordnung."

39 Selbst ein ausfüllungsbedürftiger Begriff wie der der „freiheitlich demokratischen Grundordnung" erscheint ihm noch als „fragwürdig dogmatisch" und zu sehr auf „ausgeleierte Rechtfiktionen" orientiert. *Sternberger*: Verfassungspatriotismus (Rede), S. 85.

40 *Sternberger*: Autorität, S. 119: „Solange das Mißverständnis der Autorität [d.h. ihre Abwertung in Demokratie und Republik, H.J.L.] nicht aufgeklärt ist, wird uns die liberale Republik nicht zum Vaterlande werden und wird in uns keine Vaterlandsliebe erwecken können." Er fährt in Form eines Einschubs fort: „(‚Vaterland' – da haben wir ihn wieder, den Vater, da treffen wir sie wieder an, die Vaterrolle und die Vaterverbindung, und mit krasser Deutlichkeit meinen wir zu empfinden, wie auch der Begriff des Vaterlandes selbst eben darum dem republikanisch und demokratisch geordneten Gemeinwesen verschlossen und versagt ist, weil in ihm die väterliche Autorität keinen rechtmäßigen Platz habe.)"

eine von dem Treiben der Gesellschaft getrennte Instanz voraus, die ihre Inhalte dezisionistisch festlegt. Die „Anhänglichkeit der Bürger an den Staat" setzt eine autochtone Staatlichkeit voraus, die autoritätswürdig ist und Folgsamkeit (deshalb) legitim fordern kann. Eine Erosion der Staatlichkeit, ein „Aufstand der Gesellschaft gegen die Herrschaft", mit der bereits die „Entwicklung des liberalen Verfassungsstaats" einen Anfang machte, oder gar eine „Eroberung des Staates durch die Gesellschaftskräfte"[41] würde einem „Verfassungspatriotismus" der Grundlage der verläßlichen Bestimmung der Verfassungsinhalte berauben[42].

Das von Sternberger in der Absicht politischer Integration und stabiler Regierung vorgesehene Modell einer gemischten Verfassung, die „Politie", ist deshalb „also keine ‚Demokratie', auch keine repräsentative oder parlamentarische. Ebensowenig ist sie eine Oligarchie [...]. Sie ist vielmehr eine Mischung von Demokratie und Oligarchie".[43] Im Wechselspiel dieser beiden Elemente steht der oligarchischen Gruppe der Regierung, der „politischen Klasse", die autonome und autoritative Bestimmung des Gemeinwohls und des Verfassungsinhaltes zu, während die Gruppe der „allgemeinen Bürgerschaft" im Vollzug der Wahlen das Recht hat, der politischen Klasse das Vertrauen aufzukündigen. Ein anderer als dieser mittelbare Weg der Beeinflussung der Inhalte der „Verfassung" steht ihnen weder offen, noch erscheint er Sternberger legitim. Auch der parlamentarische Weg zur Bestimmung der von ihm verfolgten Verfassungsinhalte ist systematisch verschlossen, da der Kern der Verfassungsstaatlichkeit vor dem Einfluß der Gesellschaft in jedweder Aggregation, also auch den Parlamenten, geschützt ist. Er ist demokratischen Verfahren nicht zugänglich und er ist auch als pluraler nicht vorstellbar. So sehr sich Sternbergers Modell einer politischen Integration moderner Gesellschaften gegenüber Despotien abgrenzt und von diesen unterschieden werden muß, so wenig darf es mit Demokratien verwechselt werden. Er selbst warnt vor der Gefahr einer solchen Verwechselung[44]

Es stellt den Fortschritt von Sternbergers Theorie dar, daß er ohne Fixierung auf einen exekutiven Ausschuß oder eine Agentur des Königs, der Regierung oder des „Staates" sich bemüht, die gesellschaftliche Integration, das heißt die Integration der Gesellschaft, „aus sich" heraus zu konzeptionalisieren. An deren Stelle tritt vielmehr ein aristotelisch orientiertes, normativ teleologisches Institutionenverständnis. Als Emanation dieser „Politie", das heißt einer normativ geprägten „polity", erscheint die Verfassung. Ihr schreibt Sternberger die

---

41 *Sternberger*: Beste, S. 23.
42 „Nicht alle Macht geht vom Volke aus" lautet einer seiner typischen Aufsatz- und Buchtitel.
43 Dolf *Sternberger*: Die neue Politie. Vorschläge zu einer Revision des Verfassungsstaats (1985), in: ders.: Schriften, Bd. X, S. 229.
44 *Sternberger*: Politie, S. 156: „Was wir uns angewöhnt haben eine Demokratie zu nennen, das ist in Wahrheit und Wirklichkeit ein Staat, ein gewisser verbreiteter Typus von Staat, nämlich ein Verfassungsstaat. [...] Der Name ‚Demokratie', auf das Ganze des Verfassungsstaates angewandt, birgt mögliche Mißverständnisse, ja, Gefahren. Er verdunkelt den Staats-Charakter des Gemeinwesens und er reduziert das Verfassungsverständnis auf ein einziges Moment, eben das demokratische."

Integration der Gesellschaft zu. „Verfassung" konzeptionalisiert in seiner Theorie ein staatliches Norm- und Wertkonzept, das den Bürgern unmittelbar angemessen ist. Auch den Bürgern selbst erscheint die Verfassung intuitiv als teleologisches Orientierungsobjekt angemessen. Sie sollen sich umstandslos in diesem Konzept des Verfassungsstaates „wiederfinden" und sich seiner Führung oder Autorität bereitwillig unterstellen. Sternberger leistet damit einen originären Beitrag zur soziologischen Fundierung der Politikwissenschaft, das heißt zur Überwindung der falschen Abstraktheit der Staatsrechtslehre und zur Aufhebung der „Soziologieblindheit" der Politikwissenschaft, die auch Alexander Rüstow forderte. Er macht insofern auch einen ersten Schritt in Richtung der Aufklärung der Gesellschaftstheorie wie auch einer Emanzipation der Bürgergesellschaft von willkürlichen exekutiven Übergriffen: Sie sollen ihre Integration in die politische Gesellschaft aus freien Stücken und ohne äusseren Zwang bewältigen; Sternberger leistet Vorarbeiten in Richtung einer realistischen, das heißt die Wirklichkeit moderner Gesellschaften und ihrer Dynamiken erfassenden politischen Theorie. Denn mit Gewalt jedenfalls kann eine Verfassungsgesellschaft ihre Grundlagen nicht mehr wahren oder herstellen, ohne ihre (institutionelle) Legitimität zu opfern.

Allerdings beharrt er trotz alledem auf dem Charakter der politischen Integration als eines Unterwerfungsprozesses, indem er die Definitionsmacht über die obersten Werte des Verfassungsstaates und damit die Macht darüber, wie die Innenausstattung des Verfassungsstaates gestaltet werden soll, einem wohlmeinenden patriarchalistischen Institutionalismus zuschreibt. Dessen Einsicht sei mehr zu trauen als den Gremien partizipatorischer Gesellschaftlichkeit. Damit fällt er in überholt geglaubte Standards zurück. Vor allem bleibt die Vorstellung einer monistischen und über die Zeiten stabilen „Verfassung", das heißt eines eindeutigen, nicht-pluralisierten materialen Telos und einer ebensolchen Moral, von diesen Überlegungen völlig unberührt. Solche „distanzierte Macht" und solche Fetischisierung „väterlicher Strenge" verkennt den erreichten Stand politischer Enthierarchisierung. Es verkennt, daß auch die „polities" von den Prozessen der Flexibilisierung und der politischen Dynamik erfaßt sind. Es verkennt das Ausmaß der Säkularisierung und den Umfang der politischen Partizipationsansprüche[45]. So stellt sich die alte „Soziologieblindheit" unverhofft wieder her.

3. Carl Joachim Friedrich: Verfassung als symbiotischer Zustand

Eben diesen Versuch einer Pluralisierung und Flexibilisierung der politischen Standards gesellschaftlicher Integration unternimmt Carl J. Friedrich in sei-

---

45 Das gilt – um dem Einwand vorzubeugen – auch schon für die Zeit der Abfassung dieser Konzeptionen.

Integration und Verfassung 257

ner Theorie des Verfassungsstaats. Daß Friedrich die Augen vor einer solchen Pluralisierung der Lebensformen und der Differenzierung grundlegender Wertannahmen weniger verschloß als seine Kollegen, dürfte in seiner deutsch-amerikanischen Biographie und in seinem weltbürgerlichen Lebenswandel seine entscheidenden Gründe haben.

Friedrich[46] wurde 1901 in Leipzig geboren und wuchs in dem protestantisch-akademischen Milieu Marburgs auf. 1925 reichte er seine nationalökonomische Promotion bei Alfred Weber am Heidelberger Institut für Sozial- und Staatswissenschaften ein. Schon vorher allerdings, im Jahre 1922, wird ihm von seinen älteren Freund Alexander Rüstow eine Einladung in die USA zugespielt. Er soll dort als Botschafter der deutschen Jugendbewegung wirken. Im Zusammenhang der dort von ihm und den Heidelbergern betriebenen Gründung eines Studentenaustausches, des späteren DAAD, faßt Friedrich in den USA zunehmend Fuß, bekommt einen Lehrauftrag und eine Assistenzprofessur, später dann eine ordentliche Professur an der Harvard-Universität. Wissenschaftlich beschäftigt er sich mit dem Versuch einer Homogenisierung der (amerikanisch-) calvinistischen Staatslehre und der calvinistisch-kontinentalen Tradition in der Theorie von Johannes Althusius; ein Thema, das ihn lebenslang begleitet. Trotz verschiedener Versuche gelingt ihm die Rückkehr an eine deutsche Universität nicht. In den USA erlangt er schnell einen Namen als Fachmann für (preußische) Verwaltungspolitik und Regierungslehre und wird Leiter der entsprechenden „Graduate School" in Harvard. Nach 1938 schließlich engagiert sich der mittlerweile „naturalisierte" Amerikaner Friedrich auch politisch in der Auseinandersetzung mit dem Nationalsozialismus; vornehmlich als Regierungsberater sowie ab 1942/43 als Leiter einer Fachschule für militärisches Besatzungspersonal für die Nachkriegszeit. Als Besatzungsoffizier und Berater des General Clay für Fragen der Regierungsstruktur kehrt er schließlich nach 1945 nach Deutschland zurück. Sein Hauptinteresse gilt dabei den Fragen der Verfassungspolitik. Seine eigenen Versuche, die gegenseitige Unterstützung mit Alfred Weber und die Bemühungen seines Freundes Rüstow führen nach langwierigen Verhandlungen[47] dazu, daß Friedrich ab 1956 im halbjährlichen Wechsel der Semester in Heidelberg und in Harvard unterrichten wird. Dies allerdings nicht an der sozialwissenschaftlichen, sondern an der juristischen Fakultät, an der er bereits 1933 einmal, auf Intervention Carl Schmitts, eine Gastprofessur wahr-

---

46 Nähere biographische Angaben zu Carl Joachim Friedrich finden sich in Klaus von *Beyme*: Zum Tod von Carl Joachim Friedrich (1901-1984), in: Politische Vierteljahresschrift 25 (1984), S. 478-479; ders.: A founding father of comparative politics: Carl Joachim Friedrich, in: Daalder: Politics, S. 7-14; Hans J. *Lietzmann*: Carl Joachim Friedrich. Ein amerikanischer Politikwissenschaftler aus Heidelberg, in: Blomert/Eßlinger/Giovannini: Sozial- und Staatswissenschaften, S. 267-290 sowie in Hans J. *Lietzmann*: Politikwissenschaft im „Zeitalter der Diktaturen". Die Entwicklung der Totalitarismustheorie Carl J. Friedrichs, Opladen 1998.
47 Es geht um Geld der Rockefeller-Stiftung, die die Finanzierung übernehmen soll, und um Fragen einer deutschen Wiedereinbürgerung, auf der zunächst die deutschen Behörden bestehen wollen.

genommen hatte. Friedrich lehrt bis 1966 in Heidelberg. Er wird 1962 zum Vorsitzenden des amerikanischen Politologenverbandes (APSA) und 1967 des Weltverbandes (IPSA) gewählt. Nach Abschluß auch seiner amerikanischen Lehrtätigkeit zieht er sich auf seine Farm in New Hampshire zurück und stirbt nach einer langwierigen Alzheimer-Erkrankung im Jahr 1984.[48]

Friedrich nahm als junger Vertreter der amerikanischen „political science" bereits an den Diskussionen um eine Verfassungsreform in Weimar teil.[49] Ungeachtet seiner eher autoritär geprägten Option für eine Diktatur des Reichspräsidenten, trat er bereits damals für eine an die Verfassung gebundene Politik ein. Grundlegende und allgemeine Prinzipien der Verfassung sollten selbst dem diktatorischen Regime der Reichspräidenten eine minimalistische, aber hinreichende Begrenzung geben. Solange diese Diktaturen ein gewisses „organisatorisches Minimum" der Verfassung bewahrten, eine „prinzipielle" Aufrechterhaltung der politischen Institutionen, sollten solche Regime als verfassungsgemäß und legitim gelten. Individualrechte und Partizipationsmöglichkeiten sollten auf diesem Wege allerdings nicht geschützt werden; gerade sie sollten vielmehr suspendiert werden können. Diese verfassungsmäßige Diktatur begriff sich schließlich zuallererst als notwendige Krisenintervention gegenüber einem, die Effektivität des Regierungshandelns beeinträchtigenden, Überhang an Demokratie.[50] Die Gefahr lag nicht in einer Verselbständigung des Diktators, sondern in einem drohenden „Parlamentsabsolutismus".[51] Der „Verfassungsstaat" bzw. das „constitutional government", wie Friedrich es in den dreißiger Jahren konzipierte, diente als Sicherung der exekutiven Handlungsmacht in allen Regierungssystemen eines „popular governments".[52] Politische Handlungsfähigkeit nach klaren, nichtkontingenten Prinzipien sollte gegenüber aufkommenden massendemokratischen Partizipationsbegehren und deren kontingenter Meinungsbildung bewahrt bleiben.[53]

Zwar tritt die Behandlung der „verfassungsmäßigen" Diktatur unter dem Eindruck der politischen Umstände in späteren Auflagen von Friedrichs

---

48 Für eine umfassendere Darstellung der Biographie Friedrichs vgl. *Lietzmann*: Diktaturen.
49 Ausführlicher und mit weiteren Nachweisen gehe ich auf diese Diskussionen um eine „konstitutionelle Diktatur" ein in *Lietzmann*: Diktatur.
50 Friedrichs Hauptinteresse galt zu allen Zeiten in erster Linie einem effektiven und verantwortungserfüllten Verwaltungshandeln, der „responsible bureaucracy" Hans J. *Lietzmann*: Bündische Gemeinschaft und Responsible Bureaucracy. Macht in der Demokratie bei C.J. Friedrich, in: Jürgen Gebhardt/Herfried Münkler (Hrsg.): Bürgerschaft und Herrschaft. Zum Verhältnis von Macht und Demokratie im antiken und neuzeitlichen Denken, Baden-Baden 1993, S. 289-313; Paul *Sigmund*: Carl Friedrich's Contribution to the Theory of Constitutionalism-Comparative Government, in: Pennock/Chapman: Constitutionalism, S. 35.
51 Carl Joachim *Friedrich*: Zur Problematik der unabhängigen Präsidialgewalt. Die Gesetzgebung in den Vereinigten Staaten, in: Jahrbuch für politische Forschung 1 (1933), S. 157.
52 Carl Joachim *Friedrich*: Dictatorship in Germany?, in: Foreign Affairs 9 (1930), S. 128.
53 Die unmittelbare Anknüpfung Carl J. Friedrichs an die Diktaturtheorie Carl Schmitts zeige und erläutere ich an anderer Stelle. Hans J. *Lietzmann*: Von der konstitutionellen zur totalitären Diktatur. in: Söllner/Walkenhaus/Wieland: Totalitarismus, S. 174-192.

Lehrbuch über *Constitutional Government*[54] eher zurück[55], doch bleibt jenes Grundverständnis des Konstitutionalismus, das alle seine Überlegungen zum Verfassungsstaat beeinflußte, davon unberührt[56].

Unabhängig von allen temporären Schwankungen in der Bestimmung des notwendigen verfassungspolitischen Basiskonsenses, ging es Friedrich um eine nicht nur abstrakte, sondern sozial wirksame gegenseitige Integration von faktischem und effektivem Regierungshandeln und deren gelungener gesellschaftlichen Rezeption. Grundsätzlich anders freilich als Rüstow und erst recht Sternberger, die von vorneherein eine obrigkeitsstaatliche Einbindung der Gesellschaft in die Vorgaben der Exekutive oder des Institutionensystems ins Auge faßten, lag Friedrichs Schwerpunkt immer schon auf einer, wenn auch lockeren und chimärenhaften, Anbindung des Regierungshandelns an den realen Verfassungskonsens der Gesellschaft. Dieser Verfassungskonses beruht in Friedrichs Vorstellung, die er in unmittelbarer Anlehnung an seine Studien zu Johannes Althusius entwickelt, auf einer christlich basierten Konkretisierung des Naturrechts. Denn die Gemeinschaft des Volkes, dessen „Symbiose" – wie er mit Althusius sagt –, entspricht den natürlichen und gottgegebenen „Lebensgesetzen des Menschen". Sie hat den Charakter eines Naturgesetzes.[57] In dieser Gemeinschaft besteht eine „schweigende Übereinkunft" über die entscheidenden Grundlagen des gemeinsamen Lebens. Diese Übereinkunft besteht aus Gründen symbiotischer Gemeinschaftlichkeit. Sie kommt nicht durch kollektive oder individuelle Entscheidung zustande, sondern besteht als „Zustand" und als „Ausdruck des gemein-

---

54 Das Lehrbuch erscheint in ersten Auflage unter dem Titel Carl Joachim *Friedrich*: Constitutional Government and Politics. Nature and Development, New York, London 1937, wurde zur zweiten Auflage 1941 (man möchte sagen: zeitgerecht) umbenannt in „Constitutional Government and Democracy", kam revidiert in vierten Auflage (zur Zeit Friedrichs in Europa) unter dem Titel „Constitutional Government and Democracy. Theory and Practice in Europe and America" heraus und erschien 1953, obwohl Friedrich früher nicht müde geworden war, den Jargon der „Staatlichkeit" in Deutschland gegenüber dem amerikanischen Verständnis von „government" zu kritisieren, auf deutsch unter dem Titel Carl Joachim *Friedrich*: Der Verfassungsstaat der Neuzeit, Berlin u.a. 1953 heraus.

55 Von einem zentralen Abschnitt in der Behandlung des „constitutional government" (*Friedrich*: Gouvernment, S. 208ff.), wird sie an den Schluß des Lehrbuches in die Rubrik „Spannungen, Katastrophen, Ordnungsversuche" (*Friedrich*: Verfassungsstaat, S. 566ff. u. 668ff.) verbannt, ohne allerdings entscheidende inhaltliche Änderungen zu erfahren. Die Aufnahme der Militärregierungen als „verfassungsgemäße Diktaturen" in den Abschnitt über konstitutionelle Diktaturen ist vielmehr als Bestätigung der Aktualität zu lesen. Trotzdem wird der Abschnitt bisweilen als Fremdkörper mißverstanden. Vgl. Wolfgang *Jäger*: „Wieder gelesen": Geschichte und Gegenwart des demokratischen Verfassungsstaates, in: Jahrbuch Extremismus und Demokratie 4 (1992), S. 248.

56 Dem stimmen auch *Sigmund*: Contribution, S. 37f. und vor allem Dante *Germino*: Carl J. Friedrich on Constitutionalism and the „Great Tradition" of Political Theory, in: Pennock/Chapman: Constitutionalism, S. 22 zu, die den vordergründigen Wandel der Konstitutionalismusmodelle im einzelnen darstellen.

57 Carl Joachim *Friedrich*: Johannes Althusius und sein Werk im Rahmen der Entwicklung der Theorie von der Politik, Berlin 1975, S. 8.

samen Lebens".[58] Aus dieser sowohl christlich gestifteten, wie jugendbewegt motivierten Auffassung resultieren gleich zwei für uns wichtige Folgerungen, auf die ich noch hinweisen will:

Einmal wird aus einer solchen naturrechtlichen Prägung unmittelbar klar, daß Konstitutionalismus nicht Demokratie bedeutet.[59] Verfassungsstaatlichkeit bezieht sich vielmehr auf die natürlichen Grundlagen einer Gesellschaft, die zwar von der Meinungsbildung der Gemeinschaft als ganzer abhängen, aber Mehrheitsabstimmungen nicht zugänglich ist. Naturrecht, und sei es noch so bürgernah konzipiert, ist nicht abstimmungsfähig. Man darf also Friedrichs Modell des „constitutional government" oder des Verfassungsstaats keinesfalls für ein Demokratiemodell halten. Er weist hierauf selber hin.[60] Und doch unterlegt er seinem Verfassungsbegriff eine unmittelbare Vorstellung des Prozeßhaften; Grundlage von Friedrichs Denken ist eine naturrechtlich „gebremste" und insofern gezähmte Vorstellung gesellschaftlicher „politics". Ohne dieses Entwicklungsmoment ist Friedrichs Konstitutionalismus nicht zu begreifen.

Die Konsequenz, die sich deshalb aus Friedrichs naturrechtlichem Integrationsmodell ergibt, besteht in dem Problem einer notwendigen Anpassung oder der fortlaufenden Adaption des Verfassungskonsenses an den Common Sense der Gesellschaft. Seine Auffassung des „Naturrechts" kann nicht von „ewigen Wahrheiten" ausgehen, sondern unterstellt ein sich beständig wandelndes, aber in der Gesellschaft als symbiotischer Zustand vorhandenes „Naturrecht". Es bräuchte daher „nur" aufgefunden zu werden. So besteht Friedrich einerseits darauf, daß es sich bei der Verfassung um eine auf Gerechtigkeit ausgerichtete normative Ordnung handelt; dies klang bereits in seiner Rede von einem materialen „Lebenswillen des Volkes" an.[61] Die in dieser Formulierung deutlich werdende Parallele zu Carl Schmitts Verständnis der Verfassung als einer „grundlegenden politischen Entscheidung über die Existenzform des Volkes"[62] ist kaum zu überhören und auch nicht zufällig[63]. Aber anders als Carl Schmitt stellt Friedrichs modernisierter Konstitutionalismus auf die „sozialen Naturgesetze" der symbiotischen Gemeinschaft ab.[64] Die „fait sociaux" erweisen sich in diesem Sinne als sich (paradoxerweise) wandelnde „ewige Wahrheiten". Auf die Weise gelingt Friedrich das Konstrukt einer fließenden Dynamisierung des konstitutionellen Grundkonses.[65] Die als „ewige Wahrheit" postulierte gesellschaftliche Wirklichkeit

---

58 *Friedrich*: Johannes Althusius, S. 120.
59 Vgl hierzu auch die Ausführungen bei *Sigmund*: Contribution, S. 23f.
60 *Friedrich*: Johannes Althusius, S. 35.
61 Carl Joachim *Friedrich*: Die Philosophie des Rechts in Historischer Perspektive, Berlin u.a. 1955, S. 138: „Die Verfassung ist der Versuch, den Lebenswillen des Volkes in feste Formen zu fassen. Und zwar Lebenswillen in dem Sinn, in dem das alte Naturrecht von einem Lebenswillen (Selbstbehauptung) als dem ersten Recht der Natur gesprochen hat."
62 Carl *Schmitt*: Verfassungslehre (1928), Berlin 1970, S. 109.
63 Vgl *Lietzmann*: Diktatur.
64 *Friedrich*: Philosophie, S. 111.
65 Die naheliegende Parallele zum amerikanischen „social engineering" zieht Friedrich selbst.

konstituiert sich einerseits als manifeste Größe. Ihr Wandel allerdings wird – andererseits – geradezu naturwissenschaftlich erfaßt. Hierzu dienen die, in Friedrichs Augen, fortgeschrittensten wissenschaftlichen Methoden, zum Beispiel der Psychologie, der Geschichtswissenschaft und der Soziologie. Deren mit naturwissenschaftlicher Genauigkeit erarbeiteten Ergebnisse werden schließlich als „Verfassung" der Gesellschaft und dem Regierungshandeln unterlegt[66]: „Es ist hier also ein *Wahrheitsanspruch* einer auf das Erkennen immer wiederkehrender Zusammenhänge gerichteten Sozialwissenschaften an die Stelle einer auf göttliche Offenbarung oder unmittelbare Vernunftanschauung begründeten Einsicht in das Wesen des *Rechts* und der *Gerechtigkeit* getreten."[67]

Wie konkret diese letzten Wahrheiten gefunden und wer vor allem sie verkünden soll, bleibt auch bei Friedrich im wesentlichen offen. Hilfestellung bei diesem Findungsprozess haben die Sozialwissenschaften und an vorderster Stelle die „Wissenschaft von der Politik" zu leisten. Und es ist keine sehr gewagte Hypothese, kann aber an dieser Stelle auch nicht weiter nachgewiesen werden, daß Carl Joachim Friedrich das Bundesverfassungsgericht in dem deutschen Grundgesetz durchaus als ein solches, der Symbiose der Volksgemeinschaft verbundenes (wie er sagen würde), wissenschaftlich und politisch geprägtes Vermittlungsorgan begreift. In dessen gerichtlichen Verlautbarungen konkretisiert sich das, was „formell die Verfassung" ist und „materiell der Wille des Volkes [...], wie er in den Parteien zum Ausdruck kommt". Hierin liegt für Friedrich der „vollentwickelte Konstitutionalismus"[68], in dessen normalem Funktionieren sogar der „Staat im strengeren Sinne" verschwinde; das heißt, daß eine Bürgergemeinschaft an seine Stelle trete.[69] An die Stelle von Führungswissen, Programmatik und teleologischem Institutionalismus tritt ein naturwissenschaftliches und auf angebbare Zwischenergebnisse festlegbares Verständnis der gesellschaftlichen Prozeßhaftigkeit.

Friedrich selbst fühlte sich mit seiner Theorie eines modernen Konstitutionalismus als nicht hinreichend verstanden. Die Aspekte eines institutionalistischen und auf „Führung" orientierten Politikverständnisses standen einer Rezeption seiner Ideen im Weg. Wiederholt hat er wohl beklagt, daß sich sein wissenschaftlicher Ruf lediglich auf der Urheberschaft der Totalitarismustheorie begründete; denn er selbst schätzte seine mitunter entscheidende Rolle als Verbindungsmann, Kontrolleur und Anreger der Alliierten bei den

---

66 *Friedrich*: Philosophie, S. 112 u. 138.
67 *Friedrich*: Philosophie, S. 112 (Hervorhebung, H.J.L.).
68 *Friedrich*: Philosophie, S. 135.
69 Es gehört zu den Ironien der politischen Theorie, daß sich neuerdings Vertreter der gegenwärtigen Debatte um die „civil society" auf die Integrationsfunktion des Bundesverfassungsgerichts als Organ einer Bürgergesellschaft besinnen. Vgl. Günter *Frankenberg*: Verfassungsgerichtsbarkeit und Zivilgesellschaft, in: Kritische Justiz 29 (1996), S. 1-14. Das wäre eine autoritatives Verlautbarungsorgan als Letztinstanz einer Bürgergesellschaft?

Verfassungsberatungen von Herrenchiemsee, dem Parlamentarischen Rat und bei den Länderverfassungen als wesentlich wichtiger ein. Weder unter den Politikwissenschaftlern, noch den Staatsrechtlern und Politikern scheint dies hinreichend gewürdigt worden zu sein; sein an einem Verständnis der „politics" ansetzendes, wenngleich naturrechtlich verzögertes und auf „Wahrheiten" dann doch verzögertes Verfassungsverständnis hätte als ein erster Ansatz „reflexiver" Politik gewürdigt werden können.

4. Zusammenfassung

Rüstow, Sternberger und Friedrich haben auf eine je verschiedene Weise eine Theorie politischer Integration vorgelegt. Während Rüstow das Augenmerk auf einer Überwindung der Folgen der „Überlagerung" legte, die er als „soziale Erbsünde" für die Heterogenität und Pluralität der Gesellschaft sowie für den Verlust der Gemeinschaftlichkeit verantwortlich machte, verlangte Sternberger angesichts zunehmender Kontingenz und Säkularität „in kühler Distanz" patriarchalische Folgsamkeit. Rüstow legt dabei den Schwerpunkt seiner Überlegungen auf ein policy-Modell der Politik.[70] Dieses zeigt deutliche Anklänge an Max Webers Überlegungen zur „Politik als Beruf". Denn dessen Orientierung auf eine handlungs- und programmorientierte Führung durch verantwortungsbereite Politiker sind in eben dem Sinne zu interpretieren wie die von Rüstow vorgetragenen Metaphern politischer Elitenbildung. Die gelehrtenpolitische Tradition der (in beiden Weber-Brüdern verkörperten) Heidelberger policy-Orientierung findet in Rüstow somit ihren typischen Statthalter. Mit Hilfe eines ausgeprägten normativen Programms versucht er die verfassungspolitische Integration moderner Gesellschaften zu betreiben. Als das aktive Subjekt dieses Prozesses sieht er die Exekutive, während er den gesamten bürgerschaftlichen Bereich der Parlamente, Verbände, Initiativen und Individuen als Objekt dieses Handlungsauftrags beschreibt.

Demgegenüber beschreibt Sternberger in seiner polity-Orientierung eine eher entsubjektivierte und objektivierte Macht. Ganz in der Tradition aristotelischen Institutionendenkens bergen für ihn die Strukturen ihr normatives Telos in sich selbst. Dem rationalen Herrschafts- und Gehorsamkeitsanspruch

---

70 Zur Frage einer policy-, polity- und politics-Orientierung des Politikverständnisses und seine epochale Zuordnung sei auf Kari *Palonen*: Politik als Handlungsbegriff. Zum Horizontwandel des Politikbegriffs in Deutschland 18890-1933, Helsinki 1987 passim und Sabine *Marquardt*: Polis contra Polemos. Politik als Kampfbegriff in der Weimarer Republik, Köln u.a. 1997, S. 84ff. Übereinstimmungen finden sich eher mit den Auffassungen Palonens. Die Interpretation Marquardts, Max Weber verfolge eine „reine [...] politics-Auffassung", in der Politik der „inhaltlichen Beliebigkeit" ausgesetzt sei, trifft den Kern der Handlungsorientierung Webers nicht (*Marquardt*: Polis, S. 89). Dieser ersetzt das aristotelische Institutionendenken durch die eingreifende Aktion elitistischer Akteure mit eigenständigen, verantwortungsethisch gebundenen Programmen (ähnlich wie hier *Palonen*: Politik S. 96).

Integration und Verfassung 263

des politischen Gemeinwesens sind wiederum alle Arenen der Gesellschaft, bei Sternberger dann auch die Exekutive, unterworfen. Dieser Gehorsamsanspruch und die mit ihm verbundene gesamtgesellschaftliche Integration symbolisiert sich in dem „Verfassungspatriotismus" als einer ebenso verbindenden wie fraglos verbindlichen normativen Orientierung.

Friedrich hingegen geht zunächst von einem bürgerschaftlichen, einem kommunitären oder sozietalen Verständnis der Integration aus. Seine Überlegungen lasen sich am ehesten als eine politics-Orientierung beschreiben. Der beständige Wandel und die kommunitäre Prozeßhaftigkeit des common sense prägen seine Vorstellung des Konstitutionalismus in den fünfziger und sechziger Jahren. Bei allem am common sense orientierten Wandel dieses Grundkonsenses versucht er diesen allerdings in einem Modell grundsätzlicher Homogenität zu bändigen. Indem er den Wandel des bürgerschaftlichen Grundkonsenses von Epoche zu Epoche als jeweils homogen darstellbar beschreibt, versucht er sich an einem Modell des sozial wandelbaren Naturrechts: Der von Experten feststellbare naturrechtliche Konsens der Bürger bindet dann die Gesellschaft als Ganzes, das heißt auch die Regierung und die politischen Akteure. Die Feststellbarkeit des naturrechtlich vorgestellten Konsenses folgt dem Anspruch naturwissenschaftlicher Genauigkeit. Sein Wandel folgt dem Erkenntnisprozeß der Sachverständigen, nicht der partizipatorischen Willensbildung der Bürgerinnen und Bürger. Inhaltlich konkret richtet sich dieser von Friedrich naturrechtlich begründete common sense dabei vor allem auf eine effektive Verwaltung! Er ist bereit, für diesen Zweck selbst eine Suspendierung seiner Grund- und Partizipationsrechte in Kauf zu nehmen.

Allen drei Heidelberger Theorien der Nachkriegszeit ist gemeinsam, daß sie sich als sozialwissenschaftlich angeleitet verstehen und auf konkrete politische Konstellationen zu reagieren beanspruchen. Sie wollen praktikable Antwort geben auf die Herausforderungen einer sich zunehmend pluralisierenden Gesellschaft. Alle drei Theoretiker waren in unterschiedlicher, aber vielfältiger Weise politisch engagiert. Sie entwickelten ihre Theorien im Zuge dieses Engagements. Sowohl mit dem politischen Engagement, als auch mit dem Anspruch soziologischer Informiertheit standen sie bewußt und unmittelbar in der Tradition des in den zwanziger Jahren von Alfred Weber begründeten Instituts für Sozial- und Staatswissenschaft; auch in der Tradition der von beiden Weber-Brüdern, Max und Alfred, betriebenen politisch eingreifenden Sozialwissenschaft.

Wichtiger freilich ist der für meinen Begriff wissenschaftlicher „Schulen" konstitutive Wissenszusammenhang. Aber auch hier verbindet alle drei Heidelberger ein konservativ ausgearbeitetes Paradigma des Konstitutionalismus. Dieser Konstitutionalismus oder „Verfassungsstaat" wird als grundsätzliches aliud gegenüber gängigen Theorien der Demokratie begriffen. Konstitutionalismus, Verfassungsstaatlichkeit oder auch die gemischte Verfassung sind vielmehr angelegt als theoretische wie als praktisch-politische Kompensation der Schwächen einer Mehrheitsdemokratie moderner Prägung. Diese gilt den Heidelbergern in bezug auf den Modus ihrer Entscheidungen als irrational, in bezug auf den Inhalt der Abstimmungen als verantwortungsfeindlich und kontingent sowie in bezug auf ihre kulturell-sozialen Folgen als fatal. Alle drei Theorien versuchen deshalb auf nur graduell unterschiedlichen Wegen die zunehmende Kontingenz und Säkularität gegenwärtiger Gesellschaften zu konterkarieren. Insofern stehen sie auch in einem unübersehbaren und gemeinsamen Verknüpfungszusammenhang mit den pessimistischen kultursoziologischen Studien des Heidelberger genius loci, Alfred Weber.

Um noch einmal auf die anfänglich erwähnte Tagung der *Aktionsgemeinschaft Soziale Marktwirtschaft* und ihr Motto „Hat der Westen eine Idee?" zurückzukommen: Die Antwort der Heidelberger Politikwissenschaftler, die an dieser Tagung teilnahmen, könnte – etwas weiter konkretisiert – lauten: Ja, der Westen hat eine Idee. Diese Idee liegt in dem Versuch gesellschaftlicher Integration des Westens durch das Modell des Konstitutionalismus. Sein Ziel liegt in der Abschwächung der Demokratie durch die Politik des deutschen Verfassungsstaats.

Literaturverzeichnis

Abromeit, Heidrun: Volkssouveränität, Parlamentssouveränität, Verfassungssouveränität, in: Politische Vierteljahresschrift 36 (1995), S. 49-66.
Bermbach, Udo: Dolf Sternberger. Zum 80. Geburtstag, in: Politische Vierteljahresschrift 29 (1988), S. 85-86.
Beyme, Klaus von: A founding father of comparative politics: Carl Joachim Friedrich, in: Daalder: Politics, S. 7-14.
–: Zum Tod von Carl Joachim Friedrich (1901-1984). in: Politische Vierteljahresschrift 25 (1984), S. 478-479.
Blomert, Reinhard/Eßlinger, Hans/Giovannini, Norbert: Heidelberger Sozial- und Staatswissenschaften. Das Institut für Sozial- und Staatswissenschaften zwischen 1918 und 1958, Marburg 1997.
Daalder, Hans (Hrsg.): Comparative European Politics: The Story of a Profession, London 1997.
Demm, Eberhard: Von der Weimarer Republik zur Bundesrepublik. Der politische Weg Alfred Webers (= Schriften des Bundesarchivs, Bd.51), Düsseldorf 1997.
Eisermann, Gottfried: Alexander Rüstow (1885-1963), in: Kölner Zeitschrift für Soziologie und Sozialpsychologie 15 (1963), S. 593-604.
Frankenberg, Günter: Verfassungsgerichtsbarkeit und Zivilgesellschaft, in: Kritische Justiz 29 (1996), S. 1-14.
Friedrich, Carl Joachim: Constitutional Government and Politics, New York, London 1937.
–: Der Verfassungsstaat der Neuzeit, Berlin u.a. 1953.
–: Dictatorship in Germany?, in: Foreign Affairs 9 (1930), S. 118-132.
–: Die Philosophie des Rechts in historischer Perspektive, Berlin u.a. 1955.
–: Die politische Theorie der neuen Verfassungen, in: A.J. Zurcher (Hrsg.): Verfassungen nach dem zweiten Weltkrieg, Meisenheim/Glan 1956, S. 23-46.
–: Johannes Althusius und sein Werk im Rahmen der Entwicklung der Theorie von der Politik, Berlin 1975.

–: Zur Problematik der unabhängigen Präsidialgewalt. Die Gesetzgebung in den Vereinigten Staaten, in: Jahrbuch der politischen Forschung 1 (1933), S. 151-170.
–/Benno Reifenberg (Hrsg.): Sprache und Politik. Festgabe für Dolf Sternberger zum 60. Geburtstag, Heidelberg 1968.
Germino, Dante: Carl J. Friedrich on Constitutionalism and the „Great Tradition" of Political Theory, in: Pennock/Chapman: Constitutionalism, S. 19-31.
Haselbach, Dieter: Autoritärer Liberalismus und soziale Marktwirtschaft. Gesellschaft und Politik im Ordoliberalismus, Baden-Baden 1991.
–: Die Staatstheorie vom L. Gumplowicz und ihre Weiterentwicklung bei Franz Oppenheimer und Alexander Rüstow, in: Österreichische Zeitschrift für Soziologie 15 (1990), S. 84-99.
Haungs, Peter (Hrsg.): Res Publica. Studien zum Verfassungswesen. Dolf Sternberger zum 70. Geburtstag, München 1977.
Jäger, Wolfgang: „Wieder gelesen": Geschichte und Gegenwart des demokratischen Verfassungsstaates, in: Jahrbuch Extremismus und Demokratie 4 (1992), S. 247-252.
Lepsius, M. Rainer (Hrsg.): Soziologie in Deutschland und Österreich 1918-1945 (= Kölner Zeitschrift für Soziologie und Sozialpsychologie, SH.23), Opladen 1981.
Lietzmann, Hans J.: Bündische Gemeinschaft und Responsible Bureaucracy. Macht in der Demokratie bei C.J. Friedrich, in: Jürgen Gebhardt/Herfried Münkler (Hrsg.): Bürgerschaft und Herrschaft. Zum Verhältnis von Macht und Demokratie im antiken und neuzeitlichen Denken, Baden-Baden 1993, S. 289-313.
–: Carl Joachim Friedrich. Ein amerikanischer Politikwissenschaftler aus Heidelberg, in: Blomert/Eßlinger/Giovannini: Sozial- und Staatswissenschaften, S. 267-290.
–: Kontinuität und Schweigen. Über die Fortwirkung Alfred Webers und seiner politischer Theorie in der westdeutschen Politikwissenschaft, in: Nutzinger: Nationalökonomie, S. 137-159.
–: Politikwissenschaft im „Zeitalter der Diktaturen". Die Entwicklung der Totalitarismustheorie Carl J. Friedrichs, Opladen 1998.
–: Politikwissenschaft in der Bundesrepublik Deutschland. Entwicklung, Stand und Perspektiven, in: ders./Bleek: Politikwissenschaft, S. 38-77.
–: „Reflexiver Konstitutionalismus" und Demokratie. in: Bernd Guggenberger (Hrsg.): Quo Vadis Bundesverfassungsgericht? Frankfurt/Main 1997, S. 233-261.
–: Staatswissenschaftliche Abendröte. Zur Renaissance der Staatsorientierung in Deutschland, in: J. Gebhardt/R. Schmalz-Bruns (Hrsg.): Demokratie, Verfassung, Nation. Die politische Integration moderner Gesellschaften, Baden-Baden 1994, S. 72-101.
–: „Verfassungspatriotismus" und „civil society". Eine Grundlage für Politik in Deutschland?, in: Voigt: Abschied, S. 205-227.
–: Verfassungspolitik und Plebiszit. Eine Studie zur politischen Kultur in Deutschland. in: J. Gebhardt (Hrsg.): Verfassung und Politik. Baden-Baden 1998 (i.E.).
–: Von den konstitutionellen zur totalitären Diktatur. in: Söllner/Walkenhaus/Wieland: Totalitarismus, S. 174-192.
–/Wilhelm Bleek (Hrsg.): Politikwissenschaft. Geschichte und Entwicklung in Deutschland und Europa. München, Wien 1996.
Markmann, Heinz: Das InSoSta nach dem zweiten Weltkrieg, in: Blomert/Eßlinger/Giovannini: Sozial- und Staatswissenschaften, S. 83-96.
Marquardt, Sabine: Polis contra Polemos. Politik als Kampfbegriff in der Weimarer Republik, Köln u.a. 1997.
Meier-Rust, Kathrin: Alexander Rüstow. Geschichtsdeutung und liberales Engagement, Stuttgart 1993.
Mohr, Arno: Politikwissenschaft als Alternative, Bochum 1988.

Nutzinger, Hans G. (Hrsg.): Zwischen Nationalökonomie und Universalgeschichte. Alfred Webers Entwurf einer umfassenden Sozialwissenschaft aus heutiger Sicht, Marburg 1995.

Nordhofen, Eckhardt: Der Gang des Meisters. Zum Tode von Dolf Sternberger, in: Die Zeit (04.08.1989).

Palonen, Kari: Politik als Handlungsbegriff. Zum Horizontwandel des Politikbegriffs in Deutschland 1890-1933, Helsinki 1987.

Pannier, Jörg: Das Vexierbild des Politischen. Dolf Sternberger als politiktheoretischer Denker, Berlin 1997.

Pennock, J. Roland/Chapman, John W. (Hrsg.): Constitutionalism (= Nomos XX. Yearbook of the American Society for Political and Legal Philosophy), New York 1979.

Rüstow, Alexander: Die Bewältigung des Wohlstandes (= Schriftenreihe der Pressestelle der Hessischen Kammern und Verbände), Ludwigsburg 1961.

–: Die staatspolitische Krise unserer Gesellschaft, in: ders. u.a.: Politik, S. 93-104.

–: Die staatspolitischen Voraussetzungen des wirtschaftspolitischen Liberalismus (1932), in: ders.: Rede, S. 249-258.

–: Die Staatsverfassung als moralische Anstalt verstanden. in: ders./Hillenbrand/ Hermens: Demokratie, S. 30-32.

–: Diktatur innerhalb der Grenzen der Demokratie (Vortrag an der Deutschen Hochschule für Politik, Berlin vom 05.07.1929), in: Vierteljahrshefte für Zeitgeschichte 7 (1959), S. 85-111.

–: Ortsbestimmung der Gegenwart. Ein universalgeschichtliche Kulturkritik, 3 Bde, Erlenbach-Zürich, Stuttgart 1950/1952/1957.

–: Rede und Antwort. Ludwigsburg 1963.

–: Wer ist schuld: der Wähler – oder die Regierung und Parteien?, in: ders. u.a.: Eisen, S. 9-14.

–: Weshalb Wissenschaft von der Politik?, in: Zeitschrift für Politik 2 (1954), S. 1314-138.

–: Worin bestand die geschichtliche Leistung des Freiherrn von Stein? (Gedenkschrift zur Verleihung des Fr.-v.-Stein-Preises 1960), in: Universitas 17 (1962), S. 489-502.

–: Zielgemeinschaft tut not, in: ders. u.a.: Was nun?, S. 9-20.

– u.a. (Hrsg.): Heiße Eisen im Wahlkampf. Vorträge auf der 14. Tagung der Arbeitsgemeinschaft Soziale Marktwirtschaft, Ludwigsburg 1960.

– u.a. (Hrsg.): Politik für uns alle oder für die Interessenten? Vorträge auf der 16. Tagung der Arbeitsgemeinschaft Soziale Marktwirtschaft, Ludwigsburg 1961.

– u.a. (Hrsg.): Was nun? Vorträge auf der 17. Tagung der Arbeitsgemeinschaft Soziale Marktwirtschaft. Ludwigsburg 1962.

–/Martin J. Hillenbrand/Ferdinand A. Hermens: Zwischen Demokratie und Ethik. Opladen 1968.

Rustow, Dankwart A: Alexander Rüstow (1885-1963): Eine biographische Skizze, in: Lepsius: Soziologie, S. 369-378.

Rupp, Hans Karl/Noetzel, Thomas: Macht, Freiheit, Demokratie. Anfänge der deutschen Politikwissenschaft, Marburg 1991.

Schmitt, Carl: Verfassungslehre (1928), Berlin 1970.

Sigmund, Paul: Carl Friedrich's Contribution to the Theory of Constitutionalism-Comparative Government, in: Pennock/Chapman: Constitutionalism, S. 32-43.

Söllner, Alfons/Walkenhaus, Ralf/Wieland, Karin (Hrsg): Totalitarismus. Eine Ideengeschichte des 20. Jahrhunderts, Berlin 1997.

Sternberger, Dolf: Autorität, Freiheit und Befehlsgewalt (1959), in: ders.: Schriften, IV, S. 115-143

–: Begriff des Vaterlands (1947), in: ders.: Schriften, IV, S. 9-33

–: Das allgemeine Beste, in: Rüstow u.a.: Politik, S. 22-37.

Integration und Verfassung

–: Der Gelehrte als Arzt der Gesellschaft. Zu Alexander Rüstows 75. Geburtstag, in: Frankfurter Allgemeine Zeitung (06.04.1960), S. 11.
–: Die neue Politie. Vorschläge zu einer Revision des Verfassungsstaats (1985), in: ders.: Schriften, Bd.X, S. 156-231.
–: Grund und Abgrund der Macht. Kritik der Rechtmäßigkeit heutiger Regierungen, Frankfurt/Main 1962.
–: Schriften Bd. IV: Staatsfreundschaft, hrg. von Peter von Haungs, Klaus Landfried, Elsbet Orth und Bernhard Vogel, Frankfurt/Main 1980.
–: Schriften Bd. X: Verfassungspatriotismus, hrg. von Peter von Haungs, Klaus Landfried, Elsbet Orth und Bernhard Vogel, Frankfurt/Main 1990.
–: Staatsfreundschaft (1963), in: ders.: Schriften, Bd.IV, S. 209-245.
–: Verfassungspatriotismus (1979), in: Schriften, Bd.X, S. 13-16.
–: Verfassungspatriotismus. Rede bei der 25-Jahr-Feier der „Akademie für Politische Bildung" (1982), in: ders.: Schriften, Bd.X, S. 17-31.
–: Vorbereiteter Diskussionsbeitrag, in: Rüstow u.a.: Was nun?, S. 26-37.
Stichweh, Rudolf: Zur Soziologie wissenschaftlicher Schulen [in diesem Band S. 19-32].
Storz, Gerhard: Statt einer Vita im Stil des Sallust, in: Friedrich/Reifenberg: Sprache, S. 9-25.
Tönnies, Sybille: Kulturhistoriker der Freiheit. Dringlicher Hinweis auf Alexander Rüstow, in: Merkur 48 (1994), S. 72-75.
Vogel, Bernhard: Dolf Sternberger zum 80. Geburtstag, in: Zeitschrift für Politik 34 (1987), S. 371ff.
Voigt, Rüdiger: (Hrsg.) Abschied vom Staat – Rückkehr zum Staat?, Baden-Baden 1992.

Die Münchener Schule der Politikwissenschaft[1]

Dietmar Herz und Veronika Weinberger

> *"Dennoch glaube ich, daß der Gedanke, der deutschen Politikwissenschaft einen Hauch von internationalem Bewußtsein, von demokratischen Verhaltensweisen zu vermitteln, alles in allem nur bei den jungen Leuten, die ich persönlich ausbilden konnte, zum Tragen gekommen ist."*
> Eric Voegelin (1973)[2]

1. Vorüberlegungen

Im Anfang war Voegelin. Wenn es je eine „Münchener Schule"[3] der deutschen Politikwissenschaft gab, so sind deren Begründer, Mitglieder und Vertreter Eric Voegelin und seine Schüler. Ob es eine solche „Schule" gab, ist allerdings fraglich. Es spricht aber vieles dafür, daß Voegelin bei seiner Rückkehr nach Deutschland beabsichtigte, eine Schule zu gründen – über das dafür nötige Selbstbewußtsein verfügte er durchaus. In die Niederungen akademischer Politik – unerläßlich für die Verwirklichung dieser Absicht – begab sich der Denker und Theoretiker Voegelin jedoch nur ungern. Unter diesem Manko litt die beabsichtigte Schulbildung von Anfang an.

Daß es gegenwärtig keine eindeutig bestimmbare „Münchener Schule" (mehr) gibt, ist offensichtlich. Die Münchener Politikwissenschaft, wie auch die anderer Universitäten, ist mittlerweile zu differenziert und vielschichtig, zu sehr von einzelnen Personen geprägt, als daß man von Schulbildung sprechen könnte. Wenn wir von einer „Münchener Schule" sprechen, dann sprechen wir also von der Vergangenheit. Und selbst dann ist die Vorstellung einer Schulbildung – aus noch einem anderen als dem genannten Grund – problematisch. Dies hat vor allem zwei Ursachen: Jeder Versuch, die Entwicklung und Bedeutung einer „Münchener Schule der Politikwissenschaft" darzustellen, muß sich zunächst mit der Frage beschäftigen, inwieweit angesichts der kurzen Geschichte der deutschen Politikwissenschaft von Schulbildung überhaupt gesprochen werden kann und, ob sich, falls man eine Schulbildung als gegeben annimmt, eine solche „Münchener Schule" abgrenzen

---

1 Die Autoren danken Herrn Prof. Dr. Peter J. Opitz für die kritische Durchsicht des Manuskripts und zahlreiche wertvolle Hinweise zur Geschichte der Münchener Schule.
2 Eric *Voegelin*: Autobiographische Reflexionen, hrsg. von Peter J. Opitz, München 1994, S. 112 (Original: Autobiographical Reflections, hrsg. von Ellis Sandoz, Baton Rouge, London 1989). Die von Sandoz zusammengefaßten Texte sind zwischen dem 26. Juni und dem 27. Juli 1973 entstanden. Vgl. Peter J. *Opitz*: Vorwort, in: Voegelin: Reflexionen, S. 13.
3 Der Begriff „Münchener Schule" fand erstmals 1971 in dem von Leonhard Reinisch herausgegebenen Sammelband Politikwissenschaft Verwendung. Vgl. Gerhard *Göhler*: Die Freiburger und Münchener Schule als Scientific Community, in: Occasional Papers 4 (1982), S. 30f.

läßt.[4] In beiderlei Hinsicht sind Zweifel angebracht. Zunächst hat dies mit dem Begriff „Schule" zu tun. Eine Schule erfordert in erster Linie zwei wichtige Elemente: Die Arbeiten und Forschungsprojekte müssen eine gemeinsame intellektuelle Substanz haben, die sie deutlich von der anderer Arbeiten unterscheidet. Hinzukommen muß sodann ein aus dieser Substanz der Arbeit abgeleitetes Selbstverständnis – das Gefühl, einer distinkten Richtung anzugehören. Die Notwendigkeit der genannten akademischen Politik – Patronage und Verbreitung der Arbeitsergebnisse durch Forschung und Lehre – ergibt sich sodann von selbst. Ob es in Deutschland nach dem Krieg Schulen in diesem Sinne überhaupt gab, ist durchaus fraglich. So betont etwa Udo Bermbach im Hinblick auf die Entwicklung der politischen Ideengeschichte in Deutschland: „Von ‚Schulen' innerhalb der politischen Ideengeschichte kann [...] nur in einem sehr weiten Verständnis gesprochen werden, etwa dahingehend, daß damit ‚Forschungsprogramme' – teilweise in praktischer Absicht – gemeint sind, deren Frageintentionen, methodische Grundlegung sowie Themenzentrierung es erlauben, eine Reihe von Arbeiten in einem verbindenden Zusammenhang zu sehen."[5]

Ein solch weiter Schulbegriff ist – im Hinblick auf Voegelin und seine Schüler – problematisch, da er dessen Intention zunächst nicht trifft. Voegelins politische Philosophie ging über die Trias von Frageintentionen, methodischer Grundlegung und Themenzentrierung weit hinaus. Für den Bereich der Ideengeschichte mag eine solche Beschreibung noch angehen, aber die politische Philosophie – und als politischer Philosoph verstand sich Voegelin – benötigt eine klar abgegrenzte Grundsubstanz. In dieser liegt der eigentliche inhaltliche Kern der Schule. Insofern bedarf Bermbachs Definition einer Anreicherung durch die Bezugnahme auf eine grundlegende philosophische Idee – einen substantiellen Kern.

Dieser (erweiterte) Schulbegriff – denn von solchen „Schulen" lohnt es sich allenfalls zu reden – soll der folgenden Darstellung zugrunde gelegt werden. Damit ergibt sich aber auch eine erste Einschränkung: „Schule" in diesem Sinne kann durchaus ein recht lockerer Verband sein, nicht zu vergleichen mit Schulbildungen, wie sie zum Beispiel in den USA stattfanden: Leo Strauss und seine Schüler oder die *Chicago School* seien als Beispiele genannt. In Deutschland hat sich nach der Wiederbegründung freier universitärer Forschung nach 1945 keine Schule dieser Art gebildet. Es bedarf aber – läßt man diese Einschränkung unberücksichtigt – jedenfalls einer begrifflich klar herauszuarbeitenden Substanz. „Schule" in unserem Sinn ist damit zwar immer noch ein reichlich unpräziser Begriff, aber er soll dennoch als ein solcher verwendet werden: Schule bezeichnet einen inhaltlichen (bezogen auf die Substanz der Forschung) und einen forschungspolitischen (in Projek-

---

4 Allg. hierzu: Wilhelm *Bleek*: Aspekte der Wissenschaftsgeschichte der Politikwissenschaft, in: Lietzmann/ders: Politikwissenschaft, S. 21-37.

5 Udo *Bermbach*: Zur Entwicklung und zum Stand der politischen Theoriengeschichte, in: ders. (Hrsg.): Politikwissenschaft in der Bundesrepublik Deutschland. Entwicklungsprobleme einer Disziplin (= PVS-Sonderheft, Nr. 17), Opladen 1986, S. 151.

ten, Publikationen und der Lehre formulierten) Zusammenhang. Zwar bezieht sich Bermbachs Definition, von der wir hier ausgegangen sind und die wir erweitert haben, nur auf die (politische) Ideengeschichte, aber eine solche Beschreibung ist durchaus zu verallgemeinern. Sie läßt sich auch auf andere Bereiche der Politikwissenschaft anwenden; in unserem Fall ist eine solche Übertragung nicht einmal nötig. Bei der „Münchener Schule" handelt es sich um ein im Bereich der politischen Theorie und Ideengeschichte angesiedeltes Unternehmen. Im Vordergrund steht eine bestimmte politische Philosophie – die Ideengeschichte tritt als eine bloße Methodik zur Erarbeitung philosophischer Erkenntnis in den Hintergrund. Insbesondere wenn man die „Münchener Schule" als diejenige Eric Voegelins ansieht. Voegelin beschäftigte sich mit politischer Philosophie und verstand die Ideengeschichte bestenfalls als eine Art von Hilfswissenschaft. Wir können also diese Definition verwenden.

Ein weiteres *caveat* betrifft den Begriff „Schule", bezogen auf die Ludwig-Maximilians-Universität München und ihre politikwissenschaftliche Forschung. Folgt man auch hier Bermbach und definiert Schule als „eine Reihe von Arbeiten in einem verbindenden Zusammenhang", so mag man auch in akademisch-politischer und praktischer Hinsicht in der Tat von einer Schule sprechen – auch für „München". Aber auch nur dann. Es ist also dieser inhaltliche und faktische „Zusammenhang", der einer Erörterung bedarf. Was machte denn Voegelin und seine Schüler zur „Münchener Schule"?

2. Eine normativ-ontologische Schule

Eine thematische und grundlegende substantielle Verbindung von Arbeiten – zumal für den Bereich der politischen Theorie – läßt sich in mehrfacher Hinsicht finden. Zunächst unterscheidet man solche Verbindungen nach ihrer theoretischen „Grundausstattung": Es hat sich in diesem Zusammenhang eingebürgert, daß die meisten (deutschen) Einführungen in die Politikwissenschaft eine Einteilung der politikwissenschaftlichen Theorien (also von Arbeiten im Bereich der politischen Philosophie/Theorie) in drei methodische Ansätze vornehmen. Diese Ansätze werden gewöhnlich – mit geringfügigen terminologischen Abweichungen – als *normativ-ontologische*, *empirisch-rationalistische* und *kritisch-dialektische* Schulen bezeichnet.[6] Hier ist der Schulbegriff zu weit gefaßt. Die in dieser Art von Schulen zusammengefaß-

---

6 Vgl. Peter J. *Opitz*: Spurensuche - Zum Einfluß Eric Voegelins auf die politische Wissenschaft in der Bundesrepublik Deutschland, in: Zeitschrift für Politik 36 (1989), H.3, S. 235-250. Vgl. aber auch neuere Einführungen, etwa Manfred *Mols* (Hrsg.): Politikwissenschaft: Eine Einführung, Paderborn u.a. 1994, vor allem S. 48. Siehe auch die kurze, kritische Diskussion der „Drei-Schulen-Lehre" von Werner J. *Patzelt*: Einführung in die Politikwissenschaft. Grundriß des Faches und studiumbegleitende Orientierung, Passau 1992, vor allem S. 263-272. Vgl. auch: Hans J. *Lietzmann*: Politikwissenschaft in der Bundesrepublik Deutschland. Entwicklung, Stand und Perspektiven, in: ders./Bleek: Politikwissenschaft, S. 38-76.

ten Personen und ihre Arbeiten unterscheiden sich doch beträchtlich.[7] Solchermaßen verwendet taugt der Begriff lediglich zur Abgrenzung gegenüber grundlegend unterschiedlichen Theorieansätzen. Personen, die gewöhnlich als die wichtigsten Vertreter der normativ-ontologischen Schule angeführt werden, sind Arnold Bergstraesser, Wilhelm Hennis und Eric Voegelin. Diese Namen nun stehen als Synonym auch für die Begründer und Hauptvertreter der ‚Münchener und Freiburger Schule' der Politikwissenschaft, also für *zwei* Varianten der normativ-ontologischen Schule. Sicherlich läßt sich Voegelins Theorie – grob vereinfacht – als ein normativ-ontologischer Ansatz verstehen. Aber damit ist nicht viel gesagt. Seine politisch-theoretischen Auffassungen unterscheiden sich inhaltlich von denen der ebenfalls hier genannten Personen. Zumindest muß man also von zwei Schulen sprechen: einer Münchener und einer Freiburger. Die Einordnung ist somit zunächst recht banal: Voegelin lehrte in München, er vertritt also die „Münchener Schule". Die Unterschiede sind selbstverständlich tiefergehender. Voegelin entwarf eine neue politische Theorie, originär in ihrem Anspruch und beanspruchte diese Neuheit auch. Die Substanz seiner Theorie war verschieden von den Ideen anderer Vertreter der normativ-ontologischen Richtung. Und Voegelin war sich in diesem Sinne, also bezogen auf den theoretischen Kern seiner Vorstellung, seiner Rolle als „Haupt" einer Schule auch durchaus bewußt. Er wollte in der Tat in diesem Sinne eine Schule begründen. Daher: Im Anfang war Voegelin.

3. *Münchener und Freiburger Schule*

Diese sich von Voegelin selbst gestellte Aufgabe ist eng mit seiner eigenen Person verbunden. Nicht nur mit seinem wissenschaftlichen Selbstverständnis und seinem Charakter als Lehrer, sondern eben vor allem auch mit seiner politischen Philosophie. Wenn wir von „Münchener Schule" sprechen, so bezieht sich dies auf die politische Theorie Voegelins und die daraus abgeleiteten Forderungen. Diese Forderungen richteten sich an seine Schüler. Im Vordergrund stand für Voegelin selbst aber immer die Arbeit am Kern seiner politischen Vorstellungen – diese veränderten sich im Laufe der Zeit, wohingegen jedoch die thematischen Grundlagen (also die Kontinuität der Arbeit) bestehen blieb. Die Analyse der Erfahrungen ging über in eine Untersuchung des Bewußtseins an sich. Was nicht ohne Konsequenzen blieb. Voegelin reagierte auf notwendig erachtete Veränderungen mit grundlegend neuen Arbeiten (vor allem im Bereich der Bewußtseinsphilosophie). Seine Schüler rezipierten diese neuen Untersuchungen, ergänzten sie aber nicht durch eigene Arbeiten. Auf diese Weise wirkte er letztlich seiner eigenen Schulbildung entgegen.

---

[7] Von Schulbildung könnte man mit Fug und Recht im Falle der „Frankfurter Schule" (Adorno, Horkheimer, Habermas) sprechen.

Natürlich arbeiteten in München auch andere Gelehrte, die sich mit politiktheoretischen Fragen beschäftigten. Diese kamen von anderen Universitäten, sie forschten vor einem zum Teil unterschiedlichen theoretischen Hintergrund. Es bedarf also noch weiterer Einschränkungen, die zunächst zwei Fragen nach sich ziehen: Mithilfe welcher Kriterien läßt sich eine „Münchener Schule" der Politikwissenschaft – so wir eine annehmen wollen – von anderen theoretischen Strömungen abgrenzen? Gerade auch von solchen, die in München wirkten. Inwieweit ist dabei der Begriff *normativ-ontologisch* als Charakterisierung dieser Strömung dienlich? Wenn, wie wir gesehen haben, diese Bezeichnung auch für andere „Schulen" – namentlich die „Freiburger Schule" – verwendet wird. Gibt es grundlegende Unterschiede zwischen diesen Theorien? Die Gemeinsamkeiten – in der öffentlichen Wahrnehmung – scheinen groß zu sein: Die beiden Schulen werden oft zusammen genannt. So wirkte ein wichtiger Vertreter der „Freiburger Schule", Hans Maier, lange Zeit in München. Auch die nach München berufenen Professoren Karl-Gottfried Kindermann und Kurt Sontheimer kamen aus dem Umkreis der „Freiburger Schule".

Wenden wir uns zur genaueren Kennzeichnung zunächst den Hauptvertretern zu. Die „Freiburger Schule" ist mit dem Namen Arnold Bergstraesser verbunden. Die Gemeinsamkeiten der Arbeiten Voegelins und Bergstraessers liegen in der „Intention der Wiederbelebung und Wiederaufnahme der alten Tradition der philosophia practica, aus der sich die Aufgabe ergab, die ,Philosophie des Gemeinwesens heute in der philosophischen Verarbeitung der klassischen Tradition der Politik' neu zu begründen."[8] Die „Freiburger und Münchener Schulen", mit ihrem Versuch, „systematische Politikbegründung und Ideengeschichte miteinander zu verbinden"[9], nehmen in diesem Bereich politikwissenschaftlicher Forschungen den größten Anteil der ideengeschichtlichen Arbeiten ein.[10] Es gibt – bezüglich dieser Aufgabenstellung – große Gemeinsamkeiten in der Fragestellung und den bearbeiteten Themen. Daneben gibt es aber auch beträchtliche Unterschiede zwischen der „Münchener" und der „Freiburger Schule". Der wesentliche Unterschied liegt in der Theorie Voegelins begründet: Anders als Arnold Bergstraesser hatte Voegelin eine Theorie erarbeitet, die nicht nur versuchte, an älteren Vorstellungen anzuknüpfen, sondern diese auch neu – für die Moderne – formulierte. Es war eine „neue" Wissenschaft von der Politik. Voegelins gesamte Arbeiten – sich verändernd und entwickelnd – sind in diesem Zusammenhang zu sehen. Die Substanz seiner Lehre war neu. Voegelin ging es – von außen gesehen – darum, „die fundamentalen [...] Ordnungsstrukturen der Menschheit aufzufinden – als Grundlage der Beurteilung gegenwärtiger Ordnungsprinzipien, aber nie als unmittelbar anwendbare Rezeptur."[11] Selbst

---

8   *Bermbach*: Entwicklung, S. 151. Bermbach zitiert aus Arnold *Bergstraesser*/Dieter Oberndörfer (Hrsg.): Klassiker der Staatsphilosophie. Ausgewählte Texte, Stuttgart 1962, S. 54.
9   *Bermbach*: Entwicklung, S. 151.
10 Hans Maier gab die renommierte Reihe Politica heraus.
11 *Göhler*: Schule, S. 37.

schrieb Voegelin: „It is man's obligation to understand his condition; part of this condition is the social order in which he lives; and this order has today become world-wide. This world-wide order is furthermore neither recent nor simple, but contains as socially effective forces the sediments of the millennial struggle for the truth of order."[12] Demgegenüber fühlte sich die Freiburger Schule mehr der praktischen Anwendung verpflichtet: „Bergstraesser und seine Schüler sehen die Politikwissenschaft viel unmittelbarer als ‚praktische Wissenschaft'. Im Gegensatz zu Voegelin ist sie bewußt ‚Demokratiewissenschaft'; sie dient in Politischer Bildung und Politikberatung der normativ begründeten Parteinahme für die westliche pluralistische Demokratie."[13] Bergstraesser war ein klassisch deutscher Gelehrter, er widmete sich in der Tat zwar Fragestellungen, die sich als normativ-ontologisch bezeichnen lassen. Eine substantiell neue Theorie hat er nicht begründet – und dies wollte er wohl auch nicht.

4. Eric Voegelin als Schulvater

Werfen wir einen Blick auf die Realgeschichte der „Münchener Schule". Wie zahlreiche andere deutsche Politik-Lehrstühle war das 1958 neu geschaffene „Institut für Politische Wissenschaft" mit einem aus den USA zurückgekehrten Emigranten besetzt worden (in der Regel handelte es sich bei den Rückkehrern nicht um Fachpolitologen, sondern um Juristen, Historiker oder Soziologen, die sich im Exil politikwissenschaftlichen Fragestellungen zugewandt hatten[14]). Der Rückkehrer war Eric Voegelin, der seit 1938 in der Emigration gelebt hatte. Nach Jahren der Odyssee durch die amerikanische Universitätswelt und schließlich Jahren der Seßhaftigkeit in der neu gefundenen Heimat in Louisiana, wo er seit 1942 an der Louisiana State University unterrichtete, wurde Eric Voegelin der erste politikwissenschaftliche Lehrstuhlinhaber in München. Politikwissenschaft war eine recht junge Disziplin in Deutschland. Gefragt war daher Aufbauarbeit. Voegelin erinnert sich an diese Aufbauarbeit in seinen *Autobiographischen Reflexionen*: „Ich wurde nach München gerufen, um dort ein bis dato nicht existierendes Institut für Politikwissenschaft zu gründen. Dazu mußte ich zuallererst eine Reihe von Mitarbeitern finden, die mir beim Aufbau einer Bibliothek und der Betreuung der großen Zahl von Studenten, die in die Vorlesungen und Seminare strömten, helfen sollten."[15] Um Voegelins Lehrstuhl wuchs schnell ein Institut.

---

12 Eric *Voegelin*: Order and history, Vol. 1: Israel and Revelation, Baton Rouge, London 1956, S. XIII.
13 *Göhler*: Schule, S. 37.
14 Hans *Maier*: Eine Münchener Schule: Die Politische Wissenschaft in Deutschland und das Geschwister-Scholl-Institut, in: P.C. Mayer-Tasch (Hrsg.): Münchener Beiträge zur Politikwissenschaft, Freiburg 1980, S. 16.
15 *Voegelin*: Reflexionen, S. 107.

Die Münchner Schule

Dieses Münchener Institut für Politikwissenschaft – seit Januar 1968 trägt es auf Vorschlag von Gottfried-Karl Kindermann den Namen *Geschwister-Scholl-Institut* – wurde 1974 Teil der Sozialwissenschaftlichen Fakultät der Universität. Zu dieser Zeit befand sich Eric Voegelin, der 1969 emeritierte, bereits wieder in den USA. Trotz des schnellen Aufbaus war die Arbeit in München nicht einfach gewesen. Voegelin ging einigermaßen enttäuscht in die USA zurück.

Ein Rückblick: Natürlich waren die ersten Jahre von großer Bedeutung. „In dieser Dekade sind", so erinnert sich Hans Maier, „ernsthafte Anstrengungen zur Erneuerung der alten, in der praktischen Philosophie beheimateten Politischen Wissenschaft unternommen worden".[16] Voegelin, neu in München, war zunächst allerdings skeptisch. Dennoch ließ er nichts unversucht. In seiner Münchener Antrittsvorlesung stellte er das Programm seiner „Neuen Wissenschaft der Politik" vor, mit dem er auf die Grundlegung der politischen Wissenschaften durch Platon und Aristoteles aufzubauen suchte. Den vorgetragenen Überlegungen zugrunde lag seine 1952 veröffentlichte Schrift *New Science of Politics*. Diese wurde 1958 unter dem Titel *Neue Wissenschaft der Politik. Eine Einführung* auch ins Deutsche übertragen.[17] Es war dies der Beginn der Schulbildung, und dies war auch beabsichtigt.

Die Schulbildung folgte aus Voegelins wissenschaftlichem Programm: In den Mittelpunkt der *Neuen Wissenschaft der Politik* stellt Voegelin das „Problem der Repräsentation und die Beziehung zwischen Repräsentation und sozialer und persönlicher Existenz in Wahrheit."[18] Voegelin plädiert dabei für „die Wiederherstellung des Sinnes von Wissenschaft (*episteme*) im Gegensatz zu Meinungen (*doxai*). Diese Unterscheidung sowie die rationale Grundlegung der *episteme* durch Analyse ist von Platon und Aristoteles ge-

---

16 Hans *Maier*: Zur Lage der Politischen Wissenschaft in Deutschland, in: Heinrich Schneider (Hrsg.): Aufgabe und Selbstverständnis der Politischen Wissenschaft, Darmstadt 1967, S. 215. Maier zitiert in diesem Zusammenhang Eric *Voegelin*: Die neue Wissenschaft der Politik. Eine Einführung, München 1959; ders.: Wissenschaft, Politik und Gnosis, München 1959; Wilhelm *Hennis*: Die Methode der politischen Wissenschaft, o.O. 1962/63; Joachim *Ritter*: Das bürgerliche Leben. Zur aristotelischen Theorie des Glücks, in: Vierteljahresschrift für wissenschaftliche Pädagogik 32 (1956), S. 60ff.; ders.: Zur Grundlegung der praktischen Philosophie bei Aristoteles, in: Archiv für Rechts- und Sozialphilosophie 46 (1960), S. 179ff.; ders.: „Naturrecht" bei Aristoteles. Zum Problem einer Erneuerung des Naturrechts (= Res publica, Bd.6), Stuttgart 1961.

17 Im folgenden wird die Entwicklung Eric *Voegelins* vor seiner Münchener Zeit nicht näher erörtert: In Rasse und Staat, Tübingen 1933; Die Rassenidee in der Geistesgeschichte von Ray bis Caus, Berlin 1933; Der autoritäre Staat. Ein Versuch über das österreichische Staatsproblem, Wien 1936 und in den Politischen Religionen, Wien 1938 untersuchte er die „zentralen Aspekte der politischen Gemeinschaftsbildung in den verspäteten Nationen Europas und die hierfür konstitutiven Persons- und Gemeinschaftsideen." Siehe Jürgen *Gebhardt*/Wolfgang *Leidhold*: Eric Voegelin, in: Karl Graf Ballestrem/Henning Ottmann (Hrsg.): Politische Philosophie des 20. Jahrhunderts, München 1990, S. 131.

18 Zur Bedeutung dieser Schrift zugrunde liegenden Walgreen Lectures 1951. Vgl. *Voegelin*: Autobiographische Reflexionen, S. 84f. Siehe auch: Eric *Voegelin*/Alfred *Schütz*/Leo *Strauss*/Aron *Gurwitsch*: Briefwechsel über „Die Neue Wissenschaft der Politik", hrsg. von Peter J. Opitz, Freiburg, München 1993.

leistet worden. Ihre Gültigkeit ist von Zeit und Ort unabhängig; ihre Wiederherstellung ist nicht das willkürliche Aufgreifen einer historisch bedingten Ansicht, sondern die theoretische *conditio sine qua non* der Politischen Wissenschaft. Der Rückgriff betrifft also die *theoretische Grundlegung der Wissenschaft* von menschlicher und gesellschaftlicher Ordnung, *nicht etwa* die besondere Form einer Theorie der Polis, die sie angenommen hat."[19] So Voegelins Ausgangspunkt. Politikwissenschaftliche Forschung hat sich in erster Linie genau dieser Problematik anzunehmen. Sie muß versuchen, politische Realität zurückzugewinnen.

Die in der *Neuen Wissenschaft der Politik* formulierte Ideologiekritik und seine Beschäftigung mit antiker und mittelalterlicher Philosophie brachten die zu erwartende Kritik von linker Seite, aber auch (zum Teil unverdientes) Lob von konservativer Stimmen:[20] „Die oft apodiktische Sprache, der Verzicht auf die Erläuterung der bewußtseinsphilosophischen Probleme und schließlich die provokative geschichtsphilosophische Grundthese brachten Voegelin den Ruf eines dogmatischen Denkers ein, der er weder sein wollte, noch sein konnte."[21] Voegelins Programm stieß also – wenn auch auf eine ambivalente – Resonanz. Eine solche Grundthese konnte, da sie allumfassend und erklärend ist, leicht schulbildend wirken.

Voegelin nahm auch zu programmatischen Fragen Stellung. In der 1966 erschienenen Schrift *Anamnesis* äußerte er sich (unter anderem) zu dem Verhältnis des Politologen zu seinem Gegenstand: „Immer lebt der Philosophierende im Kontext seiner eigenen Geschichte als der Geschichte einer menschlichen Existenz in Gemeinschaft und in der Welt."[22] Im Vorwort zu *Anamnesis* führt er dies explizit an: Vor allem berichtet das Werk die Hauptphasen des meditativen Prozesses – von der ersten entscheidenden Einsicht in seine Probleme (Teil I) bis zu ihrer vorläufig letzten Formulierung (Teil III). Die Studien, die den kritischen Durchbruch artikulieren, wurden 1943 ge-

---

19 Eric *Voegelin*: Die Neue Wissenschaft der Politik. Die Neue Wissenschaft der Politik. Eine Einführung, hrsg. von Peter J. Opitz in Zusammenarbeit mit dem Eric-Voegelin-Archiv an der Ludwig-Maximilians-Universität München, München 41991, S. 15.
20 Hans *Maier*: Schule, S. 17f.
21 *Gebhardt/Leidhold*: Voegelin, S. 136. Vgl. Peter J. *Opitz*: Nachwort, in: Voegelin: Wissenschaft, S. 271f.: „Während der von Voegelin vorgenommene Versuch einer Erneuerung der politischen Wissenschaft durch Rückgriff auf die platonisch-aristotelische episteme, seine Charakterisierung der modernen politischen Bewegungen als gnostisch, ja seine gesamte Deutung der Moderne als Verfallsprozeß, den Beifall konservativer Rezensenten erhielt, griffen ihn Kritiker aus dem linken und dem liberalen Lager als konservativ und reaktionär an."
22 Eric *Voegelin*: Anamnesis. Zur Theorie der Geschichte und Politik, München 1966, S. 58. Vgl. dort auch S. 7f.: „Das Bewußtsein ist das Zentrum, von dem die konkrete Ordnung menschlicher Existenz in Gesellschaft und Geschichte ausstrahlt. Eine Philosophie der Politik ist empirisch – im prägnanten Sinne einer Untersuchung von Erfahrungen, die ordnend den gesamten Seinsbereich Mensch durchdringen. Ihre Arbeit erfordert, wie wir sagten, den steten Wechsel zwischen Untersuchungen konkreter Ordnungsphänomene und Analyse des Bewußtseins, von dem her die menschliche Ordnung in Gesellschaft und Geschichte verstehbar wird."

Die Münchner Schule 277

schrieben; sie stammen aus der Korrespondenz mit Alfred Schütz und wurden bisher nicht veröffentlicht. Teil I dieses Bandes faßt sie unter dem Titel *Erinnerung* zusammen und stellt ihnen das „In Memoriam Alfred Schütz" voran. Die Einsichten dieser Studien wurden zur Voraussetzung für die Entwicklung einer Theorie der Politik in *The New Science of Politics* (1952) und *Order and History* (1956/57). Was die vorläufig letzte Phase der Mediation betrifft, so hatte ich im Juni 1965 einen Vortrag über die Frage ‚Was ist Politische Realität?' zu halten. Das nachfolgende Durchdenken seiner Thematik ließ ihn auf das Drei- bis Vierfache seines ursprünglichen Umfangs anwachsen; und das nicht vorausgesehene Ergebnis war eine umfassende und vorläufig befriedigende Neuformulierung der Philosophie des Bewußtseins. Teil III bringt diese erweiterte Studie unter dem Titel *Die Ordnung des Bewußtseins*.[23] Diese Aussage – *pars pro toto* genannt für viele ähnliche – war durchaus auch als Programm gedacht: Die politische Realität bedarf in allen ihren Aspekten einer genauen Analyse. Ein Einzelner konnte dies nicht leisten, dazu bedurfte es einer großen Anzahl von Arbeiten – und demgemäß einer großen Anzahl von Schülern, die diese Arbeiten auf sich nahmen.

Zu diesen notwendigen und daher vorgesehenen Arbeiten entwickelte Voegelin ein Rahmenkonzept. Er knüpfte mit seinen zu dieser Zeit unternommenen Untersuchungen zwar an ältere Arbeiten an, versuchte aber (als etwas Neues) den Entwurf einer umfassenden Philosophie der Geschichte. Die *Neue Wissenschaft der Politik* lieferte nur die theoretische Vorüberlegung zu diesem Projekt. Die ersten drei Bände von *Order and History*, die sich dieser Aufgabe annehmen, hatte Voegelin schon in den fünfziger Jahren verfaßt.[24] Worum ging es ihm? „Materaliter war ‚Order and History' in seiner ursprünglichen Konzeption die Darstellung der Haupttypen politischer Ordnung und ihrer symbolischen Ausdrucksformen in einer linearen Abfolge von den altorientalischen Reichen bis zur Krise der westlichen Zivilisation."[25] Mit dem Erscheinen des vierten Bandes, *The Ecumenic Age* (1974), revidierte Voegelin jedoch seinen ursprünglichen Ansatz in wichtigen Punkten. Der zentrale Gedanke lautet nunmehr: „In der philosophisch-historischen Vergegenwärtigung der geschichtlichen Gestalten dieses Ringens [um die Wahrheit der Ordnung] gewinnt der Mensch die entscheidende Einsicht in seine geschichtliche Lage, indem er den westlichen Zivilisationsprozeß retrospektiv als einen intelligiblen Zusammenhang begreift, dessen innere Ordnung die Ordnung der Geschichte insgesamt als einen sinnhaften Prozeß der

---

23 Voegelin: Anamnesis, S. 8.
24 Vgl. *Voegelin*: Order, Vol. I; *ders.*: Order and History. Vol II: The World of the Polis, Baton Rouge, London 1957; *ders.*: Order and History. Vol. III: Plato and Aristotle, Baton Rouge, London 1957; *ders.*: Order and History. Vol. IV: The Ecumenic Age, Baton Rouge, London 1974; *ders.*: Order and History. Vol. V: In Search of Order, Baton Rouge, London 1987. Eine deutsche Übersetzung von *Order and History* befindet sich in Vorbereitung. Sie wird herausgegeben von Peter J. Opitz und Dietmar Herz in Zusammenarbeit mit dem Eric-Voegelin-Archiv der Universität München.
25 *Gebhardt/Leidhold*: Voegelin, S. 138.

Selbstverständigung des Menschen über sich selbst im Drama des Seins durchsichtig macht."[26] Der Band erschien zu einer Zeit, als Voegelin bereits nicht mehr in München lebte – das dem Buch vorangestellte Programm war jedoch noch in seiner Münchener Zeit entwickelt worden. Die Sichtweise war daher im Vergleich zu seinen früheren Arbeiten noch einmal erweitert, damit natürlich auch das Programm. Die in *Ecumemic Age* vorgestellten Absichten faßten also das Programm der „Münchener Schule" (noch einmal) zusammen.

Dies hatte auch praktische Auswirkungen. Voegelin versuchte die Provinzialität der Universität, an der er lehrte, in vielerlei Weise aufzubrechen: Während der Zeit seiner Lehrtätigkeit an der Münchener Universität vermittelte er Gastvorträge von Wissenschaftlern wie Jacob Taubes und Michael Oakeshott, Hannah Arendt und Raymond Aron.[27] Er lehrte als Gastprofessor in Harvard und Notre Dame, publizierte eine Reihe von Aufsätzen in den Vereinigten Staaten und versuchte, das Programm auch in München interessant zu gestalten.[28] Zu den Eingeladenen gehörte auch Peter Laslett, der wenige Jahre zuvor den „Tod" der politischen Philosophie verkündet hatte: „Es gehört zu den Vorstellungen unseres geistigen Lebens [...], daß es unter uns Menschen geben sollte, die wir für politische Philosophen halten. Als Philosophen und empfindlich gegenüber allem Wandel in der Philosophie sollen sie sich mit den sozialen und politischen Verhältnissen auf der höchstmöglichen Ebene der Allgemeinheit beschäftigen. Sie sollen die Methoden und Ergebnisse des zeitgenössischen Denkens auf die vor Augen liegende zeitgenössische soziale und politische Situation anwenden. Dreihundert Jahre lang hat es solche Männer in unserer Geschichte gegeben [...]. Heute jedoch, so scheint es, haben wir sie nicht mehr. Die Tradition ist gebrochen und unsere Annahme ist gegenstandslos, es sei denn, sie wird als Glaube an die Möglichkeit betrachtet, daß die Theorie fortgeführt werden könnte. Für den Augenblick jedoch ist die politische Philosophie tot."[29] Voegelin verstand Lasletts Begründung, er glaubte aber, die Totgeglaubte wiederbeleben zu können.

Seine Person bestimmte das Institut und erlaubte ihm, die Schulbildung auch in praktischer Absicht voranzutreiben. Im Mittelpunkt stand jedoch stets sein theoretischer Anspruch.

---

26 *Gebhardt/Leidhold*: Voegelin, S. 137.
27 *Maier*: Schule, S. 16f.
28 Vgl. Eric *Voegelin*: The German University and the Order of German Society: A Reconsideration of the Nazi Era, in: ders.: Works, Vol.12 S. 1-35 [Erstveröffentlichung in: Die Deutsche Universität im Dritten Reich, München 1966, S. 241-282; Nachdruck in: Wort und Wahrheit XXI (1966), S. 497-518]; ders.: On Debate and Existence, in: ders.: Works, Bd.12, S. 36-51 [Nachdruck aus: Intercollegiate Review III (1967), S. 143-152]; ders.: Immortality: Experience and Symbol, in: ders.: Works, Vol.12, S. 52-94 [Nachdruck aus: Harvard Theological Review LX (1967), S. 235-279]; ders.: Configurations of History, in: ders.: Works, Vol. 12, S. 95-114 [Nachdruck aus: Paul Kuntz (Hrsg.): Concept of Order, Seattle 1968, S. 23-42].
29 Peter *Laslett*: Introduction, in: ders. (Hrsg.): Philosophy, Politics and Society, Oxford 1956, S. 8.

Bereits eine solche recht knappe Skizze der Darstellung von Voegelins Theorie wie die unsere zeigt, daß Voegelins Vorstellungen ein umfangreiches Programm an theoretischen Untersuchungen und diese begleitenden ideengeschichtlichen Studien erfordern würde. Diese Arbeit konnte eigentlich nur von seinen Schülern geleistet werden – er hatte allerdings den theoretischen Rahmen gesetzt. Und dies gilt auch für die äußeren Rahmenbedingungen. Auch sein „profaner" Versuch, die Ludwig-Maximilians-Universität für eine internationale Zusammenarbeit in Stand zu setzen, ist in diesem Zusammenhang zu sehen. Geplant war eine umfassende „Öffnung" der Universität.

5. Umsetzung des Schulprogramms

Das Programm wirkte in der Tat schulbildend. Die Ideen Voegelins und die seiner ersten Schüler, die ihn – oft bewundernd – als Vorbild betrachteten, wiesen Gemeinsamkeiten auf. In einem Aufsatz von 1980 kennzeichnet Hans Maier die den Vertretern der „Münchener Schule" eigenen Gemeinsamkeiten: Ein „Wille zur Universalisierung", das Streben nach Internationalität, „gewisse Reaktionen auf Zeitereignisse" und das Bemühen um pädagogische Wirkung.[30] Damit sind die Gemeinsamkeiten in Voegelins Programm gekennzeichnet. Wie sah es mit der Umsetzung aus? Eine solche (praktische) Umsetzung erforderte eine Reihe von weit ausgreifenden Arbeiten.

Zunächst kam es jedoch zu einigen Turbulenzen. Die volle Entfaltung des Programms verhinderte einstweilen die Studentenrevolte: Die Kritik Voegelins an deren Versuch, eine „partizipatorische Demokratie" zu etablieren, konnte natürlich nicht ausbleiben. Dennoch blieb Voegelin in bezug auf seine längerfristigen Absichten trotz allem optimistisch. Dieser grundsätzliche Optimismus war durchaus angebracht. Die Revolte war schnell vorbei, es konnte weitergehen. Voegelin nahm dafür das Verdienst in Anspruch: „München ist glücklicherweise von den schlimmsten Auswirkungen verschont geblieben, zum Teil, weil mein Institut ein Pfeiler nichtideologischer Wissenschaft war."[31]

Das Wissen um den Wert seiner Person (und seiner Arbeit) merkt man Voegelin an; er ging von einer solchen Tatsache aus, ohne dieselbe noch einmal näher zu begründen. „Sein Institut" verstand er als einen wichtigen Teilbereich der internationalen politikwissenschaftlichen Forschung. Obwohl Voegelin von Seiten der Öffentlichkeit zumeist den Konservativen zugeordnet wird, war der Kreis von Schülern und Assistenten, der sich um ihn bildete, keineswegs konservativ. Der Revolte der Studenten standen einige mit Sympathie gegenüber, der eine oder andere arbeitete sogar im SDS mit, in den folgenden Jahren zeigte sich, daß die meisten Schüler Voegelins der SPD

---

30 Vgl. *Maier*: Schule, S. 26f.
31 *Voegelin*: Reflexionen, S. 112.

nahestanden. Voegelin sah in der amerikanischen politischen Ordnung und ihrer Grundlegung die Fortführung der klassischen politischen Theorie – entdeckte (zum Beispiel bei John Adams) ein Weiterleben der christlichen Substanz des politischen Denkens, die in Europa verloren gegangen war. Es wäre interessant, der Frage nachzugehen, ob Voegelin hier das amerikanische politische Denken nicht grundlegend mißverstand. Für ein solches Mißverständnis spricht vieles. Parteinahme für die „verwirklichte Aufklärung" (Dahrendorf) verwundert bei einem Denker, der der Aufklärung doch sonst sehr skeptisch gegenüber stand.

Von besonderer Bedeutung für die Schulbildung war die thematische Breite, die eine tatsächliche Verwirklichung von Voegelins Absichten erforderte. So schreibt Voegelin selbst: „Bei Gelegenheit habe ich auf das sonderbare soziale Phänomen hingewiesen, daß an unseren Universitäten vereinzelt Gelehrte anzutreffen sind, die die Erforschung der steinzeitlichen Symbolisierungen, der neolithischen, der antiken oder der klassischen chinesischen und hinduistischen Zivilisationen als einen Weg betrachten, einen geistigen Grund wiederzuentdecken, den sie in unseren Universitäten und Kirchen bei ihrem derzeitigen Niveau nicht finden. [...] Die Wiedergewinnung der Realität vor dem Hintergrund ihrer allgegenwärtigen Deformierung erfordert beträchtliche Anstrengungen."[32] Ein solches Unterfangen auf den Weg zu bringen, schien fast unmöglich; die politische Realität (wesentlich auch die ihr zugrunde liegende Symbolik und deren Repräsentationsformen in Kultur und Geschichte) sollte möglichst umfassend beschrieben werden. So beobachtete Hans Maier: „Nahm man politische Wissenschaft in der Breite der Kulturbereiche, die zum Gegenstand der Forschung gemacht werden sollten, [...] erweiterte sich das Feld fast ins Ungeheuerliche: von China, Japan, Korea, Südostasien, also der konfuzianischen Völkerfamilie, über Indien, den islamisch-arabischen Bereich und das eingeborene Afrika bis zur Sowjetunion und ihren Satelliten, West- und Südeuropa, dem Britischen Commonwealth, den Vereinigten Staaten und Lateinamerika."[33] Voegelins Schüler nahmen diese Arbeit auf sich und erreichten eine inhaltliche Bandbreite, die bis heute beeindruckend wirkt. Auch dies wurde von Maier konstatiert: „Die Anstöße Eric Voegelins an der Münchener Universität [wirken] bis heute fort in Gestalt eines energischen Universalismus, der immer wieder über Fachgrenzen hinausgreift."[34] In München und darüber hinaus – denn eine Reihe von Schülern hatten mittlerweile Professuren und Positionen an anderen Universitäten erhalten – entstanden nun in schneller Folge Arbeiten zu den von Maier genannten Themengebieten; es wurden entsprechende Lehrveranstaltungen abgehalten und weitere Arbeiten initiiert. Wenigstens die wichtigsten seien kurz genannt: die Studien der Voegelin-Schüler Peter Weber-Schäfer (Japan und klassisches China) und Peter J. Opitz (klassisches und modernes

---

32 *Voegelin*: Reflexionen, S. 117f.
33 *Maier*: Schule, S. 18.
34 *Maier*: Schule, S. 18.

China), Peter von Sivers, Friedemann Büttner (Ägypten und Naher Osten), Jürgen Gebhardt, Manfred Henningsen, Hedda Herwig, Arno Baruzzi (ideengeschichtliche Arbeiten) sind herausragende Beispiele. Hinzu kam in München ein neu geschaffener Lehrstuhl für Internationale Politik mit dem Schwerpunkt Ferner Osten. Zwischen dem Inhaber dieses Lehrstuhls und den Schülern Voegelins kam es zu keiner inhaltlichen Kooperation. Eine breite thematische Streuung der ideengeschichtlich bearbeiteten Themen war auch für die Forschung an anderen Universitäten bezeichnend: Literaturgeschichte[35], Philosophie[36], Theologie[37], die deutsche Ideengeschichte und Staatslehre[38], das antike und vorrevolutionäre China wurden bearbeitet. Die inhaltliche Bandbreite der Schüler Voegelins wirkte allerdings ambivalent. Die Spezialisierung – eine in Hinblick auf die Arbeitsteilung ökonomische Notwendigkeit – bedeutete eine Abwendung von Voegelins eigentlichen theoretischen Anliegen. Die Differenzierung wirkte der Schulbildung entgegen. Letztlich setzten nur Opitz und Gebhardt den ursprünglichen Ansatz Voegelins fort. Auch andere Schüler wurden Spezialisten.

Die Bemühungen der Schüler waren jedoch beträchtlich. Der inhaltliche Zusammenhang der Arbeiten sollte auch nach außen hin sichtbar gemacht werden. Opitz' Engagement vor allem führte zur Gründung einer *Schriftenreihe zur Politik und Geschichte*[39], für deren Herausgabe er zusammen mit Jürgen Gebhardt und Manfred Henningsen verantwortlich zeichnete. Daneben gab es eine *Geschichte des politischen Denkens*, die sich das Ziel setzte, „alle wichtigen Zivilisationen und die Dokumente der jeweiligen Selbstauslegung menschlicher Existenz in Gesellschaft in die Betrachtung" einbeziehen zu wollen. Erstmals wurde ein solcher Versuch einer enzyklopädischen Deutung im deutschen Sprachraum unternommen. Und dies war in der Tat

---

35 Vgl. Hans-Peter *Schwarz*: Der konservative Anarchist. Politik und Zeitkritik Ernst Jüngers, Freiburg 1962.
36 Vgl. Arno *Baruzzi*: Mensch und Maschine. Das Denken sub specie machinae, München 1973; Alexander *Schwan*: Der Ort der Gegenwart in der Eschatologie des Seins. Eine Studie zur Ortsbestimmung der Gegenwart im ‚neuen Denken' Heideggers, Freiburg 1959.
37 Vgl. Alexander *Schwan*: Geschichtstheologische Konstitution und Destruktion der Politik. Friedrich Gogarten und Rudolf Bultmann, Berlin, New York 1976.
38 Vgl. Claus E. *Bärsch*: Der Staatsbegriff in der neueren deutschen Staatslehre und seine theoretischen Implikationen, Berlin 1974.
39 Die wichtigsten Werke dieser Reihe sind: Manfred *Henningsen*: Menschheit und Geschichte. Utersuchungen zu Arnold Joseph Toynbees ‚A Study of History', München 1967; Peter J. *Opitz*: Lao-tzu. Die Ordnungsspekulation im Tao-tê-ching, München 1967; Peter von *Sivers*: Khalifat, Königtum und Verfall. Die politische Theorie Ibn Khalduns, München 1968; Peter *Weber-Schäfer*: Oikumene und Imperium. Studien zur Ziviltheologie des chinesischen Kaiserreichs, München 1968; Hedda J. *Herwig*: Therapie der Menschheit. Studien zur Psychoanalyse Freuds und Jungs, München 1968; Eckhard *Colberg*: Die Erlösung der Welt durch Ferdinand Lasalle, München 1969; Tilo *Schabert*: Natur und Revolution. Grundlegende Untersuchungen zum politischen Denken in Frankreich des 18. Jahrhunderts, München 1969; Michael *Naumann*: Der Abbau einer verkehrten Welt. Satire und politische Wirklichkeit im Werk von Karl Kraus, München 1969; Athanasios *Moulakis*: Homonoia. Eintracht und Entwicklung eines politischen Bewußtseins, München 1973.

bemerkenswert, nicht zuletzt auch, weil einzelne Bände den üblichen Kontext der bis dahin in Deutschland gelehrten Ideengeschichte und politischen Theorie verließen. Ganz im Sinne von Voegelins Grundideen wurden auch andere Kulturen (vor allem zunächst China und der Islam) in die Untersuchung einbezogen. Mit diesen Reihen war endlich ein adäquater Rahmen für die Verwirklichung des Voegelin'schen Programms gefunden. Voegelin hielt sich allerdings zurück – er schrieb nicht einmal ein Vorwort für die Reihe. Nach einem überzeugenden Beginn gerieten die beiden Reihen jedoch bald in Schwierigkeiten. Hatten anfangs die Ideen Voegelins einen inhaltlichen Bezug gegeben, so verselbständigten sich die Arbeiten immer mehr. Die Unterschiede in der Arbeitsweise und in der theoretischen Weiterentwicklung der einzelnen Autoren waren doch größer als angenommen. Die „Klammer" Voegelin konnte diese nicht mehr zusammenhalten.

Die beiden Reihen wurden schließlich 1974 abgebrochen – der List-Verlag stellte sein Wissenschaftsprogramm völlig ein – und ist mittlerweile nicht mehr im Buchhandel erhältlich.[40] Versuche, sie später wieder zu beleben, scheiterten. Es war dies in der Tat ein Unterfangen im Sinne Voegelins gewesen – seine Studien hatten den interpretatorischen Rahmen gesetzt; zusammengenommen hätten die Arbeiten ein Bild menschlicher „Selbstauslegung" liefern können. Der Abbruch der Arbeit an der Reihe kennzeichnet auch das Ende der „Münchener Schule" im engeren Sinne – von da an wäre es wohl sinnvoll, lediglich von den Arbeiten Voegelins und einer damit einhergehenden Rezeption seines Werkes zu sprechen. Selbst die lose Kohärenz der Anfangszeit ging verloren. Die Auseinanderentwicklung setzte sich fort. Jetzt machte sich auch Voegelins Desinteresse an akademisch-politischen und institutspolitischen Fragen bemerkbar. Weder versuchte Voegelin (zumindest nicht in Deutschland), auf die Berufung seines Nachfolgers Einfluß

---

40 Bermbach: Entwicklung, S. 148. Herausgeber der Reihe waren Jürgen Gebhardt, Manfred Henningsen und Peter J. Opitz. Es erschienen folgende Bände: Eric *Voegelin*: Zwischen Revolution und Restauration. Politisches Denken im 17. Jahrhundert, München 1968; Arno *Baruzzi*: Aufklärung und Materialismus im Frankreich des 18. Jahrhunderts, München 1968; Jürgen *Gebhardt*: Die Revolution des Geistes. Politisches Denken in Deutschland 1770-1830, München 1968; Peter *Weber-Schäfer*: Das politische Denken der Griechen, München 1968; Manfred *Henningsen*: Vom Nationalstaat zum Empire. Englisches politisches Denken im 18. und 19. Jahrhundert, München 1970; Peter von *Sivers*: Respublica Christiana. Politisches Denken des orthodoxen Christentums im Mittelalter, München 1964; Tilo *Schabert*: Aufbruch zur Moderne. Politisches Denken in Frankreich des 17. Jahrhunderts, München 1974; Manfred *Weber*: Der gebändigte Kapitalismus. Sozialisten und Konservative im Wohlfahrtsstaat. Englisches politisches Denken im 20. Jahrhundert. München 1974; Peter J. *Opitz*: Chinesisches Altertum und Konfuzianische Klassik. Politisches Denken in China von der Chou-Zeit bis zum Han-Reich, München 1968; Friedemann *Büttner*: Reform und Revolution in der Islamischen Welt. Von der osmanischen Imperialdoktrin zum arabischen Sozialismus, München 1971; Martin *Sattler*: Staat und Recht. Die deutsche Staatslehre im 19. und 20. Jahrhundert, München 1970; Stephan *Otto*: Die Antike im Umbruch. Politisches Denken zwischen hellenistischer Tradition und christlicher Offenbarung bis zur Reichstheologie Justinians, München 1970; Martin *Greiffenhagen*/J.B. *Müller*/Reinhard *Kühnl*: Totalitarismus. Zur Problematik eines politischen Begriffs, München 1971.

zu nehmen, noch bemühte er sich um das akademische Fortkommen seiner Schüler. Keiner von diesen folgte ihm auf seinem Lehrstuhl in München nach. Nach dem Tod von Voegelins unmittelbarem Nachfolger (der Voegelins Arbeiten nicht fortsetzte) wurde der Lehrstuhl in eine internationale Gastprofessur umgewandelt. Eine Lösung, die durchaus im Sinne Voegelins, aber einer Schulbildung höchst abträglich war. Hinzu kam auch, daß viele der Schüler Voegelins, unter anderen Manfred Henningsen, Thomas Hellweg und Peter von Sivers, Professuren in den USA annahmen. Auch dies wirkte einer auf München konzentrierten Schulbildung entgegen. Es entwickelte sich eine amerikanische Variante der „Münchener Schule". An der Louisiana State University in Baton Rouge gründete Ellis Sandoz das *Research Institute for Eric Voegelin Studies*, das sich mit Voegelins Denken befaßt.

Die Schwerpunktsetzung im Bereich der Ideengeschichte und politischen Theorie blieb im geistigen Umfeld Voegelins zunächst bestehen. Auch in der „zweiten Generation" wurde die Ideengeschichte und politische Theorie von Vertretern der „Münchener und Freiburger Schule"[41] in den Mittelpunkt ihrer Arbeiten gestellt. Auf Grundlage der Auswertung von Vorlesungsverzeichnissen, Publikationen etc. entwirft Göhler einen Stammbaum für die Professoren der „Freiburger Schule" und die „Schule Voegelins".[42] Die Analyse dieses Stammbaums führt Göhler zu dem Ergebnis, daß man in den sechziger Jahren statt von einer „Münchener" besser von einer „Schule Voegelins" sprechen sollte, die sich nach Voegelins Emeritierung 1969 zu zerstreuen begann, während später die Kreise um die ehemaligen „Freiburger", insbesondere Hans Maier, G.-K. Kindermann und Kurt Sontheimer zu dominieren begannen.[43] Deren Arbeiten griffen Voegelins Ideen unverständlicherweise nicht auf. Dies galt für die substantielle Fragestellung wie für die Forschungsprogrammatik. Ein ähnlich ehrgeiziges Projekt wurde nicht noch einmal versucht. Die Arbeiten der „Münchener Schule" – gesehen im Kontext einer normativ-ontologischen Fragestellung – gliederten sich in die allgemeine politiktheoretische Forschung ein. Die „Freiburger Schule" ging ohnehin von einem theoretisch nicht gleichermaßen einheitlich fundierten Ansatz aus: Ihr fehlte zudem der universale Anspruch, der von Voegelin gesetzte Rahmen der Interpretation und das mit diesen Voraussetzungen verbundene (und für möglich erachtete) Programm.

---

41 Vgl. hierzu vor allem: Günter *Nonnenmacher*: Was war wichtig? Von der Identitätspräsentationsfunktion zur Inkompetenzkompensationskompetenz, in: Udo Bermbach (Hrsg.): Politische Theoriengeschichte. Probleme einer Teildisziplin der Politischen Wissenschaft (= PVS-Sonderheft, Nr. 15), Opladen 1984, vor allem S. 239.
42 Siehe *Göhler*: Schule, S. 35.
43 Vgl. *Göhler*: Schule, S. 34-37.

6. Nachwirkungen der Schule Eric Voegelins

Es gibt jedoch Berührungspunkte: Die „Münchener Variante" der „Freiburger Schule" geht auf Hans Maier zurück. Seine frühen Arbeiten[44], die sich mit dem Verhältnis von katholischer Kirche und Französischer Revolution bzw. der älteren deutschen Staats- und Verwaltungslehre beschäftigen, sind – in diesem Sinne durchaus mit den Arbeiten Voegelins zu vergleichen – als Einzelstudien zu einer systematischen Begründung von Staatsphilosophie gedacht. Insoweit wirkte auch Maier schulbildend. Diese Tradition setzte sich ebenfalls fort mit den Arbeiten von Schülern und Mitarbeitern Maiers, die sich der deutschen Tradition politischen Denkens zuwandten,[45] die politisch-ideologischen Auswirkungen der Französischen Revolution untersuchten[46] bzw. die begriffsgeschichtlichen Grundlagen des deutschen Parlamentarismus analysierten.[47] Es gibt auch eine grundsätzliche Gemeinsamkeit: Die große Zahl an ideengeschichtlichen Arbeiten dient im Fall Voegelins und seiner Schule wie im Falle Maiers der Bestätigung der zugrunde liegenden normativen Theorieorientierung. Die Themenstellung war überwiegend „um ordnungspolitische Themen zentriert"[48] und sollte theoretische Rechtfertigungsmuster für politische Institutionen liefern.[49] Auch hierfür hatte Voegelin in der *Neuen Wissenschaft der Politik* wichtige Akzente gesetzt. Maier, obwohl nicht in allen Punkten mit den Ansichten Voegelins übereinstimmend, übernahm doch einen Teil der Programmatik – die inhaltliche Ausgestaltung war allerdings oft recht unterschiedlich. Auch Maier führte letztlich eine politiktheoretische Forschung *sui generis* fort – wie Voegelin sie entworfen hatte. Seine Arbeiten dieser Schaffensperiode blieben jedoch eher ideengeschichtlichen Vorstellungen verhaftet. Dies zeigt sich beispielsweise an der von ihm und Denzer herausgegebenen Reihe *Klassiker des politischen Denkens.*

Das Scheitern der großen Reihe von Einzelstudien ging einher mit einer grundlegenden Veränderung der politikwissenschaftlichen (und damit auch politiktheoretischen und ideengeschichtlichen) Forschung in der Bundesre-

---

44 Vgl. Hans *Maier*: Revolution und Kirche. Studien zur Frühgeschichte der christlichen Demokratie 1789-1901, Freiburg 1965; *ders.*: Die ältere deutsche Staats- und Verwaltungslehre, Neuwied 1966; *ders.*: Politische Wissenschaft in Deutschland. Aufsätze zur Lehrtradition und Bildungspraxis, München 1969.
45 Vgl. Jutta *Brückner*: Staatswissenschaften, Konservatismus und Naturrecht, München 1977; Horst *Denzer*: Moralphilosophie und Naturrecht bei Samuel Pufendorf, München 1972; Rolf K. *Hocevar*: Stände und Repräsentation beim jungen Hegel, München 1968; Paul-Ludwig *Weinacht*: Staat, Studien zur Bedeutungsgeschichte des Wortes in den Anfängen bis ins 19. Jahrhundert, Berlin 1968.
46 Vgl. Theo *Stammen*: Goethe und die Französische Revolution, München 1966.
47 Vgl. Heinz *Rausch*: Repräsentation und Repräsentativverfassung. Anmerkungen zur Problematik, München 1979.
48 *Bermbach*: Entwicklung, S. 152.
49 Vgl. Gerhard *Göhler*: Institutionenlehre und Institutionentheorie in der deutschen Politikwissenschaft nach 1945, in: ders. (Hrsg.): Grundfragen der Theorie politischer Institutionen, Opladen 1987, S. 15-47; S. 33-36.

publik. Gegen Ende der sechziger, Anfang der siebziger Jahre gaben die meisten Vertreter der „Münchener Schule" das von Voegelin initiierte ehrgeizige Projekt einer Wiederbelebung der praktischen Philosophie auf; auch rein zahlenmäßig gingen die an einer normativ-ontologischen Theorie orientierten Forschungsarbeiten zurück, die „Münchener und Freiburger Schule" wurde – zumindest von außen gesehen – „zum Gravitationszentrum einer politisch konservativen Sozialphilosophie."[50] Die kritische Theorie der „Frankfurter Schule" und später der Marxismus liefen der „Münchener Schule" zunehmend den Rang ab. Zahlreiche „Vertreter der Freiburger Schule [gaben] ihren Anspruch, ‚gutes' politisches Handeln vorzudenken, auf und bezogen schlicht konservative Positionen. Hennis, Maier unter anderen wiesen das emanzipatorische Verlangen nach Mündigkeit und Demokratisierung als revolutionäre Phrase von sich und schränkten den Begriff der Demokratie auf die gegebene politisch-repräsentative Demokratie ein."[51] Die Ideengeschichte diente nunmehr zunehmend als „Steinbruch", um eine letztlich politisch konservative Sozialphilosophie zu untermauern[52]. Einen Gegenakzent setzten immerhin die Arbeiten Iring Fetschers und seiner Schüler (vor allem zu Hegel und Marx).[53] Lediglich dieser Gruppe ist es in einigen wichtigen theoriegeschichtlichen Untersuchungen gelungen, eine theoretisch entworfene Konzeption von Ideengeschichte einzulösen. In diesem Zusammenhang sind auch die Arbeiten Euchners zur englischen Philosophie, Sagges Studien zu Kant und der niederländischen und englischen Pamphlistik des 17. Jahrhunderts sowie Münklers Buch über Machiavelli erwähnenswert.[54]

Die „Münchener Schule" der Politikwissenschaft blieb primär an das Denken Eric Voegelins gebunden. Und das Fazit? Was bleibt von dem ehrgeizigen Vorhaben Voegelins bestehen? Ein solches Fazit ist ernüchternd, dies gilt für Voegelins Theorie, aber auch für den normativ-ontologischen Ansatz als solchen. „Über den normativ-ontologischen Theorie-Ansatz wissen die meisten neueren ‚Einführungen in die Politikwissenschaft' vergleichsweise wenig Aufschlußreiches mitzuteilen."[55] In bezug auf Voegelin

---

50 *Bermbach*: Entwicklung, S. 152.
51 Vgl. *Göhler*: Schule, S. 45f. Zum allgemeinen Rückgang normativ-ontologischer Publikationen vgl. Jürgen W. *Falter*/Gerhard *Göhler*: Politische Theorie. Entwicklung und gegenwärtiges Erscheinungsbild, in: Klaus von Beyme (Hrsg.): Politikwissenschaft in der Bundesrepublik Deutschland (= PVS-Sonderheft, Nr.17), Opladen 1984, S. 118-141.
52 *Bermbach*: Entwicklung, S. 152. Vgl. z.B. Ulrich *Matz*: Politik und Gewalt. Zur Theorie des demokratischen Verfassungsstaates und der Revolution, Freiburg 1975.
53 Vgl. Iring *Fetscher*: Reflexionen über meine geistige Entwicklung, in: ders.: Arbeit und Spiel. Essays zur Kulturkritik und Sozialphilosophie, Stuttgart 1983, S. 14.
54 Vgl. Walter *Euchner*: Naturrecht und Politik bei John Locke, Frankfurt 1969; Richard *Saage*: Eigentum, Staat und Gesellschaft bei Immanuel Kant, Stuttgart 1973; ders.: Herrschaft, Toleranz, Widerstand. Studien zur politischen Theorie der niederländischen und der englischen Revolution, Frankfurt/Main 1981; Herfried *Münkler*: Machiavelli. Die Begründung des politischen Denkens der Neuzeit aus der Krise der Republik Florenz, Frankfurt/Main 1982.
55 Dirk *Berg-Schlosser*/Theo *Stammen*: Einführung in die Politikwissenschaft, München ⁶1995 (durchgesehene Auflage), S. 47.

ist dieses Fazit sogar noch düsterer. Voegelins Werk wurde in Deutschland – auch das macht ein Blick in die Einführungen zur Politikwissenschaft deutlich – nur in sehr eingeschränktem Maße rezipiert. Das liegt auch daran, daß ab den späten sechziger Jahren die normativ-ontologische Theorie zumeist aus einer mehr oder minder voreingenommenen Perspektive, lediglich in überblickshaften Zügen und unvollständig referiert wurde:[56] In der Regel findet sich nur ein geringfügiger Teil des umfangreichen Werkes Voegelins, i.e. die *Neue Wissenschaft der Politik* und die ersten drei Bände von *Order and History*, berücksichtigt: „Im deutschen Sprachraum kann, nach dem Weggang von Voegelin aus Europa 1969, von einer Fortentwicklung nur sehr bedingt gesprochen werden. Seine Werke wurden in Grenzen in der Freiburger und Münchener Schule der Politikwissenschaft rezipiert, doch insgesamt ergab eine Durchsicht der politikwissenschaftlichen Literatur im deutschsprachigen Raum, daß auf Voegelin nur ganz abstrakt unter Bezug auf ‚The New Science of Politics' als Vertreter einer ontologisch-normativen Wissenschaft hingewiesen wird."[57] Dies zeigen auch andere Beispiele: So sah sich Opitz in der 1981 von ihm herausgegebenen Festschrift zu Voegelins 80. Geburtstag genötigt, dem Band eine Darstellung des Werkes Voegelins voranzustellen (die im übrigen die erste deutschssprachige Darstellung war).[58] Und lediglich in der von Karl Graf Ballestrem und Henning Ottmann herausgegebenen *Politische Philosophie des 20. Jahrhunderts* wird Voegelin ein eigener (allerdings recht kurzer) Artikel gewidmet.[59]

Sein eigentliches Ziel hat Voegelin also verfehlt. Sein Projekt der Neubegründung einer normativ orientierten Politikwissenschaft wurde von seinen Schülern weitgehend aufgegeben. Geblieben sind zwei Forschungszentren, die sich mit dem Werk Voegelins auseinandersetzen: Die Eric-Voegelin-Bibliothek an der Universität Erlangen und das Eric-Voegelin-Archiv an der Universität München. Es liegt in der Logik der Entwicklung, daß sich die beiden Theoretiker, die in Deutschland am ehesten die Theorie Voegelins fortsetzten, in besonderer Weise mit seinem Werk befassen.

Dem Eric-Voegelin-Archiv in München kommt dabei eine besondere Bedeutung zu. Es nimmt sich unter Leitung von Peter J. Opitz der Herausgabe und Übersetzung der noch nicht ins Deutsche übertragenen Werke Voegelins an.[60] Derzeit in Vorbereitung ist eine Übersetzung der fünf Bände von

---

56 Vgl. allg. *Opitz*: Spurensuche.
57 *Gebhardt/Leidhold*: Voegelin, S. 141.
58 Peter J. *Opitz*/Gregor *Sebba* (Hrsg.): The philosophy of order: Essays on history, conciousness and politics. Festschrift: For Eric Voegelin on his 80th birthday, January 3, 1981, Stuttgart 1981. Vgl. auch die ältere Festschrift: Alois *Dempf*/Hannah *Arendt*/Friedrich *Engel-Janosi*: Politische Ordnung und menschliche Existenz. Festgabe für Eric Voegelin zum 60. Geburtstag, München 1962. Opitz setzte diese Arbeit mit einer Reihe von Lexikaartikeln etc. zu Voegelin fort. Vgl.: Encycopédia Philosophique Universelle, Paris 1992.
59 Siehe *Gebhardt/Leidhold*: Voegelin, S. 123-146.
60 In der von Peter J. Opitz in Verbindung mit dem Eric-Voegelin-Archiv München herausgegebenen Reihe Periagoge (Fink Verlag, München) erschienen bislang von Eric *Voege-*

Order and History. Daneben erscheint seit 1996 die Reihe *Occasional Papers*[61], ein Forum zur Veröffentlichung von Studien von und über Eric Voegelin. Letztlich eine Anknüpfung an die alte Programmatik – wenn auch vorerst in bescheidenem Umfang.

Diese Bestrebungen sind in Qualität und Umfang mit den amerikanischen Bestrebungen – das Eric Voegelin Institute an der Louisiana State University unter Leitung von Ellis Sandoz wäre hier zu nennen – durchaus zu vergleichen. Dort ist eine erste historische Gesamtausgabe der Werke Voegelins in Arbeit, deren erste Bände in den letzten Jahren erschienen sind. Kleinere Forschungszentren haben sich in Italien und Portugal, vor allem aber an der Universität Manchester in England (unter Leitung von Geoffrey Price) herausgebildet.

Dies alles reicht aber nicht aus, um die Theorie Voegelins weiterzuentwickeln. Hierzu müßte die Beschäftigung der über Voegelin arbeitenden Zentren ausgebaut und erweitert werden. Die für Voegelin wichtige Auseinandersetzung mit anderen Theoretikern (oft Emigranten wie er selbst) müßten in einem ersten Schritt erforscht werden. Zu denken wäre zum Beispiel an Arbeiten von Alfred Schütz, Leo Strauss und Aron Gurwitsch. Weitere Schritte könnten dann auf Voegelins eigentliches theoretisches Anliegen zurückführen. Die Beschäftigung mit Voegelins Werk muß über dieses hinausführen. Ein Beginn hierzu ist gemacht.

Dies alles sind ermutigende Zeichen. In den letzten Jahren hat das Interesse an Voegelins Werk wieder zugenommen. Mit diesem Interesse wächst auch das an der Arbeit seiner Schüler. Fast hätte sich eine „Münchener Schule" gebildet – die auch Bestand gehabt hätte. Es glückte jedoch nicht, die Schulbildung blieb in den Anfängen stecken. Voegelin stand am Anfang dieser Schulbildung, und es blieb bei diesem Anfang.

---

lin: Die Politischen Religionen, München 1993; *ders.*: Autobiographische Reflexionen, München 1994; *ders.*: Das Volk Gottes, München 1994; *ders.*: „Die spielerische Grausamkeit der Humanisten". Eric Voegelins Studien zu Niccolò Machiavelli und Thomas Morus, München 1995, *ders.*: Evangelium und Kultur. Das Evangelium als Antwort, München 1997.

61 Die Reihe *Occasional Papers* erscheint seit 1996. Sie wird herausgegeben von Peter J. Opitz und Dietmar Herz in Verbindung mit dem Eric-Voegelin-Archiv an der Universität München. Eric *Voegelin*: Die geistige und politische Zukunft der westlichen Welt (= Ocassional papers, Bd.1), München 1996; Thomas *Hollweck*: Der Dichter als Führer? Dichtung und Repräsentanz in Voegelins frühen Arbeiten (= Ocassional papers, Bd.2 A), München 1996; Eric *Voegelin*: Wedekind. Ein Beitrag zur Soziologie der Gegenwart, (= Ocassional papers, Bd.2 B), München 1996; Dietmar *Herz*: Das Ideal einer objektiven Wissenschaft von Recht und Staat. Zu Voegelins Kritik an Hans Kelsen (= Ocassional papers, Bd.3), München 1996; William *Petropulos*: The Person as „Imago Dei". Augustine and Max Scheler in Eric Voegelin's „Herrschaftslehre" and „The Political Religions" (= Ocassional papers, Bd.4), München 1997; Christian *Schwabe*: Selbstvergessenheit und Umkehr. Über das „richtige Denken" bei Eric Voegelin und Martin Heidegger (= Ocassional papers, Bd.5), München 1997; Dante *Germino*: Eric Voegelin on the Gnostic Roots of Violence, München 1998.

Literaturverzeichnis

Bärsch, Claus E.: Der Staatsbegriff in der neueren deutschen Staatslehre und seine theoretischen Implikationen, Berlin 1974.
Baruzzi, Arno: Aufklärung und Materialismus im Frankreich des 18. Jahrhunderts, München 1968.
–: Mensch und Maschine. Das Denken sub specie machinae, München 1973.
Berg-Schlosser, Dirk/Stammen, Theo: Einführung in die Politikwissenschaft, München ^{6}1995 (durchgesehene Auflage).
Bergstraesser, Arnold/Oberndörfer, Dieter (Hrsg.): Klassiker der Staatsphilosophie. Ausgewählte Texte, Stuttgart 1962.
Bermbach, Udo: Zur Entwicklung und zum Stand der politischen Theoriengeschichte, in: ders.: (Hrsg.), Politikwissenschaft in der Bundesrepublik Deutschland. Entwicklungsprobleme einer Disziplin (= PVS-Sonderheft, Nr. 17), Opladen 1986, S. 142-167.
Bleek, Wilhelm: Aspekte der Wissenschaftsgeschichte der Politikwissenschaft, in: Lietzmann/ders.: Politikwissenschaft, S. 21-37.
Brückner, Jutta: Staatswissenschaften, Konservatismus und Naturrecht, München 1977.
Büttner, Friedemann: Reform und Revolution in der Islamischen Welt. Von der osmanischen Imperialdoktrin zum arabischen Sozialismus, München 1971.
Colberg, Eckhard: Die Erlösung der Welt durch Ferdinand Lasalle, München 1969.
Dempf, Alois/ Arendt, Hannah/Engel-Janosi, Friedrich: Politische Ordnung und menschliche Existenz. Festgabe für Eric Voegelin zum 60. Geburtstag, München 1962.
Denzer, Horst: Moralphilosophie und Naturrecht bei Samuel Pufendorf, München 1972.
Euchner, Walter: Herrschaft, Toleranz, Widerstand. Studien zur politischen Theorie der niederländischen und der englischen Revolution, Frankfurt/Main 1981.
–: Naturrecht und Politik bei John Locke, Frankfurt/Main 1969.
Falter, Jürgen W./Göhler, Gerhard: Politische Theorie. Entwicklung und gegenwärtiges Erscheinungsbild, in: Klaus von Beyme (Hrsg.): Politikwissenschaft in der Bundesrepublik Deutschland (= PVS-Sonderheft, Nr. 17), Opladen 1984, S. 118-141.
Fetscher, Iring: Reflexionen über meine geistige Entwicklung, in: ders.: Arbeit und Spiel. Essays zur Kulturkritik und Sozialphilosophie, Stuttgart 1983, S. 14.
Gebhardt, Jürgen: Die Revolution des Geistes. Politisches Denken in Deutschland 1770-1830, München 1968.
–/Leidhold, Wolfgang: Eric Voegelin, in: Karl Graf Ballestrem/Henning Ottmann (Hrsg.): Politische Philosophie des 20. Jahrhunderts, München 1990, S. 123-146.
Germino, Dante: Eric Voegelin on the Gnostic Roots of Violence, München 1998.
Göhler, Gerhard: Die Freiburger und Münchener Schule als Scientific Community, in: Occasional Papers 4 (1982).
–: Institutionenlehre und Institutionentheorie in der deutschen Politikwissenschaft nach 1945, in: ders. (Hrsg.), Grundfragen der Theorie politischer Institutionen, Opladen 1987, S. 15-47.
Greiffenhagen, Martin/Müller. J.B./Kühnl, Reinhard: Totalitarismus. Zur Problematik eines politischen Begriffs, München 1971.
Henningsen, Manfred: Menschheit und Geschichte. Uetersuchungen zu Arnold Joseph Toynbees „A Study of History", München 1967.
Henningsen, Manfred, Vom Nationalstaat zum Empire. Englisches politisches Denken im 18. und 19. Jahrhundert, München 1970.
Hennis, Wilhelm: Die Methode der politischen Wissenschaft, o.O. 1962/63.
Herwig, Hedda J.: Therapie der Menschheit. Studien zur Psychoanalyse Freuds und Jungs, München 1968.

Die Münchner Schule

Herz, Dietmar: Das Ideal einer objektiven Wissenschaft von Recht und Staat. Zu Voegelins Kritik an Hans Kelsen (= Ocassional papers, Bd.3), München 1996.
Hocevar, Rolf K.: Stände und Repräsentation beim jungen Hegel, München 1968.
Hollweck, Thomas: Der Dichter als Führer? Dichtung und Repräsentanz in Voegelins frühen Arbeiten (= Ocassional papers, Bd.2 A), München 1996.
Laslett, Peter: Introduction, in: ders. (Hrsg.): Philosophy, Politics and Society, Oxford 1956, S. 8-31.
Lietzmann, Hans J.: Politikwissenschaft in der Bundesrepublik Deutschland. Entwicklung, Stand und Perspektiven, in: ders./Bleek: Politikwissenschaft, S. 38-76.
–/Bleek, Wilhelm (Hrsg.): Politikwissenschaft. Geschichte und Entwicklung in Deutschland und Europa, München 1996.
Maier, Hans: Die ältere deutsche Staats- und Verwaltungslehre, Neuwied 1966.
–: Eine Münchener Schule: Die Politische Wissenschaft in Deutschland und das Geschwister-Scholl-Institut:, in: P.C. Mayer-Tasch (Hrsg.): Münchener Beiträge zur Politikwissenschaft, Freiburg 1980, S. 15-29.
–: Politische Wissenschaft in Deutschland. Aufsätze zur Lehrtradition und Bildungspraxis, München 1969.
–: Revolution und Kirche. Studien zur Frühgeschichte der christlichen Demokratie 1789-1901, Freiburg 1965.
–: Zur Lage der Politischen Wissenschaft in Deutschland, in: Heinrich Schneider (Hrsg.): Aufgabe und Selbstverständnis der Politischen Wissenschaft, Darmstadt 1967, S. 191-227.
Matz, Ulrich: Politik und Gewalt. Zur Theorie des demokratischen Verfassungsstaates und der Revolution, Freiburg 1975.
Mols, Manfred (Hrsg.): Politikwissenschaft: Eine Einführung, Paderborn u.a. 1994.
Moulakis, Athanasios: Homonoia. Eintracht und Entwicklung eines politischen Bewußtseins, München 1973.
Münkler, Herfried: Machiavelli. Die Begründung des politischen Denkens der Neuzeit aus der Krise der Republik Florenz, Frankfurt/Main 1982.
Naumann, Michael: Der Abbau einer verkehrten Welt. Satire und politische Wirklichkeit im Werk von Karl Kraus, München 1969.
Nonnenmacher, Günter: Was war wichtig? Von der Identitätspräsentationsfunktion zur Inkompetenzkompensationskompetenz, in: Udo Bermbach (Hrsg.): Politische Theoriengeschichte. Probleme einer Teildisziplin der Politischen Wissenschaft (= PVS-Sonderheft, Nr. 15), Opladen 1984, S. 231-253.
Opitz, Peter J./Sebba, Gregor (Hrsg.): The philosophy of order: Essays on history, conciousness and politics. Festschrift: For Eric Voegelin on his 80th birthday, January 3, 1981, Stuttgart 1981.
–: Chinesisches Altertum und Konfuzianische Klassik. Politisches Denken in China von der Chou-Zeit bis zum Han-Reich, München 1968.
–: Lao-tzu. Die Ordnungsspekulation im Tao-tê-ching, München 1967.
–: Nachwort, in: Voeglin: Wissenschaft, S. 271-286.
–: Spurensuche – Zum Einfluß Eric Voegelins auf die politische Wissenschaft in der Bundesrepublik Deutschland, in: Zeitschrift für Politik 36 (1989), H.3, S. 235-250.
–: Vorwort, in: Voegelin: Autobiographische Reflexionen, S. 7-18.
Otto, Stephan: Die Antike im Umbruch. Politisches Denken zwischen hellenistischer Tradition und christlicher Offenbarung bis zur Reichstheologie Justinians, München 1970.
Patzelt, Werner J.: Einführung in die Politikwissenschaft. Grundriß des Faches und studiumbegleitende Orientierung, Passau 1992.
Petropulos, William: The Person as „Imago Dei". Augustine and Max Scheler in Eric Voegelin's „Herrschaftslehre" und „The Political Religions" (= Ocassional papers, Bd.4), München 1997.

Rausch, Heinz: Repräsentation und Repräsentativverfassung. Anmerkungen zur Problematik, München 1979.
Ritter, Joachim: Das bürgerliche Leben. Zur aristotelischen Theorie des Glücks, in: Vierteljahresschrift für wissenschaftliche Pädagogik 32 (1956), S. 60-94.
–: Zur Grundlegung der praktischen Philosophie bei Aristoteles, in: Archiv für Rechts- und Sozialphilosophie 46 (1960), S. 179-199.
–: „Naturrecht" bei Aristoteles. Zum Problem einer Erneuerung des Naturrechts (= Res publica, Bd.6) Stuttgart 1961.
Saage, Richard: Eigentum, Staat und Gesellschaft bei Immanuel Kant, Stuttgart 1973
–: Herrschaft, Toleranz, Widerstand. Studien zur politischen Theorie der niederländischen und der englischen Revolution, Frankfurt/Main 1981.
Sattler, Martin: Staat und Recht. Die deutsche Staatslehre im 19. und 20. Jahrhundert, München 1970.
Schabert, Tilo: Aufbruch zur Moderne. Politisches Denken im Frankreich des 17. Jahrhunderts, München 1974.
–: Natur und Revolution. Grundlegende Untersuchungen zum politischen Denken in Frankreich des 18. Jahrhunderts, München 1969.
Schwabe, Christian: Selbstvergessenheit und Umkehr. Über das „richtige Denken" bei Eric Voegelin und Martin Heidegger (= Ocassional papers, Bd.5), München 1997
Schwan, Alexander: Der Ort der Gegenwart in der Eschatologie des Seins. Eine Studie zur Ortsbestimmung der Gegenwart im „neuen Denken" Heideggers, Freiburg 1959.
–: Geschichtstheologische Konstitution und Destruktion der Politik. Friedrich Gogarten und Rudolf Bultmann, Berlin (West), New York 1976.
Schwarz, Hans-Peter: Der konservative Anarchist. Politik und Zeitkritik Ernst Jüngers, Freiburg 1962.
Sivers, Peter von: Khalifat, Königtum und Verfall. Die politische Theorie Ibn Khalduns, München 1968.
–: Respublica Christiana. Politisches Denken des orthodoxen Christentums im Mittelalter, München 1964.
Stammen, Theo: Goethe und die Französische Revolution, München 1966.
Voegelin, Eric: Anamnesis. Zur Theorie der Geschichte und Politik, München 1966.
–: Autobiographical Reflections, hrsg. von Ellis Sandoz, Baton Rouge und London 1989.
–: Autobiographische Reflexionen, hrsg. von Peter J. Opitz, München 1994.
–: Configurations of History, in: ders. Works, Vol.12, S. 95-114.
–: Das Volk Gottes, München 1994.
–: Der autoritäre Staat. Ein Versuch über das österreichische Staatsproblem, Wien 1936.
–: Die Deutsche Universität im Dritten Reich, München 1966.
–: Die geistige und politische Zukunft der westlichen Welt (= Ocassional papers, Bd.1), München 1996.
–: Die neue Wissenschaft von der Politik. Eine Einführung, München 1959 [Neuauflage: Die Neue Wissenschaft der Politik. Eine Einführung, hrsg. von Peter J. Opitz in Zusammenarbeit mit dem Eric-Voegelin-Archiv an der Ludwig-Maximilians-Universität München, München ^{4}1991].
–: Die politischen Religionen, Wien 1938 [Neuauflage: Die Politischen Religionen, München 1993].
–: Die Rassenidee in der Geistesgeschichte von Ray bis Caus, Berlin 1933.
–: „Die spielerische Grausamkeit der Humanisten". Eric Voegelins Studien zu Niccolò Machiavelli und Thomas Morus, München 1995.
–: Evangelium und Kultur. Das Evangelium als Antwort, München 1997.
–: Immortality: Experience and Symbol, in: ders.: Works, Vol. 12, S. 52-94

Die Münchner Schule

–: On Debate and Existence, in: ders.: Works, Vol.12, S. 36-51.
–: Order and history, Vol. I: Israel and Revelation, Baton Rouge, London 1956.
–: Order and History. Vol. II: The World of the Polis, Baton Rouge, 1957.
–: Order and History. Vol. III: Plato and Aristotle, Baton Rouge 1957.
–: Order and History. Vol. IV: The Ecumenic Age, Baton Rouge 1974.
–: Order and History. Vol. V: In Search of Order, Baton Rouge 1987.
–: Rasse und Staat, Tübingen 1933.
–: The German University and the Order of German Society: A Reconsideration of the Nazi Era, in: ders.: Works, Vol.12, S. 1-35.
–: The Collected Works of Eric Voegelin, hrsg. von Ellis Sandoz, Vol. 12: Published Essays 1966-1985, Baton Rouge, London 1990.
–: Wedekind. Ein Beitrag zur Soziologie der Gegenwart, (= Ocassional papers, Bd.2 B), München 1996.
–: Wissenschaft, Politik und Gnosis, München 1959.
–: Zwischen Revolution und Restauration. Politisches Denken im 17. Jahrhundert, München 1968.
–/Schütz, Alfred/Strauss, Leo/Gurwitsch, Aron: Briefwechsel über „Die Neue Wissenschaft der Politik", hrsg. von Peter J. Opitz, Freiburg, München 1993.
Weber, Manfred: Der gebändigte Kapitalismus. Sozialisten und Konservative im Wohlfahrtsstaat. Englisches politisches Denken im 20. Jahrhundert. München 1974.
Weber-Schäfer, Peter: Das politische Denken der Griechen, München 1968.
–: Oikumene und Imperium. Studien zur Ziviltheologie des chinesischen Kaiserreichs, München 1968.
Weinacht, Paul-Ludwig: Staat, Studien zur Bedeutungsgeschichte des Wortes in den Anfängen bis ins 19. Jahrhundert, Berlin 1968.

Die „Marburger Schule(n)" im Umfeld der westdeutschen Politikwissenschaft 1951-1975[1]

Christoph Hüttig und Lutz Raphael

1. Ursprünge, Entwicklungspfade und -brüche eines wissenschaftlichen „Denkkollektivs"

Die „Marburger Schule Wolfgang Abendroths" und mit ihr der Fachbereich Gesellschaftswissenschaften der Philipps-Universität Marburg standen in den siebziger Jahren im Brennpunkt hochschulpolitischer Konfrontationen, wissenschaftlicher, parteipolitischer und schließlich auch gewerkschaftspolitischer Kontroversen.[2] Linken wie rechten Kritikern wurde sie zum Inbegriff einer parteiabhängigen, orthodox marxistischen Standpunkt-Wissenschaft, deren Dogmatismus per se ihren wissenschaftlichen Anspruch diskreditiere und das Marburger Institut zur „Parteihochschule"[3] bzw. „roten Kaderschmiede" verkommen lasse. Ihre Protagonisten hingegen sahen sich als legitime Verwalter des wissenschaftlichen Erbes Wolfgang Abendroths, den sie zur Leitfigur des gesellschaftskritischen, marxistischen Wissenschaftlers schlechthin stilisierten.[4] Abendroth selbst hielt trotz leiser Signale der Distanzierung unbeirrbar an der öffentlichen Solidarität mit seinen angefeindeten Schülern fest und erhob ihre Verteidigung zu einer Angelegenheit demokratischen Widerstands in Zeiten zunehmender politischer Repression.

---

1 Bei diesem Aufsatz handelt es sich um die gekürzte und überarbeitete Fasssung zweier bereits publizierter Beiträge. Vgl. Ch. *Hüttig/L. Raphael*: Der „Partisanenprofessor" und sein Erbe: W. Abendroth und die „wissenschaftliche Politik" der Marburger Schule(n) im Umfeld der westdeutschen Politikwissenschaft 1951-1975, in: D. Emig/Ch. Hüttig/L. Raphael (Hrsg.): Sprache und Politische Kultur in der Demokratie. Hans Gerd Schumann zum Gedenken, Frankfurt/Main u.a. 1992, S. 23-75; *dies.*: Die „wissenschaftliche Politik" der „Marburger Schule(n)" im Umfeld der westdeutschen Politikwissenschaft 1951 – 1975. Ein Beitrag zur Geschichte der Disziplin, in: Politische Vierteljahreschrift 3 (1992), S. 427-454.
2 Vgl. W.N. *Luther*: Vom Mißbrauch der politischen Wissenschaft, in: Die politische Meinung 21 (1976), S. 81-94; *BdWI* (Vorstand der Sektion Marburg des Bundes demokratischer Wissenschaftler) (Hrsg.): Sozialwissenschaft und Arbeitnehmerinteresse. Die Auseinandersetzungen um den Fachbereich Gesellschaftswissenschaften der Universität Marburg, Köln 1977; O.K. *Flechtheim* et al.: Der Marsch der DKP durch die Institutionen, Frankfurt/Main 1980.
3 F. *Vilmar*: Parteihochschule in der Marburger Universität? Die Unterwanderungspolitik der Deutschen Kommunistischen Partei, in: Frankfurter Rundschau (24.05.1975).
4 Vgl. W. *Abendroth*: Ein Leben in der Arbeiterbewegung. Gespräche, aufgezeichnet und herausgegeben von B. Dietrich und J. Perels, Frankfurt/Main 1977; D. *Kramer*: „Marx an der Uni": Zur Tätigkeit von W. Abendroth in Marburg, in: ders./Ch. Vanja (Hrsg.): Universität und demokratische Bewegung, Marburg 1977, S. 275-292.

Die fast fünfundzwanzigjährige wissenschaftliche Tätigkeit Wolfgang Abendroths in Marburg hat sehr viel weitreichendere Konsequenzen gehabt als der Rahmen suggeriert, den die Marburger Schule der siebziger und achtziger Jahre absteckte. Sie ist aufs engste verknüpft mit der Herausbildung eines gesellschaftskritischen „linken" Flügels der westdeutschen Politikwissenschaft mit deutlichen Ausstrahlungseffekten auf die gesamte Disziplin.[5]

Gegen das vorherrschende Bild, das vor allem mit Blick auf die Person Wolfgang Abendroth die politischen und persönlichen Kontinuitäten herausstreicht, ist hier die Rede von „Marburger Schulen", die sich in mindestens drei deutlich unterscheidbaren Entwicklungsphasen der wissenschaftlichen und hochschulpolitischen Aktivitäten am Marburger Institut verorten lassen.[6]

Nach wie vor scheint uns der Begriff der „Schule" methodisch fruchtbar,[7] um – jenseits alltagssprachlicher Konventionen – wissenschaftliche Arbeits- und Kommunikationszusammenhänge zu untersuchen, die sich zu gruppenspezifischen Denk- und Wahrnehmungsrastern oder „konsolidierten Dogmatiken der Interpretation"[8] verdichten. Ludvik Fleck definierte einen solchen schulprägenden „Denkstil" allgemein als „gerichtetes Wahrnehmen mit entsprechendem gedanklichen und sachlichen Verarbeiten des Wahrgenommenen".[9] Dazu gehören sowohl im engeren Sinne wissenschaftliche Konzepte wie die wissenschaftlichen Theorien, die eine „Schule" von anderen absetzen, die methodischen Regeln der Wissensermittlung, die sie typischerweise bevorzugt, oder die kanonisierten Wissensbestände, die sie per Lehre tradiert, als auch kollektive Denk- und Wahrnehmungsmuster wie zum Beispiel die gemeinschaftsstiftenden emotionalen Besetzungen und kognitiven Selektionen sozialer Wirklichkeit, die neben den institutionellen Faktoren Schulbildungsprozessen erst Kontinuität und Konsistenz verleihen.

In Anlehnung daran waren für uns folgende Indikatoren von Bedeutung. Mit Blick auf die interne Entwicklungsdynamik von „Denkkollektiven" haben wir uns für

– den Ausbau institutioneller Arbeitszusammenhänge,
– die Bildung stabiler Forschergruppen,

---

5   Vgl. B. *Blanke*/U. *Jürgens*/H. *Kastendiek*: Kritik der Politischen Wissenschaft, 2 Bde., Frankfurt/Main 1975; H. *Kastendiek*: Die Entwicklung der westdeutschen Politikwissenschaft, Frankfurt/Main, New York 1977.
6   In diesem Sinne ist der Selbsteinschätzung aus dem Schülerkreis sicher zuzustimmen, „Eine geschlossene ‚Marburger Schule' der Politikwissenschaft hat es nie gegeben..."; so erst kürzlich G. *Fülberth*: Mein Marburg. Bericht aus einem deutschen Städtchen mit zwei Realitäten, in: Die Zeit Nr. 40 (1997), S. 56.
7   Die auch in diesem Band geäußerte massive Kritik an dem Konzept der wissenschaftlichen Schule läßt sich u.E. im Lichte des Marburger Fallbeispiels nicht aufrechterhalten. Vgl. H. *Buchstein*: Wissenschaft von der Politik, Auslandswissenschaf, Political Science, Politologie. Die Berliner Tradition der Politikwissenschaft von der Weimarer Republik bis zur Bundesrepublik [in diesem Band S. 183-211].
8   R. *Stichweh*: Zur Soziologie wissenschaftlicher Schulen [in diesem Band S. 19-32].
9   L. *Fleck*: Entstehung und Entwicklung einer wissenschaftlichen Tatsache, Frankfurt/Main 1980, S. 130.

Die Marburger Schule(n)

- die Ausbildung und Prägung des wissenschaftlichen Nachwuchses,
- die Entstehung vorbildlicher, mustergültiger Forschungsergebnisse,
- die Ausbildung eines sowohl thematisch wie methodisch spezifischen Kanons politikwissenschaftlicher Lehre,
- die Entstehung spezifischer Forschungsthemen und -ansätze sowie schließlich
- die Ausprägung gruppenspezifischer Wahrnehmungsmuster der sozialen Welt interessiert.

Für die Außenbeziehungen der Marburger „Schulen" schienen uns besonders aufschlußreich:

- die Wahl spezifischer Kommunikationsformen und -orte (Zeitschriften, Schriftenreihen),
- die beruflichen Arbeitsfelder und Karrieren der Abendroth-Schüler, dabei insbesondere
- die wissenschaftlichen Karrieren von Schülern bzw. Schülergruppen Abendroths innerhalb der Politikwissenschaft,
- die Aufnahme von Elementen des Marburger „Denkstils" in anderen fachwissenschaftlichen bzw. außerwissenschaftlichen Zusammenhängen: in diesem Fall vor allem über politische Ansprüche, Programme und Strategien von Gewerkschaften und Parteien der Arbeiterbewegung.

Schließlich darf bei aller Suche nach „objektiven" Kriterien nicht vergessen werden, daß die Thematisierung des gruppenspezifischen Zusammenhangs für den Schulbildungsprozeß selbst fundamentale Bedeutung hat.

Wir haben Spuren des dialektischen Prozesses von Selbst- und Fremddefinition ab Mitte der fünfziger Jahre gefunden. Mit der *Schriftenreihe des Instituts für wissenschaftliche Politik Marburg/Lahn* schuf Wolfgang Abendroth 1955 ein einheitliches Forum für die Veröffentlichung laufender Forschungen seines 1951 gegründeten Instituts. Die dort seit 1953 erarbeiteten Dissertationen lieferten das Gros der Titel. Die Fachöffentlichkeit reagierte entsprechend, wenn sie die in einheitlicher Präsentation erscheinenden, auch thematisch eng benachbarten Dissertationen als Teil eines Forschungsprogramms auffaßte und als Ergebnis der „Marburger Schule" bzw. der „Schule Wolfgang Abendroths" rezensierte.[10]

Die kollektive „Schulidentität" erhielt mit den seit 1960 erscheinenden *Marburger Abhandlungen zur wissenschaftlichen Politik* ein neues Publikationsorgan. Schüler und Lehrer rückten im Zeichen antiautoritären Hochschulprotests noch enger zusammen und schrieben als Autorenkollektiv 1968 die *Einführung in die politische Wissenschaft*, bei der Abendroth gemeinsam mit Kurt Lenk nur die Herausgeberschaft und die Schlußredaktion übernahm.

---

10 H. *Buchheim*: Zur Geschichte des „Dritten Reiches", in: Neue Politische Literatur 2 (1957), S. 189; P. *Bahne*: Die KPD-Opposition in der Weimarer Republik [Rezension Tjaden 1964] in: Politische Vierteljahresschrift 6 (1965), S. 538-540; W. *Treue*: Rezension Schumann 1958, in: Historische Zeitschrift 190 (1960), S. 472.

Die Rede von den „Marburgern" war spätestens danach fest verankert und diente im Wissenschaftsjargon der frühen siebziger Jahre dazu, mit geographischer Präzision komplexere politisch-theoretische Distanzierungen zu „Frank-furtern", „Berlinern", „Tübingern" oder „Konstanzern" vorzunehmen. Damit war aber auch die Möglichkeit zu einer politischen Geographie gegeben, in deren Grenzen sich die „Marburger Schule" der siebziger Jahre fixieren konnte, wobei mit der Emeritierung des Mentors eine vergleichsweise egalitäre Selbstdarstellung einherging, die jedoch an eine striktere kollektive Denkdisziplin gebunden war, deren institutioneller Ort mit der DKP nunmehr außerhalb des Marburger *Instituts für wissenschaftliche Politik* lag.

2. Das Marburger Institut für wissenschaftliche Politik in der Gründungsphase der westdeutschen Politikwissenschaft

Die Anfänge des Marburger *Instituts für wissenschaftliche Politik* in den fünfziger Jahren sind in vielerlei Hinsicht typisch für die Situation des neuen Faches an den westdeutschen Hochschulen: Wie überall außerhalb Berlins gestaltete der einzige Lehrstuhlinhaber nach eigenem Entwurf das lokale Erscheinungsbild der neuen Fachrichtung.

Mit den allermeisten im Gründerkreis der westdeutschen Politikwissenschaftler teilte Abendroth die dezidiert prodemokratische, antinationalsozialistische Einstellung. Er engagierte sich in vielfältiger Form öffentlich für die wissenschaftspolitischen Belange des neuen Faches.[11] Inhaltlich profilierte er sich vor allem als sozialdemokratischer Verfassungsrechtler und wirkte insbesondere im Umfeld von Staatsrechtlern und politischen Juristen. Die Debatten auf dem Gebiet der politischen Ideenlehre bzw. Theorie kreisten immer wieder um das Thema der demokratischen Legitimation von Herrschaftsordnung und um die rechtstheoretischen Voraussetzungen staatlichen Machtmißbrauches und totalitärer Bedrohungen demokratischer Verfassungsordnungen. Dementsprechend sind es vor allem Abendroths damals weit verstreut erschienenen Beiträge zu Verfassungsfragen und Kommentare zu politischen Tagesfragen, die sein politikwissenschaftliches Oeuvre in diesem Jahrzehnt ausmachen. Eine erste Sammlung von acht Beiträgen erschien bereits 1955.[12]

Als marxistischer Staatsrechtler gehörte Abendroth auch zu denjenigen Politikwissenschaftlern, die mit dem neuen Fach eine „Wirklichkeitswissen-

---

11 Vgl. W. *Abendroth*: Politische Wissenschaft und Wissenschaft von der Politik, in: Deutsche Universitätszeitung 17/18 (1950), S. 13; *ders.*: Grundlinien und Ziele wissenschaftlicher Politik, in: Hessische Hochschulwochen zur Staatswissenschaftlichen Fortbildung, Bad Homburg 1953, S. 14-25; A. *Mohr*: Politikwissenschaft als Alternative, Bochum 1988, S. 97ff.

12 H. *Sultan*/W. *Abendroth*: Bürokratischer Verwaltungsstaat und soziale Demokratie, Hannover, Frankfurt/Main 1955.

schaft" gründen wollten, welche die erfolgreichen Methoden sowohl der empirischen Sozialforschung wie auch der Geschichtswissenschaft für konkrete Analysen politischer Strukturen und Prozesse anzuwenden wußte. Seine Distanz gegenüber abstrakten Theoriediskussionen und der Blick für die enge Verknüpfung rechtlicher, gesellschaftlicher und wirtschaftlicher Konstellationen im politischen Feld brachten den Politikwissenschaftler Abendroth in die Nähe von Kollegen wie Stammer oder Gurland, die dezidiert für eine „politische Soziologie" eintraten und die Gewichte weg von der politischen Theorie hin zur empirischen Politikanalyse verlagern wollten.[13]

Als Hochschullehrer sah sich Abendroth wie fast alle seine Kollegen mit dem Problem konfrontiert, dem neuen Leitbild der Integrationswissenschaft von der Politik eine konkrete Gestalt zu geben. Der Weg von seinen theoretischen Grundannahmen und politischen Positionen zu einer schulbildenden politikwissenschaftlichen Konzeption kann anhand seiner universitären Lehrtätigkeit und seiner Forschungsimpulse der Jahre 1951-1961 verfolgt werden. In der Lehre nahmen neben Veranstaltungen zur Politischen Soziologie demokratischer Institutionen (Parteien und Verbände der Bundesrepublik Deutschland) staatsrechtliche und theoretische Fragestellungen den größten Raum ein. Einen weiteren Themenkomplex bildeten Lehrveranstaltungen zur Geschichte und Vorgeschichte des Dritten Reiches.

Insgesamt setzte Abendroth auf ein breites demokratiewissenschaftliches Wissenschaftskonzept, das durchaus in gewissem Kontrast zu seinem marxistischen Hintergrund stand.

Darin scheint uns bei aller Distanz zu den demokratietheoretischen Positionen eines Fraenkel auch die Nähe begründet zu sein, die die Forschungen des Marburger Instituts zu den Programmen des Berliner *Instituts für Politische Wissenschaft* zeigen. „Politische Soziologie der neuen westdeutschen Demokratie" und „Grundzüge des politischen und gesellschaftlichen Systems der NS-Zeit", so lassen sich in beiden Instituten zentrale Forschungsschwerpunkte der fünfziger Jahre überschreiben. Die Marburger Arbeiten[14] waren als Materialsammlungen und „Vorarbeit zur Untersuchung des Organisationsgefüges der nationalsozialistischen Diktatur und seiner Geschichte"[15] konzipiert. Wenngleich sie einer eher deskriptiven Ebene verhaftet blieben, fanden sie ungeteilte Anerkennung. Die Studien von Klönne zur HJ und von Schumann zur DAF wurden zu Standardwerken.

---

13 Vgl. H. *Buchstein*: Verpaßte Chancen einer kritischen Politikwissenschaft? A.R.L. Gurlands Gastspiel in Berlin 1950-1954, in: Exilforschung 9 (1991), S. 128-145; R. *Ebbighausen*: Politische Soziologie: Zu Geschichte und Ortsbestimmung, Opladen 1981, S. 80-102.
14 A. *Klönne*: Hitlerjugend. Die Jugend und ihre Organisation im Dritten Reich, Hannover, Frankfurt/Main 1955; E. *Neusüß-Hunkel*: Die SS, Hannover, Frankfurt/Main 1956; W. *Schäfer*: NSDAP. Entwicklung und Struktur der Staatspartei des Dritten Reiches, Hannover, Frankfurt/Main 1956; H.G. *Schumann*: Nationalsozialismus und Gewerkschaftsbewegung, Frankfurt/Main, Hannover 1958; M. *Priepke*: Die evangelische Jugend im Dritten Reich 1933-1936, Hannover, Frankfurt/Main 1960.
15 W. *Abendroth*: Vorwort, in: Schumann: Nationalsozialismus, S. 4.

Den zweiten Schwerpunkt, den die Marburger in diesem Jahrzehnt mit den Forschungen des Berliner Instituts gemeinsam haben, bildeten Wahlstudien[16], die Abendroth in seiner Konzeption einer „deutschen historischen Wahlsoziologie" auf „streng lokal begrenzte regionale Untersuchungen" konzentriert sehen wollte.[17] In der Rückschau gewinnt man allerdings den Eindruck, als sei dieses nur langfristig zu realisierende Forschungsprogramm nur halbherzig verfolgt worden.

Neben den beiden genannten Schwerpunkten wurde bereits in den Anfängen des Marburger Instituts mit einem dritten Arbeitsbereich begonnen, der in diesem Sinn bis zur Gegenwart „Schule" machen sollte: Die erste von Abendroth in Marburg betreute Dissertation[18] eröffnete die lange Reihe von Marburger Studien zur Geschichte der deutschen Arbeiterbewegung, die immer als linksoppositionelle Gegendarstellungen zur dominierenden sozialdemokratisch geprägten Geschichtsschreibung zu lesen sind. Zentrales Thema der frühen Marburger Arbeiten wurde die vernachlässigte Geschichte linkssozialistischer Kleinorganisationen zwischen den großen Blöcken von SPD und KPD.[19]

An der Nahtstelle zwischen den Arbeitsfeldern „Drittes Reich" und „Arbeiterbewegungsgeschichte" befand sich die Erforschung des Widerstands, die Abendroth spätestens seit Mitte der fünfziger Jahre an seinem Institut zu entwickeln versuchte.[20]

Thematisch entwickelte das Institut ein erstes Profil in der Zeitgeschichtsforschung zum Dritten Reich sowie in der historisch-soziologischen Wahl- und Parteienforschung. Damit bewegte es sich im mainstream der zeitgenössischen politikwissenschaftlichen Forschung und deren demokratiewissenschaftlicher Begründung. Mit beiden genannten Themenbereichen sowie dem dritten Schwerpunkt, der Arbeiterbewegungsgeschichte, stand die Marburger Schule in enger sachlicher Nähe zur sich konstituierenden Zeitgeschichtsforschung, eine Nähe, die auch in der Mitarbeit Abendroths in der *Kommission zur Geschichte des Parlamentarismus und der Parteien* erkenn-

---

16 Vgl. O. *Stammer*: Politische Forschung, Köln, Opladen 1960, S. 199ff.
17 W. *Abendroth*: Aufgaben und Methoden einer deutschen historischen Wahlsoziologie, in: Vierteljahrshefte für Zeitgeschichte 5 (1957), S. 303.
18 E.A. *Suck*: Der religiöse Sozialismus in der Weimarer Republik, Marburg 1953.
19 Vgl. K. *Kliem*: Der sozialistische Widerstand gegen das Dritte Reich, dargestellt an der Gruppe „Neubeginnen", Marburg 1957; F. *Opel*: Der Deutsche Metallarbeiterverband während des ersten Weltkrieges und der Revolution, Hannover, Frankfurt/Main 1957; W. *Link*: Die Geschichte des Internationalen Jugendbundes und des Internationalen Sozialistischen Kampfbundes, Marburg 1961; H. *Drechsler*: Die Sozialistische Arbeiterpartei Deutschlands (SAPD), Marburg 1962.
20 Vgl. W. *Abendroth*: Die Träger des Widerstandes gegen das Dritte Reich in Deutschland, in: Der Neue Bund (1955), S. 3ff.; ders.: Das Problem der Widerstandstätigkeit der Schwarzen Front, in: Vierteljahrsheft für Zeitgeschichte 8 (1960), S. 181ff.; ders.: Der deutsche politische Widerstand gegen das Dritte Reich, in: Stimme der Gemeinde 16 (1964), S. 426ff.; *IWP* (Archiv des Instituts für Wissenschaftliche Politik der Universität Marburg): Chronik des Instituts für Wissenschaftliche Politik für die Zeit vom 18.10.1958 bis zum 15.10.1963, C KF, 1964, S. 4.

bar wird. Die Marburger Forscher betraten kein Neuland, etwa mit der Aneignung der Methoden der empirischen Sozialforschung. Hier hat das Marburger Institut elementare Voraussetzungen für die Ausbildung fachlicher Standards geschaffen und einen Grundstock von Wissens- und Dokumentationsbeständen für Forschung und Lehre aufgebaut. Insgesamt ist der Stil der frühen Marburger Arbeiten eher theoriefern, detailbezogen und deskriptiv.

Eine erste Antwort auf die Frage nach der Ausstrahlung der „Marburger Schule" geben uns die Hinweise auf Studentenzahlen in den Lehrverstaltungen des Instituts. Sie zeigen ein rasches Anwachsen der Hörerschaft bis zum Beginn der sechziger Jahre.[21] Dabei dürfte es sich neben einer kleinen Zahl von Lehramtsstudenten im Hauptfach in der Mehrzahl um Juristen gehandelt haben, da Abendroth auch an der juristischen Fakultät prüfungsberechtigt war.[22] Zum zweiten kann das Gewicht des Marburger Instituts für die politikwissenschaftliche Nachwuchsbildung anhand der Qualifikationsarbeiten erschlossen werden. Bis zum Jahre 1961 wurden 19 Dissertationen abgeschlossen.[23] Berücksichtigt man die besonderen personellen Ressourcen des Faches in Berlin (1962 waren dort immerhin elf von 32 politikwissenschaftlichen Professuren Westdeutschlands), können sich die bis zum Jahr 1960 im Marburger Institut erarbeiteten Publikationen (fünf Bände der eigenen Schriftenreihe sowie fünf weitere Veröffentlichungen, dazu zwei Buchveröffentlichungen von Wolfgang Abendroth selbst) neben der Veröffentlichungsliste des Berliner Instituts im Jahre 1960 (16 Bände sowie sieben weitere Einzelveröffentlichungen) durchaus sehen lassen.

Die Verbindungen Abendroths zur SPD und zu den Gewerkschaften haben dazu geführt, daß ein Teil des Schülerkreises dem engeren sozialdemokratischen Milieu entstammte und auch nach dem Studium im gewerkschaftlich-parteilichen bzw. staatlich-politischen Rahmen weiter gearbeitet hat. Wichtigstes Arbeitsfeld Marburger Politikwissenschaftler wurde der neu entstehende Sektor der politischen Bildung. Neben Abendroth selbst, der als Dozent an der *Akademie der Arbeit* in Frankfurt lehrte, wurden mehrere seiner Mitarbeiter bzw. ehemaligen Schüler in Volkshochschulen, kirchlichen und vor allen gewerkschaftlichen Bildungseinrichtungen tätig. In diesem Fall nutzte Abendroth die in der marxistischen Arbeiterbewegung gepflegte Tradition politisch-theoretischer „Kaderschulung" und Arbeiterbildung als Konzeption und Motivation für das Engagement junger Politikwissenschaftler in dem neuen Arbeitsfeld.

---

21 IWP (Archiv des Instituts für Wissenschaftliche Politik der Universität Marburg): Bericht über die Arbeit des Instituts im akademischen Jahr 1963, XP, 1964, S. 5.
22 H. *Ridder*: „Der Jurist Wolfgang Abendroth", in: Forum Wissenschaft 4 (1985), S. 57.
23 Vgl. *Hüttig/Raphael*: Partisanenprofessor, S. 71ff

3. Auf der Suche nach dem professionellen Profil

Die mittlere Phase der Entwicklung der Politikwissenschaft an der Universität Marburg war in vielerlei Hinsicht die fruchtbarste. Die bereits in den fünfziger Jahren entwickelten Forschungsprogramme trugen mit einer vergleichsweise großen Zahl abgeschlossener und im Fach beachteter Dissertationen reichlich Früchte. Die personelle Erweiterung noch vor der Hochschulreform der siebziger Jahre und die institutionelle Konsolidierung – mit der Verabschiedung einer „liberalen" Institutssatzung im Jahre 1964 gleichsam symbolisch zunächst abgeschlossen –[24] schufen günstige Voraussetzungen für die Weiterentwicklung wissenschaftlicher Produktivität.

Die personelle Ausstattung verbesserte sich entscheidend ab dem Jahr 1961. 1965 arbeiteten am Marburger Institut insgesamt elf Wissenschaftler, unterstützt von fünf nichtwissenschaftlichen Mitarbeitern sowie sechs studentischen Hilfskräften und fünf Lehrbeauftragten.[25] Innerer Zusammenhalt der Schule und Breite ihres Fachdiskurses wuchsen nicht zuletzt auch durch die Kooperation Abendroths mit Erich Matthias sowie mit dem Soziologen Heinz Maus, der wie Abendroth dem Förderkreis des SDS angehörte.

Von besonderer Bedeutung für die weitere Entwicklung der „Marburger Schule" wurde der sich in den sechziger Jahren entwickelnde Modus institutsinterner Nachwuchsrekrutierung. Ein engerer Kreis von Doktoranden durchlief die institutsinterne Karriereleiter von der studentischen Hilfskraft zum Assistenten bzw. Oberassistenten. Bemerkenswert ist, daß immerhin drei Frauen in diesen traditionell männlichen Kreis des Hochschulnachwuchses gelangten (E. Neusüß-Hunkel, V. Rüdiger, U. Schmiederer). Aus diesem Kreis setzten dann vier Mitarbeiter (Deppe, Kühnl, Fülberth, Römer) ihren Weg kontinuierlich fort bis zur Berufung auf Hochschullehrerstellen am gleichen Institut in den siebziger Jahren. Eine zweite Gruppe etablierte sich seit 1963 in Gießen an der Hochschule für Erziehung, dem Kern des späteren Fachbereichs Gesellschaftswissenschaften der Universität Gießen.

Anders als in den fünfziger Jahren nahmen die Schüler der ersten und zweiten Generation nun auch in der Lehre Einfluß, brachten eigenständige Nuancen ein und trugen dazu bei, das Spektrum der Inhalte, theoretischen Bezüge und methodischen Zugänge erheblich auszuweiten. Mit dem Projekt einer *Einführung in die politische Wissenschaft*[26] unter der Schirmherrschaft Abendroths verband sich auch eine Profilierungsstrategie des Marburger Mittelbaus. Dieser als Studienbuch konzipierte und von Abendroth und Lenk herausgegebene Sammelband wurde wesentlich von den Institutsmitarbeitern formuliert und von Abendroth lediglich redigiert.

---

24 Vgl. *IWP* (Archiv des Instituts für Wissenschaftliche Politik der Universität Marburg): Institutssatzung v. 31.3.1964, B 1 3, 1964c.
25 Vgl. *IWP* (Archiv des Instituts für Wissenschaftliche Politik der Universität Marburg): Bericht über die Arbeit des Instituts 1964-1966, C KF, 1967, S. 3.
26 W. *Abendroth*/K. *Lenk* (Hrsg.): Einführung in die politische Wissenschaft, Bern 1968.

In der zweiten Hälfte der sechziger Jahre geriet das Institut allerdings unter wachsenden äußeren Druck. Zum einen stiegen in Marburg sehr früh die Studentenzahlen enorm an[27], nicht zuletzt durch die Einführung des Unterrichtsfaches Sozialkunde/Gemeinschaftskunde an den hessischen Gymnasien. Der zweite, noch wichtigere externe Faktor, der die Entwicklung der Marburger Schule der sechziger Jahre maßgeblich beeinflußt hat, läßt sich unter dem Stichwort „Politisierung" zusammenfassen.

In den sechziger Jahren wurde die Hochschulwelt selbst zum Ausgangspunkt von Politisierungsprozessen: Universitäre Lehrprogramme und wissenschaftliche Publikationen nahmen immer stärker auf aktuelle politische Konflikte Bezug, theoretische und methodische Probleme wurden zunehmend nach genuin politischen Kriterien beurteilt und diskutiert. Der Ausschluß Abendroths aus der SPD 1961[28], die Auseinandersetzungen um die Notstandsgesetzgebung, das Aufkeimen der APO im Schatten der Großen Koalition und schließlich der Widerstand gegen die gesellschaftliche und politische Ausgrenzung der Alten und Neuen Linken an der Wende zum neuen Jahrzehnt wurden die wichtigsten Etappen dieses Prozesses.

Stärker noch als früher widmete Abendroth selbst sich der kritischen Kommentierung aktueller politischer Entwicklungen. Direkten Bezug zu den theoretischen und methodischen Problemen des Faches weisen nur einige wenige Aufsätze in der *Zeitschrift für Politik* und der *Politische Vierteljahresschrift* auf, sieht man ab von der zweiten, in diesem Fall umfassend angelegten Aufsatzsammlung, in der wichtige Beiträge der fünfziger Jahre wieder abgedruckt wurden.[29] In gewisser Hinsicht präsentierte sich damit das politikwissenschaftliche Lehrgebäude Wolfgang Abendroths als abgeschlossen. Ähnliche Funktion für die Schulbildung haben die beiden von ihm publizierten Monographien. Seine *Sozialgeschichte der europäischen Arbeiterbewegung*[30] wurde zum Leitfaden des Forschungsprogramms zur Geschichte der Arbeiterbewegung und markierte gleichzeitig die Eigenständigkeit des Marburger Ansatzes gegenüber den beiden dominierenden (SPD- und SED-) Schulen. In ähnlicher Weise faßte er seine verfassungsrechtliche Konzeption mit Blick auf das Bonner Grundgesetz zusammen.[31] Abendroths Werk war zu einem Klassiker des Faches geworden, er selbst verstärkte in dieser Phase seine verbandspolitischen Aktivitäten im Kreise jüngerer Kollegen.[32]

Das Lehrangebot des Instituts wurde breiter, blieb aber den thematischen Akzentsetzungen der fünfziger Jahre treu. Abendroth las vorzugsweise zu

---

27 Vgl *IWP*: Bericht S. 9.
28 Vgl. W. *Abendroth*: Arbeiterklasse, Staat und Verfassung. Kritisches zum Programmentwurf der SPD, in: Die Neue Gesellschaft 1 (1959), S. 42ff.; J. *Seifert*: Wolfgang Abendroth und die SPD, in: Sozialistische Politik und Wirtschaft 29 (1977), S. 438-443.
29 W. *Abendroth*: Antagonistische Gesellschaft und politische Demokratie, Neuwied, Berlin 1967.
30 W. *Abendroth*: Sozialgeschichte der europäischen Arbeiterbewegung, Frankfurt/Main 1965.
31 W. *Abendroth*: Das Grundgesetz. Eine Einführung in seine politische Probleme, Pfullingen 1966.
32 Vgl. H.-J. *Arndt*: Die Besiegten von 1945, Berlin 1978, S. 190ff.

staats- und verfassungsrechtlichen Themen und – hierin ergänzt von E. Matthias – zur Geschichte der Weimarer Republik, des Nationalsozialismus und des Widerstands im Dritten Reich. Die Nachwuchswissenschaftler bereicherten dieses Kernangebot durch Lehrveranstaltungen zur Politischen Ideengeschichte und Theorie, zu Kolonialismus und Imperialismus sowie zur vergleichenden Parteienforschung, die zu einer Art Studieneinheit „Vergleichende Regierungslehre" ausgebaut wurde.

Mit dem Ausbau und der Differenzierung des Lehrprogramms sowie in dem gesteigerten Methodenbewußtsein zeichneten sich Konturen eines Curriculums ab, das den interuniversitären oder, wenn man so will, auch „zwischenschulischen" Vergleich im zeitgenössischen Kontext nicht zu scheuen braucht. Als im Jahre 1967 mit der Berufung E.-O. Czempiels die Internationalen Beziehungen in Form eines eigenständigen Teilgebiets etabliert wurden[33] und im Lehrplan präsent waren, war das Marburger Lehrangebot nicht mehr weit entfernt von den Rahmen-Standards, die gegenwärtig die Studienpläne des Faches in der Bundesrepublik prägen.

Die Durchsicht des Lehrprogramms erweckt den Eindruck, als habe die Integrationswissenschaft Politikwissenschaft Ende der sechziger Jahre erfolgreich ihren Gegenstand definiert, einen spezifischen Methodenkanon entwickelt und sei mit der Ausbildung einer erkennbaren Fachidentität ein Stück weiter gekommen. Dies gilt auch für den Theoriebezug: In der zeitgenössischen Klassifizierungstriade metatheoretischer Positionen von normativ-ontologischen, empirisch-analytischen und historisch-dialektischen Ansätzen suchte die Marburger Schule sich selbst unzweideutig dem Vorbild der „Kritischen Theorie" anzuschließen, dies insbesondere 1968 mit der *Einführung in die politische Wissenschaft*.

In der Hochkonjunktur der vom Mittelbau der verschiedenen Schulen verfaßten Einführungen Ende der sechziger, Anfang der siebziger Jahre, die neben verdienstvollen fachwissenschaftlich-didaktischen Intentionen unverkennbar von profilierungsstrategischen Absichten getragen waren, ist das Marburger Projekt wohl auch als Gegenkonzeption vor allen zur empirisch-handwerklichen Ausrichtung des Tübinger Vorläufers[34] zu verstehen.[35]

Die Orientierung an der Kritischen Theorie als dem leitenden gesellschaftstheoretischen Modell blieb jedoch in den einzelnen Kapiteln eher plakativ, und der Marburger Entwurf einer kritischen Politikwissenschaft zeigt sich im Detail viel heterogener und eklektischer als zeitgenössische Konkurrenzprojekte[36], vor allem aber kontrastiert der Verzicht auf methodische Teile in der Einführung mit der eigenen Lehrpraxis: Hier offenbaren sich erste Brüche in der Entwicklung des Marburger Denkkollektivs.

---

33 Vgl. *IWP*: Bericht.
34 G. *Lehmbruch*/F. *Naschold*/P. *Seibt*: Einführung in die Politikwissenschaft, Stuttgart u.a. 1967.
35 Vgl. G. *Kress*: Wider unpolitische Politikwissenschaft (II), in: Neue Politische Literatur 16 (1971), S. 166.
36 Vgl. G. *Kress*/D. *Senghaas* (Hrsg.): Politikwissenschaft. Eine Einführung in ihre Probleme, Frankfurt/Main 1969.

Auch im Blick auf das Forschungsprogramm des Marburger Instituts der sechziger und siebziger Jahre läßt sich eine erkenntnisleitende Funktion dieses theoretischen Entwurfs nicht erkennen, der etwa die Abendrothsche Tradition marxistischer Herrschaftskritik im Denkkollektiv überlagert hätte.

Bei den 25 am Marburger Institut zwischen 1962 und 1969 erarbeiteten Dissertationen lassen sich deutlich drei zeitlich und thematisch getrennte Gruppen unterscheiden: Die sechs 1962 und 1963 vorgelegten Arbeiten sind bis auf eine Ausnahme alle dem seit Ende der fünfziger Jahre in den Vordergrund gerückten Themenbereich der Arbeiterbewegungsgeschichte gewidmet. Hierbei sind insbesondere die Arbeiten von Drechsler und Tjaden über die beiden wichtigsten Splittergruppen zwischen KPD und SPD am Ende der Weimarer Republik zu Klassikern geworden.[37] Von den acht Mitte der sechziger Jahre eingereichten Arbeiten beschäftigen sich sechs mit bürgerlichen Parteien bzw. Wahlvereinigungen sowohl in der Weimarer Republik wie auch in der Bundesrepublik bzw. mit Problemen des parlamentarischen Systems. Hier zeigen sich deutlich die Früchte der seit der Berufung von E. Matthias erkennbaren Erweiterung des Arbeitsfeldes Parlamentarismus und politische Parteien.

In den späten sechziger Jahren ist ein Trend zu thematischer Diversifizierung und zur Desintegration der Forschungsprogramme am Institut unverkennbar. Er geht einher mit einem wachsenden Pluralismus des theoretischen Bezugs und des methodischen Instrumentariums – trotz der schon beschriebenen Integrations- und Vereinheitlichungsbemühungen.

Abgesehen von den Dissertationen waren die Publikationsaktivitäten der Institutsmitglieder zwar rege, aber ebenfalls nicht sehr stark auf die forschungsstrategische Weiterentwicklung der eigenen Arbeitsschwerpunkte oder auf die theoretisch-methodischen Kernprobleme des Faches konzentriert. Von 44 Publikationen der Institutsmitglieder bis etwa 1965[38] sind zwar etwa dreißig einschlägig im Sinne des Fachbezugs, als wissenschaftliche Monographien oder Aufsätze können unter qualitativen und quantitativen Aspekten jedoch höchstens zwanzig gelten. In der zweiten Hälfte der sechziger Jahre nahm mit Ausnahme Abendroths die Publikationstätigkeit der Institutsmitglieder vor allem infolge der Fluktuation der Assistenten und des Hinzukommens jüngerer wissenschaftlicher Mitarbeiter deutlich ab.

Angesichts der wachsenden Attraktivität des Marburger Instituts für die Studentengenerationen der sechziger Jahre funktionierte das bereits beschriebene Rekrutierungsmodell für den wissenschaftlichen Nachwuchs sehr erfolgreich, insofern als in dem noch offenen Diskursklima des Instituts ein erstaunlich großes Nachwuchsreservoir entstand, das der Marburger Schule vor allem im Zuge der Stellenxpansion durch die Hochschulreform 1972/73 große Verbreitung im Wissenschaftssektor auch außerhalb der eigenen Univer-

---

37 *Drechsler*: Arbeiterpartei; K.H. *Tjaden*: Struktur und Funktion der KPD (Opposition), Meisenheim/Glan 1964.
38 Vgl. *IWP*: Bericht, S. 23ff.

sität ermöglichte. Frühe und prominente Erfolge waren zunächst die Berufungen Kurt Lenks nach Erlangen 1967 und Hans Gerd Schumanns nach Darmstadt 1969. Im Rückblick weniger spektakulär verlief die bereits erwähnte, gleichsam „schleichende" Gründung einer Marburger „Dependance" an der Gießener Hochschule für Erziehung. Wichtig sind die Wirkungen dieser Wissenschaftler-Migration für das Marburger Institut selbst geworden, löste sie doch bereits konzeptionelle Verengungen und Weichenstellungen aus: So wanderten auf diese Weise zum Beispiel die Marburger Arbeitsschwerpunkte „politische Bildung" und „empirische Wahl- und Parteienforschung" fast vollständig nach Gießen ab.

4. Das Ende der Zweideutigkeiten und Vielfalt: Die „Marburger Schule" der siebziger Jahre

Die langsame Verengung eines im Spektrum der damaligen universitären sozialistischen Linken recht breiten Horizonts Marburger Politikwissenschaftler um Wolfgang Abendroth bildet den politischen Grundtrend der Institutsentwicklung zwischen 1968 und 1972, dessen personelle und konzeptionelle Begleiterscheinungen das Bild der Marburger Schule der siebziger und achtziger Jahre nachhaltig prägen sollten. In einer immer tiefer zerstrittenen universitären Linken mußte Abendroth seine Rolle als integrierender Mentor aufgeben. Die frühe Hinwendung des Marburger SDS unter Führung Frank Deppes zur neugegründeten DKP kann innerhalb seines Schülerkreises als entscheidender Schritt in die Richtung traditionalistisch-dogmatischer Engführungen angesehen werden, mit denen sich Abendroth arrangierte und für die er nach wie vor sein gesamtes symbolisches Kapital zur Verfügung stellte. Damit bot sich dem Kreis seiner Mitarbeiter seit 1970 die Gelegenheit, vom Stellenausbau des Marburger Instituts zu profitieren und über die Praxis der Hausberufung personelle Kontinuitäten herzustellen, die nunmehr die Gewichte innerhalb der universitären Linken eindeutig zu ihren Gunsten verschob. Gleichzeitig wanderten weitere jüngere Mitarbeiter ab, die mit den politischen Optionen der Mehrheit des Kreises um Abendroth, nicht übereinstimmten. Zum anderen führte schließlich der Wechsel von Ernst-Otto Czempiel, dem Inhaber des zweiten Lehrstuhls neben Abendroth nach Frankfurt am Main (1971) am Institut zu einer wesentlichen Verlagerung der Machtgewichte.

Im Ergebnis finden wir nach wenigen Jahren eine tiefgreifend veränderte Konstellation am Marburger Institut vor. Von insgesamt 16 Wissenschaftlern des Instituts aus dem Jahr 1969 waren 1974/75 nur noch fünf weiterhin in Marburg tätig. Zehn der 18 Professoren, Dozenten und Mitarbeiter, die 1974/75 am Institut beschäftigt waren, waren bei Abendroth promoviert worden. Während auf der Ebene des wissenschaftlichen Mittelbaus vor allem die DKP-nahen Nachwuchswissenschaftler besonders günstige Einstellungsbedingungen fanden, sah es – nach der ersten Welle von Hausberufungen, die wissenschaftspolitisch höchst umstritten waren (Kühnl, Deppe und Fülberth) – auf der Ebene der Professorenschaft anders aus: Hier wurden mit Langer, Schiller, v. Bredow und Rupp sozialdemokratische, liberale oder parteiunabhängige Wissenschaftler berufen, die in keinem Schülerverhältnis zu Abendroth standen und auch politisch bestenfalls „sozialliberale" Bündnispartner für die DKP-orientierte Gruppierung am Institut und im Fachbereich Gesellschaftswissenschaften werden konnten.

Für das Verständnis der weiteren Entwicklung der Marburger Schule in den siebziger Jahren ist von großer Bedeutung, daß die politische und wissenschaftliche Verengung der von ihr vertretenen Positionen einherging mit einer Diffusion über die Fächergrenzen der Politikwissenschaften hinaus. Die bereits in den sechziger Jahren erfolgten konzeptionellen und personellen Annäherungen der Marburger Politikwissenschaft an die Soziologie führten dazu, daß die DKP-orientierte Hauptströmung Marburger Abendroth-Schüler auch in den Nachbardisziplinen Soziologie und Erziehungswissenschaften ihre wissenschaftlichen Karrieren fortsetzten (so F. Deppe und K.H. Tjaden). Mit der Gründung des Fachbereichs 3 „Gesellschaftswissenschaften" wurden dann auch institutionelle Voraussetzungen für eine fächerübergreifende Ausbreitung der neuen Marburger Schule geschaffen. In dem neuen Fachbereich konnte sie eine zielgerichtete Personalpolitik betreiben.

Nach der Auflösung des alten *Instituts für wissenschaftliche Politik* verblaßte auch das fachspezifische Selbstverständnis, so daß die sich entwickelnde „Marburger Schule" der siebziger Jahre faktisch eine fächerübergreifende Gruppe der DKP nahestehender marxistischer Gesellschaftswissenschaftler wurde. Institutionelle und politische Zugehörigkeiten haben disziplinspezifische Traditionen und damit auch Schülerbeziehungen abgelöst.

Wiederholt ist der bündnistaktisch sehr erfolgreichen DKP-Strömung von linken wie rechten Kritikern in den siebziger und achtziger Jahren der Vorwurf gemacht worden, gewissermaßen den Bogen des allgemein akzeptierten Konsenses politischer Vorauswahl überspannt und eine einseitige Instrumentalisierung der Besetzungspolitik zugunsten der eigenen Partei- und Gruppeninteressen betrieben zu haben.[39] Aus der Rückschau wird deutlich, daß die öffentlichen Kontroversen über die kommunistische Unterwanderungsstrategie zwar die offensichtlichen Blößen eines wissenschaftspolitischen „Festungsdenkens"[40] aufdeckten, dem die intellektuellen und personellen Ressourcen sowie die hochschulpolitischen Bündnisperspektiven für eine ambitioniertere und unauffälligere Eroberungspolitik fehlten, dabei weitgehend aber vergessen ließen, daß die hier angeprangerte Praxis der „Politisierung" zum Grundmuster einer neuen Hochschulpolitik und zu einem wichtigen Faktor bei der Einstellungspolitik in weiten Bereichen der Sozialwissenschaften geworden war. Auf die „Politisierung der Köpfe", der

---

39 Vgl. *Vilmar*: Parteihochschule.
40 Vgl. L. *Raphael*: Partei und Gewerkschaften, Münster 1984, S. 86f.

wissenschaftlichen Kategorien, Wahrnehmungsmuster und Argumentationen folgte rasch nach 1968 die „Politisierung der Institutionen", die Etablierung von Orten, Einsätzen und kollektiven Akteuren einer „Hochschulpolitik", die weit mehr sein wollte als die Selbstverwaltung der reformierten Hochschule. Faktisch bildete sich an den Hochschulen ein besonderer Politikraum heraus, in dem sich ein Teil des Nachwuchses von Parteien und Verbänden profilierte. Daß die Politikwissenschaft die Auswirkungen dieser Konstellation in besonderem Maße zu spüren bekam, liegt in der Natur des Faches.

Notwendigerweise bedeutete „Politisierung" in dieser Hinsicht eine Relativierung autonom wissenschaftlicher Kriterien bei der Auswahl des wissenschaftlichen Nachwuchses mit allen weiteren Konsequenzen für das wissenschaftliche Gesamtprofil des Faches. Schaut man sich zum Beispiel die in der „Politischen Dokumentation" erfaßten Beiträge von Mitgliedern des Marburger Instituts während der Jahre von 1972 bis 1975 an, so fällt auf, daß die insgesamt eher geringe Publikationsaktivität (insgesamt 32 Beiträge in vier Jahren bei einem Personalbestand von zwölf Professoren und Dozenten sowie sechs wissenschaftlichen Mitarbeitern) zur Hälfte in Kommentaren zu aktuellem politischen Geschehen bestand. Im Fall der „Marburger Schule" eröffnete eine ganze Reihe von Zeitschriften von den *Marxistischen Blättern* bis hin zu den *Blättern für deutsche und internationale Politik* Publikationsmöglichkeiten in der Grauzone zwischen (partei-)politischem Journalismus und wissenschaftlichem Aufsatz.

Schließlich darf nicht übersehen werden, daß die „Politisierung" der geistes- und sozialwissenschaftlichen Fächer in den siebziger Jahren untrennbar verbunden war mit dem Umbruch der universitären Selbstverwaltung: Der Reformweg von der Ordinarien- zur Gruppenuniversität mobilisierte die konkurrierenden Interessen der Hochschulangehörigen. In diesem Zusammenhang wurden die politischen Richtungsgruppen zugleich auch zu gruppenspezifischen Interessenvertretungen. Im Marburger Fall waren dabei die Gewerkschaften nicht nur die umworbenen politischen Bündnispartner, sondern auch die plakativ imitierten Muster hochschulpolitischer Interessenvertretung. Gewerkschaftliche Orientierung und Organisierung wurden zum Modell. Zum einen machten sich Marburger Gesellschaftswissenschaftler zu Wortführern einer zuerst gewerkschafts-, später arbeitnehmerorientierten Wissenschaft und traten für eine engere Kooperation mit den Gewerkschaften ein, wobei diese Orientierung zugleich machtpolitische Absicherung und demokratische Legitimation für eigene hochschulpolitische Absichten und wissenschaftliche Positionen lieferte.

Theorie und Praxis des Marburger „Mittelbauprojekts"[41] verband in geradezu klassischer Weise eine interessengeleitete Gremienpolitik kollektiver Absicherung der Gruppenmitglieder mit einem gemeinsamen politisch-

---

41 Vgl. M. Th. *Greven*: Was ist aus den Ansprüchen einer kritisch-emanzipatorischen Politikwissenschaft vom Ende der sechziger Jahre geworden?, in: Göhler/Zeuner: Kontinuitäten, S. 230.

ideologischen Wissenschaftsprojekt. Dazu gehörte die scharfe Gegenüberstellung von „bürgerlicher" und „marxistischer" Gesellschaftswissenschaft, die die symbolische Abwertung etablierter Lehr- und Wissensbestände einerseits und den Aufbau eines neuen Wissenskanons (in Marburg: der DDR-Gesellschaftswissenschaften) rechtfertigte. Angesichts der parteipolitischen Perspektivverengungen und eher unterdurchschnittlicher universitärer Karrierechancen (geht man von Studienabschlüssen, Zahl der Veröffentlichungen, parteipolitischen Verbindungen und Forschungsprojekten aus) entwickelten die neuen Mitarbeiter der Marburger Schule notgedrungen einen ausgesprochen „lokalistischen" Bezug, der den Personalkonflikten in Marburg noch besondere Dramatik und Bedeutung verleihen mußte.

Die „Politisierung" wurde schließlich auch getragen von einer neuen Studentengeneration, die im Zug der Bildungsexpansion an die Universitäten gelangte. Marburg wurde zum bevorzugten Studienort für Studenten des MSB und des SHB in den gesellschaftswissenschaftlichen Fächern, so daß eine politisch engagierte studentische Minderheit im Lehrbetrieb das Wissenschaftsprogramm der Marburger Schule mittrug. Mitte der siebziger Jahre studierten am FB 3 etwa dreitausend Studenten, davon waren die Hälfte Lehramtsstudenten für die Fächer Politik, Sozialkunde bzw. Gemeinschaftskunde, und gerade hier nahm die Zahl der Studenten zu, die aus den bildungsferneren Positionen des sozialen Raumes stammten. Vieles spricht dafür, daß gerade jene „Intellektuellen der ersten Generation" eine wichtige Bezugsgruppe für die neue „Marburger Schule" abgegeben haben. Untersucht man unter einem solchen kultursoziologischen Aspekt Lehrangebot und Studienplan für die Politikwissenschaft der Jahre von 1970 bis 1975, so lassen sich einige der thematischen und konzeptionellen Verengungen auch als Zusammenspiel einer sich redogmatisierenden marxistischen Gesellschaftslehre mit den Bildungsvoraussetzungen, Studienerwartungen und dem Leistungsvermögen einer drastisch angewachsenen studentischen Kundschaft interpretieren.

Aufschlußreich sind die thematischen Verschiebungen, die in den Jahren von 1970 bis 1975 in den Veranstaltungen des Grundstudiums abzulesen sind. Anfang der siebziger Jahre existierten drei thematische Schwerpunkte: Neben den Einführungen zu „Politik und Gesellschaft im Sozialismus"[42] (konkret vor allem Sozialstruktur und politische Ordnung der DDR) waren dies vor allem Einführungen in die Geschichte der deutschen Arbeiterbewegung sowie zur politischen Soziologie der BRD. Dabei wurde die historisch-gesellschaftliche Analyse politischer Grundstrukturen der Bundesrepublik zum einen aktualisiert und auf tagespolitische Konfliktthemen zugespitzt. Dazu traten dann ab 1973/74 Kurse zur „bürgerlichen Gesellschaft", zur „politischen Ökonomie", sowie zur „Gesellschaftsanalyse", die auf allgemeiner Ebene die Kategorien und Voraussetzungen der konkreten Politikanalysen lieferten. Neben einer kritischen Politikwissenschaft in der konkreten

---

42 Vgl. F. *Deppe* et al.: BRD-DDR. Vergleich der Gesellschaftssysteme, Köln 1970.

Analyse historisch-sozialer Konstellationen läßt sich in dem Lehrangebot immer deutlicher das Konzept eines Grundkurses marxistischer Gesellschaftswissenschaft erkennen. Darin folgte das Marburger Institut sicherlich einem dominanten Zug im Feld der gesamten Politikwissenschaften der siebziger Jahre. Ein Ergebnis dieser Entwicklung war die immer deutlicher werdende Lücke zwischen der Ebene globaler Gesellschaftstheorie und der Ebene konkreter Analyse. Eine parteipolitisch gebundene Instrumentalisierung dieser Situation mündete dann häufig in tagespolitischer Kommentierung mit politikwissenschaftlichem Anspruch und brachte auch Marburger Beiträge rasch in die Grauzone von politischer Ideologieproduktion und politikwissenschaftlicher Analyse, deren Gefahren den Marburger Studenten in den Übungen zur ideologiekritischen Lektüre zugleich vor Augen geführt werden sollte.

Welche Forschungsinteressen hat nun die Marburger Schule der frühen siebziger Jahre entwickelt? Wortführer der „Marburger Schule" wie Kühnl und Deppe legten in diesen Jahren Arbeiten vor, die wichtige politisch-wissenschaftliche Orientierungsfunktionen für die neue DKP-Linke im intellektuellen Feld übernahmen. Großen Erfolg hatten insbesondere Kühnls Arbeiten zum Faschismus wie Deppes Studie zum Arbeiterbewußtsein.[43] Der letztgenannte Titel eröffnete ein Arbeitsfeld, das im Kontext der DKP-orientierten Marburger Schule sowohl große theoretische Anstrengungen hervorrief wie unmittelbare politisch-taktische Bedeutung besaß. Die industriesoziologischen Studien zum „Bewußtsein der Lohnarbeiter" sowie die Studien zur Klassenstruktur der westdeutschen Gesellschaft wurden von Marburger Wissenschaftlern um F. Deppe in enger Kooperation mit dem Forschungsinstitut der DKP, dem IMSF in Frankfurt am Main, vorangetrieben.

Betrachtet man nun die in den Jahren von 1970 bis 1977 bei Wolfgang Abendroth geschriebenen Dissertationen,[44] so ist zum einen festzustellen, daß trotz stark gestiegener Studentenzahlen die Zahl der Dissertationen gegenüber dem Zeitraum 1963-69 nicht steigt: ein weiteres Indiz für die stärkere Ausrichtung Marburger Studenten wie Dozenten auf politische Bildung und berufsfeldbezogene universitäre Ausbildung. Von 28 Arbeiten beschäftigten sich zwölf mit der Geschichte der marxistischen Arbeiterbewegung und im Kontrast dazu nur drei Arbeiten mit der politischen Soziologie der Bundesrepublik. Parallel zum Ausbau des Lehrangebots zu Themen der Dritten Welt (durch Boris in der Soziologie) finden wir daneben eine wachsende Zahl (6) von politischen Länderstudien zur Dritten Welt und zur Geschichte von Kolonialismus und Kolonialsystem.

Die vor allem von Reinhard Kühnl in der Öffentlichkeit vertretene Faschismusinterpretation wurde durch keine weiteren Studien zur Geschichte

---

43 F. *Deppe*: Das Bewußtsein der Arbeiter. Studien zur politischen Soziologie des Arbeiterbewußtseins, Köln 1971.

44 Vgl. *IWP* (Archiv des Instituts für Wissenschaftliche Politik der Universität Marburg): Schüler und Doktoranden A-Z 1968-1971, C M, 1970; *Hüttig/Raphael*: Partisanenprofessor, S. 72f.

des NS-Regimes oder anderer faschistischer Regime bzw. Bewegungen vertieft. Damit stammte die letzte Arbeit zur NS-Zeit aus dem Jahr 1961! Die Arbeit von E. Hennig, die einzige Dissertation, die dieses Thema direkt behandelt, markiert deutliche Distanzierungen zu den bisherigen marxistischen Deutungsversuchen und ist wie die weiteren Forschungen E. Hennigs außerhalb der „Marburger" Faschismusanalysen entstanden.[45] Die zeitgeschichtliche Arbeiterbewegungsgeschichte wurde nun zum alles dominierenden Forschungsschwerpunkt. In den frühen siebziger Jahren bemühten sich die jüngeren Vertreter der „Marburger Schule" der im Bereich der Zeitgeschichtsforschung vorherrschenden SPD-nahen Interpretation eine kritische, den radikaleren Strömungen der deutschen Arbeiterbewegung, vor allem dann der KPD, freundlichere Gesamtdeutung entgegenzusetzen. Die *Geschichte der deutschen Sozialdemokratie 1863-1975* aus dem Jahr 1975[46] sowie schließlich die *Geschichte der deutschen Gewerkschaftsbewegung* von 1977,[47] beides Sammelwerke mit starker Beteiligung Marburger Politikwissenschaftler, sind die wichtigsten Beiträge dieses Versuches, die sozialdemokratische Hausgeschichtschreibung vor allem in der gewerkschaftlichen Bildungsarbeit sowie in der Lehrerbildung zurückzudrängen und durch eine orthodox-marxistische, prokommunistische Interpretation zu ersetzen. Aus der zugespitzt politischen Ausrichtung ihres Forschungsansatzes und den wissenschaftlichen Kontroversen ergab sich für die „Marburger Schule" der Arbeiterbewegungsgeschichte, daß sie die in den siebziger Jahren einsetzenden sozialgeschichtlichen Perspektiverweiterungen ihres Gegenstandes ignorierte und damit an wesentlichen Weiterentwicklungen der zeitgeschichtlichen Forschungsansätze nicht mehr beteiligt war.

Zweifellos ist die unmittelbare Verbreitung der Marburger Schule in der ersten Hälfte der siebziger Jahre im Umkreis der sich etablierenden politisch-intellektuellen Institutionen der DKP am größten gewesen. Als „organische Intellektuelle" einer Arbeiterpartei mit anfangs durchaus beachtlichem Zulauf aus dem Feld der Universitäten und der Kulturproduktion wirkten die Marburger Gesellschaftswissenschaftler vor allem auch im Binnenbereich dieses Milieus. Politische Karrieren blieben jedoch angesichts des arbeitertümelnden Selbstverständnisses der DKP und ihrer engen Kontrolle durch die SED auch für die marxistischen Intellektuellen der Marburger Schule die Ausnahme (nur Georg Fülberth hat unseres Wissens als DKP-Stadtrat in Marburg eine kommunalpolitische „Karriere" gemacht).

Wie wir sahen, war der Studentenandrang Mitte der siebziger Jahre groß, doch blieben breitere Wirkungen auf den Bereich der Lehrerausbildung sowie schließlich auf den insgesamt kleineren Bereich der gewerkschaftlichen Bildungsarbeit beschränkt. Hier konnten sich die Wahlverwandtschaften zwi-

---

45 E. *Hennig*: Zur Darstellung von Nationalsozialismus und Industrie: Anmerkungen zur sozioökonomischen und politischen Funktion des deutschen Faschismus, Frankfurt/Main 1973.
46 J. von *Freyberg* et al.: Geschichte der deutschen Sozialdemokratie 1863-1975, Köln 1975.
47 F. *Deppe* et al. (Hrsg.): Geschichte der deutschen Gewerkschaftsbewegung, Köln 1977.

schen „Intellektuellen der ersten Generation" aus gewerkschaftsnahem Milieu, zwischen dem Politikverständnis und -stil gewerkschaftlicher Funktionäre und den kaderorientierten Konzepten politischer Bildung und Schulung, wie sie Abendroth und nach ihm die gewerkschaftsorientierte „Schule" der siebziger Jahre entwickelt hatten, voll entfalten. In einem stark nach links verschobenen Kräftefeld der gewerkschaftlichen Jugend- und Bildungsarbeit eroberten die Ideen der „Marburger Schule" in einigen Einzelgewerkschaften und Regionen eine dominierende Stellung gerade in Auseinandersetzung mit linkeren, gewerkschaftskritischeren Positionen – dies im Bündnis mit einem pragmatischen sozialdemokratischen Gewerkschaftsapparat, der damit am ehesten einen politisch unruhigen und kritischen Sektor der eigenen Organisation befrieden konnte.[48]

Im Feld der Politikwissenschaften waren, wie bereits angedeutet, die wichtigsten Ausstrahlungen der „Marburger Schule" am Ende der sechziger Jahre zu beobachten, hier konnte die neue „Marburger Schule" nur schwer Fuß fassen: Mit dem Ende des Hochschulausbaus und nach den heftigen Kontroversen der zweiten Hälfte der siebziger Jahre geriet sie vollends ins Abseits. Erfolgreicher verlief hingegen der Prozeß dauerhafter Etablierung des unorthodox linken und des sozialdemokratischen Flügels der Abendroth-Schule. Kontinuität konnte dabei – neben Gießen – vor allem Kassel für sich beanspruchen, wo sich am Ende der siebziger Jahre immerhin sechs ehemalige Doktoranden und Mitarbeiter des Marburger Instituts als Hochschullehrer wiederfinden.

5. Schlußfolgerungen

In der Einleitung wurden einige Kriterien benannt, mit denen der Prozeß der Schulbildung am Marburger Institut analysiert werden sollte. Läßt man sie noch einmal Revue passieren, um Kontinuitäten und Brüche zu bilanzieren, so ergibt sich folgendes Gesamtbild:

1. Forschergruppe und Arbeitszusammenhänge

Um Wolfgang Abendroth herum entwickelte sich seit Mitte der fünfziger Jahre ein „Schüler"-Kreis aus Doktoranden, die dann auch wissenschaftliche Mitarbeiter des Instituts wurden. Personelle Bindungen und institutionelle Loyalitäten waren im Fall des kleinen Marburger Instituts untrennbar verknüpft, so daß auch durch andere Denkstile geprägte Mitarbeiter in diese Forschergruppen eingebunden waren, solange sie am Institut arbeiteten. Als

---

48 Vgl L. *Raphael*/Ch. *Weischer*: Organisationsarbeit und politische Kultur in den DGB-Gewerkschaften, in: H.-G. Thien/H. Wienold (Hrsg.): Herrschaft, Krise, Überleben, Münster 1986, S. 268f.

Die Marburger Schule(n) 311

Ort konkreter wissenschaftlicher Arbeit, aber auch als Leitbild eines gemeinsamen wissenschaftlichen Projekts hat das Marburger Institut in den fünfziger und sechziger Jahren personelle und konzeptionelle Fluktuation neutralisiert. Hochschulreform, Stellenausbau und Studentenboom der siebziger Jahre überstand diese Konstellation allerdings nicht: Institutionelle Bindungen gingen zum Teil auf größere Einheiten (Fachbereich) über bzw. wurden hochschulpolitisch überformt.

2. *Kollektive Theoriebezüge, Weltbilder und Wertmuster*

In der Tat erwies sich dieser Aspekt als besonders bedeutsam. Neben institutioneller Verankerung und personeller Kontinuität hat sich diese weltanschaulich-theoretische Ebene als prägendes Element Marburger Schulbildung erwiesen. Mit „Theorie" ist in diesem Fall keine explizit politikwissenschaftliche Modellbildung gemeint, sondern ein Ensemble von Grundannahmen über die politische und gesellschaftliche Ordnung der kapitalistischen Demokratien sowie über die Aufgaben der Politikwissenschaft in der Gesellschaft.

a) Zum einen findet sich ein radikaldemokratischer bzw. sozialistischer Grundkonsens bei der Deutung der politischen Institutionen der repräsentativen Demokratien in den westlichen Industriestaaten. Abendroths Beiträge zur Verfassungslehre und Demokratietheorie haben die kanonischen Interpretationen geliefert, denen seine Schüler weitgehend gefolgt sind: „Demokratisierung" von Gesellschaft und Wirtschaft als Zielperspektive langfristiger Absicherung der demokratischen Grundordnung, die Offenheit des Grundgesetzes für eine sozialistische Umgestaltung der westdeutschen Gesellschaft und schließlich die Betonung der antidemokratischen Gefahrenpotentiale des modernen Kapitalismus markieren die wichtigsten Thesen dieses Deutungsmusters.

b) Politikwissenschaftliche Analyse und Mitgestaltung der politischen Willensbildung wurden als unmittelbare Einheit und untrennbare Bestandteile der Aktivitäten eines *Instituts für wissenschaftliche Politik* gesehen. Das Sendungsbewußtsein der Politikwissenschaft aus der Frühphase der westdeutschen Demokratie verband sich im Marburger Fall mit Denktraditionen der marxistischen Arbeiterbewegung und führte zu einer Wissenschaftspraxis, die sich am besten aus der Leitfigur des „organischen Intellektuellen" (Gramsci) erklären läßt. Politikwissenschaftlicher Anspruch auf prognostische Relevanz und programmatisch-theoretische Politikanleitung, alltagspraktische Orientierung an Organisationen der Arbeiterbewegung und eine berufspraktische Einbindung in deren politische Arbeit sind Kennzeichen Marburger Wissenschaftspraxis weit über das Vorbild Abendroths hinaus. Aus dieser Perspektive wird auch der pragmatische Grundzug der linken Marburger Schule verständlich, der sie von den Traditionen kritischer Theorie wie von den neo-marxistischen Ansätzen der siebziger Jahre trennen sollte. Genaugenommen stellte das universitäre Feld der Politikwissenschaft aus der Binnenperspektive dieses Ansatzes die vielleicht alltagspraktisch unmittelbarste, jedoch niemals alleinige und in der politischen Gesamtbeurteilung nicht wichtigste Handlungsebene politikwissenschaftlicher Praxis dar. Dies entsprach teilweise den konkreten Berufssituationen wie Karriereperspektiven der beteiligten Wissenschaftler, führte jedoch dazu, daß Handlungspotentiale und Erkenntniswert „bloß" akademischer Forschung tendenziell unterschätzt und die Autonomie einer kritischen Politikwissenschaft eher taktisch instrumentell verstanden worden ist.

3. Exemplarische Forschungsergebnisse

Angesichts fehlender politikwissenschaftlicher Traditionen ist es nicht verwunderlich, daß sich in den fünfziger Jahren eine „Marburger Schule" noch weitgehend ohne ein konkretes Vorbild herausgebildet hat. Die ersten Dissertationen erschlossen thematisches Neuland und gingen dabei methodisch jeweils unterschiedliche Wege. Abendroth, unbestritten in seiner Funktion als Lehrer, Anreger, Förderer und Ideengeber, schrieb jedoch erst in den sechziger Jahren mit seiner *Sozialgeschichte der europäischen Arbeiterbewegung* ein Werk, das eine solche Rolle übernahm – allerdings nur für das Forschungsgebiet Geschichte der Arbeiterbewegung. Erst allmählich entwickelte sich das Ensemble politikwissenschaftlicher Beiträge Abendroths zur politischen Soziologie und zur Verfassung der Bundesrepublik zum klassischen Leitfaden für die Marburger Politikwissenschaftler. Seine Aufsatzsammlung markiert den Abschluß dieser Entwicklung.[49] Auffällig ist, daß keine der bei Abendroth erarbeiteten Dissertationen im Prozeß der Schulbildung eine solche allgemein orientierende Funktion als Muster und Leitbild übernommen hat. Auch dies ist ein Indiz dafür, daß in Hinsicht auf Methodik und Konzeption von kontinuierlicher Schulbildung im Marburger Fall nur in Ansätzen gesprochen werden kann.

4. Gemeinsame Forschungs- und Lehrprogramme

Es war vor allem der Bereich der Forschung, der markante Brüche erkennen ließ. Zentrale Forschungsgegenstände der fünfziger Jahre wie die zeitgeschichtlichen Studien zum NS-Regime, zum Widerstand oder die lokalen Wahlstudien in historisch-soziologischer Perspektive sowie schließlich die Studien zur politischen Willensbildung in Parteien und Verbänden der westdeutschen Demokratie sind weder systematisch weiterentwickelt noch kontinuierlich fortgesetzt worden. Allein der Bereich der Arbeiterbewegungsgeschichte weist seit den späten fünfziger Jahren ungebrochene Kontinuität auf. Forschungsprogramme im engeren Sinne, verstanden als quasi selbsttragende

---

49 W. *Abendroth*: Antagonistische Gesellschaft und politische Demokratie, Neuwied, Berlin 1967.

Prozesse thematisch koordinierter gemeinsamer Forschungsarbeit über einen längeren Zeitraum, hatten sich also nur in Ansätzen entwickelt.

Für diese Konstellation lassen sich u.E. drei Ursachen benennen:
a) Zum einen setzte der politische Gestaltungswille, der zum Kernbestand der gemeinsamen Wertorientierungen der „Marburger Schule" gehörte, immer wieder wechselnde Prioritäten hinsichtlich der Forschungsgegenstände. Der Anspruch, mit Hilfe politikwissenschaftlicher Analyse aktuelle Probleme der westdeutschen Gesellschaft und Demokratie gewissermaßen unmittelbar für den politischen Entscheidungsprozeß zu bearbeiten, hat sich im Marburger Fall als Hemmnis für die Entwicklung längerfristiger Forschungsperspektiven erwiesen. Die wissenschaftsinternen Brüche zeigen sich hier als Kehrseite der Kontinuität eines linken Engagements.
b) Zum andern hat die Analyse gezeigt, daß jenseits der Ebene politisch-theoretischer Grundannahmen kein einheitliches Programm für eine kritische, marxistische Politikwissenschaft bestanden hat. Situationsabhängig und in Reaktion auf vorherrschende Tendenzen sozial- (und nicht nur politik-) wissenschaftlicher Theoriebildung haben Abendroth und seine Mitarbeiter ihre eigene Wissenschaftspraxis zu systematisieren und zu strukturieren versucht. In dieser Hinsicht haben mindestens drei „Marburger Schulen" existiert:
I. In den fünfziger Jahren entwickelte sich eine „Marburger Schule" als linkssozialdemokratische Variante der vielen Versuche, das neue Fach Politikwissenschaft als Demokratiewissenschaft mit engen Verbindungen zur neuen politischen Praxis der Bonner Demokratie zu etablieren. Bei allen inhaltlichen Differenzen Abendroths mit seinen Fachkollegen zeigte sich doch ein überraschendes Maß an Übereinstimmung in grundsätzlichen Fragen des Fachverständnisses und der künftigen Berufspraxis. In dem Bemühen um eine konkrete Politikanalyse stand die Marburger Schule im Bündnis mit allen sozialwissenschaftlich-empirisch orientierten Strömungen des neuen Faches und in Opposition zu normativ ausgerichteten, vor allem der Ideengeschichte bzw. politiktheoretischer Reflexion verpflichteten Strömungen des Faches.
II. In den sechziger Jahren formierte sich eine „Marburger Schule" mit dem Versuch, eine kritische Politikwissenschaft als politische Soziologie zu entwickeln. Neben der nunmehr immer deutlicheren Rückbeziehung auf die marxistischen Theorietraditionen der deutschen Arbeiterbewegung strahlte auch der Erfolg der Kritischen Theorie von Frankfurt nach Marburg aus. Im Zeichen fächerübergreifender „Positivismuskritik" wurden die fachinternen Rückbindungen Marburger Forschungen immer schwächer und nahmen die Bezüge zur Soziologie deutlich zu. Die „Marburger Schule" entwickelte sich zu einer in Hinsicht auf ihre Theoriebezüge eher eklektischen, an einigen zentralen historisch-soziologischen Forschungsthe-

men orientierten Spielart der vielen Ansätze einer „kritischen" Gesellschaftswissenschaft.

III. Die „Marburger Schule" als politisierte marxistische Politikwissenschaft im Bruch mit den „bürgerlichen" und „kritischen" Wissenschaftsschulen der Politologie der siebziger und achtziger Jahre erscheint nur noch als dritte Gestalt, die als Kind der neuen fachinternen Grenzziehungen im Gefolge der unmittelbar politischen Aufladung wissenschaftlicher Positionen entstehen konnte. Diese „Marburger Schule" entstand unter primär politischen Zielvorgaben innerhalb einer „marxistischen" Linken wie gegenüber den „bürgerlichen" Mehrheiten im eigenen Fach und an der eigenen Hochschule.

c) Schließlich ist nicht zu übersehen, daß Abendroth und seine Schulen auf die methodischen Probleme der ihnen vorschwebenden sozialwissenschaftlich breit angelegten Politikwissenschaft nur ausweichende Antworten gegeben haben. In Hinblick auf die Forschungsmethodik läßt sich keine Schulbildung oder gar eine innovative Rolle erkennen: De facto blieben die Marburger Schulen den hermeneutischen Verfahren der Geschichtswissenschaft treu, wobei sich in wachsendem Maße eine Schere zwischen Theorie und Empirie öffnete. Die sterile Konfrontation zwischen „neopositivistischer" Politikwissenschaft nach amerikanischem Vorbild und „kritischer" Politik-theorie in den siebziger Jahren hat das Spektrum angewandter Methoden in Marburg weiter schrumpfen lassen. Forschungsansätze mit hohem methodischen Aufwand und Reflexionsbedarf konnten sich nicht entwickeln.

Wolfgang Abendroth hat bezeichnenderweise seine eigene juristische Denkschulung nicht an seine politikwissenschaftlichen Schüler weitergegeben, der „Jurist" Abendroth hinterließ damit keine methodischen Spuren in der politikwissenschaftlichen Praxis.[50] Im Marburger Fall ist deutlich zu erkennen, wie die konkreten Frontstellungen innerhalb des Faches die in den ambivalenten marxistischen Denkfiguren von Theorie und Praxis angelegten Gefahren von Realitätsverlust und Immunisierung verstärkt haben. Solange Marburger Politikwissenschaft im Bündnis mit „wirklichkeits-wissen-schaftlichen" Konzepten eines Stammer oder Gurland gegen eine konservativ-normative bzw. abstrakt-affirmative Demokratietheorie auftrat, blieben auch die methodischen Perspektiven für eine empirische Forschungspraxis offen. Die Distanz zum empirisch ausgerichteten mainstream des Faches sowie schließlich die Spaltung in marxistische und bürgerliche Wissenschaften führten zur Vernachlässigung methodischen Verfahrenswissens als Teil einer konkreten disziplinären Matrix.

---

50 Vgl. *Ridder:* Jurist, S. 58.

5. Personelle und konzeptionelle Diffusion

Unsere Analyse hat deutlich gezeigt, daß die „Marburger" Schulen regionalen Charakter behalten haben. Die Berufung von Abendroth-Schülern auf politikwissenschaftliche Lehrstühle seit den späten sechziger Jahren hat nicht zur Verbreitung und Generalisierung der Schulbildungstendenzen geführt, die wir für Marburg feststellen konnten. Faktisch blieb die fachinterne Ausstrahlung auf Hessen beschränkt. War Abendroth als politischer Kandidat der SPD nach Marburg gekommen, so blieb auch die wissenschaftliche Karriere seiner Schüler auf das spezifische personelle Netzwerk sozialdemokratischer Wissenschafts- und Hochschulpolitik in Hessen verwiesen. Der institutionelle Zusammenhalt der hessischen Politikwissenschaft tat ein übriges, um dieses Netzwerk zu erhalten.

Mit Gießen und Kassel sind neben Marburg zwei Kristallisationspunkte des Abendrothschen Erbes entstanden, in denen Konzeptionen der Marburger Schule der sechziger Jahre weitergeführt bzw. fortentwickelt worden sind.

Die intellektuelle Breitenwirkung Wolfgang Abendroths in den späten sechziger und frühen siebziger Jahren kann jedoch nicht darüber hinwegtäuschen, daß die konzeptionellen Ambivalenzen und die politische Radikalopposition die institutionell-organisatorische Marginalität der Marburger Politikwissenschaft zementiert hat.

Neben diesem innerfachlichen Befund sollte jedoch nicht vergessen werden, daß ein Teil des konkreten Arbeits- und Kommunikationszusammenhanges der Marburger Schulen außerhalb der Universitäten lag: Vor allem im Organisationsgeflecht von Gewerkschaften und SPD sowie in der politischen Bildung lassen sich einige dauerhafte Spuren Marburger Lehr- und Forschungsarbeit wiederfinden: Mit Fritz Opel, Vera Rüdiger, Hanno Drechsler und Kurt Kliem seien nur die vier prominentesten Marburger und hessischen Sozialdemokraten benannt, die sich für den Wechsel von einer wissenschaftlichen zu einer politischen Karriere entschieden.

Literaturverzeichnis

Abendroth, W.: Antagonistische Gesellschaft und politische Demokratie, Neuwied, Berlin 1967.
–: Arbeiterklasse, Staat und Verfassung. Kritisches zum Programmentwurf der SPD, in: Die Neue Gesellschaft 1 (1959), S. 42ff.
–: Aufgaben und Methoden einer deutschen historischen Wahlsoziologie, in: Vierteljahreshefte für Zeitgeschichte 5 (1957), S. 300-306.
–: Das Grundgesetz. Eine Einführung in seine politische Probleme, Pfullingen 1966.
–: Das Problem der Widerstandstätigkeit der Schwarzen Front, in: Vierteljahresheft für Zeitgeschichte, 8 (1960), S. 181ff.
–: Der deutsche politische Widerstand gegen das Dritte Reich, in: Stimme der Gemeinde 16 (1964), S. 426ff.

–: Die Träger des Widerstandes gegen das Dritte Reich in Deutschland, in: Der Neue Bund (1955), S. 3ff.
–: Ein Leben in der Arbeiterbewegung. Gespräche, aufgezeichnet und herausgegeben von B. Dietrich und J. Perels, Frankfurt/Main 1977.
–: Grundlinien und Ziele wissenschaftlicher Politik, in: Hessische Hochschulwochen zur Staatswissenschaftlichen Fortbildung, Bad Homburg 1953, S. 14-25.
–: Politische Wissenschaft und Wissenschaft von der Politik, in: Deutsche Universitätszeitung 17/18 (1950), S. 13.
–: Sozialgeschichte der europäischen Arbeiterbewegung, Frankfurt/Main 1965.
–: Vorwort, in: Schäfer: NSDAP, S. 2.
–: Vorwort, in: Schumann: Nationalsozialismus, S. 3f.
–/Lenk, K. (Hrsg.): Einführung in die politische Wissenschaft, Bern 1968.
Arndt, H.-J.: Die Besiegten von 1945, Berlin 1978.
Bahne, P.: Die KPD-Opposition in der Weimarer Republik [Rezension Tjaden 1964] in: Politische Vierteljahresschrift (1965), S. 538.
BdWI (Vorstand der Sektion Marburg des Bundes demokratischer Wissenschaftler) (Hrsg.): Sozialwissenschaft und Arbeitnehmerinteresse. Die Auseinandersetzungen um den Fachbereich Gesellschaftswissenschaften der Universität Marburg, Köln 1977.
Blanke, B./Jürgens, U./Kastendiek, H.: Kritik der Politischen Wissenschaft, 2 Bde., Frankfurt/Main 1975.
Buchheim, H.: Zur Geschichte des „Dritten Reiches", in: Neue Politische Literatur 2 (1988), S. 182-198.
Buchstein, H.: Verpaßte Chancen einer kritischen Politikwissenschaft? A.R.L. Gurlands Gastspiel in Berlin 1950-1954, in: Exilforschung 9 (1991), S. 128-145.
–: Wissenschaft von der Politik, Auslandswissenschaft, Political Science, Politologie. Die Berliner Tradition der Politikwissenschaft von der Weimarer Republik bis zur Bundesrepublik [in diesem Band S. 183-211].
Deppe, F.: Das Bewußtsein der Arbeiter. Studien zur politischen Soziologie des Arbeiterbewußtseins, Köln 1971.
– et al.: BRD-DDR. Vergleich der Gesellschaftssysteme, Köln 1970.
– et al. (Hrsg.): Geschichte der deutschen Gewerkschaftsbewegung, Köln 1977.
Drechsler, H.: Die Sozialistische Arbeiterpartei Deutschlands (SAPD), Marburg 1962.
Flechtheim, O. K. et al.: Der Marsch der DKP durch die Institutionen, Frankfurt/Main 1980.
Fleck, L.: Entstehung und Entwicklung einer wissenschaftlichen Tatsache, Frankfurt/Main 1980.
Freyberg, J. von et al.: Geschichte der deutschen Sozialdemokratie 1863-1975, Köln 1975.
Fülberth, G.: Mein Marburg. Bericht aus einem deutschen Städtchen mit zwei Realitäten, in: Die Zeit Nr. 40 (1997), S. 56.
Göhler, G./Zeuner, B. (Hrsg.): Kontinuitäten und Brüche in der deutschen Politikwissenschaft, Baden-Baden 1991.
Greven, M. Th.: Was ist aus den Ansprüchen einer kritisch-emanzipatorischen Politikwissenschaft vom Ende der sechziger Jahre geworden?, in: Göhler/Zeuner: Kontinuitäten, S. 221-246.
Hennig, E.: Zur Darstellung von Nationalsozialismus und Industrie: Anmerkungen zur sozioökonomischen und politischen Funktion des deutschen Faschismus, Frankfurt/Main 1973.
Hüttig, C./Raphael, L.: Der „Partisanenprofessor" und sein Erbe: Wolfgang Abendroth und die „wissenschaftliche Politik" der Marburger Schule(n) im Umfeld der westdeutschen Politikwissenschaft 1951-1975, in: D. Emig/Ch. Hüttig/L. Raphael (Hrsg.): Sprache und Politische Kultur in der Demokratie. Hans Gerd Schumann zum Gedenken, Frankfurt/Main u.a. 1992, S. 23-75.

–: Die „wissenschaftliche Politik" der „Marburger Schule(n)" im Umfeld der westdeutschen Politikwissenschaft 1951 – 1975. Ein Beitrag zur Geschichte der Disziplin, in: Politische Vierteljahreschrift 3 (1992), S. 427-454.
IWP (Archiv des Instituts für Wissenschaftliche Politik der Universität Marburg): Bericht über die Arbeit des Instituts 1964-1966, C KF, 1967.
–: Bericht über die Arbeit des Instituts im akademischen Jahr 1963, XP, 1964b.
–: Chronik des Instituts für Wissenschaftliche Politik für die Zeit vom 18.10.1958 bis zum 15.10.1963, C KF, 1964a.
–: Institutssatzung v. 31.3.1964, B 1 3, 1964c.
–: Politik-Lehrstühle Hessen, C KD, 1966.
–: Schüler und Doktoranden A-Z 1968-1971, C M, 1970.
–: Veröffentlichungen, D, 1969.
Kammler, J.: Gegenstand und Methode der politischen Wissenschaft, in: Abendroth/Lenk: Einführung, S. 9-24
Kastendiek, H.: Die Entwicklung der westdeutschen Politikwissenschaft, Frankfurt/Main, New York 1977.
Kliem, K.: Der sozialistische Widerstand gegen das Dritte Reich, dargestellt an der Gruppe „Neubeginnen", Marburg 1957.
Klönne, A.: Hitlerjugend. Die Jugend und ihre Organisation im Dritten Reich, Hannover, Frankfurt/Main 1955.
Kramer, D.: „Marx an der Uni": Zur Tätigkeit von Wolfgang Abendroth in Marburg, in: D. Kramer/Ch. Vanja (Hrsg.), Universität und demokratische Bewegung, Marburg 1977, S. 275-292.
Kress, G.: Wider unpolitische Politikwissenschaft (II), in: Neue Politische Literatur 16 (1971), S. 161-187.
–/Senghaas, D. (Hrsg.): Politikwissenschaft. Eine Einführung in ihre Probleme, Frankfurt/Main 1969.
Lambers, H.: Die politische Entwicklung von 1917-1924 in Hagen und Haspe. Regionalanalyse der politischen Ereignisse, des Parteiverhaltens und der Wahlen in der Revolutionsperiode, Hagen 1963.
Lehmbruch, G./Naschold, F./Seibt, P.: Einführung in die Politikwissenschaft, Stuttgart u.a. 1967.
Lepsius, R. M.: Denkschrift zur Lage der Soziologie und der Politischen Wissenschaft, Wiesbaden 1961.
Link, W.: Die Geschichte des Internationalen Jugendbundes und des Internationalen Sozialistischen Kampfbundes, Marburg 1961.
Luther, W.N.: Vom Mißbrauch der politischen Wissenschaft, in: Die politische Meinung 21 (1976), S. 81-94.
Maus, I.: Herrmann Heller und die Staatsrechtslehre der Bundesrepublik, in: Müller, C./Staff, I. (Hrsg.), Staatslehre in der Weimarer Republik, Frankfurt/Main 1985, S. 194-220.
Mohr, A.: Politikwissenschaft als Alternative, Bochum 1988.
Neusüß-Hunkel, E.: Die SS, Hannover, Frankfurt/Main 1956.
–: Parteien und Wahlen in Marburg nach 1945, Meisenheim/Glan 1969.
Opel, F.: Der Deutsche Metallarbeiterverband während des ersten Weltkrieges und der Revolution, Hannover, Frankfurt/Main 1957.
Priepke, M.: Die evangelische Jugend im Dritten Reich 1933-1936, Hannover, Frankfurt/Main 1960.
Raphael, L.: Partei und Gewerkschaften, Münster 1984.
–/Weischer, C.: Organisationsarbeit und politische Kultur in den DGB-Gewerkschaften, in: Thien, H.-G./Wienold, H. (Hrsg.), Herrschaft, Krise, Überleben, Münster 1986.
Ridder, H: „Der Jurist Wolfgang Abendroth", in: Forum Wissenschaft 4 (1985), S. 57ff.

Rüdiger, V.: Kommunale Wahlvereinigungen in Hessen, Meisenheim/Glan 1965.

Schäfer, W: NSDAP. Entwicklung und Struktur der Staatspartei des Dritten Reiches, Hannover, Frankfurt/Main 1956.

Schöler, U.: „Rote Blüte im kapitalistischen Sumpf." Abendroth, SPD und Presse in der Nachkriegsära, in: Sozialistische Politik und Wirtschaft 29 (1977), S. 430-437.

–: Wolfgang A.: Ergänzungen zu seiner Bibliographie – mit einigen biographischen Anmerkungen, in: Internationale Wissenschaftliche Korrespondenz zur Geschichte der Arbeiterbewegung 2 (1988), S. 213-234.

Schumann, H.G.: Nationalsozialismus und Gewerkschaftsbewegung, Frankfurt/Main, Hannover 1958.

Seifert, J.: Wolfgang Abendroth und die SPD, in: Sozialistische Politik und Wirtschaft 29 (1977), S. 438-443.

Stammer, O.: Politische Forschung, Köln, Opladen 1960.

Stichweh, R.: Zur Soziologie wissenschaftlicher Schulen [in diesem Band S. 19-32].

Suck, E.A.: Der religiöse Sozialismus in der Weimarer Republik, Marburg 1953.

Sultan, H./Abendroth, W.: Bürokratischer Verwaltungsstaat und soziale Demokratie, Hannover, Frankfurt/Main 1955.

Tjaden, K.H.: Struktur und Funktion der KPD (Opposition), Meisenheim/Glan 1964.

Treue, W: Rezension Schumann 1958, in: Historische Zeitschrift 190 (1960), S. 472.

Vilmar, F.: Parteihochschule in der Marburger Universität? Die Unterwanderungspolitik der Deutschen Kommunistischen Partei, in: Frankfurter Rundschau (24.05.1975).

Die Autoren

Wilhelm Bleek, 1940, Dr.; Professor für Politikwissenschaft an der Ruhr-Universität Bochum. Veröffentlichungen: (Hrsg. zusammen mit Hans J. Lietzmann) Politikwissenschaft (1996), (Hrsg.) Friedrich Christoph Dahlmann: Die Politik (1997), (zusammen mit Kurt Sontheimer) Das politische System der Bundesrepublik Deutschland (^{11}1999), Geschichte der Politikwissenschaft in Deutschland (i.E.).

Hubertus Buchstein, 1959, Dr.; Privatdozent und Vertretungsprofessor für Politische Theorie und Ideengeschichte an der Freien Universität Berlin. Veröffentlichungen: Politikwissenschaft und Demokratie (1992), (Hrsg. zusammen mit Gerhard Göhler und Alexander von Brünneck) Ernst Fraenkel. Gesammelte Schriften in sechs Bänden (erscheint 1999).

Dietmar Herz, 1958, Dr.; Professor für Politische Wissenschaft an der Friedrich-Wilhelms-Universität zu Bonn. Veröffentlichungen: Frieden durch Handel (1987), Das kurze Amerikanische Jahrhundert (1991), Thomas Morus (1998), Die Grundlegung des liberalen Staates (1998).

Christoph Hüttig, 1953, Dr.; Studienleiter der Evangelischen Akademie Loccum. Veröffentlichungen: Gemeinwirtschaft im Sozialstaat (1986), (Hrsg. zusammen mit Dieter Emig und Lutz Raphael) Sprache und politische Kultur in der Demokratie (1992), (Hrsg.) Protestantismus und soziale Marktwirtschaft (1997).

Dieter Koop, 1952, Dr.; Wissenschaftlicher Mitarbeiter am Institut für Politikwissenschaft der Universität Leipzig. Veröffentlichungen: Paradoxien der Rationalisierung. Zum Verhältnis von Wissenschaft und Gesellschaft bei Max Weber, in: Wissenschaft – Das Problem ihrer Entwicklung, Bd. 1 (1987), (Hrsg. zusammen mit Michael Th. Greven) War der wissenschaftliche Kommunismus eine Wissenschaft? (1993).

Hans. J. Lietzmann, 1952, Dr.; Wissenschaftlicher Assistent an der Fakultät für Sozialwissenschaften (Politikwissenschaft I) der Universität der Bundeswehr in München. Veröffentlichungen: (Hrsg. zusammen mit Wilhelm Bleek) Politikwissenschaft (1996), Politikwissenschaft im „Zeitalter der Diktaturen". Die Entwicklung der Totalitarismustherorie Carl J. Friedrichs (1998).

Jürgen Miethke, 1938, Dr.; Professor für Mittelalterliche Geschichte in Heidelberg. Forschungsaufenthalte am Historischen Kolleg in München und am Institute for Advanced Study in Princeton/New Jersey. Veröffentlichungen zur Geschichte der politischen Theorie, zur Universitäts- und Bildungsgeschichte, Kirchengeschichte und Allgemeinen Geschichte des Mittelalters.

Michael Philipp, 1961, Dr.; Wissenschaftlicher Assistent am Lehrstuhl für Politische Wissenschaften der Universität Augsburg. Veröffentlichungen: Das „Regentenbuch" des Mansfelder Kanzlers Georg Lauterbeck (1996), (Hrsg.) Georg Lauterbeck: Regentenbuch (1997), (Hrsg. zusammen mit H.-O. Mühleisen und Theo Stammen) Fürstenspiegel der Frühen Neuzeit (1997).

Lutz Raphael, 1955, Dr.; Professor für Neuere und Neueste Geschichte an der Universität Trier. Veröffentlichungen: Partei und Gewerkschaft. Die Gewerkschaftsstrategien der kommunistischen Parteien Italiens und Frankreichs seit 1970 (1984), Die Erben von Bloch und Febvre. Annales – Geschichtsschreibung und nouvelle histoire in Frankreich 1945-1980 (1994).

Mohammed H. Rassem, 1922, Dr.; emeritierter ordentlicher Professor für Soziologie an der Universität Salzburg. Veröffentlichungen: Stiftung und Leistung (1979), (Hrsg. zusammen Justin Stagl) Statistik und Staatsbeschreibung in der Neuzeit (1980).

Horst Schmitt, 1957, Dr.; Diplom-Politologe und Betriebswirt. Referent im Marketing-Stab der Fern-Fachhochschule Hamburg. Veröffentlichungen: Politikwissenschaft und freiheitliche Demokratie. Eine Studie zum ‚politischen Forschungsprogramm' der ‚Freiburger Schule' (1995).

Rudolf Stichweh, 1951, Dr.; Professor für allgemeine Soziologie und soziologische Theorie an der Fakultät für Soziologie der Universität Bielefeld. Veröffentlichungen: Physik in Deutschland (1984), Der frühmoderne Staat und die europäische Universität (1991), Wissenschaft, Universität, Profession (1994).

Ralf Walkenhaus, 1960, Dr.; Wissenschaftlicher Mitarbeiter an der Fakultät für Sozialwissenschaften der Universität der Bundeswehr in München. Veröffentlichungen: Konservatives Staatsdenken. Eine wissenssoziologische Studie zu Ernst Rudolf Huber (1997), (Hrsg. zusammen mit Alfons Söllner und Karin Wieland) Totalitarismus. Eine Ideengeschichte des 20. Jahrhunderts (1997), (Hrsg. zusammen mit Alfons Söllner) Ostprofile. Universitätsentwicklungen in den neuen Bundesländern (1998).

Veronika Weinberger, 1970, M.A.; studierte an der Universität München Politische Wissenschaft, Französische Literaturwissenschaft und Deutsch als Fremdsprache. Seit 1998 ist sie Wissenschaftliche Mitarbeiterin an der Rheinischen Friedrich-Wilhelms-Universität Bonn.

Guido Wölky, 1964, M.A.; studierte Wirtschaftswissenschaften, Neuere Geschichte, Wirtschafts-, Sozial- und Technikgeschichte, Politikwissenschaft und Sozialpolitik an der Ruhr-Universität Bochum.